U0851301

国史探微

谭徐锋 主编

创造新凉山

CREATING A NEW LIANGSHAN

Social Changes in the Daliangshan Region in the 1950s

20世纪50年代大凉山地区的社会变迁

张望 著

当代中国出版社

Contemporary China Publishing House

图书在版编目(CIP)数据

创造新凉山：20世纪50年代大凉山地区的社会变迁/张望著. --北京：当代中国出版社，2024.7. --ISBN 978-7-5154-1408-9

Ⅰ. K297.12

中国国家版本馆CIP数据核字第2024LM2208号

出 版 人　王　茵
责任编辑　邓颖君　李　昭
责任校对　贾云华　康　莹
印刷监制　刘艳平
封面设计　宋　涛　鲁　娟
出版发行　当代中国出版社
地　　址　北京市地安门西大街旌勇里8号
网　　址　http://www.ddzg.net
邮政编码　100009
编 辑 部　(010)66572156
市 场 部　(010)66572281　66572157
印　　刷　中国电影出版社印刷厂
开　　本　880毫米×1230毫米　1/32
印　　张　17.5印张　2插页　453千字
版　　次　2024年7月第1版
印　　次　2024年7月第1次印刷
定　　价　98.00元

版权所有，翻版必究；如有印装质量问题，请拨打(010)66572159联系出版部调换。

目　录

绪　论

20世纪50年代发生在中国少数民族地区（也称民族地区）[①]的以土地改革为中心的社会变革，是20世纪发生在中国的大事。通过这场变革，民族地区旧有的政治制度、经济制度和社会制度被废除，新的政治制度、经济制度和社会制度被确立。由于诸多民族地区的政治、经济和社会形态与汉族地区有着较大的区别，因此新中国成立初民族地区的社会变革与汉族地区的社会变革的过程、方式都有着明显的区别。研究这场社会变革，既能完善新中国成立初期土地改革史的内容，同时也能对我国处理民族问题的历史经验进行有效的总结。对中国当代政治史、民族史研究都具有重大的意义，学术价值不容低估。

民族地区主要在中国的边疆地区，所占中国领土面积不在少数（西藏、新疆、内蒙古三个自治区的土地面积就达到近400万平方公里，几乎占中国全部领土面积的一半），政治、经济、社会形态各不相同。本书研究选择的凉山彝族地区，20世纪50年代的社会变革前其尚处于奴隶社会形态（也有人认为介于奴隶社会和封建社

① 本书的少数民族地区（简称“民族地区”）是指与社会制度和新中国成立前的汉族地区有明显区别，且少数民族人口多于汉族人口的地区，如四川西部的凉山、甘孜、阿坝，再如西藏自治区，等等。

会之间）。[①] 其在民族地区的社会变革中具有典型意义。[②] 加上笔者手中的资料（尤其是第一手资料）基本来自此地。因此，笔者选择了凉山作为研究个案。

一、选题的意义

首先分析选题的意义。凉山以土地改革为中心的社会变革这一选题既具有学术意义，又具有现实意义。下面首先分析其学术意义：

第一，少数民族地区的社会变革究其实质，是中国共产党在社会制度异于汉族地区的民族地区实行的以土地改革为中心的社会变革。目前，学界对新中国成立初期土地改革研究的成果已经相当丰富[③]，但是对少数民族地区（包括社会制度和汉族地区基本相同的少数民族地区）的土地改革的成果尚少，而对社会制度异于汉族地区的民族地区的成果则更少，且这些成果有很多不足之处（详见学术史整理部分）。因此，从新中国成立初期的土地改革研究这一研究领域而言，凉山社会变革的研究能丰富和完善新中国成立初期土地改革的内容，使后来者能对新中国成立初期的土地改革有一个更全面、更完整的把握。

第二，凉山地区的主要少数民族是彝族，这里也是彝族最大的聚居区[④]。在 20 世纪 50 年代的这场社会变革前，凉山彝族社会处

---

① 可参阅李绍明：《四川民族地区民主改革的历史回顾》，《西南民族大学学报》（人文社科版）2008 年第 1 期。

② 秦和平：《四川民族地区民主改革大事记》，北京：民族出版社，2007，第 2 页。

③ 其中具有代表性的著作有莫宏伟：《苏南土地改革研究》（合肥：合肥工业大学，2007），《新中国成立初期的广东土地改革研究》（北京：中国社会科学出版社，2009），张一平：《地权变动与社会重构——苏南土地改革研究（1949—1952）》（上海：上海人民出版社，2009）。此外还有大量散见于各种学术刊物的论文，此处不一一举例。

④ 参阅胡庆钧：《凉山彝族奴隶制社会形态》，北京：中国社会科学出版社，1985，第 1 页、第 41—45 页。

于奴隶社会时期，也是中国奴隶社会制度持续时间最长的地区。[1]从史实构建的角度而言，这里的社会变革的诸多史实尚不清楚，甚至说史实的基本内容也未能构建都不算过分。如变革中群众是怎样被发动起来的，土地财产怎样没收分配的，奴隶（娃子）是怎样被解放和安置的，等等均尚不清楚。换句话说，目前对凉山的这场社会变革仅仅是史实的清理尚有大量工作要做，更不用说对其进行理论解读了。

第三，在实行民族平等前提下，对少数民族采取一些优惠政策是中国共产党民族政策的重要内容之一。那么，作为民族地区的凉山，其在 20 世纪 50 年代这场社会变革中，民族政策是怎样体现的（换而言之，是从哪些方面体现出来的）？这些内容构成了凉山这场社会变革的重要特色，其既体现了研究这场变革的学术意义，也是研究此时凉山社会变革的重要问题意识。

第四，通过凉山这场社会变革的研究，还能管窥民族地区由原有的社会制度走向社会主义制度的历史轨迹和社会转变方式。这对当代中国的民族史、社会史，乃至当代中国史的研究都有重要的推动作用。从当代中国的民族史而言，这样的分析能丰富民族史的内容，从社会史的角度而言，能极大地完善当代中国社会史的学科体系（因为现有的当代中国社会史研究成果基本上是以汉族地区作为主要的案例和依据的）。从当代中国史的角度而言，则能使学者更多的注意少数民族地区的研究，从而推动当代中国史研究的发展。

以 20 世纪 50 年代凉山社会变革作为研究的选题，不仅具有较大的学术意义，而且具有较大的现实意义。其现实意义包括以下两个方面：

第一，通过对 20 世纪 50 年代凉山社会变革的研究，能对中国

---

① 参阅胡庆钧：《凉山彝族奴隶制社会形态》，北京：中国社会科学出版社，1985，第 1 页、第 41—45 页。

共产党一直以来的民族政策进行历史经验的总结与反思，为新时期民族政策的制定和实施提供历史的借鉴。

第二，凉山是典型的边远地区，当地的经济水平和社会发展要远远落后于汉族地区，尤其以“老凉山”（下面的研究区域界定有详细的叙述）为甚。为了保证第一手资料的分量，笔者多次前往凉山进行资料收集工作，因为多数时候是去政府部门（主要是档案馆、地方志办公室、政协）收集资料，所以笔者能几次和当地的政府工作人员（有的是当地的官员）讨论当地的经济和社会情况。在和这些政府工作人员的讨论中，从他们口中说得最多的词是“穷”，“比较穷”，“这个地方（县）比较穷”。笔者在当地的观察也能看到这一点。对于中国共产党来说，在民族地区开展社会变革的初衷之一是想让少数民族地区的大多数群众能够摆脱贫困，至少能过上温饱的生活。然而，20 世纪 50 年代这场社会变革的 60 年后，凉山的不少群众（基本是彝族）尚未摆脱贫困的状况（主要是“老凉山”地区的群众）。因此，通过对 20 世纪 50 年代凉山经历的这场社会变革的研究和反思，能为现实的凉山经济和社会发展，尤其是以脱贫后的乡村振兴为中心的农村社会治理提供借鉴，就成为另一大现实意义。

二、研究的区域、时间及几个重要概念的界定

凉山位于四川省西南部，既然选题是 20 世纪 50 年代凉山地区的社会变革，顾名思义，研究区域自然界定在凉山地区。但和现有的少量研究不同，笔者没有将研究的区域界定在今四川凉山彝族自治州这一地域，而是将研究区域界定在四川凉山彝族自治州西昌东北的凉山地区（当地人称为“老凉山”），包括甘洛、越西、喜德、普格、美姑、昭觉、雷波、金阳、布拖等地，还包括今四川乐山市下辖的峨边、马边两个彝族自治县。这些区域也是 1978 年前

凉山彝族自治州（当时的首府在昭觉——今四川省昭觉县）的区域。[①] 现凉山彝族自治州的其他地区，包括冕宁、西昌、盐源、会东、宁南、德昌、会理、木里（藏区）（这些地区1978年前属西昌专区）不在本研究的范围之内。

之所以这样界定研究区域，主要出于以下两点考虑。

第一，本研究尽可能将研究地域定位在民族聚居区，尽量减少民族杂居区（以汉族为主的民族杂居区）的干扰。因为本书研究的主要是针对社会制度异于汉族地区的民族地区进行的以土地改革为中心的社会变革，民族杂居区的少数民族往往由于汉族的影响，汉化比较明显，自身民族的特点反而不甚明显。前文已述，今日凉山彝族自治州实际上是原西昌专区和原凉山彝族自治州（“老凉山”）合并组建的，它明显分为两大区域：以西昌为中心的安宁河流域和以昭觉为中心的凉山山区。以西昌为中心的安宁河流域多为汉族地区和以汉族为主的彝汉杂居区，当地的彝族与汉族的交往相对密切，受汉族影响较明显，汉化程度较深，且在中国共产党领导之前能为中央政权（至少是地方势力）所控制。以昭觉为中心的凉山山区，彝族一直占据当地人口的绝大多数，时至今日彝族人口仍占据绝对优势。而且这些地方在中国共产党领导之前基本都不能被政府有效治理。很显然，如果将原西昌专区纳入研究范围，很可能会造成论题不集中，区域的特色不明显，故不将其纳入研究范围。此外，木里属于藏区，也不属于笔者界定的研究范围（本书的研究范围是彝区）。

为了进一步说明笔者的意图，下面是笔者在凉山亲自拍摄的两张照片（见图0-1、图0-2）：

---

① 现在的凉山彝族自治州是原来的凉山彝族自治州（1978年前）和原西昌专区合并的。合并的时间是1978年，在原凉山彝族自治州和西昌专区合并后，凉山彝族自治州的首府才由昭觉迁往西昌。具体情况可参见伍精华：《我们是这样走过来的——凉山的变迁》，北京：民族出版社，2002，第331—347页。

图 0—1　西昌街头的彝族，2014 年 8 月 31 日，
笔者拍摄于西昌市街头

图 0—2　凉山的彝族，2014 年 9 月 2 日，
笔者拍摄于普格县螺髻山镇

由这两张照片可见，西昌的彝族在服饰上和汉族平时穿戴的服饰没有什么区别。普格的彝族多数都还穿着彝族的传统服饰和包着头巾或戴着较高的沿帽（这是彝族的传统穿着方式）。很明显，普格的彝族更多地保存着彝族传统的色彩。① 此外，就笔者在凉山所见，原西昌专区的彝族的生活习惯很多方面已与汉族相差无几——特别是西昌的彝族除了较汉人皮肤较黑这一较明显的特征外，其他方面与当地汉族已经几无差别。笔者通过这两张照片想说明的是，如此设定的目的之一就是将自己的研究区域定位在凉山还保持着较浓的彝族传统的区域，而这种区域一般都是民族聚居区。

第二，如前所述，现在的凉山彝族自治州是由以西昌为中心的安宁河流域（原西昌专区）和以昭觉为中心的凉山山区（原凉山彝族自治州）两部分组成。两个区域的经济发展水平差异甚大。据笔者在凉山收集资料时和当地政府工作人员（主要是凉山彝族自治州州政府的工作人员）的交流：以西昌为中心的安宁河流域（即原西昌专区）各县的经济水平与汉区的中等偏下的县大致相当，以昭觉为中心的原凉山彝族自治州下辖各县的经济水平要比原西昌专区差得多。另一个十分典型的例子是：笔者前往凉山各地的档案馆，特别是“老凉山”的档案馆（不在笔者限定区域内的档案馆，笔者只去了一个——位于西昌市的凉山彝族自治州档案馆）收集档案时得知：当地档案馆的工作人员也都被要求下乡扶贫（扶助当地极其贫困的群众生产和生活——基本是彝族），档案馆工作人员的工作职责本是征集和保管档案，并接待前来查阅档案的人员。然而在凉山，档案馆的工作人员却被要求下乡扶贫，这就可见脱贫前凉山的贫困程度足以令山外的人们震惊。换句话说，如此确定研究区域的另一个目的就是为了实现前文所述的研究 20 世纪 50 年代凉山社会变革现实意义最重要的一条——为凉山的（彝族）贫困群众，寻

① 当然，这不是说现在“老凉山”地区的彝族就没有“汉化”的趋向，但是相对于原西昌专区的彝族，“老凉山”的彝族的民族色彩要浓厚得多，就笔者在凉山所见，至少就服饰而言，当地彝族有很大一部分人通常还是穿彝族的民族服饰。

找一条能够过上好于他们现在所过的生活的道路。毕竟如果将凉山经济水平相当于汉区中等偏下的县（原西昌专区的辖区）纳入研究范围，凉山的贫困就不是那么明显，也就有违笔者的初衷。

下面是研究时间的界定。本研究的时间界定为 1950 年 4 月—1958 年 3 月，也就是从西昌战役结束到凉山以土地改革为中心的社会变革的基本结束。实际上，凉山正式进行变革的时间只有 27 个月，即 1956 年 1 月—1958 年 3 月。本研究之所以如此界定，主要是因为从西昌战役结束到开展社会变革的前夕（1950 年 4 月—1955 年 12 月）是凉山社会变革的准备期（也可称为“缓冲期”），这是少数民族地区以土地改革为中心的社会变革的重要特色，也是少数民族地区的土地改革与汉区的土地改革的重大区别之一。如果不将这一时期纳入少数民族地区社会变革的考察范围，那么要全面理解少数民族地区的社会变革，尤其是理解其方式、具体做法、社会影响和党和国家的民族政策几乎不可能。因此，笔者将 20 世纪 50 年代凉山社会变革准备期的工作也纳入了考察的范围，这样，研究的时间段刚好 8 年。

三、学术史的整理

本目对相关学术成果进行简要的清理。根据研究的问题，笔者的学术史整理分为两部分，一部分是对凉山地区社会变革（民主改革）[①] 研究成果的梳理，另一部分是凉山以外的其他少数民族地区土地改革成果的梳理。通过这些梳理展现本研究的学术基础和起点。

具体而言，凉山社会变革现有的成果主要包括以下内容：

李绍明作为凉山民主改革的经历者，从当事人的角度对这场变

---

① 由于凉山社会变革的核心就是民主改革，民主改革的本质就是土地改革，学界也确实有不少以“民主改革”为题的学术成果，且民主改革也是少数民族地区土地改革的一部分，基于尊重前人成果的原则，本书将其一并予以梳理。

革进行了若干反思。他在系统回顾四川民族地区民主改革过程中的政策的同时，对改革的定义和定性以及不足，提出了自己的看法。他认为：民主改革主要是针对民族地区固有的农奴制度、奴隶制度的改革，也包括某些少数民族一些原始公社残余的改革等。①

秦和平在他的著作中用专题形式，从民主改革的由来和法理依据、社会形势与民主改革的关系、要求的提出和方案的制定以及民主改革的基本过程等方面叙述了凉山地区的民主改革情况。对民主改革的基本过程在现有资料基础上进行了扼要的厘清。②

蒋彬、罗曲、米吾作的著作在简要叙述民主改革进程的基础上，全面分析了1958—1978年四川凉山地区的社会变迁。本书最大的特点是“全面”，从物质文化到精神文化，从农业到商业，从收入到消费，从习惯法到民俗，从社会结构到社会文化，全面向人们展现了民主改革后凉山地区社会文化变迁的全貌。同时指出：民主改革的意义在于改变了彝区内部的社会形态，促进了彝区社会经济的发展，民主改革成功的历史经验在于决策正确，坚定执行党的方针政策，充分发动、依靠群众，加强统一战线工作，有一支全心全意为彝族人民服务的各民族干部队伍和人民子弟兵，兄弟民族的无私支援，在工作中不断提高认识7个方面。郑长德的著作讨论了民主改革后凉山彝区经济发展，从经济增长、产业结构、农业、工业、交通通信业、旅游业、投资和资本的形成、财政经济、金融发展、人口与发展、城镇化11个方面全面论述了凉山民主改革与彝

① 李绍明：《四川民族地区民主改革的历史回顾》，《西南民族大学学报》（人文社科版）2008年第1期。

② 秦和平：《有关凉山彝族地区民主改革的认识》，见达力扎布主编：《中国边疆民族研究》（第2辑），北京：中央民族大学出版社，2009，第91—115页。他的著作《四川民族地区民主改革研究：20世纪50年代四川藏区彝区的社会变革》（北京：中央民族大学出版社，2011）一书中关于凉山民主改革部分即由此文扩充改写，见该书第37—92页。

区经济发展的关系。[①]

目前凉山地区的民主改革研究中，水平最高的研究当属杨正文的论文。杨正文利用凉山民主改革亲历者的口述资料，分析了在民主改革历史书写话语中的“可表述性”。杨正文认为：国家构建的话语必然会影响历史的书写形式。凉山民主改革的历史，同样存在可表述性。在民主改革当事人的口述史也会在国家政策意识形态下有意识无意识地被按照“表述性规则”“书写”，“表述性”也实实在在影响着历史书写的选择和历史的表述过程。[②]

此外需指出的是：秦和平对川西民族地区（凉山、甘孜、阿坝三地）的民主改革研究做了许多工作（因为这些工作中都包括了凉山的民主改革，故将其也算在凉山的民主改革研究成果之内），包括编辑了川西民族地区民主改革的资料集[③]，编写了川西民族地区民主改革的大事记[④]，撰写了学术专著。[⑤] 他也成为目前川西民族地区民主改革研究的代表人物。

事实上，专门研究凉山民主改革的论文和著作都不多，更多的成果是少数民族地区土地改革的研究。下面主要梳理各地少数民族地区土地改革[⑥]的成果。大体包括以下几个方面：

第一方面主要是对少数民族地区土地改革过程和政策的叙述，

---

① 蒋彬、罗曲、米吾作：《民主改革与四川彝族地区社会文化变迁研究》，北京：民族出版社，2008；郑长德：《民主改革与四川彝族地区经济发展研究》，北京：民族出版社，2008。

② 杨正文：《历史叙述与书写的“可表述性”——以四川凉山民主改革历史的话语特征为例》，《西南民族大学学报》（人文社科版）2008 年第 3 期。

③ 秦和平编：《四川民族地区民主改革资料集》，北京：民族出版社，2008。

④ 秦和平、冉琳闻编著：《四川民族地区民主改革大事记》，北京：民族出版社，2007。

⑤ 《四川民族地区民主改革研究：20 世纪 50 年代四川藏区彝区的社会变革》，北京：中央民族大学出版社，2011。

⑥ 以下至本目结束所指的少数民族地区是包括社会制度和新中国成立前的汉区相同和不同的民族地区。

这方面笔者看到的较早的成果主要有杜润生、马曜和高元庆的成果。高元庆叙述了新疆民族地区（农业区）土地改革的基本过程，并对新疆民族地区的土地改革后的社会变化和土改成功的经验进行了概括。[①] 马曜概述了云南民族地区的土地改革情况，强调和平协商是云南民族地区土地改革的主要方式。[②] 杜润生在其著作《中国的土地改革》第十一章全面叙述了新中国成立初各少数民族地区土地改革的背景、过程和影响（历史意义）[③]。

进入21世纪后，这方面的成果日益增多。文艳林利用大量档案资料对甘孜藏族自治州的民主改革过程进行了全面叙述，指出：甘孜的民主改革主流方面是成功的，但是由于种种原因，也遗留了一些问题，其经验教训值得今人好好反思。这是迄今为止参阅一手资料（档案）最多的民主改革研究成果。[④] 许广智认为：西藏的民主改革是完成新民主主义革命第二阶段的历史任务，也是彻底埋葬封建农奴制度的一场伟大革命，西藏民主改革的顺利完成，使西藏社会性质发生了质的变化，实现了社会发展的飞跃，开创了西藏历史的新时代。[⑤] 郎维伟、张朴、罗凉昭论述了西南民族地区土地改革实践的概况。[⑥] 范连生从地权变动的视角叙述了黔东南民族地区的土地改革情况，并评析了其产生的经济绩效。他认为：通过土地改革，土地的产权发生了深刻的变化，不仅使农村土地制度的多变性和土地占有结构畸形化得到了有效抑制，而且使农村的经济结构和生产面貌发生了深刻的变化，产生了巨大的经济绩效。内容包括

① 高元庆：《新疆少数民族地区的土地改革》，《党史研究与教学》1989年第3期。

② 马曜：《论云南边疆地区的和平协商土地改革》，《中央民族学院学报》1993年第5期。

③ 杜润生：《中国的土地改革》，北京：当代中国出版社，1996，第486—558页。

④ 文艳林：《甘孜藏区民主改革研究》，四川大学2002年硕士学位论文。

⑤ 许广智：《试论西藏地区的民主改革运动及其历史意义》，《西藏大学学报》2011年第2期。

⑥ 郎维伟、张朴、罗凉昭：《试论西南民族地区实行土地改革的实践》，《贵州民族研究》2004年第4期。

因农民生产积极性提高使农村经济发展速度加快，农业产值也有了较大提高，农民的生活也有了较大的改善。土地改革不但使广大农民深切感受到党和国家对其权益的认同和重视，提升了党和政府对乡村的动员能力和号召能力，进一步解放了生产力，促进了农村经济的发展和社会的进步。① 孙勇讨论了云南藏区民主改革的过程和对当地社会变迁的影响。② 杜珊珊讨论了内蒙古地区的民主改革进程③。邹曦以贵州台江县为例，叙述了贵州少数民族地区土地改革的过程。他认为：当地土地改革具有四个特色：第一，慎重稳步的方针；第二，民族团结和自愿的原则；第三，在土地改革前序工作中的特殊的政策和措施；第四，土地改革中的特殊政策和措施。④

张晓琼讨论了云南民主改革中分类指导政策出台的依据和背景、思路的提出和实践、经验和启示。她认为：云南民主改革实施分类指导的实践和历程，不仅有其历史价值，而且对今日少数民族地区的建设和发展，新一轮的西部大开发也有着现实意义。⑤

笔者见到的少数民族地区土地改革过程的研究成果中，马玉华的论文水平相当高。她以贵州威宁民族杂居区为个案，在论述当地社会改革基本过程的基础上指出：在少数民族杂居区，尤其是汉族人口占多数的民族杂居区，对少数民族过多的、片面的照顾，会造成汉族与少数民族群众新的对立和矛盾，新中国成立初期，强调要克服大汉族主义和狭隘民族主义思想是非常正确的，但是过分强调

① 范连生：《黔东南少数民族地区土地改革及其经济绩效》，《当代中国史研究》2013 年第 3 期。

② 孙勇：《云南藏区的民主改革及其社会变迁》，西南大学 2012 年硕士学位论文。

③ 杜珊珊：《内蒙古民主改革的历史考察》，内蒙古师范大学 2014 年硕士学位论文。

④ 邹曦：《贵州少数民族地区土改问题研究——以贵州台江县为例》，山东大学 2013 年硕士学位论文。

⑤ 张晓琼：《建国初期中国共产党分类指导少数民族地区民主改革略论——以云南为个案的历史考察》，《满族研究》2011 年第 2 期。

民族问题，反而强化了民族之间的差别。[①] 这些见解令人耳目一新，在目前的少数民族地区土地改革研究中是非常难得的成果。

第二方面主要是研究少数民族地区土地改革政策的形成背景和其对少数民族地区的意义和影响（主要是社会文化变迁的影响），其中，少数民族地区土地改革对少数民族地区的社会文化变迁的影响的研究成果在少数民族地区土地改革的研究中最多。

首先是少数民族地区土地改革政策形成背景的研究成果。这方面的成果只有两篇论文。徐红卫、谢颖研究了云南民族地区和平协商土地改革政策形成的背景，指出：这一政策形成的背景主要是云南少数民族地区社会经济发展的多样性和不平衡和当地的社会政治的实际情况。[②] 范连生则指出：黔东南民族地区土地改革开展的原因主要是封建剥削，不合理的分配制度以及与此扭结的租佃关系、雇用、借贷关系，是土地改革黔东南民族地区导致贫富差异，阶级差别和农民生活困苦的重要源头。[③] 此外，秦和平分析了云南傈僳族通过合作化完成“直接过渡”的过程，指出“直接过渡”不仅反映所有制形态的改变，还有群众观念更新及管理体制的变化。傈僳族的“直接过渡”反映了某些少数民族地区在进入社会主义社会时的“千百步走”和“一步走”之间的关系。[④] 木金瑛分析了云南景颇族地区采取“直接过渡”的依据、实践和启示。[⑤]

少数民族地区土地改革（民主改革）对少数民族地区社会文化

---

① 马玉华：《建国初期贵州威宁民族杂居区的社会改革》，《云南师范大学学报》2011 年第 5 期。

② 徐红卫、谢颖：《20 世纪 50 年代云南少数民族地区和平协商土地改革政策形成背景再探析》，《社科纵横》2010 年第 3 期。

③ 范连生：《地权、地租、剥削——论新中国成立初期黔东南民族地区土地改革开展之缘由》，《农业考古》2013 年第 3 期。

④ 秦和平：《关于怒江傈僳族社会“直接过渡”的认识》，《民族学刊》2012 年第 3 期。

⑤ 木金瑛：《20 世纪五六十年代云南景颇族的民主改革》，《思想战线》2011 年增刊。

变迁（包括政治）的影响是目前少数民族地区土地改革研究成果最多、分量也最重的领域。其主要成果有以下一些：

西南民族大学主编的《民主改革与四川民族地区研究丛书》（共三册）是这一领域目前分量最重的研究成果。① 除了彝族地区的研究成果前面已有叙述外，另两册著作则分别论述了四川藏区和羌区民主改革的简况和民主改革后当地的社会文化变迁。

赵永忠指出了云南土地改革的民主协商方式对川、康（西康）②、藏的影响主要表现在两方面：一是四川民族地区和西藏在土地改革前后都发生了叛乱，但总体上还是保持了比较平和的方式，甚至四川的做法比云南还要缓和；二是从内容上看，主要都是对多余的土地实行没收或者征收、征购，其他生产、生活资料进行保护。③ 郎维伟、张晓红、郎臻叙述了四川甘孜地区民主改革的基本过程和民主改革带来的社会变迁的内容，指出，生产资料所有制关系的改变，从根本上切断了建立在人身依附关系下的这种经济制度赖以存在的条件。正是由于改革政策符合实际，改革的方法得当，改革是民心所向，所以取得了预期的效果④。

安紫娟讨论了民主改革与西藏法制变迁的关系，论述了民主改革时期西藏法制变迁的过程、内容和成效。指出，民主改革时期西藏法制的变迁经验是：第一，应当稳步慎行，重视统战工作；第二，应当因地制宜。启示是：第一，重视用法律手段来解决民族地

① 另两册分别是：《民主改革与四川藏族地区社会文化变迁研究》，北京：民族出版社，2008；《民主改革与四川羌族地区社会文化变迁研究》，北京：民族出版社，2008。

② 西康省是民国时期的一个省，辖区包括川西的凉山彝族自治州、甘孜藏族自治州、攀枝花市、雅安市及西藏东部的昌都市、林芝地区等，1955 年撤销，原辖区分别划归四川省和西藏自治区。

③ 赵永忠：《云南边疆地区和平协商土地改革对川、康、藏地区的影响》，《红河学院学报》2010 年第 6 期。

④ 郎维伟、张晓红、郎臻：《1955—1960 年四川康区民主改革与社会结构变迁》，《西藏研究》2009 年第 1 期。

区的社会变迁问题；第二，重视运用法律手段来解决民族地区的重大社会事件。①

在民主改革与民族地区社会文化变迁的研究中，民主改革对当地寺庙和宗教的影响的讨论较多。其中，陶昕讨论了民主改革与四川德格土司辖区宗教变迁的关系。过去寺庙作为政治中心的地位不复存在。加上寺庙经济实力的削弱，百姓对寺庙的人身依附关系被解除，宗教对百姓的影响力大大降低。②

秦和平论述了甘孜民主改革中中国共产党对宗教制度的认识和处理，指出，甘孜藏传佛教带有政教合一的色彩。民主改革最初没有触及寺庙利益，即使有所触及，也是充分考虑了寺庙利益，尽可能减少对寺庙和僧侣的触动。但是这些做法还是引发了寺庙的反抗。最终中国共产党采取“四反运动”对甘孜的宗教制度实行改革，废除了寺庙原有的特权。这一工作的成绩虽然巨大，但是也有一些消极后果。③ 此外他研究了西藏密悟（志清）法师在20世纪50年代初的活动，指出：密悟法师向西南局介绍西藏情况，入藏宣传中国共产党政策，促进西藏和平解放，西藏和平解放后又留在西藏帮助中国共产党做了很多工作，体现了密悟法师反帝爱国，促进民族团结的意愿，值得今人缅怀。④

黄正林论述了甘川青藏区民主改革的概况和其民主改革后社会变迁的简况，指出，藏区民主改革使藏区社会发生了以下变化：第一，藏区政权由土司制度和政教合一政权转变为人民当家作主的民主政权，国家权力进入藏区，开启了藏区政治的现代化和民主化；

---

① 安紫娟：《民主改革与西藏法制变迁》，中央民族大学2011年硕士学位论文。

② 陶昕：《民主改革与四川德格土司辖区宗教变迁研究》，西南大学2011年硕士学位论文。

③ 秦和平：《区别对待宗教信仰和宗教制度——甘孜州民主改革中对藏传佛教制度的认识》，《西南民族大学学报》（人文社科版）2010年第1期。

④ 秦和平：《一个“反帝欲汉藏两族和睦而爱国佛教者”——20世纪50年代初的密悟（志清）法师》，《社会科学研究》2015年第2期。

第二，民主改革使藏区的生产关系发生巨大变化，生产力获得解放；第三，民主改革使藏区由传统社会向现代社会转型，加快了藏区现代化建设的步伐。①

伍小涛讨论了少数民族地区土地改革的政治意义。他指出：少数民族地区的土地改革的政治意义有以下几点：第一，民族地区的乡村政治格局发生了改变；第二，政治权力深入到了民族乡村的各个角落；第三，意识形态注入民族村庄；第四，通过土地改革，少数民族大众深深认同党的政治权威。中国共产党通过土地改革将少数民族大众直接纳入了国家权力体系，形成了广泛的组织网络并全面有效的整合民族社会，使国家实现了对少数民族的乡村治理。②

蒋彬论述了民主改革后四川羌区的政治变迁，指出，通过民主改革，国家权力通过各级正式权力结构渗透到羌族乡村社会，中国共产党的基层组织发展到了村寨，形成了以共产党为领导核心的乡村政权。党政权力取代了羌族传统社会的控制手段，从根本上改变了羌族社会乡村政治状况，最终将羌族地区纳入国家的一元化政治制度之中。③ 此外，孙伶伶指出，民主改革后建立起一整套保护妇女权益和促进男女平等的政策法律体系，妇女的地位发生了翻天覆地的变化，折射出西藏社会的发展变迁和巨大进步。④

第三方面是领袖人物和民主改革（主要是决策和实行方式）的关系。这方面的研究成果主要是毛泽东与民主改革的关系。宋月红详细分析了毛泽东从 1950—1961 年对西藏民主改革的认识和决策

---

① 黄正林：《民主改革前后甘川青藏族地区社会变迁研究》，《中共党史研究》2009 年第 10 期。

② 伍小涛：《试论少数民族地区土改的政治意义》，《贵州民族研究》2015 年第 8 期。

③ 蒋彬：《民主改革与羌族地区乡村政治变迁》，《西南民族大学学报》（人文社科版）2008 年第 7 期。

④ 孙伶伶：《民主改革以来西藏妇女政治法律地位变迁》，《西藏研究》2012 年第 5 期。

过程，及其决策对西藏民主改革的影响。[①] 周忠瑜指出，毛泽东的指示是四川藏族地区民主改革顺利进行的重要指导思想，也是四川藏区民主改革后期脱离实际而草率收场的重要因素。[②] 徐学超等人指出，毛泽东对西藏民主改革从大政方针到具体细节，事必躬亲，保证了西藏民主改革的顺利进行。毛泽东在西藏民主改革中表现出的卓越的领导艺术，建立了丰功伟绩。[③]

此外，祁若雄论述了刘少奇对少数民族地区土地改革的主要贡献。他指出，早在新中国成立前，刘少奇就重视土改中少数民族问题，新中国成立后，刘少奇多次对少数民族地区土地改革发表重要意见，并指导少数民族地区进行土改，取得了良好的效果。这些工作对解放战争的顺利进行和新中国的建立，巩固民族大团结起到了积极推动作用。[④] 张成洁指出，习仲勋领导下的西北局进行的土地改革，始终坚持党的“慎重稳进”的民族政策，使历史上极其复杂的民族关系得到改善，形成了各民族之间平等互助的新型关系。增进了民族团结，促进了西北少数民族地区经济文化的恢复和发展，为之后西北地区其他各项社会改革奠定了坚实的基础。[⑤] 陈立旭从民主改革的必要性、目的、性质、根本点、依靠力量、方法六个方面讨论了周恩来对民主改革的看法。[⑥]

---

① 宋月红：《毛泽东关于西藏民主改革的认识和决策》，《当代中国史研究》2009年第3期。

② 周忠瑜：《毛泽东与四川藏族地区的民主改革》，《青海民族大学学报》（社科版）2011年第1期。

③ 徐学超、谢忠、许孟孟：《毛泽东与西藏民主改革》，《福建党史月刊》2011年第6期。

④ 祁若雄：《刘少奇与我国少数民族地区土地改革》，《中央民族大学学报》1999年第6期。

⑤ 张成洁：《习仲勋与西北新区土地改革中的民族问题》，《党史研究与教学》2012年第4期。

⑥ 陈立旭：《周恩来关于少数民族地区民主改革的理论》，《云南社会科学》1998年第2期。

除了以上三个方面的成果外，还有一些零星的成果，这里简要介绍如下。

嘉日姆几从彝族自身的视角思考了云南民主改革时期对家奴的安置模式和其对今日彝区基层村落的影响，指出，作为安置家奴的农场模式，其生产单位和组织模式的功能已经取得成功，但如何整合农场与非农场社会的文化策略却没有得到重视。以阶级组合为起点的农场（村）的政治实践强化了小凉山彝族族内婚与等级婚姻的意识形态，使民主改革后彝区村落文化的整合出现问题，导致了“农场现象”。①

闫茂旭以内蒙古锡林郭勒盟的牧区民主改革为例，叙述了少数民族牧区土地改革方针变迁的历程，指出，正是由于阶级斗争方法在牧区改革中不但没有达到预期效果，反而造成一系列恶性影响迫使中国共产党反思并调整方式，最终“三不两利”政策得以出台推行。虽然中国共产党在农区与牧区的改革达到了同样的目的，但手段却截然不同。路径决定着制度变迁的实现效果。选择何种变迁路径不仅要看变迁主导者的意志，最根本的恐怕还是要看原有制度的传统张力②。

综观现有所有少数民族地区社会变革的研究成果，应当说，绝对数量并不算少，精品之作也有一些。总体上看，存在以下一些特点和问题：

第一，土改过程概述、通论式的论文较多，但真正深入抑或较精细、细化的研究几乎没有。一般都只是叙述当地的政治、经济、社会环境，简述改革的过程，然后提出若干成功经验和对民族地区的社会影响，而且这些过程的叙述，乃至经验和社会影响的评析似

---

① 嘉日姆几：《云南小凉山彝区民主改革时期家奴的安置措施和影响》，《思想战线》2010年第4期。

② 闫茂旭：《路径选择视角下的内蒙古牧区民主改革——以锡林郭勒盟为中心的考察》，《广播电视大学学报》（哲社版）2009年第4期。

乎有千篇一律之嫌。

第二，研究民族地区社会变革（民主改革）前后民族地区经济和社会文化变迁的论文和著作较多，分量也较重。但是研究社会变革本身的论文和著作较少。而且基本集中在藏区。[①] 其他地区（包括政治、经济、社会形态与汉区相同或相近的少数民族地区）的土地改革研究较少。而且即使这些较少的成果，也基本未出乎第一点指出的水平。

第三，即使是现有的少数民族地区社会变革（土地改革）研究（这里主要指四川凉山彝区、甘孜藏区、阿坝藏区和西藏的土地改革），包括研究成果较多的西藏民主改革，仍然存在许多需要解决的问题。举一个典型的例子。四川凉山彝区的社会变革是在1956年才开始的，但是中共进驻凉山各地的时间多数在西昌战役结束前后（1950年3—4月），最晚进驻的是金阳（具体时间是1950年10月）。[②] 从中共军队进入凉山到开始社会变革，足足有5年多时间，这段时间中共到底做了些什么工作，这些工作与民主改革之间的关系如何（这一问题的重要性前文已述，此处不赘），学界几乎对此没有提及[③]，厘清这些问题对全面认识凉山社会变革的政策和实行方式，乃至政治、经济、社会形态与汉区基本不同的民族地区20世纪50年代初的社会变革模式（特别是川西和西藏的模式，其有相通之处）都相当重要。

第四，目前在对少数民族地区的土地改革较高层次研究中（较好的期刊上发表的论文），多数是从社会学、文化学、人类学、民族学（特别是后二者）视角进行研究，作为历史研究的成果相当少

---

① 社会变革研究目前成果最多的属西藏和四川藏区。这和一些高校和研究机构（如四川大学）的藏学研究传统有关，而且很多学者已经将目光移到了社会变革上。

② 四川省志编纂委员会编：《四川省志·军事志》，成都：四川人民出版社，1999。

③ 秦和平在其论著中对此有所涉及，但主要是论述凉山50年代的烟毒（不足3页）和禁烟，此外对此时进军凉山的工作略有提及（不到2页，字数不足1000字）。对此时的其他工作（经济工作、宣传工作、建政工作等）完全没有涉及。

见，而且现有的一些研究成果有不少错误。① 此外，在现在已经对少数民族地区以土地改革为中心的社会变革的研究中，往往只写了社会变革的一些面相，没有或较少提到社会变革的另一些面相。所有这些，都使 20 世纪 50 年代少数民族地区以土地改革为中心的社会变革研究有着巨大的空间。

四、问题意识、研究内容和资料简介

问题意识是学术研究的灵魂。研究思路或者说使用什么理论对历史问题进行解释，其实是问题意识的体现。有了与众不同的问题意识，一个二三流的题目可以写成一流的问题。② 但是，这必须要有较好的学养和理论素养。就本书而言，问题意识和研究思路大致包括以下三点：

第一，对中国共产党此时在凉山开展的社会变革为中心，创造新凉山过程的史实进行较全面的清理。具体而言，就是利用笔者收集的各种资料（档案、报纸、地方志、文史资料、公开出版的回忆录等），并相互参照印证，厘清中国共产党创造新凉山的全过程。大致包括对现有的研究进行细化，对现有研究中未涉及或极少涉及

① 这里举两个例子。一是秦和平在其论著中指出中国共产党全面领导凉山的时间是 1954 年底（见秦和平：《四川民族地区民主改革研究：20 世纪 50 年代四川藏区彝区的社会变革》，中央民族大学出版社 2011 年版，第 45 页），但笔者通过档案发现全面进军凉山 1955 年仍在进行［见凉山工委：《关于近两年来民族工作的初步检查和 55 年主要工作任务的意见（草稿）》（1955 年），甘洛县档案馆，1—1—9—8］。二是蒋彬等人在其论著中认为合作化运动是 1956 年民主改革的同时进行的。但笔者通过档案发现凉山的合作化运动（互助组，生产小组）实际上 1952 年就开始了［见喜德县委：《喜德县三年来工作总结》（1952 年），凉山彝族自治州档案馆，79—1—6—1］。

② 王东杰的博士论文是将二三流的题目写成一流问题的典范。见王东杰：《国家与学术的地方互动——四川大学“国立化”研究（1925—1939）》，生活 · 读书 · 新知三联书店，2005。王东杰的高明之处在于他在原本是校史研究的题目（他在后记中也说这个题目的提出受到许多人的质疑）中写出了当时中央和地方的关系（“国立化”进程是明线，通过“国立化”展现当时中央和地方的关系是暗线）。从而将一个二流的题目写成了一流的水平。

的部分（如前文所述的前期工作）作仔细研究，从而揭示现有研究的一些没有涉及的历史面相和对现有研究成果的一些错误进行纠正等三个方面。李金铮早就指出，中共革命史不是一部一帆风顺的浪漫史，中共革命的历史其实是一部充满艰难险阻的历史。[①] 笔者也认为，较之汉区，民族地区的工作难度还要大得多。在民族地区，中共是怎样进行社会变革的，对社会变革所遇到的困难是怎样解决的？这是清理创造新凉山史实的重中之重，也是通过对相关史实的清理，笔者力图回答的第一个问题。

第二，在清理凉山社会变革史实的基础上，尽可能运用一些在革命史中已经使用的理论对民主改革的一些问题进行理论分析和解读，从而使人们对 20 世纪 50 年代凉山的社会变革有更深入的理解和认识。[②]

第三，在系统清理的基础上，力争概括出一个中共领导民族地区（政治、经济、社会形态和汉区区别较大的地区）社会变迁的模式。同时分析当时中共为什么会选择这种模式（为什么会有这样的思路，为什么会选择这样做），而不是选择那种模式？同时在这一基础上对此时民族地区的社会变革做一些历史的反思。

本书包括四章，大致内容如下：

第一章主要介绍 1950 年前的凉山彝族社会的基本情况，包括政治、经济、社会三方面。在对 1950 年前凉山彝族社会情况进行全面扼要的介绍的基础上，概括出旧凉山彝族社会的一些基本特色。此外，尽可能就旧凉山彝族社会的情况提出一些前人未提出的看法。

第二章主要介绍凉山社会变革的各项准备工作，包括经济工

① 李金铮：《向“新革命史”转型：中共革命史研究方法的反思和突破》，《中共党史研究》2010 年第 1 期。

② 需要指出的是：不是所有章节都有理论分析。具体使用了哪些理论方法在相关章节会加以介绍。

作、社会工作、政治工作三部分。在对各项准备工作全面清理的基础上，分析凉山社会变革准备工作的特色，以及这些工作对凉山开展社会变革的作用。在本章的最后分析凉山的社会变革条件成熟的表现和中共四川省委、凉山州委对凉山社会变革的部署。

第三章分析凉山开展社会变革的基本过程。

第四章是本书的最后一章，主要分析凉山社会变革是怎样被巩固的。

最后想简要说明一下本书的相关资料。具体而言，包括以下几类：

首先是档案。档案资料是迄今为止史家们承认的历史研究的最权威的第一手资料，从某种程度上说，档案资料的多少决定了历史研究的成败。和很多历史研究一样，本书最重要的资料也是档案。具体而言，本书使用的档案有以下四类：

一是四川省档案馆保存的档案，主要是四川省民族宗教事务委员会全宗的相关档案。这些档案不多，笔者只找到了不足50页。

二是凉山彝族自治州档案馆保存的档案。这些档案主要包括凉山彝族自治州州委、凉山彝族自治州州政府两个全宗的档案，这部分档案的资料总体上也不多，有1000多页。

三是凉山彝族自治州下属各县档案馆的档案，这些档案是本书档案资料中分量最重的部分，也是本研究资料最核心的部分。总共有近12000页。这些档案全部来自凉山的甘洛县。正是因为这些档案，本书才能在现有资料较少的条件下得以进行。①

---

① 需要特别说明的是，和凉山民主改革相关的档案开放的程度很低，笔者走遍了四川省档案馆、凉山彝族自治州档案馆，以及凉山各县的档案馆，收获都很少。如果仅靠四川省档案馆和凉山彝族自治州档案馆保存的档案（已经开放的），笔者是无论如何完不成这篇博士论文（本书）的。幸运的是，笔者在甘洛收集到了80多卷，近12000页的档案。更重要的是，这些档案中有一部分档案的作者是凉山州委（曾称为凉山工委，凉山地委），极大地弥补了笔者在四川省档案馆和凉山彝族自治州档案馆收集的档案的不足。这篇博士论文才能得以完成。这里要特别感谢甘洛县档案馆何明霞馆长和沈兴华先生的大力支持。

四是韦清风等编辑的《凉山彝族奴隶社会的变革资料摘编》（中国社会科学院民族研究所1981年出版）。这部书摘录了很多凉山社会变革的资料（多数是档案），补充了前三类档案记载的不足。

其次是地方志和报纸。地方志总共有13部。除了州志外，就是研究区域所在的各县的县志。包括《甘洛县志》《越西县志》《喜德县志》《普格县志》《美姑县志》《昭觉县志》《雷波县志》《金阳县志》《布拖县志》《峨边县志》《马边县志》等，此外还有一部由沙正华、段世治主编的《凉山彝族自治州军事志》。这些资料除了提供凉山社会变革的若干信息（尤其是经济方面的信息）外，还提供了不少社会变革时期当地发生的大事的基本线索。报纸则主要是《四川日报》，该报内有少量关于凉山开展社会变革的报道，能丰富相关资料。

再次是文史资料。包括凉山彝族自治州政协和凉山各地县政协编辑的文史资料。文史资料中有大量经历了凉山这场社会变革的亲历者编写的回忆录，可以补充档案资料记录的不足，也能使本研究在立足档案的基础上将凉山社会变革的过程尽可能细化，使其史实的建构更加完善。

最后是一些调查资料。这些调查资料包括两部分：第一部分是20世纪50年代中国共产党在凉山进行的社会调查资料。主要有《四川彝族历史调查资料·档案资料选编》《四川省凉山彝族社会调查资料选辑》《四川省凉山彝族社会历史调查（综合报告）》等，此外，在档案中也有一些调查资料。第二部分是1949年前国民政府和一些学者在凉山进行的社会调查。主要有马长寿的《凉山罗彝考察报告》、林耀华的《凉山彝家》（这里使用的是收入了《凉山彝家》全文的《凉山彝家的巨变》），曾昭抡的《大凉山夷区考察记》等。

除了上述四种主要资料外，还有一些其他资料。包括个人文集（如《邓小平西南工作文集》、《毛泽东选集》第五卷等）、回忆录（主要有潘文超主编的《凉山民改回忆录》、施嘉明主编的《难忘的历程——开辟凉山地区工作的回忆录》、伍精华的《我们是这样走过来的——凉山的变迁》等)、资料汇编、资料集（主要是西南民族大学编辑的四川民族地区民主改革亲历者的口述资料和前述秦和平编辑的《四川民族地区民主改革资料集》）等。

最后要说明的是资料的使用原则。因为档案是最权威的第一手资料，因此一般情况下均以档案资料为主，当其他资料与档案资料发生冲突时，以档案资料为准。在没有档案资料的内容里，则采取各种资料相互参证的方法，力争得出相关内容最接近史实的情况和结论。同时重视各种资料记载的同一性，如两种或两种以上资料对同一事情进行了记载，则将所有资料出处都列出。此外，在对现有成果的错误进行纠正时，将成果出处和纠正的依据全部列出，以备查考。

第一章
1950年前的凉山社会

本章主要利用民国学者和新中国成立初的调查资料，结合档案、地方志[①]的记载，力图对1950年前凉山社会的基本情况进行勾勒。然后在此基础上分析凉山社会的性质，从而为后面的章节的论述打下一个良好的基础。

第一节 凉山彝区的社会政治结构

1. 凉山彝区社会各阶层的基本情况

1950年以前的凉山彝区社会是一个等级森严的社会。社会成员分为兹莫、诺伙、曲诺、阿加、呷西5个等级。这其中，兹莫、诺伙是统治阶层，曲诺、阿加、呷西是被统治阶层。也可将其分为兹诺（包括兹莫、诺伙两个等级）、曲诺（也称曲伙）、濮节（包括阿加、呷西两个等级）3个等级。其中，兹诺是统治阶层，曲诺和濮节是被统治阶层。

首先介绍统治阶层的基本情况。兹莫（汉译土司，也称土目）是古代彝族的最高统治者。“兹”含“掌权”之意，“莫”是彝语

① 笔者收集的档案中有一些凉山社会调查资料。

中“兵士”的音译，故兹莫的译意就是“执掌兵权的人”。由此可见：“兹莫”是部落军事首领发展而来的王权。“节”本意是指原始的兵器（矛），引申为“被执掌兵权者使唤的兵卒”①。彝谚中也有“巫果勒兹莫，你果勒尔节”之说（汉语译作“兄长成执掌兵权的人，弟弟成被使唤的兵卒”）。在传说中，彝族始祖仲牟由（彝语称笃慕）的儿子武吾格自，就是一个兹莫。凉山古彝文典籍《勒俄特依》称他是第一个到凉山的人。据凉山彝族谱系推算，武吾格自距今大约 2000 年，另一部凉山古彝文典籍《公史传》记载了两个著名的凉山彝族古代兹莫。一个是古侯系的侯阿土，另一个是曲涅系的合尔普。据凉山彝族阿侯家谱系计算，侯阿土距今 44 代。据沙马兹莫谱系计算，合尔普是沙马兹莫始祖阿折的祖父（也有说是曾祖父），约相当于南宋初年。沙麻部归顺元朝，即沙马兹莫，其时代和彝族谱系记载完全相合。这说明彝族兹莫在元朝之前即已存在。②

到了元朝，为了争取当地上层支持，元廷在西南民族地区采取了分封各族首领世袭官爵以统治当地民众的土司制度，这是当地土司制度的开端。自此，兹莫和土司被人们混同起来，换而言之，两者是一而二、二而一的关系。到了明清两代，这一制度更趋完善。③在清中叶以前，兹莫势力是凉山最强大的统治力量。整个凉山都是兹莫的统治区，包括诺伙都归它管辖。在凉山古彝文典籍中，都把诺伙包含在兹莫所属的百姓中。所谓“黑罗罗言真正百姓，白罗罗

---

① 袁亚愚主编：《当代凉山彝族社会和家庭》，成都：四川大学出版社，1992，第 49 页。

② 转引自蒋彬、罗曲、米吾作：《民主改革与四川彝族地区社会文化变迁研究》，北京：民族出版社，2008，第 88 页。另外，胡庆钧在其著作中也指出：兹莫阶层早在宋朝就已经存在，见胡庆钧：《凉山彝族奴隶制社会形态》，北京：中国社会科学出版社，1985，第 31 页。

③ 转引自姜先杰：《凉山土司研究》，北京：光明日报出版社，2013，第 156—163 页。

言仆从之后”[1] 就是指的这种情况。为了维持自身等级不坠，兹莫严格实行等级内婚制，如果兹莫有人与低等级的人结婚，就要受到严厉惩处。尽管凉山的诺伙阶层在民国年间基本摆脱了兹莫的统治，但他们还不敢自诩凉山彝区最高统治等级。[2] 在诺伙崛起后，兹莫的势力日益衰微，至民国年间，兹莫的统治仅限于西昌、越西、甘洛、布拖、昭觉、金阳、普格、雷波等县的一部分地区，只占凉山总面积的10%左右。但是兹莫不管怎样衰落，其声势还是影响着凉山彝区，至少在名义上还是凉山的最高阶层。从人口上看，兹莫在凉山所占的人口很少，约占彝族总人口的0.1%。

诺伙（汉称黑彝，有时也将兹莫和诺伙合称黑彝），这是1950年前凉山的主要统治阶层。凉山的彝谚说：“哥哥变成兹，弟弟成为诺。”又说：“曲色职农耕，诺色职打仗。”这些谚语说明诺伙其实是武士，因此，诺伙平时把练兵习武放在至高无上的位置，鄙视农业劳动。他们声称“黑彝婆娘像官家婆娘一样贵，要是背水就成了癞子。黑彝男子要是砍柴犁地，就不如叫花子”。正如另一条彝谚所言：“戴嵌金宝剑的，不弯腰捡石头；戴珍珠耳坠的，不出力背重荷；戴护手红箭的，不出手当屠夫；戴手镯戒指的，不洗手搓荞面。”[3] 老一辈民族史学家马长寿也指出，“黑彝纯然一消费者，而不参加任何直接生产。生产事业中唯一引动黑彝之兴趣者，乃其祖宗所优为之田猎工作。然黑彝并不以田猎为工作，而为一种游戏”，同时他指出，在黑彝的观念里，“勤农乃一件不祥之预兆。反

---

① 转引自蒋彬、罗曲、米吾作：《民主改革与四川彝族地区社会文化变迁研究》，北京：民族出版社，2008，第89页。

② 兹莫势力的衰落也和中央改土归流的政策有关，可参见姜先杰：《凉山土司研究》，北京：光明日报出版社，2013，第596—630页。

③ 引自胡庆钧：《凉山彝族奴隶制社会形态》，北京：中国社会科学出版社，1985，第111—112页。

之，白彝则为天定的人附于地的农奴”①。由此可见，诺伙阶层是一个尚武的特权阶层。诺伙男子的精力基本都花在练武、骑马、角力上，休闲时间则基本花在酗酒、认亲戚和背家谱上。马长寿指出：在诺伙眼里，只有三件任务是神圣的，一是领导战争，二是裁判案件，三是管理白彝、奴隶（娃子）。②

为了体现自身的尊贵，诺伙男子从四五岁开始，就在额前留一小绺长发，称为窝次，意思是头上的印记（汉语称天菩萨），平时用青布（也可用蓝布）缠头，在右额上方用布扎一个锥形结，称作主帖，意为雄鸡的冠子（汉语称英雄结），窝次和主帖都是不能随意触碰的，低下等级更不能随意触碰这两处。如果不慎失手摸到，必须赔偿黄金一两，否则就必须砍去右手的两个或五个指头，甚至被打死。③

诺伙的身份是世袭的，为了维持自身身份，诺伙严禁本阶层与低等级的人通婚。如果诺伙阶层有人和低等级的人缔结婚姻或发生性行为，诺伙要被开除家支，低等级的人则要被处死。为了保持自身血统纯正，还采用父子联名的办法，防止不纯正者渗入。审查别人是不是真正的“黑骨头”的方法是要求被审查者背诵自己的家谱，看对方是否能熟练无误地背上几十代，如果背诵有误，将会被怀疑其根不正，是“杂骨头”，或视为冒充者，将会受到歧视和处罚。④

到了新中国成立前夕，绝大多数诺伙已经不在兹莫统治之下。他们在政治上享有特权，在经济上占有大量资源（包括奴隶、牲

---

① 马长寿：《凉山罗彝考察报告》，李绍明、周伟洲等整理，成都：四川出版集团，巴蜀书社，2006，第 335 页。

② 同上书。

③ 胡庆钧：《凉山彝族奴隶制社会形态》，北京：中国社会科学出版社，1985，第 112—113 页。

④ 凉山彝族自治州地方志编纂委员会编：《凉山彝族自治州志》（上册），北京：方志出版社，2002，第 309 页。

口、土地、房屋等），成为凉山事实上的奴隶主。极少数诺伙经济上可能很贫困，但是在政治上仍旧保持其高贵的身份，与所有被统治等级保持着严格的界限。在凉山，任何情况下都不允许视诺伙为低等级，任何人也不敢收诺伙为娃子。胡庆钧指出：一个黑彝（诺伙）哪怕是沦为乞丐，他也能保持自己的地位。他去人家乞食，直达主人家锅庄（饭锅）前，主人必须尽可能满足他的要求。否则他就装疯卖傻，任性大闹，即使黑彝也不敢得罪。[①]

以上是凉山统治阶层兹莫、诺伙的基本情况，下面是被统治阶级曲诺、阿加、呷西的基本情况。[②]

曲诺（也称曲伙，汉称白彝）是凉山彝区人口最多的阶层，据亲身考察过凉山的人类学家林耀华先生的记述，凉山“黑彝居十分之一，汉娃十之二三，余数全为白彝”[③]。除少数地区（主要在雷波、甘洛）有少数摆脱兹莫、诺伙控制的曲诺外（原因是当地兹莫势力衰落，诺伙又无力消灭与其对抗的曲诺。因而当地的曲诺摆脱了兹莫和诺伙的控制，成为当地最高的阶层）[④]，其他的曲诺都有自己的主子。此外，有时因为“自身主子实力不强，或为了避免或减少主子打冤家给自己带来的损失，或为了外出方便，因而找一个以上的投靠主子，但是‘骨头’仍是原来的主子的”[⑤]。

---

① 胡庆钧：《凉山彝族奴隶制社会形态》，北京：中国社会科学出版社，1985，第 111 页。

② 娃子是四川方言，这里泛指处于隶属地位的人。见四川省编辑组：《四川省凉山彝族社会历史调查（综合报告）》，成都：四川社会科学院出版社，1985，第 22 页。在凉山，娃子包括曲诺、阿加、呷西三个阶层（一般还是指后二者，本书娃子一律指阿加和呷西）。

③ 林耀华：《凉山彝家的巨变》，北京：商务印书馆，1995，第 76 页。但是也有一些地区曲诺很少，如普雄。见四川省编写组、《中国少数民族社会历史调查资料丛刊》修订编辑委员会编：《四川省凉山彝族社会调查资料选辑》，北京：民族出版社，2009，第 6 页。

④ 云南省编辑组：《四川广西云南彝族社会历史调查》，昆明：云南人民出版社，1987，第 12—13 页。

⑤ 四川省编写组、《中国少数民族社会历史调查资料丛刊》修订编辑委员会编：《四川省凉山彝族社会调查资料选辑》，北京：民族出版社，2009，第 44 页。

曲诺在凉山的属于典型的中间阶层，是人身世代隶属于兹莫或诺伙的直接生产者，也是必须取得主子（兹莫或诺伙）保护的被保护民。在被统治阶层中，曲诺是地位最高的阶层。和下面要介绍的阿加、呷西不同，曲诺在人身上不被兹莫和诺伙完全占有，有一定的自由，对自己的人身和财产拥有一定的自主权。主要包括可以拥有和自由处理自己的财产，一定程度上可以自由迁徙，不必为主子服劳役（即使要服也较轻），兹莫和诺伙不能随意占有曲诺的财产，不能抽取曲诺的子女为呷西或作陪嫁，等等（详后）。[①] 如果无罪曲诺被主子打死，主子必须赔偿命金。[②]

就笔者现在掌握的资料看，曲诺的来源大致有这样几种[③]：一是兹莫和诺伙的忠仆，如当地曲诺介尼家就是当地黑彝阿陆家的世仆；二是原来土司的百姓（也称官百姓），被诺伙使用各种手段（掠夺、欺骗、引诱等）使其归属自己；三是曲诺得罪了原来的主子，因而投奔别的主子为曲诺；四是由阿加、呷西上升而来；五是随兹莫之女陪嫁（陪嫁是凉山彝族重要的婚俗，后面要详论，此处不赘），后被诺伙掳走，成为曲诺。

蒋彬等指出，在兹莫统治时期，诺伙可以占有阿加、呷西，但是不能占有曲伙。诺伙和曲伙同样是兹莫统治下的百姓。[④] 由此可见，兹莫统治时期，诺伙和曲伙只是分工不同而已。据 20 世纪 50 年代中共对凉山普雄县（今属越西）瓦曲曲乡调查资料，这里“原来是没有比阿加较多一些自由的曲诺这一个被统治等级存在的，

---

① 但是有的诺伙属下的曲诺也不能自由迁徙，要迁徙须经主子同意。见《四川省凉山彝族社会调查资料选辑》，第 44、178、194—196 页。

② 同上书，第 239 页。

③ 这里曲诺的来源主要是以凉山美姑县九口乡为参照分析，见马长寿主编，李绍明整理：《凉山美姑九口乡社会历史调查》，北京：民族出版社，2007，第 102—107 页。但是，其他地方实际上与此地也相差无几。

④ 蒋彬、罗曲、米吾作：《民主改革与四川彝族地区社会文化变迁研究》，北京：民族出版社，2008，第 92 页。

即使有少数外来的曲诺，也多被下降为阿加”[1]，“曲诺到本乡的历史最早只有七代，黑彝到本乡最早有十一代……即黑彝到这里之初一百年间（约四代人）在其所统治的娃子中，还没有曲诺这一等级”[2]。这份调查报告清楚地说明：大约200年前当地诺伙阿候家只占有阿加，没有占有曲伙。另一份调查报告载明，“土司当权时期，曲诺与黑彝为土司所服的劳役，只是分工，并无原则上的不同”，因而有“土司的百姓和黑彝一般大”之说。[3] 在布拖县拖觉区有一个叫欺沙的曲诺这样说：“自己的祖祖辈辈都属都家土司（阿都兹莫）管，到他两三岁时（50年前），土司势力开始衰弱，土司不管，诺伙也不管，到了30岁（30多年前），就属于诺伙统治。”[4] 所有这些，都说明曲诺地位在兹莫统治晚期所发生的变化。

由于近二三百年兹莫衰落，诺伙家支在凉山很多地方取代了兹莫的统治，因为诺伙家支在政治上都是平等的，不同的诺伙家支分别管辖着一些不同的曲诺家支，这些不同的曲诺家支也都承认自己的管辖者为“色坡”（主人），这些家支在重大问题的决定上（主要是打冤家和掠夺土地人口），多少都要借助曲诺们。此外，部分曲诺在血缘上与兹莫和诺伙有千丝万缕的联系，所有这些都注定了曲诺的地位必然高于阿加和呷西。他们有自己独立的经济，是自食其力的劳动者，少数富裕的曲诺甚至占有较多的生产和生活资源，甚至有较大的曲诺奴隶主（详后）。

在曲诺中还有一种特殊情况，称为“瓜足夏足”。意思是“被抽取第二女的曲伙”（另一说是抽子抽女的意思），这种人的来源

① 四川省编写组、《中国少数民族社会历史调查资料丛刊》修订编辑委员会编：《四川省凉山彝族社会调查资料选辑》，北京：民族出版社，2009，第3页。

② 同上书，第6—7页。

③ 同上书，第190页。

④ 转引自蒋彬、罗曲、米吾作：《民主改革与四川彝族地区社会文化变迁研究》，北京：民族出版社，2008，第92页。

有二：一是曲伙因经济困难，欠债无力偿还，债主（当是兹莫和诺伙）拉人抵偿后即下降；二是阿加赎身过程中经济力量不足，只升为“瓜足夏足”。但这种曲伙只占少数。[①] 另外需要指出的是：“瓜足夏足”在凉山各地所处的阶层并不完全一样，在美姑、雷波，“瓜足夏足”被视为曲诺、在普雄，“瓜足夏足”被视为阿加。[②]

阿加是彝语“阿图阿加”的简称，意思是“主子门里门外的人”（汉语译为“安家娃子”）。它和呷西（二者均可称为“娃子”）构成了凉山社会等级的最底层。

首先是阿加阶层。阿加的来源比较复杂，各地情况虽有差异，但总体上不出以下几类：第一种情况是被抓入的汉人呷西配婚成家与主子分居分食，成为阿加；第二种是祖先是掠来的汉人，本人在彝区出生，完全彝化的汉根娃子的后裔；第三种是由曲诺下降而来；[③] 第四种是随主子之妻陪嫁而来（这种情况女子居多，也有男子随嫁的情况），或被主子抽取为呷西，被主子配婚后成为阿加；第五种是在打冤家过程中未被赎回的战俘或被别的家支掠走未赎回，沦为呷西后经配婚上升为阿加；第六种是通过买卖获得阿加。[④] 此外，在阿加中有所谓的“彝根”和“汉根”之别。所谓“彝根”，即指祖先是彝族的阿加；“汉根”，即指祖先是汉族的阿加（被掠卖到凉山）。下面是凉山部分地区“彝根”阿加和“汉根”阿加的统计表（见表 1-1）：

---

① 四川省编写组、《中国少数民族社会历史调查资料丛刊》修订编辑委员会编：《四川省凉山彝族社会调查资料选辑》，北京：民族出版社，2009，第 239 页。

② 四川省编辑组：《四川省凉山彝族社会历史调查（综合报告）》，成都：四川社会科学院出版社，1985，第 71 页。

③ 同上书，第 22 页。

④ 云南省编辑组：《四川广西云南彝族社会历史调查》，昆明：云南人民出版社，1987，第 14 页。

表1-1 阿加“血缘”差别统计表

地区	彝根阿加		汉根阿加		当代汉人		合计
	户数	百分比（%）	户数	百分比（%）	户数	百分比（%）	
美姑巴普区	0	0	2	10.5	17	89.5	19
普雄瓦吉木乡	141	75	47	25	0	0	188
布拖则洛乡	299	64.44	165	35.56	0	0	464
雷波拉里沟乡	2	14.5	13	85.5	0	0	15
合计	442	64.43	227	33.09	17	2.48	686

说明：1. 巴普区根据三候以达乡1个行政村统计，瓦吉木乡是5个行政村的统计，其余两地是全乡统计材料。

2. 美姑地区是一个行政村材料，但其乡内有个别曲诺下降的阿加。

3. 本表摘自四川省编辑组：《四川省凉山彝族社会历史调查（综合报告）》，成都：四川社会科学院出版社，1985，第22页。

从表格中可见：多数彝区都存在多少不等的“汉根”阿加。一般说来，“汉根”阿加的地位低于“彝根”阿加。这主要体现在以下几个方面：第一，“彝根”阿加如果无故被主子打死，或导致阿加被打死的事件中主子有过错，主子必须赔偿命价；第二，“彝根”阿加的命金直接赔给阿加的家族，非“彝根”阿加的命金则全部赔给主子；第三，“彝根”阿加能通过家族的力量在一定程度上抗拒主子比较过分的对待（如无故将阿加家庭分拆出卖），非“彝根”阿加则没有这样的力量保护自己。因此，很多非“彝根”阿加千方百计加入当地氏族（多是曲诺）。①

下面举两个相关案例。一个是“彝根”阿加被杀，主子赔偿命

① 引自胡庆钧：《凉山彝族奴隶制社会形态》，北京：中国社会科学出版社，1985，第136—137页。

金的案例。20 世纪 40 年代，普雄瓦吉木黑彝阿候阿来子和阿加阿佳克布子因赌钱发生了争吵。阿佳克布子抓下了黑彝的裤子，因而被黑彝打死。阿佳家要求抵命，黑彝不同意。于是全乡阿佳家打牛（杀牛）、开会、吃血酒，并打算一起逃走。黑彝以为他们要武装反抗，乃主动来言和。结果阿候阿来子赔了 30 锭[①]银子才了事。另一个案例是昭觉城南乡黑彝八且笔未子，要将阿加阿子吉火出卖。阿子吉火的家族不依，说："他不好，你可以教他，但是不能卖他。他住在这里给你当呷西可以，但是不能把他卖到别的地方去。"最后阿子吉火没有被出卖。[②]

以下是呷西阶层的情况。呷西[③]，彝语全称是"呷西呷洛"，意思是"主人锅庄旁边的手足"（汉语称为"锅庄娃子"）。这是 1950 年前凉山彝族社会中最低的等级。这个等级的来源有以下几种：第一种是掠来或转买来的当代汉人；第二种是主子抽来的阿加子女（阿加的子女要被主子抽走一部分为呷西）；第三种是曲诺或其他等级下降的。此外，掠来的其他民族的人们或是在冤家械斗中俘获的人员，又或是在汉族对彝族进行讨伐的战争中俘获的彝人，加以转卖，都可以成为呷西（但是诺伙不能出卖为奴，只能让人来赎或干脆杀掉）。这其中，如果是刚掳掠来的呷西，可由主子任意转卖，如属阿加子女中抽出的，一般不能转卖。下面是凉山部分地区呷西来源统计表（见表 1-2）：

---

① 凉山 1950 年前的通货主要是白银，计算单位是个或锭（每锭重 10 两）。以下没有特别说明的都是如此（每锭白银重 10 两）。

② 四川省编辑组：《四川省凉山彝族社会历史调查（综合报告）》，成都：四川社会科学院出版社，1985，第 58 页。

③ 在文中，兹莫和土司、土目，诺伙和诺合、黑彝，曲诺和曲伙、白彝，阿加和安家、安家娃子，呷西和锅庄娃子是同义词。除了专门解释外，不再区分。

表 1-2　呷西来源统计表

地区	曲诺下降的		阿加的子女		汉人被抓卖来的		其他		合计
	人数	百分比（%）	人数	百分比（%）	人数	百分比（%）	人数	百分比（%）	
美姑巴普区	3（户）		5（户）		14（户）		0	0	22（户）
普雄瓦曲曲乡	2	2. 27	5	5. 68	52	59. 09	29	32. 96	88
普雄瓦吉木乡	1	0. 34	16	5. 42	124	42. 27	153	51. 94	294
布拖则洛乡	9	3. 19	93. 5	33. 12	131. 25	46. 50	48. 5	17. 19	282. 25
雷波拉里沟乡	5	6. 75	32	43. 24	25	33. 8	12	16. 21	74
甘洛上土司地区	3	6. 98	21	48. 84	19	44. 18	0	0	43
合计	20	2. 56	167. 5	21. 44	351. 25	44. 96	242. 5	31. 04	781. 25

注：1. 美姑巴普区是根据该乡一个行政村统计，因社会变革前后呷西立户的多，统计呷西以户为单位，故表内填的是户数。该乡材料，呷西每户平均为 2.6 人，其余各地呷西以人计算。

2. 瓦曲曲乡为 43 户占有呷西的统计，瓦吉木乡是 5 个行政村的统计，该二乡其他一项中包括呷西的子女。

3. 其余各地是全乡统计材料。拉里沟乡“其他”一项为呷西中未进行访问者。

4. 本表摘自四川省编辑组：《四川省凉山彝族社会历史调查（综合报告）》，成都：四川社会科学院出版社，1985，第 23 页。

由上表可见：凉山各地呷西基本是阿加子女和新抓来的汉人，二者占了呷西的绝大多数。很显然，掳掠汉人是增加呷西的主要方法。相比之下，除了甘洛、雷波的阿加子女比例较大外，其他地方都是新抓的汉人多于阿加子女。这和民国年间诺伙势力加强有极大的关系。①

多数呷西都是住在主子家里，也有部分呷西在配婚后没有起码的成家条件，仍住在主子家，未与主子分居分食。这种呷西在凉山

① 四川省编辑组：《四川省凉山彝族社会历史调查（综合报告）》，成都：四川社会科学院出版社，1985，第 23—24 页。

各地都有一定比例（见表 1-3）。

表 1-3　配婚呷西和单身呷西比较表

地区	配婚的			单身的		合计
	户数	人数	百分比（%）	人数	百分比（%）	人数
普雄瓦吉木乡	27	109	37.04	185	62.96	294
布拖则洛乡	1	2	0.7	280	99.3	282
雷波拉里沟乡	7	15	20	59	80	74
甘洛阿尔乡	0	0	0	410	100	410
甘洛上土司地区	4	15	34.9	28	65.1	43
合计	39	141	12.78	962	87.22	1103

注：1. 瓦吉木乡是五个行政村统计材料。
2. 其余各地均为全乡统计材料。
3. 呷西被配婚后仍住在主子家与主子同居共食，其仍为呷西。被配婚后与主子分居分食为阿加。
4. 本表摘自四川省编辑组：《四川省凉山彝族社会历史调查（综合报告）》，成都：四川社会科学院出版社，1985，第 23—24 页。

除了上述 5 个主要的等级外，在凉山部分地区（昭觉、雷波）还有为数极少的汉族客户，这些客户是在当地找有势力的诺伙或曲诺投了保，因而能长期住在凉山。他们长期住在凉山，从事农业和手工业（主要是手工业）。① 他们属于特殊的自由民范畴。

在各阶层人口所占的比例中，除了个别地区（如普雄）外，一般曲诺比例最大，阿加次之，兹莫、诺伙、呷西所占的比例都较

① 四川省编写组、《中国少数民族社会历史调查资料丛刊》修订编辑委员会编：《四川省凉山彝族社会调查资料选辑》，北京：民族出版社，2009，第 94—95 页。

小。[①] 下面两个表是凉山部分地区各阶层人口比例表。从表 1-4、表 1-5 中也可见凉山各阶层所占人口大致比例。

表 1-4　布拖县则洛乡各等级人户比较表

等级		黑彝	曲诺	萌柱	赤黑	呷西	共计
户	实数	114	464	299	165		1042
	百分比（%）	11	44	29	16		100
	实数	410	1707	1126	661	282	4186
	百分比（%）	9. 8	40. 8	26. 9	15. 8	6. 7	100

注：1. 萌柱和赤黑是本地的阿加阶层。其中萌柱多系彝根，赤黑多系汉根，故萌柱地位略高于赤黑②。

2. 本表摘自四川省编写组、《中国少数民族社会历史调查资料丛刊》修订编辑委员会编：《四川省凉山彝族社会调查资料选辑》，北京：民族出版社，2009，第 184 页。

表 1-5　普雄中果庄区汉洛木折等五个自然村人户统计表

黑彝				曲诺				“瓜足夏足”				阿加				呷西		合计	
户	百分比（%）	人	百分比（%）	户	百分比（%）	人	百分比（%）	户	百分比（%）	人	百分比（%）	户	百分比（%）	人	百分比（%）	人	百分比（%）	户	人
2	2. 53	11	2. 85	4	5. 06	24	6. 22	59	74. 68	241	62. 42	14	17. 73	72	18. 65	38	9. 84	79	386

注：本表摘自四川省编辑组：《四川省凉山彝族社会历史调查（综合报告）》，成都：四川社会科学院出版社，1985，第 21 页。

2. 凉山社会各阶层的关系和社会流动

前文已述，凉山社会各阶层中，兹莫、诺伙是统治阶层，曲

① 四川省编辑组：《四川省凉山彝族社会历史调查（综合报告）》，成都：四川社会科学院出版社，1985，第 19 页。

② 四川省编写组、《中国少数民族社会历史调查资料丛刊》修订编辑委员会编：《四川省凉山彝族社会调查资料选辑》，北京：民族出版社，2009，第 187—188 页；四川省编辑组：《四川省凉山彝族社会历史调查（综合报告）》，成都：四川社会科学院出版社，1985，第 57 页。

诺、阿加、呷西是被统治阶层。[①] 和汉区不同，凉山各阶层的人身依附性远强于汉区。下面首先分析凉山的社会关系（这里主要分析社会各阶层的关系，凉山社会关系另一重要问题——家支问题放在后面分析）。

凉山的社会是一个典型的等级社会，统治阶层对被统治阶层的统治是通过对被统治阶层拥有绝对的生杀支配权，亦即作为统治——服从关系实现的。如林耀华所言，凉山的社会等级制“在经济上是主奴的关系，在社会上是贵贱的关系，在政治上是统治者与被统治者的关系”[②]。此外，较高等级的被统治阶层可以占有较低等级的被统治阶层，表 1-6 是凉山的一个乡各阶层占有娃子的统计表。

表 1-6　甘洛阿尔乡乃呷、乃乌、地八三个行政村各阶层占有娃子者户数情况统计

	曲诺			阿加			呷西		
	占有者户数	对本等级户数(%)	被占有者户数	占有者户数	对本等级户数(%)	被占有者户数	占有者户数	对本等级户数(%)	被占有者户数
黑彝(10)	7	70	242	8	80	177	8	80	53
曲诺(167)	0	0	0	5	3	6	30	18	50
阿加(212)	0	0	0	2	17.21	3	19	15.6	34
共计 299	7	2.34*	242	15	5.35**	186	57	19.34***	137

注：1. *、**、***都是占有者总户数和各等级总户数的百分比。

2. 本表摘自四川省编辑组：《四川省凉山彝族社会历史调查（综合报告）》，成都：四川社会科学院出版社，1985，第 334 页。

① 少数地方的统治阶层是曲诺。见《四川雷波县上田坝乡“独立白彝”社会调查》《甘洛县腴田乡“独立白彝”社会调查》，载云南省编辑组：《四川广西云南彝族社会历史调查》，昆明：云南人民出版社，1987，第 1—156 页。

② 林耀华：《凉山彝家的巨变》，北京：商务印书馆，1995，第 74 页。

由此表可见：第一，黑彝占有的娃子数量最多，曲诺次之，阿加最少；第二，黑彝阶层可以占有曲诺、阿加、呷西，曲诺阶层只能占有阿加和呷西，且多是呷西，阿加只能占有呷西。

黑彝这一阶层相互享有平等的权力。其“常以人之拇指比作黑彝，拇指一般大，故黑彝亦为一般大”，故而“黑彝有一信条为‘众生一体’，故有死一黑彝之命而酿动全族公愤者”①。因而在兹莫势力衰微，诺伙势力崛起后，凉山的家支统治成为凉山的主要统治方式（详后）。

在基于人身依附为基础的统治—服从这一统治方式下，对诺伙而言，自身的身份和权势是最重要的。因而黑彝平时总是显示一副威严之态，“目光耿耿，嘴角下垂，状极骄傲，遇事蛮进，大有不屈不挠的精神”。平日出行，“多召百姓娃子（多是曲诺和阿加）为随从”，“行路时黑彝空手或执枪，白彝随从一二人或四五人不等，为主人荷枪持械，背负行装衣物以及食粮。主人要吸烟，娃子送上石质竹柄的烟斗，装上烟丝，然后燃火，以便主人吹吸……主人口渴，奴娃从行装中取出木碗到远处取水送上。一路上主人行止栖息，白彝莫不紧紧追随”②。由前人对凉山兹莫和诺伙形象的描述可见：凉山黑彝（包括兹莫和诺伙）在凉山拥有绝对的权威。在这种权威下，凉山黑彝（兹莫和诺伙）对下属的娃子（阿加和呷西）有生杀予夺的权力。据林耀华记述，他在凉山考察时，曾见来自马边恩札家支的黑彝和另一黑彝赌博，该黑彝损失惨重，付完随身银两后还欠了不少钱，立刻命其随身的锅庄娃子（呷西）追随赌博得胜的黑彝，该娃子多年侍奉家主，颇有感情，不愿另属他人，

---

① 马长寿：《凉山罗彝考察报告》，李绍明、周伟洲等整理，成都：四川出版集团，巴蜀书社，2006，第 334 页。注：因为民国年间兹莫势力在凉山已经相当衰微，诺伙（黑彝）在凉山的大多数地区占据了统治地位，所以这里只讨论诺伙这一阶层的统治情况。事实上，兹莫的统治方式与诺伙并无大别。

② 林耀华：《凉山彝家的巨变》，北京：商务印书馆，1995，第 74 页。

大哭抗命。黑彝将其追到河边，用大石投击，幸未命中。[①] 黑彝对娃子的生杀予夺之权，由此可见。如果一些诺伙对下属的曲诺、阿加较和蔼，会被认为是软弱的表现。据甘洛的老兹莫岭光电回忆，他“小时性情温和，对丫头随从从不责备，母亲就对我说，对奴娃要凶狠。她说对奴娃要求不严就会受到他们的轻视和欺骗”，后来，“我对奴人狠时，她就高兴地说：‘统治着无数彝人的大彝皇土司，将要名扬一方’”[②]。

就被统治阶层的曲诺、阿加、呷西而言，他们只有绝对服从之权（这不仅是对诺伙而言，也包括阿加、呷西对曲诺，呷西对阿加），丝毫不得反抗。对于不是自家的黑彝主子，也必须予以应有的尊敬。很显然，曲诺、阿加、呷西阶层和黑彝（兹莫和诺伙）之间是一种基于统治—服从的人身依附关系。事实上，凉山的被统治阶层曲诺、阿加和呷西就是统治阶层（兹莫和诺伙）的财产（尤其是阿加和呷西）。

凉山统治阶层对被统治阶层人身占有主要体现在对其人身自由的控制和对人身的处置，以及子女的亲权上。但是曲诺、阿加和呷西之间有所区别。曲诺虽然依附兹莫或诺伙，但在人身上有一定的自主权，阿加的自主权小于曲诺，但高于呷西，呷西则几无人身自主权可言（各等级的财产权见本章第二节）。

曲诺的人身自主权相对较多，主要体现在：第一，主子不能随意买卖和打骂杀害曲诺及其亲人。如果发生这样的事，曲诺会坚决反抗，甚至可能伤害主子。如昭觉诺伙尔恩那业把所辖一个曲诺的妹妹出卖，最后被曲诺砍伤，随身带的枪支也被夺走。第二，曲诺子女一般不给主子当呷西或陪嫁丫头，婚配也由曲诺自主，无须征求主子的意见，哪怕对方主子和自己的主子是冤家也可开亲。只是

---

① 林耀华：《凉山彝家的巨变》，北京：商务印书馆，1995，第 72 页。

② 岭光电：《忆往昔——一个彝族土司的自述》，昆明：云南人民出版社，1988，第 17 页。

曲诺的女儿出嫁时，男方要送一些礼物给女方的主人，以示和娘家的主人脱离了隶属关系。[①] 此外，曲诺的女儿出嫁，要向主子送礼。

阿加的人身自主权远逊于曲诺，但要优于呷西。具体表现有以下几个方面：第一，阿加没有迁徙的自由。如果被允许外出，必须在主子规定的时间内回来。[②] 第二，阿加的子女要被主子抽走做呷西或陪嫁丫头（兹莫或诺伙的女子出嫁时，都要带陪嫁丫头，带得越多，表明其家支势力越大，也就越有面子），各地阿加子女被抽走做呷西的比例不一，另外部分地区（如昭觉）当呷西有一定的年限（一般 3 年），但也有终生为呷西的现象。阿加一般由主子配婚，但也有自己择婚的，如果是主子配婚，阿加的全部子女都由主子支配，如果是自婚，各地有一些差异。有的地方是第一个女儿归自己，其余子女全归主子，有的女儿和主子平分，儿子全归主子，有的只抽第二子或第二女。而且在自婚的情况下，男方所出的聘金要全部或部分交给女方的主子。此外，部分地区的阿加可以出钱赎买自婚权，[③] 阿加女儿出嫁时所得的聘金要全部或部分交给主子。第三，主子出卖阿加时，不能将其分拆出卖，而且出卖时要经本人同意。[④] 此外，有家支的阿加的待遇要略优于无家支的阿加。[⑤] 至于

① 四川省编写组、《中国少数民族社会历史调查资料丛刊》修订编辑委员会编：《四川省凉山彝族社会调查资料选辑》，北京：民族出版社，2009，第 193—196、283 页。

② 四川省编辑组：《四川省凉山彝族社会历史调查（综合报告）》，成都：四川社会科学院出版社，1985，第 58 页。

③ 见四川省编写组、《中国少数民族社会历史调查资料丛刊》修订编辑委员会编：《四川省凉山彝族社会调查资料选辑》，北京：民族出版社，2009，第 42、283、299—302、196 页；《凉山彝族奴隶社会》编写组编：《凉山彝族奴隶社会》，北京：人民出版社，1982，第 98 页。另据四川省编辑组：《四川省凉山彝族社会历史调查（综合报告）》（成都：四川社会科学院出版社，1985，第 66 页）记载：主子对阿加的子女也有人身占有权，不仅对抽走做呷西和陪嫁丫头的阿加子女有婚配权，未被抽走的阿加子女的婚姻也要由主子作主。

④ 四川省编写组、《中国少数民族社会历史调查资料丛刊》修订编辑委员会编：《四川省凉山彝族社会调查资料选辑》，北京：民族出版社，2009，第 243 页。

⑤ 同上书，第 284 页。

呷西，基本没有什么自主权可言，甚至连自己的性命都有朝不保夕之虞。如马长寿所言：凉山彝族贵族视呷西为自家牛马而已。①

下面是几个呷西被残害的事例（这是普遍现象，前文岭光电的回忆已经说明在凉山，虐待娃子——尤其是呷西是既合法，也符合彝区道德的）。

事例 1：一个名叫布兹铁诺的诺伙的妻子，将属下一个阿加的男孩（只有七八岁）抽来做呷西。由于这个孩子有痢疾，肠子都拖出来一截，放牲口时赶不上牲口的速度，结果被其抓住腿反复在水里浸，最终丧命。

事例 2：一个土司（兹莫）丢了数斤羊毛，找不到是谁偷的，最后硬说是属下的呷西黑勒启拉偷的，命看守抓住黑勒启拉吊打，黑勒启拉最后被活活打死，其父母向土司叩头求情，土司坚执不准。

事例 3：一个名叫唐彭地的呷西，只有二十几岁，体格强健。成为呷西后，从未吃过饱饭。主子叫他干活，走慢了，主子先用石头砸，然后提着脚倒拖着走。背上的肉全部破烂。最后被扔在猪圈里，五天后发现其大腿被猪咬掉一截，人早已没了呼吸。②

不过需要指出的是：主子一般不会杀死呷西，而是千方百计想从呷西那里榨取劳动价值，毕竟呷西是主子的财产，杀害呷西等于主子的财产遭受损失。③

此外，凉山彝族社会统治和被统治阶层之间的等级森严，从日常生活的实况也可窥见。在日常生活中，黑彝（兹莫和诺伙）男女皆可出令，曲诺、阿加、呷西一切听命。以日常吃饭为例，曲诺、

---

① 马长寿：《凉山罗彝考察报告》，李绍明、周伟洲等整理，成都：四川出版集团，巴蜀书社，2006，第 338 页。

② 四川省编辑组：《四川省凉山彝族社会历史调查（综合报告）》，成都：四川社会科学院出版社，1985，第 59 页。

③ 胡庆钧：《凉山彝族奴隶制社会形态》，北京：中国社会科学出版社，1985，第 122 页。

阿加、呷西必须让家主先吃，而且吃饭时在锅庄旁边主奴有地位方向的规定，严禁超越犯例。睡觉时若主奴在一室，一般黑彝在屋左或锅庄左边，曲诺、阿加、呷西在屋右或石磨旁边或锅庄下面。① 凉山社会等级制对社会生活的方方面面的渗入，可见一斑。

凉山的社会等级制，当然对被统治阶层有束缚作用，但是，如秦晖所言：中国传统社会有对束缚共同体成员的一面，也有“保护”共同体成员的一面。② 凉山彝族社会也不例外。这主要是针对家主以外的其他家支的人——可以是兹莫、诺伙，也可以是他们的附属民）或外族（汉族）人的欺凌——而言。如果曲诺受到他人欺凌，或财产被劫夺，其主子必定为其出头，凉山彝族之间的打冤家往往因此而起。曾昭抡指出，在凉山，如果统治阶层（兹莫和诺伙）的附属民如果受了欺凌，等于打其主子的脸，主子往往不惜拼其生命财产作猛烈的斗争。③ 中共的调查资料中也说白彝在打冤家中，他们的黑彝主子出力甚多。④ 而且在打冤家时，黑彝必须身先士卒，冲锋在前，才能得到附属民（主要是曲诺）的拥戴，否则附属民不能心悦诚服，黑彝威望大失，其附属民就有逃亡转投其他黑彝的危险。也可以这样说，凉山统治阶层可以随意支配他们的属下（包括曲诺、阿加和呷西），但也给予适当保护。需要强调的是，这样的“保护”主要是对曲诺而言，娃子（主要是呷西）则基本不存在“保护”一说。即使有，也是相当少的（从给予的次数上而言），且极其有限的（就“保护”的内容而言）。⑤

林耀华的考察报告指出，黑彝到白彝家，白彝固然应当尊之上

---

① 林耀华：《凉山彝家的巨变》，北京：商务印书馆，1995，第 73—74 页。

② 详细的论述可参阅秦晖：《田园诗与狂想曲——关中模式与前近代社会的再认识》，北京：中央编译出版社，1996。

③ 曾昭抡：《大凉山夷区考察记》，北京：中国青年出版社，2012，第 109 页。

④ 参见四川省编写组、《中国少数民族社会历史调查资料丛刊》修订编辑委员会编：《四川省凉山彝族社会调查资料选辑》，北京：民族出版社，2009，第 197 页。

⑤ 同上。

座，尽情招待，白彝到黑彝家，黑彝亦应供给食宿，以免冻饿。平日黑彝家所有粮食，都是大家分享，主子无论有何新鲜食品，必分赠诸娃，即小娃子也不例外。节期或婚嫁之时，杀牲会宴，共享肉食，并倾酒相贺。[①] 但是这里主要指的是白彝、娃子（阿加和呷西）平日的食物，与汉区的猪食没有大别。[②]

一般情况下，黑彝对娃子中的工匠较优待，主要体现在其物质待遇较其他被统治阶层，乃至统治阶层为优。这是因为凉山彝民基本不会制造工具，一应工具（包括武器）必须靠外界供应。马长寿的调查指出："罗彝（即彝族）掳得铁匠木匠为奴，不特善遇之，且尊视之。此种虏工至凉山不久，黑彝则为之筑一居室，并娶配一貌美之女奴为妻，以羁縻之。村落中住民，无论黑族白族，又不论其制作农具与否，每户于秋季例赠匠虏粮食一斗，为常年薪资。故匠虏在凉山中可以不耕而食。银匠为妇女首饰制造者，同时又为枪械修理者，其地位亦较一般汉奴为高。黑彝贵族常遣人在汉地虏劫银匠，得则赐之以房屋妇人，唯恐彼生活不安而远遁。"虽然其"衣服饮食较一般黑彝且为丰美，唯其社会阶级，始终为一奴隶而已"。[③]

下面分析凉山社会的流动。凉山社会的流动，仅限于被统治阶层（曲诺、阿加、呷西），统治阶层不存在流动一说。下面主要分析被统治阶层（曲诺、阿加、呷西）的流动情况。

首先看向上的流动。由下往上的流动中，由呷西成为阿加是最容易的。一般掳来的呷西在数年后均会由主子配婚，有一点自立门户的经济能力，即上升为阿加。之所以由呷西上升为阿加最容易，是因为这样做对主子有利。一个诺伙这样对他已配婚的阿加说：

① 林耀华：《凉山彝家的巨变》，北京：商务印书馆，1995，第 74 页。

② 任映沧：《大小凉山倮族通考》，载骆小所主编：《西南民俗文献》第 7 卷，兰州：兰州大学出版社，2003，第 289—290 页。

③ 马长寿：《凉山罗彝考察报告》，李绍明、周伟洲等整理，成都：四川出版集团，巴蜀书社，2006，第 338 页。

“你家人多了，天晴在我家吃，天雨也在我家吃，我养不起，我给你点地，你自己种来吃，以后天晴我叫你时，你再来。”① 由此可见：诺伙给属下的呷西配婚，令其升为阿加，除了繁衍奴隶后代的需要，还有节约生活成本的原因。

从阿加上升到曲诺的难度则大得多。一般要经过以下环节。

首先是赎身。赎身一方面要看个人的经济条件，但最重要的是主子是否愿意。一般情况是，如果主子急需用钱，或有求于阿加，这种情况相对较易赎身。如果主子经济条件较好、等级较高，赎身的难度一般较大。

阿加赎身可以一次赎清，也可分为两步进行：第一步是赎出劳役，从无限期的、较长时间的劳役到有时限的服役，或减少劳役时间；第二步是赎取对子女的亲权，使子女不被抽走做呷西或陪嫁。这种赎取也可分作几次进行。然后再采取多出聘银（娶）或少要聘银（嫁）的方式争取和曲诺开亲，最后成为曲诺。一般而言，有彝根的阿加开亲较容易，汉根阿加和曲诺开亲要难于彝根阿加。

赎身时也有一定的手续，一般首先请中间人向主子请求，主子应允后，就讲定身价（身价的数字是不一致的），接着准备酒肉（一般杀一头猪，打些酒）送到主子家里去吃。在酒宴上，主子会说：“从今以后，你的儿子不给我当呷西，女儿不给我当陪嫁丫头，曲诺做什么，你就做什么，以后要听我的话。”此后，这个阿加就成为曲诺。下面是一份阿加赎身的契约：②

打（杀）一只羊子。赎身者：勒古尾哈

勒古哈门

不为主子劳动，只是修房子时去一天，背粮食一天。

中证人：吉狄阿什恩约。　　笔摩（毕摩）：乃布而火。

并将赎身时所打的牲畜肋骨4根，留下作为凭证。

---

① 四川省编辑组：《四川省凉山彝族社会历史调查（综合报告）》，成都：四川社会科学院出版社，1985，第72页。

② 同上书，第71页。

此外需要指出的是，阿加升为曲诺往往也不是直接升为曲诺，而是升为前文叙述的“瓜足夏足”。

从理论上说，阿加都可以上升。实际情况则是主子往往为此设置种种障碍，下面是一个较典型的例子。

“普雄的阿加沙马尔是黑彝阿布车补莫的阿加，后抵债给阿候格纳。第二子名曲古，最初黑彝想给他配一个陪嫁丫头，他不同意，为此甚至用逃亡进行反抗。后经亲友调解，出了 6 个银子赎取婚权。但是结婚时的聘金 4 个银子，他出了 2.5 个，黑彝主子强要出 1.5 个，要平分子女。”后来曲古的妻子只生了一个儿子（早夭），又图再娶。恰逢黑彝主子也想娶妻，以许他自婚为条件，牵走曲古一头牛，结婚时曲古又出了一锭银子，出了以后，黑彝又称不足值（仅重 9 两 5 钱），因而又强牵走一只羊，这样，曲古才取得了自婚权，成为“瓜足夏足”①。

由此例可见：第一，阿加要上升为介于曲诺和阿加之间的“瓜足夏足”都是不易的。不仅要具备相当的经济实力，还要寻找让主子让步的机会，甚至较极端的方式（逃亡）才能成功。第二，从阿加上升为曲诺，最主要的是对婚权和与婚权紧密联系在一起的子女亲权的购买。黑彝对曲诺、阿加、呷西不同程度的人身占有，主要体现在对其婚权和子女亲权上。

在有“瓜足夏足”等级的地区，由“瓜足夏足”再上升的难度就更大。下面是一个例证：

凉山美姑巴普地区曲诺吴奇曲比家的曲比涅古、曲比窝尔、曲比娃尔原是曲诺，祖上有一代，因父母去世早，只好去主子处做了呷西，主子配了一个陪嫁丫头，因而降为“瓜足夏足”。自己的一个女儿也做了陪嫁丫头。为此他们逃跑过好几次。最后，吴奇曲比

① 四川省编辑组：《四川省凉山彝族社会历史调查（综合报告）》，成都：四川社会科学院出版社，1985，第 71 页。

家支每家出一件布，折合 60 锭银子，将三兄弟赎出来，也好在吴奇曲比家支在曲诺中势力较大，黑彝主子也不愿轻易得罪，才同意放赎。[①] 由这一例证可见从阿加升为曲诺的难度。此例的阿加前辈是曲诺，家支力量也相当强大，也要通过多次斗争才得以重回曲诺。其他没有这种条件和家支势力的阿加上升的难度可想而知。由此例也可见家支对等级升降有重大的作用。较之没有家支后盾的阿加，有家支为后盾的阿加上升要容易许多。

赎身是阿加上升为曲诺的主要途径。此外，逃亡也是一种取得曲诺地位的方式。这种情况比较多见，如昭觉的曲诺不少是外逃来的阿加上升的。还有一种较少见的方式是冒充曲诺家支的成员的阿加，逃到外地后通过背诵曲诺家谱取得曲诺地位（这种方法除了要保证逃亡成功外，必须能准确无误背诵冒充的曲诺家谱，否则不能成功）。另需指出的是，不仅兹莫和诺伙的阿加可以上升为曲诺，曲诺的阿加也可升为曲诺。如雷波独立“白彝”（曲诺，在这里没有兹莫和诺伙阶层，曲诺是当地最高的阶层）属下的阿加也可赎身，称为“曲夺”，其赎身后和原来的主子不再有隶属关系，但是社会地位低于曲诺。[②]

以上是凉山社会向上流动的基本情况，下面是凉山社会向下流动的情况。

凉山社会向下流动主要是曲诺下降为阿加。下降的原因大致有以下几种情况：

第一种情况是因家贫欠租或欠债无法偿还，曲诺将自己的全家或妻儿用于抵债。这种情况较多。例如布拖的聂日布哈，妻阿都吐则，本是莫什家的曲诺，因收成不好，基本的食物都无法保证，于

① 四川省编辑组：《四川省凉山彝族社会历史调查（综合报告）》，成都：四川社会科学院出版社，1985，第 72 页。

② 同上。

是将全家三口卖给吉狄达依为萌柱（阿加）。共得 20 两白银。[①] 这是一个因家庭困难全家由曲诺下降为阿加的例子。

曲诺全家下降为阿加的情况较少，更多的是卖出家庭个别成员。如昭觉曲诺森子拉比的父亲向黑彝阿硕尔赫借了一锭银子未还，后来父亲去世，森子拉比 12 岁时，被拉到阿硕尔赫家抵债，成为呷西。又如美姑的曲诺乌鲁育欠了吴奇家租子 15 斗，拖了两三年，连本带利无力偿还，全家被降为阿加，两个女儿，一个成了陪嫁丫头，一个成婚后聘金归了主子。儿子也被配婚。[②]

此外，如果甲黑彝的曲诺欠了乙黑彝的债无力偿还，那么他就要成为乙黑彝的阿加，甲黑彝一般不能阻止。

第二种情况是曲诺因为家贫或年幼而生活困难，被迫或被主子强拉去做呷西，但是这种情况一般是暂时的，也比较少见。在他结婚成家后，仍可成为曲诺，但也有终生在主人家做呷西的。

第三种情况是因为曲诺家贫无力娶妻，最后娶了主子的陪嫁丫头或由主子配婚，从而引起等级下降。如美姑曲诺俄七底哈，因家贫无力成婚，主子配了一个陪嫁丫头，由此成为阿加，所生的一子做了呷西，两个女儿做了陪嫁丫头。[③] 这种阿加一般主子不能出卖，原因是他们有家支联系。但也要看家支势力的强弱。主子也不能将他们降为曲诺的阿加或呷西。

由曲诺下降为阿加的情况还有打冤家被俘或偶尔被掠卖成为阿加的情况，但这两种情况比较少见。

还有一种特殊的曲诺下降为呷西的情况，系曲诺自家人打死了

---

① 四川省编辑组：《四川省凉山彝族社会历史调查（综合报告）》，成都：四川社会科学院出版社，1985，第 69 页。另据《四川省志·民族志》记载：曲诺、阿加等级下降几乎全是经济衰退引起的。见《四川省志·民族志》，成都：四川民族出版社，2000，第 99 页。

② 四川省编辑组：《四川省凉山彝族社会历史调查（综合报告）》，成都：四川社会科学院出版社，1985，第 69 页。

③ 同上。

主子的亲属，曲诺由亲属到主子家做呷西作为向主子的赔偿。据尼古果果[①]回忆：1943 年，“我家与我的主子马拉则家的家门马拉呷管辖的曲诺加巴家发生纠纷，马拉呷的独儿子参加了帮着加巴家进攻我家的械斗。我主子家门的独子在械斗中被我家的人打死了。为了其独子之死，马拉呷把我弟弟抓去了，扬言要活活打死我弟弟以抵其儿子之命。爸爸和婶娘被迫逃到峨边亲戚家躲藏，为了救回弟弟，我叔叔和亲友们找人向奴隶主求情，经过协商，由我和两个妹妹到奴隶主马拉则家去当锅庄娃子以换回我的弟弟”[②]。

一般情况下，由曲诺下降为阿加没有什么仪式，但部分地区也有一定的过场。如昭觉的曲诺下降为阿加，在确定下降的那一天，至少要请一个中间人作见证（一般是等级较高或有声望的人，没有报酬），土目（兹莫）要请被下降的曲诺吃一顿酒肉，中间人主要根据下降的曲诺的负债额确定是否应该下降，下降几人或全家下降，讲定此负债曲诺每人的身价，因此身价和负债额相比，看多少人可以抵债。决定下降后，土目要另拿一些粮食给下降的曲诺。[③]

总体而言，凉山曲诺降为阿加的数量和阿加上升为曲诺的数量大致相当，维持着大致稳定的状态。从现有的资料看，曲诺和阿加升降的绝对数量并不多。如普雄的瓦吉木乡，曲诺和阿加总共 373 户，在三代以内发生变化的只有 32 户。出现这种现象的原因，一方面是主子对等级升降（尤其是上升）控制较严，另一方面也是因为从民国以来，凉山鸦片种植成风，各等级获得金钱较易，主子也

---

① 尼古果果，女，1934 年生于美姑，1956 年参加工作，是 20 世纪 50 年代中共领导的社会变革的积极分子。曾为第二届、第三届全国人民代表大会代表，退休前任昭觉副县长。

② 施嘉明主编：《难忘的历程——开辟凉山彝族地区工作的回忆录》，成都：四川民族出版社，1992，第 309 页。

③ 四川省编辑组：《四川省凉山彝族社会历史调查（综合报告）》，成都：四川社会科学院出版社，1985，第 69 页。

有经济条件控制阿加上升。正如当时普雄的谚语所言："财富好找，曲诺难当。"①

综上所述可见：凉山社会等级的向下流动，几乎全是由于财富下降所造成的。即使个别曲诺在打冤家时被俘，家境较富裕也能花钱赎回不致引起等级下降。曲诺父母早逝，曲诺无依无靠，被主子吞没了财产强拉为呷西的情况虽有，但极少见。阿加上升也必须具备足够赎身的经济条件。赎身的身价，和曲诺攀亲多出或少要的聘金等都不是贫穷的阿加敢想的。即使通过逃亡取得曲诺地位的阿加也要有一定的经济条件。一个身无长物，逃来后要四方举债或投托主子门下的阿加，即使能升为曲诺，也容易被降下来。最后，笔者要特别强调的是，在凉山彝族社会，低等级要升为高等级的难度极大，经济条件只是必要条件，而且往往不是决定性条件。这说明凉山彝族社会是一个等级社会，人身依附性是其重要特色，社会身份是决定自身命运最重要的因素。因此，对生活在凉山彝族社会的人们而言，统治阶层千方百计保持自身尊贵的地位，被统治阶层千方百计提高自己的身份就成为必然。

第二节　凉山彝区的社会经济情况

本节讨论凉山彝区的社会经济情况，拟从生产水平、生产方式、各阶层的财产权和被统治阶层的负担 4 个方面系统勾勒出 1950 年前凉山社会经济的基本情况。

一、凉山社会生产力的基本情况

凉山的经济以农业为主，且社会生产力水平远较汉区落后。以

① 四川省编辑组：《四川省凉山彝族社会历史调查（综合报告）》，成都：四川社会科学院出版社，1985，第 73 页。

下是凉山社会生产力的基本情况。[①]

1. 生产工具

彝区农具主要有：

犁：彝区的犁形式和汉区的犁相似，但是木料较少，铧口较短，铁的量也很少，犁田深度也较浅，约 4 寸，相比之下，汉区的犁可以犁 6—7 寸。此外有小型犁，只能耕 3 寸。只适合粗放的耕作方法。

耙：只用于耙水田。样式和汉区相同，但略小。全身均用木料制成，耙钉多用木钉，一般是前 7 后 5。

锄：主要有条锄和板锄。条锄形式如鹤嘴锄，板锄系“月亮锄”。条锄用于挖土和打碎土块，板锄用于挖窝和除草。

钉耙：和汉区钉耙相似，普遍是 4—8 根木齿，主要用于翻粪和耙土。

磨子（石磨）：一般每家大小各 1 副，这是彝区主要粮食加工工具。

镰刀：和汉区的镰刀相同。用于收稻、麦和荞麦，以及割草。

连枷：是两根直径 3 厘米左右，长 167 厘米左右的木棒系上草绳连枷而成，是彝区唯一的脱粒工具。

推耙：长约 83 厘米，宽约 8 厘米，厚约 3 厘米，中间有约 2 米长的木柄，水田如未耙平即用此推平后插秧。

2. 栽培制度

玉米：凉山最主要的粮食作物，均种于上等地和中等地，除最好的土地不间种豆子，其余部分则间种豆子。中等地则是玉米、土豆、荞麦轮种。播种玉米还间种豆子。玉米一般是农历三四月间

① 据四川省编写组、《中国少数民族社会历史调查资料丛刊》修订编辑委员会编：《四川省凉山彝族社会调查资料选辑》，北京：民族出版社，2009，第 88—100、149—166 页；昭觉县委：《昭觉县外北乡提火村彝族社会情况调查》（1952 年 11 月 25 日），凉山彝族自治州档案馆，79—1—7—7 综合整理。

种，七八月间收。

豆子：除了间种在玉米地外，其余单独种在坡地和瘠薄的土地里。4 月下种，8 月收获。

荞麦：分苦荞和甜荞两种。甜荞多种于下等地，苦荞除轮种于玉米地外，还种于山地的轮歇地。三五年种 1 次或 2 次，或 7 年种 1 次。荞麦 3 月播种，7 月收获。

水稻：一年一熟，3 月下种，5 月插秧，9 月收获。

燕麦：是隔年一熟作物。头年 10 月播种，第二年 9 月收获。一般在山地种植，和荞麦轮种。

土豆：2 月下种，六七月间收获。一般和玉米在中等地轮种。

水稻一般是一年一季，较高的山地则是 3 种栽培制度。最低的平地（山下）和部分山腰是一年一季，较高的山地则多年轮歇，三年一季、四年一季、五年二季的皆有。

3. 耕作技术：

玉米：早期是种子和肥料一起撒播，不选种，不中耕。后来新掠的汉人呷西改变了种植方法。改成挖窝点播，按窝施肥，并进行选种。这样省肥，省种，产量也较多。由种到收，犁地两次，窝深 7—10 厘米，窝距前后一般均为 25—60 厘米，每窝放种 2—4 粒。施肥则视肥料多少而定。肥料多则多施，少则少施。一般不追肥。

豆子：一般是犁地 2 次。头年秋收后犁第一次，播种时犁第二次。在坡度较大的地方，则用条锄挖土种植。不施底肥，也不追肥，但进行选种。一般是挖窝，点播。窝深 7—10 厘米，距离见方 17—20 厘米，每窝放种 5—6 粒，不匀苗，中耕 2 次，间种在玉米地里的豆子，如果是上等地，则在犁地前播种，如果是中等地，则在玉米窝与窝之间挖窝点播，每窝放种四五粒，均不施底肥和追肥。

荞麦：从种到收，一般是犁地 2 次，头年秋收后犁地 1 次，第二年撒种后犁第二次，苦荞只施底肥，不追肥，甜荞不施肥，只用草灰拌后撒播。有时除草 1 次，或者不除草。

水稻：从种到收，以前多系一犁一耙，后因汉人呷西增多，逐渐改为两犁一耙。稻田冬季一般不储水，四月间下雨后即犁第一次，五月插秧前犁第二次。耙田后即栽秧（田未耙平处需推平后再插秧）。至于冬天储水的稻田，则是三犁一耙，即是在秋收后增加犁田 1 次，但亦有极个别仍照以往一犁一耙种植的。稻田一般不施底肥和追肥，只有秧田施底肥，每窝插秧苗四五株，窝距见方 17—20 厘米。中耕 2 次，边除草边用手中耕并进行选种。

土豆：从种到收犁地 2 次，一般是挖窝点播，按窝追肥。窝深约 10 厘米，窝距约 17 厘米。每窝放种一二块，中耕 2 次，只在种前施肥，不追肥。

燕麦：从种到收只犁地 1 次，是在荞麦或土豆秋收以后，先撒种后犁地，不施肥，仅除草 1 次。

很明显，1950 年前凉山的农业水平相当落后。具体而言，包括犁地不深，作物播种方法落后，不选种，不除杂草，不追肥甚至不施肥，施肥只用动物粪尿施肥，不知用人粪尿施肥，且肥料保存不当，导致肥效丧失。最关键的是根本不注意水土保持和不捉虫，甚至认为“虫吃不了多少，有虫才是丰收年”①，对播种时间也存在迷信观点。特别要强调的是：总体而言，凉山不重视农田水利和土壤改良，虽然随着汉人被掳进来，阿加和呷西为了生活好一点，有改良土地的现象（土地深挖，拾去地里的石子开沟排出地里的渍水等），但凉山农业的总体水平仍然很低，如美姑地区的土地，亩产不过 23.4 公斤左右。② 同为凉山腹地的昭觉，当地主要粮食作物玉米，平均亩产不过 53 公斤，水稻平均亩产量不足 50 公斤。③ 在

① 喜德县委：《喜德县三年来工作总结》（1952 年），凉山彝族自治州档案馆，79—1—6—1。

② 四川省美姑县志编纂委员会编：《美姑县志》，成都：四川人民出版社，1997，第 192 页。

③ 四川省昭觉县志编纂委员会编：《昭觉县志》，成都：四川辞书出版社，1999，第 152、149 页。

金阳，主要粮食作物——玉米平均亩产量不过 48.12 公斤。[①] 雷波的玉米在新中国成立前最高的亩产不过 75 公斤，水稻平均亩产量不过 115 公斤。[②] 布拖粮食平均亩产量不足 50 公斤，农业人均产值不足 22 元。[③] 与此同时，四川汉区粮食产量远高于凉山，以大足（今属重庆）为例，1950 年当地主要粮食作物平均亩产量分别为稻谷 183 公斤，小麦 54.5 公斤，玉米 67.5 公斤，红薯 121.5 公斤。[④]

二、鸦片的种植和销售[⑤]

凉山的鸦片种植主要是为了向汉区销售，因此，其对彝族社会的影响主要是通过它所促使的彝汉之间的商品交换的巨大变化，进而影响彝族社会生产力和生产关系的各个方面。

鸦片第一次在凉山各地种植的年代并不一致。在 20 年内逐渐遍及凉山各地，但此时种植的鸦片，生产者本身吸食极少。以后，汉区禁烟政策松弛，汉区烟贩收购中断，鸦片种植减少。

鸦片第二次传入凉山是在 1938 年前后，由于汉区又申禁令，汉商又来彝区收购，凉山又开始大量种植鸦片。

各等级种植鸦片的情况是：种鸦片的诺伙每年约收 100 两以上，最多达 800 两，曲诺和阿加每户每年收 20 两左右，也有富裕的曲诺年收 200 两的。

鸦片运出前，彝汉交换的商品内容只有皮货、药材、土特产和

---

① 四川省金阳县地方志编纂委员会编：《金阳县志》，北京：方志出版社，2000，第 155 页。

② 四川省雷波县志编纂委员会编：《雷波县志》，成都：四川民族出版社，1997，第 325 页。

③ 四川省布拖县志编纂委员会编：《布拖县志》，北京：中国建材工业出版社，1993，第 79 页。

④ 大足县志编修委员会编纂：《大足县志》，北京：方志出版社，1996，第 278 页。

⑤ 这一部分内容基本录自四川省编辑组：《四川省凉山彝族社会历史调查（综合报告）》，成都：四川社会科学院出版社，1985，第 15—18 页。

盐、布、铁。交换规模也很小。如昭觉的一个乡，只有彝汉交换的商人1—2人，每人每年买卖只有2—3次，每次不过1—2匹驮马的驮运量。鸦片运出后，交换的内容变成了彝区用鸦片交换盐、布、铁、武器、服饰。到20世纪40年代末，交换规模大大扩大，如雷波的马颈子地区，每年运出的鸦片可达1.5万—2万两，在这里，鸦片上市的季节，商人为收购鸦片带来的货物较汉区的市场（雷波县城）还多。此外，为了方便鸦片出口，彝区还出现了专门交易鸦片的临时市场。如美姑巴普乡，曾有一个存在了3年，专为交易鸦片组织的鸦片市场。每年交易时间为20—30天，每天有300—1000人赶场。在普雄和甘洛，也曾存在这样的临时市场。

鸦片贸易的重要后果是大量白银流入凉山。一方面，凉山从来没有自己的白银冶炼工业，白银是从汉区流入的。凉山彝区的社会生产和生活水平原本很低，鸦片在凉山大量种植，又对人力和地力起着残酷掠夺的破坏作用。因此，凉山地区的生产、生活领域对输入商品的需要并没有很大的扩展。另一方面，交换价值较高的鸦片大量运往汉区后，具有了大量运进生产、生活资料的可能性。因此，在这一段时期，彝汉之间的商品交换发生了商品输入的需要和输入的可能性之间的矛盾，输入和输出的商品价值不平衡也就产生了白银大量进入凉山的结果。由下面不同时期的粮食和白银的比价表也可看出在鸦片大量种植后白银大量流入凉山的情况（见表1-7）。

表1-7 不同时期的粮食和白银的比价表

时期	城南乡（昭觉）	拉里沟乡（雷波）
1920年前后	1锭白银=30石粮食	1锭白银=30石粮食
1930年前后	1锭白银=12石粮食	1锭白银=8石粮食
1940年前后	1锭白银=1—1.5石粮食	1锭白银=1.2石粮食
1950年	1锭白银=1石粮食	1锭白银=8斗粮食

很明显，鸦片大量种植后，随着白银大量流入，造成通货膨胀，等值白银能交换到的商品越来越少。此外，由于鸦片种植，大量白银流入，白银成为凉山彝族内部交换的重要手段。结婚的聘金、打冤家赔偿的命价都用白银，白银借贷也普遍出现，也可证鸦片大量种植后，凉山白银流通量急速增加。

鸦片的大量种植，对彝族社会生产带来了以下影响：

有利影响表现在生产工具的改善和田地的增多。这是因为种植鸦片要求的技术较高，也需要较多的生产工具，以及鸦片的交换价值较高，因而能从汉区换来较多的铁。如美姑，鸦片大量种植后，彝民买铁的数量增加。之前凉山的锄头每件仅重 1—1.5 斤，长约 20 厘米，宽 10 厘米，鸦片输出后，锄头每件重 3—4 斤，长约 30 厘米，宽 13—17 厘米。铧口过去每件重 2 斤，后来为 4—5 斤，镰刀以前每件重 6—7 两，后来重达 10 两到 1 斤。田地的增多主要是因为开荒。如甘洛阿尔乡因种鸦片每年均开有新的荒地，仅一个村的开荒数就达百亩以上。

不利影响表现如下：

第一，虽然生产工具有所改善，开荒面积增加，但主要是用在鸦片生产上，至于农业生产方面，却因鸦片种植遭到严重破坏。如美姑因为大量好地用于种植鸦片，使土质变硬；大春作物一般因此减产，如 1 升种子面积的玉米地①在未种烟前可收玉米 2 石，种烟后只收 1.5 石，导致缺粮户大大增加。

第二，鸦片大量种植给彝族民众的身体和家庭带来了严重的损害。鸦片传入凉山后，彝族吸食鸦片情形十分普遍，从而严重伤害了彝民的身体，而且使彝民精神衰颓，严重影响生产。如甘洛阿尔乡一个村吸食鸦片者竟占全村总人口的一半，另一个村占 30%，在美姑的一个乡，鸦片吸食者也占了总人口的 17%。此外，由于鸦片

① 凉山土地面积计算方式的一种是根据下种量的多少计算土地面积，一般 1 斗种子合 2 亩地。

的泛滥，不少曲诺和阿加倾家荡产，有偷盗被杀的，有因吸食鸦片妻子不愿和他同居的，有兄弟阋墙，甚至父杀其子的。

第三，鸦片的泛滥使凉山的赌风盛行，凉山诺伙本就喜欢赌博，鸦片泛滥后，赌风大盛，赌注也越来越大。如美姑，诺伙以鸦片、枪弹作赌注，甚至以曲诺、阿加和呷西为赌注。又如普雄瓦吉木乡的一个村，63 户中只有 8 户不赌，其中 3 户是大赌徒，输赢数可达 1 天 500 锭银子。

第四，由于鸦片畅销，凉山的彝族得以换回不少枪弹（一般 20 锭银子换 1 支步枪），直接造成冤家械斗频繁。此时的冤家械斗较以往冷兵器的械斗程度大了很多。如美姑的巴普区，鸦片未大量种植前，只有步枪 1 支，鸦片传入后，几乎每户都有 1 支步枪。1 个乡的步枪就达 300 支，这时的冤家械斗造成的劳动力伤亡、土地的荒废较以前严重许多。

第五，虽然鸦片种植大大扩展了彝汉之间商品交换的规模，但毕竟是以独特的商品——鸦片为基础的，因此此时的彝族农业和手工业没有得到什么发展；相反，不少生产和生活资料，需要进一步从汉区输入。如甘洛，一切手工业品都必须向汉区购买，在雷波，不少曲诺和阿加用鸦片换取粮食。这种情况在凉山各地都不罕见。

三、凉山的土地关系和各阶层财产权

本目讨论凉山的土地关系，具体包括土地和其他生产资料（如耕畜和农具）的占有关系、土地买卖和典当、土地的经营和租佃以及各阶层财产权的情况。

首先讨论土地的占有情况。

1. 按等级或阶级占有土地情况

凉山的土地制度的主要状态还是私人占有（有公有地，但不重要，此处不赘）。表 1-8 至 1-10 是凉山各阶层占有土地的情况。

表 1-8 凉山各地区黑彝占有土地的情况表

	户口		人口		占有土地数		备注
	户数	占各等级户口总数（%）	人数	占各等级人口总数（%）	实数（亩）	占各等级土地总数（%）	
布拖则洛	114	11	410	9.8	5165	35.7	
昭觉城南	7	5.83	25	6.51	455.2	39.9	
美姑巴普	24	7.84	81	6.47	1064	38.24	
甘洛阿尔	4	2.84	22	3.81	905.7	43.65	
雷波拉里沟	2	0.74	11	0.92	214.4	23.49	本地土地所有者中的黑彝多住巴普（在美姑）
普雄瓦吉木	62	14.71	217	12.51	2042.6	39.98	
普雄瓦曲曲	9	4.81	35	4.29	371.4	17.58	

注：本表摘自四川省编辑组：《四川省凉山彝族社会历史调查（综合报告）》，成都：四川社会科学院出版社，1985，第 84 页。另要说明的是：呷西所占土地极少，可以忽略不计。

表 1-9 凉山各地区曲诺占有土地情况表

	户数		人口		占有土地数		备注
	户数	占各等级户口总数（%）	人口	占各等级人口总数（%）	实数（亩）	占各等级土地总数（%）	
布拖则洛	464	44	1707	40.8	6012.5	41.6	
昭觉城南	70	58.33	254	66.15	613.38	53.76	

续表

	户数		人口		占有土地数		备注
	户数	占各等级户口总数（%）	人口	占各等级人口总数（%）	实数（亩）	占各等级土地总数（%）	
美姑巴普	176	54.82	734	58.68	1426.6	51.27	
甘洛阿尔	94	66.67	350	60.66	770	37.11	
雷波拉里沟	251	92.62	1041	87.41	681.2	74.62	本地黑彝多住巴普，故曲诺占地比重较大
雷波上田坝	47	92.15	230	91.27	652	96.45	本地为“独立”白彝区，不受黑彝统治
普雄瓦吉木	151	35.26	607	34.99	1724.3	31.86	
普雄瓦曲曲	28	14.97	115	14.09	500	23.66	

注：本表摘自四川省编辑组：《四川省凉山彝族社会历史调查（综合报告）》，成都：四川社会科学院出版社，1985，第 85 页。

表 1-10 凉山各地区阿加占有土地情况表

	户口		人口		占有土地数		备注
	户数	占各等级户口总数（%）	人数	占各等级人口总数（%）	实数（亩）	占各等级土地总数（%）	
布拖则洛	464	45	1787	42.5	3285	22.7	
昭觉城南	18	15	71	18.49	67.375	5.9	
美姑巴普	69	21.5	294	23.5	268.1	5.9	

续表

	户口		人口		占有土地数		备注
	户数	占各等级户口总数（%）	人数	占各等级人口总数（%）	实数（亩）	占各等级土地总数（%）	
甘洛阿尔	44	30.49	205	35.53	399.3	19.24	
雷波拉里沟	15	5.53	65	5.46	11.6	1.27	
雷波上田坝	4	7.85	22	8.73	24	3.55	“独立”白彝区、阿加均属曲诺
普雄瓦吉木	215	50.03	910	52.5	1477.74	28.16	
普雄瓦曲曲	150	80.22	666	81.62	1241.6	58.76	

注：本表摘自四川省编辑组：《四川省凉山彝族社会历史调查（综合报告）》，成都：四川社会科学院出版社，1985，第 86 页。

由上面三张表可说明以下几点：第一，从土地占有的总量看，曲诺占有的土地数量最多，黑彝次之，阿加又次之。但就平均占有土地数量看，黑彝最多，曲诺次之，阿加又次之。如表中的普雄瓦曲曲乡，各等级全乡每户平均占地 11.3 亩，黑彝每户平均占地却有 41.26 亩，为平均数的 365%；曲诺每户有 17.85 亩，为平均数的 159%；阿加每户平均占地 8.27 亩，为平均数的 73.2%。又如昭觉城南，黑彝、曲诺、阿加每户占有的土地数相当于平均数的 683.7%、92.11%、39.32%。

第二，不同地区相同阶层占有土地的比例是不平衡的。由表中数据可见，黑彝占有的土地数量各地不等：各地黑彝土地占有的数量，少的不足 20%，多的超过 40%，一般在 35%—40%。曲诺的土地占有量各地也有不同，少的只有 20%强，多的超过 50%。这在很大程度上是因为凉山社会是一个身份等级制社会，社会成员的身份决定了社会地位，其社会地位和自身财产占有的多少关系不大。

从民国至 1950 年，由于鸦片产销和统治者之间相互掠夺、兼并，土地和奴隶的占有更加集中。“如喜德的一个诺伙（原文写作诺合），占有田地 2000 亩和一大片荒山林地，占有呷西 90 多人，阿加 50 户，还有 1200 多户曲诺隶属于他。他还占有羊 1200 多只，牛 200 多头，马 30 多匹。”①

必须指出，凉山的兹莫、诺伙、曲诺、阿加、呷西这些阶层更多的是指他们的社会身份。在同一阶层之间也有贫富之别，曲诺和阿加也可以比兹莫和诺伙富裕。

表 1-11 是凉山中心区普雄县瓦曲曲乡各等级贫富户占有土地的情况。

表 1-11　普雄县瓦曲曲乡各等级贫富户占有土地分配表

单位：斗（每斗约合 2 亩）

	黑彝				曲诺				阿加			
	户口		占有土地		户口		占有土地		户口		占有土地	
	户数	占比（%）	实数（斗）	占比（%）	户数	占比（%）	实数（斗）	占比（%）	户数	占比（%）	实数（斗）	占比（%）
无地户					10	37. 71			33	22		
1—5	4	44. 45	11. 7	6. 3	7	25	13. 1	5. 24	71	47. 33	159. 85	25. 74
5—10	2	22. 22	18	9. 69	6	21. 43	52. 1	20. 84	31	20. 67	255. 2	41. 1
10—15	1	11. 1	12	6. 46	2	7. 14	26. 8	10. 72	12	8	148. 75	23. 96
15—20									2	1. 33	33	5. 32
20—25									1	0. 67	24	3. 87

① 《凉山彝族奴隶社会》编写组：《凉山彝族奴隶社会》，北京：人民出版社，1982，第 110—111 页。

续表

	黑彝				曲诺				阿加			
	户口		占有土地		户口		占有土地		户口		占有土地	
	户数	占比（%）	实数（斗）	占比（%）	户数	占比（%）	实数（斗）	占比（%）	户数	占比（%）	实数（斗）	占比（%）
50以上	2	22.22	144	77.55	3	10.72	158	63.2				
合计	9	100	185.7	100	28	100	250	100	150	100	620.8	100

注：1. 全乡每户占有土地平均数：5.64斗。

2. 本表摘自四川省编辑组：《四川省凉山彝族社会历史调查（综合报告）》，成都：四川社会科学院出版社，1985，第92页。

由上表可见：凉山的黑彝并不是都占有较多的土地，表中占地在15斗以下的黑彝占了黑彝的近80%。这就证明凉山彝族社会的关系主要不是基于财产所有制为基础，而是以统治—服从关系，亦即人身依附关系为基础。这一点也可从凉山被统治阶层的负担得见（详后）。

2. 土地来源和土地的处理权

首先分析各阶层的土地来源。黑彝土地的来源大致包括以下几种：第一，黑彝率娃子进入凉山后，除了占有并令娃子开垦土地外，其内部各家支不断进行土地掠夺，并占有曲诺和阿加的绝业；[①] 第二，历代曾以土司（兹莫）羁縻彝族，黑彝（诺伙）也被置于土司统治之下，自晚清以来，黑彝不断清除土司的影响，土司在凉山的势力不断衰微的过程，也是占有的土地不断被黑彝侵夺的过程；第三，黑彝在发展势力的过程中，又向凉山边缘区和凉山外的地区发展，形成彝族内部以及和其他民族不断争夺土地的复杂情况。

① 凉山有“吃绝业”的习俗，所谓“吃绝业”，是指家中如果没有儿子继承产业，那么相应的财产就归主子（曲诺、阿加）或同家支（诺伙）所有。

曲诺土地来源大致有以下几种：一是曲诺随主子进入凉山后，除为主子开荒生产外，利用空闲时间开垦荒地作为自有；二是在土地可以买卖的条件下，曲诺用自己的积蓄购买土地；三是较贫穷的曲诺可以向主子领取耕食地。这三项来源在彝族是公认的。只要曲诺不绝嗣，除了耕食地都可作为祖业传给子孙。

阿加的土地来源一般有四种：一是主子拉走阿加的牲畜以土地作补偿获得；二是阿加利用空闲时间开垦的荒地；三是用自己的积蓄购买的少量土地；四是主子拨给的耕食地。

耕食地对曲诺和阿加的意义是不同的。具体情况可见表 1-12：

表 1-12　布拖县则洛乡 136 户曲诺、阿加领种耕食地情况表

等级	耕食地（架）	得耕食地户数	调查户数	得耕食地户占调查户数	各等级实际耕种土地（架）	耕食地占实际耕地的比重（%）	赐予耕食地者	
							黑彝	曲诺
曲诺	9.5	8	72	11.1	467.5	2	8	
阿加	47	25	64	39	354.5	13.3	15	10
合计	56.5	33	136	25	867	6.5	23	10

注：本表摘自四川省编辑组：《四川省凉山彝族社会历史调查（综合报告）》，成都：四川社会科学院出版社，1985，第 100 页。

很明显，曲诺、阿加的耕食地数虽只占实际耕地的 6.5%，但以曲诺、阿加分别来看，则曲诺仅占本等级土地的 2%，阿加却占本等级土地的 13.3%，耕食地对阿加的意义要大得多。

凉山彝区各等级对土地处理的权限也是不一样的。换言之，各等级的财产权并不相同。

其次分析黑彝（包括土司）处理自己土地的权限。黑彝处理土地的限制主要表现在：出卖土地家支近亲有优先购买权，如果本家支不要，才依次卖给曲诺、阿加和其他家支各等级的人。黑彝在确定要出售土地后，先让别家支的人议价，价定以后，如本家支的人不要，才可卖给他人，如此能避免在地价上因近亲而吃亏。黑彝一般不将土地卖给居住过远的黑彝家支。

黑彝出售土地时问本家支的人也有次序。首先问自己的亲兄弟，再问一脉相传的近房。如果都没有人买，黑彝往往愿意卖给自己的曲诺，因为这样可以保留“吃绝业”的权利。此外，黑彝冤家之间一般不能买卖土地，但住在临近的黑彝家支，由于冤家可以随时调解，土地买卖关系也不至于因打冤家而终止。还要指出的是，黑彝如果没有儿子，那么他不能出卖土地，原因是家门有权吃该黑彝的绝业。如此种种限制的目的是使土地尽量保留在家支范围内，使家支的力量不致因此减弱。

不过，各地土司和黑彝对土地处理的权限有一定的区别，在昭觉，有些土司的土地典当是连同耕种该地的曲诺一同进行的，同时不受家支的限制。在甘洛的一些地区，当地土司也可自由处理自有土地。①

最后要指出的是，一般情况下，黑彝难以集中较多的土地。原因是诸子平分土地的继承原则使土地分散，黑彝内部吃绝业和吃曲诺的绝业又使土地集中，因而凉山的土地呈现一个经常分聚的状态。

曲诺处理自有地有以下限制：第一，凉山任何地区的曲诺不经主子允许，不能迁出辖区，更不能私自潜逃，如有上述情况，土地直接被没收。

第二，一般情况下，曲诺无子，主子有权吃绝业，且在这种情况下，曲诺原则上不能出售土地。但在部分地区（如普雄），如果曲诺去世绝嗣其妻转房②时仍可保持土地。但是，新夫家要担负双

① 以上据四川省编辑组：《四川省凉山彝族社会历史调查（综合报告）》，成都：四川社会科学院出版社，1985，第 103 页。

② 凉山习俗，如果丈夫去世，妻子可以改嫁给丈夫的亲属（一般是同辈），称为“转房”。这样丈夫的财产仍在家支内，也可在一定程度上避免被主子吃绝业。

份隶属性负担。如果主子不允许新夫家代替已故曲诺的隶属性负担，新夫家可以出钱向原曲诺主子购买该项土地，此外，也有个别曲诺不被吃绝业的现象，但必须经过一定的手续才能取得。

第三，曲诺有子可以出售部分土地，但是必须是生活确有困难的情况才可出售，而且必须征求主子意见。如果曲诺生活可以维持而无故出售土地，主子要干涉。在部分地区，要出售土地，还必须向主子说明原因。原因“正当”才被允许出售。“正当”的原因包括生病、家中有人去世、缺粮、出售坏地购买好地等。此外，曲诺不能全部卖掉土地，这样会被认为是将要逃跑。

第四，曲诺出售土地，要先请中人事先通知主子，主子要买，必须卖给主子。家支大、力量大的曲诺，如果主子出的价低，可以卖给他人。如主子出价和他人出价相差不大，必须卖给主子。[①] 曲诺如果出售土地给主子以外的人，要向主子交钱，称为“卡地辙”（意思是挂口钱），数量各地不同，在美姑、普雄一般是地价的十分之一，在甘洛要交 1—2 锭银子。

第五，曲诺可以向邻近的其他黑彝家支买卖土地，但不能在有冤家的家支范围内进行。如美姑巴普各家支曲诺可以在雷波属于主子阿竹和阿陆两家的地方购买土地，如果迁往雷波居住，只要每年向主子交 3 斤盐代替劳役即可，彝语称为“子普杂坡”（意思是代役钱）。

第六，曲诺卖地一般不受本家支限制，但是多数曲诺愿意先卖给自己的兄弟。

一般情况下曲诺买地，黑彝是欢迎的。因为这样可以使黑彝增强对曲诺的摊派，打冤家时需要赔偿命价的来源和吃绝业的希望。

---

① 此处据四川省编写组、《中国少数民族社会调查资料丛刊》修订编辑委员会《四川省凉山彝族调查资料选辑》（北京：民族出版社，2009，第 103 页）编写。另，据四川省编辑组编写的《四川省凉山彝族社会历史调查（综合报告）》（成都：四川社会科学院出版社，1985，第 104 页）记载：曲诺出售土地可以不看主子脸色，价高者得。但部分地区，主子可以压价购买，甚至可以分期付款和拖欠尾款。

甚至有些黑彝愿意借钱给曲诺买地，因为这样可以获得高利贷的利息。

最后需要指出的是，在凉山存在黑彝借人身隶属关系掠夺曲诺土地的情况，有些做法甚至令人发指。如美姑巴普的曲诺节纽尔普较富裕，布兹家黑彝主子相当贫穷，主子竟杀了节纽尔普夺取其土地财产。[①]

综上所述，在凉山，曲诺的土地所有权是和人身隶属关系密切联系的。曲诺处理土地的权限有较多的“自由”，但曲诺的土地所有权是受一定的限制的。

但是在曲诺是最高等级的地区（如雷波的一些地区），曲诺一般有完全的土地所有权，处理私有土地是不受任何限制的。另外，这一地区的部分曲诺尚未完全脱离黑彝的隶属关系，他们的土地所有权所受限制和其他地区曲诺所受的限制相同。但是，有些主子实力衰微，曲诺也要求完全摆脱对黑彝的隶属关系，借以取得土地的完全所有权。还要指出的是，凉山部分受汉族影响较大的地区，曲诺出卖土地不受主子限制，曲诺绝户主子也不能吃绝业。

阿加的情况和黑彝、曲诺不同，阿加人身完全属于主子，主子之所以允许他们占有一些土地，主要为了榨取更多的劳动和获得更多的呷西。因此，阿加处理土地的权限较黑彝和曲诺要小得多。具体表现如下：

第一，阿加占有的土地一般不允许被出售。只有确有困难不能维持生活，且主子无力负担生活费的，才被允许出售土地。一般情况下，阿加生活确有困难，主子往往选择贷给粮食（利率高达 50%），也不允许其出售土地。

第二，凡被允许出售土地者，主子可以压价购买。如阿加所售土地实值 7 锭银子，只给 5 锭。主子不要才能卖给别人，还要向主

① 四川省编辑组：《四川省凉山彝族社会历史调查（综合报告）》，成都：四川社会科学院出版社，1985，第 104 页。

子缴纳“卡地辙”，“卡地辙”一般在地价的 1/20 上下，其数量较轻于曲诺。此外，阿加被出卖，其土地由主子没收。

如果是“独立”白彝地区，阿加处理土地的权限相当于黑彝地区的曲诺。至于呷西，虽然可以有一些私房地，但其收入被主子掌握，因此呷西不存在土地所有权。

下面对诺伙、曲诺、阿加、呷西等等级除土地外的财产（主要是牲畜和农具）占有情况作一简要叙述。

表 1-13 反映了凉山主要地区各等级占有农具的基本情况。

表 1-13　凉山部分地区各等级占有农具统计表

	黑彝		曲诺		阿加		呷西		合计		附：占有者等级总户数				
	锄	犁	锄	犁	锄	犁	锄	犁	锄	犁	黑彝	曲诺	阿加	呷西	合计
美姑巴普	62	18	438	100	177	47	22	5	700	170	15	106	51	（31户）	172
普雄瓦曲曲	22	7	61	19	286	91. 5			370	117. 5	7	25	117		149
普雄瓦吉木	30	14	164	103	359	154			553	271	31	100	167		298
昭觉滥坝	31	3	364	204	356	180			751	391	17	198	184		400
雷波拉里沟	12	2	1021	92	38	0	6	0	1077	94	2	251	15	（74人）	268
合计	158	44	2049	518	1216	476. 5	28	5	3451	1043. 5	72	680	535		1287
百分比	4. 57	4. 21	59. 39	49. 66	35. 24	45. 63	0. 79	0. 50	100	100	5. 58	52. 84	41. 57		100

注：1. 本表制作时间是 20 世纪 50 年代，在本表中各等级（主要是较低的等级）占有的农具来自政府发放。

2. 本表引自四川省编辑组：《四川省凉山彝族社会历史调查（综合报告）》，成都：四川社会科学院出版社，1985，第 31 页。

表 1-14 至表 1-17 是各等级占有牲畜的情况。

表1-14　凉山部分地区黑彝占有牲畜统计表

	美姑巴普	普雄瓦曲曲	普雄瓦吉木	昭觉滥坝	雷波拉里沟	合计	占各项牲畜总数比重(%)
牛	25.33	19.5	72	17.5	3.5	137.83	10.82
羊	152	239	247	376	20	1034	14.01
马	17	5	47.5	25	2	96.5	13.97
猪	28	26	68	39	3	164	7.27

表1-15　凉山部分地区曲诺占有牲畜统计表

	美姑巴普	普雄瓦曲曲	普雄瓦吉木	昭觉滥坝	雷波拉里沟	合计	占各项牲畜总数比重(%)
牛	123.83	43	145.25	230.75	127.25	670.08	52.63
羊	163	268	193	2487.5	997	4108.5	55.68
马	11	10.5	72	218.5	18.5	330.5	48.21
猪	127	60.5	248.5	412	395	1243	55.17

表1-16　凉山部分地区阿加占有牲畜统计表

	美姑巴普	普雄瓦曲曲	普雄瓦吉木	昭觉滥坝	雷波拉里沟	合计	占各项牲畜总数比重(%)
牛	50.33	120.17	141.25	148.25	3.5	463.5	36.41
羊	100	1113	126	856.5	17	2212.5	29.99
马	1.5	56.5	66.5	134	0	258.5	37.71
猪	53	270.5	215	292.5	7.5	838.5	37.19

表1-17　凉山部分地区呷西占有牲畜统计表

	美姑巴普	普雄瓦曲曲	普雄瓦吉木	昭觉滥坝	雷波拉里沟	合计	占各项牲畜总数比重（%）
牛	1				0.5	1.5	0.14
羊	0				12	12	0.31
马	0				0	0	0
猪	5				3	8	0.39

注：以上各表引自四川省编辑组：《四川省凉山彝族社会历史调查（综合报告）》，成都：四川社会科学院出版社，1985，第26—27页。

由表1-13可见，1287户共占有锄3451件，平均每户2.58件，黑彝每户平均不到2.2件，曲诺每户3.01件多，阿加每户平均2.27件多。犁平均每户占有0.8件多。黑彝每户平均0.6件多，曲诺每户平均0.76件多，阿加每户平均占0.89件。很显然，各等级占有的农具数都接近平均数，曲诺和阿加占有的农具甚至略多于黑彝。在牲畜占有的总量上，曲诺占有牲畜的比例最大，除了马以外，其他均占50%以上；阿加次之，一般在30%左右；黑彝又次之，不过10%多一点；呷西则基本不占有牲畜。但是从牲畜的平均占有量看，则是黑彝最多，曲诺次之，阿加又次之。这与其说是生产资料上占有均等，不如说是凉山社会的特点决定的。凉山社会最重要的是自身的社会身份，而不是实际占有财产的多寡。作为统治阶层的诺伙，主要是靠自身的特权控制和剥削属下的曲诺、阿加和呷西的。因为劳役负担是凉山被统治阶层的重要负担（详后），农具和耕畜是向主子服劳役时所必需。在这种情况下，曲诺和阿加某些生产资料占有量多于诺伙就不足为奇了。

下面对凉山各阶层财产权再作一些补充性的说明。[1]

首先，兹莫和诺伙的财产权要受家支的某种不严格约束。除了前文所述的土地出售，其财产在身后由诸子平分外，还有这样的习惯：如果兹莫和诺伙没有儿子，则由家支中血缘最近的人继承，也就是所谓的被本家吃绝业，不能自作主张处理或由其女儿继承，也不能将其变卖成银子给女儿。

例如，美姑布兹列拖乡诺伙布兹沙达绝嗣，只有三个女儿。沙达去世后，遗下的土地由其伯叔兄弟共 13 户平分继承。其家支杀猪宰羊请了曲诺苏易共 8 人来分遗产，诺伙各户不能争执。留下半山的轮歇地作为 13 户的共有地，女儿们各得一块土地。沙达属下的 20 户曲诺也是各家平分占有。房屋由曲诺拆分（认为其不吉利），粮食除了分产时设宴消费的外，也留给了女儿们。

其次，曲诺在正常情况下可以处理、使用自己的财产，但是财产权有一定的限制。因为他们人身隶属于黑彝，其本身就是黑彝的财产。除了前述土地处理权的限制外，主要是主子可以利用各种借口强取豪夺其财产。这在凉山是普遍存在的现象。

例如，昭觉的黑彝主子家有客人来或有红白喜事，曲诺的牲畜要被抽走。曲诺如果不同意，黑彝会振振有词地说："你们负担轻，女儿是自己嫁，媳妇是自己娶，我不拉你们的牛羊，当你们的主子做什么？"又如主子要"送鬼"（凉山的一种宗教式的仪式），毕摩说该拉哪家曲诺的牲口，哪家曲诺就必须把牲口牵给主子。有一个曲诺 12 年被主子拉走了 10 头牲口。

黑彝除了可以种种理由巧取豪夺曲诺的财产外，吃绝业是主子夺取曲诺财产的重要手段。一般情况下，曲诺的遗产归自己的儿子。如果曲诺的儿子年幼无靠，曲诺的产业就有被主子侵吞的危险，即使亲兄弟也不能继承。但是，以下情况黑彝不能吃曲诺的绝

---

① "说明"的内容据四川省编辑组的《四川省凉山彝族社会历史调查（综合报告）》（成都：四川社会科学院出版社，1985，第 59—62 页）缩写而成。

业：一是曲诺是从其他地方逃来，事前和此地黑彝说好不吃绝业的条件；二是曲诺事先花钱赎取了不吃绝业的权利；三是曲诺替主子打冤家丧命，没有子嗣，这种情况下主子不能吃绝业。但往往需要通过斗争才能得到这种权利。如美姑三侯以达乡曲诺窝西克尔在帮助主子打冤家时丧命，主子不但不抚恤，还侵吞了克尔的绝业。引起窝西、涅日两家的公愤。提出不再帮助主子打冤家对抗主子无理吃绝业。由于主子势力较弱，没有曲诺支持无力打冤家。不得不表示让步，答应从此不吃两家的绝业。双方在雷波拉里沟杀牲盟誓，曲诺曲比客谷、黑彝井区以舍为见证人，各得谢银 1 锭。

阿加的财产权较前述的等级要小得多。除了前述的土地处理权外，还表现在以下几个方面：

第一，阿加的人身为兹莫、诺伙和曲诺占有，主子对他们有生杀予夺、买卖的权力。在主子眼里，阿加就是自己的财产。阿加的财产主子更可以占用。如果阿加被卖，其财产自然归主子所有。如美姑一个曲诺把自己属下的一个阿加的一条牛、一匹布拿走，分文不给，这个阿加无可奈何。另一个曲诺的阿加，一家有 5 口人，有 3 块地、2 头牛、2 只羊。因为曲诺贫困，这家阿加被全部卖掉，土地牛羊全被主子侵吞。

第二，阿加虽然可以买进土地、牲畜甚至呷西等（主子一般喜欢阿加这样做。因为这样，阿加不容易逃跑——要顾忌他的财产，同时主子能随时侵吞他的产业）。但是阿加不能自由出售土地和其他财产，甚至不敢提出出售土地。因为主子会疑心他要逃走，而将其本身卖掉。

第三，从财产继承上看，阿加和曲诺相同，但是绝业概由主子侵吞。不过，如果阿加为主子打冤家而绝嗣，这样的绝业主子不能侵吞。但这种权利也往往是靠斗争得到的。

此外，赎身或取得相当于曲诺的阿加的财产权等同于曲诺。

至于呷西，虽然可以积蓄一点私房，但是这些积蓄完全操在主子手里，动用这些积蓄都要经过主子同意。而且主子可以任意侵吞，占用这些积蓄。当然，呷西被卖、被杀之后，私房也就落到主子手里。因此，呷西没有任何财产权可言。

四、凉山被统治阶层对统治阶层的负担

凉山被统治阶层对统治阶层的负担，包括隶属性负担和劳役负担两方面。①

首先是隶属性负担，隶属性负担主要有以下一些内容（不同地区可能有一定的差别）：

第一，送过年猪头半个，曲诺、阿加对自己的主子必须送。但也有例外。如雷波的主子居住地离娃子的住地较远，本地的主子人少势孤，因此娃子多不送过年猪头。甘洛一些地区的曲诺也因同样的原因不送主子过年猪头。这并不是一种经济上的剥削，而是人身隶属关系的一种象征性标志。

第二，主子家结婚，属下的曲诺、阿加送猪 1 头，酒 1 坛，荞粑 4 个。在甘洛，须送米 1 斗，或酒若干。在昭觉，主子结婚，每户曲诺或阿加均须送至少约值 4 两白银的猪 1 头或羊 1 只，或折成白银（多数选择折银，由于顾忌礼轻而招致歧视，故折银时一般多送 1 锭白银）送出，还要另送至少在 6 斤以上的 2 坛酒，1 斗荞麦。② 主子家嫁女时，曲诺、阿加须送酒 1 坛，或银数两（雷波），或送猪羊（普雄），在甘洛部分地区则可以不送。

第三，主子家“作帛”（祭祖）时，曲诺、阿加要送酒 1 坛，猪、鸡各 1 只。或送银、猪、饭等（甘洛），或送粮食（普雄）。在昭觉，则须送一定数量的酒。③

① 以下内容主要录自四川省编辑组：《四川省凉山彝族社会历史调查（综合报告）》，成都：四川社会科学院出版社，1985，第 62 页。有来自别的史料的叙述则注出。另外，租佃问题放在下一目论述。

② 昭觉县委：《昭觉县外北乡提火村彝族社会情况调查》（1952 年 11 月 25 日），凉山彝族自治州档案馆，79—1—7—7。

③ 同上。

第四，主子家有丧事，曲诺、阿加要送牛、酒、荞粑、枪弹和白银。如昭觉，主子家有丧事，曲诺和阿加要送荞粑。多少由杀牛的数量而定。一般杀牛 1—20 头要送荞粑 10—20 双（20 双荞粑需荞麦 1 斗），以此类推，至杀 50 头牛以上，最低要送 60 双荞粑。①

第五，诺伙（曲诺）家支打冤家，属下的曲诺和阿加（曲诺家支只有阿加）也要分摊命价的银子。具体数额视命价多少而定。

需要说明的是，以上各项负担，都要以各家财富多寡为参照，按比例进行摊派。富者多出，贫者少出，并不是完全按照身份为主要依据。另外，这些负担是曲诺和阿加都要承担的。至于呷西，因为一无所有，一般不存在这些负担。

无偿劳役是凉山被统治阶层的重要负担。可以说是遍及凉山各地的规矩。当然，由于具体情况的不同（包括地区条件不同，娃子原来的身份地位不同，时间的变化，等等），劳役的强度和时限有一些区别，但是，无论如何，无偿劳役在凉山对被统治阶层而言是一种普遍存在的负担是毫无疑义的。

曲诺的劳役负担有两种：一种是每年为主子服一定天数的劳役，这种曲诺占曲诺的多数；另一种是不为主子服役。

为主子服役的曲诺，每年服役的时间各地不尽相同。在普雄，平均是半个月，昭觉是 3—30 天②，在布拖，则多数曲诺都不给主子服役，服役的曲诺是因为其是由阿加上升的（服役时间多在 5—20 天）。在美姑，情况更加复杂。如当地曲诺乌鲁家共 12 户，其中 9 户属于黑彝阿竹鲁堤父子等 5 户。最初服役天数不定，随叫随到，由于劳役过重，后来这 9 户和主子约定：为其主子 5 户各服 6

---

① 昭觉县委：《昭觉县外北乡提火村彝族社会情况调查》（1952 年 11 月 25 日），凉山彝族自治州档案馆，79—1—7—7。

② 另一份资料记载：昭觉的曲诺在农忙时，必须在自己干 1 天活和为主子干 1 天活之间交替进行，直到收割为止。曲诺和阿加所服劳役的区别仅在于曲诺可以对主子提出自己的意见。见昭觉县委：《昭觉县外北乡提火村彝族社会情况调查》（1952 年 11 月 25 日），凉山彝族自治州档案馆，79—1—7—7。

天劳役，共 30 天。另 3 户属于另一家主子，需随叫随到，但不服家内劳役。在甘洛，曲诺不必服役，只需每年交 1 斗粮食即可（也有的 3 年交两次，各 1 斗），但住地离主子家近的曲诺要服田间劳役，如果曲诺向主子领取了耕食地，需要多服劳役，天数不定，少则 5—6 天，多则 20 天，一般 10 天。没有向主子领取耕食地的曲诺不多服劳役。在雷波，曲诺一般向主子缴纳一定数量的盐（3—5 斤）或替主子背 1 趟租，即可免役。此外，曲诺可以让自己属下的阿加或呷西替自己服役。

曲诺服役的情况要受以下一些因素的支配：首先是其主子（兹莫和诺伙）势力的强弱。如果主子势力较小，曲诺不服役的情况要多一些。反之则曲诺必须服役，甚至必须亲身服役，而且不能让人代役。例如：凉山一个叫吴奇瓦尔的头人（当是诺伙），其属下曲诺差自己的呷西去代为服役时，他说："你的主子是我的娃子，叫他来服役，你不能代替。"曲诺让自己的儿子去服役，他竟说："你是为我儿子服役的，你父亲是为我服劳役的，你回去，叫你父亲来。"① 这虽是较极端的现象（一般情况曲诺可以让自己的阿加或呷西代役），也能说明主子实力强大，曲诺的劳役就会加强。

其次，一般情况下，兹莫和诺伙主子需要曲诺为其打冤家出力，在这种情况下往往会减轻曲诺的劳役。如美姑的一个黑彝需要属下的曲诺去打冤家，条件是减少服役时间，最后由原来的 7—8 天改为 3 天。② 但是，主子往往会找机会加重劳役。如美姑的曲诺沙马黑石，因父母早亡，自幼养于黑彝主子家，干的是呷西的活，后安家成为曲诺，但仍要随叫随到地服役。③

曲诺服役的轻重，还要看主子占有阿加、呷西的多寡，自营土

① 四川省编辑组：《四川省凉山彝族社会历史调查（综合报告）》，成都：四川社会科学院出版社，1985，第 64 页。

② 同上书，第 63 页。

③ 同上书，第 64 页。

地的多少等。如果曲诺得到主子允许，迁居到离主子较远的地区，一般不再服役，而是缴纳一定的代役钱或盐。此外，曲诺除了可以让自己属下的阿加或呷西代替自己服役外，也可出钱赎取劳役或出耕牛代替自己亲身服役。一般要有一定的手续，并请中人作证，手续的形式各地大致相同。

曲诺所服的劳役，主要是耕田除草等田间劳动。在土司地区还有一些其他的杂役。但蛮横的主子会令曲诺干家内杂役。曲诺服役一般自带工具和耕牛，一般服役时，每家曲诺去 1 人，主子还要亲自或派管家娃子监视。此外，如果主子家建屋，曲诺也要服几天劳役，或出钱或盐代役。

阿加负担的劳役较曲诺要重得多，不但劳役项目多，时限也长。如普雄，当地阿加每年平均服劳役在 60 天左右，较曲诺多 3 倍，昭觉的滥坝在 10—30 天，布拖多在 15—20 天，在甘洛部分地区多达 80—90 天。更多的地区则没有固定的时间，主要看主子的需要。因此，阿加的劳役有承包的意味，曲诺和呷西干不了的活，都由阿加承担。每年农忙时，总要将主子的活干完，才能忙自己的。因而他们服劳役的天数往往达每年劳动时间的 1/3 甚至一半，有些甚至更长。

阿加一般干田间的农活，但也不尽然。除了阿加的子女要给主子做呷西、干家务劳役外，有些阿加的妇女，甚至男子也要去做家内劳动。

阿加服役时一般自带工具（自己实在没有，也可使用主子的工具）。主子有权让阿加全家服役，但这样做的主子是少数。大多是以 4 个劳力计，去 2 个，或阿加本人和妻子同去。和曲诺一样，阿加服役主子要监督，有些阿加还要服固定的杂役。如土司地区的阿加要做护卫，帮助主子看守房屋，等等。

如果阿加已经赎过身，取得相当于曲诺的地位（包括前述的“瓜足夏足”），则服役的情况和曲诺基本相同，甚至可以不服劳役。最少的也要比一般阿加轻些。但是在普雄一些地区（如瓦吉木乡），无论“瓜足夏足”还是一般阿加，多数要为主子服劳役 100 天以上。[①] 此外，阿加也可以买呷西代役或出钱代役，但这是个别现象。

在被统治阶层中，呷西的劳役是最重的。他们全部时间都在为主子服劳役。既要做家务劳动，也要到田间干活。一位呷西这样描述他一天的生活：“农忙时，我早晨要割草喂马，早饭后、晚饭前就在地里干活，晚上要推磨、舂谷、给牲口喂草，农闲时，我早晨要背水、做饭，下雨天早饭后就放牧牛羊，晴天就砍柴，晚饭后就推磨、舂谷子和给牲口喂夜草。”[②] 这是呷西生活的真实写照。

一般情况下，主子的呷西多，男女老幼呷西中有一些分工，如主子呷西少，则没有分工。他们劳动时也要受监督，在家是主妇监督，在外是管家娃子监督。掠买的汉人呷西和抽来的阿加子女在服劳役上无区别，由外地投来的呷西和买来的呷西，虽然生活待遇稍好，服劳役则和其他呷西相同。

必须强调的是，在隶属性负担和无偿劳役方面，同阶层各户从表面上看是一样的，但实际上富户要轻些，因为他可以将此项负担转嫁给他自己的娃子。

五、凉山的租佃关系和借贷情况

本目讨论凉山的租佃关系和借贷情况。首先分析租佃关系。

就现有的资料看，凉山租佃状况存在的原因主要有以下几个方面：一是主子占有好地少，差地多，且一些土地离自己的住地较远，不便自营，于是将前者直接由娃子经营，后者则出租。二是为了避免娃子劳动时消极怠工（这种现象非常常见），据当地人回忆：“娃子在主子自营地上不好好劳动，犁地浅，有时赶牛乱走，东犁

---

① 四川省编辑组：《四川省凉山彝族社会历史调查（综合报告）》，成都：四川社会科学院出版社，1985，第 64—65 页。

② 同上书，第 65 页。

一条，西犁一条，水田中薅秧，手不进水，有时竟把秧压在泥里，在占有地或租入土地上耕种就精细些，另施肥。”[①] 因此，主子为了笼络娃子，就采取租佃方式经营。三是部分诺伙在自己的区域外占有土地，自己却没有迁来，就命其所辖的曲诺和阿加采用出租形式前来耕种，缴纳地租。

凉山的租佃关系呈以下几种状态[②]：

第一种是本氏族黑彝和白彝间的租佃关系：黑彝将已占有的土地给予其直属的白彝（这里包括阿加和曲诺）耕作，一般是占田总收获量的一半、地总收获量的 1/3。间或有因地较肥沃的而占一半的情况。这种租佃关系在所有租佃关系中所占比例最大。

第二种是外氏族黑彝和本氏族白彝的租佃关系。如昭觉外北乡黑彝八且和附近的黑彝有姻亲关系，由于陪嫁的原因使外氏族在此地占有土地。但因住地较远，不便自种，只有将其出租给当地氏族的白彝，一般是定额租，每年收割时由其派奴隶（阿加或呷西）领取。

第三种是本地白彝与外地白彝（一般以村为单位，即本村和外村）的租佃关系。这种关系主要是由于出租者住地远，不便耕作产生的。出租者多系曲诺，也有本地白彝出租给外地白彝和外地白彝出租给本地白彝者两种情况。如昭觉外北乡一个叫尾补约达的白彝在提火村（本人不是提火村人）有 0.5 斗稻种的田和 1 斗荞种的地[③]出租给本村的白彝。提火村的白彝如阿而日耿也有 0.5 斗豆种的地出租给外村白彝。

---

① 四川省编辑组：《四川省凉山彝族社会历史调查（综合报告）》，成都：四川社会科学院出版社，1985，第 65 页。

② 在笔者手里的资料中，以昭觉县委的《昭觉县外北乡提火村彝族社会情况调查》（1952 年 11 月 25 日，凉山彝族自治州档案馆，79—1—7—7）对租佃关系形式记载最详。这里以此为主要参照，再结合其他调查资料的记载，力争全面再现凉山租佃关系情况。

③ 凉山土地计算方法之一是以下种量计算土地多寡。

第四种是转租关系。这种情况只在诺伙有所发生。如昭觉外北乡提火村村长八且每根，即租有其妻家（瓦渣家）在本村所有的 0.125 斗稻种的田，加上自己占有的 0.875 斗稻种的田，合并成 1 斗转租给其直属白彝。

此外还有典当关系和冤家夺占关系。典当关系是土地所有人因事故而将土地典押成白银或粮食应用。如昭觉黑彝八且毋哈有 3 斗土豆种的地典当给本村白彝阿而拉波。冤家夺占关系是指在凉山家支“打冤家”后，胜利一方将失败一方的土地据为已有。如昭觉瓦渣家原有 1 斗稻种的田出租给本村白彝阿而日耿，年纳租谷 2 石 6 斗，后因发生冤家，其租即为八且家占有。

表 1-18 是凉山两个乡各阶层租佃情况统计表。

表 1-18　普雄瓦吉木乡各等级租佃情况统计表

等级	户数	占有田地总数	租出田地的户数	租出田地的数量	租出田地户数占该等级总户数的比（%）	租出田地数量占该等级占有田地总数的比（%）	耕作田地总数	租入田地的户数	租入田地的数量	租入田地户数占该等级总户数的比（%）	租入田地数占该等级占有田地数的比（%）
黑彝	65	2153.6	27	971.6	41.54	45.09	1213.5	9	31.5	13.84	2.59
曲诺	151	1724.3	5	35	3.3	2.02	2231.36	84	542.06	55.62	24.29
阿加	215	1477.74		174		5.01	2143.64	118	739.9	54.88	34.51
小计	431	5355.64		1080.6		20.17	5588.5	211	1313.46	48.95	23.5

注：1. 阿加一栏没有租出田地户数，正常情况应当也没有租出田地的数量，但原表格中有阿加租出土地的数量和租出田地占自有田的比例，今原文照录，以备查考。

2. 本表摘自四川省编辑组：《四川省凉山彝族社会历史调查（综合报告）》，成都：四川社会科学院出版社，1985，第 124 页。

由上表可见，从租出土地的户数，租出土地的绝对数量而言，黑彝最多，阿加次之，曲诺又次之。从租出土地占该等级自有土地比例看，黑彝最多，阿加次之，曲诺又次之。租入土地的数量是阿加最多，曲诺次之，黑彝又次之。租入土地占该等级户数和租入土地的数量看，曲诺和阿加的比例差不多，都有过半的户口租入土地。租入土地占等级占有土地的比例看，则是阿加最多，曲诺次之，黑彝又次之。

综合笔者手里的资料，凉山的地租主要是定租和活租两种形式，且基本是实物地租，劳役地租和货币地租都很少见。

活租主要存在于以下两种情况：一种是租佃双方住地都较近的田地，原因是这样便于租户收租；另一种是收成不稳定的山地（往往是轮歇地）。租额一般也分两种，如果双方合出种子，租额为收获量的一半（彝语称“儿个尼坡侧”），如果承租户自出全部种子，租额为收获量的 1/3（彝语称“儿阿个所坡侧”）。除此之外，凉山昭觉部分地区的活租情况较复杂，兹叙述如下：

首先，收租数额的多寡除了看承租户是否自出种子外，还和田地的好坏相关。上等地（包括水田），出租户均不出种子，租额为收获量的一半。中等地，种子由出租户出，租额为收获量的一半，种子由佃户自出，租额为收获量的 1/3。下等地（包括刚开垦的荒地）则是出租户出种子，租额为收获量的一半，佃户自出种子，则交 1/3、1/4，甚至可以每斗地只交 1 斗租。

其次，一些地方（如当地兹莫阿硕家）因租出地多是高山轮歇地，一般实行按种交租，即 1 年种地交 1 斗租粮。如果租种下等地遇到歉收，可以向主子请求免租（要请主子喝酒）。

此外，水田交租还有一些特别的规矩：第一，凡靠田埂四周的 3 行谷子归佃户所有。这是源于凉山习俗：在青黄不接时，娃子可以在主子田里扯些将熟的谷子度荒。第二，收租时请主子喝酒后，主子一般会允许只分谷粒饱满的谷子，其余和谷草与泥土相混者，概归佃户所有。这样佃户可得收获量的 2/3。此外，收获后的谷草，荞秆一律归佃户所有。第三，收获时，主子到场监视收租，佃户需另给替主子背运粮食的呷西 1 斗荞麦作为私房。此外，主子亲自收粮时，包括主子带来的娃子，佃户都必须以酒饭招待（这一点凉山很多地方都存在)。值得注意的是，当地曲诺都愿意租种黑彝的土地，原因是可以在地边开荒但不交租粮。租种曲诺的土地则无此优待。[①]

定租没有固定的标准，一般在租佃双方住地过远的田地（往往是甲家支租种乙家支的土地)，[②] 或土司地区曲诺、阿加领种的土地，以及经主子允许开垦的荒地。但在昭觉有质量较差的田地纳定租的现象。[③]

定租的租额没有固定标准，一般按收获量的一半交租，也有按土地质量确定租额的。如雷波，上等地、中等地的租额是 1 石收获量交 3—4 斗，下等地只交租 2 斗。[④] 也有只交收获量 1/4，乃至 1/7 的情况。[⑤] 值得一提的是：如果定租的租额高了，由此导致承租者常常欠租，出租者也会降低租额。如普雄的诺伙出租给属下娃子(原文未言明是曲诺还是阿加) 年产量 8—9 石稻谷的田地，租额为 5. 5 石。结果承租的娃子常常欠租，最后诺伙也发觉租额定高了，于是做了一定的减少。[⑥]

一般情况下，定租的地租量高于活租，但地租率低于活租。从租额的绝对数量看还存在刚开始对产量了解不多，一般定额较小，

---

① 四川省编写组、《中国少数民族社会历史调查资料丛刊》修订编辑委员会：《四川省凉山彝族社会调查资料选辑》，北京：民族出版社，2009，第 173 页。

② 昭觉县委：《昭觉县外北乡提火村彝族社会情况调查》（1952 年 11 月 25 日），凉山彝族自治州档案馆，79—1—7—7。

③ 四川省编写组、《中国少数民族社会历史调查资料丛刊》修订编辑委员会：《四川省凉山彝族社会调查资料选辑》，北京：民族出版社，2009，第 177 页。另一份调查资料也有高山轮歇地（产量一般较低）采取定租制（见四川省编辑组编写：《四川凉山彝族社会历史调查（综合报告）》，成都：四川社会科学院，1985，第 134 页）。

④ 四川省编写组、《中国少数民族社会历史调查资料丛刊》修订编辑委员会：《四川省凉山彝族社会调查资料选辑》，北京：民族出版社，2009，第 261 页。

⑤ 四川省编辑组：《四川省凉山彝族社会历史调查（综合报告）》，成都：四川社会科学院出版社，1985，第 134 页。

⑥ 四川省编写组、《中国少数民族社会历史调查资料丛刊》修订编辑委员会：《四川省凉山彝族社会调查资料选辑》，北京：民族出版社，2009，第 30 页。

待了解产量后租额增加的现象。[①] 此外，在凉山还存在包租制度，但由于租额固定，不因年成好坏增减，也是定租的一种形式。

应当说，定租和活租各有利弊。定租的优点是无论年成好坏，可以保证一定收入，而且不需要自己亲自监督收割收租。活租的优点是收入随产量的增加而增加。据一个阿加回忆："主子出租土地是活租还是定租，要看租地户耕种能力。他估计租地户能不断增产时，常用活租，如他估计租地户能力不强，增产的数量不会很多，就常用定租。"[②]

在凉山，加租的情况不多。因为加租往往会遭到佃户的集体反抗。例如普雄的黑彝阿候布耶租给阿加沙马子古 1 斗半常年耕种的土豆地，约定每年交地租 4 斗荞麦。耕种 5 年后，阿候布耶提出如果继续耕种要改为每年缴纳 5 斗荞麦。沙马子古选择将土地退回，随后和需要租地的人们约定："多加 1 斗租谁也不能种。"此后无人承租这块土地，2 年后只得仍按 4 斗地租出租给另一个租户。后因该租户迁居，退回土地。此时该黑彝已谢世，其侄阿候结莫仍按 4 斗地租租给沙马子古。[③]

押租的情况在凉山各地并不多见。就笔者所见的资料，只有昭觉和布拖两地少数佃户需要缴纳押租。押租可以是白银、布匹、牲畜（牛、羊、猪、鸡）。租期满后，有出租者给承租者一定利息的现象。[④]

如遇欠租，一般按如下方式处置：第一，如曲诺无力交租，子女会被主子拉走当呷西或陪嫁丫头，等级下降。第二，欠租按

---

① 昭觉县委：《昭觉县外北乡提火村彝族社会情况调查》（1952 年 11 月 25 日），凉山彝族自治州档案馆，79—1—7—7。

② 四川省编辑组：《四川省凉山彝族社会历史调查（综合报告）》，成都：四川社会科学院出版社，1985，第 134 页。

③ 四川省编写组、《中国少数民族社会历史调查资料丛刊》修订编辑委员会：《四川省凉山彝族社会调查资料选辑》，北京：民族出版社，2009，第 31 页。

④ 同上书，第 173、205 页。

债务处理，年利为 50%，如经久不能偿还，子女则被拉走，等级下降。第三，曲诺的阿加欠兹莫和诺伙的租，曲诺代替缴纳，否则兹莫和诺伙会拉曲诺的阿加子女当呷西。第四，兹莫和诺伙属下的阿加欠租，可以免交。第五，曲诺无力交租，主子可以夺佃另租他人。此外如果黑彝欠租，需将自己占有的娃子交出租户作抵偿，曲诺之间欠租，不能拉对方子女做呷西，但在租地户嫁女时可索取聘金。

彝区租佃土地的过程是：诺伙统治的各乡向诺伙租地一般在租地时无中间人说合，也无文字契约。租种后一般不得转租。[①] 租地手续订妥后，承租户要向出租户送 1 只鸡或 1 坛酒，如果租地在曲诺，阿加之间进行，也请喝酒，但不是常例。诺伙之间租地也是可请喝酒，也可不请。收租情况前文已述，此处不赘。

租额以外的额外负担，主要是在不同等级的租佃中出现，同等级之间租佃一般不会出现额外负担。如美姑的曲诺和阿加向黑彝租地，无论是不是自己的主子，都有额外负担。称为“母则黑儿普”。这里的“母”是指土地，“则”是指粮，“黑儿普”是负担。全意是由租佃土地产生的额外负担。具体而言，包括以下三项内容：“母则窝”“母则直”和“伸直”。“窝”指猪，“直”指酒，“伸”是尝新，含义分别是因租地而缴纳的猪粮、因租地而缴纳的酒粮、因租地缴纳的尝新酒。

曲诺和阿加向自己主子租地，多数都要缴纳额外负担（不包括前文所述的隶属性负担，租地的佃户同样需要负担前述的隶属性负担），黑彝收“母则窝”有达 40 头猪的，甚至可以强制曲诺缴纳。如果向其他黑彝租地，也缴纳“母则黑儿普”，但本人对自己主子

---

① 四川省编辑组：《四川省凉山彝族社会历史调查（综合报告）》，成都：四川社会科学院出版社，1985，第 135 页。另据档案记载：在昭觉有转租现象。如八且木铁承租瓦渣家的稻田，租额为收获量的 1/3，经转租给属下的曲诺，租额为收获量的一半。八且由此净获得收获量的 1/6。见昭觉县委：《昭觉县外北乡提火村彝族社会情况调查》（1952 年 11 月 25 日），凉山彝族自治州档案馆，79—1—7—7。

的隶属性负担不变。实际上仍是双份负担。由此可见“母则黑儿普”是因租佃关系产生，而非隶属性负担。另外，同等级（诺伙、曲诺）之间的租佃，也缴纳“母则黑儿普”，但事实上较少见。由此也可见“母则黑儿普”仍受等级关系的影响。

凉山夺佃现象较少见。夺佃大致有 6 种原因：第一，土地改良后产量增加，出租户加租不成，夺佃转租他人。如布拖一个阿加租种黑彝 10 亩坏地，数年后经加工土质改良，被黑彝收回一半。第二，主子或家属亲来收租时，认为租地户招待不好，夺回另租别人。第三，主子为加强对自己娃子的统治，把不属于自己的曲诺的租地，夺回交给自己的曲诺耕种。第四，出租户认为租地户经营不善，勒令取回。第五，租地户交不起租或欠租太多，或因交租的粮食质量不好，夺回另佃。第六，无地户抬高租额，争夺土地经营。如雷波曲诺涅纳那黑租种黑彝井曲石威土地耕种，由于收成较好，被曲诺涅那打节以多出 2 斗租夺走租佃权。[①]

夺佃的时间一般在大春收割后到播种之前，以便租地户另行租种土地。夺佃时，如租地户有押金，无欠租，可退还押金，由于租地引起的额外负担，如原佃户要求退还，由新佃户如数补退。此外，还有原租地户在被夺佃后曾打鸡狗[②]埋在耕地里，由此新租户不敢前往耕种的情况（担心不吉利）。

此外还有几种特殊的租佃情况：第一种是租地不交地租，也不服劳役，但是在出租户主和他的子女结婚时，租地户必须送猪、送酒，称为“土地租”“土地酒”。这种现象主要存在于普雄。

第二种是租入宅基地，需纳地租。这种情况也是在普雄存在。如当地克齐瓦加、克齐牛牛各租克齐什达子 1 块屋基地，每年均交

① 四川省编辑组：《四川省凉山彝族社会历史调查（综合报告）》，成都：四川社会科学院出版社，1985，第 140 页。

② 彝族的打鸡、打牛等。即杀鸡、杀牛等，这里“打”的意思是“杀”（以下同）。

2 斗玉米做租金。[①]

最后对凉山彝汉租佃关系作一简要叙述。彝汉租佃关系主要出现在彝汉杂居区和寄居彝区的汉族客户。一般他们租种土地的办法是：租地不付押金，其余和彝族内部租佃关系基本相同，租额一般是收获量的一半，但种子由租佃双方各出一半，没有其他负担。[②]

以下是凉山借贷的简况：

凉山的借贷分两种，一种和汉区相同，系被统治阶层因生活困难向主子或同等级富者的借贷，称为“耳策底”，即高利贷。另一种系隶属性借贷，带有强制色彩。其中，后者是主要的。

在凉山，隶属性借贷称为“杂布达”，是主子对娃子的强制性高利贷。其本是黑彝在女儿订婚后为其筹备嫁妆时对娃子放出的强制性高利贷，后来成为一种常态的强制性高利贷。[③] 其只发生在统治阶层兹莫、诺伙和被统治阶层曲诺、阿加之间，不发生在曲诺和其所属阿加之间。而呷西事实上一无所有，不存在“杂布达”。

各地“杂布达”规矩不尽相同，有的地方只有曲诺承担，有的地方曲诺阿加均需承担。具体的做法是：曲诺（阿加）的儿子分居 3 年后，即承担劳役。同时主子会放来 4 斗粮食，10 年后折合 1 锭白银。自第 11 年开始，主子每年要收利谷 1 石，幼子分居，不能代父承受。必须是夫妇 1 人去世后，“退还”主子 1 锭白银，1 石粮食，才算了结。此外，夫妇 1 人去世，幼子未分居，劳役不能免除。或曲诺（阿加）儿子分居 3 年后，主子放本 1 石粮食，以后按 1 年 1 石取利。幼子同样不能替父承受，仍旧是夫妇 1 人去世后，付出本利 2 石，才算了结。表 1–19 是凉山普雄瓦吉木乡部分地区

---

① 四川省编辑组：《四川省凉山彝族社会历史调查（综合报告）》，成都：四川社会科学院出版社，1985，第 135 页。

② 四川省编写组、《中国少数民族社会历史调查资料丛刊》修订编辑委员会：《四川省凉山彝族社会调查资料选辑》，北京：民族出版社，2009，第 182—183 页。

③ 凉山彝族自治州地方志编纂委员会编：《凉山彝族自治州志》（中册），北京：方志出版社，2002，第 1283 页。

曲诺、阿加承受“杂布达”的户数统计表。

表 1-19　凉山普雄瓦吉木乡三分会曲诺、阿加承受“杂布达”户数统计表

单位：户

等级	本 1 石第二年取利 1 石	本 1 石 50%复利，上 3 石取 1 石	本 5 斗按 50%复利，上 3 石，取利 1 石，	本 2 斗按 50%复利，上 3 石，取利 1 石	由幼子继承的	穷了不背的	刚来 3 年尚未背上的	原主子太远未背上的	未详的	合计
曲诺	3		8		2		1	1	6	21
阿加		2	6	5		17			1	31
合计	3	2	14	5	2	17	1	1	7	52

注：本表摘自四川省编写组、《中国少数民族社会历史调查资料丛刊》修订编辑委员会：《四川省凉山彝族社会调查资料选辑》，北京：民族出版社，2009，第 50 页。

由上表可见，曲诺有 11 户背上了“杂布达”，其余 4 户中有 2 户由幼子继承，1 户是刚来，1 户是原主子太远。阿加中背上“杂布达”的也有 13 户，剩下的多数是无法承担。当地一个阿加曾背过 1 年“杂布达”，1 年后因为穷困无法背负，“他的妻子是主子配婚的，儿女该主子抽去，不付杂布达，主子也没法”①。

“杂布达”对凉山的被统治阶层而言，是一种极为野蛮的隶属性负担。这种高利贷不仅利率高，而且是统治阶层盘剥经济条件较好的被统治阶层的有效手段。在普雄，“杂布达”每年要使背债的曲诺和阿加拿出全部收入的 20%才能付清年利。② 不少经济条件较好的曲诺和阿加因此由富变贫，甚至降为阿加。

另一种是和汉区一样的生息借贷，即高利贷。这里以雷波上田

① 四川省编写组、《中国少数民族社会历史调查资料丛刊》修订编辑委员会：《四川省凉山彝族社会调查资料选辑》，北京：民族出版社，2009，第 50 页。

② 同上。

坝地区和昭觉外北乡提火村的情况为例，对此作一简述。①

雷波的借贷关系相当普遍。借贷户占总户数 40% 左右，且基本是曲诺中较贫困的家庭。阿加一般没有借贷。因为债主担心借出的债务没有保障。

借债的原因有：缺粮、娶妻、买地、做买卖。其中缺粮占大多数。放债的基本是黑彝和曲诺中的富裕者（当地曲诺是最高等级），此外一部分是曲诺中经济条件中等者。在雷波，借贷的对象基本是白银，利息较借粮为低，利息折合白银或粮食计算。1 锭白银年利 2—4 两或 2—4 斗粮食，一般利息是 3 两 6 钱或 2 两 5 钱，折合粮食 3 斗 6 升或 2 斗 5 升。也有个别因亲戚关系借贷不收利息的。在昭觉，如果借债是用于买粮，年利 50%，如果用于做买卖，月利 10%，借粮的利率是每年 30%。如果借债次年无法偿还，可先付利息，如不能付利，则变利为本，以复利计算。昭觉、雷波均是如此。在昭觉，放债的黑彝多的一年有 70 石粮食放债，仅利息收入可达每年地租收入的一半。昭觉的黑彝可以直接要求欠债人倾家荡产偿还其债务，甚至强迫欠债人出卖妻儿为呷西偿还债务。如当地一个曲诺借了主子 8 两白银，年利 40%（折合 4 斗粮食），11 年共付利息计白银 22 两，最后主子要求还本，虽经苦求并同意加利到年利 7 斗粮食，仍不被允许。只得出售住房，方才还清了这笔债。正因高利贷，尤其是强制性高利贷过于残酷，凉山彝族才有“奴欠主债似蛇咬”的谚语和“只为糊嘴巴，曲诺变安家，儿子当呷西，女儿作陪嫁”的歌谣。②

此外，借债一般没有中间人，也没有字据，双方直接交接，互为信守，不会因此发生赖账。除了白银借贷外，也有少数是粮食借

---

① 以下内容均源于云南省编辑组：《四川广西云南彝族社会历史调查》，昆明：云南人民出版社，1987，第 52—54 页；昭觉县委：《昭觉县外北乡提火村彝族社会情况调查》（1952 年 11 月 25 日），凉山彝族自治州档案馆，79—1—7—7。

② 凉山彝族自治州概况编写组：《凉山彝族自治州概况》，成都：四川民族出版社，1985，第 66 页。

贷，但利率较高，一般是每年50%的利息。

从总体上而言，凉山的借贷多是强制性借贷。这也说明凉山彝族社会是一个等级制的、带有强烈的人身依附性的社会。统治阶层对被统治阶层的剥削更多的是基于超经济强制，而不是依靠手中拥有的生产资料进行经济性的剥削。

第三节　凉山的家支制度和民族关系

一、凉山的家支制度和冤家械斗

1. 家支制度和其在凉山彝族社会的作用

在1950年前，凉山没有形成统一的地方政权，存在着一种带有氏族社会色彩的家支组织。家支制度是凉山的重要政治和社会制度，实际上，凉山的家支带有了一定的政权色彩，代替正式的政权，成为凉山的政治载体。

家支，彝语称为“楚西”或“楚加”。是一种内部严禁通婚并以父子连名制谱系作为链条贯穿起来的父系血缘集团。在同一父系血缘集团中，随着人口的繁衍，按血缘关系的亲疏，分为若干大支和小支。小支以下便是一夫一妻家庭。为了整个等级和家支的利益，家支对个人或个体家庭具有一定的约束力，但家支成员间没有统治和隶属关系。①

凉山黑彝家支的结构是：在最基层是黑彝的家庭，以男子为中心，包括妻子、子女，并占有若干曲诺、阿加、呷西，形成一个社会经济单位，这是家支组织的细胞。

小支则由血缘相近的黑彝构成。其对解决各黑彝户之间的内部纠纷有一定的作用。如果某黑彝户和小支内外发生了纠纷，或者是

① 以上见中国科学院民族研究所、四川少数民族社会历史调查组编：《彝族简志》（上编），1963年印，第55页。

娃子逃走了，小支头人用“肉电话”（当是派人传信）形式，向其他小支联系，或和其他小支头人商议办法。可以说小支起了支和个体家庭之间的纽带作用。同时，也起着镇压娃子单独反抗的作用。不过，小支对较大的问题（主要是冤家械斗一类的家支大事）是无能为力的。

各血缘较密的小支，构成大支，通称为支。一般每个支都占有一定的地区，尽管所占的地区可能犬牙交错，但是仍可分出各支所属的地区。此外，根据彝族风俗：长支的子女无论年龄多小，永为哥哥姐姐，次支的子女无论多大，永为弟弟妹妹。①

曲诺家支的结构和黑彝的大致相同。凉山彝民对家支极为重视，彝族谚语云，“马有劲在腰上，牛有劲在颈上，黑彝有劲在家支上”，“没有森林在，安有禽兽存？没有家支在，岂有黑彝存”。②这两句谚语充分说明了凉山家支的重要性。在家支中，支是家支组织的骨干，是经常起作用的一种组织形式，具有一定的统治力量。一个黑彝曾这样说：“能够称得起一个支的，都应具有独立的攻守的武装力量，战时，支就是一个军事组织的战斗单位。”③也就是说，家支是一个社会的组织形式，也是一个军事战斗的组织单位。

黑彝家支极其重视血统的“纯洁”，把家支血统神秘化以维护自己的统治地位。整个家支血统是被一条血缘关系贯穿着，如果这条关系中的某个环节被公认为混杂了别的血统成分，就会被歧视，除籍或沦为被统治阶层。由此可见，黑彝家支对世系谱极为看重，并将能否背诵世系谱牒作为判定外人是否是黑彝的重要原因。对黑彝而言，被开除出家支是最严厉，也是最悲惨的惩罚。因为每一个

---

① 四川省编辑组：《四川省凉山彝族社会历史调查（综合报告）》，成都：四川社会科学院出版社，1985，第142页。

② 四川省编写组、《中国少数民族社会历史调查资料丛刊》修订编辑委员会：《四川省凉山彝族社会调查资料选辑》，北京：民族出版社，2009，第55页。

③ 同上。

黑彝都是家支的血缘关系的一个环节，谁被开除家籍脱离了这一关系，就将陷于孤立，受到外人欺负，没有家支出力支持，也就不能在原来生活的地方立足，以至于财产（包括土地、辖下的娃子、牲畜等）均被原属家支没收，连生活都很困难。例如，美姑黑彝吴奇家支的吴奇石吐因打死本家支的人，家支要他抵命。他不愿抵命，被开除家支家籍。全部财产被家支没收，只得和妻子投奔亲戚家求生。①

在彝族社会，如果一个黑彝被其他家支的人杀害，彝族不认为是一个人的问题，而是一个家支的问题。本支中的家支成员，都有为死者复仇的义务。如果需要讨论决定，则召开会议讨论后决定。

家支的“家”则是由各血缘关系相近的各支组成的联合。一般情况下，同家各支黑彝基于血缘关系，于一家的地区内，仍能维持其境内的社会秩序，也能使这一区域内部经济联系和交往正常运行。遇到一些较大的曲诺或阿加反抗事件，以及较大规模的打冤家事件，能集合一家或多家的力量进行。特别需要强调的是，黑彝等级中虽有贫富差别，但是他们都是同一血缘关系分衍下来的，彝族谚语称“最需要的是家门，不可缺少的是牛羊，每天离不开的是粮食”，很显然，对黑彝（包括部分家支势力较强的曲诺）阶层而言，不论贫富，都是统治阶层。富者需要家支力量维护自己的地位和财产，贫者需要家支的帮助，维护自己的政治和社会地位。

每个家支的家和支都有若干个头人。一般称为“苏易”“德古”“扎夸”。所谓“苏易”是“苏易苏莫”的简称。一般的头人，均称“苏易”。“苏”是智者的意思，“易”是为大家办事的意思。“莫”是老年人的意思。年纪大懂事多的老人，也可尊称为“苏易”。

① 四川省编辑组：《四川省凉山彝族社会历史调查（综合报告）》，成都：四川社会科学院出版社，1985，第 143 页。注：彝族风俗：若本家支人杀死本家支人，勇于抵命，财产不被没收，其家属有困难，可得家支照顾。

“德古”是在彝族社会中有众望的头人，他们被通称为“德古”。当“德古”者，一般均能言善喻，办法多，公正，能见义勇为。故“德古”多系威望较高的杰出领袖。

“扎夸”有勇敢机智的含义，械斗中勇敢善战，被群众公认的勇将，称为“扎夸”。

在凉山，头人不是谁想当就能当的，也不是通过选举或任命而产生，而是看其办事能力和威信如何。有办事能力，能解决百姓生活中发生的问题，产生了威信，自然而然就能成为头人。一般情况下，要当头人，必须具备以下条件（至少其中之一）：第一，能说善喻，办事有办法，公正，守信义；第二，家支族人信任；第三，在械斗中骁勇善战。[①]

苏易和德古的产生是经过若干次调解纠纷，表现其才干和娴于习惯法，得到家支成员的信任，众望所归，不经任命，也不经选举，很自然地显现出来，这多是中年以上的人。在当上头人以后，如果有 1—2 次偏袒、不公，就会失去威望，不再有人请他调解纠纷，不需罢免手续，自然失去头人地位。扎夸是在冤家械斗中涌现的骁勇善战的人，多是青壮年。在战场上并不是军事领袖，而是“械斗英雄”。在日常生活中不调解纠纷，但拥有社会荣誉。

凉山的头人不是世袭制，如果不具备当头人的条件，头人的儿子也当不上头人。彝族谚语“老人懂事是德古，儿子无能去牵马”，“德古的儿子替人背东西，好马的儿子给人赔命价”（替人背东西的意思是不成才，赔命价的马不是好马。意思就是没有当头人的条件，头人的儿子也当不上头人）[②] 就是指此而言。当然，这也不是绝对的。头人的儿子较其他人做头人有较便利的条件。只要有才

---

① 四川省编写组、《中国少数民族社会历史调查资料丛刊》修订编辑委员会：《四川省凉山彝族社会调查资料选辑》，北京：民族出版社，2009，第 57 页。

② 四川省编辑组编：《四川省凉山彝族社会历史调查（综合报告）》，成都：四川社会科学院出版社，1985，第 149 页。

干，当头人有优先权。此外要强调的是：财富的多寡不是成为头人的必要条件，最多只是一种重要条件。富有者并不一定能当上头人。贫穷者同样有当头人的机会。各家支的头人数目并不绝对，可多可少。有时某一家或某一支在一段时期内甚至可以没有头人。因为头人在群众中的威望的广狭面不同，所能号召的群众数目自然有所差别。据档案记载：普雄阿候家有大中小头人 92 人，其中具有号召 1000 户以上威信者 10 人，500 户以上者 16 人，100 户以上者 66 人。[①] 需要指出的是，头人之间不存在统属关系，也没有高低之分。威望高的头人不能节制威望低的头人，也不能在日常生活中节制其家支成员。如前所述，同一等级成员在同血缘家支下一律平等。

头人的作用包括以下几个方面：第一，他们是各家支亲族会议的组织者、主持者，在会议进行中，家支一般都听从头人的意见，很少有不同的意见。第二，头人是纠纷的仲裁和调解者。在调解纠纷和按照习惯（主要是习惯法）[②] 处理事件时，家支头人虽然不是政权的官吏，但他能沿用历史上沿袭的惯例，因事制宜地处理彝族社会中发生的问题。第三，在冤家械斗中，家支头人实际上就是军事领袖，他们组织家支成员参加械斗和对外斗争，或策划军事斗争的方略，有时还可代表家支对外宣战讲和。如果家支头人遇到个人无法解决的问题，则召开家支会议解决。

2. 冤家械斗

凉山一直有冤家械斗的传统。冤家械斗是凉山社会的常见现象。冤家纠纷产生的原因很多，较常见的主要是一个家支侵占另一个家支的土地、娃子（主要是阿加和呷西）、牲畜等财产，家支间

---

① 四川省编写组、《中国少数民族社会历史调查资料丛刊》修订编辑委员会：《四川省凉山彝族社会调查资料选辑》，北京：民族出版社，2009，第 58 页。

② 凉山彝族习惯法内容见四川省编写组、《中国少数民族社会历史调查资料丛刊》修订编辑委员会：《四川省凉山彝族社会调查资料选辑》，北京：民族出版社，2009，第 121—133 页。

的债务和吃绝业的纠纷，土地买卖的问题，家支成员被其他家支成员杀害，婚姻纠葛等，都是常见的起因。还有一些偶发事件也可能引起冤家械斗。如抢了一支枪，赌钱闹事，违反彝族礼仪，甚至打死一条狗都可能引发冤家械斗。冤家械斗往往并不能解决问题，反而常常导致纠纷的扩大和问题性质的转化（如因生活琐事引起的纠纷，在械斗中打死了人，变成了血族仇杀，或因打死了家支成员，演变成为家支间的相互仇杀和抢掠等）。冤家械斗发生的原因虽然多种多样，但大致可归纳为以下几种因素：

第一是经济因素。凉山彝族社会诺伙不参加正常劳动，以习武、背诵家支谱系为事。各家支为了扩张自己的势力，常对邻区的不同家支和汉区进行掠夺。

第二是政治因素。在凉山彝族社会，一个家支成员惹了事，或被某一家支的人伤害了，彝族不认为这是一个人的问题，而是将其看作全家支的问题。彝族谚语称，“一人闯祸根，出兵向家门”，也就是说，若家支成员的一个人被杀害了，则全家支的人都要为其复仇。这是一种带有原始血族复仇的风俗，这种风俗往往使个人间的是非问题演化成家支间的纠纷械斗，由此加深了彝族社会冤家械斗的复杂性和延续性。

第三是社会习俗和观念的作用。一个诺伙曾这样回忆：“我在很小的时候，父亲就教我为人要勇敢、坚定，要学会游泳、在打冤家中好逢山爬山、遇河涉水，对敌人要狠，要家业兴盛，除了自己节俭外，还要多从冤家方面抢粮食、娃子和牛羊。我也常以家支中最有威望的人，作为自己学习的榜样。”① 由此可见，凉山彝族的冤家械斗是彝族社会生活中的一部分，也是凉山彝族社会的政治活动。加上凉山彝族的社会舆论对在冤家械斗中表现勇猛、屡建功勋的人持赞美的态度，善于抢掠、盗窃敌对家支的娃子和牛羊等较贵

① 见四川省编写组、《中国少数民族社会历史调查资料丛刊》修订编辑委员会：《四川省凉山彝族社会调查资料选辑》，北京：民族出版社，2009，第 68 页。

重的财物者，要受到本家支的赞扬和尊敬；与此相反，如果偷盗本家支财物，则被视为奇耻大辱。这种社会舆论自然会助长冤家械斗的风气。

冤家纠纷发生后，多是召开家支头人的“吉尔吉铁”商量对策，或召开家支“蒙格”讨论是否械斗，何日出征。如果决定械斗，就派一名可靠、善于说话的人，把木刻战书（彝语称“斯尔马”）交给对方，以示宣战。

冤家械斗如果是小股袭击，一般是因时而异。大规模的械斗，一般选择“吉日”出兵。多数械斗都在秋收后进行，因为此时不是生产季节，草枯水尽，宜于械斗。出征时，参加械斗的家支成员要穿上最好的服装，背上枪支，在枪支未在凉山普及作为武器前，则穿甲胄，戴护腕，腰插弓箭，手持刀矛，背上飘着牦牛尾巴，以示一种英雄气概。在出征前，家支往往要举行誓师仪式或赛马。

因为凉山彝族社会没有常备的军事组织，械斗时，一般是各家支头人所率领的家支成员以支为股，分成若干人群，分路前往预定械斗地址，待机而战。也没有统一的指挥，只是按照头人会议商议的战略作战。进退一般以旗帜指挥，看前锋情况决定。大头人一般骑着马在后督战。攻入对方驻地后，一般不能枪杀妇女。如果是同姓异支，或原先有亲戚关系，因有自己的人，一般不烧杀抢掠，如果对方是外姓敌对家支，械斗中多伴随烧杀抢掠。

战斗开始，阵势摆开，双方战将“扎夸”出马，双马至一定距离，便下马通名，通名的顺序是家支名—父名—己名，有时还把自己谱系背诵一番，向对方炫耀自己祖先的光荣。通名后，如发现彼此有亲戚关系，二人即不互打，而另找人打。其他没有亲戚关系的继续打。白彝家支是分属于不同的黑彝家支，在主子的战场上遇到对方是本家支的人可以避开不打，主子不加追究，他可以找不同家支的人打。此外，在枪炮传入凉山后，“扎夸”的战斗似乎不再存在。

在进攻之前，一般都没有严密的部署，若被打败更加没有秩序，各自逃走。事后也集合检查队伍。战斗时间一般也不长，从天明至天黑就结束，多则两三天。也有曾坚持到 20 天以上的，如美姑巴普吴奇家和布兹家的一次战斗打了 23 天。①

械斗夺得的战利品，除了补偿械斗消耗外，原则是家支成员均分。如果夺得娃子、牛羊，则是卖掉后均分。但是战利品的直接掠获者，要多分 1/3 左右，只是搬运战利品的人，则要少分 1/3 左右。夺得的土地一般不平均分配，多是迁去居住的家支成员占有，或分配给在械斗中消耗较大的家支成员。参加械斗的娃子（曲诺和阿加）一般不分给什么，只是将抢来的牲畜杀了请大家吃一顿。如果有的娃子付出了一定的代价，如弹药、粮食等，仍可列入分配。械斗中抢到的小件财物，一律归自己所有，即使呷西也是如此。②

冤家械斗调解的方法是：家与家之间的大规模械斗，多由曲诺头人调解。若一家支内支与支之间的械斗，则由其他支黑彝头人来调解。调解时，双方的头人在场，谈判的条件取得协议后，就打鸡、打牛盟誓，表示和好。彝族的风俗是，不管双方力量怎样悬殊，很少有自身出面要求调解的，尽管打不过对方，也要咬紧牙关打下去。否则会被社会舆论轻视。但亲房之间的械斗，主动要求调解，不被轻视。

冤家械斗中被打死的人，一般一命抵一命。白彝抵白彝，黑彝抵黑彝。双方死亡的差额可用命金代偿。黑彝每人命金 1200 两，白彝每人命金 250 两。有的视双方实力地位差距，命金差额也有不同。命金由家支成员负担，按财富等级摊派。所属的娃子也要负担命金。调解人的报酬，原则是从命金中取 1/10，有时双方都摊。偿

---

① 四川省编辑组：《四川省凉山彝族社会历史调查（综合报告）》，成都：四川社会科学院出版社，1985，第 164 页。

② 部分家支（如普雄阿候家）为了鼓励曲诺、阿加、呷西在冤家械斗中奋勇作战，规定无论是谁，凡打冤家中抢掠的财物一律归自己所有。即使呷西，在械斗中如能奋勇向前，也会受人尊敬。见四川省编写组、《中国少数民族社会历史调查资料丛刊》修订编辑委员会：《四川省凉山彝族社会调查资料选辑》，北京：民族出版社，2009，第 69 页。

付命金时，可以分期付款，也可用牛羊、田地、枪支或娃子折价。需要指出的是，黑彝打死黑彝必须抵命，直到 20 世纪，才允许以命金代替。但仍有不要命金，非要对方偿命的现象。如布拖吉狄阿第支和比依支打冤家时，阿第支多打死了比依支一个黑彝。调解时，比依支黑彝及其白彝一直要求阿第支的人抵命，阿第支决定一个人抵了命，才算完了这件事。① 此外，白彝死者的主子要从赔命价一方的黑彝主子处得到一部分钱，最少是 8 锭白银，以表示这个黑彝主子损失了一个所属人员的赔偿。妇女的命价要分成 3 份，1 份归夫家，1 份归娘家，1 份归舅家。

凉山的冤家械斗给凉山彝族社会造成了以下后果：

第一，频繁的冤家械斗造成人口大量伤亡。如布拖的黑彝比补家内部阿第支和阿佐支日，1941—1950 年，共打了 9 年冤家，双方死亡的黑彝共 190 多人。② 笔者所知最惨烈的械斗发生在甘洛，当地黑彝结石家有 2 支因互打冤家，最后家破人亡，同归于尽，每支幸存者只 1 人。在布拖的布兹家，无论黑彝还是白彝，多是老弱妇孺，青壮男子寥寥无几。③ 原因就是频繁的打冤家使青壮男子伤亡殆尽。

第二，长期频繁的冤家械斗使社会生产遭到严重破坏。由于冤家械斗造成人口大量死亡，劳动力减少，房屋和生产工具（包括牲畜）大量被毁；在械斗过程中，双方劫掠财富，又宰杀牲畜宴会，造成牲畜大量死亡和繁殖率降低；械斗中大量农作物被毁坏，在冤家未和解的双方紧张戒备时期，谁也不敢去野外劳动，致使田地荒芜，生产停滞。

第三，打冤家严重阻碍了交通和贸易发展。由于打冤家，交通

---

① 四川省编辑组：《四川省凉山彝族社会历史调查（综合报告）》，成都：四川社会科学院出版社，1985，第 164 页。

② 同上书，第 99 页。

③ 同上书，第 165 页。

被封锁，道路也被破坏，商人不仅不能通过械斗区，非械斗区也难行走。也因为冤家网密布，加上彝汉矛盾，汉族要进凉山经商必须找一个彝族“保头”（当地势力最强的头人），付足投保费，才能通行。前文已述，很多时候汉商本是去卖货和收购货物的，结果是丧失了所有货物，甚至自身也被卖为呷西。[①] 这自然会影响凉山贸易的发展，进而影响凉山经济水平的提高。

第四，频繁的冤家械斗降低了凉山彝族社会的物质生活水平。冤家械斗造成人口重大伤亡和生产的严重破坏，牲畜减少，房屋被毁，这使凉山彝族的物质生活水平长期难以提高，而且有下降趋势。虽然打冤家的胜者可以夺得一些粮食、牛羊等财物，但较打冤家的代价，常有得不偿失之虞。有的诺伙和曲诺家庭因命金和购买枪弹的负担陷于贫困的境地。一户曲诺一年遇到几次命金负担，就极可能负债破产下降为阿加甚至呷西，若在械斗中被俘，也很可能下降为阿加或呷西。

冤家械斗在鸦片在凉山大量种植后，各家支纷纷引入枪械，因此战斗更剧烈，次数增多，破坏性较以往的冤家械斗大大增强。

二、历代凉山与中央的关系和凉山民族关系简述

从某种意义上说，凉山地区是一个“独立王国”。当然，这绝不是说凉山不在中国版图之内，而是说凉山地区和中央的关系较之中原地区并不紧密。自古以来，中央对凉山地区的政策是以民族羁縻政策为中心的。羁縻政策的含义是：中央王朝对民族地区的统治，是通过少数民族酋领来实现，亦即中央王朝封授少数民族贵族（上层）职官封号，少数民族酋领只要名义上承认中央王朝的领导地位，并承担一定的义务（如缴纳一定的“方物”——当地土特

---

① 四川编辑组编写：《生产彝族历史调查资料，档案资料选编》，成都：四川社会科学院出版社，1987，第 100 页；林耀华：《凉山彝家的巨变》，北京：商务印书馆，1995，第 68 页。

产，发生战争时出兵协助中央王朝作战等），中央王朝就不过问少数民族内部事务。仍由少数民族酋领领其地，掌其民。只要少数民族酋领不违反中央的法律（主要是不叛中央政权），他们的领地的统治权一般可以世袭。就凉山而言，早在汉代就对此地开始实行羁縻政策，直至宋代，基本贯彻了这一政策，只是在具体做法上略有损益而已。①

从元朝开始，中央王朝对少数民族地区的羁縻制度有了调整。形成了正式的土司制度。土司制度的作用，在《明史·土司传》有明确的说明："西南诸蛮……自巴，夔以东，至湖湘岭峤，盘踞数千里，种类殊别，历代以来，自相君长，原其为王朝役使……沿及汉武，置都尉县属，仍为自保，此即土官土吏所始欤！迨有明仲元故事，大为恢拓，分别司，州，郡，县，额以赋役，听我驱调，而法始被矣。然其道在于羁縻，彼大姓相擅世积威约，而必假我爵禄，宠之名号，乃易为统摄，故奔走惟命，然调遣日繁，急而生变，恃功怙过，侵扰益深。故历朝征发，利害各半，其要在于抚绥得人，恩威兼济，则得其死力不足为患。"由这段话可见：自元以后，中央王朝在凉山的政策是以安抚为主，不像过去那样只是夺取凉山资源（如三国时蜀汉用包括凉山在内的南中子弟组建蜀军精锐——无当飞军），而是以安抚人心为主。具体的做法就是，"即用原官授之"，对民族地区上层中最有势力者给以"爵禄"和"名号"加以笼络，采取"恩威兼济"两手。目的是"额以赋役，听我驱调"，"易为统摄"，从而既能从民族地区得到赋税和人力，也能听从调遣，便于王朝统治。② 这段话可视为元明清三代土司制度的概括描述。凉山的土司制度从元代一直延续到清代，直到民国也持默认态度。直到中共在凉山开展的社会变革结束后才彻底消亡。

---

① 姜先杰：《凉山土司研究》，北京：光明日报出版社，2013，第127—151页。

② 同上书，第152页。

就现有资料来看，凉山彝族土司大约有 130 家。①

土司（兹莫）阶层在元明清三朝是凉山的统治阶层，后来崛起并挤走土司，成为凉山最高统治阶层的诺伙此时也是土司的属下。顺便指出，此时的诺伙对土司也有负担，只是较曲诺、阿加、呷西三个阶层小得多，且多是临时性的和象征性的。如凉山著名的阿都土司属下的诺伙要负担以下劳役：凡是土司进行集会需要人手，诺伙要随叫随到，在婚丧大事中充当杂务，以及将妇女拉来作陪嫁，诺伙必须服从。每年必须为土司服役一天，此外，诺伙常为土司充当管家。②

在元、明、清，乃至民国，中央主要依靠土司实现对凉山的治理，只要土司承认中央政府，不违反中央法令，中央政府即允许土司自行管理凉山，一般不过问凉山内部事务。但是，土司系朝廷命官，朝廷必然要对土司进行考绩，依据考核结果进行奖惩，土司因军功、纳粮、忠勤、进献等方面业绩突出而获得赏赐，也会因违律受到惩处。相比之下，元代对土司惩治最为宽松，明代最严，清代介于元明之间。

凉山土司获得中央赏赐最主要的原因是军功。最典型的例子是 1862 年，太平天国石达开入川，最终在大渡河全军覆没。在这一战中，当地土千户兼护邛部宣抚使印务岭承恩堵击和切断石达开粮道，对石达开在大渡河的全面失败起到了至关重要的作用。岭承恩为此获得清廷虚衔、顶戴和名号赏赐，并特铸松林地都司关防赐给岭承恩。这是清代凉山土司获得的最大荣宠。③

凉山土司受罚主要是因为叛离中央政权。如明初建昌卫（辖区包括今凉山彝族自治州全境）土指挥佥事贾哈喇，参与叛乱，

---

① 姜先杰：《凉山土司研究》，北京：光明日报出版社，2013，第 191、191—268 页。

② 同上书，第 365—366 页。

③ 同上书，第 492—494 页；中国科学院民族研究所、四川少数民族社会历史调查组编：《彝族简志（上编）》，1963 年印，第 28—29 页。

叛乱平定后被押送京师伏诛。再如清雍正六年（1728年），雷波千万贯长官司长官杨明义助云南米贴陆氏反叛朝廷，被革去职衔，不准承袭。[①] 此外，如果土司“土官吓诈部民”而“恣意侵害者”，“土官管辖之熟苗为盗”而“该土官明知故纵者”，“野苗掳掠百姓”而“该管土官隐讳不报者”，等等，轻则“参革”“降调”“罚俸”，重则“治罪”，情节严重甚至可能被斩首。[②] 如清咸丰年间四川冕宁（此处虽不是本研究所在范围，但也可见中央政权对违律土司的惩罚情况）有汉人向政府告状称彝人殴伤其兄，致使其兄身亡。当地土司在清廷规定的时限内未能将凶犯捕获，被处以罚俸。[③]

民国时期土司依旧是凉山向外界联系的主要纽带。有少数土司子弟和下属外出求学，并在外地担任较高的政治职务。他们是凉山近现代“开眼看世界”的人，也是民国时期凉山和外界有所联系的象征。其中甘洛土司岭光电是其中的代表。其在西昌和成都读完小学和中学后，考入中央陆军军官学校。毕业后在国民政府任职，曾随国民政府回凉山办理“彝务”，在调解彝汉矛盾，通过在自己领地改革推动凉山社会进步，向外人介绍凉山彝族社会和文化方面作了不少贡献。[④] 与其相似的还有曲木藏尧。其对凉山交通和文化教育事业的发展和向外介绍凉山社会文化也作出了不小的贡献。[⑤]

但是，这样的人在近代凉山是极少数。凉山大部分人，尤其是

---

① 转引自姜先杰：《凉山土司研究》，北京：光明日报出版社，2013，第490、495页。

② 同上书，第494页。

③ 同上书，第495—496页。

④ 岭光电：《忆往昔——一个彝族土司的自述》，昆明：云南人民出版社，1988，第26—135页；李列：《民族想像与学术选择——彝族研究现代学术的建立》，北京：人民出版社，2006，第365—372页。

⑤ 见李列：《民族想像与学术选择——彝族研究现代学术的建立》，北京：人民出版社，2006，第372—382页。

在民国时期已取得凉山大部地区统治权的诺伙对外界仍持极为保守的态度，夜郎自大的心态也极为严重。据伍精华[①]回忆：多数彝族人根本不知政权为何物，也不知道自己属于哪个国家。甚至有人问“中国大还是牛牛坝（美姑下的一个乡镇）大”，“成都大还是牛牛坝大”这种荒唐的问题。直到抗美援朝时期，美姑的彝族头人甚至这样对中共派来宣传抗美援朝的工作队人员说：“年轻人，你们不要说了，你们把美国人哄到这里来，我们来收拾他们。”[②] 由此可见彝族人对外界封闭固拒的态度。这种态度不但使历代对凉山只能实行羁縻式的间接治理，也使民国时期无论北京政府还是国民政府都无法实现对凉山的治理。民国时期管理凉山的西康屯垦委员会（驻西昌）只能管理以西昌为中心的安宁河流域（汉区）和少量彝区[③]，对凉山其他地区（本书研究的区域，全是彝族聚居区）根本无法插手。这些地方的个别地区虽然设了县，但形同虚设。以处于凉山腹地的昭觉为例，当地在清末开始设县，建立了县城、县衙、文庙、关帝庙等治理系统，但是，首任县长根本不敢驻县视政，长期在冕宁遥控。到县城巡视要请当地彝族头人担保。民国年间昭觉县长也都是有名无实，号令不出县衙。[④] 很显然，民国时期的凉山完全是一个家支林立的“独立王国”，不管中央还是地方势力都无

---

① 伍精华（1931—2007），彝族，四川冕宁人。1950年9月参加工作，同年11月入党。自新中国成立以来，历任中共冕宁县委宣传部干事，中国人民解放军551团见习参谋，中共普雄县工委委员，普雄县办事处副主任，普格县委委员，副县长，县委副书记兼县长，县劳动人民协会主席，昭觉县委第一书记，县武装部政委，凉山彝族自治州州委书记处书记，副州长，四川省民委副主任，省委委员，省纪委委员，省委省革委会农业组副组长，省委民族工作委员会副书记，国家民委副主任，四川省委常委，省人大常委会副主任，国家民委常务副主任，党组副书记，八届全国人大常委会委员，全国人大民族委员会副主任委员，是中共八大全国唯一的彝族代表。

② 伍精华：《我们是这样走过来的——凉山的变迁》，北京：民族出版社，2002，第25页。

③ 西昌在1978年新的凉山彝族自治州成立前一直是汉区，居民以汉人为主。

④ 伍精华：《我们是这样走过来的——凉山的变迁》，北京：民族出版社，2002，第24页。

法进入凉山，更遑论有效治理了。

当然，民国时期中央政府（主要是国民政府）也曾为实现对凉山的有效治理做过不少努力。最主要的是对凉山彝族地区实行“进剿”，即意图通过武力消灭凉山彝族地方势力，进而对凉山实行有效治理。国民政府时期曾多次组织兵力进攻凉山，但都未获得明显成效。① 即使对凉山治理相对较有成效的邓秀廷（地方势力），也未能实现对凉山的全面控制。②

下面讨论凉山的民族关系。凉山地区是彝族的聚居地，除了彝族之外，汉族是凉山的第二大民族，其他民族在 1950 年前的凉山地区相当少见。因此，这里讨论的民族关系主要是彝族和汉族的民族关系。

1950 年前，彝族和汉族的关系是相当紧张的。在凉山的彝族人眼里，彝族是世界上最优秀的种族。汉人被视为低等种族，“汉人只能当娃子”的心态在凉山彝族心里是根深蒂固的。③ 在这种心态下，彝族一般只和彝族通婚，和其他民族，尤其是汉族通婚被视为彝族的莫大耻辱，被认为是降低了彝族的身份。当然，这也不仅限于汉族，其他民族也是一样。据《四川省志·民族志》记载：凉山婚姻只能在族内缔结，严禁族际婚，违者处死。即使对阿加、呷西的配婚，也要考虑族际因素，即“汉根”“彝根”的血缘区别，不同血缘一般也不予配婚。④ 这种自大心态到当代才有了一些改变

---

① 可参见四川省越西县志委员会编：《越西县志》，成都：四川辞书出版社，1994，第 515—516 页；四川省普格县志编纂委员会编：《普格县志》，成都：四川大学出版社，1992，第 428—429 页；四川省昭觉县志编纂委员会编纂：《昭觉县志》，成都：四川辞书出版社，1999，第 416—417 页。

② 邓秀廷的事迹见四川省喜德县志编纂委员会编：《喜德县志》，成都：电子科技大学出版社，1992，第 457—459 页。

③ 凉山工委：《批转喜德县向荣区彝汉关系上存在严重问题和处理意见的报告》（1953 年 10 月 20 日），凉山彝族自治州档案馆，79—1—21—9。

④ 四川省地方志编纂委员会编：《四川省志·民族志》，成都：四川民族出版社，2000，第 123 页。

（详后）。

由于清朝灭亡后，民国时期北京政府和国民政府都未能有效实现对凉山的治理，以家支为中心的凉山彝族贵族（主要指诺伙）成为凉山实际的统治者。这些统治者用“掠夺成性”四字形容绝不过分。在他们心里，抢劫汉人是理所应当的。[①] 他们经常袭击汉区，掳走汉人变成呷西，抢劫汉区的财产，把汉区的村庄和聚居点烧成一片白地。并将掳掠的汉人彝化，从而扩大彝族人口。如 1919 年，凉山昭觉八且家的彝族，聚集力量，于农历六月初十，攻破昭觉县城，当时城中官员士兵，早已逃避一空，城中居民 80 余家，壮丁全部被杀，妇孺全被掳走为呷西。至此，昭觉县境完全为彝族家支所占据。[②] 这种对汉区人口和财产的大肆抢掠一直延续到新中国成立后。

据林耀华对凉山的考察记录，“凉山汉娃甚多，无论黑白彝家至少有一二人，汉娃入山后，甚难脱离虎口，因四周都是彝家，纵使可从一村一族逃至他村他族，因语言和形迹关系，一被觉察，又必沦为他家他村的娃子。因是被掳去汉娃百人中无有一二逃回者，作者所经凉山地区，遇见汉娃不下 100 余人，皆衣服褴褛，到处操作。有新入山的汉娃，不堪痛苦，见考察团人员，则泪流满面，泣不成声，亦有暗中送信央求脱离虎口之法”[③]。由此可见凉山呷西，尤其是新被掳掠入凉山的汉族呷西生活的悲惨。

当然，彝族掳掠汉人作娃子，也和国民政府在凉山的胡作非为和民族歧视有很大的关联。如 1926 年，川边军（四川地方势力之一）羊仁安派所部刘济南率魏德明营和张勉的教导大队清剿甘洛彝地。刘济南到甘洛后，欺压彝民，强令彝人交纳“投诚费”。3 月，

---

① 凉山工委：《批转喜德县向荣区彝汉关系上存在严重问题和处理意见的报告》（1953 年 10 月 20 日），凉山彝族自治州档案馆，79—1—21—9。

② 曾昭抡：《大凉山夷区考察记》，北京：中国青年出版社，2012，第 194 页。

③ 林耀华：《凉山彝家的巨变》，北京：商务印书馆，1995，第 78 页。

因洛洛沟彝、汉纠纷，刘济南从田坝率军进洛洛沟，对彝人烧杀抢掠。在刘济南驻军田坝后，扣押掌“嫒带田坝土千户”印的土司岭光宗等人，抄家劫财，变卖土司土地，令土司属下彝人纳“投诚费”，实施“改土归流”，强令彝人改穿汉装，采用汉俗，拆土司衙门和房屋，强征彝兵。[①] 民国政权在凉山的胡作非为，加剧了彝民对汉人的排斥心理，原有的“天大地大，彝族人最大”“彝族是最优等的种族”这样的观念更加强化，由此对汉区的抢掠更被彝人视为理所应当。整个民国时期，汉人被掳掠为娃子的事件层出不穷，汉区官方很多时候也无能为力。

必须指出，不是所有在凉山任过职的汉人官员都是贪赃枉法，欺压彝民。有的汉人在彝民中威望很高。如 1942—1946 年任昭觉县长的宋晋城，以廉政闻名，也从未对彝族敲诈勒索，胡作非为，颇受当地人赞许。[②] 又如毛筠如，被凉山彝人称为“阿普阿撒”（彝语，意为福禄神），原因是毛筠如在处理彝汉事务较公正，能制止不良汉人欺蒙彝人（主要是在贸易中）。[③]

事实上，被中共视为残害彝族、破坏民族团结的典型——凉山地方势力代表邓秀廷，其被中共所说对彝族的“狠毒”也不是没有来由的。[④] 据喜德文史资料记载：“1918 年某天，罗洪家吉尔支管下的白彝，因婚姻纠纷，大黑彝罗洪铁哈等前去调解后，在回家途中，路过史家寨附近哨房时，在孙水河洗澡休息，团丁邓德茂巡哨发觉，连吼几声，无人答应。邓疑为匪徒，一枪射去，不偏不倚将

① 四川省甘洛县地方志编纂委员会编：《甘洛县志》，成都：四川人民出版社，1996，第 407 页。

② 中国人民政治协商会议昭觉县委员会文史资料委员会编：《昭觉文史资料选辑》第 1 辑（1992 年），第 21—22 页。

③ 同上书，第 28—29 页。

④ 一份档案中称邓秀廷带给彝族的苦楚是说不完的［见喜德县委：《喜德县三年来工作总结》（1952 年），凉山彝族自治州档案馆，79—1—6—1］。对邓秀廷这样的评价在中共的记录中很普遍。

罗洪铁哈打死。彝人群起还击，当场打死汉民 7 人。邓为息事宁人，按彝家风俗备办酒礼，前去赔礼道歉。吉尔支黑彝先提出要赔偿命金白银 600 两，后又增加到 1200 两，邓忍气吞声一口答应。彝人又进一步提出要邓心爱的那支德造步枪。邓怒：'你们只死 1 个，我们死 7 个，向你们赔礼道歉，一而再，再而三，我现在撒下网，网你一个不够，还要网你几个。'双方都不服气，愤愤离去，从此与邓结下深仇。"加上"吉尔支另一个黑彝头人罗洪瓦婆将本家吏人和亲戚邀来，在两河口一带烧杀抢掳；汉人受灾惨重。在彝人烧杀中，三台村田家烧房的主人，一向黑彝交银投保得以幸免；黑彝把这家汉人当成自己的奴娃，经常前来吃喝，贪得无厌"①。由此可见，正是凉山彝人对当地汉人得寸进尺的欺凌，在邓秀廷心里留下了深深的阴影。因而在他发迹后，对付彝族才特别卖力和"狠毒"②。

公正地说，在 1950 年前的凉山彝汉矛盾，彝族和汉族都负有责任。一方面，从根本上说，彝人掳掠汉人最主要的目的是增加彝区的劳动人口。这是凉山彝族社会形态决定的。如果不掳掠汉区人口，那么呷西将失去重要来源，更重要的是凉山社会生产力落后（这注定了凉山医疗条件远逊汉区），人口"高出生，高死亡，低增长"是必然的。如果不从汉区掳掠人口补充劳动力，凉山彝族的劳动力甚至总人口会有减少的危险。因此，彝人以增加劳动力为目的掳掠汉人做娃子是必然的（彝化则是扩大彝族人口的需要），不以汉族政府对彝族的善恶有所改变的。另一方面，汉族政府，尤其是民国时期汉族政府在凉山的胡作非为和民族歧视又加剧了彝汉矛盾，前述 1926 年川军在甘洛的胡作非为就是一例，这样的事例也

① 中国人民政治协商会议喜德委员会文史资料编辑委员会：《喜德文史资料》，第 7 辑（1990 年），第 5—6 页。

② 马长寿：《凉山罗彝考察报告》，李绍明、周伟洲等整理，成都：四川出版集团，巴蜀书社，2006，第 61 页。

不在少数。这样，彝族对汉族更加排斥抵拒，汉人也加固了彝族是“蛮子”“犬羊”的认知。这样，彝汉矛盾在民国时期从未得到缓解，反而有愈演愈烈之势。

三、凉山被统治阶层反抗统治阶层的斗争

本章的最后就凉山地区被统治阶层对统治阶层反抗的情况作一简要的说明。下面是凉山被统治阶层对统治阶层的反抗情况简介。

1. 呷西的反抗情况

呷西是凉山社会等级中最低下的阶层，也是遭遇最悲惨的阶层。他们中很多人不甘自己的命运，也做过不少抗争。主要的抗争手段包括以下几种：

第一，逃亡（这是普遍现象[①]）。这是呷西反抗主子的重要手段，也是最常见的手段。逃亡过的呷西在整个呷西等级中所占的比例很大。据越西一份对 46 个呷西的调查，大多数均逃亡了 1 次以上，在美姑，一家诺伙曾一次逃走了 7 个呷西，昭觉城南乡一户诺伙拥有呷西 11 个，两次就逃走了 6 个。像甘洛这样的边缘区，呷西逃亡更是家常便饭。在甘洛阿尔乡的一个村，在中共领导的社会变革前 20 年间，逃走的呷西就有 50 个，到 1956 年前夕，该村只有 30 个呷西了。[②]

为了防止呷西逃亡，作为统治阶层的兹莫、诺伙和部分曲诺采取种种手段加以防范。有的采取用铁链锁住呷西，有的晚上派人巡查，最主要的还是前文所述利用家支力量控制呷西行动。一旦呷西逃亡，各家支便相互通信，迅速派人搜捕。搜捕到呷西的人，还可以得到呷西主子的报酬。因此，呷西逃走的难度极大。不少逃亡的

---

① 四川省编辑组：《四川省凉山彝族社会历史调查（综合报告）》，成都：四川社会科学院出版社，1985，第 76 页。

② 《凉山彝族奴隶社会》编写组：《凉山彝族奴隶社会》，北京：民族出版社，1982，第 214 页。

呷西往往还没有逃离主子的家支范围，就被抓回。因此，呷西逃亡的成功率很低。尽管如此，呷西的逃亡在凉山一天也没有停止过。

当然，呷西逃亡还是有成功的例子。如雷波瓦岗地区有 3 个呷西，趁男主子出门，家里只剩下女主子和她的母亲时，趁女主子要他们搬柴的机会，把干柴堆在四周放起火来，女主子的母亲被烧死，女主子逃跑。3 个呷西趁机逃走，其中 1 人在逃亡途中死去，另 2 人最终成功逃到了汉区。①

第二，怠工、破坏生产工具和故意虐待牲畜。这是呷西反抗主子的另一种常见而普遍的做法。尽管主子亲自或派人监工，呷西们也千方百计怠工。甚至干脆坐在地里休息，并轮流放哨，防止主子发觉。破坏生产工具和虐待牲畜致死也是呷西反抗主子的方法，有时能让主子损失惨重（因为牲畜在凉山是一种重要的财产），昭觉一个呷西就是使用这种方法弄死了主子的耕牛。这一事件颇能说明这种反抗方式的特色。

第三，拒绝配婚，自杀，甚至杀死主子。配婚是主子约束呷西的手段，也是奖赏顺从的呷西的手段。一些决心逃跑的呷西，坚决反对这种配婚安家。美姑一个女呷西，1919 年被掳掠为奴，主子多次逼迫配婚，她都誓死不从。除了拒绝配婚外，选择自杀也是呷西反抗的一种重要方式。越西一个呷西，是刚从汉区掳掠来的，主子要他脱鞋劳动时，这个呷西便上吊自杀了。② 除了拒绝配婚和自杀外，呷西甚至会杀死主子。如昭觉 5 个呷西，趁主子睡觉后，将主子的房门反锁，然后放火，主子家里人出来后，来一个，杀一个，一共杀了 3 人，其余全部被烧死。事后 5 人集体逃走，最后 3 人逃到汉区，其余 2 人不幸被抓回惨遭杀害。③

---

① 《凉山彝族奴隶社会》编写组：《凉山彝族奴隶社会》，北京：民族出版社，1982，第 216 页。

② 同上书，第 218 页。

③ 同上书，第 219 页。

2. 阿加的反抗情况

阿加的反抗主要有以下几种情况：

第一，逃亡，这也是阿加反抗主子的主要方式。阿加的逃亡也是普遍现象。[①] 和呷西的逃亡不同，阿加逃亡的一个基本条件是，逃奔的对象必须是自己主子的冤家，且最好有自己曲诺家支的帮助。只要准备妥当，一般可以升为曲诺。此外，一些非彝根阿加，因为有了家室子女，一般不再逃跑，但也有只身逃往汉区或举家逃往主子冤家地区的。逃到主子冤家地区的非彝根阿加虽然不能升为曲诺，但一般能得到较好的待遇。

第二，拒绝主子抽取子女为呷西或陪嫁丫头。如布拖一个主子在抽一个阿加的子女时对他说："你的儿子该到我家放羊去了，以后他就在我家吃饭。长大后我给他土地，给他配婚安家。"这个深知子女当呷西痛苦的阿加坚决反对，说："你打也好，骂也好，我就是不把儿子给你，你要把我儿子拉去，我就死给你看。"最后主子终于同意这个阿加的儿子只服家务和田间劳动，没有抽去当呷西。

第三，非彝根阿加（"赤黑"）对主子的诅咒。凉山彝族社会宗教意识十分严重，兹莫和诺伙不仅相信占卜的征兆，也畏惧敌对者用巫术发出的诅咒。非彝根阿加在反抗主子的斗争中也使用了巫术诅咒的方式。这种方式最早起源于非彝根阿加集会，准备攻打他们的主子，后担心众寡不敌，决定另行开会对主子进行诅咒。诅咒会上他们打鸡、狗宣誓：喝血酒诅咒，并且宣布，如果以后主子再出卖他们，杀害他们，他们还要开会诅咒，或者集合攻打主子。此后他们被称为"赤黑"，他们的集会被称为"赤黑蒙格"。这种反抗在凉山一直持续，由于他们的反抗斗争，这些人实际上构成了一个特殊的等级在凉山存在。应当说，这是阿加反抗主

---

① 四川省编辑组：《四川省凉山彝族社会历史调查（综合报告）》，成都：四川社会科学院出版社，1985，第 76 页。

子的重大胜利。

3. 曲诺的反抗情况

曲诺的反抗形式除了前述阿加、呷西的斗争方式外，有时还发动武装起义。在少数地区曲诺甚至成了当地的最高等级。在曲诺的起义中也有阿加、呷西参加，但领导者和多数参加者都是曲诺。相比于阿加和呷西阶层，武装起义是曲诺反抗主子的主要形式。

下面是一次 1945 年普格曲诺反抗当地兹莫的起义情况，通过这次起义可以管窥曲诺武装起义的大致情况。

这次起义发生在普格县次布乡。首先在当地最大的曲诺家支——井姆家内部秘密策划，在该家支成员同意起义后，再由井姆家支的头人和其他曲诺家支头人暗中商议，最后达成一致。多数曲诺家支主张 1944 年动手，但尚有部分曲诺家支还在犹豫，于是定于 1945 年冬发动起义。起义前，各曲诺家支头人从各家支挑选 150 多名青壮年共饮血酒，立誓约，约定起义成功以后，每家曲诺出银二三两，酬谢杀死兹莫的壮士。同时商定，这些壮士可以得到兹莫的全部枪弹。

当地的兹莫尔恩次布家共 18 户，约 70 人，其中男子 30 多人，分散在数村中居住，起义者决定：150 多名壮士同时动手，分别对付他们。同时，起义的曲诺还派人和兹莫家中的呷西联络，并把起义时间告诉他们，要他们到时候里应外合，把兹莫家的房门打开，让他们进去。

1945 年冬，起义终于发动了。本地区尔恩次布兹莫的 18 户，一夜间被全部歼灭。至此，当地成为曲诺统治区。后来不少外地家支多次向这一地区发动联合进攻，但连战连败，直到凉山解放，这里一直未被其他兹莫和诺伙占领。①

不过，总体而言，凉山被统治阶层对统治阶层的反抗并不激

① 应当指出，如普格次布乡这种成功的曲诺起义，在凉山并不具有代表性。总体而言，曲诺发动武装起义反抗兹莫和诺伙在凉山很少见。

烈。这包括以下几点原因：

首先，作为统治阶层的兹莫和诺伙对曲诺的“保护”作用决定了凉山的被统治阶层对统治阶层的反抗并不强烈。具体包括以下两点：第一，被统治阶层的多数是曲诺，前文已述，作为统治阶层的兹莫和诺伙对曲诺有“保护”的作用。正如林耀华所言，“黑彝爱护白彝奴娃，在物质上的表现尚为不足，在心理上的收效至为重大”，“白彝娃子若有困难问题产生，主人必极力谋解决的方法，充分表示娃子事情自己应当负责，使白彝坦心服从”①。正是因为如此，白彝一般不会对他们的主子有敌视心理，从而很少明火执仗反抗自己的主子，即使有主子对自己不好，也往往选择逃到其他兹莫和诺伙的属下做曲诺。第二，凉山贵族（兹莫和诺伙）和百姓（曲诺）之间的生活水平差距并不是很大，“彼此阶级不同，身份不同，惟在物质上享受则相同。黑彝到白彝家，白彝固应尊之上座，尽情招待，白彝到黑彝家，黑彝亦应供给食宿，以免冻馁”②。这种生活上的平等自然使曲诺心态平衡，从而对他们的主子有较强的向心力。

其次，因为曲诺很少反抗自己的主子，这样凉山最受压迫的阶层——娃子（阿加和呷西），明显势单力薄，没有力量和他们的主子抗衡（毕竟兹莫、诺伙和曲诺占了凉山人口的大部分），更重要的是，阿加和呷西（尤其是呷西）是无组织的、分散的，在中共进入凉山之前，没有一种力量能将他们整合起来，他们自己也无力整合形成一股较强的力量反抗压迫。何况凉山的主子（指占有娃子的人，包括兹莫、诺伙和曲诺）对反抗的娃子有严厉的镇压手段。③娃子为了生存，也不敢轻易反抗主子。此外，由于曲诺可以占有阿

① 林耀华：《凉山彝家的巨变》，北京：商务印书馆，1995，第 75 页。

② 同上书，第 74 页。当然，这是出于尽可能招募曲诺来投的需要，毕竟兹莫和诺伙手下的曲诺越多，实力就越强，在凉山的家支中也就越有声望和面子。

③ 四川省编辑组：《四川省凉山彝族社会历史调查（综合报告）》，成都：四川社会科学院出版社，1985，第 75 页。

加和呷西，阿加可以占有呷西，这使凉山的被统治阶层被分化，不能形成合力，从而不能形成对统治阶层的优势，反抗自然不会激烈了。这也是凉山的娃子选择逃亡作为主要反抗手段的原因。

最后，主子采取的一些手段也制约了娃子的反抗。包括：(1）将逃到他处的娃子用钱赎回；（2）让阿加本人和子女到家中服役避免逃亡；(3）对抓回的逃亡娃子严刑拷打（但一般不打死，毕竟娃子是主子的财产)；(4）配婚（主要是针对呷西，呷西反抗手段之一就是拒绝配婚)。

第二章
凉山社会变革的准备工作

民族地区的社会变革和汉区的社会变革一个重要的区别是民族地区的社会变革都经历了一个或长或短的准备期（也可称为“缓冲期”“准备工作阶段”），作为民族地区的凉山地区也不例外。把握这一时段中共在民族地区做了哪些工作，这些工作对当地的社会变革起了什么作用，对全面理解民族地区社会变革的过程非常重要，然而目前相关研究非常少见。基于此，本章拟对凉山社会变革前期（1950—1955 年）的准备工作作全面分析，以期厘清相关史实，并分析这些工作对社会变革的作用。

第一节　中共进入凉山后面临的形势和中共拟定的策略

笔者认为，西昌战役的结束是中共进入凉山的开始。因此本章首先叙述西昌战役的概况。① 西昌战役是第三次国内革命战争大陆（除西藏外）的最后一战。1949 年 12 月成都解放，意味着大陆的国民党军队已完全陷入绝境。为保住国民党在大陆的最后一块基

① 西昌战役简况引自凉山彝族自治州地方志编纂委员会编：《凉山彝族自治州志》，北京：方志出版社，2002，第 1033—1037 页。

地，蒋介石命胡宗南集中兵力退守西昌。胡宗南接令后，自知国民党军在大陆已是穷途末路，对固守西昌毫无信心。但在蒋介石 12 月 29 日严令下，只好收拢残部，整编溃军，同时组织地方武装和反共的少数民族上层，准备固守西昌。由于中共在四川遭遇以地方势力为主力，结合国民党残部的全面反抗（“匪乱”），加上四川是新占领地区，中共在当地的政权也并不稳固，因此，国民党得以有两个月准备时间。

中共在 1950 年 3 月初由西南军区首长刘伯承、邓小平、贺龙部署西昌战役。意图南北夹击，聚歼西昌的国民党军。具体部署是：北路由 62 军 184 师分左中右三路从成都温江出发，进攻西昌。其中，左路经峨边绕大渡河南岸，过羊村河、牛日河到田坝、海棠(在今甘洛)，歼灭外围敌军，阻截大渡河守敌南逃道路，从敌军身后配合主攻部队抢占大渡河天险，中路为主攻部队。沿乐西公路，经蓑衣岭、富林、过大渡河、小相岭，负责对西昌实行正面攻击。右路配合主力歼敌于预设地域后，从石棉过大渡河，从冕宁直下西昌。南路也分左中右三路对西昌实行包抄。左路由云南禄丰、宾川出发，经永仁、永胜北渡金沙江，攻打盐边、盐源。中路由云南曲靖出发，北上龙街，渡金沙江，攻姜驿、会理、德昌，再攻西昌。右路也从曲靖出发，北进巧家，渡金沙江，攻华弹、宁南、普格，再攻西昌。3 月 12 日，解放军各军开始向预定位置开进，西昌战役打响。

最早取得战果的是北线中路，他们以一天 100 多里的速度，翻越蓑衣岭，连下皇木场、马料关，歼敌 1 营和宁雅联防司令羊仁安一部，3 月 23 日攻下富林，进抵大渡河北岸，接着强渡大渡河，迫使守敌逃往大树堡、晒经关。此时，北线左路军已进入彝区，绕到大渡河南岸，连续越过牛日河、羊村河，到达田坝，至此，国民党大渡河守军后路被截断。北线右路军也从石棉渡过大渡河，直攻冕宁。国民党大渡河守军只好向越西、西昌撤退。

与此同时，南线解放军也进展顺利。南线中路军于 3 月 21 日渡过金沙江，23 日进逼会理，并迅速占领会理，歼敌两个团，接着于 25 日解放德昌，进逼西昌。右路军与 3 月 21 日从云南巧家渡过金沙江，23 日、25 日占领宁南和普格。26 日进逼西昌。3 月 26 日夜，国民党西昌最高指挥官胡宗南和贺国光悄悄乘机逃走，国民党军乱作一团，参谋长罗列只好率卫队和 1 个营护卫西南长官公署官员、电台、文件和金银，向泸沽方向逃窜。27 日晨，南线中路军一部攻入西昌，西昌解放。

3 月 27 日，罗列率西南长官公署机关，卫士连和 1 个营和地方势力邓德亮部在泸沽会合，企图逃往邓德亮老巢甘相营（今喜德县城），南线解放军发动追击，北线国民党军败退越西后，遭到解放军全力追击，27 日午夜，解放军南北两线在冕山会师，继续追击罗列所部至甘相营鸡窑沟，全歼罗列所部西南长官公署机关，卫士连和 1 个营。参谋长罗列、副参谋长沈策化装潜逃。北线国民党军也被解放军北线追击部队歼灭，北线国民党军主将、69 军军长胡长清、西南长官公署副长官、四川省第一游击总队总指挥唐式遵阵亡，川西地方势力代表人物羊仁安被生擒。鸡窑沟一战计歼敌 4000 余人。

西昌警备司令部警备二团团长邱纯川，自贺国光逃走后，率部由西昌向东逃窜。被和中共地下党有联系的彝族上层人士罗大英诱进红莫彝区歼灭，邱纯川阵亡。

西昌国民党军主力第一师余部在朱光祖率领下逃往昭觉，被彝族头人马革尔的武装在解放沟消灭。驻守会理的七十六师残部 500 余人西逃，在普威地区被全歼。会理国民党军另一部 2000 余人，向西渡过雅砻江后，分路逃窜，解放军全力追击，最后在云南姜街，盐丰平川地区被歼 1620 人。俘一二四军少将参谋长陈文光，少将师长高惠民，师参谋长张藻章。

与此同时，驻守昭觉的二十七军副军长岭光电率部投诚。军长刘孟濂，参谋长刘逢会于 4 月初逃至雷波，和起义后叛变的四川省交警大队大队长陈超会合，后被俘。

西昌警备司令部 1 个连和大渡河国民党溃军 100 余人被解放军北线右翼部队歼灭。反共救国军第一纵队，第四纵队 8 个大队及 1 个区队 2400 余人向解放军投诚。

从 1950 年 3 月 12 日至 4 月 7 日，西昌战役胜利结束，共 25 天，经大、小战斗 14 次，共歼灭国民党军西南军政长官公署、西昌警备司令部、西南游击第二路总司令部、宁雅联防司令部和国民党军五、七两个兵团部，二、三、二十七、六十九、一二四 5 个军部及所属部队，总共毙俘投诚国民党少将以上军官 30 余名，团以下官兵 15592 名，缴获飞机 3 架，火炮 97 门，各种机枪 553 挺，各种枪支 10178 支，汽车 25 辆，战马 502 匹，电台 24 部，炮弹 2408 发，子弹 969360 发，手榴弹 5523 颗。解放了荣经、汉源、越西、冕宁、西昌、德昌、会理、盐边、盐源、宁南、昭觉、峨边、雷波、屏山、华坪、永仁、会泽、巧家 18 座县城。至此，国民党反动派在我国大陆的军队宣告彻底覆灭。

西昌战役的结束既意味着国民党统治在大陆的彻底结束，也意味着中共经略凉山的开始。首先看中共进入凉山各地的时间，详见表 2-1。

表 2-1　解放军进入凉山境内各县时间表

地名	入驻时间	入城部队番号
甘洛	1950 年 4 月	六十二军
越西	1950 年 3 月 26 日	六十二军
喜德	1950 年 4 月 5 日	六十二军
普格	1950 年 3 月 25 日	十五军
昭觉	1950 年 4 月 7 日	六十二军
雷波	1950 年 3 月 29 日	十五军
金阳	1950 年 10 月	六十二军

续表

地名	入驻时间	入城部队番号
布拖	1951 年 9 月	六十二军

注：1. 新中国成立后才设县的美姑和峨边，以及马边两县没有列入。

2. 本表的制作据四川省地方志编纂委员会编：《四川省志·军事志》，成都：四川人民出版社，1999，第 278 页。

由上表可见，中共进入凉山的时间是 1950 年，进驻最晚的布拖也在 1951 年就已经进入。这说明从中共进入凉山到凉山正式开始社会变革的正式开始有一段较长的时间，初入凉山的中共面临着如下形势。

首先，从中共方面而言，此时中共尚未在凉山完全立足。具体表现如下：

第一，凉山外围①的旧政权残余势力并未肃清，而且还在组织力量，继续反抗。随着西昌战役的结束，虽然国民政府的正规力量已被中共全部歼灭，但国民政府和地方势力的残余还大量存在并进行各种反抗活动。如盐源的地方势力包围了盐源的经济重镇白盐井，会理的地方势力在县城、太平场、姜州小官河发起暴动。德昌的地方势力占据了县城，宁南地方势力发起暴动，当地解放军驻军营长，连长阵亡。地方势力最强的西昌，在地方势力筹建的反共组织“统一前进自由党”的组织下，编组了 3 个团的力量，并联合河西地区的力量，集中两千人企图里应外合攻打西昌。② 西昌地区的 24 个乡中，有 13 个乡卷入暴动。此外，国民党残余力量和地方势力大造谣言，说“李宗仁、白崇禧从云南打进来了”，“第三次世

① 这里的凉山外围是指以西昌为中心的今凉山彝族自治州西南地区（西昌专区）。包括西昌、德昌、宁南、盐边、盐源、会理、会东、冕宁等地。这些地方是民国时期国民政府（地方势力）能控制的地区。

② 凉山彝族自治州地方志编纂委员会编：《凉山彝族自治州志》，北京：方志出版社，2002，第 1037—1038 页。

界大战打起来了”，“戴五星的（指解放军）要走，戴三星的（指国民党军）要来”。[①]

第二，中共在凉山外围的政治力量还显薄弱（虽有少数地区力量较强）。此时凉山外围虽然有南下干部和西昌中共地下党这样的骨干，但是仅通过这些力量一时还不能使中共在凉山外围彻底立足。[②] 更重要的是：此时凉山外围地区尚未实行以土地改革为中心的社会变革，当地还未完全掌握在中共手里。也就是说，中共此时并未实现对凉山外围地区社会的完全控制。因而先做好凉山外围地区的社会变革，实现中共对凉山外围的彻底控制，是中共进军凉山、在凉山开展工作、实现在凉山立足、为未来的社会变革打下基础的必要条件。

第三，中共虽然进驻了凉山地区，但只是进驻了县城，并未实现对凉山的全面控制。事实上，凉山地区，尤其是凉山腹地仍旧掌握在当地彝族土著势力手里。他们对汉人的到来（不论国民党、原有的汉人地方势力还是中共）始终持抵触态度。美姑 1952 年发生的牛牛坝事件是最好的证明。[③]

第四，国民党残余势力在民族地区还有较大的影响。1949—1950 年，部分国民党和地方势力的残余为了逃避中共的打击逃到凉山地区。他们利用各种社会关系，企图在凉山彝族聚居区立足（一时也确实立住了足），同时利用凉山彝族土著势力继续对抗中共。例如 1949 年前国民政府驻西昌第二十四军团长刘俊辉，在

① 施嘉明主编：《难忘的历程——开辟凉山彝族地区工作的回忆录》，成都：四川民族出版社，1992，第 7 页。

② 中共在凉山外围的地下力量主要来自西昌和冕宁，其中冕宁的党员（1950 年）多达 587 人。参见四川省西昌市志编纂委员会编：《西昌市志》，成都：四川人民出版社，1996，第 553—554 页；四川省冕宁县志编纂委员会编：《冕宁县志》，成都：四川人民出版社，1994，第 193—196 页。此外，凉山第一任州长瓦渣木基和写出《我们是这样走过来的》（北京：民族出版社，2002）一书的著名彝族干部伍精华都是冕宁人。

③ 牛牛坝事件详情见本章第四节。

1951 年逃到凉山瓦岗地区（今属雷波），和当地彝族头人安曲土等联合，组织“反共救国军”，继续反抗。1953 年 2 月 24 日，刘俊辉和安曲土率彝民渡江抢劫云南永善县的黄坪，使当地民众损失惨重，“被抓走 4 人，被打死打伤 2 人，烧毁民房 27 家。被抢 114 户”，到黄坪抢劫的彝民也损失 18 人。[①] 造成轰动一时的“黄坪事件”。此外，逃到凉山的国民党和地方势力残余大造谣言。这些谣言使彝族上层和彝民对新生的中共政权心存疑虑，从而为中共进入凉山增加了困难。

其次，从凉山地区的实际情况来看，此时没有实行社会变革的条件。具体表现在以下两个方面。

第一，中共对凉山地区的情况了解不多。正如曾任中国人民解放军凉山指挥部政委、凉山工委书记的鲁瑞林所言：“当时最大的难处，是我们对凉山内部的情况不很摸底。诸如逃窜进去的国民党反动派残余势力到底有多大？彝族内部各种势力的情况如何？都不那么清楚。”[②] 如前所述，当时了解凉山，靠近中共的彝族人士基本集中在冕宁和西昌一带。凉山地区没有中共地下组织存在，虽然凉山外围地区靠近中共的彝族人士（包括彝族地下党员）能向中共提供凉山彝族社会的某些情况，但这并不能保证使中共得到足够的凉山彝族地区的资料（20 世纪 50 年代中共对凉山彝族地区大力进行社会调查就是明证），也就难以审时度势地制定和实行相应的社会变革策略，这就决定了凉山的社会变革不能立即实行。

第二，也是最重要的一点，如前所述，中共此时没有真正进入凉山，实现对凉山的全面控制，在凉山自然谈不上有群众基础，也就意味着中共此时在凉山没有进行社会变革的社会基础。事实上，

---

① 中共凉山工委宣传部：《关于刘俊辉的罪恶的宣传要点》（1954 年 1 月 2 日），凉山彝族自治州档案馆，79—1—71—21；四川省金阳县地方志编纂委员会编：《金阳县志》，北京：方志出版社，2000，第 427 页。

② 施嘉明主编：《难忘的历程——开辟凉山彝族地区工作的回忆录》，成都：四川民族出版社，1992，第 74—75 页。

中共当时进入凉山的部队只能以县城为中心，在县城附近一带（主要是汉区）活动，无法深入当地彝族社会基层。此外，当时的凉山腹地中共力量尚没有触及（如凉山北部的甘洛地区直到 1954 年 10 月才得以逐渐开始进入）①，也谈不上对彝族群众进行发动和组织。加上民族隔阂的存在，当地部分彝族上层对中共心存疑惧，组织力量阻拦中共进入凉山开展工作（详后）。在这样的情况下，自然谈不上对凉山地区立即进行社会变革了。

最后，中共对民族地区的认知和相应制定的民族政策也强调在民族地区进行社会变革不能操之过急，必须采取“谨慎稳进”、稳扎稳打的政策，凉山地区也是如此。当时中共最高领导人毛泽东的认知是最好的说明。他强调在民族地区进行社会变革“无论如何不能急躁，急了会出毛病。条件不成熟，不能进行改革。一个条件成熟了，其他条件不成熟，也不要进行重大改革”②。这一认知在中共各级领导人中都有清醒的认识。早在 1949 年，第二野战军进军大西南时，由二野领导人发布的文件中就强调少数民族地区需要“一个长期的工作过程”，“不要在条件尚未成熟的情况下，去人为的鼓动少数民族人民作反对其统治者的斗争。在相当一个时期内，我们的目标是求得民族间的和睦，而不是去那里发展阶级斗争”。③这段话实际上已经说明了中共对民族地区解放后在当地进行工作的原则和任务的认知，而且中共深知如果“犯了急性病”，“那我们不但办不了好事，而且要造成严重的恶果”。④ 这种恶果就是中共无法在民族地区立足，更谈不上对民族地区进行社会变革。西南局也认为：虽然“少数民族地区不进行必要的社会改革，就不可能跻

---

① 见凉山工委：《54 年 10 月至 55 年上半年开展凉山北部地区工作的计划》（1954 年 7 月 20 日），甘洛县档案馆，1—1—9—2。

② 《建国以来毛泽东文稿》，北京：中央文献出版社，2023，第 301 页。

③ 《二野前委关于少数民族工作的指示（草案）》（1949 年），载秦和平编：《四川民族地区民主改革资料集》，北京：民族出版社，2008，第 15、16 页。

④ 同上书，第 16 页。

身于先进民族的地位”，但是“什么时候进行改革，进行些什么改革，由少数民族自己决定”。[①]

基于以上原因和认知，中共此时对民族地区各阶层实行的是进行政治争取，以获取少数民族群众（包括上层和下层）的信任为中心的工作原则。正如二野前委的指示所言：少数民族地区的工作“首先是如何去打开工作的门路，解除民族间的隔阂，这是一切工作的起点”[②]。要获得少数民族地区群众的支持，“还在于我们的行动”。包括严守纪律，尊重少数民族风俗习惯，不轻率提出少数民族群众尚不能接受的主张，培养少数民族干部，尽量不在少数民族地区征粮征税。必须征收也只能少，不能多，[③] 等等。以后中共又明确了在民族地区进行以土地改革为中心的社会变革必须具备以下六项条件：第一，社会秩序安定；第二，民族关系正常；第三，对民族地区社会经济，阶级关系确有调查研究和正确分析；第四，本民族中大多数人民已有要求；第五，本民族中与人民有联系的领袖人物与一般社会人士的同意，本民族内部团结；第六，有本民族的革命骨干和实际工作人员。[④] 这六项条件实际上就是政治争取需要达到的结果。在民族地区社会变革的准备期，一切工作都是为达成这六项民族地区社会变革必须的条件进行的。就凉山而言，当时的一份工作报告详细地论述了在凉山进行政治争取的策略，现择其要点分述如下：[⑤]

第一，保护各民族的生命财产。提倡各民族在平等原则上团结

---

① 转引自秦和平：《四川民族地区民主改革研究——20 世纪 50 年代四川藏区彝区的社会变革》，北京：中央民族大学出版社，2011。

② 《二野前委关于少数民族工作的指示（草案）》（1949 年），载秦和平编：《四川民族地区民主改革资料集》，北京：民族出版社，2008，第 15 页。

③ 同上书，第 15—17 页。

④ 见秦和平编：《四川民族地区民主改革资料集》，北京：民族出版社，2008，第 21 页。

⑤ 以下均据梁文英所著《历史的新篇章——解放西昌，开辟凉山民族工作回忆录》（北京：民族出版社，1998，第 40—43 页）改写。

互助，提倡彝民内部和睦团结。禁止欺骗、敲诈、互相仇视。禁止抢劫、报复、抓娃子。反对互相械斗，反对打冤家。要反对和严惩挑拨离间的分子，如果有人破坏人民利益、破坏社会秩序，人民解放军应当本着保护人民利益的原则，坚决给破坏者以镇压。

第二，团结彝民上层，尊重彝民风俗习惯，诚恳接待一切和政府来往的彝民上层和群众。“不向他们要丝毫的礼物。他们送礼，婉言谢绝。不要放松任何机会向他们宣传我们的民族政策，给他们以好的印象，使他们明确认识我们和过去反动政府的不同”，“只有这样做，才能使他们感觉到人民政府对他们是平等对待，才能消除民族间的不信任和隔阂”。

第三，在彝汉杂居区，“政府要吸收彝民与汉族兄弟一道为汉、彝人民做事（如果有其他民族必须同样吸收）。纯彝民区域，国民党反动派已建立的政权要加以彻底改造”，对旧人员要甄别处理，然后重新选拔干部，有计划地建立“彝民自己的政权”。

第四，慎重处理彝民武器问题。除国民党武器和缴获的国民党武器应交出外，其余一律保留不动。但不准持枪抢人、抓人。

第五，保护农场、垦场、森林、牧场及一切彝民正当生产事业。“提倡劳动生产，目前主要是发展农业生产。改良农作耕具，改善耕作技术，注意施肥。”此外应发展彝区特色手工业（如搓毛、织毛布，即彝族的特色服饰“擦尔瓦”）和商业，在商业方面，彝区的特产应对外出售，彝区必需的生活用品，由官方设法解决，同时禁止商人的不法行为。

第六，发展彝民文化教育事业和卫生事业。保护和扶持现有的少数民族学校，提倡彝民自办学校。建立医院及其他文化教育机关。鼓励彝民子弟入学读书，发展彝民固有文化艺术，发展彝文彝语。

以上实际就是民族地区社会变革前期工作的基本内容。要做到这些，必须按如下方法贯彻和实施：

第一，必须大力进行宣传工作，对彝民宣传要和实际行动结合起来，不但要口里讲，而且要有实际行动给他们看。既要“和我们思想里的传统观念作斗争，也要和彝民中的盲目反汉情绪及报复情绪作斗争”。实际上，宣传工作在凉山社会变革前期准备工作中占有重要地位，甚至居于核心地位。

第二，发动广大的党员和政府工作人员去做彝民工作。“应当很好的学习民族政策，认真对彝民及其他少数民族情况进行调查研究，加强与丰富我们做少数民族工作的知识和经验”，“革命者尤其是共产党人，如果不愿做少数民族工作，鄙视少数民族，不愿接近少数民族，是不对的”。

第三，大量吸收、培养彝族和其他少数民族干部。

第四，团结争取各阶层人士进行少数民族工作。要使民族工作形成广泛的群众运动。

以上各条实际上已经基本说明了凉山社会变革准备期各项工作的基本内容和实施办法（可用“团结、生产、建政”六字加以概括）。所有前期工作的基本内容和方法，实际上都围绕着“政治争取”这一社会变革前期工作核心的任务而展开。为了在凉山顺利进行社会变革的准备工作，中共四川省委决定暂时不在凉山实行社会变革，而是以“团结、生产、建政”为主要工作，通过政治、经济、社会工作对彝民进行政治争取，为未来的社会变革做好准备工作。为此，1953 年 3 月 5—14 日，中共四川省委在成都召开“凉山民族工作会议”，会议制定了民族工作方案，并成立中共凉山工委和四川军区凉山指挥部，作为领导凉山工作的最高机关，进驻雷波开展各项工作。由此，凉山社会变革准备期进入了一个新的阶段（在凉山工委成立之前，中共已在凉山开展了若干民族工作。但当时凉山地区并无统一的领导机构负责开展并指导凉山工作）。[①]

以下各节分别论述凉山社会变革前期工作的各项内容和其对凉

---

① 凉山彝族自治州地方志编纂委员会编：《凉山彝族自治州志》，北京：方志出版社，2002，第 46 页。

山地区的政治和社会影响，进而展示此时的民族工作怎样实现对凉山地区彝族民众（包括上层和下层）的政治争取，从而为后面的社会变革奠定了政治和社会基础。

第二节　准备期的经济工作[①]

经济工作是凉山社会变革准备期的重要工作，其对准备期最核心的工作——政治争取的作用极大。凉山的经济水平极为落后（这一点在第一章已有论述，此处不赘），在这种环境下，凉山彝民“有浓厚的保守性”（较汉族农民还要保守），“富于情面而眼浅”。[②] 在这样的条件下，只有帮助他们发展生产，提高他们的生活水平，让他们看到中共给他们的实实在在的好处，他们才可能支持中共，从而为未来的社会变革打下良好的基础。中共对这两点有深刻的认知，正如当时主持凉山工作的凉山工委强调的那样，“这是改变凉山彝族社会政治、经济、文化落后状况的根本问题”[③]。凉山工委的另一份文件也指出：“大力扶助发展生产，逐渐改变落后的经济状态，是少数民族地区的根本问题”，“发展生产的关键是农业生产”。[④] 正是基于这样的认知，中共大力扶助凉山发展经济，提高彝民生活水平，力争迅速获取彝民各阶层的支持。

具体而言，凉山的经济工作包括农业工作和以工商业为中心的其他经济工作两部分。下面分别进行叙述。

---

① 本节部分内容（主要是第一目和第三目）参见《建国初期凉山彝族地区民主改革的经济扶贫与政治争取》，《贵州民族研究》，2015 年第 10 期。

② 普格县工作团：《目前情况分析》（1952 年 12 月 19 日），凉山彝族自治州档案馆，79—1—6—14。

③ 凉山工委：《关于马边县委工作组关于大垭口自治乡秋收情况调查报告》（1954 年 11 月 6 日），甘洛县档案馆，1—1—16—1。

④ 凉山工委：《关于 1954 年上半年的工作检查和下半年的工作要求》（1954 年 6 月），甘洛县档案馆，1—1—9—1。

一、农业工作

农业是凉山地区的主要产业。这就表明中共在凉山农业工作的成败将决定中共此时在凉山的经济工作，乃至全部凉山工作的成败。当时主持凉山工作的凉山工委深知农业在凉山经济中的地位，强调“帮助彝区改善农具，提高生产技术，就直接提高了生产力，必然会促进生产发展和旧有经济逐渐变化，并能吸引彝族人民沿着社会主义道路前进”①。从总体上看，这一时期中共在凉山的农业工作包括技术性扶持和政策性扶持两方面。其中技术性扶持包括以下几个方面。

首先是教授彝民新的农业生产技术，指导彝民进行农业生产。具体而言，中共对此做了以下几个方面的工作：

第一，动员指导民众积肥。积肥施肥是农业丰产的必要条件。前文已述，凉山彝民对此知之不多。甚至认为拾粪会导致疾病发生。② 对此，中共在凉山各地开展了动员彝民积肥的宣传，教导彝民积肥。经过宣传讲解和实例验证，彝民很快接受并掌握了这一技术，形成了积肥施肥的习惯。在昭觉，彝民学会积肥后掀起了积肥的热潮。“重点乡的堆肥，有的村已堆三五堆，一二十堆的也有。还有一家堆两堆的也有。”③ 经过指导和动员，彝民不仅学会了用人畜粪、尿做肥料，还学会了用草木灰做肥料。④ 值得一提的是，彝民在积肥的同时也开始修建厕所（之前彝民不知也不会使用厕

---

① 凉山工委：《上半年工作意见》（1955 年 5 月 7 日），凉山彝族自治州档案馆，79—1—174—1。

② 呷洛区党委：《关于今年积肥工作的意见》（1955 年 11 月 1 日），甘洛县档案馆，1—1—22—6。

③ 昭觉县委：《昭觉两个区三个月来的工作汇报》（1952 年 9 月 26 日），凉山彝族自治州档案馆，79—1—7—3。

④ 马边县委：《1953 年上半年民族工作情况及 7、8、9 三个月工作意见的报告及凉山工委的批示》（1953 年 7 月 25 日），凉山彝族自治州档案馆，79—1—21—7。

所），这改变了彝区的卫生情况，可谓一举两得。

第二，指导彝民除虫和选种。彝民之前完全不知除虫和选种，甚至对除虫不能接受，认为“虫吃不了多少，有虫才是丰收年”。针对此，中共通过宣传农技知识，同时用实例对除虫的作用进行讲解，方才为彝民所接受。此后，彝民纷纷对庄稼进行除虫，成效显著，“在红妈区除白线就 20000 多斤，冕山乡一个小孩就捉虫 1000 多条”①。在选种方面，经过中共所派技术人员的讲解和指导，彝民开始重视选种。有些地方甚至开展评比选种工作，组织评选委员会实施。另有些地方甚至专门下到田间进行这一工作。此外为了保证彝民有足够的种子下种，中共除发动群众互助解决部分农户缺种，还责成各县及时解决当地缺种问题。② 在甘洛，当地工作团责成属下工作队了解彝民缺种的户数和缺种的种类、数量，能否就地解决，能否在当地彝民中互相借贷，还要掌握季节气候变化规律，并据此推论自然灾害发生的概率。③

第三，推广新农具并改善旧农具，指导彝民深耕细作。当时负责凉山工作的凉山工委的一份工作意见书中，要求农业工作要“推广新式农具”，还要“克服只管发不管效果的现象”，同时要求彝区要有铁工能随时为彝民修补农具。④ 如普格“计发出铧口 322 件，条锄 2406 件，月锄 1568 件，板锄 2946 件，钉耙 59 件，镰刀 1740 件，发给了 6181 户农民”⑤。金阳 1955 年清理了从 1953—1955 年三

---

① 喜德县委：《喜德县三年来工作总结》（1952 年），凉山彝族自治州档案馆，79—1—6—1。

② 昭觉县委：《昭觉两个区三个月来的工作汇报》（1952 年 9 月 26 日），凉山彝族自治州档案馆，79—1—7—3。

③ 岩润工作团：《关于播种小春作物的有关通知》（1955 年 9 月 30 日），甘洛县档案馆，1—1—22—1。

④ 凉山工委：《关于 55 年上半年的工作意见》（1955 年 1 月 10 日），甘洛县档案馆，1—1—9—3。

⑤ 普格县人民政府：《1953 年 10 月至 1954 年 9 月一年来的工作报告和今冬明春工作任务》（1954 年 11 月 8 日），凉山彝族自治州档案馆，95—1—43—6。

年间发给彝民的农具，共计 27713 件。同时在县里又组织铁工设炉，为群众补修破烂农具，除群众补修 300 件外，政府无偿补修了 1918 件。此外，贸易公司为了生产需要，也大量供应旧式铁质农具，共发出 1497 件。[①] 此外，为了改良农具，凉山工委要求各地组织一些工匠，进行农具改良研究，[②] 要求彝民“不作懒庄稼，深耕细作”。还派出技术人员巡回指导。经过一系列工作，在凉山中共已经立足的地区，彝民耕作技术普遍提高。耕作普遍“比以往细致，挖、犁都较以前深了，并做到除草”，因而庄稼的长势“好于往年”[③]。

第四，举办农业试验场（一般每县举办一个）。举办农业试验场的目的和任务是：“（1）摸清生产规律（包括农时，品种），推广生产经验。（2）对农具和生产技术进行研究，如何改良与提高。（3）培养一些劳模，树立带头的人”，还要“试验农产品，以推动和指导周围群众的生产。办法是开生产展览会、座谈会和组织观摩等。”[④] 通过试验场，中共得以试验适合凉山地区种植的农业新品种、新耕作技术并推广，也便对彝民进行生产指导。中共要求将办好试验场作为“组织彝区农业生产的方针”[⑤]。同时举办农技训练班，训练彝族生产积极分子，并在条件较好的地区以区为单位配备技术员，负责指导彝民农业生产。[⑥]

---

① 金阳县人民政府：《1955 年年终工作总结报告》（1956 年 2 月 24 日），凉山彝族自治州档案馆，95—1—74—2。

② 凉山工委：《关于今冬明春民族工作的初步意见》（1953 年 11 月 1 日），凉山彝族自治州档案馆，79—1—21—3。

③ 马边县委：《1953 年上半年民族工作情况及 7、8、9 三个月工作意见的报告及凉山工委的批示》（1953 年 7 月 25 日），凉山彝族自治州档案馆，79—1—21—7。

④ 凉山工委：《关于 1954 年上半年的工作检查与下半年的工作要求》（1954 年 6 月），甘洛县档案馆，1—1—9—1。

⑤ 凉山工委：《关于 1954 年上半年以前民族工作的初步意见》（1953 年 11 月 10 日），凉山彝族自治州档案馆，79—1—21—4。

⑥ 凉山工委：《关于今冬明春上半年以前的工作安排意见（草稿）》（1954 年 12 月 1 日），甘洛县档案馆，1—1—16—3。

其次是加强凉山的农田基础建设。具体包括以下工作：

第一，开荒，通过增加耕地面积增产粮食。如喜德，1950—1952年通过开荒增产的粮食计3万余市斤。[①] 昭觉1951年开始大力提倡开荒，到1955年增加耕地28000亩。[②] 美姑的耕地由1949年的200600亩增加到1955年的215700亩，人均耕地占有量也由1949年的2.34亩增加到2.41亩。[③] 普格在1953—1954年两年就新开荒1500亩。[④] 值得注意的是，当时中共已经注意防止过分开荒导致的生态失衡，明确提出要引导彝民适度开垦，“30度以上的陡坡禁止开荒，30度以下的陡坡可以开垦”[⑤]，“注意山坡过陡，对生产不利和对育林工作有冲突的荒地不应开，切实掌握提高单位面积产量的生产原则，防止盲目开荒”。此外，中共要求开荒时要和土地所有者（主要是彝族土地所有者）协商，以免产生纠纷。[⑥]

第二，兴修水利和改良土地。由于凉山地区多系山地，旱地远多于水田，因此修建小型灌溉设施，设法引水溉田相当重要。政府对此也较重视。如喜德，1950—1952年新修堰沟24条，整修旧沟99条，挖塘34个，增灌的土地面积200多担。[⑦] 在昭觉，政府一次就发放兴修小型水利专项贷款3600万元（第一套人民币，以下未加说明均指第一套人民币），并计划“整修七条沟堰，新修两条

① 喜德县委：《喜德县三年来工作总结》（1952年），凉山彝族自治州档案馆，79—1—6—1。

② 四川省昭觉县志编纂委员会编：《昭觉县志》，四川辞书出版社1999年版，第146页。

③ 美姑县志编纂委员会编：《美姑县志》，四川人民出版社1997年版，第201页。

④ 普格县人民政府：《1953年10月至1954年9月一年来的工作报告和今冬明春工作任务》（1954年11月8日），凉山彝族自治州档案馆，95—1—43—6。

⑤ 慰问团：《宣传提纲》（1952年），凉山彝族自治州档案馆，79—1—9—20。

⑥ 普格县工作团：《普格县1953年1—3月份的工作布置》（1952年12月20日），凉山彝族自治州档案馆，79—1—6—17。

⑦ 喜德县委：《喜德县三年来工作总结》（1952年），凉山彝族自治州档案馆，79—1—6—1。

沟堰。计四开（当地地名）整修四条，城区整修两条，新修一条。竹核整修一条，必尔拉打新修一条”①，并责成各区乡迅速实行。1953 年昭觉全县共整修大小水堰 14 条，岁修（保养性维修）水堰 7 条，可保证 6390 亩土地的灌溉。还贷出水利专款 120 多万元，群众又自筹 25 万元用于水利建设。② 金阳从 1952—1956 年，先后整修沟堰 64 条，新修沟堰 402 条，共计 11184 米。当地溉田的重要设施——德姑堰，就是 1953—1954 年修建的。③ 普格“根据季节性组织工作队下乡帮助和发动群众寻找水源，挖塘修堰，计新修沟 6 条，整修沟 9 条，岁修沟 52 条，堰塘 4 个，共去工 496 个，经岁修灌溉面积 6742 亩，新修整修灌溉面积 221 亩，保证面积 109 亩，估计可增产粮食 10791 斤。又新修防洪堤一道，长 200 公尺，高 1 丈 2 尺，去工 3179 个”④。此外，政府设法改良土地（主要是改旱地为水田，在生产条件较好的地区改轮种地为常耕地），在雷波，到 1953 年水田新增 600 多石（这里计算土地是按粮食实产量计算）。⑤ 布拖的水田也由 1949 年的 1400 亩增加至 1955 年的 2400 亩。⑥ 凉山其他各地的水田也有所增加。在改轮种地为常耕地方面，也取得了成效。

第三，植树造林。这是中共此时在凉山的农业工作中值得大书

---

① 昭觉县委：《昭觉县今冬明春工作计划布置》（1952 年 12 月），凉山彝族自治州档案馆，79—1—7—10。

② 昭觉县人民政府：《昭觉县 1953 年全年工作总结报告》（1954 年 1 月 15 日），凉山彝族自治州档案馆，95—1—23—1。

③ 四川省金阳县地方志编纂委员会编：《金阳县志》，北京：方志出版社，2000，第 156—157 页。

④ 普格县人民政府：《1953 年 10 月至 1954 年 9 月一年来的工作报告和今冬明春工作任务》（1954 年 11 月 8 日），凉山彝族自治州档案馆，95—1—43—6。

⑤ 凉山工委：《关于凉山地区民族工作中的几个问题与处理意见》（1953 年 8 月 28 日），凉山彝族自治州档案馆，79—1—21—2。

⑥ 四川省布拖县志编纂委员会编：《布拖县志》，北京：中国建材工业出版社，1993，第 80 页。

特书的一笔。前文已述，凉山多是山地，很多区域不能开垦，否则易造成水土流失。植树造林利于水土保持，对凉山农业生产有利。中共也看到了这一点，因此如前文所述强调只能开垦适合耕种的地方，且不能过度开荒外，还大力植树造林。如喜德，1950—1952 年全县植树 88560 棵。“李子乡罗儿五撒一人就植树 200 多棵。北山乡罗不呷一人植树 300 多棵。并且都组织了护林小组，在有些彝民区，用自己的风俗习惯，打狗封山，保护森林。”[①] 昭觉各区对植树造林都相当重视，1952 年当地一个生产小组长植树 231 棵，各区植树多则几万棵，少则几千棵。在植树造林的同时，各地还制订章程或公约，禁止乱砍滥伐。如昭觉规定：任何人要砍伐树木，必须经乡主席批准，否则不得砍伐。违反者要进行惩处（按当地习俗吃罚酒、罚银两或杀猪羊赔罪）。[②] 金阳对伐木的管理相当严格。“首先从机关着手，再由伐木工申请砍伐数字，经审核批准后才能砍伐。烧木炭亦是从其单位，干部家属订出需炭计划，由供应烧炭户在指定地点烧炭，其烧炭木料也是经过检查后才烧的。”[③] 在普雄，除了禁止通过烧荒开垦土地外，还奖励私人造林。[④] 通过这些措施，当地乱砍滥伐的现象明显减少，水土得以保持，这自然对农业生产有利。

第四，采取措施防止牲畜发生瘟疫。牲畜是凉山家庭的重要财产，在耕作中有重要作用，此外，凉山畜牧业在凉山农业经济中也占有重要地位。中共对防止牲畜发生瘟疫相当重视。如金阳，中共

---

① 喜德县委：《喜德县三年来工作总结》（1952 年），凉山彝族自治州档案馆，79—1—6—1。

② 昭觉县委：《昭觉两个区三个月来的工作汇报》（1952 年 9 月 26 日），凉山彝族自治州档案馆，79—1—7—3。

③ 金阳县人民政府：《1955 年年终工作总结报告》（1956 年 2 月 24 日），凉山彝族自治州档案馆，95—1—74—2。

④ 普雄工作团：《工作布置》（1952 年 10 月 21 日），凉山彝族自治州档案馆，79—1—5—4。

除了宣传牲畜瘟疫的预防工作外，还请上级派遣专家到县指导，同时调集防疫药品给牲畜注射，从而防止牲畜发生瘟疫。在1955年，金阳注射猪肺疫苗1901头，完成任务95.05%，注射猪丹毒疫苗1133头，完成任务的113%，猪只平均注射的地区80%以上，其次注射了各种炭疽病血清的牲畜119头。[①] 通过以上工作，牲畜发生瘟疫概率下降，也减少了死亡率。

以上是技术性扶持的主要内容，政策性扶持包括以下几个方面：

首先，在凉山进行救济，具体包括救灾和济贫两个方面。

凉山地区地理环境恶劣，自然灾害频频发生。用“无年不灾”形容凉山地区灾害发生程度并不过分。在这样的自然环境下，凉山地区的经济水平落后，农业生产产量极低。这样，当地群众，尤其是少数民族群众（彝民）的生活水平自然很低。在这种生产条件和生活环境下，即使是平年，彝民也可能有青黄不接之虞，一旦遭灾，当地彝民的生活必然雪上加霜，难以为生。当地的一首歌谣是1950年前凉山彝民生活的真实写照：

“住在老林边，吃的洋芋果，披的破羊皮，烤的团团火，盐巴、布匹找不见，诺苏的痛苦向谁说。”[②]

基于此，中共对凉山的救灾工作相当重视，强调这是一项政治任务，绝不能掉以轻心。在这样的指导思想下，中共对凉山地区有灾必救，不仅发放生活资料帮助彝民度过生活困难时期，而且发放生产资料（农具）帮助彝民恢复生产。如凉山北部的呷洛（今甘洛县）黑马乡，1953年山洪暴发，冲毁田地近3000亩，全乡居民受灾户数达458户，占该乡总户数的85%，灾情暴发后，政府立刻

① 金阳县人民政府：《1955年年终工作总结报告》（1956年2月24日），凉山彝族自治州档案馆，95—1—74—2。

② 转引自蒋彬、罗曲、米吾作：《民主改革与四川彝族地区社会文化变迁研究》，北京：民族出版社，2008，第67页。

组织赈灾，发放救灾粮 2000 余斤及一批农具。[①] 昭觉在 1952 年发生雹灾，政府立刻发给受灾的彝民救济粮，每户约得 15—50 市斤。此外，还派人勘定受灾户，防止应救济的受灾户未救济的现象。同时组织民众抢种粮食弥补损失。[②] 次年又“发放救济款 36998500 元，救济粮 144250 斤。有 3677 户，10750 人得到了救济。使受灾地区得到了救灾，解决了夏荒”[③]。普格在 1954 年灾情甚重，“1 月—6 月中旬，全县范围内都是干旱，6 月下旬后到现在都是久雨。在前一时期，部分地区都是干旱，在后一时期又普遍遭受水涝，使洋芋普遍得晚疫病，小兴场区的博什、阿俄两乡 4 月份又遭受冰雹，城关区的普安乡第四村、洛乌沟区的洛乌沟河沿岸、拖木沟区的马雄兹补两乡以及小兴场区的火铁乡等，都山洪成灾”，损失惨重。政府立即组织救灾。“半年来共发出救济粮大米 120562 市斤，救济了 3402 户，去年冬和今年第一季因天气严寒，对无衣缺衣的群众又发给寒衣布共 727 丈 2 尺 6 寸，救济了 1986 人，使一般受灾后的人民都稳定了生产情绪，补种了早熟作物。”[④] 1955 年普格又发生大旱，粮食较正常年份减产一半还多，饥民遍地，甚至出现逃荒现象。当地政府组织赈灾，先后发放赈灾粮 30 余万斤，灾情从而得到缓解。[⑤] 值得注意的是，中共在凉山受灾后曾严厉批评地方相关工作人员，认为其“对生产领导在思想上不够重视，还未认识到生产是关系彝民生活改善的切身问题”，如果不加强对生产的组

---

① 四川省甘洛县地方志编纂委员会编：《甘洛县志》，成都：四川人民出版社，1996，第 14 页。

② 昭觉县委：《昭觉两个区三个月来的工作汇报》（1952 年 9 月 26 日），凉山彝族自治州档案馆，79—1—7—3。

③ 昭觉县人民政府：《昭觉县 1953 年全年工作总结报告》（1954 年 1 月 15 日），凉山彝族自治州档案馆，95—1—23—1。

④ 普格县人民政府：《1953 年 10 月至 1954 年 9 月一年来的工作报告和今冬明春工作任务》（1954 年 11 月 8 日），凉山彝族自治州档案馆，95—1—43—6。

⑤ 四川普格县志编纂委员会编：《普格县志》，成都：四川大学出版社，1992，第 9 页。

织和领导，“就是脱离实际，就是不关心群众疾苦，因而就得不到群众的真正拥护”。除了批评外，还提出若干要求要相关人员付诸实施，减少灾害对农业生产的影响。①

除了及时救灾外，中共还向凉山拨发了大量救济（扶贫）物资和生产贷款。这一做法不仅能改善彝民的生产和生活条件，还能使彝民逐渐心向中共。因此，中共进入凉山后对此不遗余力。据统计，1950—1955 年中共在凉山共发放寒衣 9 万套，救济粮款 32 亿元②（另一份文件统计为救济粮 203 万斤，救济款 36990 万元）③。

除了发放扶贫的钱粮，中共还发放生产贷款。前文已述，凉山的生产和生活条件十分恶劣，彝民生活都无法保证，要扩大生产更是一件可望不可即的事情，这就需要外来力量的支持和扶助。因此给予相关扶持成为帮助彝民扩大生产的重要手段。在喜德，1950—1952 三年发放此类贷款 112281350 元。其中牲口贷款 2277 万元，另贷出各种大小牲口 441 只。农具贷款 29711350 元，增加各种农具 3121 件。还有肥料贷款 7075000 元，种子贷款 2522000 元，另贷出粮食 12800 斤。④ 昭觉仅 1952 年第三季度就贷款 820 万元，⑤ 并要求贷款必须专款专用。普格在 1953—1954 年“贷出各种贷款 10644 万，占计划数 15500 万的 68.67%”⑥。金阳 1955 年“共贷出

---

① 凉山工委：《关于马边县委工作组关于大垭口自治乡秋收情况调查报告》（1954 年 11 月 6 日），甘洛县档案馆，1—1—16—1。

② 凉山工委：《关于凉山区几年来民族工作的基本总结和今后任务的报告》（1955 年 2 月 26 日），甘洛县档案馆，1—1—9—7。

③ 凉山工委：《凉山地区四年来发展与目前情况》（1954 年 12 月 27 日），甘洛县档案馆，1—1—16—11。

④ 喜德县委：《喜德县三年来工作总结》（1952 年），凉山彝族自治州档案馆，79—1—6—1。

⑤ 昭觉县委：《昭觉两个区三个月来的工作汇报》（1952 年 9 月 26 日），凉山彝族自治州档案馆，79—1—7—3。

⑥ 普格县人民政府：《1953 年 10 月至 1954 年 9 月一年来的工作报告和今冬明春工作任务》（1954 年 11 月 8 日），凉山彝族自治州档案馆，95—1—43—6。

人民币 26515 元（其中包括大米 14159 斤，玉米 17544 斤，黄豆 950 斤，洋芋 16930 斤，荞子 100 斤，大春种籽 6559 斤，小春种籽 8090 斤，耕牛 27 头）”，由此保证了当年农业生产的顺利进行。[①] 同时，中共要求发放生产工具不能“一发了之”，要“将现有农具全部发到群众手里，并保证用于生产，克服只管发不管效果的现象”[②]。考虑到彝民经济条件有限，政府同时提倡发动彝民合伙购买耕牛，并指导其饲养。[③] 据统计，1950—1955 年，中共在凉山共发放无偿农具 30 多万件，各种农贷款 30 亿元[④]（另一份文件统计为发放农具 357930 件，生产贷款 389859 万元——缺普格县数字）[⑤]。这些贷款帮助彝民获得了急需的生产资料，避免了出现青黄不接的现象，从而改善了彝民的生产生活条件。

其次，进行合作化（主要是发展生产小组）。在中共的观念里，合作互助的生产效率要高于个人单干。组建生产小组可以“搞好生产，改善生活，通过生产小组进行贷粮、贷款、贷农具，内部小纠纷亦可通过生产小组来解决，生产小组可反映群众的意见与要求”[⑥]。同时可以组织彝民，对建政也很有利。因而中共在凉山大力提倡合作化，并加以指导。经中共的大力提倡和帮助，凉山地区各地纷纷组建生产小组，如喜德，到 1952 年已组建生产小组 33

---

① 金阳县人民政府：《1955 年年终工作总结报告》（1956 年 2 月 24 日），凉山彝族自治州档案馆，95—1—74—2。

② 凉山工委：《关于 1955 年上半年工作的意见》（1955 年 1 月 10 日），甘洛县档案馆，1—1—9—3。

③ 昭觉县委：《昭觉县今冬明春工作计划布置》（1952 年 12 月），凉山彝族自治州档案馆，79—1—7—10。

④ 凉山工委：《关于凉山区几年来民族工作的基本总结和今后任务的报告》（1955 年 2 月 26 日），甘洛县档案馆，1—1—9—7。

⑤ 凉山工委：《凉山地区四年来发展与目前情况》（1954 年 12 月 27 日），甘洛县档案馆，1—1—16—11。

⑥ 昭觉县委：《昭觉外北乡提火村彝族社会情况调查》（1952 年 11 月 25 日），凉山彝族自治州档案馆，79—1—7—7。

组，变工组 40 组，互助组 4 组，“在生产上都起了很大作用。如除虫、抗旱、防旱、保秋、选种、交粮，都起了带头作用”[①]。普格到 1952 年底，生产小组总共有 223 个。为了搞好生产小组，中共指出，生产小组的任务是“组织群众生产，加强对生产小组政治与技术相结合的领导教育，从而改进生产技术和教育，联系广大群众”。因此，应“取消形式主义偏向，必须找出一个适合的生产小组，由区做重点，直接领导，取得经验，推进全区其他生产小组，经常应以区乡为单位，召开生产小组长座谈会，交流经验，改进技术”。需要指出的是，中共此时在凉山并未靠行政命令强制推行合作化，只是引导进行合作化和帮助合作化组织建立。对无法举办或建立不久即自行解散的生产小组，也未强行恢复。[②] 此外，还要指出的是，当时生产小组的设立和建政的进展情况是密切联系的，基本是在一地建政，建立一地生产小组，“没建政的地区，不发展生产小组”[③]。

再次，减免税收和奖励丰产户。中共进入凉山后，并未强求彝民缴纳公粮，只是对征收公粮的意义进行宣传，强调“交爱国公粮，利国又利民”，“取之于民，用之于民”，是“自觉自愿交纳，表示爱国热情，由大家协商征收，如果大家不同意征收，就不征收，人民政府绝不强迫征收”。昭觉 1953 年征收公粮，仍旧按较低的标准实行，而且强调彝族缴纳不足也绝对不能强求。值得注意的是，当地有当年应缴纳的公粮，多数迟滞到第二年才缴纳的现象。[④]

---

① 喜德县委：《喜德县三年来工作总结》（1952 年），凉山彝族自治州档案馆，79—1—6—1。

② 凉山工委：《关于今冬明春民族工作的初步意见》（1953 年），凉山彝族自治州档案馆，79—1—21—3。

③ 普格县工作团：《普格县 1953 年 1—3 月份的工作布置》（1952 年 12 月 20 日），凉山彝族自治州档案馆，79—1—6—17。

④ 昭觉县人民政府：《昭觉县 1953 年全年工作总结报告》（1954 年 1 月 15 日），凉山彝族自治州档案馆，95—1—23—1。

此外，中共要各地对达到丰产标准的农户进行奖励，但对不愿意增产的农户，也不强迫增产。[①] 此外，中共要求凉山驻军进行生产，既减轻民众负担，也能在彝区推广先进农技，从而改善彝民生产和生活条件。[②]

最后，调整彝汉之间的租佃关系。中共此时对当地的彝汉之间的租佃关系（主要是汉族农民租种彝族的土地）作了一些温和的调整。主要包括以下内容：第一，动员租地的彝民减租，要求将租额减到 35%，超过 50% 的分两步减租：先定为 50%，再减为 35%，在减到 35% 后，形成定额，同时防止定租后夺佃，要求要“保佃（保证佃权），保租（保证交租）”，增产不增租，遇到天灾人祸减产要减租，[③] 但是，如果彝民不愿接受上述要求也不强求。第二，要求汉族农民必须按时交租，但不支持彝民的其他附加负担（如收租时带很多人去农民家吃饭，花费不计入租额）。为保证汉族农民交租，中共在凉山设立收租站，召开佃户会议，议定租额，然后由汉民将地租送到收租站，再由收租站转交彝民。如此，既可减少汉族农民负担，也可减少彝族外出惹事。[④]

二、其他经济工作

中共此时在凉山的其他经济工作主要包括工商业工作（包括金融业）和交通事业两方面。首先是工商业工作。其具体包括以下几个方面：

第一，加强同凉山地区的贸易往来，解决彝民生产生活必需品的供应。凉山地区相对封闭，彝民的很多生活必需品（如盐和布）

① 慰问团：《宣传提纲》（1952 年），凉山彝族自治州档案馆，79—1—9—20。

② 凉山工委：《关于今冬明春上半年以前上半年工作安排的意见》（1954 年 12 月 1 日），甘洛县档案馆，1—1—16—3。

③ 同上。

④ 凉山工委：《关于凉山地区民族工作中的几个问题与处理意见》（1953 年 8 月 28 日），凉山彝族自治州档案馆，79—1—21—2。

都必须靠外界供应。新中国成立后，中共对凉山地区的贸易工作比较重视，指出凉山的贸易工作“必须面向大凉山，面向彝族人民，必须是从民族团结出发，贯彻扶持生产的方针，执行等价交换的政策”，甚至“在一定时期内，必须赔者，亦是允许的”①。在这一精神指导下，中共大力开展与凉山民族地区的贸易工作，筹集彝民必需的物资运往彝区与彝民进行贸易。表 2-2、表 2-3 是 1952 年喜德县的部分贸易情况：②

表 2-2　喜德县 1952 年贸易公司销售商品表

商品种类	数量	金额	所占比例
盐	21355 斤	53942.7 元	65%
土布	5301 件	217341 元	80%
宽布	114 匹	45600 元	75%
日用品	无	1500 元	0.5%
铁锅	171 口	8550 元	0.5%

表 2-3　喜德县 1952 年贸易公司收购商品表

商品种类	数量	金额	所占比例
猪油	2200 斤	10120 元	95%
蜂糖	1590 斤	40950 元	98%
牛羊皮	17038 斤	6814 元	

注：以上两表系根据档案记载所制。另，档案记载的贸易记录应当只是当地贸易记录的一部分，实际贸易商品种类、数量、金额均应多于表中所载数量。

① 凉山工委：《关于今冬明春民族工作的初步意见》（1953 年 11 月 1 日），凉山彝族自治州档案馆，79—1—21—3。

② 喜德县委：《喜德县三年来工作总结》（1952 年），凉山彝族自治州档案馆，79—1—6—1。

由上表可见，随着中共进入凉山，凉山的贸易额较以前有所增长。1951—1955年，凉山的贸易额节节攀升。在凉山当时的首府昭觉①，1951年贸易公司“供给各少数民族人民盐巴163200余斤，土布26300件，洋布1810匹，连粮食、农具、百货等，总计金额约20亿元”，在收购土产方面，“收购牛皮139900余斤，羊皮78000余斤，猪鬃8700斤，还有猪油、花椒、黄麻、药材、粮食等，总计金额值10亿多元”②。再如普格，仅1954年1—8月，“总计供应了土布7138匹（合14276件），宽布1135匹，盐巴160942斤，油类28013斤，红糖31006斤，铁锅847口，其他副食品如烟酒百货等，8个月来共销售回笼金额246524万元”③。据统计，1954年凉山收购总值24亿9600万元，较上一年增长了76.76%，销售额完成286亿元，较上一年增长了51.06%。④值得指出的是，当时中共从汉区运来的物品最畅销的还是盐。如雷波1950年11月运来的2400斤盐，1天就能售罄。⑤

为了促进贸易额增长，方便彝民销售土特产和购买必需品，中共在凉山增设了市场和集市。如普格，1953年工作团决定在当地新设两处定期市场，同时将“拖木沟、扯扯街、普格和上述两处的赶场日期统一调整规定，使之轮回赶场，加速物资周转，逐步繁荣市场”，还要求“贸易公司和人民银行应扶植与培养原有七个私商小组，予以鼓励和发展”。中共要求国营贸易机构加强领导检查，

① 在凉山（老凉山）未和西昌专区合并前（两地1978年合并成立新的凉山彝族自治州），凉山的首府设在昭觉。

② 梁文英：《历史的新篇章——解放西昌、开辟凉山民族工作回忆录》，北京：民族出版社，1998，第125—126页。

③ 普格县人民政府：《1953年10月至1954年9月一年来的工作报告和今冬明春工作任务》（1954年11月8日），凉山彝族自治州档案馆，95—1—43—6。

④ 凉山工委：《关于54年工作总结》（1955年1月10日），甘洛县档案馆，1—1—9—5。

⑤ 张义臣：《雷波十一月份工作汇报》（1950年11月26日），载韦清风等编：《凉山彝族奴隶社会的变革资料摘编》，中国社会科学院民族研究所，1981，第53页。

不准商人对彝民进行欺诈，以次充好。同时政府加强检查贸易公司、银行、合作科等各级工作人员的违纪违法行为，要求他们树立“培植生产，为彝族人民全心全意服务的观点”[①]。此外，中共在昭觉举办物资交流会，到会的除了昭觉的民众代表，还有附近的美姑、金阳、布拖、喜德等地的代表，会上现场成交金额 18700 多元（当是新一版人民币）。[②]

此外，中共采取措施繁荣凉山贸易。具体包括：第一，要求各级政府扶持副业生产（特别是蜡虫和其他有销路的副业的生产）[③]，并设法为副业产品寻找销路。第二，举办商品展览会，向彝民供应和推销商品。同时加强土特产收购。[④] 第三，制定章程，加强市场管理。暂时允许部分对凉山贸易有好处的私商继续在凉山贸易。[⑤] 第四，加大供应和收购力度，控制价格，以优惠价格对凉山出售彝民生活必需品和收购凉山土特产品。如雷波的土特产品有 60 余种，1953 年仅收购 24 种。为此，凉山工委要求各地负责贸易的公司把百货销售和土产收购分开，增加资金收购凉山土特产品，另外要指

---

① 普格县工作团：《普格县 1953 年 1—3 月份的工作布置》（1952 年 12 月 20 日），凉山彝族自治州档案馆，79—1—6—17。

② 四川省昭觉县志编纂委员会编：《昭觉县志》，成都：四川辞书出版社，1999，第 17 页。

③ 凉山工委：《关于 55 年上半年的工作意见》（1955 年 1 月 10 日），甘洛县档案馆，1—1—9—3。

④ 凉山工委：《关于 54 年上半年的工作检查和下半年的工作要求》（1954 年 6 月），甘洛县档案馆，1—1—9—1。

⑤ 凉山工委：《关于 54 年上半年的工作检查和下半年的工作要求》（1954 年 6 月），甘洛县档案馆，1—1—9—1；凉山工委：《关于 54 年工作总结》（1955 年 1 月 10 日），甘洛县档案馆，1—1—9—5。但是，凉山的工商业工作也有失误，就是大量排挤私商。如布商，据档案记载，到 1954 年，凉山 120 户私人布商只剩下 18 户。事实上，私商的存在能使凉山的工商业发展得更好、更快。当然，在当时工商业社会主义改造的背景下，私商的消亡在所难免（民族地区也不例外）。具体情况见凉山工委：《关于 54 年工作总结》（1955 年 1 月 10 日），甘洛县档案馆，1—1—9—5。

导彝民生产土特产品，防止因土特产品质量不过关造成损失的现象。[①] 通过这些政策，很快凉山土特产品和工业品价格的比价有了明显变化。1949 年牛皮 1 担只能换盐 75 斤，1951 年可换 190 斤。有 3 种畜产品价格较 1950 年提高 101%，药材也有 3 种比 1950 年提高 51%。[②] 第五，扶持凉山的手工业发展，尤其是有销路的手工业发展。在摸清情况的基础上，加大相关产品的收购力度。[③] 第六，发放贷款支持凉山土特产品生产，同时要求“克服盲目贷款和只管贷放不管用途的现象”。还要“加强收贷工作”，不能影响再贷。[④]

通过这些做法，凉山地区的商业得到了发展，彝民的生活也远较以前方便。如昭觉县城在 1949 年前仅有几间瓦房（系国民政府所建），再无其他房屋。在解放军进驻昭觉后，到 1952 年，昭觉城内已盖满房屋，并已发展到城外。城内除国营商业，还有近 30 家杂货摊贩，天天有集市，一天可卖出 5 口猪。[⑤] 再如马边，由于加强了对土特产的收购，当地的茶业得到了发展。一个乡茶叶收入 800 多万元，另一个乡仅两户彝民茶叶收入就达 140 多万元。[⑥] 据伍精华回忆：“到 1955 年 4 月，共建立州、县两级贸易公司十多个，下属营业部 2 个，购销组 43 个，启动了 29 个初级市场，以公平价格（实际上是以优惠价格——笔者注）供应了彝族人民棉布

---

① 凉山工委：《关于凉山地区民族工作中几个问题与处理意见》（1953 年 8 月 28 日），凉山彝族自治州档案馆，79—1—21—2。

② 梁文英：《历史的新篇章——解放西昌、开辟凉山民族工作回忆录》，北京：民族出版社，1998，第 126 页。

③ 凉山工委：《关于 54 年上半年的工作检查和下半年的工作要求》（1954 年 6 月），甘洛县档案馆，1—1—9—1。

④ 凉山工委：《关于 55 年上半年的工作意见》（1955 年 1 月 10 日），甘洛县档案馆，1—1—9—3。

⑤ 梁文英：《历史的新篇章——解放西昌、开辟凉山民族工作回忆录》，北京：民族出版社，1998，第 126 页。

⑥ 马边县委：《1953 年上半年工作及 7—9 月工作意见的报告》（1953 年），凉山彝族自治州档案馆，79—1—21—7。

300多万锭，盐巴560多万斤以及其他大量生产，生活资料。贸易公司同时收购群众的羊皮、牛皮、猪肉、花椒、药材等，群众可以以合理的价格交售自己的产品，保护了自己的利益。”①

凉山地区以闭塞闻名，修筑道路以改善交通，既有助于贸易和生产发展，也便于解除凉山的封闭状态，逐步推动凉山地区经济与社会的发展。中共对此也相当重视，认为这是“从根本上解决凉山民族问题的重要条件”。在这一思想指导下，中共在凉山地区尽其所能改善交通。1953年，凉山工委要求修通驿道4条、便道7条，全长2400多里。具体做法是“通盘计划，长期打算，分期分段，由外而内，逐步修建”。并提议由乐山专区成立修路指挥部，专人负责工程计划、技术检查、预算开支、劳力组织等事务的办理，②尽早动工并争取早日完成。在凉山工委尽其所能改变交通的原则性要求下，凉山各地纷纷设法新修或扩修道路。如金阳1955年“因上级拨款2733.06元，以重点养护分段，进行补修和改道，使路基经常稳固通行为目的，自本年4月起至12月止，先后四次完成了金南路长35公里、金德路长25公里、天马路长70公里的补修，改道养护任务。共作土石方504293公方，去劳动力2029工日，实支经费2606.62元”，由此，“基本上使我县与云南沿江谷地和昭觉及县属各区的主要交通无阻，解决了历年来交通阻塞的困难”③。1955年中共又要求修通凉山驿道663公里，便道174公里，“保证运输安全，促进经济工作的发展”④。据统计，到1955年初，凉山

① 伍精华：《我们是这样走过来的——凉山的变迁》，北京：民族出版社，2002，第99页。

② 凉山工委：《关于凉山地区民族工作中的几个问题与处理意见》（1953年8月28日），凉山彝族自治州档案馆，79—1—21—2。

③ 金阳县人民政府：《1955年年终工作总结报告》（1956年2月24日），凉山彝族自治州档案馆，95—1—74—2。

④ 凉山工委：《关于近两年来民族工作的初步检查和55年主要工作任务的意见》（1955年3月23日），甘洛县档案馆，1—1—9—8。

共“修筑了驿道 1413 公里，便道 782 公里，大小桥梁 379 座”，还“架设有线电话 583 公里”，此外还准备修通从昭觉到西昌的公路①，可谓成效显著。此外，中共动员凉山民众对道路进行保护，“如桥板桥梁被偷盗者即刻清查，如被洪水冲塌，应报告政府即时修复”②。通过大力修路，不仅使凉山的交通情况大为改善，推动了凉山工商业的发展，也使中共对凉山的控制得到加强。

三、经济工作的特点和社会影响

新中国成立初期凉山地区的经济工作是中共在凉山的社会变革准备期的民族工作的重要组成部分。揆诸史实，可以概括出当时中共凉山地区经济工作的特点和影响。

第一，经济工作（这里主要指农业工作）虽然有浓厚的救济和扶贫色彩，但也遵循生产自救的原则。此外，在凉山经济的支柱——农业方面，中共非常重视先进生产工具的推广、新农技的应用和农业基础建设。凉山地区经济水平远逊于汉区，既需要“鱼”也需要“渔”。中共显然更重视“授人以渔”。农业工作中教授彝民生产技术，成立生产小组，进行农田基本建设，还有在灾区组织彝民生产自救，工商业中组织指导彝民进行土特产生产，为凉山土特产品寻找销路等，都贯彻着这一原则。此外，发放的物资除了彝民缺乏的必要生活资料外，多是农具等生产资料，以及大量贷款的发放，先进农具的应用和新农技的推广也说明了组织生产自救是中共此时在凉山进行的经济工作的重要特点。中共的努力取得了成效。最明显的是凉山生产条件明显改善，粮食产量较以前明显提

---

① 凉山工委：《关于近两年来民族工作的初步检查和 55 年主要工作任务的意见（草稿）》（1955 年 3 月 23 日），凉山彝族自治州档案馆，79—1—172—1。

② 中国共产党布拖县临时工作委员会：《布拖坝子头人座谈会的总结报告》（1953 年 4 月 13 日），凉山彝族自治州档案馆，95—1—22—10。

高。如喜德1952年粮食产量较以前平均提高30%。[①] 在昭觉，1952年水稻的平均产量最低也提高了20%，土豆、荞麦产量的增幅在30%—50%，多的甚至增加了一倍。[②] 1953年昭觉的农业生产较1952年又有所提高，其中水稻、燕麦、豆类共计收获13061929斤（1952年为11044390斤），其中水稻亩产量竟有600多斤[③]，又如雷波宜西乡，“现在的农业产量一般比解放前提高了30%，大火地村过去每年缺粮的有30户，占全村34户的90%，现在只有11户缺粮”[④]（据此也可见当时彝民生活改善还是有限，但较以前已是天差地别）。与此同时，凉山彝民购买力也大为提高，昭觉附近的彝民，1949年前只能保证一年食用1—2斤盐，1951年即可保证一年食用4—5斤盐。越西的彝民，购买土布的日渐减少，购买洋布的日渐增多。[⑤] 可以说，正是中共在经济上的一系列动作使此时的凉山社会经济得到快速的发展，中共也自然获得了彝民的好感和拥戴。一位彝族妇女曾感叹，中共“并没有要我们的任何东西，却给我们修路、发布、发粮、发钱救济我们。毛主席才真正对我们好啊”[⑥]。布拖的头人们也说，“毛主席派来人民解放军、人民政府的工作人员，贷银、（盖）卫生院都是帮我们做好事的。如我们没有衣穿，人民政府给我们发寒衣；没粮吃，给我们贷粮；没有农具，

---

① 喜德县委：《喜德县三年来工作总结》（1952年），凉山彝族自治州档案馆，79—1—6—1。

② 昭觉县委：《昭觉县两个月三个区的工作汇报情况》（1952年9月26日），凉山彝族自治州档案馆，79—1—7—3。

③ 昭觉县人民政府：《昭觉县1953年全年工作总结报告》（1954年1月15日），凉山彝族自治州档案馆，95—1—23—1。

④ 凉山工委：《关于凉山区几年来民族工作的基本总结和今后任务的报告》（1955年2月26日），甘洛县档案馆，1—1—9—7。

⑤ 梁文英：《历史的新篇章——解放西昌、开辟凉山民族工作回忆录》，北京：民族出版社，1998，第126页。

⑥ 凉山工委宣传部：《关于1953年一年来宣传工作的初步总结报告》（1954年2月11日），凉山彝族自治州档案馆，79—1—22—2。

给我们发放农具；没有耕牛，银行给我们贷款。毛主席人民政府比昭觉父母亲还好”，“如人民政府不来，我这裤子还得不到穿”①。

第二，经济工作始终围绕着此时的政治工作展开，这是此时中共凉山经济工作的最大特点。很明显，中共是通过使彝民得到经济实惠，从而认识到中共是彝民的救星，进而得到彝民的支持，从而在凉山打开工作局面（全面进军凉山并在凉山建政），为未来的社会变革打下基础。从凉山工委给深入一线工作的人员的指示中也可以看到这一点。② 这主要表现在以下三个方面。

首先，在包括农业工作中进行政治宣传。1953 年凉山遭受灾害，凉山工委在积极救灾时，要求各地将救灾和“生产工作和民族团结工作密切结合，并注意通过救济工作宣传毛主席和人民政府民族政策的好处”③。并将农业工作中的宣传工作作为考核基层工作的一项指标。当时凉山不少地区在发放贷粮，贷款和免费农具时进行的相应政治宣传工作做得不太好，遭到上级的批评，并要求立即改正。④ 这种做法的确取得了相当的成效。如前文所述 1954 年普格遭受重大灾害，中共立即组织救济。彝民对此感恩戴德，一位彝民得到救济后感激地说：“以前国民党时饿死冻死都没有人照管，今天毛主席太关心我们，吃的穿的用的样样都给我们，使我们不会饿死冻死，这几天正在缺粮的春种时间，我们得到粮后要很好的办好生产。”⑤ 由此可见，由于中共的细致工作，替彝民解决实际困难，

---

① 中国共产党布拖县临时工作委员会：《布拖坝子头人座谈会的总结报告》（1953 年 4 月 13 日），凉山彝族自治州档案馆，95—1—22—10。

② 凉山工委：《给李畅同志的回信》（1952 年 12 月 25 日），凉山彝族自治州档案馆，79—1—5—14。

③ 凉山工委：《关于 1954 年上半年以前民族工作的初步意见》（1953 年 8 月 28 日），凉山彝族自治州档案馆，79—1—21—2。

④ 凉山工委宣传部：《关于 1953 年一年来宣传工作的初步总结报告》（1954 年 2 月 11 日），凉山彝族自治州档案馆，79—1—22—2。

⑤ 普格县人民政府：《1953 年 10 月至 1954 年 9 月一年来的工作报告和今冬明春工作任务》（1954 年 11 月 8 日），凉山彝族自治州档案馆，95—1—43—6。

已逐步获得彝民的支持和拥护。

其次，此时所有的经济工作，都可以看成是发动彝民、组织彝民的过程。这也是其他各项工作成功的基础。中共到达凉山一地，在初步搭建政权框架后，立即展开各项经济工作。历史表明，中共的工作是成功的。在包括农业工作在内的经济工作展开后，中共在凉山的进军和建政工作进展很快。彝民纷纷欢迎中共到自己的居住地开展工作，很多彝民主动交出土匪（汉族），并配合解放军剿灭逃到凉山的土匪（具体情况详后）。有的彝民在中共工作人员工作结束后准备离开时自发相送。[①] 所有这些都说明中共逐步在凉山立足，而且得到了彝民的拥护。

最后，改变了凉山民族隔阂，较大程度加强了民族团结。通过包括农业工作在内的一系列工作，以往凉山的彝汉隔阂得到缓和，取而代之的是民族团结。彝民逐渐消除了怕被汉人政府“整”的心理，“对党和政府军队由怀疑惧怕到信任拥护”[②]。另外，彝汉民众之间的隔阂也得到了缓和。在喜德，“红妈区贫农谢贵伦栽秧时，缺乏粮食栽不下，彝民沙马自动借人民币七十万与他，不要丝毫利钱”[③]。这一切都表明彝汉关系较以前有了较大的改善。

总之，中共此时在凉山的经济工作是颇有成效的。在凉山社会变革准备期的各项工作中，生产工作居于基础地位。因为这直接关系到其他工作能否顺利展开，正如曾任西昌军管会主任、西昌地委书记、专员的梁文英所言：“只有提高彝民的生产能力，改善彝民的经济生活，才能使彝民脱离落后、贫困的状况，这对解决一切问

---

① 昭觉县委：《昭觉外北乡提火村彝族社会情况调查》，（1952年11月25日），凉山彝族自治州档案馆，79—1—7—7。

② 凉山工委：《凉山四年来发展与目前情况》（1954年12月27日），甘洛县档案馆，1—1—16—11。

③ 喜德县委：《喜德县三年来工作总结》（1952年），凉山彝族自治州档案馆，79—1—6—1。

题，都有决定性作用。”[①] 所以凉山经济工作中最基础也最重要的任务是帮助彝民发展生产，改善生活，从而争取民心，为当下的政治工作和社会工作打下基础，并为未来的社会变革准备条件，因而此时中共的经济工作带有强烈的经济扶持和政治争取色彩。中共的一份文件也坦言：此时的经济工作“充实了政治工作的内容，使政治工作更加有力，生产发展，人民经济生活改善，就会促进政治觉悟提高，加强对党和毛主席的信任”，随着经济工作的开展，“民族问题，治安问题也能随之得到解决”，“也能促使生产靠我”。[②] 事实上，中共正是通过扶持彝民发展生产、不在彝区征粮、协调租佃关系等一系列工作，让彝民得到实实在在的好处，凉山旧有的民族隔阂才得以缓和。中共由此得到了彝民的真心拥护，加强了民族团结，成功开展了相应的政治工作，在凉山扎下了根，从而为其他各项工作奠定了基础，也为未来的社会变革积蓄了动力。换句话说，中共此时在凉山的经济工作是成功的。

第三节　准备期的社会工作

凉山社会变革准备期的社会工作包括文教工作和卫生工作。下面逐一加以论述。

一、文教工作

文教工作和卫生工作是凉山社会变革准备期的重要工作。首先是文教工作。

在 1949 年以前，凉山彝区的文教水平非常落后。没有学校和

---

① 梁文英：《历史的新篇章——解放西昌、开辟凉山民族工作回忆录》，北京：民族出版社，1998，第 41 页。

② 凉山工委：《关于 1955 年上半年的工作意见》（1955 年 1 月 10 日），甘洛县档案馆，1—1—9—3。

教师，教育主要是靠家庭和社会活动完成。

彝族儿童自幼就围坐在火塘边听长辈讲述生活常识、传说故事、谚语格言和歌谣。到十几岁逐步随父母参加生产劳动和社会活动，由此接受生产经验、社会风俗、礼仪、宗教、道德规范的教育。

在凉山的教育中，“毕摩”有特殊的地位。其既是祭司，也是文字知识的掌握者和传播者。彝文经书主要靠他们世代传抄保留下来。他们将通晓的经曲、占卜、司祭、医术、裁判家庭财产、调解纠纷等常识传给自己子孙。这种教育靠世袭和祖传，传子不传女，也有少数在家传失教后“拜师”学业。

彝族男子自幼就在父母口授下背诵家谱、格言、祖先业绩，并接受习惯法和道德的教育（其中家谱和祖先业绩的背诵最重要，原因见第一章）。只有极个别的人通过自学或请人传授彝文。[1]

上述教育是1949年以前凉山彝族教育的主要形式。此外，也有部分地区设有新式学堂。如昭觉，民国时期一直有小学教育（多是短期小学），虽然办学艰难，但是一直没有完全停止。[2] 再如金阳，虽然在1949年前一直是传统式教育占主导地位，但是，龙云家族也曾在境内（德姑、对坪、派来和天地坝）办过学堂，另在大湾子、新场坪子办过私塾。[3] 在普格，到解放时有普安镇中心校、文昌宫初级小学、永安乡初级小学，在校学生100余人。[4] 甘洛田

① 四川省布拖县志编纂委员会编：《布拖县志》，北京：中国建材工业出版社，1993，第381页。

② 四川省昭觉县志编纂委员会编：《昭觉县志》，成都：四川辞书出版社，1999，第479—480页。

③ 四川省金阳县志编纂委员会编：《金阳县志》，北京：方志出版社，2000，第429页；中国人民政治协商会议金阳县委员会文史资料委员会编：《金阳文史》第2辑，2004，第4页。

④ 四川省普格县志编纂委员会编：《普格县志》，成都：四川大学出版社，1992，第436页。

坝著名土司岭光电的幼年时期，其母曾请汉族教师设馆教导他[①]，成年后，他曾在 1937 年 3 月成立私立斯补边民小学，强征彝民子弟入学，不收学费，还供应书籍、文具和部分清贫学生的伙食。[②]这些新式学堂虽然也培养了少量新式人才（岭光电的学堂相对成就较大），但是并未改变凉山彝族地区教育以背诵家谱、格言、祖先业绩，并接受习惯法和彝族传统道德的教育为主的落后情况。应当说，1949 年前，多数彝民都是文盲。[③]

中共进入凉山后，大力扶持凉山教育的发展。具体做法包括以下几项：

第一，支持原有学校继续开办，同时新建学校。如 1950 年解放军进驻昭觉后，原有的城厢小学继续开办，王廉夫任校长。次年，中共在县城和德盛（今属金阳县）成立民族小学，各配彝汉教师 1 人，学生约 50 人左右。又成立昭觉、南瓦（今属金阳县）和四开民族小学。1952 年成立竹核、滥坝、灯厂（今属金阳县）民族小学。当年全县在校学生 250 人。1953 年金阳县成立后，南瓦和灯厂的学校划归金阳县，至此，全县有昭觉、四开、竹核、滥坝 4 所民族小学，加上汉族小学两个班，共计教职工 14 人。[④] 在普格，1951 年增设普安镇热水塘初级小学、普安民族小学、大水塘初级小学，次年创建拖木沟民族小学，至此全县共有小学 7 所，22 个班，学生 211 人（内少数民族学生 123 人）。[⑤] 在布拖，1954 年 3 月筹办布拖民族小学，当年招收学生 36 人，次年增为两个班，有

---

① 岭光电：《忆往昔——一个彝族土司的自述》，昆明：云南人民出版社，1988，第 26—33 页。

② 同上书，第 118 页。

③ 四川省布拖县志编纂委员会编：《布拖县志》，昆明：中国建材工业出版社，1993，第 391 页。凉山其他地区的情况和布拖大致相同。

④ 四川省昭觉县志编纂委员会编：《昭觉县志》，成都：四川辞书出版社，1999，第 480 页。

⑤ 四川省普格县志编纂委员会编：《普格县志》，成都：四川大学出版社，1992，第 436 页。

学生 49 人。[①]

为了保证在校少数民族学生能安心读书，中共给予在校少数民族学生食宿，并对不够最低生活标准的补助数额进行增加，[②] 以确保彝民学生基本生活开支。经过努力，凉山的文教事业初步建立起来，到 1955 年，共建民族小学 18 所，在校学生 900 多人。[③]

第二，设法组织青年学习。这事实上是培养民族干部和积极分子工作的一部分。[④] 一般采取夜校和业余学习的方法进行。当年参加过相关工作的一位干部的回忆再现了这一过程。这种学习首先是动员说服青年参加学习。这位干部所在的工作组首先通过做拥护中共的彝族上层的工作，同时通过具体事例的讨论和说服，动员曲诺和阿加参加学习。最后获得成功。“前来报名的人越来越多”，此外，一些上层（“干黑彝”）[⑤] 也来参加。很快，学习活动如火如荼地开展起来。工作组规定“一周活动 6 次，白天生产，晚上活动两小时，一、三、五学文化，二、四、六进行文娱活动。学文化以识汉字为主，教材采用工农识字课本，因为是汉字，字义由彝族干部用彝语解释，字音则用汉音教授。文娱活动一般是教唱当时流行的革命歌曲，放幻灯片介绍祖国大好河山和建设成就，也组织学员唱跳彝族歌舞”。学习活动成效显著。“坚持学习较好的，还能简单地写出自己的姓名和猪、羊、牛、马、工人、农民、共产党、毛主席等汉字，能够唱出好几首歌曲。”一位彝族村长曾这样说：“你们一

---

① 四川省布拖县志编纂委员会编：《布拖县志》，北京：中国建材工业出版社，1993，第 385、386 页。

② 凉山工委：《关于目前凉山地区民族工作中的几个问题与处理意见》（1953 年 8 月 28 日），凉山彝族自治州档案馆，79—1—21—2。

③ 伍精华：《我们是这样走过来的——凉山的变迁》，北京：民族出版社，2002，第 99 页。

④ 这些干部和积极分子后来基本都是凉山社会变革的骨干力量。除了组织青年学习外，开办学校和培训班训练彝族干部是准备期的重要工作（详后）。

⑤ 所谓“干黑彝”是指血统是兹莫或诺伙，但是没有娃子，经济上也不存在剥削，属于一般劳动者，但是在当地仍被视为兹莫或诺伙阶层的人。

来，使我们沉寂的山村热闹了起来，阿衣们（孩子）晚上特别愉快，你们为我们办了一桩天大的好事。”①

第三，设立文化站，开展文化生活（主要是放电影），如普格在 1954 年设立文化站，由“上级指派来的电影教育工作队，深入到 4 个区乡 11 个放映点，先后放映了 25 场。计彝汉人民观众 17473 人”，由此“使广大各族人民受到了民族团结、爱国主义与国际主义的教育，认识了祖国的伟大与可爱，在政治觉悟上，在劳动热情上，都有一定的提高”。②

二、卫生工作

医疗卫生工作和文教工作一样，也是此时中共社会工作的重点。1949 年前凉山基本没有医药，彝民患病基本是请毕摩念经做法，然后打（杀）牛打（杀）羊“驱鬼”以祛除病痛。③ 正如民国曾在外受过教育的岭光电所言：“彝人对医药没有认识，有病时只知祭送鬼神，不知求医吃药。一旦传染病流行，则死人极多，有的地方是整户死绝。”④ 此外，在 1949 年前凉山瘟疫流行，地方几无防治措施，唯一的手段是隔离。⑤ 只是民国时期岭光电在自己的辖地提倡过医药。他派人“带着药品器械巡逻于深山彝寨，采用巧妙的方法，治疗疾病”，同时，他派人去汉区学习医疗技术，在自己办的学校设立医疗室，为学生和附近的彝民治病。1949 年，又通过他人赞助，得到一个医院的药械，运回后在斯补（今属甘洛）

---

① 以上均录自施嘉明主编：《难忘的历程——开辟凉山彝族地区工作的回忆录》，成都：四川民族出版社，1992，第 196—198 页。

② 普格县人民政府：《1953 年 10 月至 1954 年 9 月一年来的工作报告和今冬明春工作任务》（1954 年 11 月 8 日），凉山彝族自治州档案馆，95—1—43—6。

③ 林耀华：《凉山彝家巨变》，北京：商务印书馆，1995，第 45 页。

④ 岭光电：《忆往昔——一个彝族土司的自述》，昆明：云南人民出版社，1988，第 123 页。

⑤ 四川省昭觉县志编纂委员会编：《昭觉县志》，成都：四川辞书出版社，1999，第 555、558 页。

设立医院。[1] 但这种情况在凉山属于凤毛麟角，总体上还是生病后“只知祭送鬼神，不知求医吃药”。

中共最早在凉山开展卫生工作是在 1950 年，当时中央慰问团前来凉山进行慰问工作，由随团的医疗队开展。1950 年 8 月，以中央人民政府民族事务委员会副主任委员刘格平为团长的中央西南少数民族访问团来到凉山视察和慰问。随团的医疗队在慰问期间进行医疗救济工作。据当年医疗工作人员回忆：他们最早进行的医疗工作是给一位孕妇接生。当时医疗队在彝族村寨住下，当晚，“第一个房东家突然发出惊惧的喊叫声，我赶紧领着两个医疗队员去，只见孕妇痛苦地在火塘边打滚（彝族一般在火塘，即锅庄边睡觉，笔者注），旁边一个缠头巾的汉子（后来才知是迷信职业者——苏尼），一边敲着皮鼓，一边在火塘边跳来跳去，柴烟弥漫，闹声不断，产妇痛苦不堪，双眼露出求救的目光，我同妇产科大夫董建德连忙用消毒的产包，剪断脐带，排除了脐带绕颈的险情，并教产妇如何用力，顺利产下了这个孩子，之后给婴儿注射了抗感染的药剂，救下了进凉山的第一条生命。彝族群众一传十，十传百，像发现奇迹一样迅速传遍该地区。访问团在彝族群众中的威信随之迅速提高，当时在该地的民族工作迅速打开局面。苏尼也在事实面前受到教育，相信医药治疗的结果。主人家高兴地说‘卡沙沙（彝语，也作卡莎莎，意为谢谢），卡沙沙’，共产党毛主席派来的医生就是好”[2]。当时的访问团和后来的中共凉山工委，在医疗卫生方面做了以下一些工作：

第一，建立卫生院，替彝族群众看病。下面是凉山部分地区第一所卫生院建立的时间表（见表 2-4）：

---

① 岭光电：《忆往昔——一个彝族土司的自述》，昆明：云南人民出版社，1988，第 123 页。另要指出的是：在医疗方面彝族还是有少量民间验方的，详见四川省美姑县志编纂委员会编：《美姑县志》，成都：四川人民出版社，1997，第 685—689 页。

② 施嘉明主编：《难忘的历程——开辟凉山彝族地区工作的回忆录》，成都：四川民族出版社，1992，第 67 页。

表 2–4　凉山部分地区卫生机构成立时间表

地方	第一所医疗机构（卫生院）设立时间	资料出处
昭觉	1952 年	四川省昭觉县志编纂委员会编纂：《昭觉县志》，成都：四川辞书出版社，1999，第 565 页。
金阳	1953 年	四川省金阳县地方志编纂委员会编：《金阳县志》，北京：方志出版社，2000，第 472 页。
普格	1952 年	四川省普格县志编纂委员会编纂：《普格县志》，成都：四川大学出版社，1992，第 498 页。
甘洛	1954 年	这是当地工作团随团医疗组在甘洛进行医疗工作的时间，甘洛县人民医院是 1958 年方才设立，均见四川省甘洛县地方志编纂委员会编纂：《甘洛县志》，成都：四川人民出版社，1996，第 497 页。
美姑	1955 年	四川省美姑县志编纂委员会编纂《美姑县志》，成都：四川人民出版社，1997，第 663 页。
布拖	1953 年	四川省布拖县志编纂委员会编纂《布拖县志》，北京：中国建材工业出版社，1993，第 440 页。
普雄（今属越西）	1952 年	四川省越西县志编纂委员会编《越西县志》，成都：四川辞书出版社，1994，第 383 页。

续表

地方	第一所医疗机构（卫生院）设立时间	资料出处
越西	1950 年	四川省越西县志编纂委员会编《越西县志》，成都：四川辞书出版社，1994，第 383 页。

这些卫生院和卫生所、医疗队，在凉山为彝民开展了普遍的医疗工作，成效显著。如喜德从解放到 1952 年，仅一个乡通过“政府介绍到西昌治疗的人数就有 50 多人”，“共治好彝民病人 300 余人”。[①] 在昭觉，1953 年治疗彝民 7611 人次。[②] 金阳 1955 年“给予贫苦彝族群众免费医疗 2682 人次，住院 13 人”，“对预防方面，种痘 921 人，减虱 571 人，药物杀虫 5110 平方公尺，防疫 34 人，狂犬疫苗接种 22 人，妇幼保健方面，新法接生 81 人，免费 61 人，难产接生 3 人”。[③] 普格 1954 年头 8 个月“门诊了 6539 人次，其中彝族 1550 人次，巡回医疗 18889 人次，彝族 17940 人次，自 10 月份设立病床 10 张，至 8 月份收容了住院病人 35 人，其中免费住院彝族 5 人”[④]。据统计，到 1955 年，凉山共建立 10 个卫生院、20 个卫生所及医疗队，总共医治病人 52 万多人次。[⑤] 既改善了彝民的健康状况，也为凉山地区生产的发展创造了条件。

---

① 喜德县委：《喜德县三年来工作总结》（1952 年），凉山彝族自治州档案馆，79—1—6—1。

② 昭觉县委：《昭觉县 1953 年全年工作总结报告》（1954 年 1 月 15 日），凉山彝族自治州档案馆，95—1—23—1。

③ 金阳县人民政府：《1955 年年终工作总结报告》（1956 年 2 月 24 日），凉山彝族自治州档案馆，95—1—74—2。

④ 普格县人民政府：《1953 年 10 月至 1954 年 9 月一年来的工作报告和今冬明春工作任务》（1954 年 11 月 8 日），凉山彝族自治州档案馆，95—1—43—6。

⑤ 凉山工委：《关于凉山在几年来民族工作的基本总结和今后任务的报告（草案）》（1955 年），甘洛县档案馆，1—1—9—7。

第二，开展爱国卫生运动，向彝民宣传卫生知识，改善凉山彝民的卫生环境。如昭觉从 1952 年开始在城区用漂白粉消毒井水，同时改变人畜同饮河水的习惯。1954 年，这一方法推广到竹核、四开。与此同时，1952 年在昭觉成立了县卫生防疫站，次年改名为爱国卫生运动委员会，开始在县城及其周围地区掀起群众性的卫生运动，并订立卫生公约，建立星期日大扫除制度。1953 年后以县城为重点，动员各机关团体、街道居民清除垃圾，疏通污沟，改善居住条件，改良饮水，改造厕所，牲畜栏圈，改变环境。[①] 再如金阳，1954 年 9 月成立县爱国卫生运动委员会，接着成立了 4 个区爱国卫生运动委员会、2 个乡爱国卫生运动小组、4 个村爱国卫生运动组，还有 6 个学校卫生组，推动卫生工作的开展。[②] 在普格，1952 年 5 月，卫生院组织群众进行了清洁大扫除，并在城区宣传爱国卫生运动的重要性。当年冬建立普格县爱国卫生运动委员会（爱委会），加强了群众性爱国卫生运动的组织和领导。在机关和农村成立卫生小组 14 个，在城关区成立爱委会分会 1 个，推动了城乡卫生工作的开展。[③] 美姑于 1954 年 1 月成立爱国卫生运动委员会，在城镇各单位建立卫生小组，订立卫生公约，每晨小清扫，周末大扫除，疏通阴阳沟，填平污水坑，节假日进行突击评比检查；在农村积极倡导和培养广大群众讲究卫生、防治疾病、提高健康水平的卫生习惯；劝导修建厕所、畜圈，实行人畜分居；坚持四季清理环境卫生，积造卫生肥。[④] 其他各地也先后随着工作开展进行了相关

---

① 四川省昭觉县志编纂委员会编：《昭觉县志》，成都：四川辞书出版社，1999，第 564 页。

② 四川省金阳县志编纂委员会编：《金阳县志》，北京：方志出版社，2000，第 480 页。

③ 四川省普格县志编纂委员会编：《普格县志》，成都：四川大学出版社，1992，第 489 页。

④ 四川省美姑县志编纂委员会编：《美姑县志》，成都：四川人民出版社，1997，第 668 页。

工作。改善了凉山彝区的卫生环境。

第三，防治各种瘟疫和传染病，培训医护人员。昭觉地区于1951年开始接种伤寒、副伤寒菌苗，次年昭觉山区流行麻疹，中共紧急调用盘尼西林油剂经两月治愈。① 美姑在1954年由乐山卫生工作队在洪溪区进行牛痘苗接种79人。② 在普格，1954年卫生院和下派的防疫队对彝民免费注射防疫针。"卫生院注射了258人，凉山防疫队注射了2123人，春季间卫生院又进行牛痘接种1085人。"③ 在越西，1949年，城厢镇、中所、新民等地天花散在发生，至1950年3月临解放时，该病已成流行之势，至9月共发病358例，死亡144例，病死率为40.22%。县政府将疫情报告西昌军管会后，由卫生科组织防疫人员到越西与县内卫生人员配合组成7个种痘组，深入各地施种牛痘，使疫情得到了控制。到1953年仅发病1例。④ 1952年12月，布拖拖觉区莪撒乡、西溪河区地搭乡发生天花。省、州、县联合组成15人的布拖县天花防治工作队，深入疫区进行工作，对患者进行就地隔离治疗，培训区、乡种痘员36人，历时1个月，在天花流行地区接种牛痘疫苗12295人份，扑灭了疫情。此后，州、县卫生部门派出医务人员，在疫区长期驻点进行防治工作。⑤ 此外，中共还对在凉山蔓延的，一时无法控制的一些瘟疫（如天花），也开展了病情调查，为未来的防治工作做了相关的准备。⑥

---

① 四川省昭觉县志编纂委员会编：《昭觉县志》，成都：四川辞书出版社，1999，第564页。

② 四川省美姑县志编纂委员会编：《美姑县志》，成都：四川人民出版社，1997，第675页。

③ 普格县人民政府：《1953年10月至1954年9月一年来的工作报告和今冬明春工作任务》（1954年11月8日），凉山彝族自治州档案馆，95—1—43—6。

④ 四川省越西县志编纂委员会编：《越西县志》，成都：四川辞书出版社，1994，第386页。

⑤ 四川省布拖县志编纂委员会编：《布拖县志》，北京：中国建材工业出版社，1993，第454页。

⑥ 四川省昭觉县志编纂委员会编：《昭觉县志》，成都：四川辞书出版社，1999，第560页。

第四，开展妇幼保健工作。1949 年前“彝族妇女生小孩，是在没有光的内屋生，不结扎脐带，用未经过消毒处理的剪刀剪断，不但无卫生可言，而且产妇和婴儿都十分危险”，分娩后，“对产妇也无任何消毒和隔离措施，全靠产妇自己的抵抗力恢复。昭觉县有一位妇女生了九胎仅成活一胎”。① 另据 1953 年昭觉城北乡岳火觉村对 148 名产妇的调查，有 135 名产妇在屋内或牛圈门口坐生，13 名站生或蹲生，婴儿中 83 名用剪刀断脐，62 名用镰刀割断，3 名用指甲掐断。婴儿分娩后仅由产妇口含温水作简单的洗净。产妇多胎盘滞留，造成子宫内翻大流血，甚至可能丧生。婴儿多死于抽风、腹泻等疾病，若遇难产，除了简单的火烧辣椒等刺激物催产外，往往请毕摩、苏尼助产。② 中共针对此种情况，在凉山宣传妇幼保健知识，同时开展新法接生。在金阳，1955 年“新法接生 81 人，免费 61 人，难产接生 3 人”③。昭觉 1954 年新法接生 93 人，到 1955 年，部分乡村产妇新法接生率达到 23%。④ 虽然由于种种原因，新法接生在彝区未能广泛应用，但为凉山的医疗卫生事业带来了新的生机。

三、社会工作的特点和影响

具体而言，此时中共在凉山的社会工作有以下特点和影响。

第一，社会工作始终贯彻了为彝民办实事、办好事的原则。无论文教卫生工作，还是调解冤家纠纷，都秉承了这一精神和原则。

---

① 施嘉明主编：《难忘的历程——开辟彝族地区工作的回忆录》，成都：四川民族出版社，1992，第 68、69 页。

② 四川省昭觉县志编纂委员会编：《昭觉县志》，成都：四川辞书出版社，1999，第 574—575 页。

③ 金阳县人民政府：《1955 年年终工作总结报告》（1956 年 2 月 24 日），凉山彝族自治州档案馆，95—1—74—2。

④ 四川省昭觉县志编纂委员会编：《昭觉县志》，成都：四川辞书出版社，1999，第 575 页。

其目的在于消除彝民对汉人、尤其是政府的隔阂和猜疑，使他们相信中共是真正为他们做善事，做好事的，是他们的救星和保护神。从而为政治争取工作打下良好的基础。① 据1950年参加中央访问团医疗队的刘刚回忆：一次在昭觉抢救危重病人成功，使危重病人痊愈后，当地彝民视中共医疗队为活菩萨，说“共产党和毛主席真是我们的救星，派来的医生像神仙一样”②。由此彝民开始逐渐亲近以中共为中心的汉人，改变了“石头不能做枕头，汉人不能当朋友”的观念。

第二，为未来的社会变革培养了一些干部。这主要体现在文教工作上。如在1955年昭觉城西乡开展的业余学习中，涌现了一批积极分子，负责业余学习的工作组在逐个了解、考察，并分配一些工作考核他们的实际能力后，将其中的6个积极分子吸收为干部，送到雷波的民族干部学校深造后，均在工作团工作，成为当地未来社会变革的骨干。③

第三，通过各项社会工作，中共成功地在彝民中建立了自己的威望，从而为政治工作的开展奠定了基础。这一点在消除歧视和带有侮辱少数民族性质称谓上尤为明显。由于消除了歧视和带有侮辱少数民族性质称谓，使彝民从内心真正接受了中共，从而真心实意

---

① 不过，由于条件限制，此时中共在凉山的社会工作（主要是指文教卫生工作）也只能说给凉山彝区带来了曙光。如普格，虽然1954年开始实行新法接生和产前检查，但是，彝民实际受惠人数极少，不过二三十人［见普格县人民政府：《1953年10月至1954年9月一年来的工作报告和今冬明春工作任务》（1954年11月8日），凉山彝族自治州档案馆，95—1—43—6］。实际上，到了20世纪八九十年代，产妇未用新法接生的情况在凉山仍旧存在（见四川省昭觉县志编委员会编：《昭觉县志》，成都：四川辞书出版社，1999，第575页）。但是，从政治争取的重要方式这一角度分析，此时的医疗卫生工作是成功的。

② 施嘉明主编：《难忘的历程——开辟凉山地区彝族工作的回忆录》，成都：四川民族出版社，1992，第69页。

③ 同上书，第199页。

地支持拥护中共，从而使中共在凉山逐步形成了支持自己的力量，进而为未来的社会变革奠定了基础。

第四节 准备期的政治工作（一）：全面进军凉山[①]

西昌战役结束后，人民解放军陆续进驻凉山各地（时间表见本章第一节）。但是，解放军的进驻并不意味着中共已在凉山立足，更不意味着中共对凉山实现了完全的控制。主要原因是凉山（尤其是其腹心地区）彝族土著（家支）势力仍旧存在，并未受到重挫。而此时的彝族上层（包括兹莫和诺伙）对中共政权怀有严重的抵触情绪，不愿中共力量进入他们的势力范围。1952 年的牛牛坝事件是凉山彝族家支势力企图阻止中共力量进入凉山的典型事件。现将事件经过简述如下。

牛牛坝是美姑较大的一个乡，地处凉山中心的黄茅埂和美姑河之间，地势嵯峨，林深路狭，外人罕至。在 1952 年成立美姑县后，中共即准备在当地开展工作。9 月初和中共有过接触的美姑头人，带工作队进去后，一度召集当地头人开会，宣传政策。但是除了个别家支和头人表示欢迎外，多数头人都坚决反对，曾几次要求中共派遣的工作队迅速离开。有的甚至自动召集会议，讨论如何赶走工作队，消灭工作队。并公开通知工作队，要他们尽快离开该地。凉山工委得知后，要求美姑县委要提高警惕，揭露匪特阴谋，积极向头人开展说服工作（实际上还是想坚持）。同时通知工作队，不能坚持时，为避免发生冲突，要主动撤离该地，以便今后更稳妥地开展该地工作。当时美姑县委对形势估计不足（工委未坚决要他们撤出，工作队对他们的决策也有明显影响），最终没有让工作队撤出

① 本节有一个缩写稿以《凉山民主改革准备期的进军工作与政治争取》为题，发表在《贵州民族研究》2016 年第 12 期。

相应地区。[1] 结果，“9 月 29 日下午 3 时左右，我牛牛坝工作队共 14 人，有骆边清、已姑比母已到昭觉，事前徐启文到林木甲谷领粮未回牛牛坝，剩下 11 人，张新景（指导员）是因病（28 日打摆子）在家，郑发荣、王正芳也在家。武继德、李和珍、宋信义、热吉古瓦 4 人去巴克基哈家修桥，主要去了解情况，罗共福、杨发荣、潘光荣、陈华良 4 人到呷洛工作。在 29 日 3 时左右，有阿候拉列、阿候打格、阿候拉薄、苏呷虎莫（在普雄住）带领 40 多人，枪支多少不清楚，进了十几人，将我留家的工作队张新景、王正芳、郑发荣抱住就开打。将张新景打成重伤，今天（30 日早晨）已牺牲。王正芳现已负重伤，郑发荣也负伤。到巴克基哈家回家的同志，当下（途中）将宋信义打死（枪打死的），李和珍负伤（现已回林木甲谷），武继德也回林木甲谷，热吉古惹和现去呷洛工作的 4 个同志未回来，现无下落（连去工作的 4 个）。现在还有两个负伤同志和一个牺牲的工作同志还在苏呷说不家（即工作队住处）。总共牺牲 2 人（张新景、宋信义），重伤 1 人（王正芳），轻伤 2 人（郑发荣、李和珍），李和珍现已回来，郑发荣因脚伤现和重伤的王正芳尚在苏呷说不家。到呷洛的 4 个同志和去找他们的少数民族干部热吉古 5 人无下落。共回来两个（李和珍、武继德，武继德未负伤）。所有工作队的东西、公物、文件全部损失，苏呷说不家的东西也全部损失”[2]。这就是震动凉山的牛牛坝事件。这件事给当时中共凉山工作带来了深远的影响，中共进军凉山腹地美姑因而足足推迟了近两年。在 1954 年中共进军美姑时，准备继续反抗的彝族头人们集会总结牛牛坝事件的经验，公然宣称：“52 年在牛牛坝杀了 2 个干部，人民政府 3 年不敢来，此次来再杀 6 个干部，就可以

---

① 梁文英：《历史的新篇章——解放西昌、开辟凉山民族工作回忆录》，北京：民族出版社，1998，第 171 页。

② 高芝生：《关于牛牛坝苏呷家反我情况及我干部伤亡等情况报告》（1952 年 9 月 29 日），凉山彝族自治州档案馆，79—1—8—14。

推迟 9 年。”[①] 凉山瓦岗地区（今属金阳）的头人也宣称：解放军“来多少我们就干掉多少”[②]。在金阳，当地彝民“黑拉日（也写作黑乃日）等 7 人，带枪 5 支，长三短二。他见了我们同志时，即问你们是什么人（完全是说汉话），我们的同志说我们是人民政府的。他即开枪射击，当时即将段朝楷同志的腿打断，其他 2 人打了一枪，而枪已打坏了，当时急逃跑赶回南瓦。事件发生之时是在中午，地址距南瓦有 15 里左右”，最后造成干部段朝楷身亡。[③] 由此可见，凉山以家支为中心的彝族本地土著势力，并不愿意中共力量进入他们的领域，为了保证自己的势力不受影响，甚至不惜以武力阻止中共进入他们的领地。究其原因，除了认为凉山历来是他们的天下，不允许外来人进入凉山的保守观念外，最主要的还是怕中共最终会“土改，解放娃子，收枪，上粮，黑白彝平等，黑白彝通婚，彝汉通婚，贫富平均，共妻共夫，铲烟”，以及害怕中共最后清算“抢过政府物资的人”和中共在凉山立足后不再扶持他们发展生产。[④] 这其中最根本的是怕“政府去了没收他们的土地，或接收娃子、收缴武器等”[⑤]。也就是害怕中共进入凉山地区后实行社会变革，他们的娃子、财产会全部失去，甚至连性命都保不住。

此外，被中共的政治运动清理而侥幸逃过一劫的汉族地区的旧

① 中共美姑县工委：《美姑目前情况与今后工作》（1954 年 11 月 8 日），凉山彝族自治州档案馆，95—1—43—2。

② 施嘉明主编：《难忘的历程——开辟凉山地区工作的回忆录》，成都：四川民族出版社，1992，第 79 页。

③ 金阳县委会：《近来工作和匪特情况》（1952 年 12 月 20 日），凉山彝族自治州档案馆，79—1—5—23；中国人民政治协商会议金阳县委员会文史资料委员会编：《金阳县文史资料》第 1 辑，2002 年，第 61 页。

④ 中共美姑县工委：《美姑目前情况与今后工作》（1954 年 11 月 8 日），凉山彝族自治州档案馆，95—1—43—2。

⑤ 普格县工作团：《普格县目前情况的分析》（1952 年 12 月 19 日），凉山彝族自治州档案馆，79—1—6—14。

“精英”（包括原国民党旧军政人员和地方势力中在政治清洗侥幸逃脱的原地方“精英”）不少逃入凉山地区。据中共文件统计，“散布在凉山地区的匪特共641人，其中反动党团40人，反动军官57人（内师长3，团长9），伪官吏48人（内县长3，区长2），土匪224人（内支队长1，大队长12），反动会道门19人，逃亡地、霸104人，其他不清者共124人”①。这些人为了生存，极力在凉山彝族聚居区造谣生事，极力怂恿彝族土著势力阻止中共力量进入凉山。② 如逃到美姑的旧军政人员和地方“精英”造谣说“人民政府表面好，实际很坏，现在再不打将来你们（指上层）吃了亏，那时就辜负了我的好意。要打就大打一下，每人获得3支枪才好”，“生产的粮食政府全部收去，大人每天发粮12两，年青人每天发8两，小孩子每天发3两”，他们编造的很多谣言，到了十分荒唐的地步。这些谣言在彝民中一度造成极大的恐慌。“吾奇七过布的女人有两个小孩听了以后，吓得要上吊自杀（未遂）。”③ 彝民因而更不愿中共进入凉山开展工作。部分逃到凉山的地方旧“精英”甚至和部分不愿中共进入凉山的彝族土著势力联合反抗中共。如逃到金阳瓦岗地区（今属雷波）的原国民党西昌驻军第二十四军团长刘俊辉（后曾任逃到西昌胡宗南部特务团长），率部下“反共救国军”和当地彝族土著势力沙马家支二房诺伙安曲土联合，抵抗解放军进军

① 凉山工委：《关于凉山地区民族工作中的几个问题及处理意见》（1953年8月28日），凉山彝族自治州档案馆，79—1—21—2。另一份材料记载为1043人，见凉山工委：《关于今冬明春民族工作的初步意见》（1953年11月1日），凉山彝族自治州档案馆，79—1—21—3。

② 笔者认为：逃入凉山的地方旧“精英”（多数）极力设法阻止中共进入凉山主要是为了自己的生存，而不是坚持自己原有的政治立场。这一点可参阅拙文《新中国成立初期地方精英对新政权的态度和行为选择》，载《求索》2014年第10期。

③ 以上均见中共美姑县工委：《美姑目前情况与今后工作》（1954年11月8日），凉山彝族自治州档案馆，95—1—43—2。

凉山，并于 1953 年制造了震惊凉山的“黄坪事件”①。

不过，需要指出的是，不管哪一地区的彝族头人，都有支持和反对中共（抑或说不了解中共或怀疑中共的政策）的人存在。以普格为例，当地解放后经过两年左右的工作，到 1952 年，当地 99 名头人中，“靠拢政府，对我政策有了解，也满意现行政策，并能作一般工作”的头人为 20 人（占总数 20%左右），“靠拢政府，与我有联系，但对我政策了解不够全面，有怀疑，也能作一般工作”的头人为 50 人（占总数 50%左右），“与我联系少，不了解我政策，对我现行政策怀疑很大”的头人为 29 人（占总数 30%左右）。②

对中共而言，向凉山全面进军，实现对凉山的全面占领和控制，是在凉山进行社会变革的先决条件。因而，中共全面进军凉山势在必行。针对凉山的实际情况，基于中共中央对民族地区工作要实行“谨慎稳进”方针的精神，西南局确定了此时凉山政治工作应采取“以政治争取为主，配合军事支援，力争从政治上解决问题，并辅之以必要的决定性的军事打击”的方针。为此，负责凉山工作的中共凉山工委制定了“先礼后兵，兵而后礼”，“谨慎稳进”，“有进无退”的进军策略。强调要“达到进入一地，争取一面，推动全境”的效果③。进军的具体步骤是：第一步，集中兵力扫清凉山外围残敌（1952 年 8 月顺利完成）；第二步，进军南部瓦岗地区，为开辟凉山中部地区的工作打开局面；第三步，打通雷（雷

---

① 见中共凉山工委宣传部：《关于刘俊辉的罪恶的宣传要点》（1954 年 1 月 2 日），凉山彝族自治州档案馆，79—1—71—21；中共凉山工委宣传部：《关于揭露“安曲土一贯勾结匪特危害人民的反动事实”的宣传要点》（1954 年 2 月 12 日），凉山彝族自治州档案馆，79—1—71—25。黄坪事件的具体情况可参见施嘉明主编：《难忘的历程——开辟凉山地区工作的回忆录》，成都：四川民族出版社，1992，第 79 页；雷波县政协文史资料委员会编：《雷波文史》第 9 期，1991，第 1—14 页。

② 普格县工作团：《普格县各支彝民领袖人物的政治态度与代表性分类情况》（1952 年 12 月 25 日），凉山彝族自治州档案馆，79—1—6—13。

③ 凉山工委：《关于今冬明春民族工作的初步意见》（1953 年 11 月 1 日），凉山彝族自治州档案馆，79—1—21—3。

波）昭（昭觉）全线，完成开辟天喜（今美姑县井叶特西）、巴普、觉洛、牛宁飒、甲谷（以上各地也均在美姑境内）为中心的凉山中部的民族工作①；第四步，在凉山中部工作胜利的基础上，完成开辟凉山北部的民族工作任务。同时中共凉山工委强调要“谨慎稳进”，“有进无退”。也就是说，进军和在凉山空白区开展工作，必须步步为营，占据一处，必须稳固一处。由此节节推进，最终完成进军全凉山的任务。下面分别叙述中共进军凉山腹地的大致情况和分析中共进军凉山的基本策略。

如前所述，中共进军凉山经历了 4 个步骤，也可称为 4 个阶段。第一阶段是肃清凉山外围的残敌。这包括两个方面：一是在以西昌为中心的汉区②清剿土匪（包括国民党军余部和地方势力的武装），开展反霸斗争，进行土地改革，从而在汉区立足。③ 二是在进驻凉山各地的过程中，开展经济和社会工作（见本章第二节和第三节），以求初步在凉山立足，而后继续向凉山腹地推进。1952 年 8 月，中共已完成凉山外围汉区的社会变革，扫清了凉山外围的残敌。此外，为了更好地宣传民族政策，争取彝区各阶层的拥护，中共以双方协商的宽大方式处理了“牛牛坝事件”。在肇事头人认错，承诺不再发生类似事件，交还抢走的枪支衣物，并交出藏匿的土匪（2 人）的前提下，对肇事头人宽大处理，既往不咎。并邀约头人到昭觉商议民族团结，解决彝族内部冤家纠纷等问题，④ 获得了部分彝民的支持和拥护，从而为凉山彝区工作打下了坚实的基础。

---

① 美姑县政协委员会文史资料委员会编：《美姑文史资料选辑》第 1 辑，1994 年，第 21 页。凉山北部还应包括甘洛地区。事实上，凉山最后开辟的地区也正是甘洛地区。

② 以西昌为中心的西昌专区，包括西昌、盐源、宁南、会东、会理、德昌、冕宁等地。

③ 相关情况可参阅凉山彝族自治州地方志编纂委员会编：《凉山彝族自治州志》，北京：方志出版社，2002，第 771—775、1037—1044、1286—1288 页。

④ 凉山工委：《关于牛牛坝事件宣传提纲指示》（1953 年 1 月 9 日），凉山彝族自治州档案馆，79—1—22—1。

在扫清外围工作完成后，为加速凉山工作展开，1952 年，中共西康凉山工委，中共四川乐山地委雷、马、屏、峨工委成立。同时成立相应的军事指挥机构。1952 年 8 月 1 日，正式在西昌成立西康凉山军分区，8 月 15 日进驻昭觉，11 月，四川乐山军分区临时前指进驻石角营。到年底，解放军已进驻山棱岗、西苏角、普雄、布拖、比尔拉达等地。这引起了凉山彝族土著势力的恐慌，他们和逃入凉山的国民党旧军政人员和原地方“精英”联合反抗中共进军。前述的“黄坪事件”就是在这样的背景下发生的。

“黄坪事件”的发生引起中共的震动，云南昭通的相关领导(黄坪属云南昭通管辖）因此受到高层严厉批评。根据中央指示，四川、西康、云南三省召开联席会议，迅速成立凉山工作委员会，由鲁瑞林、张冲、王维训、唐兴盛组织领导。① 同时，中共加强了进军凉山的军事力量。除原有部队，又从外地调来公安第 17 团，进驻马边、石角营、角落、山棱岗、上田坝。公安独立第 2 团，进驻云南黄桷树、务基、黄坪。昭通公安团、进驻永善县大井坝，独立第 8 团进驻布拖，独立第 6 团第 1 营进驻金阳地区。至此，进军部队共 5 个团 4 个独立营，共 48 个连。② 由此进军凉山进入第二阶段。

进军凉山第二阶段的主要任务是占领瓦岗地区。此时瓦岗地区由于逃到此地的国民党军官刘俊辉煽动当地头人安曲土、安八尔(当地势力最大的家支)，和他们联合抵抗解放军进军凉山。刘俊辉、安曲土、安八尔和其他不愿解放军进入他们领地的头人们除了设防阻截外，还采取暗杀工作队和被争取的彝族头人、积极分子的

---

① 施嘉明主编：《难忘的历程——开辟凉山彝族地区工作的回忆录》，成都：四川民族出版社，1992，第 80 页。

② 沙正华、段世治主编：《凉山彝族自治州军事志》，成都：四川人民出版社，2003，第 300—301 页。

手段，造成工作队、被争取的头人和积极分子伤亡的事件。[①] 此外，他们还伏击争取头人的工作队和解放军运输队，抢走物资，打死解放军。[②] 因而，消灭刘俊辉，争取或攻破安曲土、安八尔部就成为进军瓦岗地区的关键。

为了更好地进行进军工作，中共首先采取政策过江，即先在瓦岗地区开展政治宣传工作，同时派遣工作人员前往瓦岗，尽可能争取当地头人的支持。当时瓦岗地区以南的黄果树、黄坪街、吴基区每周有一次赶场，对北岸瓦岗地区彝民的生活有不可低估的作用。工作队当即决定以集市作为宣传突破口。每逢赶场天，工作队到江边迎接过江贸易的彝民，帮助他们接运货物，下午到江边欢送归返的彝民。在集市上，通过组织各种会议，放映电影宣传民族政策，对过江贸易的彝民每人均赠送食盐、针线、布匹、毛泽东画像。这些做法感动了前来贸易的彝民，他们返回后奔走相告，吸引越来越多的彝民过江。[③] 这成为工作队向北岸彝族上层宣传民族政策最有效的宣传媒介。

前文已述，当地彝族土著势力最担心的是中共来了像汉区一般进行土改，自己的娃子和财产会丢失，甚至连性命都保不住。为此，中共专门拟定相关宣传策略，要求纠正宣传中“认为毛主席关于分地的话是‘活话’，给彝族上层说，反而更增加顾虑，应该不说”和“民族隔阂太深，问到就说‘不改’，或者认为凉山太穷，没有什么可改，就说‘不改’”这两种宣传方式，强调宣传“少数民族地区分不分土地，由少数民族自己决定……将来分不分，由

---

① 施嘉明主编：《难忘的历程——开辟凉山彝族地区工作的回忆录》，成都：四川民族出版社，1992，第 91—92 页。

② 同上书，第 89—90 页；中共凉山工委宣传部：《关于揭露“安曲土一贯勾结匪特危害人民的反动事实”的宣传要点》（1954 年 2 月 12 日），凉山彝族自治州档案馆，79—1—71—25。

③ 施嘉明主编：《难忘的历程——开辟凉山彝族地区工作的回忆录》，成都：四川民族出版社，1992，第 83 页。

你们自己决定，并且由你们自己去分，我们不代你们分”[①]。同时纠正宣传工作中容易引起彝族误解的说法和甚至不按政策乱说的现象。[②] 经过一系列努力，不少彝族头人纷纷过江试探中共。工作团除了继续宣传民族政策，解释未来将要进行的社会变革外，还着重向他们描述新中国建设的盛景。同时，邀请过江的上层观看电影（国庆观礼片和反映内蒙古少数民族解放的影片），在他们离开时赠送食盐、针线、土布等礼物。[③] 中共的做法得到了彝民的拥护，彝民对中共的疑虑经中共一系列工作得以化解。1953 年 5 月，已有一些彝族头人来到黄果树和工作团相见。接着，大批头人纷纷过江寻找工作团，表示支持中共。

在政策宣传的同时，中共派遣熟悉当地情形的彝族干部，前往瓦岗地区会见当地主要的头人安八尔、安曲土组做争取工作。经过两次艰苦工作，加上解放军强行渡江，消灭了据江而守的刘俊辉部下邓大宾的“江防大队”。同时，工作队又过江在西古溪、月亮岩立足。[④] 1953 年底，解放军又进驻拉租、道回龙地区，已距离住在卡哈罗村的安八尔家很近，最终，安八尔答应支持中共。[⑤] 但是，安曲土始终拒绝了中共的争取。据中共档案记载：“自 1950 年起，我永善县人民政府曾先后用书信和派请人去团结他共 8 次，皆被其无理拒绝。我凉山工作团亦先后通过其家支关系安有嘎、外侄关系徐拉却（又作“徐拉劫”）去团结他 6 次，请他出来开会参观 4

① 中共凉山工委：《关于目前对彝族头人怕改革的思想顾虑解释工作的意见》（1954 年 1 月 18 日），凉山彝族自治州档案馆，79—1—71—23。

② 中共凉山工委宣传部：《关于检查出政策宣传中几个问题的请示报告》（1954 年 1 月 29 日），凉山彝族自治州档案馆，79—1—71—24。

③ 施嘉明主编：《难忘的历程——开辟凉山彝族地区工作的回忆录》，成都：四川民族出版社，1992，第 83—84 页。

④ 具体情况可参阅施嘉明主编：《难忘的历程——开辟凉山彝族地区工作的回忆录》，成都：四川民族出版社，1992，第 103—116 页。

⑤ 施嘉明主编：《难忘的历程——开辟凉山彝族地区工作的回忆录》，成都：四川民族出版社，1992，第 94 页。

次，亦为其无理拒绝，并谩骂人民政府。我黄坪工作组，又屡次通过张士嘎、张阿土，去团结 3 次，又通过彝族头人龙世达、龙曲子、马木岗、王以吉、安拉土、安尼嘎达、安去粗去与他交待政策，讲清道理，争取出来与人民政府接头，均皆遭其拒绝。”此外，安曲土还多次杀害中共派去争取他的人员，[①] 决心和中共对抗到底。

为了尽可能争取安曲土，中共对其和逃到凉山的国民党旧军政人员和地方“精英”采取了分别对待的政策。对放下武器的逃亡人员既往不咎，分给田地房屋，令其安心生产。这一政策使逃亡人员内部发生分化，刘俊辉部李玉光的妻子在得到中共方面的明确保证后，过江劝说李玉光投诚。最后，李玉光和另一名逃亡人员周顺祥杀死刘俊辉，向中共投诚。[②] 刘俊辉被杀，使瓦岗地区的“反共救国军”迅速瓦解，不少成员向中共部队投诚，其余不愿投诚的则逃往大凉山深处。从而使中共进军瓦岗的时机完全成熟，也使安曲土陷入孤立状态。

但是安曲土仍不愿放下武器。反而扬言要为刘俊辉报仇，宣称“解放军一来就非打不可”，“我已和人民政府一干再干，我要继续干到底，解放军、人民政府一来我就要打，就是剩下三发子弹，也要用两发打大军（指解放军），最后一颗打自己”。[③] 在这种情况下，凉山工委决定由“先礼后兵”转为“兵而后礼”，2 月 6 日，凉山工委副书记王维训、凉山指挥部司令员唐兴盛等组成前方指挥所，亲赴黄桷树指挥进军瓦岗。9 日，召开各参战部队、工作团干部会议，决定在进军前再展开一次规劝活动。安曲土部下重要人物

---

① 中共凉山工委宣传部：《关于揭露“安曲土一贯勾结匪特危害人民的反动事实”的宣传要点》（1954 年 2 月 12 日），凉山彝族自治州档案馆，79—1—71—25。

② 沙正华、段世治主编：《凉山彝族自治州军事志》，成都：四川人民出版社，2003，第 301—302 页；中共凉山工委宣传部：《关于刘俊辉的罪恶的宣传要点》（1954 年 1 月 2 日），凉山彝族自治州档案馆，79—1—71—21。

③ 中共凉山工委宣传部：《关于揭露“安曲土一贯勾结匪特危害人民的反动事实”的宣传要点》（1954 年 2 月 12 日），凉山彝族自治州档案馆，79—1—71—25。

徐拉劫被争取，中共即以徐拉劫等 5 人组成 1 个规劝组，对参与反抗中共的人进行规劝。[①] 在决定武力进军的同时，中共强调要“遵照工委的指示精神，列举安曲土各种错误事实，大力开展反对安曲土武装反抗人民政府的政治攻势，使彝族头人及群众都认识到安的过错和我们打他是被迫的、应该的，以争取我们在军事、政治上均获全胜。因此必须贯彻有团结、有斗争、以团结为主的方针。在团结上除正面用具体事实进行政策教育外，应特别注意运用各种会议表扬奖励在宣传争取、团结头人以及交匪和助我清匪的彝胞的方式，并适当进行这方面的宣传，以此来巩固和推动民族团结及加强清匪肃特的工作”[②]。由此，进军瓦岗的准备工作全部完成。

1954 年 3 月 3 日，进军瓦岗正式开始。首先由独立 2 团团长李文忠率 3 个连从云南黄桷树渡过金沙江，进驻卡哈洛、喜马溪、元宝山一带，以 2 个连由西各溪向南推进，5 连由南向北进攻。独立 6 团一个连由牛尔坡向大岩洞形成合围。独立 2 团 7 连进至大湾子，大岩脚时，遭到当地头人马武竹父子率领的 50 余人的袭击，经 4 小时激战，在大岩洞全歼马武竹父子所率人马，击毙马武竹父子。3 月 10 日，解放军对安曲土发动总攻。以公安 21 团 6 连和昭通公安团 2 连为主攻部队，独立 6 团 3 连从龙窝、鱼口出发，越过木四窝梁子，进入鲁溪阻击，独立 2 团一个营，兵分三路合围安曲土部主阵地——弹子山。总攻令下达后，主攻部队进展顺利，迅速逼近安曲土部中心阵地——弹子山、岩头、岩脚一带。次日，解放军攻占牛棚子、羊包包、弹子山、马四铺。安曲土见解放军势大，自己苦心经营的防线被解放军迅速攻破。急忙带领约 50 人逃到古里日打岩洞躲蔽。解放军攻克弹子山、岩头、岩脚后不见安曲土踪影，

---

① 四川省金阳县地方志编纂委员会编：《金阳县志》，北京：方志出版社，2000，第 427 页。

② 中共凉山工委宣传部：《关于目前瓦岗地区的政治宣传工作的意见》（草案）（1954 年 1 月 7 日），凉山彝族自治州档案馆，79—1—71—22。

经侦查获悉安曲土逃向，当即由凉山军分区副司令员杨植森迅速赶到岩头、岩脚指挥督战，以两个排兵力包围了岩洞，由部分支持中共的头人组成规劝组，向安曲土喊话，争取其出洞投诚。安曲土仍拒绝出洞，并无理要求解放军撤军，待数日后再出洞见面，目的是伺机突围。3 月 11 日夜，安曲土突围未成，仍回守岩洞。次日，解放军又让支持中共的头人安登银、俄苦阿格再次喊话，此时安曲土已走投无路，加上粮草不足，军心动摇，无力抵抗，最终于当日率余部出洞投诚。从发动总攻到安曲土投诚，总共不过 3 天时间。接着经过几天清理，打扫战场，金阳方面收缴各种枪支 180 余支，轻机枪两挺，子弹三四千发（云南、雷波收缴的武器不在内）①。至此，进军瓦岗胜利完成。

进军瓦岗的胜利，最大的意义在于两点：第一，打开了全面进军凉山的局面，为后面向凉山腹地进军奠定了坚实的基础；第二，在进军过程中，中共获得了凉山彝族各阶层的支持和拥护（这主要体现在进军瓦岗的前期准备工作上），由此中共开始在凉山有了自己的支持者，从而为未来的社会变革准备了力量。

进军的第三阶段是进军以美姑为中心的凉山腹地，并打通昭（昭觉）雷（雷波）的交通。进军瓦岗胜利后，中共随即着手第三阶段的进军工作，1954 年 6 月 25 日前后，解放军先后进入林木甲谷、三岗、俄普（均在美姑境内）②，虽受到当地彝民的欢迎，但也引起了部分不愿解放军进入的头人的恐慌。在牛牛坝地区，“以阿候尔呷火车支的阿候哈波、阿候勒古汉呷支（家支）的阿候维普为首，在匪特煽动和直接参加下，从 6 月下旬至 7 月上旬，先后召集本家各支和苏呷、吾奇、海乃、某色、布兹等家开会两次，会上

---

① 以上据四川省金阳县地方志编纂委员会编《金阳县志》（北京：方志出版社，2000，第 427 页）和中国人民政治协商会议金阳县文史资料委员会编《金阳县文史资料》第 1 辑（2002 年，第 19—20 页）综合整理而成。

② 美姑县政协委员会文史资料委员会编：《美姑文史资料选辑》第 1 辑，1994 年，第 23 页。

打牛盟誓，共同反我”①。在美姑“三河以大地区，以吾奇拉古支吾奇洛为首，从 6 月下旬至 7 月上旬，先后召集阿候、苏呷、莫什、布兹、金曲、阿卓、恩扎、实坡、马家的别坡、别呷支、阿阿六家瓦苦等支开会二次，商讨反我。会上确定由马家、别呷支阻止昭觉的部队，吾奇、布兹等家引诱雷波部队至有利地点进行歼灭。会上吾奇家还提出和布兹家停止内争，换子为质，一致反我（未成）”②。林木甲谷地区也有头人开会策划阻止中共进军，“首先阻止昭觉方面的部队，阻止无效时趁我不备，暗袭帐篷”③。此外，还有“林木甲谷的黑彝马义布怕见我力量强大，吓得大哭。马海作哈杀牛宰羊破坏财富，阿六拉铁的母亲不让他烧瓦修房子，怕被没收。阿六武机（头人干部）顾虑政府再走，不敢积极工作”④ 等一系列现象。出现这些现象的原因前文已述，此处不赘。

中共针对这些现象对进军凉山中部的情况进行了分析，认为“上层集会武装反我的行动，时起时伏，大体可分为两段：进军前他们企图武装阻止，未遂后暂时平息，这是一起一伏，见我力量强大，挺进各地，但脚跟不稳，反我行为现又复起，目前还在发展”，“从其方法来看，有武装反对，限制接近，禁止供应三种。从其停止内争，换子为质来看，是比较坚定的”。上层反抗中共的原因除了维护他们原有的权力地位外，想“出风头，当干部，领津贴”也是原因之一。⑤ 基于此，中共拟定了相关策略。强调要“大力宣传政策，揭穿谣言，是开展政治工作，安定人心”，“争取一切可能争取的团结的上层和我见面”，“分区，分批，分家支的进行争取工作。逐渐使中立的靠我，使反我的慢慢动摇”；还要“大力宣传政

① 中共美姑县工委：《美姑目前情况与今后工作》（1954 年 11 月 8 日），凉山彝族自治州档案馆，95—1—43—2。

② 同上。

③ 同上。

④ 同上。

⑤ 同上。

策，揭穿谣言”，同时做好群众工作，“利用一切可能利用的机会和群众见面，宣传政策，揭穿谣言，安定人心”，“教育群众，帮助政府清匪，维护治安”[①]。同时，中共要求各级进军干部严守民族工作纪律，防止意外事件发生。

经过中共一系列努力，美姑地区工作的开展取得了一些成效。8月，经牛牛坝30多名头人同意，凉山军分区公安独立2营、警卫3团5连，公安17团4个连进驻牛牛坝地区。同日，美姑牛牛坝工作分团成立，至此，雷（雷波）昭（昭觉）线基本打通。9月1日，中共马边县委书记楚增荣率一个营从黄茅埂大风顶出发，中共峨边县委书记李存保率一个大队和工作团从椅子口大山上出发会师依果觉（原洪溪县城所在地，今属美姑）。同日，乐山军分区在依果觉组成“四川军区凉山指挥部北部指挥所”，并召开部分彝族上层头人和千余名群众参加的大会，进行宣传工作。[②] 但是，以阿候家为首的部分家支仍旧阻截解放军进军。他们发出木刻信（为一锥形木牌，上写彝文涂鸡血，向对方求援，如果对方同意，即刻派人前来）联络凉山各地的阿候、苏呷、吴奇、恩扎、金曲、阿卓、布兹、磨说等家支，举行仪式（杀鸡喝血酒、钻牛皮）并互送人质，约定牛日（9月8日）集结，虎日（9月9日）行动。确定以牛牛坝的枪声为信号，一起动手。分头包围各守点部队、工作队，争取一举全歼解放军和工作队。还派人去甘洛向当地土司岭邦正求助，派人侦察牛牛坝、巴普、山岗和天喜的解放军和工作队的情况，并鸣枪威胁。[③] 9月7日，工作团在牛牛坝召开头人会议，力争从政治上解决问题。次日，参加会议的部分头人不辞而别，从而挑起了

① 中共美姑县工委：《美姑目前情况与今后工作》（1954年11月8日），凉山彝族自治州档案馆，95—1—43—2。

② 美姑县政协委员会文史资料委员会编：《美姑文史资料选辑》第1辑，1994年，第24页。

③ 同上书，第25页。

对抗。①

9 月 9 日，阿候、苏呷两家 1500 余人，携枪 700 余支，向中共牛牛坝驻军发起进攻。战况传来，昭觉军分区副司令员杨植森率公安独立第二营从昭觉出发，日夜兼程，于次日中午赶到牛牛坝指挥作战。为合击阿候、苏呷家的主力，9 月 11 日，解放军以公安独立第 4 营第 3 连和公安第 17 团一个营的兵力，由杨植森亲自指挥担任主攻，另一路由第 17 团团长白玉璋率独立第 2 营、公安第 17 团第 10 连，渡三河一打河，经竹够一打等地，配合主攻部队合击阿候、苏呷家主力。但由于连降暴雨，河水猛涨，白玉璋所率助攻部队未能渡过三河一打河形成包围圈。杨植森所率部队击溃正面敌军，13 日，又以 9 个连兵力合击退到三非之敌，但因大雨大雾，通讯联络困难，各部队协同不一，未能歼灭敌军主力，两次战斗合计不过歼敌 152 人。

在美姑彝族土著势力攻击牛牛坝的同日，天喜至巴普新架设的电话线路全部被破坏。当晚，在天喜的公安第 17 团政委陈瑛，派第 7 连董庆龙率一个加强排检查电话线，命其接通后速回天喜。董庆龙当日率部行至鸡尾（距巴普约 10 里），突被阿竹、吴奇、金曲等家支 400 余人包围。该团得悉后当即令第 6 连连长李景玉率第 5 连、第 6 连及炮兵连各一部于次日 10 时前往增援，但李景玉部在 13 日到达鸡尾与董庆龙会合后又被包围，敌军居高临下，用滚木礌石攻击解放军，解放军沉着应战，连续 8 次击退敌军冲锋，本可乘敌军数次冲锋受挫之机，突围退到巴普，但指挥员被敌包围后束手无策，致使部队困于山上达 3 日之久，由于未带干粮，部队饥疲交迫，直至 12 日，巴普部队出击增援，李景玉方才向巴普撤退，由于组织不严，部队混乱，遭到敌军尾随追击，部队受到损失。计阵亡 16 人，受伤 16 人，丢失轻机枪 1 挺、重机枪机身 1 件、冲锋

① 伍精华：《我们是这样走过来的——凉山的变迁》，北京：民族出版社，2002，第 85 页。

枪3支、步枪2支。

牛牛坝两次战斗均未取得较大战果，鸡尾一战又告失利。为了扭转局势，杨植森令独立第4营、警卫第3团1个连、公安17团1个营，以及公安17、19团教导连各一部，共9个连兵力，由三岗、天喜、牛牛坝等地分4路奔袭围歼包围巴普守军之敌。1954年9月16日8时，各部完成合围，随即与守军公安第17团第3营部队内外夹击，战斗历时8小时，包围巴普的彝族土著势力武装800余人，共被歼665人（包括毙、伤、俘）。由此，局势发生逆转。接着，经过数日清剿，加上前述战斗共大小13次战斗，到9月20日，这次由凉山彝族土著势力和少数国民党旧军政人员联合发动的阻止中共进军的行动被彻底粉碎。[①] 共歼敌959名（毙194名，伤79名，俘686名），缴获长短枪521支，子弹3700余发。[②] 事后，苏呷家于10月10日以彝族传统方式用2头牛向中共赔罪，阿候勒古阿呷支也在10月24日用3头牛向中共赔罪，并交出“铜河反共救国军”作战科长高明岗等7名逃到凉山的国民党旧军政人员。[③] 与此同时，人民政府召开会议表扬安置进步头人19名，对被俘人员（除5名首恶分子）全部释放回家，并发给路费，退还被缴枪534支，缓退8支，未退22支，对被武装叛乱造成损失的436户彝族群众，发救济3200元，对被击毙、击伤的叛乱人员家属和亲朋进行安抚；79名主要头人中认错交枪72名，首恶分子6名被从宽

① 以上据沙正华、段世治主编《凉山彝族自治州军事志》（成都：四川人民出版社，2003，第303—305页）和美姑县政协委员会文史资料委员会编《美姑文史资料选辑》［第1辑（1994年），21—28页］综合整理而成。

② 沙正华、段世治主编：《凉山彝族自治州军事志》，成都：四川人民出版社，2003，第305页。另，美姑县政协委员会文史资料委员会编：《美姑文史资料选辑》第1辑（1994年）第26页记为：缴枪725支，子弹374发。

③ 伍精华：《我们是这样走过来的——凉山的变迁》，北京：民族出版社，2002，第85—86页。

处理。[1] 这些做法使被释放的参加反抗中共的头人和群众感恩戴德，纷纷表示回去后要配合中共工作（宣传政策，交出潜藏的国民党旧军政人员，保护电线杆等设施，有的还主动交出武器），有的回去后主动给工作队送柴、送菜，并争取残余的反抗分子向中共投诚。[2] 至此，进军以美姑为中心的凉山中部的任务胜利完成。中共在进入美姑后，于 1954 年 10 月组建了牛牛坝工作分团，团长张迎年（彝族），副团长何明国（彝族），下辖 3 个工作队：牛牛坝工作队、哈古一打工作队、尔河工作队，后增设砍道一呷工作队[3]，迅速打开了凉山中部工作的局面。

进军申果庄、候不列拖（在越西境内）和呷洛（即甘洛，下文均写作甘洛）地区是进军凉山的最后阶段。具体分两步进行：先进军申果庄、候不列拖，再进军甘洛。共计调集公安 17 团（3 个营），公安 19 团 1 个营，四川方面增加两个营，昭觉或西康再抽调两个营，共 8 个步兵营（4000 余人），分别从牛牛坝、三河一达、普雄、田坝、挖里挖地区出发进军。具体部署是：公安 17 团随工委组成的候不列拖工作团，由牛牛坝、三河一达出发，争取在 10 月底前进驻候不列拖、申果庄。公安 19 团一个营和公安 3 大队一部，随该地工作团，争取在 10 月底进驻挖里挖。公安 21 团 2 营争取 10 月底前集结于普雄，随时策应候不列拖、申果庄的部队，而后有准备，有计划的争取 1955 年 3、4 月份向甘洛进军。具体的划分是：田坝以两个营随岩润工作团进入岩润、呷日、安多、特耳莫地区，普雄工作团及一个营，进入衣吉、觉来地区。工委组织的工作团随公安 17 团部队，进入申果庄、候不列拖以北、波罗以南地

① 美姑县政协委员会文史资料委员会编：《美姑文史资料选辑》第 1 辑，1994 年，第 26 页。

② 凉山工委：《专报》（1954 年 10 月 19 日），甘洛县档案馆，1—1—16—6。

③ 中国人民政治协商会议凉山彝族自治州委员会文史资料委员会：《凉山彝族自治州文史资料选辑》第 9 辑，1991 年，第 119 页。

区，挖里挖工作团随公安19团一个营进入古拖、毛红脚地区。①

由于在美姑粉碎了凉山彝族土著势力和少数国民党旧军政人员联合发动的阻止中共进军的行动，中共进军申果庄、候不列拖和甘洛比较顺利。1954年10月13、14日，中共凉山部队开始进军。中路由指挥所率公安第17团直属队，第1营、第2营及彝民团第2连，从牛牛坝出发，14日进驻申果庄、沙苦，右翼由公安第17团参谋长杨庆泰率第3营及警卫第3团第2营，从牛牛坝出发，14日进驻候不列拖、岬古，左翼由公安独立第4营，从牛牛坝取道昭觉，14日进驻申吉口，至此，第一步进军任务完成。

紧接着，中共决定趁热打铁，进行进军甘洛的第二步工作。决定调动公安17团第3营、警卫第3团第2营、公安独立第4营、彝民团第2连、警卫第1团第4营及四川公安独立营第2连，共15个连的兵力，分别集结于沙苦拉打、波罗一打、候不列拖、田坝、益果脚等地，采取"分路节节推进"的方法，向甘洛腹心进军。

11月25日，中共集结部队分4路向甘洛腹心推进。四川公安独立营第2连由益果脚出发，当日进驻曲级瓦窝，公安17团第3营两个连12月1日由候不列拖出发，当日进驻衣所觉，公安独立第4营12月1日由波罗一打出发，进驻觉来，警卫第3团第2营及彝民团第2连也于同日从沙苦拉打出发，3日下午进驻衣乌里克。警卫第1团第2营，于11月25日由田坝出发，进抵波盔后，架设岩润河便桥，12月3日进驻特耳麻。② 接着又派出5个连的兵力先后进驻吉米拉打、五世大桥、柳红打洛、则普拉打等地，至1955年7月，中共基本实现了对凉山的进军。

① 均见凉山工委：《1954年10月至1955年上半年开展凉山北部地区工作的计划》（1954年7月20日），甘洛县档案馆，1—1—9—2。

② 参阅沙正华、段世治主编：《凉山彝族自治州军事志》，成都：四川人民出版社，2003，第305—306页；呷洛地区指挥所：《呷洛地区指挥所成立以来的工作总结报告》（1955年1月7日），甘洛县档案馆，1—1—65—6。

第五节　准备期的政治工作（二）：清匪治安

清匪治安工作是凉山在 20 世纪 50 年代社会变革准备期政治工作的重要组成部分，在准备期中共之所以在凉山得以成功开展工作，很大程度上是因为清匪治安工作的成功。换而言之，清匪治安工作在凉山社会变革准备期对中共开展工作起了十分重要的作用，本节即清理此时清匪治安工作的基本情况。

一、民主改革准备期凉山社会治安的混乱情况及成因

1952—1955 年凉山的治安情况十分混乱。具体而言，表现在以下两个方面。

第一，社会治安相当混乱。以昭觉为例，仅 1953 年有案可查的抢劫杀人案件中，被打死的汉商有 6 人。“娃子偷盗抢劫事件更为普遍，实无法统计。单就抓汉人做娃子的就有 11 人，汉族工作干部亦在被抓之列。12 月 30 日晚，在昭觉城南门外，凉山政府市建会两个干部前去瓦窑守夜，被抓了两人，除彝族内部纠纷打死人外，打死汉人、抓走汉人、抓走工作干部一件都没有追查出来。偷盗虽然查出一些人，但实在少得很，大多成了无头悬案。”[①] 金阳地区 1953 年发生各种偷盗、抢劫、捆人事件 258 起，打死打伤和被捆的人数计 106 人，雷波三年间打死，打伤，捆走的人数达 244 人，烧毁房屋 93 间。[②] 当时凉山社会秩序的混乱，由此可见一斑。

第二，在中共进入凉山后，凉山彝族土著势力针对中共的武装

---

① 昭觉县人民政府：《昭觉县 1953 年全年工作总结报告》（1954 年 1 月 15 日），凉山彝族自治州档案馆，95—1—23—1。

② 凉山工委：《关于凉山几年来民族工作的基本总结和今后任务的报告（张冲主席的报告）》（1955 年 2 月 26 日），甘洛县档案馆，1—1—9—7。

反抗还时有发生，有的反抗活动还有逃到凉山的原国民党旧军政人员和原地方“精英”的参与（为了行文方便，以下均写作匪特）。如中共最后进入的凉山甘洛地区，1955 年仍有逃到凉山的匪特和当地彝族土著势力联合反抗中共的情况。[①] 在越西的申果庄地区，也有不少彝族上层谋划暴动，将中共赶出当地，并积极纠集人、枪，准备在 1955 年春节行动，驱逐中共出境。[②]

出现以上现象的原因主要有以下几点。

第一，汉区被中共的政治运动清理侥幸逃过一劫的匪特有不少逃入凉山地区，且数目不少。据中共估计，到 1953 年，潜藏在凉山的匪特共 641 人，“其中反动党团 40 人，反动军官 57 人，伪官吏 48 人，土匪 224 人，反动会道门 19 人，逃亡地、霸 104 人，其他不清者 149 人”[③]。这些人极力在凉山造谣生事，怂恿凉山彝族土著势力阻止中共力量进入凉山[④]（这一点前文已有提及，这里再做一些补充）。中共的文件也说，初进新区时多数彝民对其的态度是“怀疑，恐惧”[⑤]。此外，在凉山地方势力发动的反抗中共的行动中，经常可见逃到凉山的匪特的影子。[⑥] 所有这些都能说明凉山治安的混乱和逃到凉山的匪特造谣生事，企图借当地土著势力阻止中共进入凉山有莫大关系。

---

① 呷洛岩润工作团：《关于处理目前彝族武装叛乱问题的指示》（1955 年 1 月 3 日），甘洛县档案馆，1—1—18—2。

② 呷洛党委：《目前各地情况综合与当前工作意见》（1955 年 1 月 17 日），甘洛县档案馆，1—1—21—5。

③ 凉山工委：《关于目前凉山民族工作中的几个问题及处理意见》（1953 年 8 月 28 日），凉山彝族自治州档案馆，79—1—21—2。

④ 笔者认为，逃入凉山的匪特极力设法阻止中共进入凉山主要是为了自己的生存，不是继续效忠已退到我国台湾地区的国民党政权。可参见张望：《新中国成立初期地方精英对新政权的态度和行为选择》，《求索》2014 年第 10 期。

⑤ 呷洛党委：《转凉山工委指示》（1955 年 4 月 30 日），甘洛县档案馆，1—1—21—8。

⑥ 凉山工委：《关于凉山几年来的民族工作的基本总结和今后任务的报告（张冲主席的报告）》（1955 年 2 月 26 日），甘洛县档案馆，1—1—9—7。

第二，彝族中“汉人只能当娃子”，“偷抢汉人是应该的”[①]，“汉人不打不出钱，水牛不打不耕田”[②] 一类的观念根深蒂固，加上中共的民族政策对少数民族多有照顾，部分彝民认为中共软弱可欺，因而针对汉人的治安案件层出不穷，这是此时凉山社会治安混乱的重要原因。昭觉 1954 年总结治安混乱的原因包括以下几条：“（1）打死汉人的凶手没有追查出来，抓汉人作娃子违法者没有进行追究，偷盗违法者就是追查出来也没有很好严办。正如部分人反映：‘人民政府的绳子放得太长了（即对违法者宽大的意思）’。（2）潜藏彝区的国民党残余匪特的挑拨破坏。（3）美姑牛牛坝事件发生后亦是原因之一。部分人错误地认为：‘阿候家打了人民政府，还要杀牛招待送礼，人民政府看得起阿候家，看不起我们。’（4）历史恶习所遗留。以能偷盗、抢劫到冤家和汉人的东西为荣。（5）由于基层干部不明确政策，宣传教育工作做得不够，对违法者既不按旧习处理，又没有一定具体处理违法的单行法规来代替。”[③] 这些因素中，彝族本身的原因占了多数。由此可见，彝族固有的观念和中共自身对治安案件处置不力是造成治安混乱的重要原因。

第三，凉山彝族内部的矛盾纠纷仍旧存在，各家支之间互相偷盗抢劫，甚至打冤家的情况仍时有发生，有的规模还较大。1953 年在布拖的一次冤家纠纷中，双方共出动打冤家的人数达数百人，造成伤亡 8 人，被抓走 2 人的严重后果。[④] 同年普格的阿俄

---

① 凉山工委：《批转喜德县向荣区彝汉关系上存在的严重问题及处理意见的报告》（1953 年），凉山彝族自治州档案馆，79—1—21—9。

② 《金阳、普雄头人站队情况》（1952 年），凉山彝族自治州档案馆，79—1—9—9。注：本件档案没有作者和具体时间，仅有标题和档案形成年份。

③ 昭觉县人民政府：《昭觉县 1953 年全年工作总结报告》（1954 年 1 月 15 日），凉山彝族自治州档案馆，95—1—23—1。

④ 布拖临时工作委员会：《关于三至八月份清匪治安总结报告》（1953 年 9 月 2 日），凉山彝族自治州档案馆，95—1—22—5。

和布拖的苏呷两个家支的冤家纠纷，也造成死伤 3 人的后果。[①]

由此可见，中共进入凉山后，要迅速在凉山立足。改变凉山混乱的社会秩序是当务之急。为了改变凉山治安混乱的情况，中共采取了一系列措施，以下三目即相应措施的具体内容。

二、清匪

首先，中共集中力量进行清匪工作。这样做的原因有二：一是集中力量清除逃到凉山的匪特，既能改善凉山社会治安状况，也能分化瓦解凉山的反共力量；二是能让中共民族团结的民族政策在凉山顺利实施，体现自己对待少数民族的态度要远好于国民党对待少数民族的态度；从而实现彝民对自己的政治认同，进而为未来的社会变革奠定基础。基于这样的考虑，中共强调清匪工作必须“以政治瓦解为主，军事清剿为辅”[②]。具体而言，中共采取了以下步骤在凉山清匪。

第一步是进行舆论宣传。内容包括揭露匪特的谣言，宣传中共民族平等和民族区域自治政策。早在中共初进凉山时，即对凉山清匪问题有明确的宣传方针。内容包括以下几点：第一，解释什么是匪特，其到彝区来干什么（进行破坏）。第二，动员彝民认识匪特的危害，不要听信匪特谣言，不要上匪特的当。第三，宣传对匪特坦白从宽，抗拒从严的政策。第四，不自觉跟上匪特活动，或被匪特欺骗利诱，威胁而来的彝民要迅速向政府登记，回家生产，政府则概不追究。就算参加了反抗中共的活动，也既往不咎。能对清匪立功者，政府还有奖励。第五，彝民如能协助中共清除逃到凉山的匪特，中共将视情况给予奖励。[③] 要着重宣传“土匪是危害各民族

---

① 布拖县临时工作委员会：《冤家纠纷报告》（1953 年 10 月 3 日），凉山彝族自治州档案馆，95—1—22—8。

② 凉山工委：《关于五四年上半年工作检查与下半年的工作要求》（1954 年 6 月），甘洛县档案馆，1—1—9—1。

③ 慰问团：《宣传提纲》（1952 年），凉山彝族自治州档案馆，79—1—9—20。

团结的”，“是有害于我们的”。[①] 号召“各族人民团结起来，肃清国民党匪特”，纠正彝民认为匪特是“好人”“逃难人”的观点。[②] 此外，中共强调要“以匪特具体破坏事例教育头人和广大彝族人民，指出对其本身利益的危害性，讲明匪特与娃子的界限，清除对我清匪政策的误解，提高其认识，达到与匪特分家，使之积极助我清匪。同时，并向匪特宣传我党的宽大政策及立功受奖，首恶必办的清匪政策。表明我决心，指明出路，进行分化瓦解，争取多数，孤立少数，号召自首立功”[③]。基于彝族上层认为清匪是“借清匪将娃子全部清光”，借清匪之名行解放娃子之实，中共强调要重点宣传匪特反抗中共、破坏治安的事实，尤其要将已清出的匪特进行破坏的事实大力揭露，要“用活生生的事实教育人民群众”，进行“反复解释教育，扫除参加这一斗争的思想障碍”。[④] 经过中共大力宣传，加上经济工作的开展，中共进入凉山后不久，绝大多数彝民和多数彝族上层对中共都持支持拥护的态度。“认识到潜藏的匪特进行各项反革命活动，是各民族人民的公敌，给人民生命财产极大的危害”[⑤]，有的甚至主动驳斥谣言。[⑥] 据统计，在宣传工作展开后，能“靠拢政府，对我政策有了解，也满意现行政策，并能作一般工作”的头人约占总数20%左右，“靠拢政府，与我有联系，但

---

① 普雄工作团：《工作布置》（1952年10月21日），凉山彝族自治州档案馆，79—1—5—4。

② 凉山工委：《关于1955年上半年工作意见》（1955年1月10日），甘洛县档案馆，1—1—9—3。

③ 中共呷洛岩润工作团：《关于执行工委关于加强治安工作的意见》（1955年1月21日），甘洛县档案馆，1—1—18—5。

④ 中共呷洛岩润工作团：《洛古拉打工作队七月份清匪工作检查报告的批示》（1955年10月26日），甘洛县档案馆，1—1—18—31。

⑤ 普格县人民政府：《1953年10月至1954年9月一年来的工作报告和今冬明春工作任务》（1954年11月8日），凉山彝族自治州档案馆，95—1—43—6。

⑥ 李畅：《给凉山工委的信》（1952年12月17日），凉山彝族自治州档案馆，79—1—9—20。

对我政策了解不够全面，有怀疑，也能作一般工作”的头人约占总数50%左右，“与我联系少，不了解我政策，对我现行政策怀疑很大”的头人约占总数30%左右。[①] 由此，彝民逐步和逃到凉山的匪特拉开了距离。

接着，中共借此趁热打铁，在凉山各地成立清匪生产委员会，并制定相应公约。中共对此首先大力宣传，指出成立清匪生产委员会的意义是，“首先在搞好彝汉团结和彝族内部的团结的基础上，通过它来更好地领导我们搞好团结，清匪和生产等工作”，强调“清匪生产委员会成立后，在工作团的领导下，在这个委员会的具体领导下，将把我们目前的团结、清匪和生产等工作搞得更好。这就能够使我们彝族得到一天一天的发展，使我们的生活比现在过得更好”[②]。同时，中共要求工作团对清匪生产委员会遵循如下宣传原则进行宣传，“（1）为什么要成立清匪生产委员会，成立后对彝族人民有什么好处。（2）清匪生产委员会是一个怎样的组织（是彝族人民在毛主席、共产党、该地工作团领导下，遵照毛主席的民族政策，依据当地彝区的具体情况，为本民族办好事的一个组织）”，对彝民对清匪生产委员会的误解要正面说明，以免误会。[③] 经过宣传，彝民接受了这一政权组织形式。凉山各地通过协商选举，陆续成立了清匪生产委员会。与此同时，凉山各地相继通过的民族团结公约，也都制定了清匪条款。如昭觉四开区的公约规定：“如有隐藏在少数民族地区的汉人土匪特务，必须加强清查，送交

---

① 普格县工作团：《普格县各支彝民领袖人物的政治态度与代表性分类情况》（1952年12月25日），凉山彝族自治州档案馆，79—1—6—13。各地情况有所差别，但总体上相差不大。另需强调的是：此时不少头人支持中共主要是因为中共的经济和社会工作让他们得到了不少实际利益（见拙文《建国初期凉山彝族地区的经济扶贫和政治争取》，载《贵州民族研究》2015年第10期）。

② 中共呷洛岩润工作团：《关于成立清匪生产委员会的宣传提纲》（1955年1月17日），甘洛县档案馆，1—1—18—4。

③ 中共呷洛岩润工作团：《关于成立清匪生产委员会的几项宣传原则》（1955年2月21日），甘洛县档案馆，1—1—18—6。

人民政府或呈报人民政府派部队捕获。”[①] 喜德县的团结公约规定：“协助政府和人民解放军及公安部队，彻底肃清潜藏的残余匪特及反革命分子，并维护治安，保护交通。”[②] 甘洛县的公约明文规定，“（1）不听信匪特谣言，不暗藏匪特分子。（2）向暗藏的土匪特务宣传政策，动员自动归案。对死心塌地分子，要负责捕送政府”，此外，公约明确规定对清匪有功者要予以奖励。[③]

清匪治安委员会和团结治安公约的通过使中共在凉山的清匪工作有了相应的机关和实质上的法律依据。接着，中共开始集中力量调查凉山的匪特情况。中共强调对匪特的调查“是一件非常重要的工作，如摸不清敌人的底，我们就无法工作”[④]，因此，中共在凉山每进入一地，即要求工作团（队）调查摸清当地匪特情况，组织“治（安）情（报）人员很好地进行侦察工作”，限期摸清相关情况[⑤]，要“抓紧时间，加强调研工作，迅速了解证实已掌握匪特名单，根据大小及罪恶分类排队”[⑥]。如 1954 年底、1955 年初进军的越西北部和甘洛地区，中共要求当地工作队在 1954 年底前摸清申果庄、候不列拖地区的匪情，次年 2 月底前摸清衣屋里克的匪情。[⑦]

---

① 昭觉县彝族自治区人民政府：《四开区召开联席会议讨论两昭路治安问题总结报告》（1953 年 5 月 10 日），凉山彝族自治州档案馆，95—1—23—3。

② 四川省喜德县志编纂委员会编：《喜德县志》，成都：电子科技大学出版社，1992，第 473 页。

③ 呷洛党委：《呷洛地区彝族支头座谈会爱国团结清匪公约》（1955 年），甘洛县档案馆，1—1—48—4。本件档案原文没有时间，从中共进入甘洛的时间可判定该档案形成于 1955 年。

④ 中共布拖临时工作委员会：《关于三至八月份清匪治安总结报告》（1953 年 9 月 2 日），凉山彝族自治州档案馆，95—1—22—5。

⑤ 中共凉山工委：《关于今冬明春上半年以前的工作安排意见》（1954 年 12 月 1 日），甘洛县档案馆，1—1—16—3。

⑥ 中共呷洛岩润工作团：《治安工作问题的通知》（1955 年 1 月 16 日），甘洛县档案馆，1—1—18—1。

⑦ 呷洛党委：《对明年二月以前的工作意见》（1954 年 12 月 21 日），甘洛县档案馆，1—1—21—1。

同时，中共将已了解的情况转交下到基层的工作队，要求深入了解并核实。[①] 还要指出的是，中共要各地"有目的有重点的物色和培养特情耳目"[②]，负责匪情收集工作。一般"每点建一至三个可靠耳目"，要着重"从政治上提高其政治认识，辅之以经济，解决生活中特殊困难。建后要随时掌握思想，具体指导帮助"[③]，在人选上，除了在当地彝民中物色外[④]，也重视从匪特中打进来、拉出去的方法。"对于罪恶不大，可资利用者，经过教育，履行批准手续，打入活动。"[⑤] 由于此时中共并未完全控制凉山地区，也为了考虑彝民（尤其是上层）的感受，中共强调建立耳目关系要"采取绝对隐蔽的方式"[⑥]。经过努力，中共预定的目标基本实现，尤其是对没有在明面上的匪特有了基本的了解，[⑦] 既为接下来的清匪工作提供了依据，也加强了中共对凉山腹地的社会控制。

在初步了解凉山各地匪特基本情况后，中共制定了如下清匪方针："（1）凡'潜逃在凉山进行造谣破坏，反对人民政府，反对人民解放军，阴谋组织暴乱'的反革命分子和确属五类反革命骨干分子，不论其历史上担任过伪职的大小，只要调查并做好上层工作，

---

① 中共呷洛岩润工作团：《通知》（1955 年 1 月 17 日），甘洛县档案馆，1—1—18—6。

② 呷洛党委：《目前各地情况综合及当前工作意见》（1955 年 1 月 17 日），甘洛县档案馆，1—1—21—5。

③ 中共呷洛岩润工作团《关于执行工委加强治安工作的意见》（1955 年 1 月 21 日），甘洛县档案馆，1—1—18—5。

④ 中共呷洛工作团：《三四月份治侦工作计划》（1955 年 2 月 28 日），甘洛县档案馆，1—1—18—8。

⑤ 中共呷洛岩润工作团：《关于执行工委加强治安工作的意见》（1955 年 1 月 21 日），甘洛县档案馆，1—1—18—5。

⑥ 凉山工委：《对洪溪地区工作的检查报告》（1955 年 5 月 26 日），甘洛县档案馆，1—1—45—4。

⑦ 中共凉山工委：《调查》（1954 年 6 月 8 日），甘洛县档案馆，1—1—16—4。值得指出的是，这份名单里包括了中共一时尚未进入区域的匪特的名单。由此可见，中共在进军之前即已开始对逃到凉山地区的匪特进行调查。

都应坚决加以清除。此外营级以上的伪军官（主要指解放前后跑入者）、电台人员，即使没有现行破坏活动，也应说清利害，动员彝民交出。(2) 不属于五类反革命的连排级伪军官、伪乡保人员、逃亡地主等，在原则上亦应清除，但为了和有利于团结上层和集中力量清除匪特，对没有现行破坏活动的可暂缓清除，只责令其登记自首，在我控制下交彝族当事人负责监视其劳动。待条件成熟经分工委批准后，再有计划的处理。(3) 国民党士兵和其他来历不明的汉人，除在汉区犯有严重罪恶者照第二项处理外，只在内部了解审查，暂不作处理。此外，各地对已经清出的匪特，必须按照政策及时争取在今年处理完毕。"① 同时，中共要求"加强对现押反革命分子和已掌握的线索的审讯，处理和查证工作，同时还要严防反革命分子内逃"②。为了争取彝民支持，促进民族团结，中共特别强调要"澄清匪特和娃子的界限"：匪特是"潜往凉山进行造谣破坏活动，反对人民政府、解放军，阴谋组织、煽动暴乱的汉人，不要把没有反革命活动、对我无危害的、被彝民抓去当'娃子'的旧士兵当匪特清捕，以消除上层怕我清匪'要走娃子'的顾虑"。与此同时，中共要求各地尽可能动员头人交出匪特。要"积极地争取团结和教育庇匪的头人，反复耐心地说服教育"，要争取多数，说服少数，不能用简单生硬的方法清匪。③ 由以上规定可见：第一，中共对逃到凉山的匪特采取除恶务尽的政策，只要是匪特（无论现实是否反抗中共）都在清除之列，只是有先后之别；第二，对没有现实反抗中共行为的匪特暂不清理，目的是使清匪工作尽可能获得彝民的理解和支持。由此彰显了中共的民族团结政策和清匪工作背后

① 中共凉山工委：《关于近两年来民族工作的初步检查和 1955 年主要工作任务的意见》(1955 年 3 月 23 日)，甘洛县档案馆，1—1—9—8。

② 中共凉山工委：《关于凉山彝族聚居区今后几个月主要工作的简要安排和报告》(1955 年 8 月 5 日)，甘洛县档案馆，1—1—9—13。

③ 凉山工委：《上半年工作意见》(1955 年 1 月 10 日)，凉山彝族自治州档案馆，79—1—174—1。

千方百计争取彝民支持中共政权的意图。

此外，为了进一步体现民族团结政策，争取彝民的支持和瓦解逃到凉山的匪特，中共还要求：第一，“应该区别民族纠纷和反革命活动，国民党匪特和被他们利用的民族上层的界限，即使是国民党匪特，也应该区别首恶与胁从，一般地主与恶霸地主也应该加以区别，以收瓦解实效。应加强调查研究，区别对待，不可一概而论”[①]。第二，严格区分匪特和娃子的界限，对娃子不能随意清捕，即使确认其为有现实反抗行为的匪特，也需与头人沟通后处理。

在这样的方针下，中共在对逃到凉山原国民党旧军政人员和地方“精英”的情况有所掌握后，即对其进行清理，做法是动员彝民交出或抓捕（包括从彝民处要出）。一般先从住地开始，逐步向周围展开（先中心，后外围），以期逐步肃清。[②] 同时，中共要求：“在匪特活动嚣张地区，必须有重点，有组织，采取公开与秘密结合，打击各方面破坏活动，打得要‘准’‘狠’‘痛’。”对证据确凿，但不可能由上层自动交出的匪特，在做好周围头人工作的基础上，报上级批准逮捕。[③] 同时，为了保证民族政策的履行和民族团结顺利开展，中共要求各地抓捕匪特“必须首先经过充分了解证实”，报经上级批准后才能动员头人交出逮捕。“未证实前主要是抓紧了解，一般不宜扣捕，以免扣捕后造成我之被动”，但是要“加强控制，避免逃跑”，如有逃跑则应立刻捕捉。[④] 此外，中共严禁

---

① 凉山彝族自治州政治协商会议文史资料委员会编：《让历史告诉未来——凉山民主改革文史资料专辑》（下集），2008，第 211 页。

② 中共呷洛岩润工作团：《治安工作问题的通知》（1955 年 1 月 16 日），甘洛县档案馆，1—1—18—1。

③ 中共呷洛岩润工作团：《关于执行工委加强治安工作的意见》（1955 年 1 月 21 日），甘洛县档案馆，1—1—18—5。

④ 中共呷洛岩润工作团：《通知》（1955 年 2 月 23 日），甘洛县档案馆，1—1—18—6。

工作队去彝民家捕匪。[①] 如果有证据确凿的、在政治上反抗中共的少数民族人士，则“根据罪恶、危害性大小，当地民族群众的意见，取得本民族上层分子的同意，并争取他们出面处理。凡逮捕判处彝族中的反革命分子，均须报工委汇报上级批准”。如果是“彝族上层分子领导下的民族性、群众性的叛乱”，应在“充分的军事戒备的基础上贯彻政治争取的方针”，除了坚持“胁从不究，投诚不办”外，“首恶分子亦应从宽处理”[②]。很显然，中共的这种方针背后的意图仍旧是在民族团结的话语下全力争取彝民支持。

此外，中共还采取了两种方式清理凉山潜藏的匪特。一种是对已进入的地区的汉人进行甄别工作。如甘洛，当地的团结清匪公约明文规定“对来历不明的汉人，应报告政府查明处理”[③]。另一种则是发动群众检举。如金阳，号召群众检举匪特的活动展开后，“写检举材料的广大群众以及人犯共有 360 人，共检举了 222 名人犯材料”[④]。值得注意的是，在清理工作开展后，彝民纷纷配合中共清匪。如布拖，一些支持中共的彝族上层除了自己交出匪特外，还说服其他头人交人。有的头人还“还自己拿钱打酒买烟想法与土匪接近，借以了解匪情”，并帮助中共抓捕匪特。[⑤] 由此也可见，中共此时已获得了凉山彝民的政治认同，若非如此，彝民踊跃帮助中共清匪是不可能的。

在清匪工作进入清理阶段后，凉山潜藏的匪特纷纷被捕或投

---

① 普格县工作团：《普格县 1953 年 1—3 月份的工作布置》（1952 年 12 月 20 日），凉山彝族自治州档案馆，79—1—6—17。

② 中共凉山工委甘洛党委：《关于执行公安处 55 年清捕反革命分子与汉人刑事犯罪分子摸底计划的执行意见》（1955 年 8 月 26 日），甘洛县档案馆，1—1—18—25。

③ 呷洛党委：《呷洛地区彝族支头座谈会爱国团结清匪公约》（1955 年），甘洛县档案馆，1—1—48—4。

④ 金阳县人民政府：《1955 年年终工作总结报告》（1956 年 2 月 24 日），凉山彝族自治州档案馆，95—1—74—2。

⑤ 西康省凉山彝族自治州人民政府布拖办事处：《布拖县人民委员会 1955 年度工作总结》（1955 年 3 月 17 日），凉山彝族自治州档案馆，95—1—74—3。

诚。如布拖，1955 年清除“反革命分子 125 人，计西溪河 18 名，交际河 31 名，拖觉 24 名，布拖区 29 名，衣某区 33 名”[①]。金阳在 1955 年共清捕匪特 226 人，“向我投诚，坦白交待，自新悔过并能积极检举其他反革命分子的有 5 人”[②]。甘洛在中共进入后，据不完全统计，“共捕获 23 名。计少校 2 名，营长 1 名，连长 1 名，排长 2 名，暗杀大队长 1 名，匪中队长 1 名，土匪 3 名，警宪 1 名，伪军 4 名”，还查出了当地由国民党旧军政人员发展的组织，并新发现“反革命分子 73 名”。[③]

对清理出的匪特的处置，就笔者现在掌握的资料，有这样几种处理方式：

第一种是判刑（包括处死和判处徒刑）。从现有文献中可见：中共明确要求对已捕获的匪特要通过“召开群众大会，判处（杀、关）一批，以全面体现镇反政策，有力的打击反革命破坏活动”[④]。至于判刑的标准，笔者没有找到相关资料，只能就时代背景和现有资料作一推测：级别较高的匪特（连级以上的军官、电台人员、情报人员、土匪中队长以上的成员）被判刑的可能性较大。有现行反抗中共行为，尤其是有造谣生事和煽动少数民族土著势力反抗中共的匪特（不论级别高低）被处死的可能性较大。[⑤]

第二种是遣送回籍。这种情况主要是对没有现行反抗中共行为的普通国民党士兵而言。1955 年甘洛的清匪中，当地工作团清出 1

① 西康省凉山彝族自治州人民政府布拖办事处布拖县人民委员会：《1955 年度工作总结》（1956 年 3 月 17 日），凉山彝族自治州档案馆，95—1—74—3。

② 金阳县人民政府：《1955 年年终工作总结报告》（1956 年 2 月 24 日），凉山彝族自治州档案馆，95—1—74—2。

③ 中共凉山工委甘洛党委：《关于执行公安处 55 年清捕反革命分子与汉人刑事犯罪分子摸底计划的执行意见》（1955 年 8 月 26 日），甘洛县档案馆，1—1—18—25。

④ 中共凉山工委：《关于凉山彝族聚居区今后三个月主要工作的简要安排和报告》（1955 年 8 月 5 日），甘洛县档案馆，1—1—9—13。

⑤ 中共呷洛岩润工作团：《二月份治安工作情况报告》（1955 年 2 月 29 日），甘洛县档案馆，1—1—18—9。类似的档案还有很多。

名在凉山做了 10 年娃子的国民党士兵。这名士兵是 1946 年请假（实际是想逃离部队）回家、经过凉山时被彝民抓住，在凉山做了 10 年娃子。1955 年被中共清出，最后被释放并介绍回原籍。原因是：这名国民党士兵"虽系伪军人出身，当了 8 年兵，但是在当时的社会被抽中壮丁而逼迫为反动派当兵的，同时在当兵期间该犯几度想逃跑回家不愿当兵"，加上其"虽已进入彝区 10 年，并无其他活动。不论在劳动和学习上一贯表现较好"，因此，决定释放并介绍回籍。[①] 由此可见，被释放并遣送回籍的匪特应满足以下条件：第一，没有现行反抗中共的行为。第二，社会出身应是汉区原社会结构中的中下层，在进入凉山前在旧势力反抗中共的活动中不是积极参与，或在反抗中共的各种组织中不是骨干，在汉区没有或少有劣迹，且在中共组织的学习改造中表现较好。第三，不是 1950 年前后新旧政权交替之际或在汉区土匪被中共全部消灭前后来到凉山的。此外，如果主动向中共投诚，一般也能保住性命（一般返回汉区的，在汉区给予田地房屋安置，留在彝区的，则交回原主，令其生产），有立功表现的，还能获得奖励。[②]

三、调解冤家纠纷

冤家械斗是凉山社会秩序混乱的重要原因，因此，调解冤家纠纷成为中共改善凉山治安的重要措施。中共自进入凉山各地伊始，即着手了解当地冤家械斗的情况，并"进行分类排队，并抓紧对现已成熟的案件进行调解。以扩大党的政治影响，体现我党政策"[③]。

---

① 中共呷洛岩润工作团：《报告》（1955 年 3 月 3 日），甘洛县档案馆，1—1—18—10。

② 见沙正华、段世治：《凉山彝族自治州军事志》，成都：四川人民出版社，2003，第 302 页；呷洛地区指挥所：《调查表》，甘洛县档案馆，1—1—65—10。

③ 中共呷洛岩润工作团：《通知》（1955 年 1 月 17 日），甘洛县档案馆，1—1—18—1。

在了解清楚当地冤家械斗情况后，中共通过各种会议，宣传民族政策和冤家械斗对群众的危害，再在舆论宣传的基础上订立团结公约，禁止再“打冤家”。由于中共的推动，公约的制定相当顺利。如昭觉的团结公约称：“凉山彝民各支互相打冤家、不团结，因而妨碍生产，不能安居乐业，是最大的痛苦。”公约规定：“解放以前的案件一般不算旧账，把过去的冤仇一笔勾销，重新建设团结互助、友爱合作的幸福生活”，“如有纠纷发生，告经亲戚家门调解，如仍不能解决，再经调解委员会调解，如解决不了送人民政府依法处理。禁止互相报复、仇杀、暗杀等不法活动”。同时明文禁止再打冤家。[①] 又如金阳县规定：对冤家纠纷“旧案基本不理（特殊情况例外），新案一律由当地头人配合乡政府进行调解。乡与乡之间的支头纠纷，应由两地头人（或调解小组）与人民政府配合调解，如调解不了时，应逐级上报，请求调解”[②]。在布拖，头人座谈会后，参会头人对冤家纠纷达成的共识是按照“大事化小事、小事化无事，旧案不提、新案谅解的精神调解处理。如发生纠纷，必须找工作干部及当地头人协商解决，如一方不服者可上诉，绝不能不经协商解决便动枪打人”[③]。由此可见中共处理凉山冤家纠纷的原则：旧案（中共进入凉山前发生的冤家纠纷为旧案，以后为新案）非对当地社会影响较大，一般不理，新案（包括影响较大的旧案）秉承公正、公平的原则调处。

在上述原则的指导下，中共要各地工作团（队）在调解冤家纠纷时，“其纠纷系解放前遗留下来的，应竭力教育，说服各族群众

---

① 四川省昭觉县志编纂委员会编：《昭觉县志》，成都：四川辞书出版社，1999，第 646 页。

② 四川省金阳县志编纂委员会编：《金阳县志》，北京：方志出版社，2000，第 584 页。

③ 《布拖坝子头人座谈会的总结报告》（1953 年 4 月 13 日），凉山彝族自治州档案馆，95—1—22—10。

不算老账，设法和解。解放后发生的纠纷，应本团结友爱的精神进行协商调解，求得合法解决。调解无效时，亦应说服停止直接械斗仇杀，而可报请上级人民政府处理”，同时要求负责调解工作的干部做到“对既有纠纷，虽不能解决亦须做到停止仇杀而听从调解”。要“多进行了解，听取双方意见，说服教育，与各族内部领袖人物与调解委员会协商调解之，不得主观或强制代替等”。还要“事先多研究，大家意见取得一致，再与领袖人物以及双方当事人进行协商，不得草率从事，或乱发意见，兹（致）惹枝节或闹意见，如有违反，要受纪律的处分”①。同时，中共组织有凉山各地威望素著的头人参与调解委员会，主持对冤家纠纷的调解，做到公开、公正、公平的调处各种冤家纠纷。

由于笔者手里掌握的调解冤家纠纷具体过程资料极少，只能根据现有资料的零星记载尽可能再现当时冤家调解的概况。

下面是布拖比补阿节支冤家纠纷的调解情况②：“1953 年 6 月，布拖县工委、办事处组成工作队，到交际河开展工作向头人和广大奴隶群众宣传党的民族政策，深入剖析打冤家造成的危害。通过接触，依呷、日呷两家流露出调解之意，交际河区工作队即向县委汇报，1954 年 3 月 3 日，政府派一行人下到交际河，经协商，调解地点选在中河坝，时间定在 3 月 11 日。临场的有：凉山彝族自治区副主席吉狄阿约瓦尔，布拖县工委书记毕玉华，布拖办事处副主任

---

① 普雄工作团：《工作布置》（1952 年 10 月 21 日），凉山彝族自治州档案馆，79—1—5—4。

② 据中国人民政治协商会议布拖县委员会文史资料委员会文史资料科编：《布拖文史资料选辑》第 2 辑（1993 年，第 69—70 页）和凉山工委：《通报布拖县关于调解交际河比补以呷和比补日呷冤家的总结报告》（1955 年 3 月 13 日）（凉山彝族自治州档案馆，79—1—173—11）的记载综合整理。这也是目前笔者见到的记载调解冤家纠纷过程最详细的史料。此外，比补阿节支冤家的来由可参见中国人民政治协商会议布拖县委员会文史资料委员会文史资料科编：《布拖文史资料选辑》第 2 辑，1993 年，第 68—69 页。

吉狄阿撮子撮、比补阿呷堵合，公安处干部高连富，独八团雷副处长，布拖地区各家支头人以及双方管事共 53 人。由于政府出面，加之本县有影响的头人临场，双方虽互陈己见，互不妥协，但经过中共和中立的头人站在较公正立场的说服工作，以及到场所有人的一致要求下，调解工作历时 37 天，于 4 月 17 日达成了协议。

第一，龙、禄双方造成的人员伤亡和财产损失，罪归龙、禄，与双方无关。第二，1950 年后互相抢去的娃子、枪支、牲畜、土地等，应相互退还。除去双方已死伤的黑彝人数相互抵消后，日呷赔偿依呷黑彝 2 条人命金，计白银 2400 两，除去已死的白彝娃子相互抵消后，依呷应赔偿日呷娃子 8 条人命金，计白银 800 两。4 月 15 日，日呷已兑现 600 两，余数待当年秋后交清。

调解后，日呷返家 3 日，召集娃子 500 余人开会，他说：‘人民政府硬是好，我和依呷打了 10 多年的冤家和解了，今后走到哪里，你们也不用背枪了。’

依呷返家 5 日，召集娃子 450 余人。他说：‘现在我与日呷的冤家解决了，你们可以到靠近日呷家的土地上劳动啰。’”

至此，这场时间长达 25 年的冤家纠纷宣告结束。

由这一冤家纠纷调解的过程可见：中共调解社会影响较大的冤家纠纷的方式是：先对双方做宣传说服工作，然后择地召开有中共政府工作人员（包括汉族干部和当地已参加中共政权的彝族干部）、当地有声望的头人、双方头人和代表出席的会议进行调解。会上允许冤家双方各陈己见，在各陈己见后秉承公正、公平的立场调解。最后达成较公平的和解协议（共识）。中共强调：调解冤家纠纷必须做到事先调查清楚冤家纠纷的来龙去脉，在头人和群众中深入宣传“打冤家”的危害外，调解时“组织好力量，典型示范，双方做出保证是调解好的‘冤家’的重要一环”；在此次调解冤家纠纷中，中共吸收了当地其他有冤家纠纷的头人参加，“这就扩大了调解工作的教育作用”，为其他冤家纠纷的调解做出了示范。[①] 同时，政府和群众还要监督，防止双方再次“打冤家”。此次冤家纠纷的调解比较成功，以后双方虽然因为一些小事有了新的隔阂，但再未发生“打冤家”事件。

中共在凉山调解冤家纠纷基本是按照这一方式实行的。通过这种方式，中共调解了很多历史甚久、双方冤仇甚深的冤家纠纷。如雷波吴奇家和布兹家长达 18 年的冤家械斗，1953 年在雷波县委书记、正副县长（副县长系支持中共的女土司杨代蒂）率人分别对各方做工作的前提下得到调解。[②] 据统计，雷波县（包括马颈子区）仅 1955 年上半年调解了各种纠纷 289 件[③]，普格 1953 年 10 月到 1954 年 9 月“县区调解了各种纠纷 522 件，计城关区 101 件，拖木沟 90 件，小兴场 69 件，洛乌沟区 36 件，西罗区 47 件，县司法科调解 179 件”[④]。值得一提的是，在中共调解了一些冤家纠纷后，不少是冤家的家支纷纷要求中共协助调解冤家纠纷。如甘洛岩润地区，在工作团调解了数件冤家纠纷后，接下来工作团收到请求协助调解的冤家纠纷有十余件，还有冤家找上门要求中共帮助调解。[⑤]

---

① 凉山工委：《通报布拖县关于调解交际河比补以呷和比补日呷冤家的总结报告》(1955 年 3 月 13 日)，凉山彝族自治州档案馆，79—1—173—11。

② 四川省雷波县志编委员会编：《雷波县志》，四川民族出版社，1997，第 773 页；中国人民政治协商会议雷波县委员会文史资料委员会文史资料科编：《雷波文史资料选辑》第 5 辑，1989，第 18—19 页。

③ 凉山工委：《关于凉山在几年来民族工作的基本总结和今后任务的报告（草案）——张冲主席的报告》(1955 年 2 月 26 日)，甘洛县档案馆，1—1—9—7。

④ 普格县人民政府：《1953 年 10 月至 1954 年 9 月一年来的工作报告和今冬明春工作任务》(1954 年 11 月 8 日)，凉山彝族自治州档案馆，95—1—43—6。另据伍精华回忆，到 1954 年底共调解彝族各种纠纷 427 件。见伍精华：《我们是这样走过来的——凉山的变迁》，北京：民族出版社，2002，第 92 页。

⑤ 中共呷洛岩润工作团：《关于执行工委关于加强治安工作的意见的今冬明春工作计划》(1955 年 1 月 20 日)，甘洛县档案馆，1—1—18—5。

为了调解好冤家纠纷，不少参加调解工作的头人和干部不畏艰苦，耐心对冤家双方做说服工作，最终促成双方达成和解。如普格，“在调解里特支与布拖莫什家人命纠纷时，因一般头人都不怕艰苦寒冷，住在马补非克山岩洞里，耐心地了解案情底细，反复教育说服，感动了案件双方头人，说：‘你们为我们少数民族的事情来到这高山上受冷受饿，实在对不起。’当地群众也感动地说：‘人民政府实在是为人民办事的，七十几岁的老头人也来这里受苦，实在太好了。’因此才经过 3 天时间，便使纠纷达成协议解决（原双方准备 25 天时间）。又如木魁果力家一女，放结惹乃瓦洒家死了，有私房银 200 两未带回引起纠纷。经调解后，木魁果力被感动了，又将次女放给惹乃家。双方由冤家变成了亲家”，“木魁堵初与莫海龙几十年的纠纷，双方也自动解决，木魁堵初亲自打酒与莫海龙和解”。[①] 据档案记载，仅 1954 年凉山各地调解的冤家纠纷计 1521 件，凉山的冤家纠纷事件有了较大的减少，社会治安也得以改善；更重要的是，通过调解冤家纠纷，中共的民族团结政策和话语被彝民理解和接受，宣告和解的家支纷纷表示：“人民政府真正好。”[②] 由此可见，彝民已从内心深处意识到中共是真心为彝民办事的，从而对中共产生亲近感，进而支持中共。中共也由此获得了彝民的政治认同。

四、其他措施

除了清匪和调解冤家纠纷外，中共还采取了以下措施加强凉山治安工作。

---

① 普格县人民政府：《1953 年 10 月至 1954 年 9 月一年来的工作报告和今冬明春工作任务》（1954 年 11 月 8 日），凉山彝族自治州档案馆，95—1—43—6。

② 凉山工委：《关于 54 年工作总结》（1955 年 1 月 10 日），甘洛县档案馆，1—1—9—5。

第一，结合清匪开展舆论宣传。重点宣传偷盗抢劫的危害和中共的民族团结政策。中共采用多种方式进行宣传（包括参观传达、个别访谈、小型座谈会、头人会、代表会、干部会等），成效显著。如昭觉，通过召开联席会议讨论治安工作，得到头人们的认同。参会的头人粒米铁哈说："各支头人应确实负责警告各支百姓，今后如果再去抢人的，都抓来交给政府办理，要是去抢人在路上被打死的，就无人命钱可说。"另一位头人粒米木叔说："我们在交通治安方面大家都要做到守望相助，防止坏人抢劫。"还有头人要求惩处屡教不改的偷盗抢劫案犯。① 再如布拖，通过召开头人座谈会宣传民族团结政策，并组织维护治安的工作，深得头人们认同。一位参会的头人会后向中共干部表示："我保证会后对小偷进行教育，不但不偷政府、贸易公司、人民银行，也不能互相偷盗。"另一位参会的头人会后"在市场上当着群众召集了他的娃子，当众打了一只鸡，并说以后谁要再偷人民政府、贸易公司、人民银行，互相偷盗，同鸡一样死"。还有参会的头人会后"自动拿出人民政府5792500元（旧币），是比补拉约约同三个人偷的。一面报告政府，一面教育娃子，当场杀了一个猪向各支头人赔礼，并保证十六天内如数退出偷去的钱"②。

在舆论宣传的基础上，由中共牵头，凉山的头人们纷纷在团结公约中制定了防止治安事件发生的条款。金阳的团结公约对治安问题作出如下规定："1. 各支应教育各支家门，管好各支百姓，娃子，今后不再偷抢，若发生偷抢，偷抢者（不论土司、土目、黑彝、白彝）被打死一律不赔命金。被偷抢者打死，应由偷抢者支头

① 昭觉县彝族自治区人民政府：《四开区召开联席会议讨论两昭路治安问题总结报告》（1953年5月10日），凉山彝族自治州档案馆，95—1—23—3。

② 《布拖坝子头人座谈会的总结报告》（1953年4月13日），凉山彝族自治州档案馆，95—1—22—10。

负责赔偿命金或抵命。偷抢去的人和东西，应由偷抢者支头负责全部退还。2. 各支内如有偷抢的人，被政府或别支发觉，本支不得强辩包庇。3. 如有个别经常偷抢的坏人，经屡教不改，由其本支头搜集材料，通过治安委员会，报经上级人民政府批准后，由其本支头扣捕，附具体处理意见，一并送请政府处理。”① 在布拖，在开过治安座谈会后，参会头人们一致约定：“各支加强对娃子的教育，不但不偷人民政府和贸易公司及其他机关，同时不偷彝胞的东西，对一贯不进行生产的人要给予生产上的安置，使其生产劳动成为好人。”② 此外，各地团结公约还规定：“今后各彝支不得买卖人口，及掳人为奴。以前抢去的汉人，采取自愿原则送出。如被抢去的汉人逃出时，各彝支不能要求人民政府清查退还。”③

第二，谨慎处理娃子逃亡问题。娃子逃亡是凉山治安混乱的一个重要原因。在中共进入凉山后，很多娃子纷纷从主子家逃到工作团和部队，要求中共保护。随着中共在凉山立足，这种现象越来越多，对凉山的社会秩序的稳定有一定影响。中共基于民族团结和对彝民进行政治争取的考虑，在既要团结彝民，也不能完全帮助彝民维护娃子制度（因为这是凉山社会制度的一部分）的原则下采取了如下政策：第一，本着不主动处理的原则（处理时也要慎重），解放前被抓的娃子跑到工作团或部队，均动员其回去，但主子要保证不杀害、不虐待，并改善其生活待遇。解放后抓的，则应按公约与有关头人充分协商，灵活处理（原则上是协商退还，这在各地团结公约里有明文规定）。第二，对没有跑到工作团或部队的娃子，不

① 四川省金阳县地方志编纂委员会编：《金阳县志》，北京：方志出版社，2000，第 584 页。

② 《布拖坝子头人座谈会的总结报告》（1953 年 4 月 13 日），凉山彝族自治州档案馆，95—1—22—10。

③ 四川省普格县志编纂委员会编：《普格县志》，成都：四川大学出版社，1992，第 543 页。其他地区团结公约中均有类似规定。

主动去管，以免陷于被动。头人要求协助找回，只能口头应付，并重点对其教育“娃子跑不跑在于老板（主子）对他好不好”的道理，由此争取政治上的主动。[①] 王维训（凉山工委主要领导人之一）曾在会议上严厉批评中共内部部分人支持娃子逃亡的观点和做法。他指出，在目前娃子问题上“最感棘手的是：逃到我政府、工作团的娃子。一般是上层坚决要娃子回去，而娃子则坚决不回去”。但此时还是“尽量动员娃子回去为有利。因为只有这样，才可能减少娃子的逃跑（不可能使娃子绝对不逃跑）。缓和当前阶级关系的紧张情绪，也才能减少我们工作上的被动，但必须坚持，对返回去的娃子，上层必须保证其生命安全，不得残酷虐待。如有违反应坚持加以处理。对上层某些不正确的说法应加以适当批评”[②]。很显然，中共此时对娃子逃亡问题如此处理，主要还是基于此时中共需要在民族团结话语下团结彝民，争取彝民的支持，进而迅速在凉山立足的需要。毕竟对彝民的政治争取是准备期中共各项工作的核心。

在凉山工委强调民族团结的要求下，中共对娃子问题是按照下列内容宣传的：“人民政府不收容和带走娃子，也不动员娃子逃跑。并且主张：任何人不得动员娃子逃跑。各支头及政府工作人员发现逃跑的娃子，应予劝回，但原支头必须保证其生命的安全，不得伤害和杀害。适当改善娃子待遇以免逃跑。不得互相抢娃子，不得再抢汉人当娃子。”[③] 在这样的原则下，各地对娃子逃亡问题多数是动员娃子回主子家，甚至动员解放后被抓的娃子回主子家。如甘洛

---

① 中共呷洛岩润工作团：《通知》（1955年2月23日），甘洛县档案馆，1—1—18—6。

② 凉山工委：《王维训同志在第二次工委扩大会议上的总结发言》（1955年3月22日），甘洛县档案馆，1—1—9—9。

③ 凉山工委宣传部：《关于民族团结宣传提纲》（1953年7月13日），凉山彝族自治州档案馆，79—1—22—8。

吉米拉打工作队曾将当地彝民在解放后抓的娃子动员回主子家。其上级岩润工作团对此进行了批评，并重申："1. 对解放后抢来的娃子，应采取充分协商退还，不应再动员娃子返原主。2. 今后应对娃子和上层加强教育。对上层指出：娃子逃跑完全是虐待所致。必须改善娃子待遇，保证其性命安全。对娃子进行前途教育，指出安心生产，生活才会改善。3. 对解放以前抢拉娃子逃跑，如经动员娃子同意回去时，必须教育上层当面讲清：不准吊打，更不准残杀。如残杀即违犯国法，将以法律处理。如娃子不愿回去，硬动员回去易出问题时，报请党委处理。"① 以后"逃娃"问题中共均按这样的原则处理，并对不按此原则处理的现象进行纠正。② 这样既促进了民族团结，争取了彝民，也坚持了自己的立场，从而为未来的社会变革埋下了伏笔。③

第三，中共采取谨慎而及时的做法处理凉山新发生的治安案件。中共要求"作好防范可能的季节性治安事件的发生。对各地惯偷、惯抢、不务正业分子，进行调查和适当控制。对严重的破坏分子，给予破案，予以重点打击，对于一般的个别分子，则应本着教育精神处理"④。强调"加强刑事侦破，严厉打击现行犯"，并重点处理新发生的偷盗、抢劫、破坏交通等案件，"以达打击少数，教育多数的目的"，同时"设立临时监所，建立对犯人教育，管理的

① 中共呷洛岩润工作团：《对吉米拉打处理逃跑娃子请示的批复》（1955 年 8 月 10 日），甘洛县档案馆，1—1—18—24。

② 凉山工委：《关于上层统战工作的总结》（1955 年 9 月 21 日），见韦清风等编：《凉山彝族奴隶社会的变革资料摘编》，中国社会科学院民族研究所，1981，第 104 页。

③ 值得指出的是，在这段时期，娃子的生活水平也确实有了一定的改善。而且能在被虐待时逃到政府要求政府保护。见《天喜工作团向工委汇报的几个主要问题》，韦清风等编：《凉山彝族奴隶社会的变革资料摘编》，中国社会科学院民族研究所，1981，第 78 页。

④ 中共呷洛工作团：《三四月份治侦工作计划》（1955 年 2 月 28 日），甘洛县档案馆，1—1—18—8。

各项制度"[①]。以期完善凉山的社会治安体系，减少凉山案件的发生。中共特别强调要重点打击破坏交通的案件。要求"除按既定之团结清匪公约规定，沿交通线由各地有关头人分地区、分段负责，凡破坏事件发生必须追查到底外，应提高警惕，注意防范"，凡往凉山运送物资（凉山部队和政府的给养多需从外运进），应事先和当地驻军、工作团联系，"对沿途情况必须事先心中有数，避免事故发生"；各地应派遣精悍的小分队，化装在交通线上巡察，保证交通线安全。[②] 同时中共也很重视在侦破治安案件，抓捕案犯中和当地上层的协调工作。[③] 此外，中共强调要划分"对我军用物资，及其他国家财产的偷盗，抢劫与彝族一般偷盗行为的界限。对前者必须通过协商给予适当处理，对其情节严重者，应给予惩治，对后者则应通过上层加强教育"[④]。很显然，中共采取这样的方针，其目的仍旧是争取彝民的支持，获取彝民的政治认同。

为了加强凉山的治安工作，中共还召开治安会议，讨论加强治安的方法，减少案件发生率。如 1955 年召开的一次治安会议，即要求到会代表提交以下材料在会上讨论：1. 各地当年治安案件发生数量和破获数量，多少案件是上层和群众协助破获的。2. 各地当年冤家纠纷发生的数量，造成冤家械斗的数量，造成的伤亡人数，调解的数量。3. 当年成立的治安委员会，治安小组的数量，所起的作用。4. 各地头人哪些维护辖区治安，管教娃子不偷不抢

① 中共凉山工委甘洛党委：《工作意见》（1955 年 8 月 26 日），甘洛县档案馆，1—1—18—25。

② 呷洛党委：《关于执行工委"关于加强治安工作的意见"今冬明春计划》（1954 年 12 月 20 日），甘洛县档案馆，1—1—48—2。

③ 昭觉县委：《关于处理四开区倮伍乡副乡长马吉吉委莫的请示报告》（1953 年 11 月 11 日），载韦清风等编：《凉山彝族奴隶社会的变革资料摘编》，中国社会科学院民族研究所，1981，第 69 页。

④ 呷洛党委：《关于执行工委"关于加强治安工作的意见"今冬明春计划》（1954 年 12 月 29 日），甘洛县档案馆，1—1—48—3。

有功，哪些家支对治安危害最大。5. 上层对清匪治安工作的反应（以上各条均要求有具体实例）；同时要求各地评选对治安工作贡献较大的模范，以便会上表彰。[①] 据统计，1954 年凉山召开治安模范会议，治安代表会议 20 余次，参会人数 2000 余人。会上批评了各种妨害治安的行为，对严重危害治安的行为（如金阳的抢劫民工事件，昭觉黑彝拉政府干部做娃子事件）进行了严肃处理。获得了彝民的普遍支持拥护，均反映“政府处理得对”[②]。

下面是团结治安公约订立后中共处理凉山治安案件的两个实例（均属甘洛县的案例），由此可以看出中共此时处理凉山治安案件的原则和方针。

案例 1：[③]

黑来古铁，男，41 岁，黑彝。说拉苏尼子，男，白彝，34 岁。节乃古坡，男，白彝，28 岁。三人均为甘洛里普拉打人。1954 年 11 月 13 日，中共进军普雄申果庄时，一名为中共运送物资（1000 两白银）的民工中途掉队误入说拉苏尼子家，说拉苏尼子因语言不通，找来节乃古坡（本是汉人）翻译，通过节乃古坡翻译，说拉苏尼子得知民工背的是 1000 两白银，说拉苏尼子报告了黑彝黑来古铁，黑来古铁见财起意，与二人谋划杀害民工瓜分民工携带的白银。次日，三人以护送民工到工作团驻地为名，将民工带到山里偏僻处用绳索杀害，抢走民工携带的白银和人民币（28 万元）瓜分。黑来古铁分得白银 34 锭，说拉苏尼子分得 26 锭，节乃古坡分得 20 锭。28 万元人民币由黑来古铁和说拉苏尼子瓜分。后经侦破，1955 年 1 月 18 日拘捕三人到案，拘捕时，三人曾持枪抵抗。经凉山彝

---

① 中共呷洛岩润工作团：《关于出席治安代表会的通知》（1955 年 9 月 16 日），甘洛县档案馆，1—1—18—27。

② 凉山工委：《关于 54 年工作总结》（1955 年 1 月 10 日），甘洛县档案馆，1—1—9—5。

③ 呷洛党委：《关于黑来古铁等抢劫国家财产事件的判决书》（1955 年 2 月 16 日），甘洛县档案馆，1—1—48—5。

族自治区人民法院审理，于 2 月 16 日分别判处黑来古铁有期徒刑 5 年，说拉苏尼子有期徒刑 2 年，节乃古坡有期徒刑 1 年。

案例 2：①

母及尼都，甘洛特克拉耳人，1955 年 5 月 21 日因故将属下娃子衣改尔别痛打后，被人向工作队报告，工作队前去了解情况未果，其又将衣改尔别和另一个娃子阿母洛且用绳捆住痛打一顿，并威胁说如果谁敢告诉工作队就枪毙谁。造成当地很多彝民不敢向工作队反映真实情况，一些和工作队走得较近的彝民也改变了态度，在当地造成严重影响。基于此，工作队作出以下决定：第一，由治安委员会牵头召开头人代表会议，对其批评教育，使其承认错误，保证不再重犯，以收惩前毖后之效。第二，处置后将此事在各村结合作出进行宣传，进一步教育头人和群众。第三，召开群众会令其当众检讨，“以挽回我党在群众中的损失”。

由以上两个案例可见，中共此时对治安案件采取的是从轻处置的原则。案例 1 的 3 名案犯仅被判处 1 年至 5 年不等的有期徒刑，判刑最重的也不过 5 年有期徒刑，存在明显的轻判倾向。案例 2 的母及尼都只是由工作的召开头人代表会对其批评教育，令其当众检讨了事，也有从轻处置的痕迹。之所以这样处置，原因是此时中共初入凉山，需要争取当地彝民的支持。彝族风俗中有一条是以能偷盗、抢劫到冤家和汉人的东西为荣，如果此时对案例 1 一类的案件按照汉区的方式判刑，多少有不尊重彝族风俗之嫌，这对一直强调尊重少数民族风俗的中共此时开展工作很可能会造成不利影响，从而难以得到彝民的拥护。案例 2 也是如此，此时如果对母及尼都采取相对强硬的措施，基于其在当地的权势，中共在当地立足很可能会遭遇难以想象的困难。因此，中共采取原则性和灵活性结合，既表明自己的立场，又争取了彝民的拥护，实为一举两得。

---

① 特克拉耳工作组：《关于母及尼都反政府、破坏公约、毒打娃子一事的处理意见》（1955 年 6 月 8 日），甘洛县档案馆，1—1—36—40。

五、治安工作的特色和绩效

凉山社会变革准备期的治安工作具有以下特色。

第一，此时中共进行治安工作的重点措施是清匪。中共一再强调清匪工作“是一个长期而复杂的工作”，“必须克服轻敌麻痹思想和粗枝大叶工作作风”。[①] 即使在清匪工作已经取得了不少成果的情况下，中共仍强调清匪工作存在“信心不高，钻不进，深入不下去，扎根建情，物色积极分子远远不能适应工作需要，内外互通情报不及时，审讯工作跟不上，治情力量始终不够统一”等弱点，必须迅速纠正，并要求各地必须限期肃清匪特。[②] 很显然，清除匪特是中共在凉山社会变革改善治安工作最重要的措施。这是凉山社会变革准备期治安工作的重要特色。中共重视清匪的原因前文已有叙述，这里再作一点补充。

中共的民族团结政策是在阶级斗争的话语下进行的。在这一话语中，必须有一个敌对的象征（也可称为革命的象征）。在 20 世纪 50 年代，这一革命的象征是已经退守我国台湾地区的国民党政权和各地的地方势力。凉山彝民对国民政府和地方势力的印象并不好，这和彝民本身的民族偏见有关（这一点前文已述，此处不赘），也和国民政府和地方势力在凉山的胡作非为有关。[③] 中共重视清匪工作，一方面是因为通过清匪，既能减少凉山社会秩序的混乱，改善凉山的治安环境，更能树立中共在凉山正面的政治形象，向彝民展现中共政权不会像国民党那样在凉山胡作非为，给彝民带来痛苦和灾祸；另一方面，通过清匪工作，强调逃到凉山的原国民党旧军

---

① 中共呷洛工作团：《三四月份治侦工作计划》（1955 年 2 月 28 日），甘洛县档案馆，1—1—18—8。

② 中共呷洛岩润工作团：《工作意见》（1955 年 8 月 26 日），甘洛县档案馆，1—1—18—25。

③ 四川省甘洛县地方志编纂委员会编：《甘洛县志》，成都：四川人民出版社，1996，第 407 页。这样的记载在各地地方志中记载甚多。

政人员和旧精英对中共民族团结政策的危害，是各族人民的共同敌人，各族人民应当团结起来反抗共同的敌人，由此从反面强调了所有彝民都是中共团结的对象，也为中共此时的民族工作树立了革命的对象，从而为民族团结政策提供了依据，有利于中共在凉山争取彝民的支持，进而在凉山立足，为民主改革积聚动力。

第二，此时中共在凉山采取的改善治安工作的手段较温和，这主要体现在对由彝民造成的治安案件以较温和的方式处理。包括采取用调解方式调解冤家纠纷，以说服教育方式处理一般的治安案件，对参与反抗中共的彝民一律从轻处置和对彝民犯下的较严重的刑事案件从轻处罚等。这是此时中共凉山治安工作的另一大特色。这一特色仍是由准备期的核心任务是政治争取决定的。中共此时必须表示出对彝民足够的善意，才能得到彝民的政治认同，否则不但工作难以开展，还有难以在凉山立足的危险。当年曾任凉山军分区作战科长的龚仁泰明确指出这样做主要是为了“从教育感化入手，团结争取更多的人”①。事实上也的确取得了这样的效果。彝民由此对中共产生了向心力，也就实现了彝民对中共的政治认同。

第三，中共此时在改善凉山治安环境的措施中重视彝民（尤其是上层）的参与和动员。这在促进各地彝民订立团结清匪公约，调解冤家纠纷和制止治安案件的过程中体现特别明显。中共之所以如此，一方面是因为改善凉山治安情况的各项措施必须有上层的参与，至少须经过上层同意才能有效推行。中共不论高层的领导人还是基层的工作人员对此都有明确的认识，认为民族地区的工作一定要征得上层的赞成。“上层分子不赞成就不做，上层分子赞成才算数”②，各项工作的开展应当遵循“取得领袖人物和大多数人民的

① 施嘉明主编：《难忘的历程——开辟凉山彝族地区工作的回忆录》，成都：四川民族出版社，1992，第 171 页。

② 秦和平编：《四川民族地区民主改革资料集》，北京：民族出版社，2008，第 66 页。

同意就做，不同意的暂时不做，防止和纠正强迫命令等错误”[①]。另一方面，也是民主改革准备期政治争取这一所有工作的目的的需要。毕竟在凉山这样的民族地区，“上层分子的作用特别大，……现在一切事情都要经过他们上层，要对上层分子多做工作，多商量问题，搞好团结”[②]。显然，在治安工作中动员上层积极参与，既有助于工作的开展，更有助于中共对彝民的政治争取，从而实现彝民对中共的政治认同。

上述特色决定了此时凉山治安工作的成效。具体而言，此时凉山治安工作的成效包括以下两个方面：

第一，清匪工作成绩斐然。如前所述，在治安工作开展后，彝民纷纷交出自家的匪特，有的彝民甚至主动帮助中共探听匪情。逃到凉山各地的匪特纷纷投诚或被捕。据档案记载：到 1955 年初，中共共计争取、捕捉、击毙逃到凉山的匪特 1037 人；[③] 另一份回忆录记载共清捕出匪特 1012 人。[④] 在凉山的匪特由此基本被肃清。

第二，治安状况有所改观，但并未得到彻底改善。应当说，在中共采取了一系列措施后，凉山的治安情况较以前有较大的好转。这主要体现在以下两个方面：首先，治安案件侦破率有所提高。治安环境有所改善。在中共进入较早的地区更加明显。如普格，在 1954 年 1—3 月，“小兴场发生抢劫行商 2 件，城关区发生抢劫，还杀死汉人胡华清，捆去娃儿 2 个，其他像我县到外县抢了 1 次，外

① 普格县工作团：《普格县目前情况的分析》（1952 年 12 月 19 日），凉山彝族自治州档案馆，79—1—6—14。

② 秦和平编：《四川民族地区民主改革资料集》，北京：民族出版社，2008，第 66 页。

③ 中共凉山工委：《关于凉山几年来民族工作的基本总结和今后任务的报告（张冲主席的报告）》（1955 年 2 月 26 日），甘洛县档案馆，1—1—9—7。

④ 施嘉明主编：《难忘的历程——开辟凉山彝族地区工作回忆录》，成都：四川人民出版社，1992，第 173 页。

县到我县来拉了 2 次。本县互相拉挡的 5 次，一共就有 8 次”，这些案件均得到破获；仅 1954 年的半年中，普格司法部受理治安案件 52 件，在“已结刑事案件中，宣告无罪 4 人，免于刑事处分 9 人，判处徒刑不满 1 年者 8 人（内监外执行 1 人，缓期执行 1 人），1 年以上徒刑 2 人，3 年以上徒刑者 1 人”①。在布拖，1955 年发生“偷盗 258 件，计藏族 4 件，外县 4 件，汉人工商 48 件，彝族内部 181 件，机关 16 件，部队 4 件。已破案 182 件，未破案 76 件。抢劫 50 件，汉人 9 件，贸易 3 件，彝族内部 38 件。已破 19 件，未破 31 件”②，较以前也有很大改观。其次，严重的治安刑事案件较以前有所减少。如金阳，1955 年“全年共发生治安案件 264 件，已解决了 212 件，与去年发生的 553 件相比减少了 47.61%”③。甘洛地区在中共进入后，治安案件侦破率也有提高。④ 此外，自 1953 年下半年以来，凉山各地“捆人的现象已基本上停止，打冤家及各种严重的抢劫事件较以前大为减少”⑤。值得注意的是，一些地方的头人要求家支在别的家支前来抢劫（“打冤家”）时不要还手，待他们抢后找政府解决。如布拖的头人威石以合，他的“牛羊和儿子被你尔西呷抢去，在抢时要他家门不要开枪打你尔家，并说：‘他要抢就抢去，明天请人民政府解决，你尔家少不了我们一根牛羊毛

---

① 普格县人民政府：《1953 年 10 月至 1954 年 9 月一年来的工作报告和今冬明春工作任务》（1954 年 11 月 8 日），凉山彝族自治州档案馆，95—1—43—6。

② 西康省凉山彝族自治州人民政府布拖办事处：《布拖县人民委员会 1955 年度工作总结》（1955 年 3 月 17 日），凉山彝族自治州档案馆，95—1—74—3。

③ 金阳县人民政府：《1955 年年终工作总结报告》（1956 年 2 月 24 日），凉山彝族自治州档案馆，95—1—74—2。

④ 岩润工作团党委：《七月份情况综合报告》（1955 年 8 月 3 日），甘洛县档案馆，1—1—45—8。

⑤ 中共凉山工委：《关于凉山几年来民族工作的基本总结和今后任务的报告（张冲主席的报告）》（1955 年 2 月 26 日），甘洛县档案馆，1—1—9—7。

的’”[①]。由此可见，经过治安工作，凉山的彝民已经认可了中共的领导和中共对冤家纠纷的处理方式，中共获得了他们的政治认同。

但是，此时凉山的治安情况仍较混乱。据档案记载，仅1954年凉山冤家纠纷旧案复发和发生新案的件数是1121件，[②] 可见凉山冤家械斗仍旧相当激烈。另外，治安案件仍旧层出不穷。如中共甘洛岩润地区，仅1955年8月的不完全统计，计发生治安案件17起（破坏电线3起，偷盗2起，抢劫1起，凶杀1起，杀害娃子2起，烟毒5起，彝族内部偷盗3起）。[③] 由此可见，凉山治安环境并未得到彻底改善。

事实上，不少彝族头人也抱怨中共对治安案件案犯的处置过于宽大，致使偷盗抢劫现象屡禁不止。如昭觉的治安联席会议上，红妈区（属喜德）头人竟支耳古说“关于偷抢人的那些人，我们是教育很多次，教育不转来，送交政府也没有给予坏人应得的处分”。另一些彝民反映：“这些偷人抢人都不给处分，使那些想学坏的人见到人民政府反正不追究，这类事情我觉得真正太宽大了。使坏人好钻空子。”参会的头人阿儿模书反映：“我晓得共产党政策是说到做到，可是人命案、逃娃案和纠纷案都没有彻底解决过，希望政府不要说空话，硬是说了就要做才对。”[④] 中共为此还专门对抱怨的彝民进行了宣传解释工作。

---

① 西康省凉山彝族自治州人民政府布拖办事处：《布拖县人民委员会1955年度工作总结》（1955年3月17日），凉山彝族自治州档案馆，95—1—74—3。

② 凉山工委：《关于54年工作总结》（1955年1月10日），甘洛县档案馆，1—1—9—5。

③ 岩润工作团党委：《八月份情况综合报告》（1955年9月9日），甘洛县档案馆，1—1—45—9。

④ 昭觉县彝族自治区人民政府：《四开区召开联席会议讨论两昭路治安问题总结报告》（1953年5月10日），凉山彝族自治州档案馆，95—1—23—3。

第六节　准备期的政治工作（三）：对彝族上层的统战工作——兼论准备期的群众工作

对凉山彝族上层的统战工作是凉山社会变革准备期政治工作的重要组成部分。本节即讨论准备期对上层的统战工作。

中共一直重视对民族地区上层的统战工作。中共认为："少数民族中与人民有联系的上层人物和宗教人物，一般在本民族群众内有一定的威望和影响，群众多多少少把他们看成自己的和本民族的代表，团结了他们，就有利于进行群众工作，从而有利于稳步的解决民族问题和社会问题。"因而中共强调："必须针对少数民族当前发展阶段的情况，采取广泛的统一战线政策，大力进行上层统战工作，争取、团结一切可以争取、团结的上层人物和宗教人物，对于那些可争取可不争取的，都要一律争取，可团结可不团结的，都要一律团结。"① 中共之所以如此重视对民族地区上层的统战工作，是因为中共深知对民族地区上层的统战工作的成败，决定着中共能否在民族地区立足，获得民族地区民众的支持和拥护，进而为未来在民族地区开展社会变革积聚动力。这种情况，正如主持凉山工作的凉山工委所言："只有团结了上层，才有可能进行工作，团结全体人民。"据此，中共在准备期将团结民族上层作为一项重要工作来抓，甚至被视为是"开展少数民族地区一切工作的首要环节"②。凉山地区也是如此。

然而，不是所有的凉山的彝族上层对中共的到来持欢迎态度。虽然在中共进入凉山之初，有彝族头人帮助中共清剿国民党溃军的

---

① 中共中央文献研究室编：《建国以来重要文献选编》（第五册），北京：中央文献出版社，1992，第 673 页。

② 凉山工委：《关于 54 年上半年的工作检查与下半年工作要求》（1954 年 6 月），甘洛县档案馆，1—1—9—1。

现象，[1] 但也有头人不愿中共进入凉山，组织力量阻止中共进军凉山的情况（如1952年美姑牛牛坝事件），甚至有的头人和逃到凉山的国民党残余联合阻止中共进军（如1953年黄坪事件和1954年凉山中部地区叛乱）[2]。之所以出现这样的情况，主要原因是凉山彝族土著势力始终视凉山为自己的领地，不愿汉人进入自己的领地，且始终对汉人存有敌视心理，“汉人不打不出钱，水牛不打不耕田”一类的观念在他们心中根深蒂固。还要指出的是，汉区暴风骤雨的土地改革运动对彝族头人的影响也相当大。不少上层，尤其是凉山边界的上层，非常担心中共是否会在凉山进行类似汉区一般的社会变革，由此对中共产生抵触心理。[3] 因而给中共此时在凉山的各项工作带来了很多困难。

针对这样的情况，中共首先在进军凉山前和进军中了解凉山各地上层人士的情况（尤其是他们的思想情况），并加以分类。这是对上层进行统战工作的前提条件。凉山工委反复强调做好上层统战工作的重要性，要求“各级党委及工作团（队）领导干部，应亲自动手，深入细致的经常掌握上层的思想情况”，在此基础上将所有上层按照政治态度和在凉山彝民中影响的大小分类。政治态度是按靠近中共，基本靠近中共，动摇观望，反对（怀疑）中共四种情况分类。[4] 安置在凉山彝民中影响的大小分类则是将“本人势力大，财产多，代表在500户以上，在几个县的范围内威望较高，能号召全家支且能影响其他家支者”视为大头人，“所在家支较大，个人财产较多，代表性在100户以上，在一个县范围威望较高，能

---

① 凉山彝族自治州地方志编纂委员会编：《凉山彝族自治州志》，北京：方志出版社，2002，第1036页。

② 具体情况参阅本章第四节。

③ 凉山工委：《关于54年上半年的工作检查与下半年工作要求》（1954年6月），甘洛县档案馆，1—1—9—1。

④ 普格县工作团：《普格县目前情况分析》（1952年12月19日），凉山彝族自治州档案馆，79—1—6—14。

号召本家支大部分人枪，并能影响其他家支者”视为中等头人，“家支中的一般当事人或所在家支不大，财产亦不多，仅在一个区或一个乡的范围内有一定的威望，代表性在 20 户以上者”视为小头人。[①] 通过对凉山彝族上层人士的分类排队，中共基本了解了凉山的彝族上层人士的基本情况，从而为其对彝族上层的具体政策的制定和实施提供了依据。

在了解清楚凉山彝族上层人士基本情况的基础上，中共制定了对待凉山彝族上层的政策。具体内容如下：“第一，真诚团结，长期合作，争取把他们带到社会主义。第二，适当安置，尊重职权，发挥他们在彝族人民中的一定作用。第三，耐心教育，具体帮助，逐渐树立他们爱国家，爱人民的思想。第四，适当批评，帮助改造，争取头人中的多数逐渐进步。第五，充分协商，调解纠纷，加强彝族内部团结。”[②] 由此可见，中共对凉山的彝族上层是尽可能进行政治争取，以他们作为和彝民联系的纽带（至少在进入凉山初期如此），同时对彝族上层进行教育改造，力争树立他们的国家民族意识，并耐心使他们认同于中共的领导。凉山工委强调：“我们对民族上层人物是长期团结、长期合作的政策。只要他们不危害祖国的利益，不破坏民族的团结，不进行反革命活动，我们是坚决团结到底的。”[③] 对他们要坚持遵循“耐心合作，长期争取，适当教育，逐步改造”的方针进行团结工作。在这样的方针指导下，凉山工委采取了以下措施对凉山彝族上层进行统战工作。

第一，在充分了解各地上层情况的基础上，对上层头人安排职位。凉山工委要求各地工作团（队）“在充分协商的基础上取得上

---

① 凉山工委：《关于凉山区大、中、小头人分类的初步意见》（1955 年 3 月 26 日），凉山彝族自治州档案馆，79—1—172—2。

② 凉山工委：《关于 1954 年上半年以前民族工作的初步意见》（1953 年 11 月 10 日），凉山彝族自治州档案馆，79—1—21—4。

③ 凉山工委：《关于 54 年上半年的工作检查与下半年工作要求》（1954 年 6 月），甘洛县档案馆，1—1—9—1。

层同意后，成立临时的如治安生产委员会等组织形式，安好头人位置”，由此“提高上层的积极性，从而加强与上层的团结”[①]。安置的方式一般是：代表性较大的头人一般安置在县级以上的政权，中小头人安排在县乡机关。当时在各级政权中，上层一般占彝族干部的一半以上。[②] 同时，凉山工委要求：“对已参加工作并安了位置的上层，应通过清匪治安、生产、建政等具体工作进行协商，发挥他们的积极作用。提高他们的爱国主义思想觉悟”，要“在整个上层中积极鼓励与树立‘团结，进步’的旗帜”。[③] 此外，对安置不当的上层，其职位要按照“只高不低”的原则调整一次。[④]

在政府部门安置民族上层的同时，中共强调汉族干部必须帮助少数民族干部迅速学会行政工作，要保证他们有职有权。不能出现只给少数民族干部安职位，却不能具体帮助这些彝族干部学会工作，形成少数民族干部“只领津贴不办事，因而也使他们感不到自己有职有权”的现象；如金阳、普雄地区被安置的彝族干部有有职无权的情况，甚至有彝族乡主席派人去卫生院取药取不上，汉族通讯员去了才取上的现象。[⑤] 这种现象被严厉批评，同时中共重申要“保障彝族干部当家作主权利的实现，对某些汉族干部包办代替，不尊重甚至侵犯彝族干部职权的现象必须批判和克服。同时，应加强党对自治政权的政治，思想领导和具体帮助，积极帮助提高彝族干部当家作主的能力，放松对自治政权领导和不积极帮助彝族干部

---

① 凉山工委：《关于1954年上半年以前民族工作的初步意见》（1953年11月10日），凉山彝族自治州档案馆，79—1—21—4。

② 凉山工委：《（昭觉分工委）第七次扩大会议总结》（1955年1月11日），甘洛县档案馆，1—1—9—6。

③ 凉山工委：《关于近两年来民族工作的初步检查和55年主要工作任务的意见（草案）》（1955年3月23日），凉山彝族自治州档案馆，79—1—172—1。

④ 凉山工委：《关于54年上半年的工作检查与下半年工作要求》（1954年6月），甘洛县档案馆，1—1—9—1。

⑤ 《金阳、普雄头人站队情况》（1952年），凉山彝族自治州档案馆，，79—1—9—9。

的现象应加以克服”[①]。

在政府机关安置上层的目的有三：第一，通过对上层的安置，将凉山彝族上层纳入中共政权中，尽可能争取大多数，至少争取部分上层完全支持中共。第二，通过安置上层，缓解彝汉关系，落实民族团结政策。第三，争取在上层培养干部。中共强调：“凡是应该与可能通过上层的工作，都应事先和他们充分协商。适当地给他们分配工作。并且要通过检查总结工作，以表扬为主，适当批评其错误的一方面。这样耐心地帮助他们，达到团结进步的目的。”[②]经过努力，在政府部门安置民族上层成效显著。如雷波，到 1955 年已安置上层 258 人，其中 166 人被安置为副乡长以上的职务。[③]再如昭觉比尔区，1953 年正式建立了 5 个乡，总共安置了 15 名头人在各乡工作。[④] 在 1952 年正式成立的凉山彝族自治区（州级，1955 年改名为州）的领导成员中，有 27 名委员是彝族。[⑤] 到 1955 年，总共安置上层头人 800 余人。[⑥] 除了安置头人本人外，中共还动员和安排上层子女外出学习、参军、参观，[⑦] 由此进一步完善了对头人的安置政策。

第二，在已控制的地区，组织上层到内地参观并参加活动（主要是参加节日观礼）。这是 20 世纪 50 年代中共在民族地区进行统

---

① 凉山工委：《（昭觉分工委）第七次扩大会议总结》（1955 年 1 月 11 日），甘洛县档案馆，1—1—9—6。

② 凉山工委：《王维训同志在二次工委扩大会议上的总结发言》（1955 年 3 月 22 日），甘洛县档案馆，1—1—9—9。

③ 四川省雷波县志编纂委员会编：《雷波县志》，成都：四川民族出版社，1997，第 112 页。

④ 中国人民政治协商会议凉山彝族自治州委员会文史资料委员会编：《凉山彝族自治州文史资料选辑》第 4 辑，1986，第 88 页。

⑤ 同上书，第 66 页。

⑥ 凉山工委：《凉山地区基本情况及几年来工作变化的简要报告》（1955 年 8 月 15 日），凉山彝族自治州档案馆，79—1—173—1。

⑦ 中国人民政治协商会议凉山彝族自治州委员会文史资料委员会编：《凉山彝族自治州文史资料选辑》第 4 辑，1986，第 88 页。

战工作的重要方式。[①] 目的是通过参观和参加活动（尤其是通过对内地建设情况的参观），增进民族上层对汉区的了解，密切少数民族和汉族之间的关系，加强少数民族和中央的联系，由此实现少数民族对中共政权的认同。中共中央明确指出："有计划地分批组织参观团到内地参观，是在少数民族中丰植爱国主义最有效的办法之一。"[②] 在凉山一线工作的中共干部对此也非常重视，将组织上层参观作为上层统战工作的重要工作来抓。还在 1951 年，在中共已经立足的雷波，即组织彝族上层人士前往泸州、重庆等地参观学习，历时 58 天。[③] 次年 4 月，彝族知名上层人士果基木古、阿候鲁木子一行前往北京参观。1953 年 10 月，彝族干部伍精华率 100 余人的参观团前往雅安、成都、重庆参观，并参加国庆活动。各级政府对参观团的到来都充分重视，予以热烈欢迎，热情招待。前述果基木古、阿候鲁木子一行前往北京，得到毛泽东接见；伍精华率领的参观团在雅安、成都、重庆均受到热烈欢迎和热情招待，各地领导均亲自接见他们，并予以热情招待。[④] 到 1952 年底，凉山累计已组织少数民族 3000 余人次到内地大中城市参观访问（这里指现凉山彝族自治州辖区，包括原凉山彝族自治州和西昌专区）。[⑤] 在进军工作开始后，组织新占据地区民族上层到内地参观成为中共统战工作的重要一环。如进军甘洛后，工作团即组织动员当地头人赴成

① 这方面研究的最新成果是赵峥：《新中国成立初期西康少数民族代表参观访问内地述论》，载《中共党史研究》2016 年第 7 期。

② 国家民族事务委员会编著：《新中国民族工作十讲》，北京：民族出版社，2006，第 104 页。

③ 四川省雷波县志编纂委员会编：《雷波县志》，成都：四川民族出版社，1997，第 111 页。

④ 伍精华：《我们是这样走过来的——凉山的变迁》，北京：民族出版社，2002，第 79 页。

⑤ 凉山彝族自治州地方志编纂委员会编：《凉山彝族自治州志》，北京：方志出版社，2002，第 540 页。

都、重庆参观，并作了详细安排。[①] 在中共的组织下，参观团先后参观了四川新都国营农场、绵阳的特产展览会、重庆的人民大礼堂、610 纺织厂和重庆钢铁厂，参观团员惊叹不已。[②] 之后组织上层外出参观在社会变革前年年进行，中共也要求各地必须做好这项工作。[③] 这一措施收到良好效果。参加了参观团的上层几乎都成为中共政权的支持者。布拖一位参加了参观团的上层比布阿呷（为治安委员会副主任）回到布拖后，逢人就讲他参观的所见所闻，“说汉族是来帮助咱们彝族的，因为咱们彝族太穷太弱了，以后我们就吃大米饭，喝牛奶，身上有衣穿，脚上有鞋穿（当时凉山彝族聚居区不少彝民没有鞋穿——笔者注）。如此滔滔不绝，人民对他的话似懂非懂，甚至有些认为他神经错乱”[④]。普格的彝族上层衣比阿勒舍（时任普格县副县长）到京沪等地参观回县后，主持普格县工作的伍精华召开会议请他讲话时，“他憋了几分钟，突然用不熟练的汉语磕磕巴巴地说：‘毛主席万万岁。朱总司令千千岁，蒋介石狗日的两三岁’”，可见其对中共政权的感激和认同；另一位外出参观的上层曾对伍精华说：“在外面参观，北京把我当贵宾，省里把我当嘉宾，区里把我当上宾。我们没有理由不听党的话，没有理由不配合政府搞好工作。”[⑤] 凉山最大的土司岭邦正在外出参观后，积极配合中共进行宣传工作，向彝民宣传中共政策（包括未来将要

---

① 中共呷洛岩润工作团：《关于组织头人外出参观有关注意事项的通知》（1955 年 3 月 6 日），甘洛县档案馆，1—1—18—11。

② 中国人民政治协商会议甘洛县委员会文史资料委员会编：《甘洛县文史资料选辑》第 5 辑（2006 年），第 248—249 页。

③ 凉山工委：《关于凉山彝族聚居区今后三个月几项工作的简要安排》（1955 年 8 月 5 日），凉山彝族自治州档案馆，79—1—172—9。

④ 中国人民政治协商会议布拖县委员会学习文史委员会编：《布拖文史资料选辑》第五辑（2001 年），第 111 页。

⑤ 伍精华：《我们是这样走过来的——凉山的变迁》，北京：民族出版社，2002，第 79—80 页。

开展的社会变革）计十余次，听取宣传的彝民累计上千人。[①] 由此可见，通过组织动员凉山民族上层外出参观并参加活动，中共基本实现了预定的目标。通过组织外出参观，参加活动，中共成功拉近了自己和凉山彝族上层的距离，使凉山彝族上层认同中共的领导。这些外出参观、参加活动的彝族上层多数成为中共政权的支持者和拥护者。

第三，此时中共较重视保护凉山彝族土著上层的既得利益。之所以这样做，主要是因为中共此时首先必须在凉山立足，要做到这一点，需要上层的支持，至少是认可才能做到。具体而言，中共此时保护凉山彝族上层的利益，主要是对凉山既有的社会制度没有明确提出改革的意见，而且尽可能在工作中不触及凉山彝族上层的实际利益。因此，中共此时在宣传中没有提出解放娃子或支持娃子逃跑一类的内容，强调的是"人民政府既不收容娃子，不带走娃子，也不赞成娃子逃跑，更反对各家勾引娃子，引起打冤家。人民政府希望各家适当改善娃子的生活待遇，使娃子不逃跑，与主家团结一致，安心努力生产，共同建设新家庭，新凉山，新中国"[②]。同时，中共动员各地彝民将这一内容写入团结公约。如布拖，在中共的组织下，头人们在召开的头人座谈会上达成共识："各支头不得动员娃子逃跑，解放前抓的娃子不予追究，各支头人发现逃跑的娃子，动员娃子回原主。原主得保护娃子的生命。解放后抓的娃子协商解决，各支头人今后不得互抓娃子，不得再抓汉人当娃子。各主家应适当改善娃子待遇，以便娃子不逃跑与主家团结一致努力生产，共同建设新凉山。"[③] 王维训（凉山工委主要领导人之一，他也是后来在凉山开展的社会变革的主持者）明确指出：目前不能宣传改革

① 《岭邦正与凉山临时军政委员会领导的往来信件》（1955 年），凉山彝族自治州档案馆，95—1—100—6。

② 慰问团：《宣传提纲》（1952 年），凉山彝族自治州档案馆，79—1—9—20。

③ 中共布拖县临时工作委员会：《布拖坝子头人座谈会的总结报告》（1953 年 4 月 13 日），凉山彝族自治州档案馆，95—1—22—10。

问题，因为“在目前情况下，既然短时期内没有进行社会改革的可能，因此过早在这一点上刺激上层对我是害多利少的。因此，我们应该注意：暂不作有关改革的主动宣传，更不要孤立的宣传改革……不要像过去那样各说一套，引起上层的更大误解”；在娃子逃跑问题上，就目前的情况而言，还是“以尽量动员娃子回去为有利”；对于上层和群众之间的经济纠纷，同样采取协商方式解决。[①] 此外，对上层（土司和黑彝）与下层（娃子）之间的矛盾，“必须本着有利团结，有利生产的精神，适当向上层做一些让步，对我们是有利的”[②]。由此可见，中共此时较重视保护凉山上层现有利益，主要是为了便于在凉山开展工作，因为没有上层的支持（至少是允许），中共在凉山连立足都难，遑论开展各项工作。

此外，对反对过中共，违反团结治安公约[③]的凉山彝族上层的宽大处理，既往不咎也可视为统战工作的一部分。如联合逃到凉山的国民党军官阻挡中共进军，并制造震惊凉山的“黄坪事件”的安曲土，在中共进军瓦岗向中共投诚后，仍被安置为瓦岗工作团副团长。[④] 金阳的黑乃日也多次和中共工作队、解放军对抗，在 1956 年凉山的社会变革正式开始前，中共一直宽大为怀，在他第二次向解放军投诚时，解放军没有收缴其枪械（这种情况一般要收缴武器），“只是当着与会上层人士向他阐明相关政策，教育他彻底悔悟，靠拢人民政府，为建设凉山做一些有益的贡献。并让他在会上给大家表了态，以示认罪”[⑤]。

---

① 凉山工委：《王维训同志在二次工委扩大会议上的总结发言》（1955 年 3 月 22 日），甘洛县档案馆，1—1—9—9。

② 同上。

③ 团结治安公约情况参阅本章第五节。

④ 伍精华：《我们是这样走过来的——凉山的变迁》，北京：民族出版社，2002，第 85 页。

⑤ 中国人民政治协商会议凉山彝族自治州委员会文史资料委员会编：《凉山彝族自治州文史资料选辑》第 7 辑，1989 年，第 54 页。

当时中共统战工作的重点是影响较大的大头人（包括土司和黑彝）。因为大头人实力强，在凉山社会影响大，能号召的民户多。争取了大头人的支持，就能以点带面获得中小头人，乃至普通彝民的支持。正如当时的一份文件所言：要获得当地头人和群众的支持，必须争取到在当地影响（势力）最大的头人的支持，[①] 但争取大头人的支持难度甚大。这里以争取凉山北部甘洛地区土司岭邦正的过程为例，尽可能展现中共当时对彝族上层统战工作的具体情况。

岭邦正系凉山地区最大的土司。其叔祖即显赫一时的岭承恩。为邛部宣抚司后裔，同时承袭煖带密土游击、煖带密土千户、河西抚夷司、河东长官司四家土司职衔，人称“五印三司”。土地之多在民国时期的凉山首屈一指，仅西昌一地，每年即可收租 200 多箩筐（一箩筐有 140—150 市斤）。[②] 1950 年初，解放军进军西昌，岭邦正曾在田坝（在今甘洛境内，系汉区）与解放军会面，但是因为对解放军缺乏了解，更不信任，心中恐惧感极为严重，最后带着亲信进入甘洛东北的觉木沟老林隐居，不问世事。

因为岭邦正在凉山具有较大的威望和社会影响，掌握着较大的社会权势，争取岭邦正参加中共政权，对中共在凉山立足和各项工作的展开均具有极大的作用。西南局、四川省、西康省均对岭邦正的情况十分关注。早在 1951 年，西康省委就派干部到田坝，写信请岭邦正出山，结果杳无音信。次年，西康省委又派人到大渡河住了几个月，希望和岭邦正见面，被拒绝。以后中共多次争取岭邦正出山，均被拒绝。

到了 1954 年冬，云南省副省长张冲亲自出马，率人前往甘洛

① 呷洛党委：《关于进军后对各地当前工作的紧急指示》（1954 年 12 月 5 日），甘洛县档案馆，1—1—21—16。

② 转引自姜先杰：《凉山土司研究》，北京：光明日报出版社，2013，第 675 页。另，民国时期岭邦正的情况可参阅凉山彝族自治州地方志编纂委员会编：《凉山彝族自治州志》，北京：方志出版社，2002，第 2977 页。

争取岭邦正。最后，由何现龙（彝族，曾任凉山临时军政委员会秘书长）找到岭邦正最信任的大管家邓开亮、邓开选兄弟，请二人带信，求见岭邦正。最终岭邦正答应在脚木古山下一户百姓家会面。

何现龙和岭邦正会面后，即劝说岭邦正出山。以下是何现龙和岭邦正的对话（据史料全文照录）。[①] 通过这段对话，可见凉山彝族土著势力对中共到来的心态。

岭邦正（以下简称岭）："何兄对这世外桃源意下如何?"

何现龙（以下简称何）："好一派大自然风光，陶令若（陶渊明）今生有世，亦弃桃园临仙境。可惜陶先生一生抱负，只能淤闷于胸中。这片小小天地，对猛虎是牢笼，对蛟龙如泥塘，对大夫则是绳索枷锁。我不相信你岭大土司一身抱负，年轻少壮，真愿在此苟且偷安，了此一生。"

岭："以先生之见，我岭某究竟如何是好?"

何："出山。"

岭："出山? 岭家世代沿袭的土司家业，岂不断送在我岭邦正的手里，让我愧对祖宗，愧对子孙。"

何："沧海桑田，乃是人间之道。汉室后裔沦为市井，王公儿孙降居村夫，满清末帝退为布衣，大势所去，顺应历史，才是明智之举。"

岭："我岭某出山，人民政府将对我如何处置?"

何："我受凉山工委张冲副省长、鲁瑞林书记之托，邀请你出山任凉山军政委员会副主席之职。"

岭："共产党的土地改革在凉山搞不搞?"

何拿出宪法给岭邦正读相关章节，接着道："宪法是国家根本大法，宪法规定一定要改，凉山搞改革是必定无疑的。不过凉山的

---

① 施嘉明主编：《难忘的历程——开辟凉山彝族地区工作的回忆录》，成都：四川人民出版社，1992，第 99—100 页。

改革不同于汉区的土地改革，而是民主改革。根据民族地区的特点，在改革的时间、形式等方面与彝族上层人士民主讨论，共同协商，同心协力，搞好改革。”

岭：“我的娃子、偷盗、枪支、财产共产党人民政府会怎么处置?”

何：“共产党最看不顺眼人间不平，都有七情六欲，同吃五谷杂粮，为什么一些人就要给另一些人做牛做马？你饱受这五年的世态炎凉，难道还不能设身处地地体谅做奴隶的苦衷吗？你的娃子，可让他们各自回家，安家，愿种田的让他们去种田，愿经商的让他们去经商，你妻子已不在人世，子女年幼，不能料理生活，可以留下两个照顾他们。

对于土地，既然娃子已经解放，无人再给你耕作，你今后靠工资吃饭，并不依靠土地为生，因此除了所分给你的一块外，其余应交由国家，和人民一道同享在这些土地上的劳动和欢乐。

对于枪支，你已完全没有必要再作私藏，全部交给工作团，人民政府绝对保证你的安全。

你的房屋、金银、衣物、烟土等，均属你的私有财产，绝不没收，放心好了。”

岭（沉默良久）：“何兄此番话果然当真?”

何：“我何某说一不二，上述所有，我完全担保。”

岭：“一切从命。”

岭邦正最后终于答应出任凉山军政委员会副主席，并与何现龙约定于 1955 年 5 月正式出山。岭邦正如期出山后，受到张冲、廖志高（时任西康省委书记）、李大章（时任四川省长）、阎红彦（时任四川省委书记）的亲切接见和热情招待。①

通过争取岭邦正出山的过程可见：第一，对民族上层的统战工

---

① 施嘉明主编：《难忘的历程——开辟凉山彝族地区工作的回忆录》，成都：四川民族出版社，1992，第 101 页。

作绝非易事。除了要严格按照民族政策的规定办事外，还要有“三顾茅庐”般的耐心和宽容，才能做好统战工作。第二，彝族上层之所以对中共政权心怀疑惧，最重要的是担心随着中共政权的到来他们的权势（包括政治、经济和社会权势）可能不保，甚至有丧命的可能（一些上层曾耳闻目睹汉区剧烈的土改，十分担心他们会在社会变革中丧命），这一点和汉区的“精英”并无大别。①

中共自然了解这些问题的存在。因而中共特别强调在对凉山彝族上层进行统战工作的同时，要加强对其“教育改造，提高认识，使其跟共产党走，争取带他们到社会主义去”；为此，中共要求：对已安置工作的上层，“在‘爱国团结’‘爱国治安’‘爱国生产’的口号下，除了继续进行民族平等、民族团结政策（这是教育上层的主要内容，笔者注）和某些具体政策的教育外，特别应加强热爱祖国和为人民办好事的教育，并适当进行社会主义远景教育”，“对上层中进步的一面要积极支持鼓励，对错误思想耐心说服，适当批判”，使上层“进步成份不断扩大，错误的思想行为逐步减少到孤立”。② 在具体做法上，“应运用各级政权组织形式，建立一定的工作制度，通过布置检查总结工作来进行教育。内容主要是从政策观点来教育其认识党和毛主席领导的正确伟大和政策是真正为彝族人民办好事的，其次是教之以工作经验，另外对好的表扬，坏的批评和启发其检讨。同时检讨方式要研究，属于工作上的可一般批评（不提姓名），生活品质上个别批评，严重错误和违反政策的应通过大家在提高觉悟的基础上进行检讨批评”③。

在教育方式上，中共强调要“从团结出发，即‘有团结有斗

---

① 参阅张望：《新中国成立初期地方精英对新政权的态度和行为选择》，《求索》2014 年第 10 期。

② 凉山工委：《关于 55 年上半年的工作意见》（1955 年 1 月 10 日），甘洛县档案馆，1—1—9—3。

③ 凉山工委：《关于 54 年上半年的工作检查与下半年工作要求》（1954 年 6 月），甘洛县档案馆，1—1—9—1。

争，达到团结目的’”；做到“耐心教育，充分协商，据理说服，争取多数，带动落后。不只要说清楚对祖国对人民的利害，也要指出对他们的利害关系，使其心服口服，达到教育的目的。绝不能采取简单生硬的办法。既不能一味迁就，也不能方法生硬”①。此外，中共要求对上层的教育要分工分级负责，②“各方面应加强工作，有计划的用各种会议形式，使大多数头人每月能受到一次教育。对安置之头人，尽可能动员其长驻或轮驻政府机关，指定专人帮助他们学习，由我干部带领进行必要和可能的工作。各级应抓紧做好主要头人工作。领导同志需定期与主要头人接谈。各级党委需有一委员具体管理上层统战工作”③。同时，中共要求批判干部中“团结上层是为了暂时利用他们”④一类的观念，要求各级干部全力做好上层统战工作。

为了进一步做好对上层的统战工作，中共强调要“及时正确的了解与掌握上层思想态度，针对其不同思想，有力、准确地进行争取团结和教育改造工作，是做好团结和教育改造上层工作的关键”；要“及时掌握其思想变化情况”，因此“必须加强对上层的调查研究。各级党委每月需专门研究一次上层思想，提出对策并上报，克服不调查不研究或是有调查不运用的现象”⑤。

以上是凉山开展社会变革的准备期上层统战工作的基本情况，下面分析统战工作的基本特色和影响。

---

① 凉山工委：《关于55年上半年的工作意见》（1955年1月10日），甘洛县档案馆，1—1—9—3。

② 凉山工委：《关于54年上半年的工作检查与下半年工作要求》（1954年6月），甘洛县档案馆，1—1—9—1。

③ 凉山工委：《关于55年上半年的工作意见》（1955年1月10日），甘洛县档案馆，1—1—9—3。

④ 凉山工委：《批转工委宣传部关于1953年一年来宣传工作的初步总结报告》（1954年2月11日），凉山彝族自治州档案馆，79—1—22—2。

⑤ 凉山工委：《关于55年上半年的工作意见》（1955年1月10日），甘洛县档案馆，1—1—9—3。

首先，统战工作的成功使中共在凉山得以顺利立足，并获得了彝民（包括上层和下层）的政治认同。到 1955 年，“共团结了 3000 多名彝族中较有威望的当事人，其中在区级以上各级人民政府与工作团，队为干部的达 550 多人”，“对共产党、人民政府和毛主席的民族政策有了进一步的实际体会……并已体会到祖国大家庭的温暖和毛主席对少数民族人民的深切关怀。他们说：‘太阳只照白天，月亮只照晚上，只有毛主席才是日夜不落的太阳’”；正因为如此，彝民才“积极欢迎与带领部队，工作团进入新区，进行宣传并协助开展工作”。[①] 在一些地方（如雷波），“年龄大的大黑彝都愿意把他们的子弟送来给政府‘作干儿子’，并要求给他们教育读书，将来好给政府办事”[②]。中共从而能在凉山顺利开展各项工作，从而为未来的社会变革积聚动力。

必须指出，上层统战工作事实上是中共在凉山展开群众工作的前提，因为要进行社会变革必须发动多数群众，并获得群众支持。然而在民族地区，如前所述，“少数民族中与人民有联系的上层人物和宗教人物，一般在本民族群众内有一定的威望和影响，群众多多少少把他们看成自己的和本民族的代表”，因而必须通过上层，群众工作才能得以实施。中共虽然强调“群众工作才是我们的基础工作”[③]，但是实际上，“在彝民群众中进行工作的时候，首先应予上层充分协商，取得同意和协助，对不同意者积极耐心说服，适当批判其错误认识，争取其同意”，“与上层协商到同意过程，就是团

---

① 凉山工委：《关于凉山几年来民族工作的基本总结和今后任务的报告（张冲主席的报告）》（1955 年 2 月 26 日），甘洛县档案馆，1—1—9—7。

② 雷波县委：《雷波县工作总结报告》（1950 年 10 月 13 日），载韦清风等编：《凉山彝族奴隶社会的变革资料摘编》，中国社会科学院民族研究所，1981，第 53 页。

③ 凉山工委：《关于 54 年上半年的工作检查与下半年工作要求》（1954 年 6 月），甘洛县档案馆，1—1—9—1。

结教育过程，也是使工作顺利进行的过程”。[①] 在做好统战工作的同时，中共要求各地也要做好群众工作，强调“进行群众工作时，要在事先做好上层工作，经过充分协商取得其同意后进行，并尽可能吸收其上层参加，但不能把群众工作和上层工作对立起来”，认为要做群众工作会影响对上层的团结或丢开上层去做群众工作都是不对的，“要看到两者的联系性和一致性”[②]。

因而，中共此时将群众工作的重点放在通过各项工作让彝民得到实惠上。王维训强调要“深入广泛的宣传民族平等团结政策，争取更多的彝族人民与党的政策见面，以消除民族隔阂，增强民族团结，不然一切工作都无从谈起”；具体而言，“主要是通过当前的生产工作和发放救济，以及调解冤家纠纷，从生产生活等方面来扶持他们，加强贸易、卫生及生产指导等工作，尽可能多给他们办好事，通过这些工作加强与他们的联系，逐步教育提高其认识。同时，必须抓紧从劳动人民中有计划、有领导的培养积极分子，各地可通过领导生产、治安、建政等工作，灵活地采用座谈会，代表会等方式加以团结培养（结合重点的个别帮助）”[③]。中共之所以将群众工作和上层统战工作结合起来，除了如前所述因为在中共的认知里，少数民族上层代表了少数民族群众外，还有一个原因是如果不做统战工作，得不到上层的支持（至少是认可），中共便不能在凉山立足，也就谈不上进行包括群众工作在内的各项工作。可以这样说，对上层的统战工作是群众工作的基础。[④]

---

① 凉山工委：《关于55年上半年的工作意见》（1955年1月10日），甘洛县档案馆，1—1—9—3。

② 凉山工委：《王维训同志在二次工委扩大会议上的总结发言》（1955年3月22日），甘洛县档案馆，1—1—9—9。

③ 同上。

④ 笔者认为，任何一项社会变革如果没有得到现存社会结构中部分上层的支持是难以实现的。可参阅张望：《新中国成立初期地方精英对新政权的态度和行为选择》，《求索》2014年第10期。

其次，通过统战工作，中共在凉山彝族上层中有了一批自己的支持者（指支持包括未来的社会变革在内的所有政策）。尤其是获得当地社会影响较大的头人的支持，更在较大程度上为未来的社会变革奠定了基础，扫清了障碍。1955 年中共在凉山开展社会变革的主张开始进行宣传后，部分上层即表态赞成。[①] 在凉山的社会变革正式开始后，一些上层始终没有参加反对中共主导的社会变革的叛乱，并对参加叛乱的亲友进行规劝、争取。这和中共在此时的统战工作有很大的关系。如普格的结纽呷呷，即是在中共民族政策和统战工作下选择了支持中共，在变革开始后除了带头解放娃子，交出武器外，还说服其他上层支持变革。[②] 又如金阳的阿黎五撒，也是受民族政策感召支持中共的。他在外出参观并受到中共中央领导人接见后，回乡即给自己所有呷西分别发放土地、牲口、农具，令其自种自食。中共在凉山主导的社会变革开始后，他积极支持、宣布免收地租，并将自己的枪械全部交出，同时，他亲自规劝亲友不要参加叛乱，先后劝回亲友 60 余人。[③] 这类事例在凉山各地都不鲜见。可见，中共在准备期对凉山上层的统战工作取得了相当的成效，在凉山初步有了社会基础，从而为后面的社会变革积聚了动力。

第七节　准备期的政治工作（四）：建政工作[④]

要在凉山进行社会变革，必须有完全由中共主导的政权。要建

---

① 凉山工委：《关于目前上层头人思想动态的报告》（1955 年 5 月 10 日），凉山彝族自治州档案馆，79—1—173—3。

② 凉山彝族自治州地方志编纂委员会编：《凉山彝族自治州志》，北京：方志出版社，2002，第 2986 页。

③ 四川省金阳县地方志编纂委员会编：《金阳县志》，北京：方志出版社，2000，第 565—566 页。

④ 本节的建政工作（建立政权）主要是指乡村基层政权（包括区级，乡级和村级政权）的建立。

立由中共主导的政权，必须建立在彝民认同中共的基础上。在凉山建立政权的工作（简称“建政工作”）是准备期各项工作的最后一项，因为它的成功必须建立在彝民已经认同和拥护中共政权的基础上，也可以说建政工作是准备期各项工作的结果。本节即厘清凉山社会变革准备期建政工作的内容，并在此基础上分析建政工作的特色。

一、民族区域自治的宣传和实践

早在新中国成立前夕的《中国人民政治协商会议共同纲领》中已明文规定：“各少数民族聚居的地区，应实行民族的区域自治。按照民族聚居的人口多少和区域大小，分别建立各种民族自治机关。凡各民族杂居的地方和民族自治区内，各民族在当地政权机关中均应有相当名额的代表。”① 1954年颁布的《宪法》明文规定了民族地区享有自治权。“各有关民族都应当有适当名额的代表”，自治州、自治区、自治县的自治机关可依照《宪法》和法律的规定行使国家职权和自治权。② 刘少奇明确指出，“必须让各民族按照民族区域自治的原则自己当家作主，有管理自己内部事务的权利。这样就能够消灭历史上残留下来的民族间的隔阂和歧视，不断地增进各民族之间的相互信任和团结”，同时，强调民族区域自治必须在国家统一的基础上实施③。这些条文和论述为民族区域自治提供了法律依据，也为民族地区的建政工作提供了现实的指导。在这样的方针指导下，民族区域自治即是“在中华人民共和国领土以内，在中央政府的统一领导下，遵循着共同纲领的总轨道，以少数民族聚

① 秦和平编：《四川民族地区民主改革资料集》，北京：民族出版社，2008，第3页。

② 《民族政策文件汇编》（第2编），北京：人民出版社，1958，第2页。

③ 同上书，第4、5页。

居区为基础的地方国家政权”①。其主要表现是“自治权利的贯彻和自治机关的民族化”②。作为民族一线的凉山工委也指出：“区域自治的根本问题是民族化。这就是民族干部，民族语言文字以及民族形式。这也是民族区域自治政府与汉区政府不同的基本特点。”③由此可见，所谓的民族区域自治，就是在保证国家统一和中共的领导下，大量在民族地区吸收少数民族（包括上层和下层）参加政权。各民族团结一心，共同建设新中国，同时在民族地区采取少数民族的方式建立政府。凉山的建政工作，就是在这样的原则下进行的。

中共凉山工委采取了以下步骤推进凉山的建政工作。首先宣传民族区域自治政策。宣传内容主要包括：第一，中共领导下的人民政府是“彝族人民在毛主席共产党领导下，建立起来使我们彝族人民自己当家作主的政府，并不是汉人政府。因为：1. 政府是由头人协商经上级批准成立的。2. 政府的人选是由彝族人民代表会议产生，从主席、副主席以及县长、区长、乡长，和各级政府委员，绝大部分是彝族担任。汉人干部只是帮助我们的，而且他们是诚诚恳恳、全心全意为我们彝族人民服务的，我们应该欢迎汉族同胞帮助我们，把我们彝族人民的事情办好。3. 政府办事的政策也不和汉区一样，都是依据我们这里的实际情况，怎样作对我们彝族人民以及各族人民有利就怎样办”。第二，“人民政府与过去的国民党反动政府根本不同。国民党的反动政府是统治压迫我们彝族人民的政府，是向我们要钱的政府，人民政府是给彝族人民办好事的政府”。第三，“建立彝族自治区人民政府。是毛主席共产党领导我们各族

① 凉山工委：《关于 1954 年上半年的工作检查与下半年的工作要求》（1954 年 6 月），甘洛县档案馆，1—1—9—1。

② 凉山工委：《关于 54 年工作总结》（1955 年 1 月 10 日），甘洛县档案馆，1—1—9—5。

③ 凉山工委：《关于 1954 年上半年以前民族工作的初步意见（草稿）》（1953 年 11 月 10 日），凉山彝族自治州档案馆，79—1—21—4。

人民进行革命，把国民党反动派打倒才能得到的结果。我们彝族人民应感谢毛主席，感谢共产党”[①]。中共强调要重点宣传民族区域自治是“要我们少数民族自己当家作主，管理事务，使少数民族的政治经济文化等事业飞快发展”[②]，在民族地区实行民族区域自治目的在于“为了实现民族平等，实行民族区域自治，提高各民族的政治地位，改善少数民族的经济生活”[③]，“使黑白彝群众建立起当家作主，自己管理自己的信念，克服与纠正群众对政府仇视的传统意识”[④]；在做法上要“团结上层，深入下层，先找支头说明来意，通过支头召集与联系群众，大力的进行宣传政策”，方法则须“不论时间地点，人数多寡，都应进行宣传，而且通派出去的干部要人人张口，个个谈话”[⑤]，务使民族区域自治政策和实施方式在凉山家喻户晓。

在做好舆论宣传的基础上，中共着手在凉山开展建政工作。中共一般采取差别方式进行建政工作：在开展工作时间较长、基础较好（能团结大多数上层，彝民基本认同了中共）的地区（一般已经建立了乡村政权），主要是完善基层政权和逐步进行乡村政权组织中的政治教育工作。在有一定工作基础，但基础相对较弱（能团结多数上层，多数彝民认同中共）的地区，主要是在团结的基础上，进行健全及建立乡村政权组织，发展生产，重点领导，示范推广。在工作基础较差，尚未完全立足（能团结部分上层，部分彝民认同中共）的地区，则进一步搞好团结工作，宣传民族政策和生产

① 均见慰问团：《宣传计划》（1952年），凉山彝族自治州档案馆，79—1—9—20。

② 普雄工作团：《对宣传建政工作开展情况报告》（1952年9月14日），凉山彝族自治州档案馆，79—1—5—4。

③ 普雄工作团：《10月25日到11月1日的工作布置》（1952年10月21日），凉山彝族自治州档案馆，79—1—5—4。

④ 普雄工作团：《工作布置》（1952年9月19日），凉山彝族自治州档案馆，79—1—5—4。

⑤ 同上。

政策，调解纠纷，进行清匪与政权建设（主要是成立清匪生产委员会）。在基本未开展工作（不能团结当地上层，彝民根本未认同中共）的地区，只是在宣传政策、搞好团结的基础上，进行清匪救灾，逐步发展生产，创造建政条件。[①] 由中共这一建政策略可见，中共的建政工作既是在凉山立足必需的工作，也是中共在准备期对彝民政治争取的结果。只有获得了彝民的政治认同，中共在凉山建政（即在凉山立足），并实现对凉山的社会控制才能成功，进而为未来的社会变革积聚动力。很显然，中共的建政工作采取了步步为营的策略。在工作有基础的地区，进行建政，并利用政权加强对彝民宣传教育，在工作基础较差的地区，则建立有彝民参加的过渡性组织（如清匪生产委员会），再随工作开展正式建政。在未开展工作的地区，则重点开展各项工作，创造建政的条件。

在建政工作中，中共要求做到以下几点：第一，在工作上，生活上尽可能照顾已参加政权的头人们。第二，设专门负责统战工作的专职干部，尤其是在县级机关必须设置。以便更好地对上层进行工作。第三，通过学习、开会、组织下乡调解冤家纠纷，在工作中教育头人。第四，建立制度，定期开会，通过会议汇报和布置工作。第五，采取师傅带徒弟的办法，逐步培养锻炼新干部（主要是彝族干部）的工作能力，强调即使开始做得不好，也要鼓励他们去做，“建立其当家作主的思想，发挥其作用”。第六，应逐步创造条件做到行文用彝汉两种文字，开会逐渐以彝语为主，尊重并适当运用民族风俗习惯。第七，支持和保护进步意见与进步力量。有些进步意见目前尚不能做到的，应予说服。如对他们有破坏性意见，应进行调解和教育，不让其损害威信。另外，中共责成各地要划好行政区域，研究政府机关的民族化，同时注意吸收小头人，尤其是白

---

① 普格县工作团：《普格县目前情况的分析》（1952 年 12 月 19 日），凉山彝族自治州档案馆，79—1—6—14。

彝头人参加会议。[①] 为了做好建政工作，中共还规定："凡属乡级以上政府的建立，均由县委或相当于县委的工作团负责审查，送报分工委报专署批准。成立区级政府报省政府批准。"[②]

由于准备期各项工作进展顺利，也由于中共重视纠正建政工作中的不良倾向。中共在凉山建政工作也可用水到渠成、相当顺利来形容。仅 1953 年 11 月—1954 年 5 月，即建立了 3 个区级、6 个乡级的过渡性政权和七八个乡政府，行政区域的划分、政权机关驻地和当地彝族上层的安置一般也能较好的解决。[③] 到 1955 年，凉山各地共建立政权机构 226 个（其中专区级 1 个，县级 7 个，乡级 218 个），过渡性的政权组织 39 个。[④] 中共在凉山的各级政权由此基本建立。

各级政权的建立并不意味着建政工作的完成。主要问题包括：第一，缺乏具体方法帮助彝族干部熟悉政府工作并逐步放手让其工作，使一些彝族干部只领津贴不办事，因而也使其感觉不到自己有职有权。第二，部分地区存在汉族干部看不起彝族干部，彝族干部说话不管用的现象。如在金阳和普雄地区，彝族干部"开条子到卫生院给代表去取药，取不上，通讯员（汉族）却去取上了。这种现象也相当严重"[⑤]。第三，政权建立后实际上"作用不大，有的政权建立了群众还不知道。建政后一般的也没有抓紧发挥政权的作

---

① 凉山工委：《关于 1954 年上半年的工作检查与下半年的工作要求》（1954 年 6 月），甘洛县档案馆，1—1—9—1。

② 凉山工委：《关于 1954 年上半年以前民族工作的初步意见（草稿）》（1953 年 11 月 10 日），凉山彝族自治州档案馆，79—1—21—4。

③ 凉山工委：《关于 1954 年上半年的工作检查与下半年的工作要求》（1954 年 6 月），甘洛县档案馆，1—1—9—1。

④ 凉山工委：《关于凉山几年来民族工作的基本总结和今后任务的报告（张冲主席的报告）》（1955 年 2 月 26 日），甘洛县档案馆，1—1—9—7。

⑤ 《金阳、普雄头人站队情况》（1952 年），凉山彝族自治州档案馆，79—1—9—9。

用”，“产生了当家作主与上级政府及党的领导的矛盾”[①] 之类的问题。很显然，中共建立各级政权是希望新政权在凉山政治生活中发挥（主导）作用，空架子式的政权，不能在凉山吸收彝族干部参政是中共不愿看到的。基于此，中共采取了以下措施。

第一，保障彝族干部正常执行职权，“必须把党的领导和民族干部当家作主的权利统一起来。我们要保证彝族干部当家作主权利的实现。对某些汉族干部的包办代替，不尊重甚至侵犯彝族干部职权的现象必须加以批判和克服”[②]。同时要“提高汉族干部耐心帮助彝族干部的思想和积极性，防止不愿帮助而放任自流的现象”[③]。第二，健全人民代表会议制度，切实执行乡三月一次，县和自治区一年二次代表会议制度。充分利用代表会议的形式，推进各项工作。第三，加强党对政府工作的领导，除政治思想和政策原则领导外，加强具体帮助，帮助其建立与健全制度、制订工作计划、总结工作经验等。并从各方面注意培植政权威信，同时需适当为政府系统充实党的骨干。克服党委包办代替政府工作和放任自流的现象。第四，“加强对乡政权的领导，使其能根据党的政策和上级政府的指示为群众办好事”。第五，广泛宣传区域自治意义和自治政权性质，以逐渐在群众中树立政权观念和提高政权威信。[④] 中共的努力取得了成效。彝民（上层和下层）对中共的建政工作纷纷表示赞同和支持。在金阳和普雄等开展工作较早的地区，还在 1952 年一些未建政地区支持中共的头人就催促中共尽早建政，说：“好久有区

---

① 凉山工委：《关于 1954 年上半年的工作检查与下半年的工作要求》（1954 年 6 月），甘洛县档案馆，1—1—9—1。

② 凉山工委：《第七次扩大会议总结》（1955 年 1 月 11 日），甘洛县档案馆，1—1—9—6。

③ 凉山工委：《关于 1955 年上半年的工作意见》（1955 年 1 月 10 日），甘洛县档案馆，1—1—9—3。

④ 同上。

政府？修的时候修在我们这里，木料我叫我的娃子去找。”[①] 普雄的头人阿后拉基，古基五助阿后子说：“国民党反动派整我们，派款、拉夫、抓兵，挑拨离间，造成不团结，共产党毛主席教育我们团结生产，建立政府什么也要搞好，有了头绪，很安逸。我们很赞成。”[②] 由此可见，建政既是凉山社会变革准备期各项工作的结果，其本身也是社会变革准备工作的一部分。

在按照民族区域自治理论在凉山开展建政工作的同时，中共还在凉山地区进行了广泛、全面的社会调查。如普雄工作团要求成员调查的内容包括：当地家支，村落中彝族各等级的人数和冤家情况，大烟种植面积和产量，当地能种哪些农作物，当地有哪些矿产（包括储藏地、储量），匪特情况，群众生活情况，宗教信仰及要求等，要求工作团成员在调查中要“方法要机动灵活，写时当面不要写，问不能大家乱问，有计划的找一个人来问”[③]。经过努力，中共全面掌握了凉山的社会情况，对凉山社会有了较全面和直观的认识，[④] 从而为未来的社会变革创造了必要的条件。

二、培养民族干部

建党和培养民族干部是社会变革准备期的重要工作，也是此时建政工作的核心。中共中央指出：“在少数民族中建立党和培养党的干部是解决民族问题的根本问题。”[⑤] 据伍精华回忆，1953 年凉

---

① 《金阳、普雄头人站队情况》（1952 年），凉山彝族自治州档案馆，79—1—9—9。

② 普雄工作团：《对宣传建政工作开展情况报告》（1952 年 9 月 14 日），凉山彝族自治州档案馆，79—1—5—5。

③ 普雄工作团：《工作布置》（1952 年 9 月 19 日），凉山彝族自治州档案馆，79—1—5—4。

④ 参阅昭觉县委：《昭觉县外北乡提火村彝族社会情况调查》（1952 年 11 月 25 日），凉山彝族自治州档案馆，79—1—7—7。这样的档案在凉山彝族自治州档案馆保存的档案中还有很多。

⑤ 引自凉山工委：《关于 55 年上半年的工作意见》（1955 年 1 月 10 日），甘洛县档案馆，1—1—9—3。

山的中共干部不过 926 人，包括原地下党、南下干部（外来干部），[①] 军队转业干部、学校培养的干部（主要是来自西康省革命干部学校和西昌民族干部学校培养的民族干部），[②] 这些干部远远不够在凉山开展工作的需要。因此，中共自西昌战役结束后，即大力在凉山培养民族干部。

培养民族干部，不仅包括众所周知的培养少数民族干部，也包括培养熟悉凉山情况、能在凉山扎根的汉族干部。

1. 培养熟悉凉山情形的汉族干部

新中国成立之初，在凉山工作的许多干部是外来的，由于中共不是本地政权，在凉山一时得不到本地彝民的支持，即使获得了彝民的支持，发现彝族积极分子和培养彝族干部也需要时间和过程。外来干部虽然在政治上是可靠的，但是对凉山并不熟悉。因此，对外来的干部进行培训，使其成为中共在凉山的骨干力量就成了现实的选择。

中共主要采取政治学习的方式培训汉族干部。笔者找到的一份凉山工委发布的干部学习指示里，记载了学习方针，学习要求，如何组织学习，学习方法，甚至学习时间都有具体的规定。[③] 在学习方针上，凉山工委要求“正确的运用理论与实际相结合的方针”。如学习“团结上层，除明确这一政策的各项原则外，应结合批判自己和部门中存在着与这一政策原则相矛盾的思想与工作，只有这样方能较深刻的体会这一政策的精神与实质”，做到“力求能对本单

---

① 这里的外来干部是指来自今凉山彝族自治州以外的干部（多是南下干部，此外还包括西昌战役后被派到凉山工作的干部，这些干部不属于南下干部范畴），他们基本是汉族。从现有资料看，凉山外来干部在 20 世纪 50 年代很多。参见四川省喜德县志编纂委员会编：《喜德县志》，成都：电子科技大学出版社，1992，第 774—799 页。另要说明的是，伍精华所说的凉山的地下党组织基本集中在以西昌为中心的原西昌专区（是现在的凉山彝族自治州的一部分）。书中界定的凉山是没有中共地下组织的。

② 伍精华：《我们是这样走过来的》，北京：民族出版社，2002，第 95 页。

③ 以下见凉山工委：《关于雷波机关干部进一步深入与圆满结束民族政策学习的指示》（1953 年 6 月 23 日），凉山彝族自治州档案馆，79—1—21—1。

位的民族政策学习起具体的指导作用”。在组织领导方面，凉山工委要求：第一，各单位要“组织学习小组，由各单位领导同志与政策理论水平较高的二级学习干部组成，一方面加强本单位学习，另一方面对各部门小组学习进行具体指导”。第二，凉山工委要求学习工作“各单位首长必须亲自领导，党团支部必须作为中心工作，务求在机关学习中起到决定性的保证作用”。第三，加强汇报制度，规定每“星期五午后八至九点钟为各单位小组汇报时间，各单位每两周向工委汇报一次。汇报前各单位负责同志或各小组长必须充分研究汇报内容，务求做到能说明基本情况并明确提出问题”。在学习方法上，凉山工委要求“以小组讨论为主，自学为辅”，要求“讨论前组内必须明确提出中心问题，让每个同志联系实际做好准备，做到有中心的进行讨论”。如果讨论中一般小组遇到无法解答的问题，则报请中心小组解答，中心小组无法解答的问题，则报请工委，由工委统一解答。同时，中共要求做到以下几点：首先，“提倡充分自学基础，个别交换意见的方法，达到互相启发，深入研究问题的目的”。其次，“各小组学完一个主要问题后，小组长应帮助本小组同志写出心得小结，明确已获得的成绩，存在问题与缺点，不断改造学习”。再次，要“严格执行检查制度，领导同志与小组长必须不定期的进行检查。以调阅笔记，个别询问等方法进行”。凉山工委也会进行检查，“使学习能获得普遍的良好效果”。凉山工委也重视对学习成果的检查和考核。规定“在学习结束后统一举行考试一次，一般干部必须参加，并以小组为单位民主评阅试卷。考试日期，题目及试题标准答案，由工委宣传部统一拟定”。高级干部（科长以上）虽不参加考试，但“必须写出学习心得总结一篇，交工委宣传部”。最后，在学习时间上，凉山工委规定每周三和周五下午必须各拿出 3 小时时间学习，此外要利用早晚时间学习，最后考试与评卷时作为评分参考。如果不能在周三、周五下午学习，可在当天晚上学习，但是必须保证每周 6 小时学习时间。强调“各单位领导要具体掌握，保证这一制度的执行”。

从文件里可见中共对到凉山工作的汉族干部政治学习非常重视，从学习要求、学习方法、学习的组织领导，到具体实施、学习成果的考核都有明确的要求和规定，而且强调不论工作多忙，必须保证基本学习时间（每周 6 小时）。之所以如此，是因为中共必须有一批能在凉山的工作骨干，发动彝民，组织彝民（包括发现、吸收并培养彝民干部和彝民积极分子）必须通过他们去完成。他们是中共在凉山立足并促使凉山发生社会变革的最重要的骨干。

学习内容主要是民族政策和其如何在民族地区具体实施。教材主要是中共高层领导关于民族政策的讲话和相关文件。中共的一份学习计划对此有较详细的记录。在这份计划中，规定要以“毛主席对西藏致敬团讲话，李维汉主任有关民族政策的若干问题（有关部分），四川省委民族工作会议情况报告”为主要学习文件。“依此分三个单元进行”。第一单元为“情况与方针”，内容包括“凉山彝族社会的几个基本情况，我解放后的工作情况与问题及其经验教训，党对凉山民族工作的方针”。第二单元为“民族政策中的几个问题（包括工委电示和四川省委，西南局的各项批示，这是重点）”，内容包括“团结上层，肃清凉山国民党残余匪特，尊重彝族风俗习惯及其多神信仰，经济问题（包括医疗及已土改地区（云南）中的有关彝胞的土地，房屋，债务等）”。第三单元为“干部的思想与作风”，内容包括“反对急躁情绪，树立长期耐心的工作态度；反对消极态度，临时观点，树立全心全意长期为彝族人民服务的思想；反对包办代替，树立与上层充分协商的民主作风；反对无组织无纪律，加强执行请示报告制度的观念”①。上述内容可概括为民族地区的社会情况，如何在民族地区开展工作，民族地区干部应遵守的工作原则和纪律三方面。此外，中共强调在政治学习中必须“第一，对于领导干部，部队干部，一般干部，新参加民族工

① 凉山工委：《关于民族政策学习计划》（1953 年 5 月 11 日），凉山彝族自治州档案馆，79—1—21—6。

作的干部，以及战士等不同对象，各地具体拟出不同的，可能达到的重点要求”；“第二，检查批判的对象，重点应是汉族干部。对此亦需有耐心启发其自觉进行”；“第三，凡检查出来的民族问题，务必认真处理。不好处理者，亦即报告请示”；“第四，中心要求：除把目前一般干部的个别严重错误纠正，借以提高一般干部外，就是要求各地一般领导干部和骨干，从学习中把思想政策水平提高一步”[①]。由此可见：第一，中共重视参加民族工作的汉族干部的政治学习，且对汉族干部抱有深切期望。毕竟至少在凉山地区社会变革的准备期，汉族干部是最可靠的力量。第二，对汉族干部的要求主要是要迅速了解凉山的社会情况和学会在民族地区的工作方法，并树立在彝区扎根、全心全意为彝民服务的理念。第三，中共民族政策的实践，尤其重视在凉山地区所出现的问题的解决和错误的纠正（民族地区发生的问题和汉族干部的错误并不少见）。[②] 其目的自然是保证政治争取能顺利进行，从而顺利在凉山顺利立足，为未来的社会变革积聚动力。

除了培训现有的汉族干部外，中共也重视从外地调动凉山急需的干部（一般是有专门技能的干部）来凉山工作。不少外来干部就是此时被调入凉山的。例如，曾任凉山话剧团团长的徐广东（原籍江苏赣榆，富有文艺演出才能），就是 1953 年奉调来凉山工作的。他进入凉山后，和凉山文工团的前身——四川军区凉山指挥部文工队和凉山工委文工队成员一道，为凉山文艺宣传工作作出了贡献。[③]

2. 培养彝族干部

培养少数民族干部是中共的既定政策，也是建政工作的重中之

---

① 凉山工委：《关于民族政策学习计划》（1953 年 5 月 11 日），凉山彝族自治州档案馆，79—1—21—6。

② 凉山工委：《关于检查工作中违犯民族政策的一些问题的报告》（1953 年 2 月 5 日），凉山彝族自治州档案馆，79—1—21—5。

③ 施嘉明主编：《难忘的历程——开辟凉山彝族地区工作的回忆录》，成都：四川民族出版社，1992，第 223—228 页。

重。在凉山也不例外。之所以如此，是因为在民族地区进行社会变革必须有大量的本民族干部。还在进军大西南之前，中共中央就提出要重视民族干部的培养，[①] 早在南京准备进军大西南的工作时，一些少数民族干部便被抽调到二野，很多在红军长征经过凉山时参军的彝族军政干部就是这样被派回凉山工作的。在解放大西南后，主政的邓小平通过建立民族学院和实践工作中培养，培养了不少民族干部。[②] 在准备期，主持凉山工作的凉山工委认为，“在凉山彝区只有有了大量彝族出身的党员干部，彝族人民才能真正的、充分的享受当家作主权利。自治机关民族化问题才能得到真正解决。才能依靠这些干部遵照党的政策，带领彝民群众发展政治、经济、文化事业，并逐步过渡到社会主义社会”[③]，这是“解决民族问题的根本问题”，培养民族干部的原则和方法是“正确使用，逐步提高”，应“一方面应认识到他们的优点，这是主要的。另一方面他们也有缺点，这是次要的”[④]。在这样的指导原则下，中共首先是在工作中发现积极分子。中共在凉山开展工作前就意识到这一点。在凉山各地开展工作后，各地工作队（团）均注意“有意识地在彝族群众中物色培养对象，把那些接受党的政策快、思想觉悟提高快的人培养为积极分子”[⑤]。在方式上则多种多样。如通过文化学习和娱乐方式动员彝民参加学习和文娱活动，从中发现彝民积极分子（一般视积极参加者为积极分子）加以培养。如1955年州妇联、州团工委组织工作组去昭觉城西乡工作，目的就是通过开展文化娱

---

① 转引自赵心愚、郎维伟、张白：《邓小平在西南局时期培养民族干部的实践和主张》，《西南民族大学学报》2004年第8期。

② 同上。

③ 凉山工委：《关于55年上半年的工作意见》（1955年1月10日），甘洛县档案馆，1—1—9—3。

④ 凉山工委：《关于1954年上半年的工作检查与下半年的工作要求》（1954年6月），甘洛县档案馆，1—1—9—1。

⑤ 施嘉明主编：《难忘的历程——开辟凉山彝族地区工作的回忆录》，成都：四川民族出版社，1992，第112—113页。

乐活动，发现和培养彝族积极分子，进而将其培养成干部，成效显著。[①] 再如 1954 年粉碎美姑彝族土著势力阻拦中共进军后，中共开展了一系列工作，在工作中发现的积极分子计 40 余人。[②]

此时培养民族干部并不是如汉区一般，只吸收出身中下层的彝族作为干部培养人选，而是只要支持中共，不论出身什么阶层，均予以吸收。中共中央甚至明确指出：在培养民族干部中应“广泛的团结和使用各族中与人民有联系的上层人物”[③]，凉山地区也不例外。如昭觉一位“干黑彝”（身份属于黑彝阶层，但是没有娃子，靠自己劳动为生），就是在这样的背景下参加学习和工作的。与此同时，凉山工委根据中共中央文件精神对凉山本地上层的安置，也是培养民族干部工作的一部分。[④] 另需指出的是，就笔者手里现有的资料来看，此时的积极分子中来自上层的子弟多是凉山土著势力中相对较弱，甚至相当衰微的势力的子弟。喜德的罗洪拉和（也写作罗拉合）是典型的例子。[⑤]

在发现积极分子后，中共采取了以下方法培养彝族干部。

第一是通过学校和训练班培训彝族干部。为了培养民族干部，中共在凉山和西昌设立了民族干部学校（简称“民干校”），包括雷波民干校、乐山民干校、昭觉民干校、美姑民干校和西昌民干校（前四所 1954 年合并为凉山民干校，1979 年凉山彝族自治州和西昌专区合并为新的凉山彝族自治州后，又与西昌民干校合并，称为

---

① 施嘉明主编：《难忘的历程——开辟凉山彝族地区工作的回忆录》，成都：四川民族出版社，1992，第 195—199 页。

② 凉山工委：《关于 54 年工作总结》（1955 年 1 月 10 日），甘洛县档案馆，1—1—9—5。

③ 中共中央文献研究室编：《建国以来重要文献选编》（第五册），北京：中央文献出版社，1992，第 670—671 页。

④ 参阅本章第六节。

⑤ 四川省喜德县志编纂委员会编：《喜德县志》，成都：成都科技大学出版社，1992，第 780—781 页。

凉山民干校)[1]。中共在物色好积极分子后，一般是挑选积极分子中素质较高（有文化、较聪明能干、办事得力者）去民干校受训。中共对此非常重视，早在 1950 年西昌战役刚结束，西昌地委就开办了干部训练班，由王海民（彝族）、王作义（彝族)[2] 负责，接着开办了西昌、雷波民族干部学校，西昌民干校由西昌地委书记梁文英亲任校长。这两所学校到 1952 年培训了民族干部计 1300 余人(内彝族干部 1000 余人)。[3] 至 1955 年初，中共在凉山办了 40 多期干部学校、培训班，“训练了学员 2000 名左右，培养选拔了彝族干部 818 人，已占凉山干部总数的 20%”[4]。

除了开办学校和训练班培训彝族干部外，中共还选派彝族干部前往西南民族学院（今西南民族大学）、中央民族学院（今中央民族大学）深造。如雷波支持中共的彝族上层布兹主耶，1953 年被选派到西南民族学院深造。[5] 又如美姑的莫说吉克日，也在 1955 年被选派到西南民族学院学习。[6] 这样的情况在凉山各地都不少见。

相比于开办学校和训练班，中共更重视在实践中培养彝族干部。凉山工委要求各地在实践中培养彝族干部应做到以下几点：第一，要根据彝族干部特点教育和使用，使其建立公正信心，让其对工作感兴趣后再着手提高其思想政策水平，不能操之过急。第二，在指导彝族干部工作时内容要具体简明，令其容易把握。既要讲明

① 铁木尔·达瓦买提编：《中国少数民族文化大辞典：西南地区卷》，北京：民族出版社，1998，第 370 页。

② 二人均是在红军长征经过凉山时参加红军，解放军进军大西南时随军回凉山工作。

③ 伍精华：《我们是这样走过来的》，北京：民族出版社，2002，第 97 页。

④ 凉山工委：《关于凉山几年来民族工作的基本总结和今后任务的报告（张冲主席的报告）》（1955 年 2 月 26 日）甘洛县档案馆，1—1—9—7。

⑤ 四川省雷波县志编纂委员会编：《雷波县志》，成都：四川民族出版社，1997，第 839 页。

⑥ 四川省美姑县志编纂委员会编：《美姑县志》，成都：四川人民出版社，1997，第 756 页。

政策，也要讲明工作方法，还要经常检查。在工作中帮助教育。第三，要加强对彝族干部的文化教育。通过到汉区参观，到干部学校或训练班轮训，提倡学习汉语，加强时事教育提高彝族干部的文化水平。第四，对彝族干部要注意表扬和批评，在批评时要注意方式。对实在无法挽救的干部，则召开彝族干部会议处理。第五，应订出建立党团和提拔培养彝族干部（包括发展彝族积极分子党团员）的计划并执行。第六，应注意融洽彝汉干部之间的关系。除了进行政治教育外，还应开展联欢会，增加彝汉干部之间的团结。①

第二，通过建立民族部队②培养彝族干部，这是培养民族干部的重要方法。在凉山，1952 年 11 月 8 日正式成立了中国人民解放军西康军区彝民团。初建时有官兵 417 人（其中彝族官兵约 200 人）③。团长由彝族老红军王海民担任。这支部队建立之初，就被要求“培养干部和提高部队素质，以政治、文化为主，军事为辅。突出文化政治教育”④。中央也专门发文强调：“彝民团的任务，目前仍应按照‘战斗队，生产队，培养干部学校’的方针强调培养民族干部，因为培养民族干部是解决凉山彝族问题的关键。”⑤ 在这一方针下，彝民团自建团开始就重视对彝族战士的政治文化教育工作。在团内重点开展了“爱祖国，爱毛主席，爱共产党，爱人民解放军，爱劳动，爱科学”以及民族政策和民族区域自治政策的教育。⑥ 为了加强彝族战士的教育工作，彝民团选出 6 名汉族青年学生前往西昌民干校受训，受训结束后留在彝民团担任文化教员，同

① 凉山工委：《关于 54 年上半年工作检查和下半年工作要求》（1954 年 6 月），甘洛县档案馆，1—1—9—1。

② 所谓民族部队，是指部队官兵多数是少数民族的部队。如抗战时期的回民支队。

③ 以后扩大到 2000 人左右。

④ 中国人民政治协商会议凉山彝族自治州委员会文史资料委员会编：《凉山彝族自治州文史资料选辑》第 9 辑，1991，第 132 页。

⑤ 同上书，第 133 页。

⑥ 中国人民政治协商会议昭觉县委员会文史资料委员会编：《昭觉文史》第 2 辑，1996，第 224 页。

时在彝民团中设立副职（解放军其他各军均不设副职）[①]，其目的就是通过彝民团培养彝族干部，并通过彝民团的工作对彝民（普通彝民）进行政治争取工作。正如彝民团第二任政委刘安贵所言："培养和尊重民族干部，尊重民族风俗习惯，从民族地区的实际出发使党的民族政策落到实处，这就成了彝民团一切工作的出发点和基本点。"[②]

为了保证彝民团能真正起到民族干部的摇篮的作用。中共除了对彝族干部战士加强政治思想教育外（文化教育实际上也是政治思想教育的一部分），还从各方面关心团里的彝族战士。具体包括：第一，每年召开一次庆功会和慰问会。庆功会主要是表彰彝民团在营建、训练、生产、清匪、执勤等方面做出的突出成绩。为了扩大政治影响，也动员家支头人和军属参加。慰问会一般在春节召开，由凉山州委、州政府牵头召开，并发动广大彝民参加（值得一提的是，凉山州委副书记、州长瓦渣木基每年都参加了慰问会）。目的是通过慰问会对彝民团战士进行政治思想教育，也增进彝民对中共和解放军的认识，从而获得彝民的政治支持。第二，从实际出发决定彝民团的编制，一切以利于加强民族团结和培养彝族干部为准则。在这一基础上确定了彝汉混编、彝族为主、汉族为主三种编制。前述让汉族战士充任文化教员也有迅速培养彝族干部的考虑。第三，尊重彝族战士的风俗习惯，这表现在以下两方面：首先，在军中增加了彝族传统的火把节和彝族年这两个凉山彝族最重要的节假日，还要发放过节费。彝汉官兵和当地民众一道欢度火把节和彝族年。其次，解放军条令规定战士不准留长发，彝民团报请上级批准，允许彝族官兵保留头上的"天菩萨"。第四，根据彝民团的实际情况，执行特殊的纪律。主要表现是：彝族战士入伍不久，文化

---

① 中国人民政治协商会议昭觉县委员会文史资料委员会编：《昭觉文史》第 2 辑，1996，第 15 页。

② 同上书，第 11 页。

水平也低，连基本的军令、纪律都糊里糊涂。参军后不假而别、逾假不归的现象比比皆是。考虑到如果采取关禁闭一类的处罚方式，可能使彝族战士认为干部侮辱他们的人格，造成彝族战士认为官兵关系和奴隶主与奴隶的关系一样的严重后果，彝民团对违反纪律（包括逾假不归、来去凭自己意愿等）的彝族战士采取耐心的纪律教育和长期的训练，使其意识到在军队里必须遵守纪律，从而提高他们的思想意识，自觉遵守纪律。尤其是通过军事训练讲解遵守纪律的重要性，成效颇佳。[①] 仅 1953 年一年，彝民团培养成功的彝族干部就有十余人。[②] 通过彝民团，中共不但成功培养了彝族干部，而且拥有了彝族士兵组成的武装力量。他们都成为未来中共在凉山开展社会变革的重要力量。

第三，建立党团组织。凉山工委 1955 年的一份工作意见称在凉山建立党团组织是此时凉山各项工作中最薄弱的一环。[③] 要求在 2 月底完成原定的 140 名党员外，6 月底前再发展 40 名（内彝族 15 名）；同时凉山工委要求发展彝族党员时，必须“适当吸收那些历史清楚、政治可靠、衷心拥护党并愿为党积极工作的积极分子入党”，“除在彝族干部中发展外，并个别地、适当地吸收农村中劳动群众出身、历史清楚、政治可靠、拥护共产党的积极分子入团，为建党创造条件”。[④] 此外，通过建党和建团在彝族战士中发展党团员，成效也很明显。据统计，到 1954 年末，彝民团中有了彝族党员 14 名，团员 17 名。[⑤]

---

① 中国人民政治协商会议昭觉县委员会文史资料委员会编：《昭觉文史》第 2 辑（1996 年），第 13—18 页。

② 同上书，第 224 页。

③ 凉山工委：《关于 55 年上半年的工作意见》（1955 年 1 月 10 日），甘洛县档案馆，1—1—9—3。

④ 同上。

⑤ 中国人民政治协商会议昭觉县委员会文史资料委员会编：《昭觉文史》第 2 辑（1996 年），第 225 页。

中共通过要求在职干部加强政治和文化学习，让彝族干部多进行实践，多参加（列席）会议和组织轮训的方式提高彝族干部的素质。要求“分工负责，包干培养”，将彝族积极分子迅速培养成干部。①

经过努力，中共培养彝族干部成效显著。据统计，到 1954 年末 1955 年初，共开办了干部学校（包括训练班）40 余期，培训学员 2000 余人。② 到 1955 年初，凉山共有民族干部 889 人，工委成立后新培养 223 人（缺昭觉数据）。③ 这些彝族干部加上彝民团官兵，成为凉山彝族对中共政权具有向心力的核心，在凉山未来的社会变革中发挥了重要作用。

第八节 准备期的政治工作（五）：舆论宣传工作

舆论宣传工作是准备期的政治工作之一，可以这样说，舆论宣传工作贯穿了准备期的各项工作。前面各节对此已有了一些提及。本节再对此时的舆论宣传工作作一简要清理。

一、舆论宣传的内容

准备期的舆论宣传是为此时的各项工作服务的。中共明确要求：此时的舆论宣传必须“紧紧围绕着党当前在凉山工作的方针、任务，面向各家支头人来进行团结上层，肃清匪特，实行民族区域

① 凉山工委：《关于 55 年上半年的工作意见》（1955 年 1 月 10 日），甘洛县档案馆，1—1—9—3。

② 凉山工委：《关于凉山几年来民族工作的基本总结和今后任务的报告（张冲主席的报告）》（1955 年 2 月 26 日），甘洛县档案馆，1—1—9—7。

③ 凉山工委：《共有近两年来民族工作的初步检查和 55 年主要工作的意见》（1955 年 3 月 23 日），甘洛县档案馆，1—1—9—8。另一份资料记载为 818 人，见凉山工委：《关于凉山几年来民族工作的基本总结和今后任务的报告（张冲主席的报告）》（1955 年 2 月 26 日），甘洛县档案馆，1—1—9—7。

自治等宣传工作，……而对彝族百姓娃子，应在作好上层宣传工作的基础上适当进行，但只限于当前政策所许可的，绝不能向娃子进行阶级斗争的教育，以免引起上层反感”①。舆论宣传的内容包括以下几个方面。

第一项宣传内容是在大力宣传国民党（包括原地方势力）给彝区带来的痛苦和灾祸②的基础上，大力宣传中共的民族平等、民族团结政策。在这样的方针下，中共着重宣传“解放前，国民党反动封建势力当权派以邓秀廷（凉山汉人地方势力的代表——笔者注）为首在此地区统治30余年，将汉人区作为统治与征服彝人的基地，造成了彝汉人民的深厚隔阂，更残酷的是为了他们便于统治压榨剥削，对彝民内部进行挑拨离间，彝族被邓秀廷买卖屠杀赶走，弄得家破人亡的事情是说不完的”③，亦即着重宣传国民党在凉山的胡作非为。相比之下，“毛主席、共产党对待凉山彝族人民的政策，是要领导和帮助整个彝族人民建设新凉山，是全心全意帮助整个彝族人民分子政治、经济与文化事业，以便彝族人民与全国各族人民走向繁荣幸福的新生活”④。同时着重宣传“彝族人民应加强团结，消除民族隔阂，如兄如弟，平等团结，发展生产”；强调“各兄弟民族之间的隔阂和不团结，是历代反动统治者，特别是国民党反动派实行大汉族主义压迫少数民族的结果，新中国成立之日起，已由民族压迫时代变为民族团结时代了。彝汉民族都不应再抱仇视心

---

① 凉山工委宣传部：《关于召开第一次宣传员会议及对今秋宣传工作的几项布置向工委暨省委宣传部的简报》（1953年6月23日），凉山彝族自治州档案馆，79—1—22—5。

② 这里必须强调的是，国民党时期凉山民族矛盾的成因既有国民政府（地方势力）在彝区的胡作非为的因素，也有彝民自身的因素（见第一章第三节第二目）。

③ 喜德县委：《喜德县三年来工作总结》（1952年），凉山彝族自治州档案馆，79—1—6—1。

④ 凉山工委宣传部：《关于民族团结宣传提纲》（1953年7月13日），凉山彝族自治州档案馆，79—1—22—8。

理，应如兄如弟携手合作”[①]。也就是说，国民党在凉山的胡作非为决定了其是凉山彝民必须推翻和打倒的政权；与此相反，中共在凉山则处处为彝民着想，处处从民族平等、加强民族团结出发为彝民谋利，是彝民应当支持和拥护的政权。

中共并非单调空洞的宣传，而是结合当时发生的一些政治事件进行宣传，强调要根据实际情况“用活的事例来进行教育，以收对症下药的实效”[②]。一个较典型的例子是牛牛坝事件解决后的宣传。在对牛牛坝事件的宣传中，中共强调：牛牛坝事件发生的原因“主要是由于民族隔阂和匪特造谣。因此，这一不幸事件发生，不论从隔阂或从造谣上来说，归根到底，还是一个国民党反动派过去和现在对我各族人民的危害问题，也就是一个敌我斗争问题。在上述原因之下，出而肇事的头人，只是一个被匪特利用来借刀杀人的问题”。因此，牛牛坝事件的和平解决，充分证明中共政权“真正是彝族人民自己当家作主的政府，是为彝族人民办好事的政府。与过去国民党反动政府根本不同。过去国民党反动政府，彝族人民莫惹他，他还开兵打杀彝人并抢劫财物，现在人民政府的工作人员（也就是为彝族人民办好事的人）被几个彝人打了，人民政府只叫他们认识到自己是上了匪特的当，改正错误，不予追究”[③]。同时，中共强调和平解决牛牛坝事件的好处。包括：第一，能更好地团结头人，争取头人的支持。当地一些阻止中共进入当地开展工作的头人，在牛牛坝事件和平解决后，“都出来了。不但到了美姑，而且到了昭觉”。第二，能给逃到凉山的匪特造谣生事以沉重打击，并

---

① 凉山工委宣传部：《关于民族团结宣传提纲》（1953 年 7 月 13 日），凉山彝族自治州档案馆，79—1—22—8。

② 凉山工委：《批转工委宣传部关于 1953 年一年来宣传工作的初步总结报告》（1954 年 2 月 11 日），凉山彝族自治州档案馆，79—1—22—2。

③ 凉山工委：《关于牛牛坝事件宣传提纲指示》（1953 年 1 月 9 日），凉山彝族自治州档案馆，79—1—22—1。

粉碎逃到凉山的匪特利用彝民打击中共政权的阴谋。①

在牛牛坝事件的宣传中中共非常重视揭穿逃到凉山的匪特的谣言，强调要使彝民不再相信谣言，“要看事实，要听人民政府的话，凡是再听到说人民政府要整彝人的谣言，都不要相信，都要去告诉的人民政府”，由政府进行解释，从而“揭破谣言的阴谋”②。

此外，中共要求各地在宣传时要对其在凉山的清匪工作着重宣传。内容包括：“1. 解释什么是匪特，其到彝区来干什么（进行破坏）。2. 动员彝民认识匪特的危害，不要听信匪特谣言，不要上匪特的当。3. 宣传对匪特坦白从宽，抗拒从严的政策。4. 不自觉跟上匪特活动，或被匪特欺骗利诱、威胁而来的彝民要迅速向政府登记，回家生产，政府则概不追究。就算参加了反抗中共的活动，也既往不咎。能对清匪立功者，政府还有奖励。5. 彝民如能协助中共清除逃到凉山的匪特，中共将视情况给予奖励。”③ 要“以匪特具体破坏事例教育头人和广大彝族人民，指出对其本身利益的危害性，讲明匪特与娃子的界限，清除对我清匪政策的误解，提高其认识，达到与匪特分家，使之积极助我清匪。同时，向匪特宣传我党的宽大政策及立功受奖，首恶必办的清匪政策。表明我决心，指明出路，进行分化瓦解，争取多数，孤立少数，号召自首立功”④，“使彝族人民团结起来，肃清彝区国民党反动残余匪特”⑤。基于彝族上层认为清匪是“借清匪将娃子全部清光”，借清匪之名行解放娃子之实，中共强调要重点宣传匪特反抗中共、破坏治安的事实，

---

① 凉山工委：《关于牛牛坝事件宣传提纲指示》（1953 年 1 月 9 日），凉山彝族自治州档案馆，79—1—22—1。

② 同上。

③ 慰问团：《宣传提纲》（1952 年），凉山彝族自治州档案馆，79—1—9—20。

④ 中共呷洛岩润工作团：《关于执行工委关于加强治安工作的意见》（1955 年 1 月 21 日），甘洛县档案馆，1—1—18—5。

⑤ 凉山工委：《批转工委宣传部关于今冬及明年六月以前政治宣传工作的请示报告》（1953 年 11 月 11 日），凉山彝族自治州档案馆，79—1—22—12。

尤其要将已清出的匪特进行破坏的事实大力揭露，要“用活生生的事实教育人民群众”，进行“反复解释教育，扫除参加这一斗争的思想障碍”。[①] 要做到“一方面反复揭露匪特的各种破坏民族团结的具体罪恶活动，另一方面不断地把我们彝族人民办的各种好事具体的宣传出去，只有如此，才能给匪特以致命打击，也只有如此，才能有利于民族团结”[②]。

此时中共在凉山宣传的第二项内容是针对彝民（主要是上层）的顾虑加以针对性的解释，消除其顾虑。当时彝民对中共有以下几点顾虑，包括解放娃子，实行会让自己失去土地财产的社会变革，收缴枪支，禁烟（鸦片），强制改变自身的风俗习惯（主要是婚俗）等。中共对此进行了针对性宣传。娃子问题的宣传第五节已有叙述，此处不赘。对中共实行会让彝民失去土地财产的社会变革问题，中共强调“少数民族地区分不分土地，由少数民族自己决定。凉山地区现在谈不上分地，将来分不分，由你们自己决定，并且由你们分，我们不代你们分”[③]；关于收缴枪支的问题，中共着重宣传“人民政府是不收缴彝族人民自己所有的枪的，共产党、人民政府希望大家把枪弹用在肃清潜藏彝区的国民党反动派残余土匪特务、打猎、保护生产和维护社会治安上”[④]；禁烟问题上，中共着重宣传以下三点：“大烟是毒品，对各族人民危害很大，是造成彝族人民穷困的原因之一。人民政府绝不强迫铲烟、禁烟（只是为了保证人民健康和发展生产，有责任宣传大烟的害处，使种烟的彝民都逐渐认识到大烟的危害性，希望他们自动地把种烟的土地拿来改

---

① 中共呷洛岩润工作团：《洛古拉打工作队七月份清匪工作检查报告的批示》（1955年10月26日），甘洛县档案馆，1—1—18—31。

② 中共凉山工委宣传部：《关于目前瓦岗地区的政治宣传工作的意见（草案）》（1954年1月7日），凉山彝族自治州档案馆，79—1—71—22。

③ 凉山工委宣传部：《关于民族团结宣传提纲》（1953年7月13日），凉山彝族自治州档案馆。

④ 同上。

种粮食）。如果彝族大多数人民都要求禁烟时，即由彝族人民自己商量决定。"[1] 关于婚俗方面，中共着重宣传，"人民政府不干涉彝族人民内部的有关婚姻等风俗习惯，因为这些习俗的保留与改革，也是彝族人民内部的事情，应取决于彝族人民的自愿，即你们认为怎样好就怎样办。人民政府只希望：不要为婚姻问题发生死人和打冤家，应该夫妻相爱，家庭和睦"[2]。

国家形势宣传是此时舆论宣传的第三项内容。如 1952 年凉山彝族自治州政府派遣慰问团下乡慰问时，要求慰问团在国家形势方面宣传以下一些内容：第一，中共已经解放了全国，国民党、蒋介石已被赶到台湾去了，现在准备解放台湾；第二，新中国已经成立，这是代表全国各族人民利益的政权，"我们要拥护我们的政府，爱护我们的祖国"；第三，"我们彝族人民在过去多少年来受尽了国民党反动派及其爪牙的敲诈压迫、歧视、侮辱、杀害等说不尽的痛苦与不平等的待遇。自中央人民政府成立以后，上述这些东西已经完全没有了。不但如此，且在毛主席与上级人民政府领导下，帮助我们少数民族建立了我们自己的区域自治政府。使少数民族也能当家作主，管理国家大事，且更帮助我们加强团结，发展生产，改善生活。我们的日子就一天比一天过得好了。我们的幸福也就一天比一天多了"；第四，汉区（包括新老解放区）的生产力远较彝区先进，新中国成立后汉区的生产力又有了大发展，汉区百姓们的生活较之前大为改善，彝区应向汉区学习；第五，中共政权有强大的武装力量，数量众多，战斗力强，也有由彝族组成的军队，这些军队将保护包括彝民在内的全国各族人民，彝民应当支持，拥护解放军。[3]

---

① 凉山工委宣传部：《关于民族团结宣传提纲》（1953 年 7 月 13 日），凉山彝族自治州档案馆，79—1—22—8。

② 同上。

③ 慰问团：《宣传提纲》（1952 年），凉山彝族自治州档案馆，79—1—9—20。

要通过形势政策宣传使“彝族人民更加热爱祖国”①，从而增强对中共政权的向心力。

此时舆论宣传的第四项是宣传中共劝导彝民发展生产的成绩和中共对彝区经济社会的贡献和成就。在劝导彝民发展生产方面，中共重点宣传“只有提高耕作技术，积肥造粪，改良农具，增加产量，多养猪羊牛鸡等，或挖药材，纺毛线，织毛布，增加副业生产，加大家庭收入，就可改善生活”②，由此鼓励彝民采用先进农技和扩大生产规模。中共在彝区所做的经济工作是中共舆论宣传的重点，中共要求各地必须对此充分重视，在收集材料上时要收集“几种不同地区的农业生产，推销必需品与收购土特产，贷款，救灾中存在那些主要而又可能解决的问题，各地的经济工作所获得的成效（包括当地彝胞生产生活改善程度及其思想认识），以及各地在以往宣传工作中存在哪些问题等具体材料，并和有关业务部门共同研究，提出此项宣传工作草案报来，以便工委研究审核和报请上级党委审正”③。在宣传上，要重点宣传报道以下几方面内容。第一，要报道“彝族在经济文化方面的发展和提高所产生的彝族人民的生活改善情况”；包括：“1. 报道民族贸易公司、合作社（贸易收购组或流动小组）如何深入彝区调查了解土特产的产销情况（药材，兽皮等），及彝族人民对盐巴、布疋（匹）、针线等日用品需要的情况，并及时组织收购和供应，因而改善了彝族人民的生活，刺激了农副土特产的发展。2. 报道彝区交通运输情况的改变，如修筑驿道后对土特产的收购和日用品的供应起了什么作用，以及对彝族人民经济生活的直接影响。3. 报道医疗卫生机构如何深入彝区，为彝族人民服务的情况，如治病、放种牛痘、注射防疫针、推

① 凉山工委宣传部：《关于民族团结宣传提纲》（1953年7月13日），凉山彝族自治州档案馆，79—1—22—8。

② 同上。

③ 凉山工委：《批转工委宣传部关于今冬及明年6月以前政治宣传工作的请示报告》（1953年11月11日），凉山彝族自治州档案馆，79—1—22—12。

广新法接生等，有效地解除彝族人民的疾病痛苦，促进了身体健康的情况。4. 报道彝民子弟在校的学习情况（彝民小学，联合小学），及彝汉族儿童在学习、生活上的互助互勉、亲密、团结友爱的情况。”[①] 第二，要报道“彝族人民如何在当地组织和政府领导下，为爱国增产、支援祖国工业化、支援解放台湾而奋斗”，内容包括：“1. 报道彝族人民（彝汉换工组，彝民生产小组）在冬季生产中，如何进行冬田冬土工作、兴修和修补小型堰沟、整修农具、积肥、选好种子等情况。2. 报道如何总结生产经验并加以推广的方法，如召开代表会议、生产模范会议等，总结经验和研究改进技术等。积极为明年生产作好准备的情况。3. 报道彝族人民得到了贷款后，如何积极的添置耕牛、农具等情况”，中共强调“在报道中必须贯彻爱国主义思想教育及在团结的基础上搞好生产，通过生产丰富团结内容这一中心思想。”[②] 第三，要报道彝民如何努力生产和如何通过生产消除民族隔阂，融洽民族关系。具体包括“1. 彝族人民在春耕生产中，如何解决了生产、生活上的困难，做到了按时下种、耕作的情况（如政府发放的贷粮、贷款、农具等，及彝族人民如何积极的想办法来解决困难）。2. 彝族人民如何改变‘广种薄收’简单粗糙的耕作方法，逐步的采用了选种、育种、施肥、除草、‘稀株密植’的先进生产技术的情况，注意报道彝族人民采用这些经验时，当地工作团、队、部队、国营农场、技术指导站、汉族农民如何领导和帮助他们，因而密切了军民，彝汉人民的感情，进一步增强了民族团结的情况。3. 在杂居区报道积极生产，改进技术的情况，应注意报道彝汉农民团结、互助、搞好生产，因而提高了劳动生产率，扩大了耕地面积，增加了收入，改善了生活的情

① 凉山工委：《凉山地区今冬到明年上半年以前通讯报道提要》（1954 年 12 月 27 日），甘洛县档案馆，1—1—16—2。

② 同上。

况”[1]。第四，要报道中共在凉山的贷粮、贷款、救灾的情况。

第五项内容是民族区域自治政策和塑造解放军及干部的形象。内容包括：第一，宣传“彝族自治区人民政府是彝族人民在毛主席、共产党领导下的自己当家作主的政府。彝族人民都应当团结在彝族自治区人民政府的周围，成为一家人，切实实现其自治权利”[2]，通过民族区域自治政策宣传，为建政做思想上的基础工作。[3] 第二，宣传解放军为凉山经济社会发展所做的贡献。如“解放军积极为彝族人民修路的情况”，“解放军如何关心和帮助彝族人民生产、生活的情况，以及为他们解决了困难，受到彝族人民拥护和爱戴的情况”[4]；从而使彝民“进一步认识解放军的性质和任务，清除对解放军的顾虑，并热爱解放军”[5] 干部形象的塑造也是如此，中共要求“对于那些勤勤恳恳、全心全意为彝族工作服务，克服了困难，和当地群众建立了密切联系，取得了彝族人民的信任和热爱的汉族干部，选择典型的人物借以表扬”[6]。

二、舆论宣传的方式

准备期舆论宣传的方式（包括宣传策略）大致可分为以下几种。

---

① 凉山工委：《凉山地区今冬到明年上半年以前通讯报道提要》（1954 年 12 月 27 日），甘洛县档案馆，1—1—16—2。

② 凉山工委宣传部：《关于民族团结宣传提纲》（1953 年 7 月 13 日），凉山彝族自治州档案馆，79—1—22—8。

③ 凉山工委：《批转工委宣传部关于今冬及明年 6 月以前政治宣传工作的请示报告》（1953 年 11 月 11 日），凉山彝族自治州档案馆，79—1—22—12。

④ 凉山工委：《凉山地区今冬到明年上半年以前通讯报道提要》（1954 年 12 月 27 日），甘洛县档案馆，1—1—16—2。

⑤ 凉山工委：《批转工委宣传部关于今冬及明年 6 月以前政治宣传工作的请示报告》（1953 年 11 月 11 日），凉山彝族自治州档案馆，79—1—22—12。

⑥ 凉山工委：《凉山地区今冬到明年上半年以前通讯报道提要》（1954 年 12 月 27 日），甘洛县档案馆，1—1—16—2。

第一，通过各种会议进行宣传。中共通过召开形形色色的会议进行民族政策的宣传，成效颇著。如布拖通过头人座谈会，对中共的民族政策（团结生产，清匪治安）进行宣传后，头人们纷纷表示回去后要搞好生产，协助中共肃清匪特。参会的头人吉地尼米阿各说："过去国民党蒋介石、胡宗南、邓秀廷打我们布拖几次，他们是为了发财，喊我们缴役调银子，想抢我们的娃子、拉牛羊，现在毛主席派来人民解放军、人民政府的工作人员、贷银、卫生院都是帮我们做好事的。如我们没有衣穿，人民政府给我们发寒衣，没粮吃，给我们贷粮，没有农具，给我们发放农具，没有耕牛，银行给我们贷款。毛主席人民政府比昭觉父母亲还好。"另一位头人比补萬萬也称，"我过去认为人民政府和邓秀廷是一样的，我们此前也想打工作队，现在我也认识到这是错误的。并再三表示态度。我再不这样想，下面的小支子我也敢保证，请人民政府不要怀疑他"①。

除了各种会议外，中共还重视采用联欢会的形式进行舆论宣传，原因是通过这一方式能"进一步体现在共产党、毛主席的领导下，彝汉人民感情的亲密合作，民族团结进一步加强和巩固，从而使彝族人民更加热爱共产党，热爱毛主席"②，所以中共不仅大量运用这一宣传方式进行宣传，而且要求对此进行报道。

第二，结合各项工作进行宣传，这是这一时期宣传工作的一大特色，尤其是对下层彝民进行宣传更是如此。中共指出："教育和组织群众主要用生产名义，因为发展生产上层不好反对，阻力较小，群众又欢迎。如组织生产小组，召开生产小组长会、劳模会、生产座谈会，组织群众观摩等。发放农具和贷款工作是联系教育群

① 《布拖坝子头人座谈会的总结报告》（1953年4月13日），凉山彝族自治州档案馆，95—1—22—10。

② 凉山工委：《凉山地区今冬到明年上半年以前通讯报道提要》（1954年12月27日），甘洛县档案馆，1—1—16—2。

众的有利机会。”[①] 如中山坪黑彝最初认为工作队是到凉山占领地盘的，坚决不肯让工作队在当地开展工作，工作队因势利导，通过发放救济粮、农具，帮助其治病等进行民族政策宣传，最终黑彝消除了疑虑，配合工作队积极工作，迅速打开了局面。[②] 除了利用生产工作进行宣传外，中共还通过建政、开展青年和妇女工作进行宣传，成效显著。同时中共要求各地工作团（队）“在新区以政治工作为主，大力领导生产和各项经济工作”，“在工作基础较好的地区，则应以经济工作为主”，通过生产和经济工作，推动政治工作开展。[③] 同时中共对“在贷粮、贷款、发放农具时，没有认真地做好宣传工作”，“以致把好事作成坏事”的现象进行批评，[④] 要求各地对此必须纠正。由于通过这种方式进行宣传能使彝民得到实际利益，使中共的舆论宣传更具说服力，因而成效显著。彝民们纷纷表态支持中共，称“太阳光照白天，月亮光照黑夜，共产党和人民政府是我们白天的太阳，黑夜的月亮”[⑤]。

第三，中共强调利用彝民的风俗习惯进行宣传，并要求在宣传中必须尊重彝族的风俗习惯和感受。中共强调各地工作团（队）必须善于利用和结合彝民的风俗习惯进行宣传，指出如果不如此会引起彝民对中共的反感，造成收效不大，甚至消极的效果。例如，宣传虫灾需要捉虫时，中共干部通过利用彝民的心态进行现身说法，

---

① 凉山工委：《第七次扩大会议总结》（1955 年 1 月 11 日），甘洛县档案馆，1—1—9—6。

② 凉山工委宣传部：《转发中山坪宣传组 6 至 11 月宣传工作总结报告》（1953 年 11 月 18 日），凉山彝族自治州档案馆，79—1—22—17。

③ 凉山工委：《第七次扩大会议总结》（1955 年 1 月 11 日），甘洛县档案馆，1—1—9—6。

④ 凉山工委：《批转工委宣传部关于 1953 年一年来宣传工作的初步总结报告》（1954 年 2 月 11 日），凉山彝族自治州档案馆，79—1—22—2。

⑤ 同上。

令彝民明白了害虫不是从天上掉下来的，因而开始动手捉虫。[1] 再如在对彝族积极分子的宣传和教育中，中共重视因语言不当造成宣传无效，甚至导致彝民反感，从而改变对中共态度的现象。如在对彝族干部男女关系教育中，中共严禁采用“检讨”“坦白”这样的字眼，以免引起彝族干部的反感。[2] 此外，中共在宣传中重视纠正各种不恰当的提法，也是重视彝民感受的表现。[3]

第四，中共重视对宣传的组织工作。当时的宣传工作存在因无组织无纪律，各自为政造成混乱的现象。如“金阳、布拖的贸易部门宣传收购土特产时，不将价格、规格先向工作队说清楚，喜德贸易公司宣传减价时不说明减多少”[4]，由此造成彝民不满。这种现象被中共严厉批评，强调不能出现宣传工作无人管，工作开展不全面不深入，不结合实际工作随意宣传，宣传内容各地不统一，甚至错误宣传，从而收效不大，甚至造成损失的现象，要做到：(1) 遵循“谨慎稳进”的方针进行宣传工作；(2) 在不脱离政策的原则下可以灵活变通，采取简明易懂和易于接受的形式进行宣传；(3) 宣传前必须做到充分调查，心中有数；(4) 宣传时必须概念明确，意思清楚，不能出现被彝民误解的现象；(5) 要善于抓住宣传机会，不拘形式进行宣传；(6) 尽可能使用彝语宣传。[5]

此外，为了提高宣传工作的效率和质量，中共还要求各地建立工作制度，提高各地干部的思想政策水平，同时，大力培养彝族干部，并在各地均配置专门的宣传工作人员，对其经常布置，检查工

---

① 凉山工委宣传部：《关于中山坪工作团工作组两个月来宣传工作情况的报告》(1953 年 9 月 15 日)，凉山彝族自治州档案馆，79—1—22—3。

② 凉山工委：《批转工委宣传部关于今冬及明年 6 月以前政治宣传工作的请示报告》(1953 年 11 月 11 日)，凉山彝族自治州档案馆，79—1—22—12。

③ 凉山工委：《批转马边关于民族区域自治宣传提纲》(1953 年 12 月 11 日)，凉山彝族自治州档案馆，79—1—22—18。

④ 凉山工委：《批转工委宣传部关于 1953 年一年来宣传工作的初步总结报告》(1954 年 2 月 11 日)，凉山彝族自治州档案馆，79—1—22—2。

⑤ 同上。

作并督促其学习政策、语言（彝语）和业务，以期做到提高宣传质量，增强宣传效果。

总之，不论从宣传内容和宣传形式都可见，凉山这一时期的宣传工作实质上是中共在凉山政治形象的构建过程。中共通过舆论宣传，尤其是结合准备期的各项工作进行宣传，成功在凉山彝民中塑造了自己是凉山彝民的救星和保护神的形象。中共由此获得了凉山彝民的支持和拥护，从而在凉山立足，进而为未来的社会变革积聚了动力。

第九节　社会变革准备工作的完成和变革的开端

本节主要讨论两个问题：第一，凉山开展社会变革条件成熟的表现和变革办法出台的过程（包括改革章程的内容）。第二，变革前夕（1955 年）中共在凉山对变革的宣传工作和此时凉山上层对在凉山开展社会变革的态度。

一、凉山开展社会变革的条件已经成熟

通过准备期的各项工作，中共成功在凉山立足，并为在凉山开展社会变革积聚了动力。到了 1955 年，中共中央提出的在民族地区进行社会变革的条件在凉山已基本具备。具体而言，表现在以下几个方面。

第一，中共已实现对凉山社会的控制。自进军工作开始后，到 1955 年 7 月，凉山全境已为中共完全控制。全凉山到 1955 年 3 月，“共建立各级政权机构 226 个（其中专区级 1 个，县级 7 个，乡级 218 个），过渡形式的组织 39 个”①。同时由于治安工作的开展，凉山社会较之以前日趋稳定，各种治安（包括刑事）案件相比以前有

① 凉山工委：《关于凉山几年来民族工作的初步总结和今后任务的报告（张冲主席的报告）》（1955 年 2 月 26 日），甘洛县档案馆，1—1—9—7。

了明显下降，抢劫、抓娃子、打冤家现象已基本停止。[①] 加上经济工作的开展，彝民生活水平较以前也有明显提高，以上种种都说明在中共进入凉山后，凉山社会日趋稳定。

第二，民族关系发生了积极的变化。民族隔阂有所打破，民族团结逐渐在凉山彝民中成为主流意识。通过准备期的各项工作，“多数上层和群众，对我党的民族平等、团结政策有了不同程度的了解和信任，爱国思想有了一定提高。部分上层与群众对党和民族政策有了进一步的了解和实际体验，不仅消除和减少了怕我们‘整’的疑虑，而且体验到是为他们办好事的，因而对民族政策由怀疑、抗拒到信任和乐意接受。对党和政府军队由怀疑、惧怕到信任、拥护。汉彝人民的大民族主义和地方民族主义思想有了不同程度的克服，互相歧视和抢杀现象大为减少。认为‘汉人中没好人’‘彝人野蛮不讲理’的错误观点已有所消除。部分彝族人民在汉族积极帮助下开始体验到汉族对他们真诚的帮助，离开汉族帮助自己不能进步，从而由拒抗汉族帮助到欢迎这种帮助。并且出现了不少彝汉人民互助发展生产和解决生活困难的范例”[②]。这些范例多数是汉族帮助彝族，但也有彝族帮助汉族的情况。如喜德“红妈区贫农谢贵伦栽秧时，缺乏粮食栽不下，彝民沙马自动借人民币七十万与他，不要丝毫利钱”[③]。所有这些都说明彝汉关系较以前有了很大改善，远不像过去一般针尖麦芒，水火不容。

第三，中共对凉山经济社会情况已有了较充分的了解。在准备期，中共在凉山进行了一系列的社会调查，对彝族地区的政治、经

---

① 凉山工委：《凉山地区基本情况及几年来工作工作变化的简要报告》（1955 年 8 月 15 日），凉山彝族自治州档案馆，79—1—174—13。

② 凉山工委：《凉山地区四年来发展与目前情况》（1954 年 12 月 27 日），甘洛县档案馆，1—1—16—11。

③ 喜德县委：《喜德县三年来工作总结》（1952 年），凉山彝族自治州档案馆，79—1—6—1。

济、社会情况均有了较多的了解。[①] 在掌握了凉山社会的情况后，自然能因地制宜地制定较符合凉山地区实际情况的社会变革方案。

第四，通过建政和其他工作，中共在凉山建立了自己的政权，并培养了一批支持自己的彝族干部。大力培养彝族干部是中共进入凉山以来一直十分重视的问题。到 1955 年，“共开办了学校、训练班 40 余期，训练了学员二千名左右，培养选拔了彝族干部 818 人，已占凉山干部总数的 20%”[②]。据凉山领导人王维训回忆，前后经干校培养的彝族干部计一万多人次，此外，彝民团每年也至少培训出上百名彝族干部。[③] 更重要的是，通过准备期工作，中共争取了部分上层全心全意支持自己（包括支持即将开展的社会变革）。如昭觉的马五达[④]，普格的吉纽呷呷沈家[⑤]，越西的果基木古、阿候鲁木子、果基尔呷[⑥]，金阳的阿黎五撒[⑦]，美姑的阿陆呷呷、吉曲达基、莫说吉克日等[⑧]。这些上层成为后来凉山进行社会变革的重要动力。

---

① 参阅凉山工委：《关于雷波县山棱岗区宜西乡（聚居区）调查报告》（1955 年 2 月 7 日），凉山彝族自治州档案馆，79—1—204—1；凉山工委：《关于衣乌里克地区的调查报告》（1955 年 9 月 5 日），凉山彝族自治州档案馆，79—1—204—2。类似的调查还有很多。

② 凉山工委：《关于凉山几年来民族工作的初步总结和今后任务的报告（张冲主席的报告）》（1955 年 2 月 26 日），甘洛县档案馆，1—1—9—7。

③ 施嘉明主编：《难忘的历程——开辟凉山地区工作的回忆录》，成都：四川民族出版社，1992，第 25 页。

④ 四川省昭觉县志编纂委员会编：《昭觉县志》，成都：四川辞书出版社，1999，第 634 页。

⑤ 四川省普格县志编纂委员会编：《普格县志》，成都：四川大学出版社，1992，第 534—535 页。

⑥ 四川省越西县志编纂委员会编：《越西县志》，成都：四川辞书出版社，1994，第 630—632、635—637 页。

⑦ 四川省金阳县地方志编纂委员会编：《金阳县志》，北京：方志出版社，2000，第 565—566 页。

⑧ 四川省美姑县志编纂委员会编纂：《美姑县志》，成都：四川人民出版社，1997，第 752—753、754—757 页。

第五，凉山彝民（下层）要求改革的愿望也随着中共逐渐在凉山立足日益明显。如中共所言，“随着民族关系和群众觉悟的提高，阶级矛盾逐渐显露”①，由此而来的结果是黑彝（包括土司和拥有娃子的白彝）和娃子的对抗日趋激烈。具体表现如下：（1）群众对上层的不满情绪增大，有的娃子公开不服上层统治，和上层吵架，甚至斯打。甚至公开要求上层劳动，称“你不劳动，以后谁替你劳动”；（2）不愿再受上层统治的娃子成批逃往外地，甚至和上层公开对抗，甚至找到中共声称“要由政府管，不让黑彝管”，有的甚至提出“解放娃子”“黑白彝平等”的要求；（3）有的娃子拒绝交租，或将上层的土地弃而不种另谋生计，或提出减租和定租的要求；（4）不少娃子对中共基于团结上层需要对残杀娃子事件从宽处置甚至不处置不满，称“人民政府只看得起有钱人，看不起穷人”，“有苦到哪里诉啊”。② 此外，凉山部分地区出现成群结队的奴隶到政府请愿，要求保护和解放。如昭觉，1955 年 1—9 月来政府要求保护的奴隶为 73 人，10—12 月达 421 人，12 月 3—4 日两天来政府要求保护的奴隶即有 83 人，他们集体写血书，按手印，要求政府迅速改革。③ 在金阳，1955 年有 184 人找县政府要求安置。④ 由此可见，凉山广大彝民（下层）已有改革的要求和愿望，甚至可视为强烈的愿望。

所有这些都说明，凉山此时已具备了中共中央提出的在民族地区进行社会变革所需的必要条件，在凉山开展社会变革的条件已日趋成熟。

---

① 凉山工委：《凉山地区四年来发展与目前情况》（1954 年 12 月 27 日），甘洛县档案馆，1—1—16—11。

② 同上。

③ 伍精华：《我们是这样走过来的——凉山的变迁》，北京：方志出版社，2002，第 118 页。

④ 金阳县人民政府：《1955 年年终工作总结报告》（1956 年 2 月 24 日），凉山彝族自治州档案馆，95—1—74—2。

二、变革办法的出台

1954 年，中华人民共和国第一部《宪法》正式出台。在《宪法》中明文规定了“在社会主义改造的问题上将充分注意各民族的发展特点”[①]。刘少奇在当年论述《宪法》草案时也强调：虽然民族地区必须进行社会变革，但是，第一，“在什么时候实行社会主义改造以及如何实行社会主义改造等问题上，都将因为各民族发展情况的不同而有所不同。在这一切问题上，应当容许各民族人民群众以及在各民族中同人民群众有联系的公众领袖们从容考虑，并按照他们的意愿去做决定”。第二，“社会主义改造，在少数民族地区，可以用更多的时间和更和缓的方式逐步地去实现。现在还没有完成民主改革的少数民族地区，今后也可以用某种和缓的方式完成民主改革，然后逐步过渡到社会主义”[②]。这些文件形成了民族地区社会变革的法理依据。

当然，从根本上说，实行社会变革对民族地区而言，既是历史发展的必然，也是中共在民族地区的必行之举。只有在民族地区实行社会变革，才能促使民族地区的经济发展和社会进步，同时实现中央政权对民族地区的直接治理。

宪法的出台为凉山开展社会变革提供了法理依据，据此，中共四川省委和凉山工委也开始考虑何时改、怎样改的问题。1955 年初，在西康省委扩大会议上，省委书记廖志高在工作报告中，将本省民族工作归纳为创造改革条件，逐步实行，完成当地的社会变革和社会主义改造三个步骤；变革的前提条件则是团结上层，组织群众，建党及培养干部，三者缺一不可；目前需要广泛开展工作，团

① 《民族政策文件汇编》（第 2 辑），北京：人民出版社，1958 年，第 1 页。

② 同上书，第 7 页。

结上层，组织群众，锻炼积极分子，培养干部，尤其是彝族干部。[①]同时，中共在凉山进行了《宪法》的宣传。[②]

在西康省委的指导下（此时凉山属于西康省管辖），凉山工委开始研究怎样进行改革。1955 年 4 月 26 日，凉山工委下发了关于在凉山进行社会变革的研究提纲，明确指出："落后的社会制度特别是奴隶劳动和不合理的土地占有，是阻碍彝族人民发展进步的两大绊脚石。为了帮助彝族人民从根本上摆脱贫困落后的境地，并逐步走向先进民族的行列，与祖国人民一道进入社会主义社会，在彝族内部进行民主改革是十分必要的。"[③] 在这份提纲中明确提出凉山进行社会变革的目标、阶级划分、改革的方针、步骤、主要做法，计划在 1958 年底在凉山全区实现社会变革。同时提出：当前应继续做好上层工作、群众工作，培养民族干部，为未来的社会变革继续积聚动力。

5 月 3 日，凉山工委正式制定了在凉山进行社会变革的方案的提纲，拟分两批到三批完成（最后确定为三批）[④]，并在 5 月 5 日凉山工委办公会议上进行了讨论，5 月 11 日，凉山工委出台了关于在凉山进行变革的方案（草案），明确了凉山社会变革的基本内容。包括：第一，没收、征收奴隶主（上层，包括兹莫、诺伙、少数富裕的曲诺）的土地房屋，分给无地少地的奴隶（包括曲诺、阿加、呷西，主要是阿加和呷西）耕种居住，但房屋现为奴隶主居住的不动。财产没收、征收方面，多余羊群应征收分给奴隶，但是奴隶主

---

① 转引自秦和平：《四川民族地区民主改革研究——20 世纪 50 年代四川藏区彝区的社会变革》，北京：中央民族大学出版社，2011，第 51 页。

② 岩润工作团：《在第二次头人会议的主要头人会议上的讲话提纲》（1955 年），甘洛县档案馆，1—1—46—17。

③ 凉山工委：《关于在凉山区进行民主改革问题的研究提纲》（1955 年 4 月 23 日），凉山彝族自治州档案馆，79—1—172—5。

④ 凉山工委：《关于在凉山区进行民主改革问题方案》（1955 年 5 月 3 日），凉山彝族自治州档案馆，79—1—172—6。

的耕牛、农具和其他财物均不动。第二，废除奴隶制度，所有奴隶（无论谁所有）必须全部解放，奴隶主各种特权和奴隶对奴隶主的债务全部废除。第三，分配上所有人（奴隶主和奴隶）平等分配，以照顾原耕地为原则，允许鳏寡孤独保留相对较多的土地并出租，还要帮助所有奴隶安家，对其中的老、弱、残废必须设法加以收容。第四，在政策方面必须从发动群众和团结上层两方面入手，争取多数上层支持。在斗争形式上，采取“背靠背”方式，以利团结支持变革的上层。对支持变革的上层要保护过关。第五，在步骤上，应采取先削弱后消灭的方式进行。第六，目前应开始进行准备工作。包括：继续争取多数上层支持变革；发动群众；逐步控制上层拥有的武装；培养彝族干部；继续做好清匪治安和巩固政权的工作，做好调查研究工作。① 随后即根据这一提纲拟定在凉山开展社会变革的具体章程，经过多次修改，最后于 1956 年 2 月 9 日在凉山彝族自治州第三届一次人代会上通过，成为凉山开展社会变革的主要依据。下面是凉山开展社会变革（民主改革）最终方案的全文。②

四川省凉山彝族自治州民主改革实施办法

为了发展生产，巩固民族团结，进一步发展彝族地区的政治，经济，文化，改善人民生活，使凉山彝族得以跻身于先进民族行列，逐步过渡到社会主义社会，特根据中华人民共和国宪法的精神和凉山的具体情况，制定本办法。

第一章　总　　则

第一条　废除奴隶制度，解放奴隶，实行人民的人身自由和政

① 凉山工委：《关于在凉山区逐步实行民主改革问题的初步方案》（1955 年 5 月 11 日），凉山彝族自治州档案馆，79—1—172—7。

② 引自秦和平编：《四川民族地区民主改革资料集》，北京：民族出版社，2008，第 120—126 页。另，对这一方案的评析见第三章。需说明的是，1955 年 7 月底，西康省撤销，辖区划归四川省。

治平等。废除奴隶主阶级的土地所有制，实行劳动人民的土地所有制，借以解放农村生产力，发展农业生产，为实行农业社会主义改造，开展合作化运动创造条件。

第二章　解放奴隶

第二条　废除奴隶主的特权，解放奴隶。依照中华人民共和国宪法的规定，保护奴隶，半奴隶及其他劳动人民的人身自由和各种基本权利。

严禁抓抢、买卖、虐待、残杀娃子，违者依法惩处。

废除抽调“安家”和“曲诺”的子女当“锅庄”娃子及“陪嫁”等制度。

废除奴隶主加于奴隶、半奴隶及其他劳动人民的各种无偿劳役制度。

废除奴隶主以婚丧、年节、疾病及其他各种借口加于劳动人民的敲诈勒索和“吃绝业”等制度。

严禁冤家械斗，并废除奴隶主在冤家械斗中加于劳动人民的人力、物力等负担制度。对于已经调解，尚未交清冤家械斗的赔偿费，一律免交。

第三条　废除奴隶主的高利贷及其“杂布达”等剥削制度。

第四条　劳动人民对奴隶主的欠租，一律免交。

第五条　帮助解放了的奴隶安家立业，发展生产。在尚未没收与分配土地以前，奴隶主无力耕种之多余土地，应调剂给奴隶和半奴隶耕种。奴隶主占有的荒地，得由奴隶，半奴隶及其他劳动人民自由开垦。所有调剂之土地及开垦之荒地，一律免交地租，实行谁种谁收。

第三章　土地的没收和征收

第六条　没收奴隶主的土地，并征收其多余的耕畜、农具、粮食和房屋。但奴隶主的其他财产依法予以保留。

第七条　对于已经参加主要劳动的黑彝奴隶主及占有三个以上

锅庄娃子或三户以上安家娃子但是参加主要劳动的白彝奴隶主，其多余土地应予征收，多余的粮食、耕畜、农具、房屋应予征购。

第八条 本人参加主要劳动，占有两个以下锅庄娃子或两户以上安家娃子的白彝，应按劳动人民对待。采取坚决团结政策，除解放其占有的奴隶外，其所有土地及其他生产资料与生活资料，一律保护。

第九条 革命军人、烈士家属、工人、职员、自由职业者以及因从事其他职业或因缺乏劳动力而出租小量土地，其每人平均所有土地数量不超过当地每人平均数量200%者（例如当地每人平均土地为三亩，本户每人平均土地不超过六亩者），均保留不动。超过此标准者，得征收其超过部分的土地。如该项土地确系以其本人劳动所得购买者，获悉鳏、寡、孤、独、残废等依靠该项土地为生者，其每人平均所有土地数量虽超过200%，亦得酌情予以照顾。

第十条 劳动人民的土地及生产资料和生活资料，依法加以保护，任何人不得侵犯。劳动人民内部的租佃、债务关系，一般维持原约定。如发生纠纷时，应本着团结互让原则，协商调处之。

第十一条 火葬场以及该场地上的树木，不得没收分配，作为该乡人民集体所有，由乡人民委员会管理。

第十二条 本办法规定所有应该没收和征收的土地及征收的耕畜、农具、房屋、粮食等，自1956年1月1日起，加以出卖、出典、赠送或其他方式转移分散者，一律无效。此项土地应计入分配土地的数目内。

第四章 土地的分配

第十三条 所有没收、征收的土地及应征收的耕畜、农具、粮食和房屋，均由乡劳动人民协会接收，统一的、公平合理的分配给无地、少地及缺乏生产资料、生活资料的奴隶、半奴隶和贫苦劳动人民所有。对于奴隶主及其他非劳动人民亦分给同样一份土地，但不得荒芜、不得出卖、出租或转让。

第十四条　分配土地以乡或乡以下的适当居民区为单位，在原耕基础上，根据数量（习惯面积）、质量及位置远近，用抽补调整的方法，按人口统一分配之。但区或县的劳动人民协会得在各乡或适当的居民区之间作某些必要的调剂。乡与乡之间的交错土地，原属何地劳动人民耕种者，原则上仍划归该地分配。

第十五条　在原耕基地上分配土地时，原耕贫苦劳动人民自有的土地（包括解放后开垦的荒地在内），不得抽出分配。原耕劳动人民租入的土地抽出分配时，应首先给原耕户适当的照顾。

第十六条　在分配土地时对于若干特殊问题的处理如下：

（一）只有一口人或两口人的奴隶、半奴隶及其他劳动人民得分给多于一口人或两口人的土地。

（二）兼营农业的手工业工人应酌情分给部分土地。

（三）烈士家属（烈士本人得计算在家庭人口之内）及人民解放军荣誉军人、复员军人、人民政府和人民团体的工作人员及家属（包括随军家属在内），均应分给与劳动人民同样的一份土地和其他生产资料。但人民解放军的军官、人民政府和人民团体的工作人员得视其薪资所得及其他收入的多少与其对于家庭生活所能维持的程度，而酌情少分或不分。

（四）迷信职业者（毕摩）、游民得分给与当地劳动人民同样的一份土地和其他生产资料，并应加强监督其生产。

（五）奴隶的家属来凉山安家者，得分给与当地劳动人民同样的一份土地及其他生产资料。

（六）业经人民政府确定为罪大恶极的反革命分子及坚决破坏民主改革的犯罪分子，不得分给土地。其家属未参加犯罪行为者应分给劳动人民同样的一份土地和其他生产资料。

第十七条　分配土地和其他生产资料、生活资料时，应适当照顾锅庄娃子安家和组织互助合作的需要。

第十八条　分配土地时，得以乡为单位，根据本乡土地情况，酌情留出小量土地，以备本乡情况不明的外出户和逃亡户回乡耕种，或作本乡土地调剂之用。此项土地暂由乡人民政府管理，租给劳动人民耕种。但所留土地最多不得超过全乡土地总数的2%。

第十九条 分配土地时，县以上人民委员会得根据当地情况，酌情划出一部分土地，作为县的农业试验场之用。此项土地在未举办农场以前，可租给劳动人民耕种。

第五章 特殊土地问题的处理

第二十条 没收和征收的山林、果园、荒地和其他可分土地，应按适当比例，折合普通土地统一分配。为利于生产，应尽先分给原来从事此项生产的农民。分得此项土地者，可少分或不分普通耕地。其分配不利于经营者，得由当地人民委员会根据原有习惯，予以民主管理，并合理经营之。

第二十一条 在分配土地中，原土地上之果木及其他经济林木，应随地分配，不得破坏。没收和征收之小型水利，可以分配者，应随地分配，其不宜分配者，得由当地人民委员会根据原有习惯，予以民主经营。

第二十二条 大森林、大荒地、大荒山、矿山、河流、湖沼（泊）等均由国家经营管理。

第二十三条 名胜古迹、历史文物，应妥为保护，不得破坏。

第二十四条 公路、河道两旁的护路、护堤土地，不得分配。已划定路线准备修建的城镇、市场、兵营、机关、学校应保留土地者，须经州以上人民委员会批准。

第二十五条 为维护农村中的修桥、补路、义渡等公益事业，所必要的小量土地，得予以保留，不得分配。

第六章 民主改革的执行机关和执行方法

第二十六条 为加强人民委员会对民主改革工作的领导，经人民代表会议推选或上级人民委员会派适当数量的人员，在州、县两级组织民主改革委员会，负责指导和处理有关民主改革的各项事宜。

第二十七条　乡劳动人民大会、劳动人民代表会及其选出的劳动人民协会委员会，区、县、州各级劳动人民代表会及其选出的劳动人民协会委员会，为实行民主改革的合法执行机关。

第二十八条　采取和缓的方式，经过和平协商，实行民主改革。

第二十九条　凡爱国守法、积极赞助实行民主改革的奴隶主，予以宽大对待，经县人民委员会批准，可给予选举权。其中同劳动人民群众有联系的公众领袖人物，积极努力，在民主改革运动中为人民立功者，并可吸收参加机关工作，与解放后已参加机关工作的同劳动人民有联系的公众领袖人物一样，在政治上给予适当的地位，在生活上加以适当的照顾。

第三十条　为保证民主改革的实行，在民主改革期间，得组织人民法庭。对于一切顽抗或破坏民主改革的现行罪犯，依法予以审判及处理。必须严格禁止乱捕、乱打、乱杀及各种肉刑和变相肉刑。

第三十一条　在民主改革完成以前，为保证民主改革的秩序及保护人民的财富，严禁一切非法宰杀耕畜，砍伐树木。并严禁荒芜土地，破坏农具、水利、建筑物、农作物，及其他应没收、征收的财物，违者受人民法庭的审判及制裁。

第三十二条　划定阶级成分时，按自报公议方法，由村劳动人民大会、乡劳动人民代表会在向劳动人民协会领导下，民主评定之。其本人未入劳动人民协会者，亦应邀集到会参加评定，并允许其申辩（与人民群众有联系的公众领袖人物可采取缺席评定办法）。评定后，乡劳动人民协会报区劳动人民协会批准予以公布。本人或其他人如有不同意见，得于公布后15日内向县人民法庭提出申诉，经县人民法庭判决执行。

第三十三条　民主改革完成后，由县人民委员会发给土地所有证，民主改革以前的各种土地契约，一律作废。

第三十四条　为保障民主改革的一切措施符合于绝大多数人民

的利益和意志，各级政府机关应负责保障人民民主权利。劳动人民及其代表有在会议上自由批评及弹劾各级工作人员的权利。侵犯上述人民权利者，应受法律制裁。

第七章　附　　则

第三十五条　本办法适用于凉山彝族地区，散居在本州的其他民族应依本办法同等待遇。

第三十六条　对地主阶级分子，按本办法第六条规定对待之。

第三十七条　本办法公布后，视工作需要，各县得根据本办法所确定的原则及当地具体情况制定民主改革补充办法，报请自治州人民委员会批准施行，并呈报省人民委员会备案。

第三十八条　本办法经凉山彝族自治州人民委员会提交自治州第三届人民代表会议第一次会议通过，报请四川省人民委员会批准后公布施行。

当时，为了适应即将开展的社会变革，1955 年 7 月底继撤销西康省后，四川省委于 1955 年 11 月调整了凉山的领导机构，撤销了凉山工委及其下属的乐山、昭觉和昭通三个分工委和凉山临时军政委员会，新组建凉山彝族自治州地方委员会（凉山地委，后改称凉山州委），王维训任第一书记。原凉山工委，凉山临时军政委员会的机关工作人员多数搬到凉山地委和凉山州政府所在地昭觉。[①] 这一举措简化了凉山的行政结构，适应了凉山的新情况，便于指挥，由此加强了凉山即将开展的社会变革的领导力量。还要指出的是：西康省撤销后，原省委、省政府机关的不少干部被抽调到凉山充实凉山的干部力量，由此进一步增强了即将开展的社会变革的领导力量。[②]

---

① 伍精华：《我们是这样走过来的——凉山的变迁》，北京：方志出版社，2002，第 119 页。

② 同上书，第 120 页。

与此同时，中共中央也认为在凉山进行社会变革时机已经成熟。1955年9月，中央召开了有全国所有地委书记都参加了的工作会议，会议期间，由宋任穷主持召开了四川省三个州（凉山、甘孜、阿坝）民族工作座谈会，参加者有李井泉（代表四川）、廖志高（代表原西康）、谢富治（代表云南）和三州的地委书记。会议上主要研究了四川省三个自治州进行社会变革的问题，经过讨论最后确定凉山彝族地区可以先试点，做好准备，先实行变革。① 与此同时，中央也收到了四川省委和西康省委联署的关于在彝族地区进行社会变革的报告，经过讨论，中央同意了这一报告。指出彝区改革的基本任务是：解放奴隶，废除奴隶制度，实行人民的人身自由和政治平等，废除奴隶主的土地占有制，实行劳动人民的土地所有制。争取用3年时间（1956—1958年），完成凉山的社会变革。

由于数年凉山民族工作的稳步推进，以及1955年社会变革宣传工作的开展，不少凉山的上层真心实意地支持中共在凉山开展的社会变革。此外，随着形势的发展，愿意支持，至少接受变革的上层也越来越多。1955年11月底至12月初，四川省第一届人民代表大会第三次会议上，凉山小组提交了在彝区实行在凉山开展社会变革的议案，请求大会讨论通过。议案称：

“凉山彝族地区自解放五年多来，在中国共产党和上级人民政府的领导和各族人民的支援下，贯彻执行了党的民族平等团结政策，推行了民族区域自治，建立了各级政权，培养了大批彝族干部，组织和领导了人民群众的农副业生产工作，进行了交通、贸易、文教、卫生等建设，人民生产和生活有了一定的改善，广大群众觉悟不断提高，抗租、抗债、抗服劳役、娃子逃跑等自发性斗争不断发生，特别是自去冬全区开展宪法宣传以来，彝族人民更普遍而迫切地要求实行民主改革，走社会主义道路，彝族中与人民群众

---

① 施嘉明主编：《难忘的历程——开辟凉山地区工作的回忆录》，成都：四川民族出版社，1992，第30页。

普遍有联系的公众领袖人物在党的教育下，一部分已开始认识到社会主义的必然趋势，表示赞成和拥护民主改革。

根据上述理由，我们认为目前在凉山彝族地区实行民主改革的条件已基本具备，拟从现在开始进行必要的准备工作，争取在今后一定时期内，在凉山彝族地区完成民主改革的历史任务。”①

会议期间，部分与会的彝族上层纷纷发言，表示支持并愿意带头实行变革。如来自越西的上层阿候鲁木子坦言：

“过去，我只考虑到奴隶主的利益，而没有考虑劳动人民，特别是广大奴隶群众的死活，因此，听谁说要改革，我对他就不满意，甚至曾阻挡和打击过一些拥护民主改革的头人……我已经认识到人剥削人、人压迫人是最不合理的制度，所以我这次回去后，要在中共凉山地委和自治州人民委员会领导下，把我个人的娃子、土地及其他一切不合理的制度带头改革……”②

由此可见，支持中共主导的社会变革成为很多彝族上层的选择。需要强调的是，之所以出现这种现象，一方面是由于形势的发展，另一方面应归功于中共的民族团结政策在凉山的切实实施和数年来民族统战工作的成功。通过准备期各项民族工作的开展，使凉山不少彝族上层认识到中共是真心实意为凉山彝民谋福利的政权，实行社会变革也是为了使凉山迅速摆脱贫困落后的状态，建设富强的新凉山，这与凉山彝民的根本利益是一致的。因此，他们选择了支持中共在凉山主导的社会变革，这为凉山的社会变革顺利实施创造了重要条件。③

不过，对于需要放弃自身利益的社会变革，总会有一部分既得利益者不愿放弃自己的利益。当时凉山的上层也不例外。这些不愿

① 转引自秦和平：《四川民族地区民主改革研究——20 世纪 50 年代四川藏区彝区的社会变革》，北京：中央民族大学出版社，2011，第 62 页。

② 《四川日报》，1955 年 12 月 15 日。

③ 笔者认为，任何一项社会变革如果完全没有原社会结构中的上层支持，那么这项社会变革是很难成功的。

放弃自身既得利益的上层在凉山的社会变革开始后利用他们手中掌握的力量掀起了反对变革的叛乱。中共在凉山的彝族群众和支持改革的彝族上层的支持下，通过军事打击和政治争取双管齐下，历经数年，终于平息了这场叛乱。不但扫清了凉山社会变革的障碍，更保卫了凉山社会变革的胜利果实。

1956 年 2 月，凉山彝族自治州劳动人民协会成立，这是 20 世纪 50 年代中共在凉山开展社会变革的执行机关。[①] 会上，凉山彝族自治州副州长阿尔木呷（王海民）举起铁锤砸锁链，由此象征着 20 世纪 50 年代凉山的社会变革正式开始。

---

① 《四川日报》，1956 年 2 月 13 日。

第三章
凉山社会变革的基本过程

本章讨论凉山社会变革的基本过程。本章的任务是，利用笔者手里现有的资料，对凉山社会变革的基本过程和内容尽可能进行全面的清理。与此同时，在厘清凉山社会变革的基本过程的基础上，力争从理论的视角对凉山的社会变革进行相应的理论诠释。

第一节　凉山社会变革组织机构的成立和社会阶级的划分

本节讨论三个问题：第一，凉山社会变革主要组织机构——劳动人民协会的基本情况。第二，凉山阶级成份的划分，并通过不同的阶级划分文本分析中共在凉山社会变革划分中政策的变动及原因，同时比较其和汉区阶级划分的差异。第三，通过相关文本梳理对凉山彝族上层政策的改变，并分析其政策改变的原因，同时，将中共对待凉山彝族上层的政策和中共在汉区对待上层的政策进行比较，并分析二者之间的差异的原因。

一、社会变革的领导（执行）机构——劳协会的组建

开展社会变革的第一件事自然是要成立相应的负责机构，就凉

山全州而言，凉山地委（1957 年改称凉山州委）自然是凉山社会变革的主要机关，在基层（乡、村）则是由工作团（队）发动群众，组织群众开展变革，以后为了工作方便，凉山成立了各级劳动人民协会（以下简称“劳协会”或“劳协”），作为在凉山开展社会变革的主要领导（执行）机构。1955 年底，凉山地委制定了《四川省凉山彝族自治州劳动人民协会组织章程》（以下简称《章程》），对劳协会各项内容作了明确规定。具体而言，包括以下几个方面。①

第一，劳协会的性质和作用。《章程》规定，“劳协会为四川省凉山彝族自治州劳动人民自愿结合的群众组织，在中国共产党的领导下，团结全体劳动人民及一切拥护民主改革的分子，遵照人民政府的政策法令，有步骤地实行反奴隶制的民主改革，保护劳动人民利益”，“劳协会是协助政府贯彻执行各项政策法令和实行民主改革的合法执行机构”。

第二，会员的结构。《章程》规定，“凡奴隶、半奴隶及其他劳动人民，除患精神病者外，年龄在 18 岁以上，不分民族、性别、居住期限，赞成本会章程自愿入会者，经过当地劳动人民大会通过并经乡劳协会批准后均得为劳协会会员”，“凡被派到农村中从事群众运动的工作人员均可加入劳协会，其入会手续和其他会员相同”。同时中共特别强调，劳协会会员必须“团结互助，共同维护劳动人民的利益，在各种群众运动和民主改革运动中，不对奴隶主通风报信，不贪污、不包庇、不徇私舞弊、不浪费斗争果实”。

第三，组织系统方面。《章程》规定，首先，劳协会分州、县、区、乡四级，“乡劳协会为本会基层组织，乡劳协会以下视情况设立分会，根据会员分布情况，男女编或合编为若干小组，由乡劳协

① 以下内容均见《四川省凉山彝族自治州劳动人民协会组织章程》（1955 年 11 月 23 日），凉山彝族自治州档案馆，79—1—171—11；秦和平编：《四川民族地区民主改革资料集》，北京：民族出版社，2008，第 131—135 页。

会领导，有关劳动人民利益的大事，应召开全乡或全村劳动人民大会讨论”。其次，“乡级及乡以上各级劳动人民代表大会为本会各级的最高权力机关，其职权是根据人民政府政策法令和上级劳协会指示及当地劳动人民要求，决定本地区群众运动的方针和计划，并审查同级劳协会委员会的工作报告，选举该级劳协会委员会。各级劳动人民代表会议，必要时经上一级政府或劳协会批准，可代行劳动人民代表大会的职权”。最后，“劳动人民代表大会或劳动人民大会闭会期间，由各级劳协会委员会和分会委员会行使职权，负责贯彻执行各级劳动人民代表大会的决议，并向各级劳动人民代表大会报告工作，州、县两级劳动协会得在委员会中推选常务委员，组成常务委员会，处理该劳协会的日常工作”。

第四，机构设置方面。《章程》首先规定了各级劳协会的办事机构：“各级劳协会委员会组成人数：分会由 5—9 人，乡由 9—15 人，区由 15—21 人，县由 21—35 人，自治州由 35—45 人组成之。各级劳协会委员会得设候补委员若干人。并由委员中推选主席 1 人，副主席 1 人至数人，在委员会下设若干部门，分工办事，自治州和县均称部，各部设部长 1 人，副部长 1 人，干事若干人；区、乡设文书 1 人，各部门不设部均称委员。”其次，《章程》规定了机构的职能，包括：“（1）主席：负责推进本会全盘工作及领导所属部门。（2）副主席：协助主席工作，受主席委托得代行主席职权。（3）组织：负责各地现有会员、干部及本会一切事宜。（4）宣传教育：负责各种有关会员、干部的教育，文化活动及对内、对外宣传事宜。（5）生产建设：负责指导农、副业和其他生产事业。（6）妇女：负责本会有关妇女会员工作，必要时召开妇女群众大会及妇女代表会议。（7）青年：负责本会有关青年工作，必要时召开青年群众大会及青年代表会议。（8）武装：负责掌管并领导劳动人民清匪治安自卫武装。”事实上，州级和县级劳协会领导成员均由在州、县工作的中共干部兼任，区、乡则一般由工作团（队）领导，并由其指导劳协会工作，同时吸收当地积极分子参加组织领导工作（劳协会主席往往由他们担任）。最后，章程规定了各级劳协会委员的任期为 1 年，可连选连任，被撤换或其他原因离职则由候补委员递补。

第五，经费问题。《章程》规定：劳协会会员每人每年缴纳杂粮 1 斤作为会费，贫苦者经过乡劳协会批准可以免交。如果经费不足，可请求政府补助。劳协会使用的房屋和设备，也由人民政府拨给。

此外，中共还明确规定：第一，劳协会是凉山的社会变革时期实际的乡政权，应代行乡政权的职责，凉山的社会变革完成，乡人民政权健全巩固后，劳协会任务即告结束。第二，劳协会有对会员奖惩的权利，高级劳协会同样有奖惩低级劳协会的权利。对会员的处分方式有劝告、警告、撤销工作和开除会籍，对组织的处分包括部分改组其领导机关、撤销其领导机构并指定临时的领导机构。以至于解散其整个组织，并另派干部重新组织。

以上是劳协会组织机构的基本内容，凉山的社会变革开始后，凉山各地均按照《章程》组织了劳协会作为凉山开展的社会变革的领导（执行）机构。以后凉山的社会变革均是由劳协会进行领导。纵观劳协会的组织，可得出以下几条结论：

第一，由于《章程》规定劳协会是“实行民主改革的合法执行机构”，这样的规定决定了凉山的社会变革期间劳协会实际上是开展变革的主要组织领导机构。加上工作团、工作队的个人名义上也加入了劳协，因此虽然说实际上是工作团、工作队领导积极分子开展的社会变革，但是凉山社会变革的组织和执行机构仍旧是劳协会。

第二，劳协会是中共在领导凉山社会变革期间整合凉山社会和动员彝民的主要场所，同时其背后仍旧体现了中共的阶级话语。中共对加入者处理要求符合阶级属性外，其他条件不加限制，意在最大限度整合和团结凉山的多数人口（属于土司和黑彝的人口毕竟只占凉山人口的少数），也正是通过劳协会，中共成功地将原本是一盘散沙的下层彝民组织起来，形成了有组织、有合力的社会变革力量。这不仅是凉山的社会变革成功的保证（背后的实质是政治运动），也是凉山社会变革的基础。同时，劳协会只许奴隶、半奴隶及其他劳动人民加入，强调劳协会员必须“团结互助，共同维护劳动人民的利益，在各种群众运动和民主改革运动中，不对奴隶主通风报信，不贪污，不包庇，不徇私舞弊，不浪费斗争果实”均是阶级话语的表现。毕竟社会变革政策的背后是中共阶级话语的体现。

第三，凉山的社会变革也是凉山从旧政权转向新政权的一个节点，劳协会（这里主要是指区、乡两级劳协会）在新中国成立初凉山的中共政权中实际上是一个过渡机构，在社会变革中劳协会要行使基层政权的行政权力，在社会变革结束后，随着新的政府机构的建立，劳协会的过渡任务自然结束，解散也就成为必然。

二、凉山社会阶级的划分

本目讨论凉山社会变革中社会阶级的划分，主要讨论凉山的社会阶级划分从最初制定到最终确定经历了哪些变化，出现这些变化的原因是什么。另需指出的是：本目讨论的是文本（政策的制定）上阶级成份划分办法是怎样变动的和变动的成因，不是政策实践中对阶级成份如何划分。

以下是笔者所见的资料中时间最早凉山阶级划分的文件，为了全面理解中共在凉山阶级划分的政策的精神，这里全文转录如下[①]：

“为了保证凉山彝族自治州民主改革运动中各项改革的正确实施，特根据 1950 年‘中央人民政府政务院关于划分农村阶级成份的决定’的精神，结合凉山彝族地区社会阶级的情况，并尽量采用简便易划，便于掌握的办法，制定本办法。

目前凉山彝族地区的社会性质基本上是氏族，部落性的奴隶社

① 《四川省凉山彝族自治州关于在凉山彝族地区划分阶级成份办法的初步意见（草案）》（1955 年 12 月 15 日），凉山彝族自治州档案馆，79—1—302—1。

会，但由于周围地区社会变化的长期影响，封建性的生产关系亦已产生，这在靠近汉区的边沿地区更为明显，因此，在上层统治阶级方面，在剥削奴隶无偿劳动的同时，也存在着封建性的地租剥削，而在劳动群众方面，则除了奴隶（锅庄和安家）以外，还有了一部分白彝群众（彝语称‘曲诺’），除人身还不是完全自由外，在高利贷及其他苛重的剥削下过着痛苦的生活，他们中又有65%左右的人只占有少量的土地和生产资料，长期忍受着地租、高利贷和各种劳役等残酷剥削，并未完全脱离奴隶生活，因此，这一部分群众既不同于土改前的汉区农民，也不同于完全的奴隶（类似政治经济学教科书内所讲的过渡阶层——隶农）。所以很难确定一个妥当名称，但又必须确定一个名称才便于在彝族社会中划分这一类人的阶级成份。目前划成份中为了便于称呼，也照顾到改革后奴隶群众和劳动人民阶级成份的改变与农村实际情况，可将其中贫苦者称为‘半奴隶’，将其中一部分富裕者称‘中农’（当然在民主改革未完成以前用中农名称来代表中间阶层也是不完全确切的）为宜，其中尚有很多具体问题，有待今后继续调查研究中加以解决。

以下是彝区阶级成份的划分：

一、奴隶主：占有奴隶、土地，自己不劳动，而靠剥削为生的，称为奴隶主。

奴隶主依靠着奴隶主特权，残酷地剥削奴隶的无偿劳动，向劳动人民进行各种超经济剥削，同时出租土地进行各种形式的地租剥削和放高利贷剥削，有的奴隶主在破产之后有劳动力仍不劳动，而其生活状况超过普通中农者，仍应划为奴隶主。

奴隶主家中的管事，其家庭生活主要是依靠奴隶主的剥削和劳动人民为生活来源，生活状况又超过普通中农水平者，则与半奴隶主一例看待。有些人虽为奴隶主家中的管事，但家庭成份贫苦者，其家属仍应划为劳动人民，本人与家庭分别划分成份。

在边沿区和彝汉杂居区，有少数彝族剥削者，因受汉区过去的封建社会的长期影响，其出租土地进行地租剥削为主，可划为地主。对彝族地主的政治待遇同于奴隶主。

本人不占有土地或只占有少量土地，但不从事劳动，而依靠转租别人土地或依靠剥削奴隶而承租本人土地进行剥削者，应视情况划为奴隶主和地主。

二、半奴隶主（系指白彝）：本人参加主要劳动，但剥削收入为其生活主要来源者，其中有两种情况：本人虽参加主要劳动，但占有奴隶（锅庄）在三个以上或剥削安家娃子大约相当于三个锅庄娃子以上，而占有土地又超过当地平均数以上者，或本人虽参加主要劳动，占有奴隶在二个以下，但占有土地超过当地平均数两倍以上，生活亦较富裕者，均应划为半奴隶主或半地主成份。但其中有的人虽然占有奴隶在三个（或三户）以上或土地在当地平均数两倍以上而生活又不富裕，其生活水平低于当地一般中农生活水平者，群众不同意划为半奴隶主者，仍应划为中农。至于某些原为劳动人民，现因年老疾病，死亡丧失劳动力将土地出租者，仍按原来成份确定。

注：1. 计算锅庄娃子数量时，10 岁以下小孩及老弱残废、根本失掉劳动力者应除外。

2. 有的彝族剥削者，占有锅庄娃子不足 3 个，但占有安家娃子，其剥削量与锅庄娃子相加，实际上已超过三个锅庄娃子以上者，仍应划为半奴隶主。为了简便起见，大体上每一户半—两户安家娃子应折算为一个锅庄娃子。

3. 由此可以看到劳动不劳动是奴隶主与半奴隶主（只限于白彝）的主要区别，而占有奴隶及土地多少及生活情况，则是半奴隶主与劳动人民之间的基本区别。

三、中农：占有一定的土地和农具、耕畜，生活来源的大部或全部依靠自己劳动，衣食大体可以自足的，称为‘中农’。

‘中农’一般不剥削人，一部分人还要受地租、债利剥削，凡是白彝劳动人民则均受黑彝奴隶主的政治奴役和各种超经济剥削，只是在政治上不同于‘锅庄’或‘安家’两种奴隶。有的是血统白彝（曲诺），有自己的家支，有的则原来是奴隶（安家娃子），后来经过赎身与白彝‘开亲’后上升为白彝者。

另一部分‘中农’同时蓄养个别奴隶（锅庄娃子或安家娃子），或出租小部分土地，但不是他的主要生活来源。

有的黑彝已参加主要劳动连续五年，其经济生活与上述情况完全相同的，亦应划为‘中农’。

四、半奴隶：占有少量土地或无土地，只有一些不完全的农具，主要或完全依靠佃耕别人的土地或‘吃耕食地’生活，在惨重的地租、劳役、债务和超经济剥削下劳动，终年却吃不饱，穿不暖，称为半奴隶。

‘半奴隶’在经济地位上与奴隶中的‘安家娃子’没有区别，也同样在政治上遭受着奴隶主的奴役和各种超经济剥削，他们和奴隶唯一的区别系因其为白彝家支的成员或是已赎身的奴隶，除因战争被俘外，奴隶主不能任意杀害、买卖或抽调为奴隶。这是与奴隶阶层的唯一区别。

五、奴隶

安家娃子：是与奴隶主分居的奴隶。奴隶主为了自己的剥削阶级利益，对一部分自己认为比较忠实的奴隶（锅庄娃子），在一定情况下加以婚配（但生下子女仍由奴隶主支配），并给以一份土地（称为‘耕食地’），让奴隶分居出去自己解决生活问题，但每年仍需以大部分时间为奴隶主进行无偿劳动，称为安家娃子。他们中某些人虽可利用给奴隶主劳动的空隙，租种别人土地或进行副业生产，积蓄一些私有财产，甚至极少数亦可买得少量土地或可买到奴隶，但时有被奴隶主任意侵夺的危险，因此他们仍为奴隶。

安家娃子当中，有个别人本人亦占有奴隶或较多的土地，生活比较优越者，可视情况按中农或半奴隶对待。

锅庄娃子是一无所有者，受奴隶主的残酷剥削，完全没有人身自由，过着牛马不如的生活。他们是奴隶主的私有财产，奴隶主可以将他们当作牛马一样来买卖和屠杀。

某些锅庄娃子虽然已被婚配，并已分居，但自己没有领到“耕食地”，一无所有，整天给奴隶主劳动，且自己所生子女也全是奴隶主的财产，故仍然是锅庄娃子。

六、其他成份

1. 手工业者：如以农业劳动为主，按其家庭成份划分。

2. 雇工：指彝区劳动人民集体雇佣（如放牛、羊）劳动者。

3. ‘毕摩’（巫师，多属兼办职业）一般按其家庭划分，如专以‘毕摩’为生，则划为‘迷信职业者’。

4. 游民：指丧失土地及其他生产资料者，有劳动力而不劳动，一贯依靠不正当方法维持生活者。

附注：

一、确定各阶层成份的时间：1. 劳动人民可按当前情况确定。2. 原为奴隶主，目前已参加主要劳动，如已连续五年者可按劳动人民待遇。3. 计算半奴隶主娃子多少时，应以 52、53、54 年三年的情况决定，如上述三年本人连续占有三个以上锅庄娃子者，即为半奴隶主，否则仍按劳动人民待遇。

二、关于主要劳动的解释按‘政务院划分农村阶级成份决定’及‘中央关于划分农村阶级成份的几个补充规定’的精神执行。

三、本办法只适应于彝族，其他各族人民的阶级划分，按前述两个文件的指示办理。

四、在群众中划阶级的具体做法另定。

五、本办法经州人民委员会通过报请省人民委员会批准后公布执行。”

以上是笔者见到的最早的凉山划分阶级的文件。由此可见中共在凉山划分阶级最初的构想。从这份文件中可得出以下几点结论：

第一，综观全文件的内容，能明显看到中共在凉山划分阶级的方式基本是以汉区划分阶级的方式作参照和蓝本制定的（主要蓝本可参照《政务院关于划分农村阶级成份的决定》[①]），基本是参照汉区的地主、富农、中农、贫农、雇农对凉山的社会阶层进行阶级划分的，亦即仍旧是主要依照经济地位的高低（拥有生产资料的多寡）划分凉山社会各阶级的成份，而且成份具有对应性（汉区的地主富农对应凉山的奴隶主、半奴隶主，半奴隶、奴隶对应贫农、雇农）的特点，此外，对确定阶级成份的时间，其他成份（包括手工业者、雇工、“毕摩”、游民）的划分，甚至连定义（如中农）都有和汉区的阶级划分方案雷同之处。

第二，虽然中共在凉山是按照经济地位的高低作为划分阶级成份的主要参照，但在划分阶级成份中也考虑了凉山社会的特点——人身依附性。文件中明确规定：成为奴隶主的条件之一是“占有奴隶”，划为半奴隶主的条件之一是“占有奴隶（锅庄）在三个以上或剥削安家娃子大约相等于三个锅庄娃子以上，而占有土地又超过当地平均数以上者”或“占有奴隶在二个以下，但占有土地超过当地平均数两倍以上，生活亦较富裕者”，这些规定都考虑到了凉山社会是奴隶社会，在奴隶社会，奴隶（包括锅庄娃子、安家娃子、乃至白彝）在经济、政治上对奴隶主具有高度人身依附性（白彝更多是政治上的依附），因而在划分阶级时不能不考虑这一点。这也是凉山划分社会阶级成份和汉区划分社会阶级成份的主要不同之处。

第三，相对于新中国汉区社会阶级成份的划分，凉山的社会阶级划分要简单得多。汉区在规定基本的阶级成份时，还有不少附加的规定。如汉区对地主和富农的划分标准有“特殊情形”，是否兼工商业的规定，[②] 对地主富农有政治上是否“反动”的区别，[③] 凉

① 见中共中央文献研究室编：《建国以来重要文献选编》（第1册），北京：中央文献出版社，1992，第382—407页。

② 同上书，第388、403页。

③ 同上书，第393—395页。

山则不存在这样的规定。又如汉区有对知识分子、开明士绅，在革命队伍以及工人中家庭出身是地主富农的如何划分其阶级成份，如何确定其政治待遇的规定，[①] 凉山则不存在这样的规定。再如汉区有贫农（包括工人、贫民）和地主（包括富农、资本家）结婚后，成份如何划分的规定，凉山也不存在这样的规定。

以上即是凉山划分社会阶级成份的特色，之所以存在这些特色，有如下几个原因。

第一，中共始终是以阶级话语对中国社会进行分析的，包括凉山在内的少数民族地区也是如此。中共阶级话语的基本内容是：由于经济基础决定上层建筑（主要是指政治地位），因而经济地位的高低是其社会政治地位高低的基础。少数掌握着生产资料（或掌握着较多生产资料）的统治阶级剥削和压迫着大多数不占有生产资料（或较少占有生产资料）的被统治阶级，因而统治阶级和被统治阶级之间是对立关系。故分析社会结构、确定阶级地位应当以经济地位的高低为主要参照。因此，凉山社会阶级成份被划分为奴隶主、半奴隶主、中农、半奴隶、奴隶自然就顺理成章了。

不过，按照阶级话语对凉山社会各阶层的划分还是基本契合了凉山社会的实际情况。因为凉山的统治阶层土司（兹莫）和黑彝（诺伙）都是政治权势和经济权势的双重掌握者，加上一些威望较高的土司和黑彝还掌握了社会权势，因此，说凉山的各种权势都掌握在土司和黑彝手中也并不过分。因此，按照阶级话语划分凉山社会阶层还是基本反映了凉山社会的社会基本结构，为社会变革的顺利开展提供了较可靠的依据。

第二，如前所述，相较汉区社会阶级划分的复杂性，凉山阶级划分相对要简单许多。这是因为汉区的社会实际结构较凉山远为复杂，按照单一的阶级话语进行的阶级划分存在着许多“例外”和

① 中共中央文献研究室编：《建国以来重要文献选编》（第 1 册），北京：中央文献出版社，1992，第 397—399、400—401、406 页。

“特殊”的现象，在革命战争时期由于对这些“例外”和“特殊”情况没有采取妥善措施进行处置，造成了许多不必要的消极后果和损失，因而在新中国成立初土地改革的阶级划分中根据社会的实际情况和过去的经验教训对原有的阶级划分方式进行了补充和完善。相比之下，凉山的社会结构相对简单，类似于汉区的“例外”和“特殊”现象要少得多，因而能以相对简单的方式进行划分。这也是凉山阶级划分和汉区阶级划分的主要区别之一。

第三，中共也知道凉山的社会结构和汉区有较大的区别，“基本上是氏族、部落性的奴隶社会，但由于周围地区社会变化的长期影响，封建性的生产关系亦已产生”，因而，在阶级划分时是按照奴隶社会的情况，划分为奴隶主、半奴隶主、中农、半奴隶、奴隶等阶层，而不是按照汉区（封建社会）的情况划分为地主、富农、中农、贫农、雇农等阶层。

另需指出的是，从凉山社会阶级的划分也可见中共的阶级划分有先入为主之嫌，具体的表现就是力图在社会阶级成份的划分中将社会各阶层套入自己的阶级话语中，虽然也还是较重视对地方（少数民族地区）实际情况的把握，但是最多也就是根据社会实际情况对自己的阶级话语做一些调整和完善，而不是从当地社会实际出发，在得出当地社会的实际情况后，再根据实际情况划分阶级成份。这正如法国学者布迪厄所言：“一个阶级在很大程度上是由把感知的存在当作存在来定义的。”① 在第一章，笔者已指出凉山奴隶社会最主要的社会关系除了家支关系，就是土司（兹莫）、黑彝（诺伙）和少数白彝（曲诺）② 对多数的白彝、阿加（安家娃子）、呷西（锅庄娃子）的统治—服从关系。白彝和安家娃子、锅庄娃子

---

① 转引自张小军：《阳村土改中的阶级划分与象征资本》，载黄宗智主编：《中国乡村研究》第 2 辑，北京：商务印书馆，2003，第 102 页。

② 凉山少数地方没有土司和黑彝，这些地方的统治阶层是白彝。如雷波的上田坝地区。见云南省编辑组：《四川广西云南彝族社会历史调查》，昆明：云南人民出版社，1987，第 1—55 页。

在人身上完全或不完全依附于土司和黑彝（也包括安家娃子和锅庄娃子对白彝的统治—服从关系和锅庄娃子对安家娃子的统治—服从关系）。土司和黑彝对娃子的人身占有是他们对娃子经济剥削的基础。因此，相对而言，在凉山的社会变革中废除凉山统治阶层的特权比没收（包括征收和征购）统治阶层的财产分配给被统治阶层更重要（虽然在凉山的社会变革中这二者均得以实行）。

不过，如秦和平所言：这一“阶级成份划分办法”或许能理清彝族内部的占有状况和阶级分层，但如此细致地划分，范围较大，不利于中共中央提出的以“赎买”的宽大方式实现社会改造的彝族地区。因此，这份“凉山彝族地区阶级成份划分办法”上报四川省委后，省民工委对此批示：“其中关于社会性质的分析和阶级成份划分办法均需再加考虑，尤其‘半奴隶主’，‘中农’等名词恐欠妥，对某些成份的解释，也欠确切，总之，应遵照省委以前有关指示解决这个问题，并且以简明、明确、易于掌握为好……”①

凉山地委根据四川省委指示对凉山的阶级划分进行以下几点补充和修正：第一，“半奴隶主”这一成份取消，“半奴隶主”一律划为奴隶主成份。这是因为“半奴隶主”这一成份在凉山很少，且在政策上已体现了区别对待，② 多划一项“半奴隶主”意义不大。第二，对白彝成份的彝族是否划为奴隶主按照奴隶占有的标准进行了界定，即以《四川省凉山彝族自治州关于在凉山彝族地区划分阶级成份办法的初步意见（草案）》（以下简称《初步意见》）规定的娃子占有数（三个锅庄娃子或三户安家娃子）为界限，以上划为奴隶主，以下不划为奴隶主，划为中农（劳动者），如此划分主要是为了简便易行，且政策上对他们相当宽大。但是，娃子计算方式

① 本段内容基本引自秦和平：《有关凉山彝族地区民主改革的认识》，载达力扎布主编：《中国边疆民族研究》第 2 辑，北京：中央民族大学出版社，2009，第 106 页。

② 参阅秦和平编：《四川民族地区民主改革资料集》，北京：民族出版社，2008，第 121 页。

和《初步意见》不同，《初步意见》对锅庄娃子和安家娃子的折算是1户半—2户安家娃子折算为1个锅庄娃子，且10岁以下的儿童、老弱残废和根本没有劳动力的娃子不算在占有的娃子内，修正意见的计算方式是：（1）安家娃子和锅庄娃子的折算比改为1∶1，即1户安家娃子折算为1个锅庄娃子；（2）10岁以下的儿童、老弱残废和根本没有劳动力的娃子均计算在占有的娃子内。第三，《初步意见》中“中农”成份取消，改称“劳动者”。这是因为凉山实际上只有奴隶主和奴隶两个阶级，“中农”这一名称不够确切。第四，在劳动人民（奴隶阶级）内部划成份时，对于“毕摩”、手工业者、游民及雇工等成份可不作细划。[①] 此外，凉山地委提出，奴隶主成份一般应控制在凉山总人口的7%—8%以内。[②]

除此之外，凉山和汉区接壤的边缘地区还存在一定数量的汉族富农（人数不多，多在雷波和普格。雷波占总户数的2.88%，普格有汉族富农的三个乡中，汉族富农只占总户数的1.5%左右），此外，边缘地区还有少数彝族富农（主要集中在甘洛和越西，甘洛占总户数的2%，越西占总户数的0.6%），对这些富农，凉山地委对汉族富农，除留下当地土地平均数，其余土地、房屋、耕畜、农具均进行征收（本人住宅不动），粮食除已统购的外，均加以征购，对彝族富农则按《凉山民主改革实施办法》对待参加劳动的奴隶主执行的政策。[③] 后根据四川省委意见改为：（1）对当地（杂居区）的汉人地主，没收其土地、森林、荒山、茶林、果园、水渠、耕畜、农具及多余的房屋和粮食，其他财产不予没收。彝族地主则按照奴隶主对待，没收其土地并征收其多余的耕畜、农具、粮食和房屋，其他财产依法予以保留。（2）对于彝汉富农，应一律按照对富

① 以上见凉山地委：《关于〈在凉山彝族地区划分阶级成份的初步意见（草案）〉的通知》（1956年2月6日），四川省档案馆，建川012—124—3。

② 同上。

③ 凉山地委：《关于对待富农有关政策问题的请示》（1956年3月21日），四川省档案馆，建川012—124—11。

农土地的出租部分，加以征收，对富农的其他财产不动。彝族富农中占有娃子的，应予以解放。（3）对于彝族富农多余的粮食、耕畜、农具、房屋等已经征购了的，对于汉族富农多余的耕畜、农具及房屋等已经征收了的，如果未侵犯到中农，可一律不予退还。粮食已征购了的作价。但是以后必须严格划分清楚，按照政策规定办事。①

1956 年夏，中共中央召开会议讨论凉山和甘孜地区的社会变革和平叛政策，毛泽东在听取相关汇报后，明确指出：凉山的奴隶主划分到人口总数的 7%—8%多了，划分 3%—5%就可以了，而且少数民族地区群众生活很苦，上层的生活也不很好，有些人可以有意识的不划成地主。此外，对少数民族地区的地主（也包括奴隶主——笔者注）在实现社会变革后不剥夺选举权，还可以做官。同时，毛泽东指出：对少数民族中的地主应该宽一些，对资本家都是赎买政策，对少数民族中的地主应该比资本家更宽大一些。② 毛泽东的这段谈话明确了对包括凉山在内的民族地区的上层应采取较以前更加宽大的原则（包括阶级成份的划分和对上层的政策，对奴隶主阶级政策的变化在下一目讨论），凉山地委据此对凉山地区阶级成份的划分原则进行了调整，主要包括以下几个方面。③

第一，奴隶主家中的管事的成份，在之前阶级成份划分办法中被划为“半奴隶主”（奴隶主）成份，在新的阶级成份划分办法中改为“与劳动人民一例看待”。

---

① 四川省委：《关于对待杂居区富农等有关政策问题的批复》（1956 年 4 月 9 日），四川省档案馆，建川 012—124—12。

② 见秦和平编：《四川民族地区民主改革资料集》，北京：民族出版社，2008，第 42 页。事实上，亲历了凉山社会变革的一些干部也认为 1956 年初的阶级成份划分办法较严，见伍精华：《我们是这样走过来的——凉山的变迁》，北京：民族出版社，2002，第 142 页。

③ 以下均见凉山地委：《关于凉山彝区划分阶级成份的意见》（1956 年 8 月 30 日），四川省档案馆，建川 012—124—5。

第二，彝汉交界的边沿区和彝汉杂居区，存在着少数彝族地主(原文为剥削者)，他们在之前的成份划分办法中被划为地主，在新的阶级成份划分办法中改为根据实际情况划为地主或小土地出租者(参照国务院划分农村阶级成份决定中关于划分小土地出租者成份的标准执行)。彝族地主的待遇和奴隶主相同，小土地出租者待遇和劳动者相同。

第三，将最初的“半奴隶主”成份归于奴隶主，改为归于“劳动者”成份。这是新的阶级成份划分办法最重要的调整。在之前的阶级划分办法中，“本人虽参加主要劳动，但占有奴隶（锅庄）在三个以上或剥削安家娃子大约相当于三个锅庄娃子以上，而占有土地又超过当地平均数以上者，或本人虽参加主要劳动，占有奴隶在二个以下，但占有土地超过当地平均数两倍以上，生活亦较富裕者”均被划为“半奴隶主”（奴隶主）成份，只有参加了主要劳动，经济情况也不富裕的上层，可被划为“中农”（劳动者)，在新的阶级划分办法中上述所有情况则全部被划为劳动者成份。由此可见，之前的阶级成份划分办法中，占有娃子的多少和土地的多少是划分奴隶主和劳动者的主要界限，新的阶级成份划分办法中，是否参加了主要劳动是划分奴隶主和劳动者的界限。此外，一些白彝或黑彝虽占有奴隶及较好较多的土地与其他生产资料，且依靠剥削收入为其主要生活来源，但其家庭成员已参加了主要劳动，对这一部分人，新的阶级成份划分办法中全部改划为劳动者成份，按劳动者成份对待。[①]

第四，新的阶级划分办法取消了“半奴隶”成份，原划为“半奴隶”成份的人全部归为奴隶成份。

接着，凉山地委又根据划分阶级成份试点的情况，对凉山阶级

---

① 这一点在凉山地委《关于修正〈四川省凉山彝族自治州民主改革实施办法〉中第六、七条的决议》（1956 年 9 月）中也有明确表述，见秦和平编：《四川民族地区民主改革资料集》，北京：民族出版社，2008，第 129 页。

成份划分提出了如下补充意见（这些意见基本是旧的阶级成份划分办法中没有的），在报请四川省委得到批准后实行，这些补充意见如下：

第一，有的人虽占有少数奴隶（3 个以下）和相当于当地平均数两倍以下的土地，不参加劳动以剥削收入为其生活主要来源，但如系缺乏劳动力的孤寡户，则可以不划为奴隶主，而划为其他成份。

第二，有的人虽然一贯有劳动力而不劳动，但改革以前已经实际破产者（目前仅占有一两个娃子和当地平均数以下的土地）亦可不再划为奴隶主而划为其他成份。

第三，其他成份中的“手工业者”与“雇工”应划为单独成份，不称为其他成份。

第四，在安家娃子中有少数人由于特殊原因，虽然未能摆脱奴隶地位，但本人耕牛农具齐全，占有较多土地，或少数奴隶，其生活实际上相当于一般劳动者水平的，可划为劳动者成份。

第五，关于参加主要劳动标准问题：根据目前凉山的具体情况，只要某一家庭中的一个成员，在主要农事季节，经常从事主要劳动，即应以参加了主要劳动计算，不必硬性执行 120 天的规定。

第六，在做法上，为了简便易行，凡未实行改革的地区在划分阶级成份时，公开只划分奴隶主成份，以划清敌我界线。劳动人民内部成份不必公开划分。在已经完成改革的地区对劳动人民内部成份亦不必重新划分，但在建党、建团、建政、组织互助合作及发展群众组织和选拔干部时，必须从内部掌握，把阶级路线搞清楚，以正确贯彻党的阶级路线，在完成地区，在改革前已参加主要劳动的奴隶主的成份时，须结合生产，通过群众逐步改变，不得简单草率引起混乱。

此外，据凉山地委估计，在新的划分阶级成份的方案实施后，大部分地区的奴隶主户数均被压缩在当地（以县计）的 5%以内

(平均在3.7%左右)，但是由于美姑和普雄两地黑彝户数较多，也确实占有大量土地和奴隶，且平时不劳动，因而奴隶主总户数要占当地总户数的6%以上。据此，凉山地委提出，在凉山全区阶级成份划分中，多数地区仍应控制在5%之内（包括全区奴隶主总户数)，但是少数地区（美姑、普雄）由于情况特殊，则尽量争取不超过6%。这一决定也得到四川省委批准。①

综上所述，相比于旧的阶级成份划分办法，新的阶级成份划分办法更加细化，也更充分考虑了凉山社会的特殊情况和如何在阶级成份的划分中更好地体现中共的民族政策，因而更契合凉山社会的实际情况，在阶级成份划分的实践操作上也更加简便和清晰。

新的阶级成份划分办法较之旧的阶级成份划分办法出现较大变化的原因主要是中共中央了解了凉山和甘孜开展社会变革的实际情况后，认为相关政策未能充分考虑当地的实情，也未充分体现中共的民族政策，尤其是对上层的宽大政策，因而指示对民族地区的上层（地主、奴隶主）应采取更加宽大的原则。尤其是毛泽东的对民族地区的上层要更加宽大的指示是凉山阶级新的阶级成份划分办法制定的重要依据。应当说，旧的阶级成份划分办法相对而言，不但较少考虑凉山社会的实情，也对中共的民族政策体现较少。反观新的阶级成份划分办法，其更切实地体现了凉山的社会实际情况，也更好地体现了中共对少数民族实行优待，对少数民族的上层实行宽大这一基本政策，从而更好地实现民族平等、民族团结、各民族共同繁荣的民族政策。

不过，笔者认为，凉山的阶级划分政策中始终有一点不太合适，即最后的补充意见中对少数富裕的安家娃子的阶级成份的划分。少数富裕的安家娃子虽然拥有相对较多的土地和较齐全的生产

---

① 凉山地委：《对〈关于凉山彝区划分阶级成份的修正意见〉的补充意见及四川省委的批复》(1956年9月26日)，四川省档案馆，建川012—124—7。

工具，也可蓄养一定数量的娃子（包括安家娃子和锅庄娃子[1]），但是，安家娃子所拥有的土地和财产（包括他自己和他蓄养的娃子）都是属于他的主子（奴隶主，可以是土司、黑彝、白彝）的，他的主子有权随时收走他的任何财产，所以他的身份仍旧是娃子（奴隶），而不是白彝（劳动者）。因此，将较富裕的安家娃子视为劳动者，并不符合凉山社会的实际情况（在阶级划分的实践中甚至有将较富裕的安家娃子划为奴隶主的现象[2]）。

综观中共在凉山划分阶级成份办法（政策）的变化，中共在凉山划分阶级成份经历了从强调阶级话语，较少重视凉山实际情况并在一定程度上忽视民族政策，到在维护阶级话语的前提下，更多地考虑凉山的实际情况和更多地在具体的政策上体现少数民族地区开展社会变革政策的“和缓”“协商”，以及较以前的政策更加灵活、宽松的特色，从而体现中共的民族政策。通过中共在凉山划分阶级成份办法的考察，也可见少数民族地区社会变革政策的制定过程，其实是一个中共的阶级斗争话语和民族政策（包括对民族地区实际情况的考虑）二者之间，从偏向一头（阶级话语）到寻找（也成功地找到了）二者之间的平衡点的平衡过程。而寻找这一平衡点的成功，为中共在民族地区成功的实行社会变革提供了合适的政策依据，也为民族地区的社会变革的顺利开展提供了至关重要的原动力。另需指出的是，综合笔者手里掌握的资料，凉山地区阶级划分虽然也有错划成份的现象（如布拖一个乡最初划为奴隶主的有 40

---

① 参见中国人民政治协商会议布拖县委员会学习文史资料委员会文史资料科编：《布拖文史资料选辑》第 4 辑（1998 年），第 200 页。

② 伍精华：《我们是这样走过来的——凉山的变迁》，北京：民族出版社，2002，第 145 页。虽然如作者所言，这是极个别现象。但是笔者认为，这种极个别的现象在一定程度上不应发生。

个，检查后只有7个应划为奴隶主）[①]，但这种情况相对较少见，即使出现了这种现象，也进行了相应的补救工作。[②] 换句话说，中共在凉山阶级划分的表达和实践较少出现背离的情况，即使出现了这样的情况，也及时地进行了纠正。

三、变革方案中对上层政策的变化

本目内容是讨论凉山社会变革方案中对上层（奴隶主，包括土司和黑彝）处置方案（以下均称“政策”）的变化及变化的原因。之所以将这一内容放在本节，是因为对如何处置上层（即在阶级划分中被划为剥削阶级的人，凉山被划为剥削阶级的基本是土司、黑彝和少数白彝）的政策的变化也是少数民族地区阶级政策的一部分。更重要的是，在凉山社会变革方案的各次修改调整中，变化最大的也是对上层的处置问题。对上层处置的政策的变化进行分析，最重要的意义是能看出中共在民族地区的社会变革中在阶级话语和民族政策之间如何进行选择的，抑或中共在民族地区的社会变革中的政策制定是怎样在阶级话语和民族政策之间形成一种平衡的。

笔者见到的凉山社会变革中如何对待凉山上层最早的文件是1955年凉山工委（凉山地委的前身）制定的《关于在凉山区逐步实行民主改革问题的初步方案》。[③] 在这份方案中，对上层的政策是：没收、征收奴隶主（上层，包括土司、黑彝、少数富裕的白彝）的土地房屋，分给无地少地的奴隶（包括白彝、安家娃子、锅庄娃子，主要是安家娃子和锅庄娃子）耕种居住，但房屋现为上层

---

① 《张荣同志在中央统战部召开的座谈会上的谈话记录》（1956年7月3日），载韦清风等编：《凉山彝族奴隶社会的变革资料摘编》，中国社会科学院民族研究所，1981，第231页。

② 凉山地委、布拖县委调查组：《关于则洛乡民主改革工作的几个遗留问题的报告》（1956年4月13日），甘洛县档案馆，1—1—76—6。

③ 凉山工委：《关于在凉山区逐步实行民主改革问题的初步方案》（1955年5月11日），凉山彝族自治州档案馆，79—1—172—7。

居住的不动。财产的没收征收方面，多余羊群应征收分给奴隶，但是上层的耕牛、农具和其他财物均不动。分配上所有人（上层和下层）平等分配，废除上层的一切特权和下层对上层的一切债务。应当说，这一在社会变革中对待上层的方案既坚持了中共的阶级话语，也考虑了凉山的实际情况和民族政策，不失为在凉山的社会变革中对待上层的较佳选择。

此后，中共四川省委、西康省委也拟定了在凉山开展社会变革的政策（据四川省委、西康省委发给中央的《关于四川彝族地区实行民主改革的报告》[①]），其拟定的政策中和凉山地委对待上层的态度大不相同，其对待上层的政策是：

“对奴隶主阶级的土地、财产必须全部没收，统一分配，但对本人参加劳动，占有三个以上娃子的白彝奴隶主的多余土地、耕畜、农具等可予征收，但给予选举权”。同时，“为了顺利进行社会主义改造事业，在民主改革完成后，对已被打垮的奴隶主，除一部分已依法判罪和一部分已带家出来参加工作外，对其余的人采取搬家政策，让他们离开原地，交群众管制或用集体教养的形式强制他们劳动改造。”

四川省委、西康省委拟定的方案上报中央后，中央根据民族地区的社会变革要以和缓的方式以及和当地民族上层充分协商进行的精神，否定了其提出的对凉山上层的政策。强调：凉山的社会变革“除奴隶必然解放，奴隶主阶级必然消灭，奴隶制度和奴隶主的土地占有制必须废除外，在其他方面，对于奴隶主，可放宽一些”。中央也指出了可从哪些方面对凉山上层实行宽大。如“没收分配土地上，对其可先留后分的措施，奴隶主的银子、自住房屋、粮食、耕畜或农具等，一律不动。已在各机关工作者，保留职务，生活照顾”等。中共在强调必须力争以和缓的方式在凉山实行社会变革，

---

① 全文见秦和平编：《四川民族地区民主改革资料集》，北京：民族出版社，2008，第 114—119 页，下一段内容均引于此，见该书第 117—118 页。

要在对凉山民族上层实行宽大政策的同时，要做到：第一，继续进行统一战线工作，把应予安排的上层作统一安排，准备多花一些钱，多养活一批。第二，针对汉族和白彝出身的干部可能出现的急躁和报复情绪，中央要求凉山加强政策教育，以免在政策的实行中发生失误。①

根据中央的指示，四川省委②和凉山地委在以后制定凉山社会变革实施办法对上层的政策进行了修改。在 1956 年 2 月 9 日出台的实施办法中，对上层的政策是这样规定的：③ 第一，“废除奴隶主的特权”，内容包括“抽调‘安家’和‘曲诺’的子女当‘锅庄’娃子及‘陪嫁’”“奴隶主加于奴隶、半奴隶及其他劳动人民的各种无偿劳役”，“以婚丧、年节、疾病及其他各种借口加于劳动人民的敲诈勒索和‘吃绝业’等制度”“奴隶主在冤家械斗中加于劳动人民的人力、物力等负担制度”以及“高利贷及其‘杂布达’等剥削制度”；第二，在财产没收上，“没收奴隶主的土地，并征收其多余的耕畜、农具、粮食和房屋。但奴隶主的其他财产依法予以保留”，“对于已经参加主要劳动的黑彝奴隶主及占有三个以上锅庄娃子或三户以上安家娃子但是参加主要劳动的白彝奴隶主，其多余土地应予征收，多余的粮食、耕畜、农具、房屋应予征购”，分配土地时，奴隶主也得到一份同样的土地。④

相比之下，作为在凉山开展社会变革政策的基本依据的《四川省凉山彝族自治州民主改革实施办法》（以下简称《实施办法》）中对凉山上层的政策，较之前的《关于四川彝族地区实行民主改革的报告》中明显温和了许多。具体的表现是：第一，不再没收上层

① 以上内容转引自秦和平：《四川民族地区民主改革研究——20 世纪 50 年代四川藏区彝区的社会变革》，北京：中央民族大学出版社，2011，第 60—61 页。

② 此时西康省已撤销，辖区并入四川省和西藏自治区。

③ 文件全文见第二章第九节。

④ 秦和平编：《四川民族地区民主改革资料集》，北京：民族出版社，2008，第 120—122 页。

的全部财产，只是“没收奴隶主的土地，并征收其多余的耕畜、农具、粮食和房屋”，其他财产均保留不动。第二，取消了民主改革后要将上层“集体搬家”和“集中教养”的做法。

更重要的是，《实施办法》对凉山社会性质的把握远比四川省委（包括原西康省委）到位。在四川省委的方案中，只是泛泛提出要废除奴隶制度，而在《实施办法》中，则明确提出了在变革中须废除上层原有的各种特权。并列举了多项应废除的特权。前文已多次强调，凉山奴隶社会最主要的社会关系除了家支关系就是土司（兹莫）、黑彝（诺伙）和少数白彝（曲诺）[①] 对多数的白彝、阿加（安家娃子）、呷西（锅庄娃子）的统治—服从关系。白彝和安家娃了、锅庄娃子在人身上完全或不完全依附于土司和黑彝（也包括安家娃子和锅庄娃子对白彝的统治—服从关系和锅庄娃子对安家娃子的统治—服从关系）。土司和黑彝对娃子的人身占有奠定了他们对娃子经济剥削的基础，因此，在凉山的社会变革中废除上层的特权，解放奴隶（娃子）比没收上层的土地财产分配给下层更重要。很显然，《实施办法》的规定要更符合凉山的实际情况。

但是，《实施办法》仍旧存在对凉山的上层宽大不够、让步不够的情况（这一情况出现的原因之一是因为凉山本身较穷困，即使是贵族——土司和黑彝，其生活水平较之汉区原社会结构中的上层的生活水平可能也有相当的差距。因而如果将上层的全部或大部财产拿走，上层的生存都可能成问题——即使上层参加劳动），毛泽东在听取对凉山、甘孜社会变革的情况汇报中明确地指出了这一点。[②] 1956 年 9 月，根据中央提出的“更加宽大”的精神，凉山地委修改了《实施办法》中的第 6 条、第 7 条规定，内容是：第一，

---

① 凉山少数地方没有土司和黑彝，这些地方的统治阶层是白彝。如雷波的上田坝地区。见云南省编辑组：《四川广西云南彝族社会历史调查》，昆明：云南人民出版社，1987，第 1—55 页。

② 秦和平编：《四川民族地区民主改革资料集》，北京：民族出版社，2008，第 43 页。

改“没收奴隶主的土地，并征收其多余的耕畜、农具、粮食和房屋。但奴隶主的其他财产依法予以保留”为“没收奴隶主的土地，并征购其多余的耕畜、农具、粮食和房屋。奴隶主的其他财产依法予以保留”。之前已经征收了的“多余的耕畜、农具、粮食和房屋，一律不予退还，如奴隶主在生产、生活上有困难者，人民政府应予以适当补助，帮助其解决困难问题”①。第二，取消《实施办法》中第7条规定，对“对于已经参加主要劳动的黑彝奴隶主及占有三个以上锅庄娃子或三户以上安家娃子但是参加主要劳动的白彝奴隶主”，一律按劳动者对待。已完成变革的地区改变其成份，但已经征购的财产一律不予退还，如其生产中有困难者，由政府酌情予以帮助解决。②

由凉山地委作出的政策调整内容可见：修改后的变革方案在对待上层的政策上确实较之前的方案更加宽大。具体的表现是：将之前征收上层的财产（耕畜、农具、粮食、房屋等）改为征购（这是对凉山乃至其他民族地区上层宽大政策的重要表现），并改“已经参加主要劳动的黑彝奴隶主及占有三个以上锅庄娃子或三户以上安家娃子但是参加主要劳动的白彝奴隶主”奴隶主成份为劳动者成份。与汉区对待地主的政策比较，就显得更加宽大。政策修订后虽然没有直接退还已被没收征收的上层的财产（土地除外），但采取对生活困难的上层发放补助的方式变通地实现了对已经没收征收的上层的财产的补偿，变相实现了征购的目的。由此更好地实现了凉山的社会变革要“和缓”“协商”进行的原则，也有利于阶级话语和民族政策在凉山的社会变革中更好地结合并发挥作用。

综观凉山社会变革前后中共对凉山上层政策的变化，可见其和中共在凉山的阶级成份划分办法一样，经历了一个兼顾阶级话语和

---

① 秦和平编：《四川民族地区民主改革资料集》，北京：民族出版社，2008，第128页。

② 同上书，第129页。

民族政策（包括民族地区的实际情况）——只考虑阶级话语，较少甚至几乎不考虑民族政策——重新兼顾阶级话语和民族政策——在维护阶级话语的同时更多地考虑民族政策，尤其是强调对民族地区的上层的宽大政策的过程。换句话说，凉山的社会变革中制定对待上层的政策变化过程，其实是一个在中共的阶级斗争话语和民族政策（包括对民族地区实际情况的考虑）二者之间寻求一种平衡的过程。未寻找到二者之间合适的平衡点时，凉山社会变革的进展坎坷甚多，寻找到平衡点后，社会变革的进程则加快不少，虽然还有坚持反对变革的上层存在，但是多数上层都选择了支持（至少认可）变革，这既令凉山社会变革的成功有了更坚实的保障，也是中共的民族政策在民族地区获得成功，从而在民族地区立住脚、扎下根，进而实现民族地区的直接治理的成功例证。

第二节　凉山社会变革中群众的发动——以诉苦为中心的讨论

本节讨论凉山在社会变革中群众的发动问题——主要是讨论变革中的诉苦问题（和汉区一样，诉苦也是凉山开展社会变革发动群众的主要方式）。[①] 具体而言，讨论两个问题：第一，凉山的下层彝民（主要是安家娃子和锅庄娃子）所倾诉的“苦难”的真实性问题（这也是对现有诉苦研究成果的一种丰富）；第二，在讨论“苦难”的真实性的基础上对中共在凉山的社会变革期间对动员彝族群众的技术进行分析（仍以诉苦为中心）。

---

① 从凉山社会变革的过程来看，群众动员主要是在解放奴隶（娃子）这一环节进行的。不过，从笔者掌握的资料可见，和汉区一样，在发动群众中，“诉苦”仍是动员群众的中心环节。笔者认为，解放奴隶（娃子）实际上是凉山开展社会变革发动群众工作的一部分。本节主要讨论凉山的诉苦者（娃子）所控诉的苦难的真实性和中共以“诉苦”为中心的动员娃子的方法。解放奴隶的过程和对娃子的安置在本章第四节讨论。

一、“苦难”的真实性

目前学界对土改中的诉苦问题的研究已有相当数量的成果发表，[①] 这些成果基本都将诉苦作为中共在土改中的一种权力（民众）动员技术来进行考察。有的研究成果（如方慧容的成果）称诉苦是在土改运动中发明的动员群众和教育群众的一种权力作用方式，[②] 认为诉苦作为一种权力技术，“源于以跨地方的事件发生重划个人生活节奏，以实现对农村社区的重新分化整合的努力”[③]。运用政治学、社会学理论对诉苦解读甚多的郭于华则认为：在中共之前，民众的“苦难”是一种生活上的苦难，“生态环境、土地贫瘠、贫富不均、社会分化、性别地位、身体残疾甚至个体特征等都可能造成各种各样的苦难。人们对弥散于日常生活中的苦难虽然有所感受，但却很难进行分析和解释，即无从为其归因”[④]，中共在土地改革中，“通过‘诉苦’、清算、斗争会、‘打威名’等各种权

① 较具代表性的有郭于华、李里峰、彭正德、吴毅、方慧容的研究成果。见郭于华：《受苦人的讲述——骥村历史与一种文明的逻辑》，香港：香港中文大学出版社，2013；李里峰：《土改中的诉苦——一种民众动员技术的微观分析》，《南京大学学报》（哲社版）2007 年第 5 期，彭正德：《土改中的诉苦：农民政治认同形成的一种心理机制——以湖南省醴陵县为个案》，《中共党史研究》2009 年第 6 期；吴毅、陈颀：《“说话”的可能性——对土改“诉苦”的再反思》，《社会学研究》2012 年第 6 期；方慧容：《“无事件境”与生活世界中的“真实”——西村农民土地改革时期社会生活的记忆》，载杨念群主编：《空间·记忆·社会转型——“新社会史”研究论文精选集》，上海：上海人民出版社，2001，第 467—586 页。

② 方慧容：《“无事件境”与生活世界中的“真实”——西村农民土地改革时期社会生活的记忆》，载杨念群主编：《空间·记忆·社会转型——“新社会史”研究论文精选集》，上海：上海人民出版社，2001，第 481 页。

③ 方慧容：《“无事件境”与生活世界中的“真实”——西村农民土地改革时期社会生活的记忆》，载杨念群主编：《空间·记忆·社会转型——“新社会史”研究论文精选集》，上海：上海人民出版社，2001，第 570 页。

④ 郭于华：《受苦人的讲述——骥村历史与一种文明的逻辑》，香港：香港中文大学出版社，2013，第 69 页。

力技术的有意识运用，农民日常生活中那种较为自然状态的‘苦难’和‘苦难意识’被凝聚和提炼出来，并通过阶级这个中介性的分类范畴与更为宏大的国家框架和社会结构建立起联系。使‘苦难’穿越日常生活的层面，把农民在其生活世界中所经历和感受的‘苦难’——这种苦难在自然形态上是难于系统讲述的——归结并提升为‘阶级苦’。这一转换‘苦难’的过程，不仅使土地改革运动获得成功，而且重构了整个社会的结构和农民的精神世界，并成为日后与中国社会相伴几十年的阶级斗争的基础”[①]。诉苦也是“执着于生存的、本分的‘受苦人’（农民）获得阶级意识和革命意识的过程”，也是土地改革中常见的斗争形式。[②] 也就是说，郭于华认为“阶级苦”是中共通过权力（民众）动员技术将民众日常生活中遭受的“苦难”归因于阶级剥削和阶级压迫，由此，土地改革运动获得了正义性和合法性。“阶级苦”“阶级压迫”则是中共通过包括诉苦在内的权力（民众）动员技术“制造”的“苦难”。这是目前对土改诉苦最新的观点。

笔者认为，要研究诉苦，首先应当分析诉苦者所倾诉的苦难的真实性。也就是说，要厘清这些苦难在现实中是不是真的存在。在此基础上才能对其进行理论解读（如前述研究成果所使用的理论方法）。所以，本目的基本任务是：利用笔者收集的凉山社会变革中关于诉苦的资料分析凉山的下层民众（包括白彝和娃子，主要是娃子）遭受了哪些苦难（苦难的真实性），这些苦难是不是“阶级苦”（也就是说，这些“苦”是不是因为“阶级压迫”造成的）。

---

① 郭于华：《受苦人的讲述——骥村历史与一种文明的逻辑》，香港：香港中文大学出版社，2013，第 101—102 页。

② 同上书，第 101、103 页。

1. “苦难”的内容

为了更好地说明问题，笔者首先将自己收集的凉山的民众（奴隶）在社会变革的诉苦中所诉的苦难作一简要的分类和清理。从笔者掌握的资料来看，凉山的社会变革中奴隶们倾诉的苦难包括以下几种：

（1）被主子虐待和残害

在奴隶们控诉的苦难中，被奴隶主（包括土司、黑彝和白彝）虐待和残害是奴隶们控诉最多的苦难。下面是几个奴隶诉苦的案例：

案例 1：甘洛县岩润乡奴隶阿木要达的控诉：“奴隶主壳哈子杀害自己的父亲，还将一家人弄在旁边看着，杀死后不准安埋，几天后已被老鸦将眼睛啄来吃掉，以后母亲和两个兄弟同我四口人就被拿来卖到三处。母亲被卖在阿日呷家，一个弟弟还在吃奶不能劳动，母亲下地去给奴隶主干活，将小弟放在家里，奴隶主认为不能劳动，使用毒药将小弟毒死。自己被卖在乃母古角，先后被奴隶主毒打 7 次，连手打断还要上山看羊子、背柴，另一个弟弟被卖到奴隶主依格百堵家，也是经常挨打、受气，因此兄弟二人有时上山会面都互（相）抱头痛哭一场，以后弟弟给奴隶主放羊跌死在岩下。一家 5 口人便被奴隶主杀死、毒死及折磨死了 3 口，一家人就这样家破人亡、妻离子散而各走一方。”①

案例 2：昭觉县城南乡奴隶的控诉：“奴隶尼尼土铁说：‘我家 9 口人，被奴隶主卖掉 5 口，杀掉 3 个。我的大哥被奴隶主杀死后不准烧掉，丢在山上被鸟兽吃掉。’大坪子村日历约哈说：‘我被奴隶主卖过 5 次，被毒打后，又逼我上山，不准回家，这样逼着我在山上吃生苞谷，穿树叶子过活……’不少女奴隶也诉起苦来，阿母

① 岩润乡工作队：《岩润乡民主改革工作总结汇报》（1956 年 9 月 1 日），甘洛县档案馆，1—1—127—4。

尼说：‘我的老板把我两个大拇指和头发拴在一起，吊了三天三夜，害得我死去活来。’央俄土且控诉说：‘我家9口人，被奴隶主卖了5口，杀了3口，最痛心的是杀了不准烧掉，拿去喂狗。’”①

案例3：马边县峰溪乡奴隶碾面角哈对奴隶主碾面拉哈的控诉：“爱人立果，女，34岁，有一天没有向拉哈说，拿了一个糌粑吃，就被拉哈吊起，丢在厕所里泡了一个晚上”，“又有一天，拉哈对立果说‘今天你必须把两升苞谷刮完’，结果没刮完，又被拉哈捆吊，立果在走头（投）无路的情况下吊死了”，“儿子母日，4岁，有一次害病，拉哈硬说没病，天天打，打了13天，活活被打死”，“拉哈将有病的奴隶阿细真等活埋了。算起来，被他活埋、打死、吊死、淹死的共有8个奴隶。奴隶马的列扣被用棍打死，奴隶龙乞被拉哈和汉（族）地主何先云打死，天喜的奴隶被拉哈在黄茅埂打死，奴隶曲别尤日是拉哈勾结伪（国民党）曹营长抢来的，因做活狠，但面带笑容，拉哈说：‘你做活做就做，为啥要笑？’把尤日打一顿，尤日不干，逃到官帽舟，被拉哈追上，捆起丢在河里淹死了。”②

案例4：布拖县赤黑莫日（女奴隶）的控诉：“我丈夫白白拉拉，无缘无故被奴隶主比补拉乌枪毙，并用链子把我母女二人拴住，不准去看。我们穷人眼泪只有往肚内吞，反抗只有死。”③

案例5：马边县奴隶马马的控诉：“她是水普略火的呷西，随父由建昌（西昌）被卖来。来时9岁，据其父母说是黑彝阿候家卖的，父母同她3人共卖70锭银子。双亲因挨打受饿，病也多了，主人见他们实在不能做活，想到转卖已无人要，留着又要吃粮食，

① 秦和平编：《四川民族地区民主改革资料集》，北京：民族出版社，2008，第348—349页。

② 同上书，第351页。

③ 同上书，第350页。

1953 年就趁他们病重时用绳索勒死。”[①]

案例 6：甘洛斯普乡的奴隶“菲机阿呷在会上谈奴隶主（曲阿木）对她的残暴野蛮手段，经常当牛马一样殴打虐待，几次被打得是不知人事，不但如此，而且被卖了数次”[②]。宜地乡奴隶阿衣子（锅庄娃子）控诉了奴隶主木里布哈“吊打他 10 岁的弟弟木及木，在劳动后不给饭吃，即使给饭吃，也在饭内放了马粪和烟草，还要问他弟弟，饭好吃不好吃？如果说不好吃，便不给吃”[③]。

此外，在马边的诉苦会上，奴隶们控诉的奴隶主镇压奴隶的残酷手段有捆、吊、打、钉、活门神、挑脚筋、背石头沉水、刀刮、脚镣、手铐、下毒药、扯“天菩萨”、竹签刺手指、挖眼、割耳、关地窖、穿木鞋等十余种。[④] 在诉苦会上还展出了草根、树皮十多种，烂衣裙多件，奴隶主用来拷打娃子的刑具若干。[⑤]

（2）主子的经济剥夺

案例 1：马边县峰溪乡奴隶碾面角哈对奴隶主碾面拉哈的控诉：“拉哈乘我结婚之机，剥削 20 块银子。他嫁大女儿时又叫我拿 5 两银子打酒吃，他共剥削我 21.5 元。”[⑥]

案例 2：甘洛县沙岱乡奴隶的控诉：终年的劳动积蓄被奴隶主拿走，“有一次家中有粮 3 石多，被借故背了 2 石……我受的苦简直说不完”[⑦]。

---

① 同上书，第 354 页。

② 斯普乡：《民改工作简报》（1956 年 3 月 3 日），甘洛县档案馆，1—1—118—1。

③ 宜地乡工作队：《关于民主改革的总结报告》（1956 年 5 月 30 日），甘洛县档案馆，1—1—118—21。

④ 秦和平编：《四川民族地区民主改革资料集》，北京：民族出版社，2008，第 353 页。

⑤ 同上书，第 352 页。

⑥ 同上书，第 351 页。

⑦ 沙岱民改分团：《工作简报》（1956 年 7 月 9 日），甘洛县档案馆，1—1—89—21。

案例 3：会东县奴隶代表对奴隶主经济剥削手段的控诉和揭露①：1. “高利贷剥削：33 户欠本金 33 元，被剥削人民币 620 元，马 1 匹，牛 20 头，羊 61 只，猪 1 只，粮食 407 石，共人民币 1465. 96 元。最惨痛的如沙母家才欠 3 升蚕豆，就把本身给奴隶主当了娃子”。2. “吃‘绝业’：代表中 12 户被吃‘绝业’，并去土地 160 亩，房子 3 间，马 2 匹，牛 19 头，羊 36 只，猪 1 只，粮食 4. 12 石，枪 3 支，人 7 个，约合人民币 3552. 8 元。最痛心的是鲁热斯的父亲死了，烧人的火都还没熄，奴隶主就来吃‘绝业’了”。3. “奴隶主欠账占住不还的有 5 户，人民币 117 元。奴隶主占住霸占奴隶的私房财产，有 17 个奴隶，粮食 5 斗，人民币 1144. 5 元，合人民币 1164. 5 元”。4. 借婚丧嫁娶抽取财物。“劳动人民嫁女，被奴隶主吃财礼的 7 户，14 人，合钱 620 元”。“被丧事剥削的 14 户，24 次，羊 51 只，酒 37 斤，粮食 1. 84 石，合人民币 703. 6 元”。“被婚事剥削的有 9 户，酒 508 斤，羊 16 只，合钱 158. 33 元”。5. “被吃命金剥削的有 7 户，8 人，人民币 170 元”。

（3）自己和家属（主要是子女）被主子出卖或作锅庄娃子（包括陪嫁丫头），甚至虐杀，使奴隶家破人亡，或辛勤一生，也无法娶妻生子，传宗接代。②

---

① 本段均见秦和平编：《四川民族地区民主改革资料集》，北京：民族出版社，2008，第 360—361 页。另要说明的是，会东县不属于本书界定的凉山地区（“老凉山”），而属于原西昌专区（原西昌专区所辖地区虽有彝族聚居，但总体上还是属于汉区，另，民国时期的汉族能控制的区域也主要是西昌专区）。当时凉山彝族自治州（“老凉山”）和西昌专区的彝族聚居区是同时开展社会变革的。由于表现凉山地区奴隶“诉苦”内容的资料较少，笔者不得不将西昌专区奴隶们“诉苦”的内容拿出来充实本节内容。但是，笔者可以肯定一点：那就是笔者引用的这些地方的奴隶们所控诉的“苦难”的内容在凉山地区（“老凉山”）都存在（因为这些内容在凉山的调查资料中有记载，详后），甚至可以说程度更深。此外，为了体现凉山的奴隶们遭受的“苦难”的特色，这里引用的诉苦内容略去了一些常规性的（汉区也存在的）剥削（如地租剥削），以及可以不视为“阶级压迫”的“苦难”（如调解冤家纠纷索要的费用）。

② 奴隶们的控诉中，第一类和第三类往往是同时控诉的。因此，文中第一类和第三类控诉的内容有重合之处，为了保持奴隶们控诉内容的完整性，均全文收录。

案例1：布拖县木耳乡阿库莫惹牛的控诉："1951年，主子马木俄叶要我的20岁的姑娘给当锅庄娃子。姑娘哭着说：'妈，我如果到他家，就只有死了。'我怕她受罪，给主人银子、粮食，求情都不行，还来打我。姑娘疼我，就吊死了。我的人死了不说，主子还说我整死女儿，要我赔礼。没法子，只好给他4个银子，打只羊子才了事。"①

案例2：马边县奴隶月哈的控诉："我的妈妈、兄弟、妹妹全家8口人原是马鞍山甘不子的奴隶，因受不了残酷的压迫和虐待，跑来投靠水普板落。哪知'天下乌鸦一般黑'，奴隶主的狗心肠个个一样。后又逃跑，在中途被立付家捉住送回甘家，阿爹弄来沉水，哥哥被打死丢在河里，两个妹妹被吊得死去活来，撵到山上饿死被野兽吃了，弟弟也活活被拆散饿死，有个3岁的婴儿也被活活摔死！全家只剩我和阿妈两个，但都弄得满身残疾。"②

案例3：甘洛县奴隶留牛子的控诉："自己的儿女才几岁，就被奴隶主依格百堵家抓去看牛羊，长大了还被奴隶主拿去陪嫁他的女儿作丫头，当看到棍子打在自己儿女身上的时候，心里痛如刀割，但也不敢响一声气，只有忍口吞酸。"③

案例4：甘洛县奴隶拉马黑达的控诉："我一家人被奴隶主东卖西卖，家破人亡，现在五六十岁还没有老婆，成老而无奉养，要吃不到口，要穿不到身"，"阿衣耳洛说自己的丈夫在地里给奴隶主耕地，奴隶主依格百堵认为耕得不好，以碗粗的柴棍毒打一顿，便

---

① 秦和平编：《四川民族地区民主改革资料集》，北京：民族出版社，2008，第349页。

② 同上书，第353页。

③ 岩润乡工作队：《岩润乡民主改革工作总结汇报》（1956年9月1日），甘洛县档案馆，1—1—127—4。

吐鲜血而死，现无后代”①。

案例 5：会东县奴隶代表的对自己受奴隶主压迫而家破人亡控诉：“最典型的如干塘子何老二家。何老二带去打冤家打死，两个姑娘又被逼着陪嫁，不愿意，自杀 1 个，吊死 1 个。剩 1 个儿子在奴隶主家放羊子，奴隶主想吃绝业，就把这个娃娃杀死在羊群里，把三十几架牛的土地全部霸占了。”②

2. “苦难”真实性的分析

以上是凉山开展社会变革期间奴隶们诉苦的主要内容。下面要考察的是奴隶们所控诉的这些“苦难”的真实性。这包括两个方面：第一，奴隶们所控诉的这些“苦难”是不是真实存在的；第二，奴隶们所控诉的这些“苦难”是不是“阶级苦”（是不是因为“阶级压迫”所造成的）。

接下来要分析的是这些“苦难”的真实性。在分析这些“苦难”的真实性之前，先分析凉山的社会变革中划分的奴隶阶级在凉山固有的等级制中的属性：在阶级划分中，全部锅庄娃子、绝大部分安家娃子和部分白彝被划为奴隶成份，③ 这就使前述“苦难”的讨论有了实际的依据。

首先分析诉苦中奴隶（主要是原等级中的娃子，包括安家娃子和锅庄娃子）受虐待的真实性。下面是一些民国学者对凉山奴隶遭受虐待的记述：

林耀华的记载：“彝人对付汉娃，初来者加倍虐待，终日操劳，衣食不足，视人娃不若牛马。”他考察时经过的凉山各地，“遇见汉娃不下 100 余人，皆衣服褴褛，到处操作。有新入山的汉娃，不堪

---

① 岩润乡工作队：《岩润乡民主改革工作总结汇报》（1956 年 9 月 1 日），甘洛县档案馆，1—1—127—4。

② 秦和平编：《四川民族地区民主改革资料集》，北京：民族出版社，2008，第 361—362 页。

③ 伍精华：《我们是这样走过来的——凉山的变迁》，北京：民族出版社，2013，第 145 页。注：这是普格的划分情况，其他地方的划分情况和普格大致相同。

痛苦，见考察团人员，则泪流满面，泣不成声，亦有暗中送信央求脱离虎口之法”[1]。

曾昭抡的记述：他和考察团进入当时完全由彝族控制的地区时，最初是一个叫乌坡乌达的头人招待的他们。“这位表面上显然慈祥的老头子，对我们这群‘汉官’，确实不错。可是在他手底下当娃子的汉人，对他的感想，完全和我们两样。”作者在乌坡乌达家见到了几个娃子。其中一个姓马的娃子，“三年前赶街（赶场）时被夷人所掳，辗转卖到此处。据他说，一到夷区，第一件事，夷人就把他脚上所穿草鞋脱去，强迫他光脚板走路。在此生活甚苦，吃得又坏。而且黑夷（黑彝）对于娃子，向来只管吃不管穿，所以穿衣问题，更难解决。对于夷人，他是深恶痛绝，希望我们下次带兵来，平定凉山”，“充当锅庄（娃子）的张氏，仍然穿的是全套的汉式服装，表面上毫未夷化。不过衣服上到处是补丁，若干地方撕破了补都没有补，褴褛得连叫花婆都不如”，“看看这位张大嫂面部的表情，谁都会马上明白她心中所蕴藏的悲哀。在此招呼我们吃过一次盛筵后，第二天在早餐的时候，假乞针为理由，向我们攀谈。不久便诉说她那伤心的身世。她说：‘我的家住在离大兴场不远的沙坝地方。我的表哥张开延，现在还在大兴场，三年前某一天，当我儿子正在大兴场赶街的时候，蛮子突然跑到我们村子，他们将我和两个女儿，以及现在此处的一位堂妹，一齐拉走。女儿卖到一处，我们两姊妹又卖到另外一处。卖来卖去，辗转以 2 两银子的身价，卖到这里来。现在我看不见我的哥哥，看不见我的兄弟，看不到我的儿子，今天我看见你们，就仿佛看见了亲哥哥一般。’”接着这个女娃子央求曾昭抡和考察团：“我住在夷区，实在痛苦，年纪老了，做也做。不动。无论如何，我实在不愿死在这里，请你们这些老爷们，务必做桩好事。出去以后，设法告诉我的表哥张开

① 林耀华：《凉山夷家巨变》，北京：商务印书馆，1995，第 78 页。

延，那位住在大兴场的张开延。告诉他快拿银子来赎我。2 两银子，只要 2 两银子，便可救我的命。此事千万要紧。”“这时候一边哭一边诉，她已经哭得不成样子，那位堂妹，也在一边嘤嘤啜泣。”曾昭抡坦承：如张氏这样的事件，在彝区当中实在太多了。[①] 同时，曾昭抡也明确指出：娃子对主人是没有好感的。[②] 此外，马长寿（著名民族学家、民族史学家，以研究西部民族史闻名）在彝区也曾有与曾昭抡类似的经历。[③]

常隆庆的记述：夷人在掳掠到汉人后，“即将衣服尽行褫去，痛打一顿，名为见面礼。若此汉人系多数夷人共同擒得，则须备受诸夷之轮流毒打，但妇孺则待遇稍好。擒得之人，除幼儿外，均于颈上系以粗羊毛绳牵之行走。若稍抵抗，或不能行走时，即行杀却，或用石锤死。至家以后，即迫供操作，强使习彝语。日惟给以苦蒿叶所作之粑粑数个，强使充饥，渴时则饮冷水。日间则围破羊皮以资蔽体，夜间则使宿地窖中，并须捆扎手足，窖上加重板，严密覆盖。设数人共囚一窖，则矢溺充斥，往往一宿而毙。又禁汉人私语及作汉语，犯者痛责。若行私逃，捉回后，则集当地汉人于前，当众痛责之，以为各汉人之戒。每用荆棘为鞭，令汉人自行毒打，晕绝后，则用椒末水喷其全身，使痛苦不堪，而不至死”，“被掳之汉人，往往求死不得，备受惨毒，沦为畜类生活。天地间至惨，莫过于此也”，“汉人入凉山后，即称为娃子，备受异族之贱视残待，极易死亡。其得苟延残喘者，盖不过十分之一二”。此外，

① 以上均见曾昭抡：《大凉山夷区考察记》，段美乔整理，北京：中国青年出版社，2012，第 219—221 页。

② 曾昭抡：《大凉山夷区考察记》，段美乔整理，北京：中国青年出版社，2012，第 215 页。

③ 马长寿：《凉山罗彝考察报告》，李绍明、周伟洲等整理，成都：四川出版集团巴蜀书社，2006，第 52 页。

汉人被掳入凉山后，“其能生还汉土者，盖千不得一焉”[①]。

民国彝族知名人士曲木藏尧亦坦承：“汉人每被夷人抢去，即将其衣服剥去，给一小块羊皮，风雨饥渴，亦不加怜。贫者强迫服役苦工，富者则通其戚属，携银取偿。或转卖他家为奴，以待巨金。一旦乘机逃走，复经捕获，则以艾叶灸身，更以食盐、海椒、菸（同烟——笔者注）叶等涂于四肢，以火烘之，俾使体无完肤，使其不敢轻启逃避之心。彼如有所命令，俘者稍有反抗，即加以种种酷刑。”[②]

民国凉山研究专家任映沧对凉山奴隶（娃子）的生活有详细的描述，这里全文转录如下：[③]

第一，“‘背桠桠柴’是为各类贱奴作苦工之说明。以示背柴背水之苦尚不堪言。则其蚀苦工之情形如何，自可想见。查凉山夷区，山高寒重，炊爨取暖，均需柴薪。而大凉山内，已无树木可资斩伐利用。故夷人所燃之薪柴，均由贱奴远赴10里至20里以外之高山刈取高不及1公尺且枝叶上满生锐刺之各种荆棘。刈取时虽两手护以羊皮，而手臂足趾，仍多刺伤。稍一不慎，更必遍体鳞伤，鲜血横流。尤以春冬两季之披荆斩棘，常有白雪红泪，凝污颜面，无复人形，更为悲惨万状，是之谓奴隶‘背桠桠柴’之苦工。以此例彼，则成年累月之午夜推磨、锄地放牧以至晨错背水于寒山险谷间，其苦况如何，应亦不难概见。然而，奴隶主及半奴隶主不惟视各项苦工为贱奴应有之事，即不参加，复不稍示怜恤，甚或随时鞭责毒打以示凶残。是之谓由‘背桠桠柴’以示各类贱奴所作苦工之梗概”。

第二，“‘披羊皮子’是为各类贱奴‘寒为之衣’之说明。查

① 以上均见常隆庆等：《四川省雷马峨屏调查记》，中国西部科学院，1935，第41—42页。

② 曲木藏尧：《西南夷族考察记》，南京：拔提书店，1933，第41页。

③ 以下均见任映沧：《大小凉山倮族通考》，载骆小所主编：《西南民俗文献》第7卷，兰州：兰州大学出版社，2003，第289—290页。

汉地人民被掳掠入凉山之始，原有随身衣物，均被夷匪悉予以剥夺，另予以破羊皮 2 张，围于前胸后背以资掩护。夷区所制之牟子毡衫，仅为奴隶主及半奴隶主之衣被，固非初掳入之贱奴所得而服用者。汉地人民沦外夷奴后，既失‘上国衣冠’，且无冬无夏，无昼无夜，只此破羊皮 2 张，别无其他衣被，自不能抵御高山严寒，遑言父母遗体之爱护。似此披羊皮内外劳作，当众裸露，以视畜类之皮毛完整者固不如远甚。由衣冠而形变禽兽，不复再有衣冠，是之谓各类贱奴之衣被”。

第三，“‘吃萝卜菜’是为各类贱奴‘饥为之食’之说明。大小凉山夷区奴隶主及半奴隶主虽已‘乃积乃仓’，不乏余粮。但余粮之积存，非为贱奴之食用，似乎应为吾人之所深之者也。贱奴享受之主要食物非他，萝卜菜、苦蒿叶与洋芋而已”，他强调，凉山的奴隶（娃子）在饮食上“终年以‘萝卜菜’、苦蒿叶及洋芋充饥，其‘黄金时代’之夏季食品，亦仅为荞饼或玉米饼。且就吾人于大凉山中发现所谓‘黄金时代’食物之荞饼，其罗筛下细粉所制者固仍为奴隶主所食。仅有罗筛中之表皮粗谷所制者，始为‘家奚家奴’（当指锅庄娃子，笔者注）以下之美食。以视汉地畜猪饲料固已不相上下，是之谓凉山夷区各类贱奴之食物”。

正因为此，任映沧才认为凉山传统的社会制度的特色为“残暴”“黑暗”“苛刻”“堕落”①。

以上记载都证明，凉山的奴隶（娃子）遭受残酷的虐待残害是真实的事实。

下面分析凉山奴隶控诉主子对他们的经济剥夺这一“苦难”的真实性。

据任映沧记载：“夷人有死后绝×（此字缺，疑为嗣字）者，如为黑夷，其财产由亲房分占，如为白夷，则其财产由其直之主人

---

① 任映沧：《大小凉山倮族通考》，载骆小所主编：《西南民俗文献》第 7 卷，兰州：兰州大学出版社，2003，第 296—302 页。

全部没收为己有。”①

中共调查资料记载：②“1. 黑彝结婚，所属每户奴隶需送约值4两白银的猪或羊1只，或干折成白银（一般干折者多，由于恐礼轻而遭致歧视，故干折时多送1锭白银），至少在6斤以上的两坛酒，1斗荞子。2. 奴隶主做白（如汉族之做阴寿追亡魂等请毕摩——和尚念经），其直属白彝，必须出酒4斗。3. 黑彝嫁女，其直属白彝应送约值5两白银以上的猪或羊1只，1斗粮食。”③“高利贷剥削：1锭白银借去买粮食吃者，年利5斗粮食（约值2两多白银），若借出做生意者，月利1两，借粮食1石，年利3斗。这种高利贷资本是相当大的。据了解，本村村长八且莫提（黑彝）每年即有70石粮食放利，其利息收入几近其全年地租收入的一半。到期还不出即按复利计算，更由于他们是统治阶级，可以直接强迫债务人出卖自己及妻室儿女作锅庄娃子抵偿，受害者不知凡几。如本村白彝省子儿节借其主人八且几子白银8两，年利4斗粮食，11年中已付利息共计22两白银。最后主子令其还本，虽哀求加年利至7斗粮食，亦不允许，被迫而不得不将住房贱卖偿还。”

此外，在凉山各地流行的“杂布达”也是凉山的奴隶主对奴隶的经济剥夺的最好注脚。④ 综合以上种种，同样说明凉山的奴隶主对奴隶的经济剥夺不是向壁虚构。

---

① 任映沧：《大小凉山倮族通考》，载骆小所主编：《西南民俗文献》第7卷，兰州：兰州大学出版社，2003，第246页。

② 以下均见昭觉县委：《昭觉县外北乡提火村彝族社会情况调查》（1952年11月25日），凉山彝族自治州档案馆，79—1—7—7。

③ 这些负担马长寿的调查资料也有记载，见马长寿：《凉山罗彝考察报告》，李绍明、周伟洲等整理，成都：四川出版集团巴蜀书社，2006，第335—336页。

④ 详细情况参阅四川省编写组、《中国少数民族社会历史调查资料丛刊》修订编辑委员会：《四川省凉山彝族社会调查资料选辑》，北京：民族出版社，2009，第50页。此外，在凉山开展社会变革的文件中，明文要求废除“杂布达”一类的隶属性高利贷（见秦和平编：《四川民族地区民主改革资料集》，北京：民族出版社，2008，第121页），这也能说明“杂布达”在凉山确实存在。

接下来讨论奴隶控诉的被奴隶主出卖（女儿陪嫁）或做锅庄娃子，甚至虐杀，以至于家破人亡这类“苦难”的真实性。

被主人出卖的问题。前文已有提及，这里再作一些补充。

马长寿指出，罗彝在雷波、屏山掠得的奴隶往往转售到昭觉一带，异地出卖掠得的奴隶是一种常态。①

任映沧的记载：“凉山夷匪猎取奴隶，并不直接役使，必须转卖异域。其用意所在，盖为既虑脱逃，复免报复之故。关于脱逃，如上所述，于转卖之前，被捆者已知‘落难’，无法逃避，当以来顺受之态度之应之。嗣于转卖后，被难者之人生观既已根本改变，已知新主人已出重价购入，自应享受奴役支配之权利。有如逃亡，必欠新主之‘来生债’，以陷丁‘第二世转劫为畜类以偿之’之苦难，多未敢再有逃亡之动念。以言报复，须知既已易主，已无报复之对象可言，而况被难者即多愚昧，偶思初之被捆‘落难’，已有‘因果关系’存在其间，亦未敢存‘冤冤相报’之一念以再食未来之‘果报’。”②

又据林耀华的记述：“锅庄娃子为其奴隶，耕牧劳作，服侍主人，即身体亦为主人财产的一部，可以随时变卖转让”，“锅庄娃子可变卖转让，女娃则随黑（黑彝，笔者注）女陪嫁。父母死亡后，或子女承继财产时，娃子及其子女亦必平均分配。男子继承男娃，女子继承女娃”。林耀华并记述了一条实例：“作者在西宁村考察时，适逢马边恩札支有某黑彝，在屏边与另一黑彝赌博，恩札彝人大败，白银付清，尚欠债甚多，立命其娃子追随赌博得胜的黑彝，娃子多年服侍家主，颇有感情，不愿另属他人，大哭抗命。恩札黑彝追其娃子到西宁河边，在愤怒之下，以大石投击，幸未命中。”③

① 马长寿：《凉山罗彝考察报告》，李绍明、周伟洲等整理，成都：四川出版集团、巴蜀书社，2006，第 338 页。

② 任映沧：《大小凉山倮族通考》，载骆小所主编：《西南民俗文献》第 7 卷，兰州：兰州大学出版社，2003，第 280 页。

③ 以上均见林耀华：《凉山彝家的巨变》，北京：商务印书馆，1995，第 72 页。

戴永修的记述也说："娃子在夷区住上十年八年，取得了黑骨头（黑彝——笔者注）的信任，他们就把丫头配一个给你，男女双方都没有选择的自由，完全以命令行事。从此你负担了再生产奴隶的责任，你养育的小孩，不属于你所有，而是无条件伴归黑骨头，成为他们的财产。"①

民国其他的调查资料也多有类似的记载，此处不再一一罗列。由此可见，奴隶控诉的被奴隶主出卖（女儿陪嫁）或作锅庄娃子，甚至虐杀，以至于家破人亡这样的"苦难"也是真实的事实。

此外，据曲木藏尧记述：凉山对付逃跑娃子的刑罚有："第一，木鞋，系用木料凿二脚模型，将俘虏捆两脚，纳入其中，以木栓钉固，然后施行拷打。第二，脚箍：用一铁环将二脚各上一环，以铁轴贯之，然后实施拷打。如用以上刑罚外，再有反抗者，则加以较重之刑。名曰'猪豕练'。链为铁制，重约 200 斤，将俘者之颈，锁拴牢固，链之他端，穿过木板小孔，而紧扎柱上，押入地窖，覆以木板，使不能转动。食物则以苦柳树茅，加以牛马便溺，与粗糙苞谷，必使之死心塌地，终生为其奴隶而后已。如俘者为小脚妇女，则将脚解开，以大块石压平，俾使行之如意。"②

以下分析奴隶们所诉的"苦难"是不是"阶级苦"，亦即奴隶们的苦难是不是"阶级压迫"造成的。

前文已述，娃子从被抓到上升等级，必定会经历一个极为艰难的过程，这个过程备受主子的折磨。无可否认，这些苦难确实是他们的主子带给他们的，因而不存在郭于华所说的如汉区一般的土改之初百姓对精英（地主）恨不起来的现象。更重要的是：凉山确实存在着阶级对垒，这种阶级对垒首先存在于主子（主要是占有娃子的人）与其所占有的娃子之间。娃子和主子之间的关系是一种人身占有的关系，土司和黑彝占有白彝、安家娃子和锅庄娃子，白彝占

① 戴永修：《凉山彝区去来》，今日新闻社，1947，第 13—14 页。

② 曲木藏尧：《西南夷族考察记》，南京：拔提书店，1933，第 41—42 页。

有安家娃子和锅庄娃子，安家娃子占有锅庄娃子，都是这样的关系。这种关系的特点是：娃子是主子的财产，主子可以对其随意处置。在这种关系下，娃子不仅要承受主子的经济剥削，更要承受主子对其的任何行为（包括辱骂、殴打、各种刑罚、出卖等）。换句话说，主子对娃子有生杀予夺之权。这样一种关系不可能存在"互惠互利"，更不可能是主子和娃子之间相互依存的关系，只能是主子任意役使娃子、奴役娃子，娃子是主子的奴隶这样的关系。

再看统治阶层（土司和黑彝）与被统治阶层（这里指白彝）的关系，固然如林耀华所言，黑彝治理白彝，并不严厉，亦不虐待，而且二者的物质生活也相差无几，而且黑彝必须保护白彝生命财产安全。① 但是，事实上白彝对黑彝仍旧具有很强的人身依附性（虽然不是像娃子一般被完全占有）。黑彝贵，白彝贱，这在日常生活行动态度中都可窥察。而且白彝一切行动必须听命于主子，经济负担除了纳租，还要尽很多经济上的义务。如打冤家时，白彝必须随征，冤家和解后的赔款，白彝必须分担，等等。② 这些经济上的负担实际上都是白彝对黑彝的人身依附性的表现。更重要的是：凉山还有统治阶层男子可以随意和被统治阶层女子发生性关系不受限制（不论女子是否愿意，都必须满足要求）的情况。③ 所以，凉山的统治阶层（土司和黑彝，主要是指黑彝）和被统治阶层（这里指白彝）之间是一种秦晖所说的束缚——保护的关系④，"束缚"是这一关系的主要方面。

---

① 林耀华：《凉山彝家的巨变》，北京：商务印书馆，1995，第74—75页。

② 同上书，第73页。

③ 见四川省编写组、《中国少数民族社会历史调查资料丛刊》修订编辑委员会：《四川省凉山彝族社会调查资料选辑》，北京：民族出版社，2009，第314页；马长寿：《凉山罗彝考察报告》，李绍明、周伟洲等整理，成都：四川出版集团，巴蜀书社，2006，第365页。

④ 详细的分析参阅秦晖、苏文：《田园诗与狂想曲——"关中模式"与前近代社会的再认识》（北京：中央编译出版社，1996）一书。

除此之外，凉山的娃子对其主子的奴役的反抗（逃亡、怠工、甚至杀死主子等）也的确屡屡发生，这在第一章已有所叙述，此处不赘，只是说这种反抗由于种种原因（主要是各地都被黑彝的家支势力控制，难以逃出，害怕脱逃不成被抓回后惨遭酷刑因而不敢反抗）很难成功。另一个重要的事实是，在凉山社会变革的准备期，很多娃子逃到工作团和部队，要求中共保护他们，而且存在大量娃子的主子坚决要娃子回去，娃子则坚决不回去的现象。[1] 由此可见，娃子（尤其是锅庄娃子）对他们的主子是不可能有好感的，前文曾昭抡的叙述同样证实了这一点。这同样说明娃子和他们的主子之间不可能存在郭于华所说的“互惠互利”的关系，而只能是存在阶级对立的主奴关系。

以上分析说明了阶级对立在凉山的确存在。下面从阶级话语的视角再看凉山的阶级对立。

“阶级剥削”“阶级压迫”主要还是指统治阶级利用手里掌握的生产资料，对被统治阶级进行经济上的剥削（无偿占有被剥削阶层的劳动成果）。这也是中共在对中国社会的分析中奉为圭臬的基本原则。不管从汉区的土地改革分析，还是以凉山的社会变革分析，拥有生产资料（土地）的多寡都是中共划分阶级成份的主要依据，这也可以看出中共在阶级划分中更重视经济上的因素（其他各种成份的划分，如小土地所有者、开明士绅等，都是根据革命的实践经验新划分的成份）。前文已述，凉山被统治阶级（白彝）除了纳租，还负担了很多强制性的经济义务。很明显，以汉区作参照，凉山白彝对黑彝的经济负担要比汉区的农民对地主的负担大。

更重要的是，相较而言，汉区的“周扒皮”和“黄世仁”型

---

① 凉山工委：《王维训同志在第二次工委扩大会议上的总结发言》（1955 年 3 月 22 日），甘洛县档案馆，1—1—9—9。

的地方“精英”[1]（主要指“黄世仁”型的地方“精英”）无论政权如何更迭，其至少在道德上是受到谴责的，在法律上也是不被允许的（这里是指明面上的条文。当然，由于中共政权之前的政府贪污腐化，贪赃枉法，“黄世仁”型的地方“精英”得以逃避制裁，甚至与地方官吏勾结，鱼肉乡里的现象并不少见[2]）。在传统社会里，农民真正仇视的也是这两种人（尤其是“黄世仁”型的精英，此外还有地痞流氓，但他们经济上不一定很富有）。然而，由前述可见，彝区的主子对待娃子（尤其是锅庄娃子）较汉区的“黄世仁”鱼肉“杨白劳”和“喜儿”是有过之而无不及的，而且这既是完全合法的，也是符合彝区道德的。正如凉山老土司岭光电所言：他“小时性情温和，对丫头随从从不责备，母亲就对我说，对奴娃要凶狠。她说对奴娃要求不严就会受到他们的轻视和欺骗”，后来，“我对奴人狠时，她就高兴地说：‘统治着无数彝人的大彝皇土司，将要名扬一方’”[3]。

此外还有两点值得注意：第一，凉山的阶级矛盾带有很强的民族矛盾色彩。因为娃子多数是汉族，尤其是黑彝以下的阶层（白彝和安家娃子）占有的娃子，基本上都是汉族。林耀华指出：“黑彝家的白彝锅庄娃子为数甚少，多数实系汉娃。白彝不能奴使白彝，

① 包括掌握政治权势、经济权势、社会权势三种类型，更详尽的内容可参阅张望：《新中国成立初期地方精英对新政权的态度和行为选择》，《求索》2014 年第 10 期。另需指出的是：新中国成立初乡村（主要指新区）被镇压的精英多是这一类型。

② 这里举一个当时四川（今属重庆）大足的例子。大足的黄庆云，是当地政治权势和经济权势的双重掌握者。在大足多有劣迹。较典型的劣迹是曾看中当地刘贵林家住宅堂屋有风水，欲以田调换，刘不允，即伪造契证，强行霸占。刘状告三审败诉，最后告到中央国民政府才告准判归。但是秋收时，黄庆云勾结县长、镇长，将刘父子收监，待刘出狱，田里稻谷已被黄庆云收割，最后刘贵林夫妻被活活气死，长子气疯，次子在困苦中病故（见大足县志编修委员会编：《大足县志》，北京：方志出版社，1996，第 175 页）。

③ 岭光电：《忆往昔——一个彝族土司的自述》，昆明：云南人民出版社，1988，第 17 页。

但可捆掳或购买汉人以为奴娃，俗称三滩娃子。”[①] 1954 年中共进军美姑时，当地汉族娃子是最高兴的，称“可该我们解放了”[②]。这些都说明娃子和主子的阶级矛盾在某种程度上也是彝汉之间的民族矛盾。

第二，凉山的统治阶层（土司和黑彝）对被统治阶层（白彝、安家娃子、锅庄娃子）的统治，主要不是靠占有生产资料实现的，而是靠“高贵”的等级和拥有的权力实现的（包括占有土地也是依靠权力，没有足够的权力是很难保证占有土地的）[③]。第一章已指出：凉山的土司和黑彝的社会身份和社会地位都是不可更改的，即使他再穷，社会身份仍旧不变。这就决定了在 20 世纪 50 年代开展社会变革前的凉山社会里，社会身份是最重要的。而且统治阶层对被统治阶层的统治，是基于统治—服从关系和对被统治阶层的完全占有（娃子）和不完全占有（白彝）实现的，所有这些，决定了凉山的阶级对立实际上是有权者和无权者的对立，社会财富的分配也是“按权分配”——按照社会身份和权力的大小进行分配，社会身份高，权力大的分得多，反之则分得少。社会等级低的人即使可以拥有较多的社会财富，但是其身份始终不可能上升为土司和黑彝，而且他的财富随时也有被统治阶层吞没的危险。

① 林耀华：《凉山彝家的巨变》，北京：商务印书馆，1995，第 77 页。

② 中共美姑县工委：《美姑目前情况与今后工作》（1954 年 7 月 20 日），凉山彝族自治州档案馆，95—1—43—2。

③ 凉山社会变革中一件滑稽的事情可说明这种“高贵”的等级完全是虚伪的。凉山的社会变革开始后，一些不愿接受社会变革的上层（奴隶主）组织了叛乱。按照彝族的风俗和习惯法，低等级男子是无论如何不能娶高等级女子的。但是在叛乱中，一些叛乱武装首领（黑彝）以答应将自己的亲属（女儿或侄女）许配给下层的百姓（积极分子、基干队员）为条件鼓动其支持自己（未遂），可见社会变革期间，一些反对在凉山进行社会变革的黑彝为了自身的利益也顾不得旧有的等级差异了。见岩润乡工作队：《目前敌人的组织与活动情况》（1956 年 5 月 12 日），甘洛县档案馆，1—1—127—2。此外，叛乱武装提出的“黑白彝平等，打走人民政府”的口号也说明了这一点，见衣屋里克区委：《关于当前工作情况检查及今后工作意见报告》（1956 年 2 月 13 日），甘洛县档案馆，1—1—132—2。

综上所述，能归纳出以下几点结论：第一，在凉山的社会变革中，奴隶（娃子）所控诉的“苦难”全部是真实存在的。此外，奴隶们所控诉的“苦难”主要是存在于凉山原社会等级的娃子阶层（包括安家娃子和锅庄娃子）。白彝和黑彝主子之间虽然更多的是“束缚—保护”的二重关系，但是“束缚”还是主要的。第二，凉山的社会变革中，奴隶们所控诉的“苦难”，不论从客观现实的视角分析，还是从中共的阶级话语视角分析，都是实实在在的“阶级苦”，而且比汉区百姓所遭受的“阶级苦”（主要是指“黄世仁”加给“杨白劳”和“喜儿”或“周扒皮”加给长工们的“苦难”）有过之而无不及。如一位在民国年间曾到凉山旅行过的人所言：“在德国未打垮前，提到希特勒的集中营，没有不认为是人间地狱，被囚在集中营的，算是世界上最不幸的人们了。等你到凉山夷区兜几个圈子后，你才知道人间的地狱，并不是希特勒的集中营，而是屏山、绥江、雷波、马边所构成的那三角地带中的长方形的小黑点，世界上最不幸的人们，不是被囚在集中营的，而是深陷在凉山的娃子和丫头。”[①] 第三，凉山社会变革中的诉苦，虽然也是一个以奴隶为主的少数民族群众由此“获得阶级意识和革命意识的过程”，但是，这些被奴隶们控诉的“苦难”都是真实且普遍存在的，而且奴隶（主要是娃子）们在凉山开展社会变革前也以种种手段对此进行了反抗（如逃亡、怠工）。第四，在社会变革前，奴隶（娃子）们已经要求中共保护他们，甚至要求开展变革。[②] 这说明在社会变革前，奴隶（娃子，尤其是锅庄娃子）已经感受到了社会变革的诉苦中所诉的苦难。可以这样说：如果这些“苦难”根本不存在，中共要想通过诉苦在凉山发动彝民参加变革是不可能成功

① 戴永修：《凉山彝区去来》，今日新闻社，1947，第 14 页。

② 凉山地委：《关于凉山彝族地区实施民主改革的总的规划》（1956 年 1 月 9 日），甘洛县档案馆，1—1—73—6。

的，甚至被彝民抵制都有可能。[①] 换言之，凉山的“诉苦”中不存在一种将“生活”中的“苦难”转化为“阶级苦”的机制，因为这些“苦难”都是真实的存在。

二、凉山社会变革中的群众发动工作

本目在前一目的基础上，对凉山社会变革中以诉苦为中心的群众发动工作进行分析，具体而言，主要是探析中共在凉山的社会变革中使用了哪些动员方法，同时在清理中共在诉苦中使用的动员方法的基础上，对凉山社会变革诉苦的动员方法作一简要的分析。

1. 诉苦在凉山社会变革中的意义

在中共革命史中，一个基本的事实是，从土地革命时代到新中国成立后，中共的统治根基和力量源泉都来自人口最多的下层（农民阶层），少数民族地区也不例外。更重要的是，要想顺利地开展社会运动，民众（群众）动员的重要性自不待言。虽然凉山社会变革是采取较和缓、协商的方式进行的，但是毕竟还是一场通过政治（社会）运动实行的社会变革。苏联学者提出：“农民总的说来在政治上是消极的、怠惰的，他们没有成为能够全面认识、提出和捍卫自己利益的、独立的、有活动能力的政治力量。他们的利益的代

① 有一个“文革”的实例可作参照。作家高缨在凉山第一个农业合作社——南坪社（在今昭觉新城镇——昭觉县府所在地）对被解放的数十位奴隶进行了访问（当时政府对此十分支持，还为高缨的访问找来了一些人举办了一个小型座谈会），在访问的基础上，写出了小说《达吉和她的父亲》，这篇小说于1958年在《红岩》杂志上发表，后被《新观察》转载，一时好评如潮，被选入各种选集，计20多个版本，还被译为英文和法文，此外，这部小说被改编为连环画、话剧和电影（这部电影在当时影响甚大，除了国内有许多观众外，还向国外发行了20多部拷贝），并得到周恩来的赞扬。“文革”期间，“四人帮”视这部小说和电影为“毒草”，江青亲自点名，要求凉山批判这部小说和电影，但是遭到凉山干部群众的抵制，尤其是彝族干部和群众的抵制态度十分坚决。有的干部和群众（彝族）公开说，“还是这部作品，向全国人民介绍了彝族生活，使千千万万人理解了我们彝族，热爱我们彝族人民。我们不批”（见施嘉明主编：《难忘的历程——开辟凉山彝族地区工作的回忆录》，成都：四川民族出版社，1992，第339—343页）。

表是共产党。"[1] 这一观点在凉山也适用。凉山的被统治阶层——不论是白彝，还是娃子（包括安家娃子和锅庄娃子）阶层和汉区一样，也未能在凉山形成一种独立的政治力量（凉山白彝的家支多数还是要依附黑彝家支存在的，只有少数地方白彝是统治者，但即便如此，这些"独立"的白彝也只能说是不完全独立的统治阶层[2]），因而他们要和凉山的土著统治阶层对抗（土司和黑彝——主要是黑彝），同样需要一个领导他们的力量。中共则正好充当了这样的角色。

和汉族地区一样，凉山的社会变革以诉苦为中心的民众动员的也是中共实现对彝族群众政治（社会）动员的主要手段。凉山社会变革中的诉苦的必要性在于，通过阶级划分和诉苦，将凉山原来是分别依附于各家支主子（黑彝，也包括占有娃子的白彝和安家娃子）的，一盘散沙的下层群众集结成一股强大的、反凉山旧有的土著统治阶层的力量。具体而言，就是通过发动群众，组织诉苦，使绝大多数彝族群众参加劳协会和自卫队，从而成为社会变革的主要动力。同时，要通过以诉苦为中心的动员工作，使社会变革不仅是经济改革，而且是政治改革。也就是说，和汉区一样，凉山的社会变革要实现的目标也不只是土地财产的重新分配和新的土地制度的确立，更重要的是要通过社会变革实现对社会结构和政治关系、社会关系的重塑和再建，使支持和认可变革的少数民族（彝族）上层和绝大多数下层群众（下层也有始终追随反对社会变革的上层进行叛乱的人存在，只是人数很少）完全形成对中共的政治认同，从而确立和巩固中共在凉山的领导地位。要实现这一目标，通过诉苦实现大多数彝族群众"翻心"，

---

① 见中共中央党史研究室科研局编译处编：《国外中共党史中国革命史研究译文集》（第 1 集），北京：中共党史出版社，1991，第 530 页。

② 见云南编辑组：《四川广西云南彝族社会历史调查》，昆明：云南人民出版社，1987，第 12—14 页。

从而达到动员的目的就是必然的选择了。

2. 政策宣传和组织引导

在凉山，发动群众诉苦，还是要依靠强大的宣传和组织力量。[①]在社会变革中诉苦的目的是发动群众，将凉山的下层（主要包括白彝和娃子）组织起来，形成冲击和摧毁旧有制度和统治阶层的“洪流”，为凉山的社会变革提供决定性的动力。对此，凉山社会变革规划明确指出，在社会变革中要实行“依靠奴隶、半奴隶，团结全体劳动者，有步骤的、有区别的消灭奴隶主阶级的阶级路线”[②]。很显然，凉山的社会变革要以凉山的社会下层为基础，这和汉区的土地改革并无区别。很明显，凉山社会变革的成功与否，很大程度上取决于中共能否成功发动凉山的群众参加社会变革。

培养积极分子，树立诉苦典型是凉山社会变革发动群众的重要方式。凉山寻找苦主和培养积极分子相当容易。毕竟从某种程度而言，说娃子（尤其是锅庄娃子）人人都是苦主并不过分。还要强调的是，凉山和汉区不同，凉山彝族下层群众对统治阶层，尤其是锅庄娃子对主子几乎没有“恩德财主”“保护者”这样的观念，而是一种被迫无奈（抑或说害怕）的屈服，更不存在类似于郭于华所说在土改之初，农民对地主恨不起来的现象（就娃子对主子而言）[③]。即使有“恨不起来”的现象，其主要原因也是“对奴隶主还存有余悸”[④]。还在凉山社会变革未开展前（社会变革的准备期），很多娃子逃到工作队和解放军驻地要求保护，而且大量存在“逃到我政

① 李里峰：《土改中的诉苦——一种民众动员技术的微观分析》，《南京大学学报》（哲社版），2007 年第 5 期，第 100 页。

② 凉山地委：《关于凉山彝族地区实施民主改革的总的规划》（1956 年 1 月 9 日），甘洛县档案馆，1—1—73—6。

③ 郭于华：《受苦人的讲述——骥村历史与一种文明的逻辑》，香港：香港中文大学出版社，2013，第 101 页。

④ 施嘉明主编：《难忘的历程——开辟凉山彝族地区工作的回忆录》，成都：四川民族出版社，1992，第 314 页。

府、工作团的娃子。一般是上层坚决要娃子回去，而娃子则坚决不回去”[①]的现象，就是娃子和主子之间尖锐对立关系最好的明证。事实上，凉山的奴隶（娃子）们对中共进入凉山数年没有实行社会改革早有不满，称“解放几年了，为什么还要受压迫”，甚至说“人民政府是给黑彝办事的”[②]。这些言论说明凉山的娃子是对旧有的社会制度和统治阶层最为不满的社会群体，通过社会变革改变自身的生存状况，是娃子们梦寐以求的事。由此也可见娃子（尤其是锅庄娃子）是反抗凉山土司、黑彝等原凉山统治阶层最积极的力量。所以，要想迅速发动群众，首先必须先将娃子发动起来。

中共也的确是这样做的。凉山的社会变革开始后，中共在凉山组织开展变革的工作团（队）在选择苦主时一般都是找“受苦最深，接受政策较早的奴隶”（多数都是锅庄娃子）[③]作为主要的苦主（这样即实现了“苦主”的象征和事实二元因子的统一）。在找好苦主后，一般只需略加引导，甚至只需讲明政策即可将其成功动员（方式一般是通过召开娃子会议进行，会后多数娃子都能发动起来[④]）。如昭觉著名的积极分子尼古果果，在参加了宣传变革（包括意义、任务和改革方案）的会议后，立刻成为开展变革坚定的支持者。[⑤]在社会变革开始后，一般说来，凉山发动娃子的工作进展都相当顺利。据一份文件记载：“奴隶群众尤其是锅庄娃子只要一

---

① 凉山工委：《王维训同志在第二次工委扩大会议上的总结发言》（1955年3月22日），甘洛县档案馆，1—1—9—9。

② 凉山地委：《关于凉山彝族地区实施民主改革的总的规划》（1956年1月9日），甘洛县档案馆，1—1—73—6。

③ 宜地乡工作队：《关于民主改革的总结报告》（1956年5月3日），甘洛县档案馆，1—1—118—19。

④ 吉什八呷工作队：《近来工作情况简报》（1956年1月28日），甘洛县档案馆，1—1—124—1。

⑤ 施嘉明主编：《难忘的历程——开辟凉山彝族地区工作的回忆录》，成都：四川民族出版社，1992，第310—311页。

离开奴隶主家庭而取得解放一般的就和奴隶主的关系一刀两断，并表现出坚决的斗争精神，积极要求武装起来参加斗争，站岗放哨，主动监视奴隶主分子，对奴隶主的收买拉拢亦采取坚决态度予以拒绝。”因此，凉山地委强调：“只有使他们（娃子，笔者注）及早解放出来挣脱奴隶主的枷锁，运动才有骨干和依靠力量。同时正由于他们是旧社会的最低层，因此只要将他们发动起来对整个彝族人民的带动作用是很大的，各地的经验都证明了这一点，只要奴隶解放出来，积极参加斗争，群众的情绪就受到很大的鼓舞，使运动急转直下。”①

事实上，娃子也的确是凉山的社会变革最坚定的支持者。一般娃子被发动起来后（以离开主子家为发动起来），都能积极参加相关工作（包括协助中共平叛和参加变革，具体的表现就是参加劳协会和自卫队）。在平叛方面，如美姑巴普地区约和乡的安家娃子约其索补，1月12日（1956年）听到候不列掩叛乱的消息后，“他即向群众宣传‘我们一定要靠拢政府，决不打政府’。并在区干部帮助下，组织了武装自卫小组”，“1月16日，他听说叫他到巴普开会，到了阿黑鲁脚，听到枪响，发现是奴隶主打阿黑鲁脚的自卫队，他马上返回组织本组人枪10人，又把临近塔且的自卫队组织了13人，天快黑时赶到。他作战勇敢，一仗把奴隶主赶跑，为阿黑鲁脚解了围。阿候家阿候比阿来约和乡活动阿竹作洛（说补的主子）叛乱，工作队派他去捕捉，他和陆比两人利用比阿解手（他有武装）时，将其捉住”②。有的娃子不仅拒绝参加反对在凉山开展社会变革的上层组织的叛乱，还主动组织自卫队协助工作队和解放军平叛。如美姑林木甲谷的挖苦尔苦地区，当地“有12个村子，

---

① 凉山地委：《关于春耕前全区发动群众进行民主改革的初步总结报告》（1956年6月18日），甘洛县档案馆，1—1—76—8。

② 《巴普区约和乡武装自卫队员约其索补主要事迹》（1956年1月），载韦清风等编：《凉山彝族奴隶社会的变革资料摘编》，中国社会科学院民族研究所，1981，第130—131页。

共有奴隶主30余户（大部分是阿芦家、一户马家），白彝400余户。年初奴隶主组织叛乱，胁迫奴隶和白彝群众打我部队，奴隶和白彝都不愿意，又威胁他们上山，他们也不去。黑彝奴隶主又威胁：‘你们不跟我们走，人民政府走了，我们要整你们。’（娃子和白彝）有的根本不理，有些人说：‘人民政府走，我们也跟政府走，政府是不会走的。’他们坚决不走，并以克齐衣博（安家娃子，劳协主席）、结米次几（安家娃子，劳协委员）、沙古哈古（安家娃子，劳协副主席）、结合尔哈（安家娃子，劳协委员）四人为首，组织自卫队，决定团结在一起，奴隶主要打就和他们打。一面派人去工作队送信”，奴隶主组织的叛乱武装被击溃后，他们又带着工作队到各村捕捉参加叛乱的奴隶主，并协同解放军追击叛乱武装。在追击中打死叛乱武装6人，打伤3人，缴枪1支，[①] 正因为他们积极战斗，“保证了挖苦尔苦至美姑沿途交通，电讯器材的安全”[②]。还有就是拒绝一些反对变革的上层的收买和拉拢。在昭觉，“一个娃子结婚时奴隶主送酒肉，该娃子不仅拒绝不受还骂了奴隶主一顿”[③]。

有了娃子作为骨干力量后，中共再通过这些骨干去串连其他的群众。从笔者手里掌握的资料看，主要是通过“亲戚串亲戚，家门串家门”[④] 的方式进行串连或工作队上门访贫问苦。[⑤] 同时召开各

---

① 《美姑县林木甲谷区挖苦尔苦武装自卫队情况》（1956年1月），载韦清风等编：《凉山彝族奴隶社会的变革资料摘编》，中国社会科学院民族研究所，1981，第131页。

② 《唐兴盛在凉山彝族自治州第三届第一次代表会议上的发言》（1956年2月5日），载韦清风等编：《凉山彝族奴隶社会的变革资料摘编》，中国社会科学院民族研究所，1981，第133页。

③ 凉山地委：《关于春耕前全区发动群众进行民主改革的初步总结报告》（1956年6月18日），甘洛县档案馆，1—1—76—8。

④ 宜地乡工作队：《关于民主改革的总结报告》（1956年5月3日），甘洛县档案馆，1—1—118—19。

⑤ 宜地乡工作队：《工作汇报》（1956年），甘洛县档案馆，1—1—118—21。

种会议（包括锅庄娃子会、积极分子会、各界群众会[①]等），宣传政策，并建立和发展各种组织。因为凉山是在发动群众的同时方才建立各种组织，所以凉山的串连工作未见利用群众组织进行串连的现象。

开会是诉苦的基本形式，也是发动，串连群众的重要形式。在凉山发动群众（包括前述的寻找和培养苦主）起来诉苦是通过各种会议进行的。如甘洛岩润乡，先后召开了“群众会、代表会、妇女会、奴隶会、青年会、苦人会、劳干会、奴隶主会等共 20 多次”[②]，这些会议除了奴隶主会主要是向奴隶主宣传政策，令其安分守法外，其他会议都是通过会议宣传社会变革政策，发动群众。在这些会上，“通过诉苦，挖穷根，揭露出了奴隶主阶级的统治罪恶及凶恶面貌，所以群众的思想觉悟除个别外，普遍均大有提高”[③]。又如甘洛斯普乡，社会变革开始以后“一个月来召开了各种类型会议共 59 次，其中奴隶会 16 次，青年会议 6 次，受到教育的青年 21 人，占青年总数的 80%，妇女会议 4 次，受到教育的妇女 593 人，占妇女总数的 95%，不仅发动了奴隶半奴隶，也发动了广大的劳动人民（包括中农）”，“据 1 月来的计算，群众受到政策教育，平均每人达 3 次左右，个别有达 6、7 次的，基本做到了家喻户晓，政策和广大群众见了面”[④]。

类似电影《暴风骤雨》中斗争韩老六式的诉苦大会则一般是通过劳代会进行的。[⑤] 之前叙述的各种会议实际上都是为这种诉苦会

---

① 吉什八呷工作队：《近来工作情况简报》（1956 年 1 月 28 日），甘洛县档案馆，1—1—124—1。

② 岩润乡工作队：《岩润乡民主改革工作总结报告》（1956 年 9 月 1 日），甘洛县档案馆，1—1—127—4。

③ 同上书。

④ 斯普乡：《民改工作简报》（1956 年 3 月 3 日），甘洛县档案馆，1—1—118—1。

⑤ 阿尔乡工作队：《民改工作第二步工作汇报》（1956 年 4 月 20 日），甘洛县档案馆，1—1—131—5。

作准备（所谓“启发诉苦，小会酝酿”① 即指此而言）。在凉山，这种“诉苦会”是“背靠背”（群众诉苦时，被群众控诉的奴隶主不到场）进行的——这是凉山社会变革中诉苦的一条基本原则，②这种会也是诉苦中最具仪式化色彩和象征意义的。这些会议的作用如李里峰所言：“以个人诉苦和家庭诉苦提高觉悟、打消顾虑，以小组诉苦扩大范围、激发仇恨，以大会诉苦营造氛围、促发行动。”③ 此外，凉山在诉苦时强调要“以苦引苦，说明个人的苦就是全体劳动人民的苦”④，引发参会群众的共鸣，从而将控诉具体某个奴隶主转变为对整个奴隶主阶级的控诉。⑤ 还要指出的是，在发动群众诉苦中，积极分子的带头作用还是很重要的。据昭觉参加社会变革积极分子尼古果果的回忆：凉山发动群众工作的开展还是有不顺利的时候，在这种时候往往是依靠积极分子的行动带动了其

---

① 阿尔乡工作队：《民改工作第二步工作汇报》（1956 年 4 月 20 日），甘洛县档案馆，1—1—131—5。

② 《凉山地区会议记录整理（要点）》（1956 年），凉山彝族自治州档案馆，79—1—254—6；《依靠奴隶、半奴隶，团结全体劳动者，有步骤、有区别的消灭奴隶主阶级——州劳代会上的政策报告提纲》（1956 年 1 月），载韦清风等编：《凉山彝族奴隶社会的变革资料摘编》（中国社会科学院民族研究所，1981 年），第 159 页；阿尔乡工作队：《民改工作第二步工作汇报》（1956 年 4 月 20 日），甘洛县档案馆，1—1—131—5；斯普乡工作队：《近十天来工作情况报告》（1956 年 3 月 20 日），甘洛县档案馆，1—1—118—2）。

③ 见李里峰：《土改中的诉苦：一种民众动员技术的微观分析》，载《南京大学学报》（哲社版）2007 年第 5 期，第 102 页。

④ 斯普乡：《民改工作简报》（1956 年 3 月 3 日），甘洛县档案馆，1—1—118—1。

⑤ 不过要注意的是，如笔者在一篇论文中所言：汉区“并不是所有地方精英都反对新政权”（见张望：《新中国成立初期地方精英对新政权的土地和行为选择》，《求索》2014 年第 10 期，第 26 页）一样，也不是所有的奴隶主都暴虐地对待奴隶（娃子）。如喜德的上层（奴隶主）倮米明里对待娃子就比较宽容［见喜德县文史资料委员会、喜德县驻西昌老年人协会合编：《难忘的岁月——喜德文史》第 9 辑（2003 年），第 117 页］。当然，这种上层在凉山是少数。换而言之，凉山这种从个别到整体、由点到面的诉苦方法实际上还是暗合于凉山的实际情况的。

他群众，从而成功地将群众发动起来。①

凉山的诉苦中，消除彝族群众的顾虑十分重要。这是因为在凉山，奴隶主手里握有武装，社会变革前夜不满变革的奴隶主又发动了叛乱，声势甚大。凉山的群众（特别是奴隶——娃子）担心中共不能在凉山立住脚，扎下根，在和叛乱武装的较量中会失败——毕竟民国年间无论什么外来势力均未能在凉山立足。因而在社会变革开始时，尽管很多抱着“干就干，斗就斗，就（是）死了也值得”② 的娃子积极参加了社会变革，但是也有不少娃子畏首畏尾，害怕自己支持了中共，中共却不能在和叛乱武装的较量中获胜，最后还是自己遭殃。如昭觉四开区，约有38.9%的群众是因为“畏惧奴隶主复辟，怕人民政府住不长”，因而不敢支持中共，有的害怕奴隶主将来报复，虽然“对分配满意，但又向奴隶主表示不是自己干的，是人民政府要他要的”，为此“搬到外地去住”的有11户，还有人因为害怕而设法偿还自己对奴隶主欠下的债务。③ 这种心态在叛乱武装控制地区和叛乱武装与中共力量激烈争夺的地区的群众中更加明显。正如中共所言：主要是“怕奴隶主杀害，怕人民政府住不长，打不垮黑彝，不相信自己能解放自己的力量因此有苦不敢向我诉”，因此说“人民政府政策好是好，就怕你们办不了”④。在这种情况下，消灭当地的叛乱武装往往成为当地工作能否开展的关键。如甘洛普昌区的乃呷地区，“原系敌我同据之地，上层控制较严，群众基础工作薄弱，虽经我原工作队艰苦努力宣传政策，但群

① 施嘉明主编：《难忘的历程——开辟凉山彝族地区工作的回忆录》，成都：四川民族出版社，1992，第314页。

② 衣屋里克区委：《开展民主改革以来的检查总结》（1956年3月2日），甘洛县档案馆，1—1—132—3。

③ 《关于昭觉四开区匀楼乡民主改革工作调查汇报提纲》（1956年），载韦清风等编：《凉山彝族奴隶社会的变革资料摘编》，中国社会科学院民族研究所，1981，第200页。

④ 衣屋里克区委：《开展民主改革工作以来的检查总结》（1956年3月2日），甘洛县档案馆，1—1—132—3。

众顾虑仍大，积极靠我者少”，直到 1956 年 6 月底在中共部队击溃了当地叛乱武装后，7 月初工作队再次进入乃呷开展工作，才打开了局面。[①] 由此可见，在凉山社会变革的发动群众中，只要各地工作团（队）和解放军能让当地群众看到自己始终能在和叛乱武装的较量中获胜，使当地群众相信工作队和解放军有足够的能力为他们撑腰，当地的工作就越容易开展。换句话说，在凉山的发动群众中，消除群众顾虑最好的方式就是在平叛战斗中多打胜仗。

此外，在凉山开诉苦会（尤其是诉苦大会）前必须做好调查了解工作，即收集好被控诉的奴隶主虐待奴隶的各种确凿的事实，否则会造成诉苦会冷场的情况。如甘洛阿尔乡，“给奴隶主尔撒提意见时，就冷了场。到斗争阿候立答时，虽然劲头很高，都争着去和他讲道理，但是这家伙倚老卖老，不承认他是奴隶主，家里什么也没有，群众给他指出奴隶数，粮食分散，不解放奴隶，勾结反动分子的罪恶，他也不承认错误，只说不知道。卡白热卡不承认过去的罪恶和分散过粮食，推到他死去了的儿子身上。甚至原来白主尔哈（奴隶主）家的锅庄娃子还出来帮白主尔哈叫屈。这样一来使的劳协会主席无法掌握而慌乱”[②]，结果自然是诉苦不成功，群众未能发动。事实上，如果做不好这一准备工作甚至会出现群众认为工作团（队）在颠倒黑白，从而可能抵制诉苦的情况。

3. 情绪的调动和氛围的营造

美籍中国革命史专家裴宜理认为，中共在革命中的“情感工作”为革命的胜利起了非常重要的作用。她指出，中共在革命中，尤其是革命动员中高度重视“情感工作”。中国革命史中的“情感工作”，“阐明了情感能量如何可能（或不可能）有助于实现革命

---

① 呷洛县普昌区委会乃呷地区工作队：《关于在乃呷地区进行民主改革第一、二阶段工作总结》（1956 年 8 月 4 日），甘洛县档案馆，1—1—125—14。

② 阿尔乡工作队：《民改工作第二步工作简报》（1956 年 4 月 20 日），甘洛县档案馆，1—1—131—5。

宏图”[①]。的确，在中共以土地改革（汉区）为中心的社会变革中，依靠情感工作动员民众是一大特色。凉山社会变革中的诉苦，同样带有裴宜理所说的利用“情感工作”动员民众的色彩。各种宣传，组织，“交代政策”[②]，其基本目的都是要使群众将对旧有的奴隶制度和统治阶层（尤其是娃子对主子）的愤怒，仇恨之情在凉山开展社会变革的情境下爆发出来，同时培养他们对中共的感激、爱戴之情（毕竟凉山的社会变革是由中共领导的，没有中共的领导，变革也没有成功的可能性）。按照现有汉区土地改革诉苦研究成果的观点，“诉苦本身是不够的，还必须培养苦感，酝酿苦味”，“为了调动诉者和听者的情绪，在诉苦之前需要教苦主怎样去诉，帮他‘总结出几点令人最愤恨的罪恶，使群众听到后能引起高度的仇恨而参加斗争’”[③]，也就是要让诉苦者掌握诉苦的工作方法，保证在诉苦会上的诉苦能真实动人，打动听众，从而达到动员的目的。

凉山社会变革的诉苦也需要调动诉者和听者的情绪，使听者对诉者所控诉的“苦难”产生共鸣，方能达到使群众对旧有的奴隶制度和统治阶层的仇视和愤怒最大程度地爆发出来，从而形成摧毁旧有的奴隶制度和统治阶层的洪流。

但是，从某种意义上说，凉山的奴隶（娃子）们的诉苦不需要中共的工作团（队）刻意去培养苦感，酝酿苦味，也不需要帮助苦主“总结出几点令人最愤恨的罪恶，使群众听到后能引起高度的仇

① 见刘东主编：《中国学术》2001年第4辑，北京：商务印书馆，2001，第98—99页。更详细论述可参阅裴宜理：《重访中国革命：以情感的模式》，载刘东主编：《中国学术》2001年第4辑，北京：商务印书馆，2001，第97—122页。

② 这是当时凉山政府文件中的一个常用词汇，意思是向民众讲清政策，让民众充分了解政策，目的同样是为了发动民众。

③ 冀南一地委：《永智县反奸诉苦运动中几点初步经验介绍》（1946/08/16），转引自李里峰：《诉苦：一种民众动员技术的微观分析》，《南京大学学报》（哲社版），2007年第5期，第103页。

恨而参加斗争”，更不需要在预演时对其诉苦时的表情进行指导，[①]使其能在正式的诉苦时能感染来听的彝族群众，从而使参会的彝族群众都投入到社会变革中去。这是因为，凉山的奴隶们所遭受的苦难任意一条拿出来，都的的确确是非人的待遇。足以使听众（无论是干部还是群众，无论是外来的汉族干部还是本地的彝族干部）落泪，也完全足够使听众对旧有的奴隶制度和统治阶层的仇视和愤怒情绪如火山一般爆发出来。试想：一个受苦甚深的奴隶（苦主）在台上诉说其因奴隶主的虐待而遭受的苦难时（包括自己和子女被奴隶主买卖，无故被捆吊殴打，甚至被杀害，整日辛劳却依旧冻饿，仅仅因为饿极了拿了一个糌粑吃被捆吊毒打，病了不给治疗，反而被嫌是累赘被杀死，子女被拉去做奴隶或陪嫁丫头，身受伤残还要继续为奴隶主劳动，等等），人们可能不掉下同情的泪水吗？何况这些苦难全都是真实的存在。因此在凉山社会变革的诉苦中，要达到群情激愤的境界并不是难事，因为“苦主”所诉“苦难”的内容确实都是非人的遭遇，更重要的是，这些“苦难”也是实实在在的“阶级苦”，即使不像汉区那样去刻意培养苦感，酝酿苦味，和在预演时对诉者诉苦的表情进行指导，也足够将诉者和听者都引导至一种群情激愤的境界，使参加诉苦的人们对旧有的奴隶制度和统治阶层更加痛恨。

当然，在诉苦者本身的确遭受了“深重的阶级苦难”这样的背景下，再用上相应的动员方法，其动员的效果必然更佳。事实上，凉山社会变革中的诉苦也很重视情绪的调动和氛围的营造。具体表现在以下两个方面：

第一，通过追悼会和实物展览，结合“苦主”的哭诉，向参会（“诉苦会”）群众从视觉和听觉两方面展现奴隶遭受的“苦难”，从而调动参会群众的情绪，激发其对旧制度和统治阶层的愤恨。如

---

① 李里峰：《土改中的诉苦：一种民众动员技术的微观分析》，《南京大学学报》(哲社版)，2007 年第 5 期，第 103 页。

越西，采用了追悼会的形式展开诉苦工作，成效显著，计“召开大小群众会 508 次，受教育群众约 53640 人次，其中受到 3 次以上教育的 21568 人次，多数成年人都诉了苦，参加了大小斗争会”①。又如马边峰溪乡的诉苦会也十分成功，成功的重要原因之一就是做好了实物展览这一环。“会上展出了草根、树皮十多种，烂衣裙多件，奴隶主用来拷打娃子的刑具若干”，目的自然是“通过实际的事例教育群众，激发其阶级仇恨”，在参会者观看展览的同时，亲身遭受过这些“苦难”的奴隶“摩西拉铁在一旁向参会者说‘这就是我们过去所过的日子’”，由此从视觉和听觉两方面给了参会者强烈的触动，成效自然十分显著，“当场就有群众痛哭起来”；马边另一个乡的一次成功的诉苦会，成功的重要原因也是“会上有实物展览，展出以前吃的草木根 28 样，穿的破羊皮 8 件，奴隶主常用的打人东西 7 件（木棒、火钳、链子、烟筒等）”，动员的成效也相当显著，“看展览的人很多都哭了”②。再如甘洛的衣屋里克，苦主巫石木乃子在诉苦会上控诉奴隶主对其的虐待时，当众“脱去衣服给群众看伤痕”，从而“激起了奴隶群众对奴隶主阶级的强烈愤恨”③。

第二，在诉苦会召开之前精心选好苦主，通过做思想工作启发他们的阶级觉悟，使他们在诉苦会上进行控诉时能更具感染力，从而更好地激起听者的对诉者的同情和对造成诉者痛苦的人的愤怒情绪。尽管在凉山寻找苦主的难度不大（娃子都是苦主），然而问题在于：虽然娃子们都遭受过非人的折磨，但是，从娃子个体这一角度而言，他们遭受的苦难程度还是存在着一定的差别。毕竟在诉苦会上，如果娃子所控诉的苦难，内容越凄惨、越痛苦（他们所控诉

① 秦和平编：《四川民族地区民主改革资料集》，北京：民族出版社，2008，第 348 页。

② 同上书，第 352 页。

③ 衣屋里克区委：《开展民主改革工作以来的检查总结》（1956 年 3 月 2 日），甘洛县档案馆，1—1—132—3。

苦难的内容，往往超出现在人们的认知），那么这种同情和愤怒之情就会越大、越明显。同样，中国共产党的工作团（队）对苦主（娃子们）采取做思想工作，帮助苦主总结出奴隶主几点令人最愤恨的罪恶，“使群众听到后能引起高度的仇恨而参加斗争”，以及在控诉会前对其诉苦时的表情进行指导等，从而使苦主在诉苦会上的控诉更显凄惨、痛苦，进而更能激起听者对诉者的同情和对造成诉者痛苦的人的愤怒情绪。毕竟，这种情绪越发激烈的效果是能使更多的人投身于社会变革，从而为摧毁旧制度、建立新制度提供更大的动力。这也是社会变革的发动者——中共所乐见其成的。此外，虽然凉山的苦主易寻，诉苦会上苦主所控诉的苦难也真实，但是在诉苦中也还是出现过因为“诉苦对象没找好，会场纪律不严明”，结果出现了“会上诉苦的在哭，而听众在笑”的现象，[①] 由此极大降低了诉苦的动员效果。因此，如前所述，凉山各地在发动群众中均较重视苦主的寻找和发现，强调要开好诉苦会，组织好诉苦必须先“事先培养苦主”[②]。在找好苦主后，中共也重视对苦主进行启发引导，强调要对苦主组织培养，[③] 同时，重视和加强对群众进行相互启发教育，[④] 由此保证在诉苦会上控诉者在所述“苦难”真实动人的基础上增加对参会者的感染力，从而较好地通过诉苦实现对群众的发动。另需指出的是，为了加强苦主所诉的苦难的感染力，在诉苦会上苦主所诉的苦难一般都会选择控诉奴隶主（主子）对苦主（奴隶——娃子）的非人待遇。从上目所举的苦主诉苦的内容中

---

① 吉什八呷工作队：《近来工作情况简报》（1956 年 1 月 28 日），甘洛县档案馆，1—1—124—1。

② 衣屋里克区委：《关于当前工作检查情况及今后工作意见报告》（1956 年 2 月 13 日），甘洛县档案馆，1—1—132—2。

③ 古足乡民主改革工作队：《古足乡民主改革工作总结》（1956 年 6 月 3 日），甘洛县档案馆，1—1—125—2。

④ 宜地乡工作队：《宜地乡第一届第一次劳代会小结》（1956 年 5 月 3 日），甘洛县档案馆，1—1—118—18。

也可见：在凉山的诉苦中，控诉主子对娃子的虐待和残害的情况（第一种和第三种情况）比控诉主子对娃子的经济剥夺的情况（第二种情况）多得多。这说明了在诉苦中，控诉主子对娃子的虐待残害较控诉主子对娃子的经济剥夺更能激起听者的对诉者的同情和对造成诉者痛苦的人的愤怒情绪，从而更好地实现对彝族群众的发动。

使参会者通过参加诉苦会激发其仇视旧有的社会制度和统治阶层是诉苦的重要目的，凉山的诉苦会也不例外。和汉区一样，“哭”也是彝族群众情绪被激发起来的重要表现。前文已经提及，凉山社会变革中成功的诉苦会，参会的群众都哭了，这正是群众被成功动员的表现。事实表明，正是在“哭”的情绪下，才能达到一种群情激愤的境界，才能确保诉苦会的参会者对诉苦者所控诉的苦难产生共鸣，从而形成了一幅旧有的社会制度和统治阶层成为老鼠过街、人人喊打的画面，从而推动社会变革的进程。此外，因为凉山社会变革的诉苦一般是“背靠背”的进行，故不存在在诉苦会前选择斗争（说理）对象的问题，亦即一般不需要精心选择斗争对象。

李里峰指出，为了保证诉苦的顺利进行，造成群情激愤的效果，会场的安排也很重要，在开会时要保持会场的肃穆沉寂。[①] 笔者遍阅手中掌握的资料，未见关于凉山诉苦会会务安排的记载，但是前述的不成功的诉苦会之所以不成功，原因之一就是“会场纪律不严明”。由此能够推断中共在凉山在诉苦中应当比较重视会务安排，以期能达到和汉区的诉苦会一样的效果。毕竟凉山也有“会场纪律不严明”导致诉苦不成功的实例存在，而且汉区发动群众的经验教训也能为凉山的诉苦提供参照，何况诉苦会还带有仪式化的色彩和象征的意义。

① 李里峰：《土改中的诉苦：一种民众动员技术的微观分析》，《南京大学学报》（哲社版），2007 年第 5 期，第 105 页。

解放娃子也是一个调动群众的愤怒情绪和“苦难”氛围营造的好机会。中共自然不会放过这种绝佳的诉苦机会。在解放娃子时，中共组织群众前往参观，并动员群众帮助娃子搬运物品（背粮食、拿家具等）。同时以解放的娃子为苦主举行诉苦会，借此对参会的群众进行动员，成效显著。如甘洛宜地乡在解放娃子时，当地工作队组织群众前往参观，并不失时机地举行了 10 余次诉苦会，诉苦人数计 30 多人。在大会上，参会的群众普遍认识到“过去当娃子受苦，以为是命不好，现在才知道是奴隶主的统治和压迫”，“要翻身只有打垮奴隶主阶级，跟着共产党走”；为了使部分对社会变革持犹豫不定态度的群众转变观念，宜地乡在诉苦会上还采用了前文所述的方法，展示了刑具（铁链、手铐），同时由苦主诉苦，“以自己的亲身经历教育了每一个劳动人民代表”，成功地转变了对中共主导的社会变革犹豫不定的群众的观念，“激起了劳动人民的悲愤情绪，决心打垮奴隶主阶级，争取人身自由和解放”。[①]

4. “追挖苦根”和逻辑归罪

从奴隶们叙述的“苦难”中，可以将其归为以下几类方式：第一，倾诉受苦的情形（这种方式最多）。如“奴隶主壳哈子杀害自己的父亲，还将一家人弄在旁边看着，杀死后不准安埋，几天后已被老鸦将眼睛啄来吃掉，以后母亲和两个兄弟同我四口人就被拿来卖到三处。母亲被卖在阿日呷家，一个弟弟还在吃奶不能劳动，母亲下地去给奴隶主干活，将小弟放在家里，奴隶主认为不能劳动，便用毒药将小弟毒死。自己被卖在乃母古角，先后被奴隶主毒打 7 次，连手打断还要上山看羊子、背柴，另一个弟弟被卖到奴隶主依格百堵家，也是经常挨打、受气，因此兄弟二人有时上山会面都互（相）抱头痛哭一场，以后弟弟给奴隶主放羊跌死在岩下。一家 5 口人便被奴隶主杀死、毒死，及折磨死了 3 口，一家人就这样家破

---

① 宜地乡工作队：《关于民主改革的总结报告》（1956 年 5 月 30 日），甘洛县档案馆，1—1—118—21。

人亡，妻离子散而各走一方”[①]。再如（奴隶主）“吊打他10岁的弟弟木及木，在劳动后不给饭吃，即使给饭吃，也在饭内放了马粪和烟草，还要问他弟弟，饭好吃不好吃？如果说不好吃，便不给吃”[②]。诉苦会上奴隶们控诉奴隶主对奴隶使用的残酷刑罚也可归于这一类型。[③] 第二，描述自己所感受到的苦感。如“（我们所受的）苦是三天三晚数不清，恨不得吃他们的肉才出得了这一口气”[④]，“奴隶主给我的苦处说不完，就是要我吃他苦胆，我也不嫌苦”，“我挖他奴隶主的肝，吃他奴隶主的胆也不嫌苦”。又如“我要（向奴隶主）报仇，我要吃他肉，才消我心恨”[⑤]，“说起奴隶主嘛，把他杀了熬成汤，我都要吃几碗，吃后是不会毒死我的，我60岁了，儿子还在当别人的娃子”，“要是共产党再过二年不来，我们早就死了”[⑥]。这些都是奴隶们的“苦感”。第三，追问受苦的原因（即“挖苦根”），如“我们终年劳动为什么没有穿的，吃的呢？比牛马生活还不如。而奴隶主不劳动反是过的腐化生活，似这样的命运，本人不知道姓，老年尚未娶婚，一身不如一只麻雀（麻雀尚有一窠），极残酷的是在暴力的压迫统治下，严刑拷打成了只能终身的残疾，劳动者被霸占了房屋，抢走了自己的妻子，儿女流落在他乡，生病，孕妇们都得为他们劳动，在他们的手下不知死了好多

---

① 岩润乡工作队：《岩润乡民主改革工作总结汇报》（1956年9月1日），甘洛县档案馆，1—1—127—4。

② 宜地乡工作队：《关于民主改革的总结报告》（1956年5月30日），甘洛县档案馆，1—1—118—21。

③ 见秦和平编：《四川民族地区民主改革资料集》，北京：民族出版社，2008，第353页。

④ 《宜地乡第一届第一次劳代会小结》（1956年5月3日），甘洛县档案馆，1—1—118—18。

⑤ 见秦和平编：《四川民族地区民主改革资料集》，北京：民族出版社，2008，第349，350页。

⑥ 见韦清风等编：《凉山彝族奴隶社会的变革资料摘编》，中国社会科学院民族研究所，1981，第206—207页。

人，这都是旧制度给的"[①]。"挖苦根"的另一种形式则是追问奴隶主（土著上层）的权力是从哪里来的，以及他们为什么能残酷压迫奴隶（娃子）？从而引导群众意识到奴隶主的"这些特权不是自古就有的，而是他们从大家手中把土地、财产抢过去的"，由此证明这些特权是不合理的，也是"可以打倒的"，进而让群众意识到"只要大家站起来，在共产党、毛主席的领导下，一定能实现（摧毁旧有的奴隶制度，并建立崭新的、合理的社会制度）"的道理。[②] 也就是说，要通过诉苦，尤其是"挖苦根"，"从思想上使奴隶群众认识到奴隶主制度的不合理"，从而"使广大群众投入运动的高潮"，[③] 这样就否定了凉山土著上层（奴隶主）旧有的各种特权，为社会变革的合法性提供了依据。事实也的确如此。不少参加了诉苦会的群众在会上明确表态，"民主改革就是我们全体劳动人民的要求，为啥不拥护"，"只有通过民主改革，劳动人民才能得到彻底的解放与翻身"，要"为民主改革而奋斗到底，要把痛苦化为力量"。[④] 这就是凉山社会变革中的诉苦的实际效应。

另需指出的是，尽管凉山的多数奴隶（娃子）对他们的主子本身就有仇恨之情，但是，也有一些奴隶（有娃子，也有白彝）由于平时得到他们的主子"保护"较多，加上社会变革开始后，一些主子有意识地采取了一些拉拢的措施：如主动给娃子安家，给娃子较好的食物、衣裳等，因而他们不愿接受社会变革，甚至为他们的主子辩护。如马边有娃子称："老板（奴隶主，笔者注）待我们似家

---

① 《宜地乡第一届第一次劳代会小结》（1956 年 5 月 3 日），甘洛县档案馆，1—1—118—18。

② 《吉时八呷区工作简报》（1956 年 1 月 28 日），甘洛县档案馆，1—1—124—1。

③ 田坝区委会：《关于 1956 年年终总结报告》（1957 年 1 月 28 日），甘洛县档案馆，1—1—119—1。

④ 苏雄工作队：《最近召开苏雄乡劳代会的情况报告》（1956 年 7 月 10 日），甘洛县档案馆，1—1—91—9。

人，吃穿没二样。”[①] 再如昭觉四开区人则对一些白彝被划为奴隶主心怀不平，“有一个堡子40余户人，一致要求1户白彝奴隶主参加互助组，说这个奴隶主和劳动人民一条心”。有人甚至称“过去借他们的债，是我们自己找他的，送礼也是吃了人家一顿”，一些随奴隶主叛乱的白彝和娃子称“人民政府不准我们接近我们的老板（奴隶主，笔者注），是我们逃跑的一个原因”，甚至说“人民政府为啥要改革，不改大家安静过日子”[②]。凉山的工作队根据这种情况，通过诉苦，揭露奴隶主对这些奴隶的“束缚”的一面，尤其是主子残酷虐待娃子的事实，或通过诉苦（大会）让他们意识到他们的主子对他们残酷压迫的事实，并通过“追挖苦根”，让他们懂得他们的苦日子主要是奴隶主造成的（事实也的确如此），现在中共领导的社会变革，就是要帮助他们改变这种命运，让他们过上好日子，从而“提高他们的觉悟”，积极参加社会变革。事实上也的确起了这样的效果。[③]

诚如李里峰评述第三次国内革命战争时期解放区农民的诉苦所言：“如果说述苦情、引苦感是诉诸情感的力量来激发农民群众的仇恨之情，那么讲苦理、挖苦根则是诉诸逻辑的力量来将这种仇恨引向共产党的政治和军事对手——国民党。”[④] 凉山社会变革中奴隶们的诉苦同样是为了诉诸情感的力量激发以奴隶为主的少数民族

---

① 马边县工作团党委工作组：《关于西泥沟、核桃坪村解放奴隶，安置奴隶的情况报告》（1957年6月5日），载韦清风等编：《凉山彝族奴隶社会的变革资料摘编》，中国社会科学院民族研究所，1981，第212—213页。

② 《关于昭觉四开区匀楼乡民主改革工作调查汇报提纲》（1956年），载韦清风等编：《凉山彝族奴隶社会的变革资料摘编》，中国社会科学院民族研究所，1981，第200页。

③ 参阅普昌区委：《关于里克乡工作发现之问题的报告》（1956年），甘洛县档案馆，1—1—124—12；普昌区委：《关于在古足乡进行民改工作情况简报》（1956年4月17日），甘洛县档案馆，1—1—124—9。

④ 李里峰：《土改中的诉苦：一种民众动员技术的微观分析》，《南京大学学报》（哲社版）2007年第5期，第107页。

群众的仇恨之情，“挖苦根”（“讲苦理”）也是将这种仇恨之情引向凉山旧有的社会制度（奴隶制度）和这一制度的受益者——土著上层（奴隶主）。正所谓：“如果只是诉出苦，而不能认识苦的来源，诉苦便失去了意义。所以‘苦根不挖，诉苦白搭’，‘挖得不深不净，哭瞎眼睛无用’。因此挖苦根实是诉运（诉苦运动）的中心环节。”[①] 可以试想，如果不能将奴隶们所“诉”的“苦”归结到在民主改革中必须被打倒的对象——凉山旧有的奴隶社会制度（尽管这是真实的存在，但是很多奴隶，尤其是白彝奴隶未必能意识到这一点）上，那么诉苦便失去了动员的作用和存在的意义。从动员策略的角度而言，这同样是一种需要借助逻辑推演的归罪策略。

除了“挖苦根”外，“找甜根”也是诉苦的另一面。如“在以前黑彝整死十个八个谁敢开一声腔，现在就不行了啊，如果政府再迟一点来，不晓得我们又有好多人被他们整死啊”，“政府硬是我们自己的政府，现在再也不受那个压迫了”。[②] 对比式的诉苦也同样是凉山的社会变革中诉苦的重要特色。如甘洛苏雄乡的奴隶说也阿木在诉苦会上表示，“奴隶主阶级是压在我们头上，在这种社会制度里，我们这些奴隶要想翻身，过上一天好日子，想也想不到的事！只有今天政府来，我们奴隶才解放”，接着号召参会的奴隶们“团结起来，打垮奴隶主一切特权”。[③] 其目的自然是通过对比，使群众认识到旧有制度的不合理和废除的必要性和认同在凉山开展社会变革的必要性和合法性，事实上也的确起到了这样的效果。经过

---

① 冀察热辽军区政治部：《怎样开展诉苦运动》（1947/01），转引自李里峰《土改中的诉苦：一种民众动员技术的微观分析》，《南京大学学报》（哲社版）2007 年第 5 期，第 107 页。

② 吉什八呷工作队：《关于平息叛乱的总结及近来工作情况的报告》（1956 年 1 月 15 日），甘洛县档案馆，1—1—125—1。

③ 苏雄工作队：《最近召开苏雄乡劳代会的情况报告》（1956 年 7 月 10 日），甘洛县档案馆，1—1—91—9。

诉苦，群众纷纷表示凉山的社会变革“是为了我们劳动人民，以往民主改革的办法是完全正确的，是完全为我们劳动人民打算”，“民主改革把我们劳动人民从火坑中救了出来，毛主席比我们亲生父母还好”，“‘人民政府打彝族，汉人整彝人’这完全是奴隶主和土匪特务造谣破坏我们的团结”，[①] 彝族群众的这些表态意味着凉山的彝族群众认可了在凉山开展社会变革的必要性和合法性。中共由此更好地发动了群众，进而把彝族群众对奴隶制度、奴隶主的仇恨转化为积极参加劳协会和自卫队，协助工作队和解放军平息反变革的叛乱和支持社会变革的行动。

和汉区类似，“苦难”也成了凉山彝族群众斗争的理由和资本。“受苦”的原因不再是“天生命定”，而是统治阶层的残酷剥削和压迫。黑彝（这里实际上是指占有娃子的人——包括土司、黑彝、白彝和安家娃子）也不再是“天生高贵”，而是骑在白彝和娃子的头上作威作福，必须在变革中废除其特权的对象。将诉苦引向凉山旧有的社会制度和土著上层的逻辑则是：奴隶（包括白彝在内）苦是因为凉山旧有的社会制度不合理、奴隶主（土司和黑彝）恶，因此摧毁奴隶制度，仇视和斗争奴隶主是理所应当；中共则是彝族群众的代表，帮助彝族摧毁不合理的，落后的奴隶制度，将广大的彝族群众解放出来，所以要支持和爱戴。正如李里峰所言：“‘诉苦’的字面含义只是将过去所受的苦诉说出来而已，在很多情况下这也正是农民对这个词的真实理解。而通过逻辑推演、追挖苦根的归罪策略，将农民的苦难与地主阶级及其代理者国民党联系起来，进而从表达（诉苦）走向行动（斗争），则是诉苦领导者，发动者的职责所在。”[②] 凉山社会变革中奴隶的诉苦在技术层面上而言也是如

① 阿尔乡工作队：《关于贯彻民主改革和平息叛乱的工作报告》（1956 年 9 月 26 日），甘洛县档案馆，1—1—125—13。

② 李里峰：《土改中的诉苦：一种民众动员技术的微观分析》，《南京大学学报》（哲社版）2007 年第 5 期，第 108 页。

此。奴隶们的诉苦虽然也有在诉苦中意识到自己的苦难是奴隶主造成的这种情况（主要是娃子），但是更多的只是“苦”的内容，而将这种“苦”归罪于凉山旧制度和旧制度下的统治阶层，则有诉苦的领导者和发动者的功劳。

但是在凉山，这种仇恨之情和逻辑归罪在奴隶阶级（指民主改革中被划为奴隶阶级的群体）中，尤其是娃子中是普遍的客观存在。这包含两层意思：第一，客观上奴隶（娃子）们所遭受的苦难，的确是奴隶主，抑或说是旧有的奴隶制度所造成的。第二，多数奴隶（娃子）也认识到自己所遭受的苦难是奴隶主造成的，这在“新娃子”（指的是自己被抓进凉山——基本是汉人，卖作娃子，尚未传宗接代或生子后自身还健在的娃子）这一群体中表现特别明显。[①] 因此，凉山社会变革中的诉苦实质上更多的是将奴隶的这种仇恨引发出来，给了奴隶们一个倾诉和宣泄自身苦楚的机会（抑或场所）。更重要的是，中共通过和凉山旧有的奴隶制度对立的暴力机器为奴隶们撑腰，解除了奴隶们的后顾之忧，奴隶们从而能无所顾忌地控诉他们遭受的苦难，从而走到旧制度的对立面，形成摧毁旧制度的重磅炸弹。在凉山社会变革的诉苦中，“挖苦根”虽然也多少借助了逻辑的力量，但是，凉山旧有的奴隶制度，尤其是这一制度中的人身依附关系——主子对娃子有绝对的生杀大权，既是凉山社会发展进步的桎梏，也的确是凉山社会变革中“苦难”的控诉者（“苦主”）——奴隶（娃子）们遭受“苦难”的主要原因。因此，在凉山社会变革中的诉苦，特别是“挖苦根”中，逻辑上的“苦因”和事实上的苦因是高度重合的。因此，在凉山社会变革的诉苦中，不存在郭于华所谓的“苦难转化”[②]，也似乎不存在李里

① 若非如此，则无法解释解放军进入凉山后最早感到兴奋的是尚未彝化的汉族娃子，说“可该我们解放了”［见中共美姑县工委：《美姑目前情况与今后工作》（1954 年 7 月 20 日），凉山彝族自治州档案馆，95—1—43—2］。

② 参见郭于华：《受苦人的讲述——骥村历史与一种文明的逻辑》，香港：香港中文大学出版社，2013，第 1、2 章。

峰所说的“置换苦难”[①] 的情况。

三、余论

在 20 世纪中国的社会变革和国家建设中，民众动员发挥着不可或缺的重要作用。事实上，还在大革命时期的国民党，即立志动员民众，发动国民革命，但是很快呈现出“上层国民党，下层共产党”的情况，即使在其执政后，其对社会的控制只能触及表层，未能深入社会内部，换而言之，国民党始终未能控制农村基层社会。[②]在凉山，不论是国民党，还是明面上奉国民党为正朔的凉山地方势力（主要指邓秀廷部），其均未能进入凉山，遑论实现对凉山的社会控制。只有中共实现了使自己的力量进入凉山后，才在此基础上有效地动员了彝族的群众，并在此基础上成功地实行了社会变革。应当承认，彝族群众（包括阶级划分中的奴隶和劳动者阶层）的政治热情同样需要启发和动员才能被激发出来。如果没有中共的启发动员，凉山的彝族群众是不可能有政治热情，更不可能投身于这场凉山的社会大变革。

但是必须强调的是，凉山以诉苦为中心的群众动员是建立在彝族群众确实遭受了惨烈的“阶级苦难”的基础上进行的。凉山的群众（娃子）所遭受的苦难既是真实的苦难（不是子虚乌有的存在），也是真实的“阶级苦”。在凉山的社会变革发动群众的过程中，一系列的动员都是在“苦难”真实的这一基础上进行的。如果没有这些真实的“苦难”作为基础，任何动员都不会产生作用，进而使凉山的民主改革不但不能成功，而且可能会受到彝族

---

① 李里峰：《土改中的诉苦：一种民众动员技术的微观分析》，《南京大学学报》（哲社版）2007 年第 5 期，第 108 页。

② 王奇生：《党员、党权与党争：1924—1949 年中国国民党的组织形态》，上海：上海书店出版社，2003 年，第 78、358 页。笔者通过以大足为个案所作的研究（硕士学位论文）也发现，1950 年前的基层政权（包括县和县以下的乡村）实际上还是掌握在地方精英手里的。

群众的抵制。

李里峰认为，“从客观现实（苦难）到主观感受（苦感），再到具有明确指向的心理情绪（李里峰是指对国民党之仇恨和对共产党之爱戴），最终形成阶级意识，促发革命行动，这一过程并非自然形成，而须经革命政党的宣传、组织和动员”①。结合凉山社会变革民众发动的史实，笔者认为，凉山的奴隶（娃子）早就不愿再在凉山的奴隶制度下生活，尤其是对被从生产、生活条件相对较好的汉区（彝汉交界区）抓到彝区的新娃子而言，更不愿在主子的淫威下过日子。逃亡、怠工、杀死奴隶主，甚至起义反抗都是奴隶们自发反抗奴隶主的表现。只是由于缺乏一个得力的领导者，不能将所有的奴隶联合起来反抗旧有的社会制度，因而这些反抗几乎都失败了。中共（本身带着改变凉山旧有的社会制度意图）的到来，顺理成章成了不愿在凉山旧有社会制度下生活的娃子们的领导者。虽然中共在凉山的社会变革中对彝族群众的发动也使用了种种动员方法，但在某种意义上说这只是一种锦上添花。毕竟在凉山，娃子（尤其是“新娃子”）对主子的仇恨是真实的存在，以前之所以反抗不太激烈，主要是因为无力对抗主子的淫威。当然，这不是否认凉山的社会变革中中共的领导作用，而是说，凉山的社会变革能够开展并成功，中共的领导和群众（娃子和白彝）的积极参与缺一不可。在凉山开展的社会变革的诉苦中，动员方法的确起到了更好地发动群众参加社会变革的作用。诉苦领导者通过宣传政策，给了彝族群众（娃子）一个诉苦的平台和机会，解放军在平叛战斗中的连战连胜则消除了群众的顾虑，这是组织的力量。通过培养苦大仇深的苦主和会场的布置，营造了苦大仇深的氛围，也将群众心中的仇恨之火点燃，这是情感的力量。通过追挖受苦的根源和逻辑归罪，使群众（娃子）找到了受苦的原因，这是逻辑的力量。但是必须强

① 李里峰：《土改中的诉苦：一种民众动员技术的微观分析》，《南京大学学报》（哲社版）2007 年第 5 期，第 109 页。

调的是，这些动员方法之所以能起作用，最根本的原因还是诉苦会上群众（娃子）所控诉的“苦难”是真实的，这也是凉山在社会变革中的政治动员能够成功的基础。当然，凉山社会变革的发动群众和政治动员也是成功的。彝族群众被动员起来后，绝大多数都积极参加了劳协会和自卫队（如甘洛普昌区吉什八呷乡在召开了有诉苦议程的劳代会后，参会群众加入劳协会的计 268 人，占参会总人数的 100%，加入自卫队的有 231 人，占参会总人数的 86%①），这就是支持凉山社会变革的实际表现，形成了“不怕奴隶主的阶级制度，不怕奴隶主有枪，不怕奴隶主反叛，不怕奴隶主的顽固”的“四不怕”观念，② 他们全力支持凉山的社会变革，成为推动社会变革的原动力。中共也借此将彝族群众顺利纳入了国家权力运行轨道，进而顺利实现了凉山社会变革和直接治理的目标。

第三节　土地财产的没收和分配

本节主要叙述凉山在社会变革中土地财产的没收和分配问题。没收征收有产者的土地财产分给无产者，是凉山社会变革（经济意义上）的核心。《四川省凉山彝族自治州民主改革实施办法》（以下简称《实施办法》）明文规定：“没收奴隶主的土地，并征收其多余的耕畜、农具、粮食和房屋，但奴隶主的其他财产依法予以保留”，“对于已参加主要劳动的黑彝奴隶主及占有三个以上锅庄娃子或三户以上安家娃子但是参加主要劳动的白彝奴隶主，其多余土地应予征收，多余的粮食、耕畜、农具、房屋予以征购。”③ 以上规定确立了凉山社会变革中没收（包括征收和征购）土著上层土地财

---

① 普昌区委：《关于吉什八呷乡劳代会议简报》（1956 年 2 月 26 日），甘洛县档案馆，1—1—124—14。

② 斯普乡：《第二次劳代会议总结报告》（1956 年 3 月 20 日），甘洛县档案馆，1—1—118—3。

③ 见秦和平编：《四川民族地区民主改革资料集》，民族出版社，2008，第 121 页。

产分给彝族群众的合法性，也是凉山没收和分配土地财产的主要依据。

在一般情况下，没收征收土地财产是在阶级成份划分完成，群众发动起来后开始的。[①] 此外，在各地在开始没收（包括征收和征购）前，对当地各阶层的土地财产也多半有了基本的了解。这二者构成了凉山社会变革中土地财产没收、征收和分配的基础。

较之汉区，凉山的土地财产没收政策要温和很多。毕竟在汉区，地主不仅土地财产会被全部没收（征收），自身也会被“扫地出门”。凉山在社会变革中则只没收（征收、征购）土地、耕畜、农具、粮食、房屋五项财产（也称作“五大财产”），其余的财产一律不动。奴隶主一般也不会被“扫地出门”，这是民族政策在起作用。

为了防止变相“挖底财”，中共作了如下规定：第一，“奴隶主利用财物收买干部、积极分子者，应加没收。但只限于奴隶主已经实际交出来的东西，如果只说了一句话并未交付现金实物者不能没收”；第二，“奴隶主转移分散财物被群众查出者，如系应加没收，征收部分，可加以没收，不属于应加征收没收者不得没收”；第三，“奴隶解放时凡属于个人私蓄（私房）应该全部带出，奴隶主不得扣留霸占，但如果在今年以前已经霸占者可不再追究”[②]。此外，在彝汉杂居区还有不少汉族和彝族富农，对这些人，凉山地委的政策是对汉族富农“对其占有的土地除留下当地平均数外，多余者全部加以征收，并同时征收其多余的耕畜，农具及与土地相连的房屋（本人住宅不动）”，粮食则加以征购（雷波因为已经实行了统购统销，故不再征购），彝族富农则按照白彝奴隶主对待；后

---

① 阿尔乡：《关于民主改革的计划》（1956 年 4 月 8 日），甘洛县档案馆，1—1—131—2；岩润乡工作队：《关于民主改革工作的总结汇报》（1956 年 9 月 1 日），甘洛县档案馆，1—1—127—4。

② 凉山地委：《第一次地委委员会议（扩大）情况简报》（1956 年 1 月 16 日），甘洛县档案馆，1—1—73—1。

改为汉族富农已征收的土地财产不退，粮食予以征购，对彝族富农则除了征收多余的土地外，其余财产予以征购，征购价格为市价的2/3，此外，占有娃子的，娃子应予解放。[①] 很明显，这里彝族富农的待遇要好过汉族富农，这同样是民族政策的作用。

1956 年夏，随着中央要求各民族地区在民主改革中“更加宽大”的政策出台，凉山民主改革中没收、征收的政策也有了一定的调整。主要包括：第一，改“没收奴隶主的土地，并征收其多余的耕畜、农具、粮食和房屋。但奴隶主的其他财产依法予以保留”为“没收奴隶主的土地，并征购其多余的耕畜、农具、粮食和房屋。奴隶主的其他财产依法予以保留”。之前已经征收了的“多余的耕畜、农具、粮食和房屋，一律不予退还，如奴隶主在生产、生活上有困难者，人民政府应予以适当补助，帮助其解决困难问题”。第二，取消《实施办法》中第 7 条规定，对“对于已经参加主要劳动的黑彝奴隶主及占有三个以上锅庄娃子或三户以上安家娃子但是参加主要劳动的白彝奴隶主”，一律按劳动者对待。已完成民主改革的地区改变其成份，但已经征购的财产一律不予退还，如其生产中有困难者，由政府酌情予以帮助解决。[②] 另需指出的是，征购的价格一般是市价的 60%，在征购时要给奴隶主留足需要的耕畜（至少 1 头牛，一般根据习惯，单俱者留 1 头，双俱者留 2 头）、粮食（不论大人儿童，均留原粮 60 斤）、房屋（奴隶主自住的仍归奴隶主所有，其余已由他人（主要是奴隶），居住的，归住户所有，其余多余的房屋予以征购）。[③] 新的政策下发后，各地均据此制定了

---

① 凉山地委：《关于对待富农有关政策问题的请示即及四川省委的批复》（1956 年 4 月 9 日），四川省档案馆，建川 012—124—11。

② 秦和平编：《四川民族地区民主改革资料集》，北京：民族出版社，2008，第 129 页。

③ 喜德县民主改革工作团：《关于向群众传达毛主席指示的提纲》（1956 年 8 月 30 日），载韦清风等编：《凉山彝族奴隶社会的变革资料摘编》，中国社会科学院民族研究所，1981，第 243—244 页。

征购价格。如喜德规定：耕畜按等级付款。上等至多 50—55 元，中等至多 30—35 元，下等至多 15—20 元，粮食征购价按粮食种类和仓库所在地情况分别付款（见表 3-3）①。

表 3-3 喜德民主改革粮食征购价目表

单位：市斤/元

粮食种类/仓库	向荣仓库	冕山仓库	红妈仓库
红大米	0.0535	0.0525	0.045
黄谷	0.036	0.035	0.031
小麦	0.053	0.051	0.040
黄豆	0.052	0.049	0.041
玉米	0.047	0.044	0.035
燕麦	0.053	0.052	0.043
杂豆	0.032	0.031	0.030
大麦	0.042	0.038	0.033
荞子（荞麦）	0.032	0.033	0.030

在摸清奴隶主财产底细，群众充分发动后，凉山各地即开始进行没收征收工作。没收征收的方式有两种：一种是组织没收，征收队进行没收；② 另一种是在划分成份大会上，由奴隶主当场表态安分守法，保证交出应没收征收的五大财产，然后，由奴隶主自行交

① 《喜德县人民政府通知》（1956 年 7 月 28 日），载韦清风等编：《凉山彝族奴隶社会的变革资料摘编》，中国社会科学院民族研究所，1981，第 241 页。另需指出的是，中央决定少数民族地区社会变革新政策前征购价格笔者未能找到，但据凉山地委对待彝族富农征购粮食的政策（征购比一般征购价稍高，约为市价 2/3）推断，新政策实施前的征购价格也是 60%，见凉山地委：《关于对待富农有关政策问题的请示即及四川省委的批复》（1956 年 4 月 9 日），四川省档案馆，建川 012—124—11。

② 岩润乡工作队：《关于民主改革工作的总结汇报》（1956 年 9 月 1 日），甘洛县档案馆，1—1—127—4。

出应没收征收的五大财产。[①] 一般说来，在家（未参加叛乱）的奴隶主（上层）多数都是支持和认可中共在凉山开展社会变革的，也以自己的实际行动支持变革。如雷波的大多数奴隶主“不仅改革中带头赞助，有的还直接参加平息叛乱”，他们普遍的反映是“做梦也想不到……是这样的宽大”[②]。再如喜德的瓦渣家支，全家支没有一人参加叛乱，一些最初不愿接受变革的家支成员（奴隶主）最终也接受了变革。[③]

值得注意的是，在正式开始征收前，凉山各地均比较重视发动支持变革的奴隶主带头实行变革，交出土地财产，在此基础上首先放这些人“过关”，由此带动其他奴隶主（在家）交出土地财产并放弃原有的特权，解放娃子。如中普雄（当时普雄分为上普雄、中普雄、下普雄三个地区）布基洛乡，“共 70 户奴隶主，先让愿带头改革的 27 户奴隶主‘过关’，其他奴隶主也在一两天内向群众低头认罪，宣布放弃特权，释放奴隶，交出没收、征收和征购的财产，表示会后老实守法，群众通过他们过了关”[④]。一些地方还给予带头开展变革的奴隶主一定的优待。如甘洛乃呷地区（属于普昌区）的奴隶主甘本果各，在社会变革开始后没有参加叛乱，并冒险藏匿了粮食以免被叛乱武装抢走，还在当地开始变革前就主动解放了属下的奴隶；变革开始后自动交出了应交的土地财产，同时说服当地其他奴隶主遵守法令，不要参加叛乱，还规劝叛乱分子放下武器，当地工作队首先让他过了关，给他多留了 100 多斤粮食，同时请示

① 阿尔乡：《关于民主改革的计划》（1956 年 4 月 8 日），甘洛县档案馆，1—1—131—2。

② 雷波县人委：《1956 年工作总结》（1957 年 1 月），载韦清风等编：《凉山彝族奴隶社会的变革资料摘编》，中国社会科学院民族研究所，1981，第 197 页。

③ 《凉山文博》编辑委员会编：《凉山文博》第 2 期（内部资料），2012，第 166 页。

④ 中共普雄工作团党委：《一周情况简报》（1956 年 2 月 29 日），载韦清风等编：《凉山彝族奴隶社会的变革资料摘编》，中国社会科学院民族研究所，1981，第 179 页。

上级给他安排工作，作为带动其他奴隶主支持（认可）变革的榜样。①

以上是民主改革中没收（包括征收和征购）土地财产的基本政策和方式。各地在充分发动群众，通过摸底明确了被划为奴隶主成份的人们的土地财产情况后，即开始进行没收征收工作。在美姑，全县共没收征收了 125161 亩土地（常耕地 88063 亩），征收、征购了粮食 23.39 万公斤，没收大牲畜 2078 头，农具 739 件，房屋 725 间，② 喜德共没收、征收了 159087 亩土地（其中水田 3462 亩，旱地 155625 亩），征收、征购房屋 125 间，粮食 261252 市斤（其中征收 99238 市斤），耕牛 450 头（其中征收 69 头），农具 518 件（其中征收 102 件）。③ 表 3-4 是截至 1956 年 10 月底凉山全区五大财产的没收征收情况。

表 3-4　全区对奴隶主五项财产没征收征购统计表（1956 年 10 月 29 日）

地区/财产	田（亩）	土（亩）	房屋（间）	粮食（斤）	耕畜（头）	农具（件）
昭觉	6851	104591	212	1800000	1675	1516
普雄			1000	2000000	2600	1000
美姑	45756		300	389242	533	520
布拖	101904		696	1803969	3028	1646
越西		69400	633	961032	1799	927
金阳	44	4341	87	123518	284	163

① 普昌区委乃呷工作队：《关于在乃呷地区进行民主改革第一、二阶段工作总结》（1956 年 8 月 2 日），甘洛县档案馆，1—1—125—14。

② 四川省美姑县志编纂委员会编：《美姑县志》，成都：四川人民出版社，1997，第 192 页。

③ 四川省喜德县志编纂委员会编：《喜德县志》，成都：成都科技大学出版社，1992，第 171 页。

续表

地区/财产	田（亩）	土（亩）	房屋（间）	粮食（斤）	耕畜（头）	农具（件）
普格	12723	98547	162	499343	809	2350
呷洛（甘洛）	19346	67593	1018	2027451	1086	1755
喜德						
瓦岗		10587	272	457483	942	352
雷波		3900	148	358000	2803	274
洪溪						
小计	38962	358959	4528	10420038	15559	10508
马边						
峨边	49	5334	258	562036	1528	644
小计						
合计						

注：1. 小计中未计入美姑和布拖没收征收的田地数，美姑和布拖没收征收田地的总数是 147660 亩。

2.《全区对奴隶主五项财产没征收征购统计表》（1956 年 10 月 29 日），甘洛县档案馆，1—1—76—17。

凉山的社会变革在没收征收奴隶主的土地财产中出现了这样的倾向：一些不愿接受变革的奴隶主暗中进行抵制（这些奴隶主属于慑于形势，没有参加叛乱，但内心又不愿接受变革的人，他们中有一部分人是暗中支持叛乱武装的）。他们抵制社会变革主要有以下两种方式：

第一，不交或少交按照政策规定应交出的土地财产，或从奴隶手里抢回分给奴隶的财物。如普雄，有奴隶主分散隐藏了粮食 300

余石未交。[①] 甘洛普昌区的奴隶主对尼时日普子殴打奴隶，抢走奴隶的羊只，卡比日卡拒绝让奴隶搬进自己的房屋（已被征收）。[②] 甘洛阿尔乡的奴隶主也在变革期间以习俗为借口，浪费粮食，宰杀耕牛，并偷偷出卖粮食（数量较大），[③] 这种情况在凉山各地都不少见。

第二，威胁解放的奴隶（娃子）继续替自己干活（不是雇佣关系），继续收租逼债，或在奴隶嫁娶时如开始变革前一般勒索财物，这种情况比较普遍。如美姑的苏呷格主，1955 年因虐杀娃子被判刑关押，因为年老多病，身体衰弱，1957 年被假释回家，但苏呷格主回家后即强迫原有 20 户奴隶为其无偿劳动、美姑的另一个奴隶主阿陆铁哈，强迫原有 13 户奴隶为其无偿劳动。一个奴隶拒绝，阿陆铁哈便勾结叛乱分子将其全家四口捆走，还向群众逼收租子 8 石 9 斗。1957 年 2 月，有 1 户原是他属下的原安家娃子嫁女，被其要走白银 75 两。又如普雄奴隶主阿候阿比日，去年 3 月曾勾结叛乱分子杀害劳协会委员依付二里，变革开始后，又强迫娃子劳动，并摊派粮款。当群众组织合作社时，又挨户威胁说："谁参加合作社就杀谁"[④]，等等。

以上是凉山的奴隶主除了直接组织和参加叛乱外的两种主要的抵制变革的方式。除了这两种方式外，奴隶主还采取了其他的一些方式抵制凉山的社会变革。据时任凉山彝族自治州州长的瓦渣木基

① 中共普雄工委：《普雄民主改革的初步总结及今后工作意见》（1956 年 5 月 11 日），载韦清风等编《凉山彝族奴隶社会的变革资料摘编》，中国社会科学院民族研究所，1981，第 186 页。

② 普昌区委：《普昌区 10 月份工作报告》（1956 年 11 月 10 日），甘洛县档案馆，1—1—124—13。

③ 阿尔乡工作队：《第二步工作简报》（1956 年 4 月 20 日），甘洛县档案馆，1—1—131—5。

④ 《凉山彝族自治州中级人民法院工作报告》（1957 年 10 月），凉山彝族自治州档案馆，95—1—157—12。

称：奴隶主抵制变革的方式有 15 种之多。[①]

当时各地工作团（队）对这些现象一般采取批评教育的方式，要求其不再重犯，如果有比较严重的行为，则采取面对面的说理斗争，要求其当众检讨，不再违法。[②] 一般都未交法院判处。另需指出的是：一些不满变革的奴隶主抵制社会变革的现象在变革中和先行开展变革的地区的改革结束后一直存在，这成为以后中共在凉山大规模开展复查补课，以巩固变革成果的重要原因。[③]

以上是凉山社会变革中没收征收的基本情况，下面是分配的基本情况。

没收奴隶主的土地财产是要分给广大奴隶（包括白彝和娃子）的。分配工作也是凉山社会变革在地方具体实施的收尾环节。由于分配工作直接涉及广大奴隶的切身利益，凉山地委要求各地务必做好分配工作，要加强对分配工作的领导，保证做到“群众团结互助，干部大公无私，分配大体合理，结果推动生产”[④]。具体而言，凉山地委要求各地要通过分配工作完成以下几项任务：[⑤]

第一，“通过分配进一步加强对群众的思想教育，提高群众的阶级觉悟，将群众更加广泛深入的发动起来，并消灭所在分配区乡内的空白点。认真注意培养发现积极分子（达到总人口的 3%左右），巩固群众组织，打下保卫胜利果实，保卫生产的思想组织基础”。

第二，“结合生产互助的教育，在有条件而又能建社、建组的

---

① 瓦渣木基：《自治州第三届全国人民代表会议上的工作报告》（1957 年 10 月 17 日），凉山彝族自治州档案馆，95—1—157—9。

② 普昌区委：《普昌区 10 月份工作报告》（1956 年 11 月 10 日），甘洛县档案馆，1—1—124—13。

③ 复查补课的详细内容见第四章。

④ 凉山地委：《关于民主改革中做好分配工作的意见（初稿）》（1956 年 3 月 13 日），甘洛县档案馆，1—1—76—1。

⑤ 以下内容均见凉山地委：《关于民主改革中做好分配工作的意见》（1956 年 3 月 15 日），甘洛县档案馆，1—1—76—2。

地方，应搭好农业社、互助组的架子，在生产已经开始的地区更要结合与推动生产”。

第三，要“通过分配进一步体现党的政策，有力地分化奴隶主阶级阵容，为彻底消灭匪特、平息叛乱创造条件”。

具体而言，凉山地委规定的分配政策包括以下几个方面。

第一，土地的分配。土地分配的基本原则是按照《民主改革实施办法》第 14 条执行。具体而言，包括以下几个方面。

首先，因为凉山地区各乡一般面积辽阔，人口分散，所以在凉山的土地分配中，乡只能作为调剂单位，实际分配土地时一般是以村为单位。在分配土地之前首先应了解各村土地的基本情况，如果各村土地的数量差距过大，应在分配前在全乡范围内进行调整，具体的办法是：由土地多的村向土地少的村拨地，或从缺地村迁移部分人口到土地多的村，大体求得平衡后再以村为单位进行分配。如果各村之间土地差距不大，则不做调整。但不能搞绝对平均。在具体分配时，村以下仍按地段划分小组，每一小组（一般 20 户左右）以骨干或积极分子为核心对土地进行好坏搭配后进行分配。

其次，在分配标准上，由于凉山地处山地，轮歇地较多，不同地区的土地质量悬殊，因而不能以面积为标准进行分配，而应以产量为主要分配标准。因此，在分配前应将全部土地按产量分成数个等级（一般水田分成 2 级或 3 级，旱地分成 3 级），按等级确定产量（常年），面积以习惯单位计算，产量则按市斤计算，在分配时每一分地户在产量上基本持平的基础上将好地坏地搭配分配（但劳动力多或有较强劳动力者在本人自愿下可多分一点次等地，劳动力较少或较弱者，可多分产量较高的土地，这样既能尽可能发挥土地潜力，也能尽可能使劳动力最大限度得到利用）。

最后，在分配顺序上，做法应当是：（1）先抽后补。及首先确定佃耕户的土地，凡是佃耕奴隶主的土地，已超过分地标准时，应做好说服工作，将多余的佃耕土地抽出来，目的是既照顾原耕者，又便于统一调整分配。（2）先集体再单干，目的是使合作社或互助组的土地能连接起来，便于集体生产。（3）先分无地户再分少地户，因为无地户多是锅庄娃子，如此可以和解放娃子并帮助其安家结合，一举两得。(4）先边沿后中心。这是为了防止在分配土地时遗漏边沿的土地，也能避免公地留在边沿将来不易使用。

为了做好土地分配工作，凉山地委要求各地必须做好准备工作。内容主要包括两点：（1）每人占有的土地平均数（这是衡量各村土地多寡的标准），由此界定缺地村和地多村，同时界定分地户的标准，在平均数以上者即不再分地。(2）分地标准数，即以全乡可分配的土地除以全乡的分地人口，此数即为全乡的实际分地标准，每人占有的土地平均数和本乡分地的标准数均以土地的实际产量（常年）为准。为此，中共要求各地要做到：（1）掌握全村全乡的人口数，以乡为单位确定人口数。(2）掌握全村全乡的土地数字，除了发动群众实报土地面积和派专人进行土地定产、评等外，还要及早联系外乡或外区，确定插花土地归哪一乡没收分配，同时要经过群众研究解决奴隶主的典出典入的土地问题。(3）确定各户的土地数字，并将没收、征收和分配的土地予以登记存查。(4）以村为单位成立土地分配评议委员会，由乡劳协领导，以便依靠群众进行土地人口的审查评议工作和督导审查各组的分配工作，主要是为了保证各乡人口（包括奴隶主和群众）自报的土地人口的数目符合实际。

第二，耕牛、农具、房屋、粮食的分配。对这些财产的分配，中共的做法是：

首先，在耕牛的分配上，主要是分给缺乏耕牛又无力购买的贫困户。如果耕牛不足，则先解决锅庄娃子和安家娃子的问题。同时，凉山地委规定：一头耕牛最多 4 户人家合分，且在分配后分到耕牛的各户必须迅速协商好喂养办法。这样规定主要是为了方便喂养耕牛。此外，耕牛的征收分配时，奴隶主多余的饲料可采取协商的办法解决。

其次，在农具和房屋的分配上，一般是分给缺少农具的奴隶。

但由于凉山的奴隶主拥有的农具事实上也不多，因此在分配农具上一般和贷发农具相结合，首先解决锅庄娃子和安家娃子的问题，犁、耙等较大的农具可随牛分配。房屋和农具的分配情况大致相同，因为房屋征收的数量也较少，一般只能分给锅庄娃子居住，其余的则主要依靠新建房屋解决。

再次，在粮食分配方面，和耕牛、农具、房屋的分配一样，主要分配给缺粮户。具体的做法是：对一无所有的锅庄娃子，应将口粮解决到秋收前（每月粗粮 40—50 斤），其余部分根据其他缺粮户的贫困和缺粮程度，评定等级，再确定同一等级的每人的分配数量，然后按人口进行分配。原则上一次性分完，由于各地征收的粮食数字悬殊较大，县、区之间均应在做好群众的思想工作上进行调剂（但不能绝对平均）。

最后，凉山地委要求各地成立分配评议委员会，推选公正积极的群众担任分配委员，采取应分配户自报，委员会审查，群众通过的过程进行分配（包括耕牛、农具、房屋、粮食）。

综观耕牛、农具、房屋、粮食的分配可见，凉山除土地以外的财产分配是根据应分户的经济情况进行分配的，在分配时既不过于分散，也不能产生遗漏，出现应分者没有分到，造成群众在分配后生产、生活仍有困难的现象。目的自然是保证绝大多数彝族群众至少能基本维持自己的生活。

第三，凉山地委要求各地必须在分配工作中注意以下几个问题，以保证分配工作能顺利开展。

首先，应在群众中做好团结互让、发展生产的思想教育工作，特别是要抓紧群众自报土地、人口、缺粮数字，确定土地，凉山的分配标准和原则，以及调剂土地和粮食等几个环节，要做到群众团结互让，干部公正办事，自报确实，抽地自愿。保证分到者满意、分不到者情绪正常。要让彝族群众懂得公平合理分配的原则和道理，特别是让他们明白自己从改革中获得的利益及在分配中照顾奴隶（锅庄娃子）、半奴隶（安家娃子）的道理，从而保证分配工作能顺利进行。

其次，要抓住机会进行发动群众的工作（主要是通过分配工作发动此前尚未发动起来的群众），因为分配工作关系着每一个群众的切身利益，因此分配工作是一个发动群众的大好时机，要通过分配把所有的群众发动起来，不留空白。同时，为了保证发动群众不留空白，各地必须保证在分配中确实地将分配的原则、办法让群众完全了解，由群众掌握如何分配，要严防包办代替的现象出现。

再次，要利用分配工作这一有利时机，大力分化瓦解叛乱分子，加强政治攻势，要他们返家分地分粮，及早和家庭团聚，方式上可采取写信、带话、让亲友前往做工作等方法，力争使更多的叛乱分子放下武器，返家生产。

最后，分配工作必须和合作化相结合，准备建立农业社和互助组，在分配工作中要为合作化创造条件。要在分配工作中做好建社的准备，待分配工作完成，即领导合作社和互助组进行生产，尤其是互助组应当在分地的过程中即组织起来，以便在分配后紧接着开始进行生产。

以上是凉山制定的分配政策的基本内容，除了基本内容外，凉山地委还要求各地在分配中要注意把握好以下几项政策：

第一，对奴隶主的分地问题，凉山地委要求各地必须按照《民主改革实施办法》的规定实行，给奴隶主一份同样的土地和足够的粮食，名义上不少分实际上少分甚至不分的做法是完全错误的，必须加以纠正，此外，不能强迫奴隶主搬家。

第二，对逃亡和参加叛乱的奴隶主，仍应给他们留下一份同样的土地和口粮，本人未回来前，由劳协会代管。并对此广泛宣传，以利政治争取工作。

第三，分配土地时应照顾原耕。如果一些安家娃子的土地太差，可以抽肥补瘦。另外，对实际抽地者（主要是劳动者）应做好思想工作，并尽可能不伤害劳动者的利益。

第四，分地时应当为未来的互助合作的发展做好准备，但是不能过分照顾合作化需要，以免影响了未入社的其他人的分配，出现实际打击单干户的现象。

第五，分配土地时要注意保护森林。在分配时，如果是应分给个人的林木，应及早确定所有权，凡收归国有者应由劳协管理。在所有权未确定前，应统一公布凡原属奴隶主个人所有的林木要当作公共财产，集体保护，仍旧照例不得砍伐。如果是原来的公用柴山，则应根据公用习惯订出管理办法。

第六，没收征收的青苗地，分配时按照谁种谁收的原则分配，尽可能分给原播种人，参加主要劳动的奴隶主自己耕种的青苗，仍归本人收获。

第七，分配中应注意在可能条件下分给劳动者少量财物，目的是更好地团结劳动者。

第八，外乡土地问题，凡奴隶主在外乡占有土地者，一般由土地所在乡没收分配，但如果佃户住在两户边界处耕种方便者，也可由奴隶主所在乡没收分配。外乡土地不是奴隶主所有者，依照土地所有者本人意愿确定。

第九，典当地问题，如果奴隶主典入群众的土地者，废除典当关系，土地归原主，但是如果原主土地较多，可协商抽出一部分（相当于典价部分），统一分配。如果奴隶群众（包括劳动者）典入奴隶主的土地，如系缺地户仍可将此地分给本人，如果本人土地较多，可协商抽出一部分，但是留下的土地不能少于典价可买到的部分。

此外，凉山地委要求各地在分配时分三步进行：第一步，在做好检查总结的基础上，提出全乡各项分配计划（包括土地和其他财物），并准备好互助合作计划，在分配工作中或分配工作结束后实行。第二步，做好分配准备工作，包括做好群众的思想工作，使群众较好地自报土地财产，并向群众说明评议委员会的作用，选好委员（一般提名后表决），还要召开互助合作会议，做好合作化动员工作。此外还要由专人负责登记统计工作。第三步，正式分配，包括土地、耕牛、农具、粮食、房屋等。要和登记积极分子密切结合，在分配完成后，召开人代会选举乡人民委员，健全乡的基层组织，为发展党员作好准备。

表 3-5 是开展社会变革前后凉山的一个乡各阶层在变革前后占有的土地情况对比（凉山全区社会变革前后各阶层占有土地的表格笔者未能找到，也无力在现有史料的基础上自制相关表格，但是通过个案，还是能看出凉山全区社会变革前后各阶层占有土地的变化情况）。

表 3-5　甘洛县岩润乡社会变革前各阶层占有土地情况统计表

	牛工（田）	种子（田）	收入（田）	牛工（土）	种子（土）	收入（土）
奴隶主	315.3	16.21 斤（疑为石，以下同）	1149.65 斤	493.4	15.865 斤	1017.33 斤
劳动者	111.4	5.7 斤	422.25 石	397.2	14.938 石	548.69 石
半奴隶	27.2	1.381 石	99.73 石（疑数据有误）	81.2	3.21 石	137.77 石

注：凉山一般以一块田需要的耕作量（牛工）和需要的种子，然后结合秋收的粮食综合评定一块田的产量。

表 3-6　甘洛县岩润乡社会变革后各阶层占有土地情况统计表

	牛工（田）	种子（田）	收入（田）	牛工（土）	种子（土）	收入（土）
奴隶主	30	1.53 石	104.86 石	74.2	2.64 石	106 石
劳动者	159	7.935 石	569.65 斤（疑为石，以下凡写斤者均同）	475	12.634 石	674.14 石
半奴隶	113.4	5.697 石	458.32 斤	203.4	6.843 石	364.895 石

续表

	牛工（田）	种子（田）	收入（田）	牛工（土）	种子（土）	收入（土）
奴隶	83.2	4.1石	307.75石	124.2	3.8斤	222.18石
其他成份（主要是游民）	16	0.765斤	38斤	21	0.515石	38斤

注：两张表均据岩润工作队：《岩润乡民主改革工作的总结汇报》（1956年9月1日）（甘洛县档案馆，1—1—127—4）的数据制作。

由上表可见，凉山社会变革后奴隶主占有的土地下降了90%以上，劳动者占有的土地增加了40%—50%，半奴隶则增长了3—4倍。各阶层所占土地的比例，社会变革前奴隶主所占土地最多，劳动者次之，半奴隶又次之，奴隶则根本没有土地。社会变革后劳动者占地最多，半奴隶次之，奴隶又次之，奴隶主和其他成份最少。很显然，通过社会变革，凉山彝族各阶层占有的土地基本平均化（按户口计算）。

在本节的最后，笔者拟将凉山社会变革后的建政工作作一简要介绍。[①] 在分配工作结束以后，凉山各地普遍开展了建政工作。具体内容包括以下几个方面。[②]

第一，确定选举权，登记选民。这里的主要问题是关于奴隶主选举权。凉山地委规定：凡是支持（包括认可）社会变革的奴隶主均要给予选举权。因此，对奴隶主选举权的判定，“实际上就是对整个奴隶主阶级进行分类排除和全面的政治鉴定”。在实践中，凉山地委要求各地对奴隶主要贯彻区别对待的政策，只是对始终不肯放下武器的叛乱武装首领和骨干分子，和一些民愤确实较大，不进行惩处不足以平息民愤的人剥夺了选举权。同时，凉山地委要求各

① 笔者本拟专设一节论述，但是由于资料很少，因此只能在此穿插叙述。

② 以下内容均见凉山地委：《关于在民主改革末期建立基层政权的初步意见》（1956年3月19日），甘洛县档案馆，1—1—76—3。

地要做好对彝族群众的阶级教育工作，以保证建政工作顺利进行。

第二，在确定选举权的基础上，开好第一届人代会（乡级）。主要内容包括：(1）按照奴隶、半奴隶成份70%，劳动者30%左右的比例确定人代会代表（一般每一居民小组2人），民族杂居区应吸收其他民族代表，不能只有彝族代表。此外，应吸收一些始终支持社会变革的奴隶主作为正式代表参加会议，还应吸收一些支持（至少是认可）社会变革的奴隶主作为特邀代表列席（但不是正式代表），奴隶主出席和列席会议的总人数不得超过10%。代表产生的办法一般由乡劳协提出候选人，再以村为单位召开选民大会举手表决。代表的条件是：在变革中立场坚定，能正确执行政策，为人公正，生产积极，且有一定的办事能力。(2）人代会需完成以下议程：对社会变革的工作进行总结，拟出安定社会秩序的对策，同时讨论如何开展全乡的合作化，制定增产方案。还要选出乡的人民委员会。

第三，成立乡人民委员会，作为领导全乡工作的核心。具体而言，包括以下几点：(1）乡人民委员会由7—11人组成，除选出正副乡长（副乡长可兼委员）各1人外，委员分工如下：武装委员，生产委员，民政委员，文教卫生委员，财粮委员（兼文书），此外，委员会至少要有1名妇女。(2）一般1个乡设5—9个自然村，1个村的居民小组不超过10个，并在乡人民委员会下设立治保和调解委员会，主任由委员兼任。(3）脱产干部每乡按4人编制（目前只设3人，另一个由县掌握），即乡长，副乡长，文书。(4）治保委员会和调解委员会分别由公安处和州人民法院拟出实施办法，各地据此执行。(5）应在改革结束的地区成立妇女组织，以便发动妇女。此外，建政后劳协名义仍旧保留，但是主要干部应进入政权，变革结束后的农村工作应以政权活动为中心。名称方面则统称某某乡人民委员会，不再冠以民族自治乡等称号。

第四，行政区划的调整：凉山地委基于凉山地广人稀、山地较多、交通不便的现实，决定以2000—3000人为一个乡的行政区划，人口稀少的高山地区人数可少一些，但不能少于 1000 人，人口相对集中的地区人数可多一些，但也不能超过 5000 人。据此，凉山被划为 56 个区，328 个乡［以上均缺洪溪（今属美姑）的数字］。具体包括：昭觉 6 个区，37 个乡；普雄 5 个区，28 个乡；越西 5 个区，21 个乡（包括 1 个镇）；甘洛 5 个区，26 个乡；瓦岗（今属雷波）4 个区，26 个乡；喜德 5 个区，27 个乡；布拖 5 个区，35 个乡；普格 5 个区，32 个乡；雷波 6 个区，36 个乡（包括 1 个镇）；美姑 6 个区，30 个乡；金阳 4 个区，30 个乡。同时，凉山地委规定，在上述控制数字范围内，本县区乡之间的区划调整由县决定报州备案，县与县之间的区域调整，由有关各县协商取得一致后报州批准，乡或区之间如果没有达到规定的人口数或超过规定的人口数需由县委提出意见，然后经凉山地委审查后报省委批准。此外，基层政权建立后，各区的党政群团组织也应建立，脱产干部每区暂定编制 20 人，彝族（包括新提拔的积极分子）应占干部总人数的 2/3。

第四节　娃子的解放和安置

解放奴隶（娃子）是凉山社会变革的重要内容。第一节已经指出，在凉山的社会变革中，解放奴隶比没收和征收凉山上层（奴隶主）的土地财产分配给下层（娃子和部分较贫困的白彝）更重要。原因如前文所述：凉山奴隶社会最主要的社会关系除了家支关系就是土司（兹莫）、黑彝（诺伙）和少数白彝（曲诺）[①] 对多数的白彝、阿加（安家娃子）、呷西（锅庄娃子）的统治—服从关系。白彝和安家娃子、锅庄娃子在人身上完全或不完全依附于土司和黑彝（也包括白彝对安家娃子和锅庄娃子的统治—服从关系和安家娃子

① 凉山少数地方没有土司和黑彝，这些地方的统治阶层是白彝，如雷波的上田坝地区。见云南省编辑组：《四川广西云南彝族社会历史调查》，昆明：云南人民出版社，1987，第 1—55 页。

对锅庄娃子的统治—服从关系）。土司和黑彝对娃子的人身占有奠定了他们对娃子经济剥削的基础，也就是说，凉山的土著上层占有的人口（包括白彝——不完全占有的人身依附关系、娃子——完全的人身占有）是凉山旧有的社会制度——奴隶制度和凉山旧有的土著势力存在的基础，所以只有解放了奴隶才意味着真正摧毁了凉山旧有的社会制度的基础。同时，从某种意义上说，成功安置了被解放的奴隶等于完成了社会变革的一半。本节即对凉山社会变革中解放娃子和对娃子的安置的史实进行清理并加以分析。

一、娃子的解放

娃子制度是凉山旧有的社会制度的核心之一（另一核心是家支制度），也是凉山在社会变革开展前其社会被定位为奴隶社会的主要依据。中共在制定凉山社会变革的政策时已注意到了废除娃子制度在凉山社会变革中的重要性。制定（包括日后调整修改）的变革政策均将废除娃子制度、解放娃子（奴隶）作为重要内容。作为凉山社会变革政策主要文本的《四川省凉山彝族自治州民主改革实施办法》明文规定，“废除奴隶主特权，解放奴隶。依照中华人民共和国宪法的规定，保护奴隶、半奴隶及其他劳动人民的人身自由和各种基本权利”，同时规定“严禁抓抢、买卖、虐待、残杀娃子，违者依法惩处。废除抽调‘安家’和‘曲诺’的子女当‘锅庄’娃子及‘陪嫁’等制度。废除奴隶主加于奴隶、半奴隶及其他劳动人民的各种无偿劳役制度。废除奴隶主以婚丧、年节、疾病及其他各种借口加于劳动人民的敲诈勒索和‘吃绝业’等制度。严禁冤家械斗，并废除奴隶主在冤家械斗中加于劳动人民的人力、物力等负担制度。对于已经调解、尚未交清的冤家械斗的赔偿费，一律免交”，此外还规定废除高利贷，“杂布达”等制度。[①] 其他文本对此的规定与此基本相同。

---

① 见秦和平编：《四川民族地区民主改革资料集》，北京：民族出版社，2008，第120—121页。

综观以上规定可知：第一，解放奴隶（娃子）和废除奴隶主特权是一枚硬币的正反两面，相辅相成。第二，在解放奴隶的同时，同时规定了不得再抓抢、虐待、买卖和残杀娃子，违者依法惩处，废除抽调“安家”及“曲诺”子女当锅庄娃子和“陪嫁”制度，则从根本上否定了娃子制度的合法性，同时彻底断绝了娃子的来源。第三，在废除娃子制度和奴隶主特权的同时禁止了冤家械斗，目的同样是从源头上切断娃子制度存在的可能性。

凉山的社会变革开始后，凉山各地在变革中均将解放奴隶（娃子）作为重要的工作。一般来说，奴隶的解放是在宣传政策、发动群众的同时或稍后进行的。[①] 一般工作队进驻各地（乡）后，即宣布变革开始，主要是宣传社会变革的意义。然后，分别召开奴隶主会议和奴隶会议，在奴隶主会议上（参会的奴隶主当是未参加叛乱——文件上称为“在家”的奴隶主），主要是向奴隶主交代相关政策，指明出路，要求其立刻停止一切对所占有的奴隶和其他群众的奴役和剥削，此外，还要对奴隶主进行形势教育，就变革中的各项问题和他们协商（实际上是说服他们解放他们占有的奴隶）。[②] 同时，明确了将奴隶主解放自己占有的奴隶作为奴隶主在已经开展的社会变革中“过关”的条件之一。[③] 奴隶会议则主要是锅庄娃子和安家娃子参加，主要是向他们宣布中共解放奴隶、实行变革的政策，动员他们积极参加社会变革（前文已述，娃子往往在会议上交代了政策就能将他们动员起来）。在娃子基本被动员起来后，即在劳代会上正式宣布奴隶解放，并宣读《四川省凉山彝族自治州民主改革实施办法》“解放奴隶”一章，并组织学习（未参加叛乱的所

---

① 凉山地委：《关于春耕前全区发动群众进行民主改革的初步总结报告》（1956年6月18日），甘洛县档案馆，1—1—76—8。

② 伍精华：《我们是这样走过来的——凉山的变迁》，北京：民族出版社，2002，第137页。

③ 凉山地委：《关于我区两月来开展民主改革运动及平息叛乱斗争的基本情况和今后意见》（1956年3月20日），甘洛县档案馆，1—1—76—4。

有奴隶主、劳动者和奴隶均参加）凉山彝族自治州劳动人民协会组织章程，凉山彝族自治州清匪治安武装自卫队暂行办法等文件。乡的劳代会召开后，各村（包括行政村和自然村）也召开大会，宣布解放奴隶，并发动包括奴隶在内的群众参加劳协会和自卫队，形成支持中共主导的社会变革的强大力量。

在解放娃子的过程中，一般是首先解放势力较大（一般是土司或黑彝），占有娃子较多的，或支持（包括认可）在凉山开展社会变革的奴隶主的娃子，再在此基础上解放所有的娃子（包括叛乱分子占有的娃子）；这样做的优点是影响较大，能对娃子的全面解放起到较好的作用。[①] 一般而言，未参加叛乱的奴隶主多数都是支持（认可）变革的上层，他们也愿意解放奴隶。[②] 其原因或是自身已经认识到旧有的奴隶制度不合时代潮流，或是知道实行社会变革的大势已不可逆转，[③] 或是因为中共满足了他们的愿望（从中共的角度而言可能是无意的），认为中共在凉山的作为是为彝族谋福利，[④] 等等。此外，一些对社会变革虽然心存抵触、但是在支持变革的上层（奴隶主）的说服工作下，也都应允了解放自己占有的奴隶（当然，他们都没有参加叛乱）。[⑤]

在解放奴隶主占有的奴隶的同时，凉山各地同时召开阶级成份被划为劳动者同时占有奴隶（娃子）的群体的会议（不是所有的劳动者都占有娃子，笔者注），协商（严格地说是说服或要求）解

---

① 衣屋里克区委：《关于当前工作情况检查及今后工作意见报告》（1956 年 2 月 13 日），甘洛县档案馆，1—1—132—2。

② 衣屋里克区委：《开展民主改革工作以来的检查总结》（1956 年 3 月 2 日），甘洛县档案馆，1—1—132—3。

③ 《凉山彝族自治州概况》编写组：《凉山彝族自治州概况》，成都：四川民族出版社，1985，第 150 页。

④ 《凉山文博》编辑委员会编：《凉山文博》总第 2 期（内部资料），2012，第 165—166 页。

⑤ 《凉山文博》编辑委员会编：《凉山文博》总第 2 期（内部资料），2012，第 166 页。

放他们占有的奴隶。在会上着重向他们指出：不但他们的奴隶也要解放，而且他们对奴隶主的人身依附关系和经济负担也能得到解除，开展的变革除了他们占有的奴隶必须解放外，其他财产全部受到保护。通过说服工作，奴隶主成份以外的阶层（主要是白彝和少数安家娃子）也基本都同意解放自己占有的奴隶，有的甚至在召开会议前就主动解放了自己占有的奴隶。一个叫么石补哈的劳动者在解放奴隶时这样说："娃子解放了，我也解放了，不与黑彝劳动了。"① 另需指出的是，劳动者占有的娃子的解放在中共的阶级话语里是作为人民内部矛盾处理的。②

解放娃子的过程也是中共向凉山的彝族群众灌输阶级话语的机会。具体的做法是组织群众（主要是白彝，包括奴隶和劳动者两种成份）在解放娃子时到场参观，并组织他们帮助娃子搬家，如背粮食、拿家具等（事实上有些群众在中共阶级话语的引导下主动帮助娃子干活）。同时不失时机地召开了诉苦会，通过娃子（尤其是锅庄娃子）的控诉，使民众意识到"过去当娃子受苦，以为是命不好"的观念是错误的，真正的原因是"奴隶主的统治和压迫"，进而认识到"要翻身只有打垮奴隶主阶级，跟着共产党走"；值得一提的是，通过解放娃子还成功动员了一些对社会变革态度动摇的群众，使他们"决心打垮奴隶主阶级，争取人身自由和解放"③。

经过中共的努力，凉山的娃子基本上都得到了解放。如甘洛的木古脚地区，71 名奴隶中有 60 人在当地开展的社会变革中获得了解放（其余 11 人有 7 人随奴隶主逃跑，4 人暂时留在原主子家）。④

---

① 衣屋里克区委：《开展民主改革工作以来的检查总结》（1956 年 3 月 2 日），甘洛县档案馆，1—1—132—3。

② 斯普乡：《民主改革工作简报》（1956 年 3 月 3 日），甘洛县档案馆，1—1—118—1。

③ 宜地乡工作队：《关于民主改革的总结报告》（1956 年 5 月 30 日），甘洛县档案馆，1—1—118—21。

④ 呷日工作队：《关于木古脚 21 日工作情况报告》（1956 年 4 月 24 日），甘洛县档案馆，1—1—126—4。

再如甘洛宜地乡的娃子 114 人，有 109 人获得了解放（其余 5 人中 4 人暂时留在原主子家，1 人随奴隶主参加了叛乱）。[①] 在普格，仅仅社会变革的第一阶段即解放了锅庄娃子 2861 人（奴隶主占有 2243 人，劳动者占有 618 人），安家娃子 2903 户，10933 人（奴隶主占有 2068 户，7764 人，劳动者占有 835 户，3169 人），[②] 占了普格奴隶的大多数；其余在第一阶段尚未解放的锅庄娃子 343 人，安家娃子 248 户，784 人，也随着变革的进展获得了解放，全县合计解放了锅庄娃子 3204 人，安家娃子 3151 户，11717 人，共计 14921 人。[③] 据统计，到 1956 年 3 月底，全凉山（缺喜德数字）即解放了奴隶 13159 人。[④] 凉山其他未解放的奴隶也在后面的变革中陆续获得了解放。

二、解放奴隶的安置

1. 对有劳动能力的娃子的安置

事实上，奴隶（娃子）的解放是比较容易的，毕竟奴隶自身也渴望获得解放，真正愿意跟着奴隶主走的奴隶是极少数（如甘洛宜地乡的娃子 114 人，仅有 1 人随不愿接受社会变革的奴隶主参加了叛乱[⑤]），然而奴隶解放的关键是对解放了的奴隶进行安置。解放了的奴隶基本上都面临着在什么地方居住、怎样进行生产生活的问题。尤其是锅庄娃子，一无家庭，二无财产，获得人身自由的他们

---

① 宜地乡工作队：《关于民主改革的总结报告》（1956 年 5 月 30 日），甘洛县档案馆，1—1—118—21。

② 普格县委：《关于民主改革月底第一阶段工作情况简报》（1956 年 5 月 14 日），甘洛县档案馆，1—1—76—7。

③ 伍精华：《我们是这样走过来的——凉山的变迁》，北京：民族出版社，2002，第 139 页。

④ 凉山地委：《关于我区两月来开展民主改革运动及平息叛乱斗争的基本情况和今后意见》（1956 年 3 月 20 日），甘洛县档案馆，1—1—76—4。

⑤ 宜地乡工作队：《关于民主改革的总结报告》（1956 年 5 月 30 日），甘洛县档案馆，1—1—118—21。

的生产和生活何去何从更是问题。很明显，怎样帮助解放了的奴隶安居乐业，是中共凉山地委和各地的工作团（队）在奴隶解放后必须解决的问题。

中共自然十分重视获得解放的奴隶（娃子）们（主要是锅庄娃子，毕竟安家娃子一般都有自己的住宅和少量“耕食地”）的安置问题。为了给安置解放奴隶提供法律依据，凉山彝族自治州劳协会制定了《关于帮助奴隶安家生产的暂行办法》，规定了安置解放奴隶的具体办法，具体内容包括以下几点：①

第一，调剂奴隶主多余的土地，奴隶主已经出租的土地交给原耕种人继续耕种，一律实行谁种谁收。与此同时，调剂的土地首先调剂给奴隶（锅庄娃子和安家娃子），再根据调剂土地的多少及当地半奴隶和其他劳动人民缺乏耕种土地的情况，适当地加以调剂。

第二，调剂土地时，应给奴隶主家庭留下维持全家生活所必需的土地，由奴隶主自耕，不得荒芜。如其不能自行耕种，可以雇人耕作，由乡劳动人民协会（乡劳协）制定统一办法解决。

第三，土地调剂后，如土地仍不够耕种，则通过开垦原本属奴隶主占有的荒地耕种。

第四，奴隶安家时，奴隶主有义务供给奴隶以必要的口粮和安家用具，以上粮食和用具由劳动人民协会统一接收和保管，并按需要分次交给奴隶群众使用。奴隶安家时所必需的耕畜、农具及其他必要的生产资料，得向奴隶主借用，奴隶主不得抗拒。如果奴隶主有所抗拒（如浪费粮食、宰杀牲畜、破坏农具，即分散转移应没收、征收或征购的财产），除了送交人民政府依法判处外，乡劳动人民协会可以视情况报县劳协会批准后封存其粮食，代养其耕畜并代管其农具，奴隶和其他劳动群众有需要，可向当地劳协会申请借用。

---

① 以下内容见秦和平编：《四川民族地区民主改革资料集》，北京：民族出版社，2008，第 126—127 页。

第五，如果从奴隶主处调剂出的生产资料和生活资料仍旧不够奴隶（包括贫困的劳动者）的生产和生活困难，则主要依靠组织生产互助的方式渡过难关，人民政府也要尽可能地给予救济或贷款补助。

第六，为了克服奴隶刚解放后的生产和生活困难，可在自愿的原则下，本着团结互助的精神，以三五人或十余人采用临时集体安家的办法并进行互助生产。

第七，所有属于劳动人民（这里主要指阶级成份划分中的劳动者——笔者注）多余的土地和劳动人民之间的佃耕土地，均不在调剂范围之内。如果遇到上述问题的纠纷，应本着团结互助的精神协商解决。从劳动人民家中解放出来的奴隶，得由双方协商，酌情解决。

以上内容构成了凉山社会变革中安置解放娃子的方式的主要内容。安置解放的娃子基本是按照上述的规定实行的。当时，凉山地委要求各地工作团（队）先将解放的奴隶安排好食宿（一般是先将解放的娃子暂时集中在一起居住，吃大锅饭），然后由工作团（队）深入到户、到人，与每个奴隶见面，在详细了解了每个奴隶的基本情况和个人意愿，然后根据实际情况和奴隶自身的意愿，对每个奴隶进行妥善的安置（凉山地委要求每个工作队都必须做到这一点）。[①] 大致而言，凉山在社会变革中对解放的奴隶（娃子）是这样安置的：第一，对不是老弱病残、有劳动能力的娃子的安置，一般是在彝区时间不长（当是10年以下）、在汉区尚有亲人的锅庄娃子，一般是遣送回家和家人团聚。第二，对在彝区时间较长（超过10年）、汉区已无法投亲、无家可归的娃子，则采取就地安家的方式进行安置。就地安家的娃子，除了替他们修好住宅外（也从奴隶主处征收或征购了他们多余的住宅用于安置他们），基本都给了他们田地、粮食（保证能吃到下次收成）、生产工具和耕畜，让他

① 伍精华：《我们是这样走过来的——凉山的变迁》，北京：民族出版社，2002，第139页。

们尽快开始生产。田地、粮食、生产工具和耕畜，也主要是通过从奴隶主处调剂解决。如昭觉城西乡在变革后，解放了锅庄娃子 65 人，其中回原籍的 28 人，需就地安置的 37 人（一般来说，回原籍的多数是被抓到凉山不太久、不超过 10 年的娃子，[①] 需要就地安置的则是被抓到彝区 10 年以上、无家可归的娃子），当地工作队为保证安置好这些娃子，先从奴隶主手里要来了一些粮食和锅，发给奴隶们每人 1 石粮食、1 口锅，将他们暂时安置在一些群众的（应当包括安家娃子和白彝）家庭的偏房里，紧接着就按照每间房屋补贴 250 元的原则，动员群众为他们修建住宅，同时，分配给他们土地、粮食、农具、牲畜等生产资料，使他们能尽快安顿下来，开始生产。[②] 在喜德，全县解放了锅庄娃子 4856 人，其中有劳动力的 4624 人中，送回原籍和家人团聚的 2606 人，帮助就地安家的 1802 人，暂时寄居的 216 人；其中，两河口区在安置的过程中，“除征购奴隶主的 53 座房屋外，还专门新建了 43 套住房，分配给耕牛 33 头，为娃子购置了生活用具 419 件，生产工具 1193 件，很好地解决了解放娃子的安家问题”[③]。喜德红妈区（这是凉山最早建立自治政权的地区）解放的 685 名锅庄娃子中，回家团聚的 241 人，就地安家的 444 人，全区（除李子乡）共借、征出奴隶主粮食 761 石 3 斗（每斗 26 斤）、洋芋（土豆）2006 背（每背 80 斤）、房子 118 间、农具 823 件，另调剂了能种洋芋 1540 背、荞子 171 石、燕麦 148 石、水田 10 石 7 斗、苞谷（玉米）1 斗 5 升的土地帮助解放的

---

① 笔者认为，送回家和家人团聚的娃子除了从汉区被抓进来的情况外应当还有一种情况，就是从白彝或安家娃子家里被抽走的他们的子女，也应当是送回家和家人团聚。这样很明显既满足了娃子本身的愿望，也节约了中共当时本就不宽裕的财政经费。

② 施嘉明主编：《难忘的历程——开辟凉山彝族地区工作的回忆录》，成都：四川民族出版社，1992，第 188、189、192 页。

③ 施嘉明主编：《难忘的历程——开辟凉山彝族地区工作的回忆录》，成都：四川民族出版社，1992，第 210 页。

娃子尽快安家，尽早生产。[①] 在甘洛的木古脚地区，已经解放的奴隶中，有36人在本地安了家，有家可归，选择回家和亲人团聚的19人，学习或参军的5人，当地的奴隶主提供了56石6斗粮食、耕牛32条作为解放娃子的安家费用。[②] 普格的娃子解放后，2861名锅庄娃子的安置情况是：回家1252人，投亲218人，安了家的804人，集体安家304人，暂借宿劳动人民家中的52人，劳动人民代管90人（均为14岁以下的儿童），学习40人，参军45人，参加工作23人，留在奴隶主家中的33人，[③] 少数留在奴隶主家中的奴隶均是没有或缺乏劳动力的老弱病残，而且这些留在奴隶主家中的奴隶也改变了原来的主奴关系。此外，普格向奴隶主借出了粮食1039371斤、耕牛1223条、农具1722件、房屋360间，调剂出土地15047亩（以上缺两个乡的各种数字），基本解决了娃子的安家问题。[④]

帮助娃子安家的具体流程是：[⑤] 第一，准备物资。西泥沟、核桃坪用5天的时间，修好了住房15间，准备了粮食2000多斤、饭锅25口、挖锄25把、铲锄61把及其他物资。保证奴隶一解放，即有住有吃，有用有穿。第二，定人，定户，定房屋，做好具体安置。原则是直系亲属为一家，但不是直系亲属也有自愿结合的。物资则按照户、人、劳动力三种因素综合搭配。在安置之前，为了保

① 吴廷芳：《对红妈区民主改革工作情况检查报告》（1956年4月11日），四川省档案馆，建川012—124—24。

② 呷日工作队：《关于木古脚21日工作情况报告》（1956年4月24日），甘洛县档案馆，1—1—126—4。

③ 普格县委：《关于民主改革月底第一阶段工作情况简报》（1956年5月14日），甘洛县档案馆，1—1—76—7。

④ 同上书。

⑤ 这里以马边县西泥沟、核桃坪村的解放娃子安家为例，见中共马边县工作团党委工作组：《关于西泥沟、核桃坪村解放奴隶、安置奴隶的情况报告》（1957年6月5日），载韦清风等编：《凉山彝族奴隶社会的变革资料摘编》，中国社会科学院民族研究所，1981，第213—214页。

证安置恰当，召开了 5 次锅庄娃子会议，反复讨论，待大家同意后，再具体分配（主要是住房）。同时尽可能保证娃子们耕种的土地都在住宅周围。此外，为了保证每户解放的娃子有足够的土地进行生产，工作团将部分娃子迁到土地较多的地方安置。另需指出的是，在安置时为了防止原家支势力和原主子的暗中控制（利用原有的影响力），还采取了穿插安置的方法。

建立农场也是安置解放娃子的一种方式。如布拖在交际河区建立了一座农场，“主要吸收无家可归的单身奴隶。今年（1956 年）计划吸收 400 人”，“有可耕荒地 12000 亩，其中有 600 亩水田是 1950 年被赶走的汉人丢下的。土质、气候都很好，可种棉花和亚热带经济作物”，还另外开荒 1600 亩，同时饲养了不少牛羊，“估计可收入 22000 元，农场各开办费用共需 43000 多元，明年可以自给有余”，中共认为这样安置解放的娃子，不仅能让娃子安居乐业，推动合作化（凉山的社会变革和合作化是同时进行的），而且对培养民族干部和增加生产都很有好处。①

另有一种特殊情况也需略做说明：红军长征时，一些掉队的红军被当地彝民抢劫成为娃子，在社会变革开展期间，他们也获得了解放。这些老红军一般都要求介绍职业或回原籍，凉山地委也责成工作团（队）在查清事实（主要是确认是不是红军）后，一般都给路费、安家费、生活费送回原籍安置。如昭觉的原老红军朱正伦（原籍四川达县，今四川省达州市），1933 年在达县参军，在过凉山时被彝民抢掠为娃子，在社会变革中被解放后，要求介绍工作或送回原籍，经中央慰问团（时中央慰问团来凉山进行慰问工作）派人查实后，据其要求，发给路费、生活费、安家费，送回原籍安家。②

① 《王克、张英达同志关于布拖县奴隶安家问题的报告》（1956 年 5 月 15 日），四川省档案馆，建川 012—129—4。

② 中央慰问团第二分团秘书组：《人民来访来信汇总》（1956 年 12 月 13 日），载韦清风等编：《凉山彝族奴隶社会的变革资料摘编》，中国社会科学院民族研究所，1981，第 210 页。

又如布拖的原老红军赖周柱，也是1935年在四川宁南（当时属西昌专区，现属凉山彝族自治州）境内被当地的奴隶主掳走转卖到布拖阿俄家当奴隶。饱受折磨，在中共进入凉山时一度记忆模糊，语言不清。当地的社会变革开展后，他才获得新生（当时当地政府不知道他是老红军）。他积极参加社会变革，合作化时期，被选为拖觉区罗古乡日久农业生产合作社的生产队长。直到1975年底，布拖民政局在查清他是老红军后，根据他的意愿，同时征得他的老家所在地——江西省赣县民政局的同意，将他护送回老家安置。[①] 从这两个例子可见：中共对长征中被彝民掳掠的老红军的政策基本是送回原籍安置，并按照老红军的标准加以优待（发给生活费即是其表现），[②] 即使一时没有确认其身份，但在查清后仍旧按照本人的意愿进行了安置。

此外，为了更好地帮助凉山的解放娃子安家，不再出现解放娃子因得不到妥善安置而吃树皮草根，甚至自杀的悲剧，凉山地委又拨发了2000多万斤粮食、耕牛1000头、农具5万件、铁锅1万口，帮助解放娃子修建房屋1000间，还拨发了足够解放娃子做10万套寒衣的布匹，并明确表示如果不够，还可增加。[③] 从而使安家的问题走上了正轨，解放娃子也都得到了安置。

2. 对无劳动能力的娃子的安置

帮助娃子安家，并分给土地、耕畜、农具等生产资料使娃子早日开始生产，或将娃子送回原籍（来彝区较短，在原籍有家人）或送回家（凉山的白彝或安家娃子的子女）和家人团聚是凉山社会变

---

① 四川省布拖县志编纂委员会编：《布拖县志》，北京：中国建材工业出版社，1993，第509页。

② 新中国成立后对原红军军烈属的优抚可参见张望：《新中国初期川陕老区红军军烈属的优抚工作》，《求索》2016年第8期。

③ 王维训：《凉山各族人民团结一致，为实现今冬明春伟大艰巨的任务而奋斗》（1956年9月15日），载韦清风等编：《凉山彝族奴隶社会的变革资料摘编》，中国社会科学院民族研究所，1981，第222页。

革中安置解放的娃子的主要方式。然而，对久受折磨、已成残疾、无力劳动，而又无家可归的娃子，前述的安家方式就没有意义。对这些娃子，中共在解放他们之初是动员凉山的群众（主要是有劳动能力的解放娃子和劳动者）在中共对解放的娃子进行团结互助教育的基础上将刚解放的老弱病残的解放奴隶安置在他们家里。这种安置方式时间长了难免引起各种不必要的纠纷。更重要的是，在采取这种方式安置了老弱病残的解放奴隶后，出现了“有老年及残废者返回奴隶主家中或流浪社会，甚至自杀及幼儿死亡现象的发生，个别地区造成某些不良影响”的现象。① 中共中央派出的凉山调查组也发现，凉山的“奴隶安家则是采取集体安家的办法，一般是 5—7 人（有的 10 多人）住在一间房子里，吃大锅饭。有的是借住在劳动者（中农）家中（因为没收奴隶主的房子少）。在改革中作这样的临时安置是必要的，但是日子久了，就会发生问题，现在已发生相互争吵，闹不团结”，特别是“老、小和残疾者，受气挨骂”的现象相当普遍，出现了“老人自杀，小孩因无人照管，也有死亡。个别的跑到奴隶主家去，对政府发出怨言，有些则生产情绪不高，白天赌博”的现象。② 很显然，将老弱病残的解放娃子安置在其他解放娃子和劳动者的家中只能是权宜之计，还是要采取其他的方式安置他们。

凉山地委和各县会同商议后，决定对全凉山近 5000 名已获得解放的老弱病残而又无家可归的娃子采取建立教养院的方法进行收容。原因是“这样既解决他们目前生活上的实际困难，且在彝族群众中影响亦好。从长远打算国家花钱也较少。因他们集中在教养院后，只要领导得好是可以搞一些副业手工业生产的（对学龄儿童则

① 凉山地委：《关于在我区设立生产教养院收容老弱残废娃子的请示》（1956 年 5 月 26 日），四川省档案馆，建川 012—129—1。

② 《王克、张英达同志关于布拖县奴隶安家问题的报告》（1956 年 5 月 15 日），四川省档案馆，建川 012—129—4。

采取半工半读办法），逐步减少国家对他们的救济”[①]。凉山地委据此制定了在凉山各县设置教养院的方案，并报请四川省委批准后正式实行。中央的调查组也建议建立教养院，“收容13岁以下的孤儿，无劳动力的老人和残废者”，“老人可以轻微劳动，小孩半工半读”，[②] 从而实现收容教养的目的。

凉山地委制定的设立教养院方案的基本内容是：以县为单位举办教养院。其规模拟大县收容400人左右，小县200人左右。收容入院的条件是：无家可归，12岁以下的孤儿及年老、残废丧失劳动能力而又自愿者。计今年收容3500人左右（其余1500名左右主要是儿童则被劳动人民收养），全区12个县中雷波已有教养院但需扩大，其他11县均需新建。在经费方面，凉山地委拟从开展社会变革的经费中开支拨出50万元作为各县建立教养院的经费，并预计从明年计算，在教养院的生产活动逐步搞起来以后，大约平均每年需要补助30万元。[③]

同时，凉山地委为凉山各地教养院的建立做了以下几件事：[④]

第一，为了及时掌握及指导各地筹划工作，凉山地委特成立生产教养院筹备委员会（以下简称筹委会），以王海明、高洪模、李清洁、白志芳、何现龙5人组成，并以王海明为主任委员，高洪模为副主任委员。同时，凉山地委要求各县必须将筹备工作情况每周向筹委会作一次电报汇报。

第二，凉山地委要求各县在当地党委及各县人民委员会（办事

① 凉山地委：《关于在我区设立生产教养院收容老弱残废娃子的请示》（1956年5月26日），四川省档案馆，建川012—129—1。

② 《王克、张英达同志关于布拖县奴隶安家问题的报告》（1956年5月15日），四川省档案馆，建川012—129—4。

③ 凉山地委：《关于在我区设立生产教养院收容老弱残废娃子的请示》（1956年5月26日），四川省档案馆，建川012—129—1。

④ 以下内容均见《对各县成立生产教养院的意见》（1956年6月27日），四川省档案馆，建川012—129—3。

处）的领导下，以民政科为主组成专门的办公室负责指导筹备工作的进行（办公室设民政处科），主任由县长或副县长兼任，另外再抽专职干部 5 人，在办公室领导下具体进行筹备工作（筹备工作完成后，此 5 人即为生产教养院干部，因此要求其中院长条件必须相当于区级干部，另设生产会计、教员、事务各 1 人，最好都是彝族干部担任）。

第三，凉山地委要求各县对教养院筹备工作应围绕以下两点进行：（1）各县、区应根据地委指示精神在所属地区对合乎收容条件的人员进行详细、确切的调查，弄清老弱残废及失去劳力的人数及其特长（如汉人娃子中的木匠、铁匠等），以便有计划地组织他们进行生产。（2）立即着手进行建设工作：各县应根据调查人数着手研究准备设置所需修建的住房及必需的生产工具和生活用具等。

第四，凉山地委要求各地尽早就教养院院务作出规划（其中包括所需经费，分几批收容及 1956 年和 1957 两年的生产计划等），在 7 月 15 日以前报送州人委审批。

第五，在收容的人数及经费分配问题上，凉山地委决定：彝族人口在 6 万以上者应以 400 人计（指教养院规模能保证收容 400 名老弱病残，无家可归的解放娃子，以下同），4 万—6 万者以 300 人计，4 万以下者以 200 人计。经费开支则以收容 400 人者拨给经费 5 万元，300 人者拨给 4 万元计算，200 人者拨给 3 万元。另外雷波在原建的教养院基础上提出了扩大规模的意见（被凉山地委批准），马边、峨边也按照凉山地委的要求对这一问题作出了工作规划。经费使用的范围则主要是在基本建设及在教养院成立以后（原则上从 10 月 1 日开始收容）所收容人员的伙食（普格、喜德每人每月以 6 元，雷波每人每月 7 元，布拖、昭觉、普雄每人每月 8 元，金阳、瓦岗、甘洛、洪溪、美姑每人每月 9 元），生活用具及服装（每人 1 套），以及其余关于生产的工具及生产资料由贷款（娃子的安家贷款）中解决。

此外，凉山地委责成各县必须根据上述各条认真对待此事，抽调专职干部，加强领导，并随时督促检查，发现问题及时纠正，以保证任务的按时完成，并要求各县迅速研究制订计划上报。

计划制订后，凉山各地纷纷制定了自己收容老弱病残、无家可归的解放娃子的规划并付诸实施，同时建立教养院，配备各种生产生活用具，以便娃子入住。在建好教养院并配备好相关用品后，即接收娃子入住。各地教养院接收的一般都是“幼老残废、完全丧失（没有）劳动力和生活能力而又无依无靠”的娃子，在手续上，一般由当地基层政府或工作团（队）在社会变革的过程中整理好材料（包括姓名、住址、年龄、身体状况、劳动状况等）报县委（县政府）审查，经批准后送往县教养院。[①] 变革结束时，凉山各地的老弱病残而又无家可归的娃子基本上得到了收容。

三、凉山社会变革中奴隶的解放和安置的特色

奴隶（娃子）的解放是凉山社会变革至关重要的一环。只有将娃子解放，并彻底铲除娃子再出现的土壤，凉山旧有的奴隶制度才算是真正被废除。同时，也只有将解放的娃子妥善地安置，中共才能在凉山真正形成自己的依靠力量，从而使凉山的彝族群众形成对中共的政治认同。大致而言，笔者对凉山奴隶的解放和安置有以下几点思考。

首先，在凉山社会变革的奴隶解放过程中，不仅凉山的奴隶获得了解放，同时中共也成功向凉山的彝民（包括支持和认可变革的上层，以及所有的下层）灌输了中共的阶级话语。在这一话语灌输的过程中，中共在成功地向凉山彝民灌输阶级话语的基础上，成功地建立了自己在凉山的政治权威。在劳代会上宣读解放奴隶的文件章程，召开奴隶主会议（包括劳动者会议）和奴隶会议，要求奴隶

---

① 美姑县委：《对迅速、全部处理奴隶安家问题的紧急指示》（1957 年 5 月 10 日），载韦清风等编：《凉山彝族奴隶社会的变革资料摘编》，中国社会科学院民族研究所，1981，第 212 页。

的主子解放属下的奴隶，在奴隶会议上动员奴隶参加变革，就是灌输中共阶级话语、树立中共在凉山的政治权威的方式和做法。通过这些工作，凉山的彝民也形成了对中共的政治认同，阶级话语也为彝民所接受。社会变革时在彝族群众中传唱的一些歌谣如“解放了的手，解放了的脚，解放了的娃子心儿乐”①，“牛牛在今天，才有了亲爹娘——共产党，牛牛在这时候，才有了亲兄弟——汉族同胞”②，即表现了凉山的奴隶获得解放的欢快心情，从中也可见彝族群众完全认同了中共，中共从而在凉山树立了绝对的政治权威。如方慧容研究“西村”土改中的诉苦所言，“借力于‘苦感’的生产，在村民的记忆中制造一个过去和现在，也即旧社会和新社会的线性对比联系”③，凉山娃子的解放，事实上同样在奴隶的记忆中建立了过去和现在，亦即旧社会（的苦）和新社会（的甜）的对比关系。但是对于凉山的奴隶而言，旧社会（社会变革前）是真真切切的苦，新社会（社会变革后）是实实在在的甜，也就是说，凉山社会变革中解放的奴隶感受到的苦和甜的对比是真实的，中共在凉山奴隶记忆中建立的对比记忆是符合凉山的客观实际的。

其次，奴隶解放的过程也是中共将凉山原有的土著上层（奴隶主）占有的人口转变为国家控制的户口，从而实现中共对凉山社会的彻底控制的过程。奴隶（娃子）的解放意味着凉山旧有的社会制度——奴隶制度和凉山旧有的土著势力存在的基础被摧毁。在摧毁旧制度的同时，中共采取了在经济上给解放的奴隶修建房屋，分给田地农具，让他们就地从事农业生产的方式进行安置，让解放的奴

① 伍精华：《我们是这样走过来的——凉山的变迁》，北京：民族出版社，2002，第 140 页。

② 见秦和平编：《四川民族地区民主改革资料集》，北京：民族出版社，2002，第 490 页。

③ 方慧容：《“无事件境”与生活世界的“真实”——西村农民土地改革时期社会生活的记忆》，载杨念群主编：《空间·记忆·社会转型：“新社会史”研究论文精选集》，上海：上海人民出版社，2001，第 564 页。

隶回家（这里是指凉山被抽为锅庄娃子的白彝和安家娃子的子女）也是这种安置的一方面（由于也给他们的家庭分配了田地、房屋、生产资料，也在其家庭所在地建立基层政权，所以对他们的安置和对无家可归、有劳动力的解放娃子有近似之处），这样的安置加上在变革中基层政权的建立，实现了中共对凉山基层社会的完全控制，将凉山的民众纳入国家权力运行轨道，也就实现了中央政府对凉山的直接治理，这对于凉山而言是破天荒的，具有划时代的意义。

最后，安置解放奴隶的过程体现了中共的国家建设思想和伦理观。具体表现在以下几个方面：第一，在娃子的安置中，“劳动光荣，不劳动可耻”的国家伦理得到了充分的体现。具体体现在建立教养院安置老弱病残的解放娃子中，反复强调要让入院的娃子从事一些力所能及的劳动。第二，和汉区一样，凉山安置没有劳动能力的解放娃子全部是通过国家建立社会福利机构实现的。之所以这样，一方面和中共的阶级话语有关，中共始终认为旧的慈善机构是旧统治阶级的伪善之举，是蒙骗和愚弄群众的工具，[①] 因而对旧有的慈善事业采取了否定和批判的态度。加之当时汉区原来创办慈善事业的群体要么卷款前往港台或海外，要么已经失去了自己的全部财产，也没有能力到凉山兴办慈善事业。[②] 另一方面，新中国成立后，国家在废除旧有的慈善事业（或取缔，或将其并入官方的社会福利事业）的基础上，实际上将原有民间所办的慈善事业的内容都由政府一一包办起来。还要指出的是，新中国成立以后，国家权力的触角已经延伸到社会生活的方方面面，政府本身也力图将社会完全纳入国家控制的轨道。在这样的背景下，凉山的弱势群体（无劳动能力的老弱病残解放娃子）由政府举办社会福利机构收养安置自然是顺理成章的事情了。

---

① 周秋光、曾桂林：《中国慈善简史》，北京：人民出版社，2006，第 376 页。

② 民国时期教会曾在凉山创办了不少慈善事业，参见龙海燕：《近代基督教在西南彝族地区的传播及其影响》，《贵州民族研究》2012 年第 5 期。

第五节　凉山社会变革期间的生产工作

和汉区一样，凉山在社会变革期间和变革基本完成后（这里指分配工作完成）即大力组织和发展生产。[①] 事实上，在凉山地委（州委）下发的文件里，组织生产是作为凉山社会变革的一部分（意义在于巩固社会变革的成果）规划的。[②] 相比于汉区，凉山在分配完成后的由工作团（队）或基层政权领导，推动的生产工作更加重要。这是因为，凉山的农业生产基础（农业也是凉山的主要产业，手工业在事实上都不存在，只是凭借掳来的汉族娃子做一些手工业的活计[③]）远较汉区落后，如布拖，1955 年粮食作物的播种面积为 22 万亩，总产量为 2050 万斤，平均亩产量不过 93 斤。[④] 反观四川其他地区，即使是经济水平相对较差的县，也要远强于凉山。如川北的万源县（今万源市）在四川的汉区中是经济相当落后的地方（川陕根据地时期，全境都是川陕根据地辖区），1949 年粮食作物的播种面积为 541959 亩，总产量为 9585. 55 万斤，平均亩产量 177 斤。[⑤] 播种面积是布拖的 2 倍多，总产量是其 4 倍半还多，单产量也是其近 2 倍。更重要的是，这还是在凉山社会变革准备期中共已经对凉山的农业进行了扶持的情况下都远不及同省汉区经济的

---

① 汉区土改期间和土改后的农业生产情况可参见王瑞芳：《土地制度变动与中国乡村社会变革》，北京：社会科学文献出版社，2010，第一章；王瑞芳：《当代中国水利史》，北京：中国社会科学出版社，2014，第一章、第二章。

② 凉山州委办公室：《四个月来全州平叛、改革的主要情况即争取及早平息叛乱、巩固改革成果的意见》（1957 年 3 月 25 日），甘洛县档案馆，1—1—142—1。

③ 《凉山文博》编辑委员会编：《凉山文博》总第 2 期（内部资料），2012，第 156 页。

④ 四川省布拖县志编纂委员会编：《布拖县志》，北京：中国建材工业出版社，1993，第 93 页。

⑤ 四川省万源县志编纂委员会编：《万源县志》，成都：四川人民出版社，1996，第 239 页。

落后区，由此可见凉山的经济落后的程度。从发展生产力的角度而言，凉山的社会变革的意义在于提高凉山彝族群众的生产积极性，揆诸史实，也的确提高了凉山的彝族群众的生产积极性。当时中共的一份文件记载，在分配工作完成后，彝族群众“生产和互助合作的情绪普遍高涨”[①]。但如前所述，凉山的经济水平低，底子薄，种类单一，仅仅凭借提高群众的生产积极性，是很难促进凉山经济较快发展的，因此，在分配工作完成后组织彝族群众开展生产，努力提高农业生产力是20世纪50年代凉山社会变革的重要组成部分。考察社会变革在凉山各地开展实况，也可见各地在完成分配工作后均开始帮助和督导彝族群众发展生产。大致而言，社会变革期间发展生产的工作包括技术性工作和政策性工作两个方面（由于凉山的主要产业是农业，故下文所言的生产工作也主要是指农业生产工作），下面分别对这两个方面加以叙述。

一、技术性工作

大致而言，凉山社会变革期间生产工作的技术性工作和社会变革准备期生产中的技术性工作有不少相似之处，和准备期一样，社会变革期间的农业生产工作也包括教导彝民新式农业技术和加强农田基础建设两个方面。

首先是教导彝民新式农业技术，包括以下几点：

第一，组织群众积肥，并在田中合理增施肥料。凉山的彝民在中共未进入凉山前对施肥知之不多，凉山社会变革准备期中共虽然在各地大力推广积肥施肥，但是仍有不少地方的彝民对此几乎不知，甚至忌讳在农业生产中使用肥料（彝族习俗，人粪不能用于施肥）[②]。

---

① 宜地乡工作队：《关于民主改革的总结报告》（1956年5月30日），甘洛县档案馆，1—1—118—21。

② 施嘉明主编：《难忘的历程——开辟凉山彝族地区工作的回忆录》，成都：四川民族出版社，1992，第318页。

据昭觉著名积极分子尼古果果的回忆：她所在的昭觉县南坪乡完成变革后，即开始抓生产工作。最初无论如何动员当地的彝民去挑肥料，多数彝民仍旧不愿去。有的妇女还说去挑肥料是不光彩的事，去挑肥料不如回主子家继续做娃子，甚至劝尼古果果也不要去。尼古果果只好动员了一些积极分子去政府机关挑肥料（当时凉山的政府机关均修建了厕所）时，一些人对他们指指点点，讥讽嘲笑。[①]

根据这种情况，中共在凉山继续在准备期的基础上，大力宣传普及积肥知识，并督导彝民积肥施肥。凉山地委要求各地要“多方开辟肥源，增施肥料，提高肥效，扩大施肥面积”，强调“这是彝区增产的一项重要措施”，凉山地委提出了一些积肥的方法，包括：“首先是大量增加绿肥，这是一个重要来源，也是较为经济而比较可靠的办法。其次是教育帮助群众修建和扩大圈址，改进拣粪工具，由冬季拣粪扩大到常年拣粪。再次向群众进行环境卫生教育，打扫挖掘房前宅后、道旁、村边的腐土污泥和炉灶灰、老脏土，以及城镇机关、马店的粪便骨肥，号召使用人粪。此外，草泥炭、磷灰土可着手试制试用，有条件的地区购买商品肥料。”[②]

中共的努力取得了明显的成效。如甘洛的胜利乡（胜利合作社），“往年除少量土地外绝大部分不上底肥，追肥根本没有”，中共据此在当地召开了生产代表会议，“经社员讨论，今年根据土地性质酌情增施底肥，又提出 40 亩田增施追肥，每亩增至 12 背，则可增产 3 斗，以 40 亩计算，可多产粮食 12 石”[③]。又如甘洛的斯普乡，在社会变革结束后成立的合作社计增添茅坑 6 个（每个可积 400 担肥），75 个互助组另外还积了肥料 4000 余担，此外，斯普乡

① 施嘉明主编：《难忘的历程——开辟凉山彝族地区工作的回忆录》，成都：四川民族出版社，1992，第 318 页。

② 凉山地委：《关于 1957 年农业生产工作的初步意见》（1956 年 12 月 29 日），甘洛县档案馆，1—1—75—14。

③ 斯普乡：《胜利合作社大春生产计划》（1956 年 6 月 7 日），甘洛县档案馆，1—1—118—12。

的合作社还采取沤肥堆肥的方法，增积了堆肥 500 背，互助组也采取同样的方法，增积了堆肥 600 背。[①] 在雷波的马湖乡，每升下种量（凉山土地计算的一种方式，是根据下种的数量来计算土地的多寡）比上一年增加了 300 斤，金阳的单干户一般较以前增施肥料 25%，合作社则增施了 30%。此外，各地普遍都挖了茅坑用于积肥，[②] 由此基本在凉山普及了施肥技术。另需指出的是，除了施用农家肥料外，一些地方也开始试用硫酸铵、过磷酸钙等化学肥料(肥料系购买获得)[③]。

不过，尽管各地工作团（队）和政府工作人员在彝民中努力推广有机肥料（主要是人粪），耐心教授彝民积肥知识，但还是有不少彝民不愿使用有机肥。如布拖，尽管当地政府和工作团（队）用了极大的努力在彝民中推广施肥，但还是有不少彝民不愿接受使用有机肥，只是在县和区乡附近的农户基本接受了使用有机肥。[④] 由此可见在凉山传统的顽固和在凉山推广新式农技（这里实际上是将汉区已有的，在凉山也适用的农技进行推广）的艰难，也可见要提高凉山的农业生产水平是一个任重道远的过程。

第二，改进耕作技术，推广先进经验（实际上是将汉区的成功经验移植到凉山地区）。凉山地委要求各地做到："争取明年多犁多耙（2—3 次），适当深耕细作，除草 3—4 次。主要作物方面：洋芋（马铃薯）逐步做到改条播为点播，稻谷做好培育壮秧，贯彻三匀密栽，实行浅水灌溉。推广先进经验，主要应总结提高当地农民

---

① 《斯普乡发展互助合作增产计划》（1956 年），甘洛县档案馆，1—1—118—8。

② 凉山地委：《关于春耕前全区发动群众进行民主改革的初步总结》（1956 年 6 月 18 日），甘洛县档案馆，1—1—76—8。

③ 四川省金阳县地方志编纂委员会编：《金阳县志》，北京：方志出版社，2000，第 168 页。注：原文未记载肥料的来源，但是根据前引档案［凉山地委：《关于 1957 年农业生产工作的初步意见》（1956 年 12 月 29 日），甘洛县档案馆，1—1—75—14］，结合凉山的实际情况，可推断当时凉山各地使用的化学肥料是从外地购买的。

④ 四川省布拖县志编纂委员会编：《布拖县志》，北京：中国建材工业出版社，1993，第 109 页。

历年的增产经验，因为群众易于接受。且一般适应当地气候，土壤条件，效果较好。其次是推广经过当地试验成功的外地先进经验。对外地的先进经验，必须是经过试验成功后方可推广。一般应分两步：第一步重点试验，第二步大面积推广。把握不大的应该分为三步，第一步重点试验，第二步多点试验，第三步大面积推广。”同时，凉山地委强调：“推广先进经验必须坚持群众自愿的原则，充分注意彝族人民的生活特点，即是确实能够增产，也只能是经过示范说服教育群众，绝不能强迫推广。”此外，凉山地委还要求各地培训通晓农技的彝族干部，建立和扩大农牧技术机构。①

根据凉山地委的要求，凉山各地纷纷根据当地实际情况在当地推广新农技。以金阳为例，当地农作物的种植密度分别是：玉米每亩为 800 余穴（窝），水稻每亩 6000 穴左右，马铃薯 1000 穴左右，小麦基本苗不过 10 万—12 万株。很明显，这样下种（插秧）秧与秧之间的距离（简称“秧距”）过稀，从而土地不能合理有效使用（秧距过稀浪费资源，过密则土地资源不足以保证所有庄稼的生长，最佳的选择是合理密植）。金阳根据实际情况做了改进实验，确认了合理的种植密度后在全县推广。② 又如甘洛斯普乡，社会变革前当地下种时也存在作物间距过稀的现象。当地工作队因而主持召开的生产代表会议上要求各地将田（水田）的秧距由原来 8—9 寸的秧距改为 4—6 寸的秧距，旱地里根据实际情况将 2.5 尺的棵行距改成海拔较高的山地 1.4—1.6 尺，海拔较低的山地 1.8—2 尺。③ 会后由代表们倡导，推动各村彝民开展合理密植技术，成效显著。“下种期间技术上绝大部分农民都有所改进。我乡 80%以上

① 凉山地委：《关于 1957 年农业生产工作的初步意见》（1956 年 12 月 29 日），甘洛县档案馆，1—1—75—14。

② 四川省金阳县地方志编纂委员会编：《金阳县志》，北京：方志出版社，2000，第 167 页。

③ 斯普乡：《召开生产代表会议的情况报告》（1956 年 5 月 10 日），甘洛县档案馆，1—1—118—10。

的地都改成了双株密植，丘陵组达100%，从往年2尺至2.2尺的距离缩短为1.7尺至2尺，仅有山地的少数极瘦地距离是2尺至2.2尺，但跟往年比起来或多或少有所改革。”① 此外，凉山各地工作团（队）要求彝民必须重视除草，“中耕除草2—3遍”②，从而保证庄稼的生长。

除了推广新的下种和耕作技术外。中共还在凉山大力指导彝民选种和引进新式农具。中共虽然在准备期大力指导彝民选种，③但是仍有许多彝民不知选种。为此，在社会变革期间中共继续教导彝民选种技术，取得了成效。如雷波，1957年全县已有92%的选种采用泥水选种，其余为温汤浸种和苏打浸种。④ 对缺种户，凉山各地采取依靠互助组，动员群众互借，或由政府发放解决。⑤在引进新式农具方面，中共也很重视。如昭觉，1956年即引进了双轮双铧犁、无轮一铧犁、步犁、十二片圆盘耙、钉齿耙、三齿轻便耕耘锄、十行播种开沟机等新式农具。⑥ 此外，中共在凉山也无偿发放了许多农具。如雷波，1956年政府即发放无偿农具5671件。⑦

第三，采用新式育秧技术（在水稻种植上），同时进行作物品

---

① 斯普乡工作队：《一月工作综合报告》（1956年），甘洛县档案馆，1—1—118—11。

② 斯足工作团：《对今冬明春的工作意见》（1956年12月17日），甘洛县档案馆，1—1—132—13。

③ 见第二章第二节。

④ 四川省雷波县志编纂委员会编：《雷波县志》，成都：四川民族出版社，1997，第341页。

⑤ 斯普乡工作队：《半月来工作汇报》（1956年5月11日），甘洛县档案馆，1—1—118—9；雷波县人委：《1956年工作总结》（1957年1月），载韦清风等编：《凉山彝族奴隶社会的变革资料摘编》，中国社会科学院民族研究所，1981，第198页。

⑥ 四川省昭觉县志编纂委员会编：《昭觉县志》，成都：四川辞书出版社，1999，第161页。

⑦ 雷波县人委：《1956年工作总结》（1957年1月），载韦清风等编：《凉山彝族奴隶社会的变革资料摘编》，中国社会科学院民族研究所，1981，第198页。

种改良。如雷波，当地还在社会变革前就推广了多种壮秧，社会变革期间（1957 年）又推广开厢，稀播新式秧田，经过中共的努力，成效显著，当年新式秧田即占了秧田的 80%以上，同时，雷波还推广了硫酸亚洗秧和清水浸秧根技术。[①] 金阳在社会变革期间也采取了类似的技术，由于这种技术能较多地降低土地单位面积的用种量，使每亩田的用种量从 150—200 公斤下降至 75—100 公斤，因而在凉山普及甚快。[②] 在作物品种改良方面（主要是引进新的作物品种），凉山各地也较重视。如金阳，社会变革前当地的主要作物——玉米品种主要是“二季旱”“七片草”，平均亩产量不过 55 公斤左右，在社会变革期间（1956 年），金阳先后引进了“白鹤”“金皇后”品种在县内推广，平均亩产量达 88 公斤，较以前的产量提高了 60%，水稻方面，金阳也在此期间引进了“南特号”“浙场 9 号”在全县推广，获得了成效。[③]

第四，在凉山广泛提倡复种，努力增加复种指数（将一年二熟制改为一年三熟制，一年一熟制改为一年二熟制），同时大力推广作物的间作、套作（间作、套作凉山地区在 1950 年前虽有采用，但较少见，一般只是偶尔在玉米中套种四季豆、黄豆等[④]）技术。此外，基于凉山多是山地，不少的耕地是轮歇地而不是固定耕地（这在高山区特别明显），各地均采取措施将轮歇地改为固定耕地。如甘洛的阿尔乡，共种植小春 800 亩（计黑乃木工作组所辖的地区种植 350 亩，阿尔勒乌工作组所辖地区种植 400 亩，乃呷工作队所辖地区种植 50 亩），均采用了复种方式耕作；同时，当地工作队倡导彝民进行玉米和黄豆间作的尝试，计黑乃木工作组所辖地区试种

① 四川省雷波县志编纂委员会编：《雷波县志》，成都：四川民族出版社，1997，第 341 页。

② 四川省金阳县地方志编纂委员会编：《金阳县志》，北京：方志出版社，2000，第 167 页。

③ 同上书，第 166 页。

④ 同上书，第 157 页。

20亩，阿尔勒乌工作组所辖地区试种20亩，值得一提的是，阿尔勒乌地区的合作社还试着培植了1亩再生稻。[①] 昭觉完成社会变革的地区也增加了不少复种面积。[②] 在金阳，1950年前大部分地区都是一年一熟，一小部分地理条件相对较好的地区有一年两熟制，一般大春种玉米和水稻，小春则种小麦、豌豆、罂粟（从社会变革准备期的后期开始，罂粟逐渐被禁绝[③]），半山腰的土地里，部分好地则在玉米或马铃薯中套种豆类或在种植马铃薯后增种一季荞麦，高山地区则多是轮歇地（周期2—3年），一般只能种一季作物（马铃薯、荞麦、燕麦），少数好地种了马铃薯后种圆根。基于这种情况，社会变革开始后中共在金阳大力扩大复种指数，具体包括：（1）努力改一年二熟制的土地为一年三熟制获得了部分的成功，成功的原因主要是成功种植了双季稻（1957年在对坪乡试种成功，形成定制），但是因为自然条件严重限制，实现一年三熟制的土地面积较少（至90年代也不过500余亩）。（2）努力改一年一熟制的土地为一年二熟制。主要是通过增种以小麦和秋荞为主的小春作物得以实现。至1958年，小春作物面积达3000亩，复种指数从1950年的110%增加至124.86%。（3）大力改变单种的情况，提倡套种和间种。还在社会变革开始前，金阳即推广在马铃薯中套种玉米和芸豆，在玉米中套种黄豆、四季豆，在红薯中套种玉米等，当地的社会变革开始后，这些技术被继续推广，为当地农业生产的提高作出了重要贡献。[④] 在布拖，当地在社会变革完成后，全县即普遍提

---

① 阿尔乡工作队：《1956年农业增产任务实施计划》（1956年5月5日），甘洛县档案馆，1—1—131—8。

② 四川省昭觉县志编纂委员会编：《昭觉县志》，成都：四川辞书出版社，1999，第150—151页。

③ 凉山在民国时期是鸦片高产区，中共进入凉山后，逐渐采取措施禁绝了鸦片（包括罂粟的种植）。

④ 四川省金阳县地方志编纂委员会编：《金阳县志》，北京：方志出版社，2000，第164—165页。

倡间种、套种，经过努力，布拖常年间种，套种的土地面积在3万亩左右，粮食产量由此大幅提高。①

不过，推广复种也不是一定能成功的，推广其他的新农技也一样。如金阳在1957年试行玉米双季复种（进行了多次试验，直至1964年），后因得不偿失最终只得放弃这种做法，仍实行玉米单季种植至今。② 但是需要指出的是，凉山地区主要是山地，水也比较缺乏，因此农作物以玉米和荞子为主，水稻的种植较少。在当时要力图提高凉山的农业生产力，尽可能保证凉山的粮食能够自给，试种不同品种的作物不失为一种尝试。即使最终得出的结论是试验的作物不适合凉山种植，至少能确定某种作物是不适合凉山的。无论如何，这种千方百计提高凉山农业生产水平的态度是可取的。毕竟不经过试验，便难以获知凉山的农业生产应当如何改进的确切依据，以便针对性采取措施，进而确保提高凉山的农业生产水平（主要是提高粮食的产量）。

第五，组织动员群众防止各种自然灾害的发生。凉山农业生产中存在的自然灾害主要有农作物病虫害，因水利不善遭受的旱灾水灾，以及部分地区的兽害等。凉山地委提出防止自然灾害要“依靠发动群众，再辅以农药防治，采取一防二治三打的办法，战胜各种灾害。一防是结合秋耕，铲除杂草，烧毁禾桩，灭杀过冬虫害。挖拦山堰，挖排水沟，修防洪堤，防止雨水冲刷。二治是发生病虫害后，发动群众捕杀、诱杀、毒杀、拔除病菌，晒田晾田以及农药防治。三打是有兽害的地区，组织群众打山保苗，并可增加群众副业收入”③。各地均据此制定了相应方案防止灾害发生。此外，凉山

① 四川省布拖县志编纂委员会编：《布拖县志》，北京：中国建材工业出版社，1993，第104页。

② 四川省金阳县地方志编纂委员会编：《金阳县志》，北京：方志出版社，2000，第155页。

③ 凉山地委：《关于1957年农业生产工作的初步意见》（1956年12月29日），甘洛县档案馆，1—1—75—14。

不少地方采用了化学药物伴种，也是为了消灭病虫害。如甘洛的斯普乡，有三个互助组和两个合作社使用了六六粉（化学药剂）伴种，其他各社（互助组）也有类似的计划，只是因为当地六六粉脱销，才未能采用。[①] 通过这些措施，凉山的灾害较之前有所减轻，即使遭受灾害，也能较快恢复生产。最重要的是，凉山各地在社会变革期间或社会变革结束后建立了农作物病虫害汇报制度，即各县的区乡向县农机部门定期书面报告农作物病虫害发生发展情况，以便农技部门制定扑灭方案并及时实行，消灭当地的病虫害，减轻对当地农作物的影响。[②]

除了上述农业工作外，凉山还在牧业水平的提高上作出了努力，主要措施是引进牲畜良种与本地牲畜杂交，力图培育适合本地放牧的品种。如昭觉在 1957 年引进了新疆细毛绵羊和昭觉本地藏羊杂交，试图改良本地羊的品种。[③]

加强农田基础建设是此时凉山农业生产的另一项重要工作，具体包括以下几个方面：

第一，开垦荒地。开荒是提高粮食产量最简便也最直接的方式。社会变革后，开荒仍旧是凉山农田基础建设的重要组成部分。如甘洛的斯足区，社会变革后当地工作团（队）即计划在衣乌（里克）地区开荒 500 亩，石海开荒 400 亩，呷日开荒 300 亩。[④] 在布拖，到 1958 年的播种面积是 214700 亩，较 1956 年多了 7430 亩。[⑤] 和准备期一样，中共仍旧较重视凉山的水土保持。要求各地

---

① 斯普乡工作队：《半月来工作汇报》（1956 年 5 月 11 日），甘洛县档案馆，1—1—118—9。

② 四川省昭觉县志编纂委员会编：《昭觉县志》，成都：四川辞书出版社，1999，第 158 页。

③ 同上书，第 21 页。

④ 斯足工作团：《对今冬明春的工作意见》（1956 年 12 月 17 日），甘洛县档案馆，1—1—132—13。

⑤ 四川省布拖县志编纂委员会编：《布拖县志》，北京：中国建材工业出版社，1993，第 93 页。

“应在保护森林，保持水土，保证牧草的前提下发动群众开荒，争取明年开荒 4 万—6 万亩”①，强调开垦荒地不能以环境的破坏为代价。此外，中共仍旧和准备期一样大力提倡植树造林。如甘洛在农业生产技术代表座谈会上明确提出：不能放火烧山，不能砍伐森林，要尽可能多种树木,② 保证水土不流失。

第二，兴修水利，加强对庄稼的灌溉。凉山地委要求各地在 1957 年保证增加 5 万亩土地的灌溉，并指出要达到这一指标，“需从三方面着手，即重点建设、兴修小型水利和加深加宽旧堰，以增加水量，扩大灌溉面积，其中主要是发动其中采取‘民办公助’的方针大量兴修小型水利”③。凉山各县纷纷按照凉山地委的要求，组织彝民兴修水利。如布拖各社（合作社）、组（互助组）均挖了排水沟，在布拖则洛乡的一个分会（合作社）60 余户，已挖了每条长 70 米的排水沟百余条，乌柯村修通了 39 条排水沟；昭觉附城区的群众将当地失修三年，长 6 里，能灌溉田地 1000 余亩，修复需要 1300 余个工的水沟在 8 天内全部修复。④ 在甘洛的阿尔乡，社会变革后当地彝民整修了堰沟 4 条，能保证 80 亩地的灌溉，同时注意修补现有的、有损坏的堰沟，做到合理用水（凉山的水资源较贫乏）。⑤ 在普格，1956 年冬动工兴建了星火平塘（次年春建成），占地 45 亩，土坝长 95 米、顶宽 3. 6 米、坝高 1. 65 米，内坡为片石干砌；1957 年冬又修建了向家大田平塘（次年春建成），最大淹没

---

① 凉山地委：《关于 1957 年农业生产工作的初步意见》（1956 年 12 月 29 日），甘洛县档案馆，1—1—75—14。

② 甘洛县工委：《农村生产技术交流座谈会议总结发言》（1956 年 4 月 13 日），甘洛县档案馆，1—1—83—1。

③ 凉山地委：《关于 1957 年农业生产工作的初步意见》（1956 年 12 月 29 日），甘洛县档案馆，1—1—75—14。

④ 凉山地委：《关于春耕前全区发动群众进行民主改革的初步总结》（1956 年 6 月 18 日），甘洛县档案馆，1—1—76—8。

⑤ 阿尔乡工作队：《1956 年农业增产任务实施计划》（1956 年 5 月 5 日），甘洛县档案馆，1—1—131—8。

面积 13.5 亩，可保证 100 余亩田的灌溉。[①] 美姑于 1956 年修建了牛牛坝小型渠堰，干渠长 1 公里，引水流量 0.02 立方米每秒，能灌溉田地 200 亩。[②] 此外，由于实行了社会变革，彝民们改造土壤的积极性更高。如雷波，在凉山社会变革宣告结束的 1958 年，即改造了 746 亩田地。[③] 其他地区改造田地的资料笔者未能找到，但根据凉山社会变革准备期改良田地的情况推测，各地还是组织人力对现有的土地进行了改良的。

二、政策性工作

大致而言，凉山社会变革期间中共发展农业生产的政策性工作包括以下几个方面：

第一，召开各种生产会议，向彝民推广新式农技，同时也借机宣传在凉山开展社会变革对解放凉山生产力、发展凉山经济的重要性。如在甘洛召开的农村生产技术交流座谈会上，代表们经过讨论，达成了两条共识：（1）凉山经济水平低下的原因主要是奴隶主旧有的社会制度不合理，“人身得不到保障，生产出来的东西是别人的”，因此，在凉山开展社会变革及合作化是必要的，通过社会变革和合作化，凉山的经济水平（农业产量）一定能有较大的提高；（2）在凉山的农业生产中要大力吸收汉区的先进农技和经验，同时根据凉山的水土性质合理应用，还要根据凉山的实际情况创造新技术增产，此外应做到农副业并举，重视粮食作物栽种的同时也

---

① 中共普格县志编纂委员会编：《普格县志》，成都：四川大学出版社，1992，第 116 页。

② 四川省美姑县志编纂委员会编：《美姑县志》，成都：四川人民出版社，1997，第 196 页。

③ 四川省雷波县志编纂委员会编：《雷波县志》，成都：四川民族出版社，1997，第 355 页。

重视经济作物的栽种；到会的代表都对增加产量充满了信心。[①] 在次月召开的另一场生产代表会议上，有的代表甚至表示，“共产党领导好，闭上眼跟上走不会错。加上政府再帮助，增产没困难。不说增产 20%，就是增产 30%也能完成”，并根据实际情况制定了相应计划在会后实施。[②]

为了改进凉山的农业生产，保证凉山农业能较大的增产，中共也很重视在会议上集思广益。事实上，前文所述的各种技术性工作在凉山各地的生产代表会议上多数都提出了具体的意见或建议并为会议所采纳，[③] 这既确保了凉山各地在社会变革期间技术性工作的落实，也保证了凉山采用新农技时能够做到符合实际情况。

第二，在凉山各地大力实行农业合作化，亦即建立互助组和合作社（主要是初级社）。这是中共在凉山开展社会变革期间设法提高凉山农业生产水平所做的工作中最重要的政策性工作。凉山的农业合作化是一个大问题，这里不可能对其进行详细的分析，只能简要说明凉山合作化的基本情况和合作化对凉山农业生产的作用。

还在准备期，中共即在凉山开始了农业合作化（互助组）工作。凉山的社会变革开始后，凉山地委认为：“根据凉山的实际情况，如果不及时进行农业社会主义改造，不大力发展互助合作运动，彝族劳动人民就不仅不可能从根本上摆脱贫困的境地，而且也不能克服当前生产中的困难”，“就要犯政治上的错误。”[④] 从这段话可见，凉山地委认为仅仅靠社会变革提高彝民的生产积极性，从

---

① 甘洛县工委：《农村生产技术交流座谈会议总结发言》（1956 年 4 月 13 日），甘洛县档案馆，1—1—83—1。

② 甘洛县工委：《关于生产代表会议情况简报》（1956 年 5 月 26 日），甘洛县档案馆，1—1—83—3。

③ 《甘洛县生产代表座谈会情况报告》（1956 年 8 月 20 日），甘洛县档案馆，1—1—83—4。

④ 凉山地委：《1956 年凉山地区开展互助合作的步骤与作法的意见（草案）》（1956 年 3 月 14 日），甘洛县档案馆，1—1—75—3。

而提高凉山的社会生产力，让彝民摆脱贫困是不行的，必须在进行社会变革的同时采取其他方法，千方百计提高凉山的社会生产力。在当时中共的认知中，合作互助的生产效率要高于个人单干，因此在各地社会变革的分配工作完成后，中共即要求各地趁热打铁，利用彝民的生产积极性推动合作化。通过合作化进一步提高彝民的生产积极性，加快提高凉山的社会生产力，从而巩固现有的变革成果。在这样的思路下，凉山地委于1956年11月底出台了《凉山彝区农业生产合作社暂行简便章程》（包括初级社和高级社），作为凉山开展农业合作化的主要依据。① 同时，凉山地委要求各地开展合作化时做到：第一，要有全面规划，包括怎样组织合作化，在组织起合作社后怎样增产等。第二，要加强领导。凉山地委要求各地党委必须亲自动手，了解情况解决具体问题。同时要充实农林部门，认真研究生产技术，从农业技术与农田水利基本建设两方面保证增产，还要加强农村党团组织的建设。第三则是贯彻执行党的路线和政策，具体包括：对奴隶、半奴隶采取长期扶助生产的政策（主要是提供贷款和救济），强调不能在劳动者身上打主意（剥夺劳动者）。同时必须大力团结劳动者，对他们入股的土地他们要提高产量股份，还要保证他们在互助合作中增加收入。奴隶主阶级在合作化初期则一般不允许入社。此外，凉山地委要求各地务必做好合作化的准备工作，包括宣传工作、搭建社领导班子、社员登记工作和入社时各种财产的所有权问题②。

同时，中共制定了凉山合作化发展的计划。要求在1957年春季以前（包括1957年春季），彝族地区的农户入社率达到12%以上，办社（初级社）700个左右，大致平地每乡3—4个，半高山

① 凉山地委：《凉山彝区农业生产合作社暂行简便章程》（1956年11月21日），甘洛县档案馆，1—1—75—2。

② 凉山地委：《1956年凉山地区开展互助合作的步骤与作法的意见（草案）》（1956年3月14日），甘洛县档案馆，1—1—75—3。

区每乡 2 个，高山地区每乡 1 个。同时参加了各种形式的互助组的农户占总农户的 40%左右。1957 年至 1958 年春（社会变革结束时）入社农户要占总农户的 40%，方式是扩大老社，增设新社，到 1958 年春全凉山要有约 1600 个合作社。[①]

合作化的章程、计划和办法出台以后，凉山地委即要求各地按照要求筹建合作社。各地也纷纷响应。如较早完成社会变革的昭觉附城区，在当地社会变革完成后很快就建立了 3 个合作社（有 104 户农户参加），另有 21 个合作社正在筹建中，预计参加合作社的农户是 630 户，占当地全部农户的 23.07%，此外，仅城西乡、骨曲洛乡即组建了 76 个互助组，参加的农户达 447 户。[②] 这些互助组和合作社成立后，对凉山农业生产的发展起了很大的作用。前文所述的技术性工作很多都是通过合作社（互助组）实现的，农田基本建设也基本上是它们组织的。当然，合作化的开展，不仅很大程度推动了凉山经济的发展，而且在很大程度上使中共加强了对凉山基层社会的控制，从而从经济和政治上巩固了社会变革的成果。

第三，提供援助（救济）和贷款，帮助彝民发展生产。就 1957 年而言，仅美姑一地就获得救济粮 27.5 万公斤，5 月又获得了救济粮 45.5 万公斤。[③] 喜德 1956 年计发放救济粮 148023 斤，救济款 62982 元，计 6154 户，15017 人得到了救济。[④] 中共也较重视贷款。以甘洛为例（基于中共各地政策的同一性，笔者推测凉山其他各地贷款的基本政策与甘洛基本相同），当地政府预计在社会变

① 凉山地委：《关于发展农业互助合作的初步规划》（1956 年 3 月 20 日），甘洛县档案馆，1—1—75—5。

② 凉山地委：《附城区互助合作运动发展情况的综合报告》（1956 年 3 月 17 日），甘洛县档案馆，1—1—75—4。

③ 四川省美姑县志编纂委员会编：《美姑县志》，成都：四川人民出版社，1997，第 21 页。

④ 喜德县人民政府：《1956 年政府工作总结》（1957 年 2 月），载韦清风等编：《凉山彝族奴隶社会的变革资料摘编》，中国社会科学院民族研究所，1981，第 349 页。

革结束后群众对生产资料和生活资料的需求（主要是生产资料的需求）必定会大幅增加，但是其现有的购买力不足以保证相应的需求得到满足。因而制定了贷款计划，[①] 包括农业（合作）社（含互助组）贷款、贫农合作基金贷款、奴隶安家贷款、极贫户贷款四类。

农业社贷款主要包括基本建设贷款和生产费用贷款两种。基本建设贷款主要用于农业社购买牲畜、新式农具、兴修农田水利和配备副业工具等，贷款期限一般不超过3年，额度不超过每年提存的公积金。生产费用贷款主要是帮助农业社解决肥料、种子、农药、草料、副业原料等困难，额度（建社初期）掌握在生产费用投资的20%，贷款期限最多2年（后改为1年），月息4.8厘，此外，贷款需进行评议，一般是评议到社，应掌握社的生产情况、财务计划、社员投资，贷款方式采取一次核定，分期发放，同时按照困难大的多贷，困难小的少贷，无困难不贷，贷款只能用于生产投资，非生产性问题不予贷款的原则进行贷款。

贫农合作基金贷款主要是为了帮助一些无力缴纳入社费用（合作社股金）的农户（主要是刚解放的娃子），计划规定：这类贷款只限于现有奴隶、半奴隶及个别缴纳股金确有困难的农户。贷款只能用于缴纳股金，并只能贷出当年缴纳的部分，不能预先贷给，如果有生活十分困难的奴隶社员，则以一般农贷解决。此类贷款的期限是在贷出的第三年开始归还，第五年还清，个别有困难的可以延长期限，月息4厘。

奴隶安家贷款主要是为了解决奴隶（主要是锅庄娃子）安家费用设立的贷款。中共认为："锅庄娃子虽获得解放，并分得应有的土地和生产资料，但是由于锅庄娃子受压迫受剥削最深，所以极其贫困，在安家生产和生活问题上存在着很大的困难"，所以，"为了

---

① 以下内容据《甘洛县田坝营业所发放农业贷款初步计划》（1956年4月30日，甘洛县档案馆，1—1—83—7）、《甘洛县人民银行发放农业贷款初步计划》（1956年5月21日，甘洛县档案馆，1—1—83—8）综合整理。

大力支持锅庄娃子建立新的家园，和发挥翻身后的生产积极性，贯彻党在农村中的阶级路线，树立和巩固锅庄娃子在农村中的领导和支柱作用，以促进农业生产的发展”，特设此项贷款。针对的对象自然是刚解放的锅庄娃子，此外还有在安家时和安家后仍确有困难的安家娃子，以此项贷款帮助刚获得解放、生活有困难的娃子修建房屋和购置生活用具。贷款的额度是：房屋修建每人贷 20 元，期限 3—5 年，如到期贷户有困难，还可延期。贷款原则仍是以多缺者多贷、少缺者少贷的原则发放贷款，也可不受此额度的限制。

极贫户贷款主要是用于扶持农村困难最大的贫困农户。具体的做法是：结合社会变革，对各地的贫困户进行了解、确认（原文作“摸底排队”），然后根据四川省委在 3—4 年内使这部分群众的生产生活水平达到中农水平的计划，一般每户约贷 30 元，用于扶持这部分农户的生产，同时借助此款解决其生活上的困难，期限一般 3—5 年，月息 7.2 厘。

此外，制定计划的甘洛县银行还做了以下规定：第一，要加强贷款（主要是锅庄娃子安家贷款）的宣传，并结合正在开展的社会变革和合作化，做好贷款工作。有银行干部的地区，银行应组织力量，并取得负责开展变革的工作队（组）的配合，及时发放贷款。没有银行干部的地区，则由负责当地变革的工作队（组）负责发放。为了保证手续不混乱，当地工作队（组）应指定专人负责贷款工作。第二，应重视收回贷款的工作，要结合小春作物、特产品、经济作物的上市时间收回贷款，尤其是要将秋后作为收款的重点时间。[①]

与此同时，基于凉山自然灾害甚多，中共和准备期一样，十分重视救灾工作。如 1957 年 5 月，金阳的芦稿乡、新民乡、派来乡遭受雹灾，受灾的户数占三个乡总户数的 71.93%，达 1310 户，房

① 以上见《甘洛县人民银行发放农业贷款初步计划》（1956 年 5 月 21 日），甘洛县档案馆，1—1—83—8。

屋受损 97 间，另外倒塌房屋 13 间，农田受灾面积为 2524 亩，占三个乡总面积的 13.5%。灾情发生后，当地政府召开紧急工作会议，组成救灾工作组，深入灾区进行救灾工作。[①] 在昭觉，1957 年因灾害发放的救济款达 213465 元。[②]

三、农业生产工作和社会变革成果的巩固

凉山社会变革期间的农业生产工作是凉山社会变革的重要组成部分。相对于汉区而言，凉山由于经济水平落后，农民素质（这里是指农业技术的水平）远不如汉区。仅仅依靠社会变革是难以较快改变凉山经济落后的情况的。因此，通过国家性扶助（前文所述的各项工作事实上多数都是国家性扶助措施）尽可能迅速提高凉山的生产力，尽可能较快较多地增加彝民的收入，从而使彝民更加信任和拥护中共，进而巩固凉山社会变革的成果就成为中共必然的选择。

应当说，凉山社会变革期间以国家扶助为主要特色的农业生产工作的开展是成功的。国家对凉山的各种扶助基本解决了社会变革开展前凉山农业生产的种种瓶颈，从而使凉山的农业生产得到了较快的发展，最明显的表现是粮食的总产量较以前大有提升。如金阳，1956 年玉米总产量为 4120 吨，较 1950 年 1890 吨的产量增加了一倍还多，1958 年又在 1956 年的基础上提高了一倍多，达 8505 吨；马铃薯的总产量为 4200 吨，较 1950 年的 1815 吨的产量提高了也有一倍多，1958 年又增加到 4645 吨；水稻的产量由 1950 年的 50 吨提高到 1956 年的 310 吨，1958 年又提高至 940 吨，较 1956 年增产了两倍还多，荞麦（荞子）1956 年产量为 2270 吨，较 1950

---

① 四川省金阳县地方志编纂委员会编：《金阳县志》，北京：方志出版社，2000，第 10 页。

② 四川省昭觉县志编纂委员会编：《昭觉县志》，成都：四川辞书出版社，1999，第 448 页。

年提高了近 3 倍，1958 年又在 1956 年的基础上提高了近一倍，达 3960 吨。[①] 美姑的粮食产量由 1955 年的 1221 万公斤上升至 1958 年的 1722 万公斤。[②] 雷波 1956 年的粮食产量达 2301 万公斤，较 1955 年增产了 19. 32%。[③] 农业总产值也在粮食产量提高的基础上有了增长。如雷波，1955 年农业总产值为 614 万元，1956 年为 662 万元，1957 年为 678 万元，1958 年增至 759 万元，四年间总共增长了 145 万元之多。[④] 群众（主要是娃子）的生活水平也有所提高，“以往‘一年劳动半年吃’，‘野菜野草充饥’的情况已有所改变”，“往年常常发生饿死人的现象，现在在改革后的地区尚未发现”。[⑤] 虽然这样的生活水平和汉区相比还有所不如，但较社会变革开展前已是天差地别。彝民们传唱的歌谣“奴隶们开荒种麦在山间——阉鸡肥又大，麦粒香又甜，‘麦饭配鸡肉’，翻身的奴隶呵，吃上了这多年在歌儿里才听见的好餐饭”[⑥]，“牛牛（得到解放的奴隶）生活幸福了，牛牛头上戴上了呢帽，全身穿上了细布，脚上穿上了鞋袜，肚中吃饱了大米饭”[⑦]，体现了凉山在社会变革后彝民生活水平提高的情况。从经济的角度而言，凉山社会变革的主要任务是为了解放和发展生产力，改变凉山彝民普遍的贫困状况。凉山粮食产量较社

① 四川省金阳县地方志编纂委员会编：《金阳县志》，北京：方志出版社，2000，第 157 页。

② 四川省美姑县志编纂委员会编：《美姑县志》，成都：四川人民出版社，1997，第 205—206 页。

③ 雷波县人委：《1956 年工作总结》（1957 年 1 月），载韦清风等编：《凉山彝族奴隶社会的变革资料摘编》，中国社会科学院民族研究所，1981，第 198 页。

④ 四川省雷波县志编纂委员会编：《雷波县志》，成都：四川民族出版社，1997，第 365 页。

⑤ 王海明：《七个月来的工作情况和今后工作的主要任务》（1956 年 9 月 8 日），载韦清风等编：《凉山彝族奴隶社会的变革资料摘编》，中国社会科学院民族研究所，1981，第 343 页。

⑥ 见秦和平编：《四川民族地区民主改革资料集》，北京：民族出版社，2008，第 493 页。

⑦ 同上书，第 490 页。

会变革前大幅度上升，彝民的生活水平较之前有较大幅度的上升，这意味着凉山社会变革的经济任务——解放和发展凉山的生产力，使凉山的生产力（主要是农业生产力）有较快地提升得以圆满完成，从经济方面巩固了社会变革的成果。

和汉区一样，凉山在社会变革期间和以后的农技推广和农田基本建设都是在合作社或政府的推动和引导下进行的。尤其是农田基本建设和防止自然灾害，没有中共的推动和领导是不可能开展的。这些工作的开展，除了保证凉山农业生产水平（粮食产量）提高外，也使中共的政治力量更深地渗入了凉山的社会生活。这种渗入既使凉山彝民的生活水平较之前有了较大的改观，也使中共通过基层政权和基层的经济组织（互助组和合作社）实现了对彝民的直接管理（治理），也意味着中共对凉山彝族社会实现了较强力的社会控制。更重要的是，凉山在社会变革期间的农业生产工作是在中共的领导下进行的，富有成效的生产工作既提高了粮食产量，也改善了凉山广大彝民的生活水平，中共由此在凉山获得了崇高的社会声望，彝民们在社会变革中和变革后传唱的歌谣（如“牛牛在今天，才有了亲爹娘——共产党，牛牛在今天，才有了亲兄弟——汉族同胞”①，“愿中国共产党千年万年，像钢铁一样坚，愿党的光辉像太阳，照着我们永远向前，祝人民领袖毛主席，长寿万年”②）正是中共通过社会变革在凉山获得巨大的社会声望的表现，也正是在这一基础上，中共才能确立并巩固了自己在凉山的政治权威。从政治的角度而言，在凉山建立新的社会制度，并确立中共在凉山的政治权威是凉山社会变革的主要任务。综上所述，通过农业生产工作，中共巩固了自己的凉山已经获得的社会声誉和政治权威，实现了对

① 见秦和平编：《四川民族地区民主改革资料集》，北京：民族出版社，2008，第490页。

② 同上书，第494页。事实上，综观歌谣的全文，也可见中共的革命话语已经被彝民完全接受。

凉山的直接治理和较强力的社会控制，也就从政治上巩固了社会变革的成果。

第六节 凉山社会变革中的统战工作——兼论凉山社会变革中对上层的安置

对土著上层（少数民族上层）的统战工作是凉山社会变革的重要组成部分，也是包括凉山在内的所有民族地区（这里指社会制度和汉区区别较大的民族地区）社会变革的重要特色。之所以重要，是因为对民族地区的土著上层的统战工作是中共民族政策的具体表现，通过对凉山社会变革中对土著上层的统战工作的考察清理，既能凸显凉山社会变革的特色，也能通过中共对土著上层的统战工作更深入地理解中共民族政策的特色和实践。基于此，本节的主要任务是：在厘清中共在凉山的社会变革中对凉山土著上层统战工作史实（包括同汉区的简单比较）的基础上，分析凉山社会变革中中共统战工作的特色，同时讨论凉山社会变革期间中共和凉山土著上层（这里指支持和认可变革的上层）之间的互动关系。

凉山社会变革中中共在凉山的最高权力机关——凉山地委（1957 年后改称凉山州委）对土著上层的基本政策是：土著上层（奴隶主）作为一个阶级而言是必须消灭的，但是这不等于从肉体上消灭他们，而是要从思想上“肃清所有奴隶主分子反动的剥削统治思想，把他们改造成为自食其力的人”，凉山地委同时认为：“我区的民族上层统战工作，是艰巨的、复杂的、长期的工作任务。正因为如此，我区的民族上层统战工作……不仅不能削弱，而且必须继续加强……忽视或放松了民族上层的统战工作，将会影响民主改革与社会主义改造任务的完成，我们在政治上就会犯错误。”①

① 美姑县委：《关于 1956 年 6 至 12 月份统战工作的意见》（1956 年 7 月 7 日），甘洛县档案馆，1—1—78—5。

基于这样的认知，凉山地委制定的在社会变革期间对土著上层统战工作的基本方针是：在坚决贯彻发动和依靠中下层彝民（旧的娃子和白彝，亦即阶级划分中被划为奴隶和劳动者的彝民），确立人民民主专政的基础上，正确贯彻相关政策，灵活运用策略，通过实际工作充分发挥政协（包括州和县两级）和视察团（组）组织的作用，用召开会议、组织学习、组织参观，以及其他各种方式，结合安置（发给薪金养活上层），加强对上层分子的争取团结与教育改造，争取在土著上层中培养出带头进行或积极协助社会变革，并积极协助中共平息叛乱的支持者，并使支持（包括认可）社会变革的土著上层成为所有上层的大多数。同时，凉山地委指出，在不同的地区，统战工作的基本内容也有所差别：在社会变革已经完成的地区，主要是教育土著上层遵守政策和法律，安心工作或生产，并在上层中大力培养积极分子，力争大多数上层支持（认可）变革（达到95%以上），尚未开展变革的地区，则主要是争取更多的上层带头赞助变革，并争取叛乱分子投诚或返家生产，努力使多数上层支持（认可）社会变革（达到80%以上）。[①]

以上是凉山在社会变革中对土著上层统战工作的基本方针政策，大致而言，凉山社会变革期间中共在凉山土著上层的统战工作上采取了以下措施。

一、安置支持民主改革的上层

对支持和认可变革的凉山土著上层，凉山地委根据中共中央要求在民族地区，对支持（认可）社会变革的上层要执行“赎买”政策，“使上层人士政治地位和生活水平不降低”[②] 的民族政策进

① 以上均见美姑县委：《关于1956年6至12月份统战工作的意见》（1956年7月7日），甘洛县档案馆，1—1—78—5。

② 凉山地委：《关于1956年下半年统战工作的意见》（1956年6月22日），甘洛县档案馆，1—1—78—3。

行了安置。这是社会变革期间中共对凉山土著上层统战工作的重要组成部分。以洪溪（今属美姑）为例，当地支持（认可）变革的上层基本获得了安置。[①] 所谓的安置，主要是指在社会变革期间中共为支持（认可）变革的凉山土著上层安排工作（也称为“安位置”）。具体的做法如下：

首先，将始终支持中共各项政策，带头支持（进行）变革，在凉山社会影响较大的土著上层安置在政府部门。当时，凡是安置在政府部门的凉山土著上层，一般须具备以下几项条件（至少要具备其中之一）：第一，平叛有较大功绩者；第二，始终支持中共各项政策，在社会变革中率先拥护并带头改革者；第三，在凉山有较强的社会权势，声望卓著，在彝民中威信较高，能影响较多的彝民；第四，在社会变革前（即准备期）已被安置，在社会变革开始后没有重大过失（没有参加或暗中支持叛乱，也没有暗中破坏和抵制社会变革）者。[②] 这些人一般被安置在州或县人民代表大会常务委员会（简称州或县人委，安置在人委的上层一般担任副州长、副县长、处长、科长、局长及常委委员），州或县政协（一般担任政协副主席，政协常委或委员）、州（包括个别县，如昭觉、布拖）参事室（任主任、副主任或参事），以及州或县青年联合会（青联）、妇女联合会（妇联）担任副主任、委员等。此外，还在一些中共工作基础较好、力量较强的地方（成立了党委会的区乡）安置了一些上层任区长或乡长（得到这样安置的上层都是在准备期即得到安置，在社会变革中不支持叛乱武装，同时带头开展变革——至少支持，不暗中抵制破坏的上层，此外，社会变革期间新安置的上层也

---

① 洪溪县委：《关于安置上层的初步意见》（1956 年 5 月 7 日），凉山彝族自治州档案馆，79—1—249—7。

② 以下内容均见昭觉县委：《关于上层统战工作的计划》（1956 年 4 月 18 日），甘洛县档案馆，1—1—78—1。

都是在变革中表现较好的上层)，[①] 或在建政时安排他们任副乡长或乡委员。[②]

其次，通过视察团安置上层。为了进一步加强对凉山土著上层的统战工作，凉山地委要求各地组建视察团，凡是已经被安置在政府部门的土著上层均为视察团成员。此外，为了进一步争取凉山土著上层支持，凉山地委要求各地扩大视察团，将未参加叛乱，但没有进行安置的上层（他们在当地社会影响一般较小）和投诚后表现较好（首次投诚，投诚后不再参加叛乱，在社会变革中也遵纪守法）的上层也纳入了视察团。[③] 中共要求各地“对争取回来的奴隶主应通过会议形式把他们大量吸收到视察团内，并向他们具体交代政策，大胆放手的使用他们”[④]。

最后，以学习队的方式安置参加过叛乱、投诚（不是第一次投诚）或被俘的土著上层（一般是叛乱武装的首领或骨干）集中学习，经过学习后分别加以安置（参加视察团或遣返回家生产）。

为了保证支持（认可）社会变革的上层，尤其是有代表性的、没有参加叛乱、带头开展变革的上层在政府中能得到安置，让他们在中共政权中有一席之地，也为了贯彻对支持（认可）社会变革的上层，保证其政治（社会）地位依旧，生活水平不降的基本原则，凉山地委还作出了以下规定：第一，在州、县人民代表大会中，“党员加非党劳动人民占 50%，民族上层及其他民主人士占 50%”，州、县各级人民委员会（常委会）的比例，则“党员加非党劳动

---

① 凉山地委：《关于 1956 年下半年统战工作的意见》（1956 年 6 月 22 日），甘洛县档案馆，1—1—78—3。

② 马边县委：《对我县彝族上层安置的初步意见》（1956 年 7 月 4 日），凉山彝族自治州档案馆，79—1—249—6。

③ 昭觉党委：《关于上层统战工作的计划》（1956 年 4 月 18 日），甘洛县档案馆，1—1—78—1。

④ 美姑县工作团党委：《关于迅速加强统战工作和开展政治争取工作的几点意见和补充意见》（1956 年 6 月 6 日），甘洛县档案馆，1—1—78—2。

人民占 60%，民族上层及其他民主人士占 40%”；第二，凉山地委要求各地干部“必须注意和已安置的上层合作共事，充分信任他们，使其真正做到有职有权”①。

为土著上层安排工作的同时，还需要按照中央的相关精神和规定给他们发放薪金（安排了正式工作的上层）或补助（未安排正式工作，在视察团或学习队的上层），保证他们生活水平不低于改革前。② 对此，凉山地委于 1956 年 4 月明确规定：“（1）凡暂定养起来的上层（限于县政府委员、有机关职务的上层人士及县政协副主席、常委），平均每人每月按 50 元发给薪金。（2）生活补助者（主要是县政协委员和参加视察团工作的上层人士），平均每人每月发给 30 元。（3）在学习队学习（一般是投诚的叛乱武装首领或骨干，笔者注），一般规定平均每人每月 20 元，以上规定均包括伙食在内。”③ 6 月，凉山地委又再度出台了新的规定，内容包括：第一，对已经安置在政府部门的上层，按照级别发给定级工资，具体而言，“副州长、州政协副主席、州参事室主任为 13 级—16 级，州人委委员，州政协常委，州参事室副主任，处，科，局长，州、县群众团体的副主任、副县长、县政协副主席为 17 级—20 级，州政协委员，参事，群团委员，县科，局长，县政协常委，县参事室主任、副主任，县人委委员，副区长为 20 级—24 级，县政协委员、县参事、副乡长 24 级—25 级，但原已安置高薪者，不再降低，有的上层工作表现较好原薪金级别过低者可适当提高”；第二，对视察团和学习队成员发放补助金，具体而言，“视察团团长、副团长、

① 凉山地委统战部：《对有关政权统战工作中几个问题的意见》（1956 年 10 月 4 日），甘洛县档案馆，1—1—78—7。

② 《周恩来同志传达中央对四川甘孜藏族自治州和凉山彝族自治州民主改革问题的指示的记录》（1956 年 7 月 24 日），载韦清风等编：《凉山彝族奴隶社会的变革资料摘编》，中国社会科学院民族研究所，1981，第 236 页。

③ 凉山地委：《批转昭觉县委关于上层统战工作的计划》（1956 年 4 月 26 日），甘洛县档案馆，1—1—78—1。

组长每人每月40元左右，一般团员每月每人30元，集中学习的上层分子每月每人20元，其他补助者最高不超过20元”（另一份文件的记载是：在1956年夏中共中央在确定了对民族地区的民族上层实行“更加宽大”的政策后，凉山地委确定了上层的待遇标准，分别是安置者薪金标准为每人每月60元，补助为每人每月20元）。[①] 这些规定明确了对上层的经济待遇标准。从这些规定可见：第一，中共对凉山土著上层的待遇总体而言比较优厚，毕竟中央明确规定对民族地区支持（认可）变革的上层要进行安置，经济上要保证其生活水平不低于开展社会变革前。第二，虽然中共对土著上层的待遇总体上较优厚，但是根据级别有一定的差异，职位越高（在旧凉山社会中地位越高），得到的待遇就越高（安排职位一般也是根据在旧的凉山社会中地位的高低安排的，另一个影响职位安排的因素是现实表现——是否支持或认可中共以民主改革为中心的各项政策，但是这里安排了职位的上层至少是认可社会变革的，故此处这一因素实际上对上层职位的安排没有影响），实质上这也和凉山土著上层对凉山旧有的社会影响力相适应。毕竟支持（认可）、社会变革的上层对凉山社会的影响越大，中共主导的社会变革就越能被凉山多数彝民认同，开展变革的阻力也就会越小。第三，对已经发给较高薪金（实际级别不够）的上层不再降低其能获得的薪金和根据实际表现提高薪金，也是因为争取上层的需要。事实上，在社会变革期间，凉山地委的经费有相当大一部分是用在养活上层，保证上层生活水平不低于社会变革前的。仅1956年上半年，凉山地委用于养活上层的经费就达1534430元，占了同期总预算的30%以上（同期总预算为4680000元），这也是同期凉山地委

① 凉山地委：《关于1956年下半年统战工作的意见》（1956年6月22日），甘洛县档案馆，1—1—78—3；《凉山地区会议记录整理（要点）》（1956年9月），凉山彝族自治州档案馆，79—1—254—6。另据笔者母亲的回忆，1956年凡依靠工资生活的人（包括干部和工人）每月能拿到60元薪水属于高薪阶层，当时每月能拿到60元及以上薪水的人数只占依靠工资生活的人的20%左右。

各项开支中份额最多的一部分。[①] 这既较大程度保证了支持社会变革的凉山土著上层的生活，也使更多的凉山土著上层支持中共的各项政策。

为了做好对上层的安置和养活工作，凉山地委要求各地必须对当地现有上层，包括支持（认可）社会变革，未参加也不支持叛乱的上层和一度参加叛乱但是目前已经放下武器回家的上层，“进行深入的摸底排队，作出详细的安置计划（包括安置、安置级别款数、补助人数、补助等级款数等）”。同时，凉山地委强调：“养起后，必须加强工作，抓紧教育改造，使他们绝大多数逐步学会劳动，变为自食其力的劳动者，对未养活的其余奴隶主分子，一部分系早已参加主要劳动的奴隶主（白彝）分子，其生活困难不大，其余部分虽然不会生产，但底财、羊群较多，在二三年内生活亦不致成问题。对以上两种虽然不加补助，但必须积极加强教育，帮助他们及早学会劳动，还可考虑将其中思想进步、劳动积极者个别吸收在合作、互助组织中监督改造，以稳定其情绪。”[②] 由此可见：第一，中共对凉山土著上层的安置和养活工作并未惠及所有支持（认可）社会变革的上层，在当时的条件下事实上也不可能安置养活全部上层；第二，养活上层只是权宜之计，最终目的是要让所有的上层都学会劳动（实际上主要是农业劳动），最终能成为自食其力（在政府部门中工作也是自食其力）的新人。毕竟“劳动光荣”是中共的主要价值观之一。此外，中共要求各地按照要求填写当地安置养活上层的报表，并限期上报凉山地委统战部，以便凉山地委掌握各地的安置和养活情况，并根据实际情况对统战政策和工作进行

① 《凉山彝族自治州 1956 年 1—6 月份预算经费支出统计表》（1956 年 6 月），载韦清风等编：《凉山彝族奴隶社会的变革资料摘编》，中国社会科学院民族研究所，1981，第 175 页。

② 凉山地委：《关于 1956 年下半年统战工作的意见》（1956 年 6 月 22 日），甘洛县档案馆，1—1—78—3。

安排和调整。[1] 值得指出的是：一些地方还对少数年老体弱或因其他原因不能外出的上层（一般生活较困难且有一定代表性）采取送钱上门的办法，如峨边对本县 54 名（三、四区，三河口，中山大院子各 10 名，挖黑 9 名，五区 5 名）此类上层送钱上门，此外，峨边县委要求各地工作团（队）可以根据实际需要增补名额，并上报县委以作调剂。[2]

在中共的努力下，凉山安置上层的工作取得了明显的成效，至 1956 年 10 月底，凉山全区（不包括峨边、马边）共安置了 2485 人，其中州人委 15 人，州政协委员 84 人，州参事室 5 人，县人委 62 人，县政协委员 1282 人，视察团员 1037 人，此外领取生活补贴的有 417 人，集中学习 35 人，在押 23 人（因叛乱 14 人，其他 9 人）[3]；上层更加详细的安置情况可见表 3-7：

表 3-7　凉山彝族自治州民主改革安置上层统计表

职别	最高级	最低级	一般	款数（元）	人数
副州长	13	14	14	141	5
州人委委员处长	16	18	17	101	18
州政协副主席	15	16	16	113	5
州政协委员	17	26	19—20	72	106
副县长	15	19	18	89	27

① 凉山地委统战部：《关于上层安置、养活情况等问题的通知》（1956 年 6 月 27 日），甘洛县档案馆，1—1—78—11。

② 马边县委：《对我县彝族上层安置的初步意见》（1956 年 7 月 4 日），凉山彝族自治州档案馆，79—1—249—6。

③ 凉山地委办公室：《凉山州上层安置统计——截至 1956 年 10 月初》（1956 年 10 月），载韦清风等编：《凉山彝族奴隶社会的变革资料摘编》，中国社会科学院民族研究所，1981，第 223 页。

续表

职别	最高级	最低级	一般	款数（元）	人数
县政协副主席	15	20	19	80	40
县政府、政协委员	20	26	23	50	1401
视察员	24	（20 元）	（30 元）	30	1341

注：1. 合计安置 2943 人，支出人民币 126603 元。
2. 原件无时间，估计是 1956 年底统计。
3. 引自韦清风等编：《凉山彝族奴隶社会的变革资料摘编》，中国社会科学院民族研究所，1981，第 223 页。

此外，据档案记载：至 1956 年 9 月安置面（包括在政府部门中安置和只发给补助两种情况）已达 60%，[①] 超过了预定的 50%。[②]

就现有的资料来看，上层们对中共的安置是较满意的。如马边的上层阿支木洛在人代会上明确表示，“政府说话兑现，说了不降低上层生活就是事实。我过去靠剥削，每年收入不过一二石，现在每月拿五六十元，要买很多东西了”；当地另一个上层乌抛维儿在会上也说，“过去剥削人没有人说好，现在为人民服务，走到哪里也光荣，每月还领几十元津贴，我们那里成立了合作社，我要争取将生产搞好，改变成份，参加合作社”，并表示回去后要努力工作，以实际行动支持民主改革和平息叛乱工作。[③] 普雄的上层果基克牛、阿候补世表示：“共产党对我们的宽大，我们应该知道。汉人地头进行改革，斗争地主，彝人地头政府不但不斗争我们奴隶主，还开

---

① 《凉山地区会议记录要点》（1956 年 9 月），凉山彝族自治州档案馆，79—1—254—6。

② 凉山地委办公室：《电话转达王（维训）书记指示》（1956 年），载韦清风等编：《凉山彝族奴隶社会的变革资料摘编》，中国社会科学院民族研究所，1981，第 217 页。

③ 《人代会 9 月 9 日、9 月 10 日各小组讨论情况》（1956 年 9 月 11 日），凉山彝族自治州档案馆，79—1—254—12。

会教育我们，给我们位置，发生活补助费，人民政府对我们太宽大了。”普雄的另一位上层节可陆古切说，“共产党太好了，我死也跟共产党走”①，其他各地未参加叛乱的上层对中共的态度也基本如此。如中共文件中所言，“已安置了的上层分子由于他们亲身体验到党对他们‘一贯坚持团结教育’政策是真诚的，政治上生活上有了出路，因此表示进一步向党靠拢，其中绝大多数能带头赞助改革，积极参加对叛乱分子的规劝工作，已争取回家者约在万人（包括被胁迫的劳动人民）以上”②。很明显，对上层的安置（补助），保证上层的政治地位和生活水平不致降低得到了上层的积极回应，上层带头进行变革和积极参加规劝叛乱分子的工作就是其支持中共的主要表现。

二、加强对上层的思想教育

对上层进行安置（养活）是在物质上保证上层的社会地位和生活水平不低于社会变革前，中共这样做的主要目的是通过安置（养活）上层换取上层对中共主导的社会变革全心全意地支持（至少是认可），但要确保大多数上层支持社会变革，仅仅对上层进行安置是不够的，还需要对他们进行必要的思想教育，使他们从思想上和中共始终保持一致，心悦诚服地支持中共的各项政策。如凉山地委所言：社会变革中和变革后“奴隶主作为一个阶级来说虽被消灭，但肃清所有奴隶主分子反动的剥削统治思想，把他们改造成为自食其力的人，则是长期的事”③，要做到这一点，必须通过统战工作加强对上层的思想教育。因此，通过各种方式对上层进行思想教育

---

① 普雄县委：《56年我县第三次视察团会议的总结报告》（1956年5月11日），凉山彝族自治州档案馆，79—1—249—12。

② 凉山地委：《关于1956年下半年统战工作的意见》（1956年6月22日），甘洛县档案馆，1—1—78—3。

③ 美姑县委：《关于1956年6—12月份统战工作的意见》（1956年6月23日），甘洛县档案馆，1—1—78—5。

成为凉山社会变革期间中共对土著（民族）上层统战工作的重要内容。

事实上，凉山的上层得到安置后对中共政权仍然存在一些顾虑。具体表现如下：首先，故意和中共干部为难，到处打听平叛和改革的情况。如美姑代表阿后维古（其子参加叛乱被解放军击毙）前往昭觉开会，出发后和带队干部处处为难。“有酒的地方就买来喝，以醉为名大发牢骚。到竹核区后就不走了，带队干部向他们解释这里没有房子住，没有饭吃，治安情况也很不好。阿后维古却说没有房子我们住在田上，没有饭吃饿不死我们，情况不好我们不怕死，你们不用管我们（当晚十余人住在竹核）”，又如喜德代上层洪日哈，“在三湾河向群众买牛、羊，群众说我们这里买牛羊要通过乡公所、合作社，他就说你们太笨了，我们喜德鼓着你买的人多得很。牛、羊总是要给你分掉，存起来也不是你的货”。其次，一些参加过叛乱，后放下武器的上层顾虑较大。害怕中共“秋后算账”，因此在放下武器后不能放下思想包袱，积极支持社会变革。一个典型的例子是中共动员代表到州里（昭觉）开会基本都是经过三番五次动员才勉强前来，“大多数都以病或家务事情做拒绝的借口。如瓦岗代表安管清动员他来昭觉开会时，他说：‘你们要杀把我杀了吧。我是不去，要死死在家里。’后来又说：‘人民政府不相信我，又要把我送去改革学习了。’”类似的现象在凉山并不少见。很显然，要消除上层的这些思想顾虑，对上层进行思想教育成为凉山地委必然的选择。

中共主要是通过召开各种会议对上层进行思想教育的。具体而言，包括以下三种方式：

第一，凉山各级政权（州、县、区、乡）利用人代会、县人民委员会扩大会议（或办事处委员会）、政协会议及奴隶主会议，对凉山全区的上层进行了多次较系统和深入的思想教育。“每一个奴隶主分子（除仍参加叛乱者外）一般均参加过两次以上的会议，这对全区奴隶主来说实际上是一次较大的学习和思想改造运动。”①这其中，凉山地委十分强调政协的作用，要求“各级党委必须加强对政协工作的领导，充分发挥其作用”，据此，凉山地委要求尚未正式成立政协的金阳和洪溪（在今美姑境内）尽快成立政协（最迟 1956 年 6 月必须成立），6 月各地政协普遍召开一次会议，并在 1956 年下半年再召开 2—3 次政协全体会议，同时要定期召开常委会议；同时，凉山地委规定了在凉山开展社会变革期间政协的任务：“（1）协助政府向一切奴隶主分子宣传民族团结，民主改革，平息叛乱与生产互助合作等有关政策；（2）领导各县视察团争取叛乱分子返家投诚，动员与帮助未过关的奴隶主和平过关，教育所有的奴隶主分子爱国守法，积极生产，自我改造；（3）组织上层分子学习；（4）协商其他有关问题。”② 这些任务中，第（2）项和第（3）项都和思想教育密切相关（组织学习的主要内容当是和社会变革相关的政策法令），很显然，政协成为中共对上层进行思想教育的重要渠道，甚至是主要渠道，毕竟凉山的政协主要就是用于安置凉山支持（认可）社会变革的上层的。

第二，通过召开各种会议（代表会、座谈会等）对社会变革的一些问题进行协商，在协商中对上层进行思想教育。凉山地委指出：要通过协商“表扬鼓励上层中进步分子及进步事例，树立正气，开展思想斗争，以逐步提高上层分子的思想和政治认识”。同时，凉山地委强调，在协商中“应充分发扬民主，对于他们的意见与批评，凡是正确的应当采纳，不正确的也允许他们提出来，然后进行解释或者作适当的批评教育”③。这一指示成为通过会议对上层进行思想教育的基本方针。

---

① 凉山地委：《关于 1956 年下半年统战工作的意见》（1956 年 6 月 22 日），甘洛县档案馆，1—1—78—3。

② 同上。

③ 凉山地委：《关于 1956 年下半年统战工作的意见》（1956 年 6 月 22 日），甘洛县档案馆，1—1—78—3。

对于上层提出的一些不实的意见或过高的要求，中共则采取在会上讨论的方式对上层进行思想教育。如 1956 年 9 月召开的人代会上，上层代表和群众代表进行了激烈的交锋。例如，普格的上层呷洛拉确提出无法接受群众（奴隶）诉苦，与会的奴隶吉时几几当场反驳："今年是 1956 年，奴隶主压迫我们已经 1956 年了，难道苦也不叫诉一诉嘛。"① 经过讨论、参会的成员（上层和群众）都认同了吉时几几的观点。此外，在变革中的征收（包括征购）和枪支问题上，上层和群众也进行了长时间的争论，特别是枪支问题，一些地方（主要是喜德和美姑）提出了异议，要求缓交（之所以提出缓交，主要是为了更好地争取叛乱分子），经过争论，最后都同意按照凉山地委既定的政策办事。② 通过会议的讨论，中共在凉山社会变革各项政策为更多的上层所接受，也就实现了对上层进行思想教育的目的。

事实上，在凉山的社会变革中不少彝族群众对上层的宽大政策是想不通的。如洪溪，参加人代会的 11 个群众代表个个都对上层的宽大政策，尤其是"更加宽大"的政策想不通，他们说，"过去不挖底财、不斗争，群众就有意见，现在更宽大，改征收为征购更不行，回去更不好向群众宣传"。再如峨边，"一个乡长与汉区相比说彝区只改了个名，经反复说服后，虽一致表示：'共产党说的话是对的，我们一定照办。'但从峨边情况看，仍是口头通了，思想未通。在'要听共产党的话'后，反复说'回去群众问到不好答复了'"③。

根据这一情况，为了进一步体现在凉山的社会变革中对上层（奴隶主）的宽大政策，也为了进一步对上层进行思想教育，中共

---

① 《人代会 9 月 9 日、9 月 10 日各小组讨论情况》（1956 年 9 月 11 日），凉山彝族自治州档案馆，79—1—254—12。

② 同上。

③ 同上。

特地对干部（包括汉族和彝族群众出身的干部）和群众进行了对上层实行宽大政策的意义和作用的教育，并要群众在变革中做到按政策办事，要讲理讲法，不做出过激和不妥的行为，[①] 同时也向群众就对上层的宽大政策，尤其是中央决定民族地区的社会变革实行“更加宽大”的政策做了耐心的说服工作。[②] 这些工作也取得了成效。喜德的群众代表翁姑打日在人代会上明确表示：“政府在政治上、经济上如何宽大奴隶主，我们都没有意见，武器上不能宽大，不收枪劳动人民还要牺牲。如果奴隶主不交枪，劳动人民愿意斗争到死，政府要宽大，我们也不干。”[③] 由此可见，凉山的彝族群众也接受了中共在社会变革中对上层的宽大政策（枪支问题无论什么时候都是要求必须交出的），这从另一方面推动了中共对上层的思想教育，使更多的上层彻底接受了中共对凉山开展社会变革的主张和政策。

此外，对将上层安置在政协这些部门的原因进行解释，鼓励上层努力工作也是对上层进行思想教育的一部分。如越西的上层吉拉神都反映：“改革前上层安的都是县长、区长、科长，改革后都成了政协委员，究竟政协将来有没有前途？”中央慰问团的王维舟团长和中共干部对其作了多次解释工作，最终吉拉神都接受了中共的观点和主张。[④]

第三，组织各地上层对若干问题（主要是对一些恶行较多、民

① 《王海明主席在自治州第二次劳动人民代表会议上的报告》（1956 年 9 月 16 日），甘洛县档案馆，1—1—78—15。

② 王海明：《七个月来的工作情况和今后工作的主要任务》（1956 年 9 月 8 日），载韦清风等编：《凉山彝族奴隶社会的变革资料摘编》，中国社会科学院民族研究所，1981，第 245 页。

③ 《人代会 9 月 9 日、9 月 10 日各小组讨论情况》（1956 年 9 月 11 日），凉山彝族自治州档案馆，79—1—254—12。

④ 凉山州委：《关于召开凉山各阶层人士座谈会的简报》（1957 年 1 月 15 日），载韦清风等编：《凉山彝族奴隶社会的变革资料摘编》，中国社会科学院民族研究所，1981，第 254—255 页。

愤较大的不法上层的处置）进行讨论，或召开会议宣传社会变革和平叛政策，从而对上层进行思想教育，成效也非常显著。如普雄，当地通过召开视察团会议（未参加视察团，支持社会变革的上层也参加了）就在凉山开展社会变革的意义，政策和平叛政策进行了宣传，使上层认识到在凉山进行变革的必要性，成效显著。参会的上层阿候哈根和果基克牛明确表态："奴隶制度虽然是祖先留下来的，但是今天好好想想凉山奴隶制度，不仅是对劳动人民是残酷的，就是对奴隶主来说，也没有什么好处的。这个制度不打垮，限制彝族的政治、经济、文化生活的发展，限制了生产发展，自己不劳动还限制旁人劳动，结果我们彝人老是吃洋芋、荞子都吃不好，鞋子穿不上。如果彝区没有奴隶制度，我们也会像汉族老大哥一样，早过着好日子了。"另一些参会的上层也说："全国有 60 多种（实际上是 55 个，这里上层认知有误）少数民族，都愿实行民主改革，为什么我们就不愿实行改革呢？因而我们应在党和人民政府的领导下，安分守法，劳动生产，争取前途。"在平叛问题上，参会上层明确表示："这些叛乱分子不明大义，太不通人情，党和政府的政策这样宽大，叛乱分子只要投诚悔过，回家生产，既往不咎。改革是为了彝族人民的幸福，我们当然没有欠毛主席的债，但我们对劳动人民的剥削账就多了。改革中只要交出五大财产，既不斗争又不挖底财，也不算剥削账。这样的宽大为什么活不下去，要上山当土匪？这些叛乱分子确实走了错路，造成彝族人民的生命财产的损失，确实也不能怪政府。"一位曾很不理解中共在凉山开展的社会变革的上层也在会上表示："我过去不了解人民政府，自进普雄后，（人民政府）对彝族人民做了很多好事情，但去年听说民主改革，有的说要整黑彝，我上了坏人的当，反对人民政府，现在学习了，政策明白了，实在对不起，我以后争取好好立功。"[①] 由此可见，

① 以上见《普雄县 1956 年第三次视察团会议（扩大）总结报告》（1956 年 5 月 11 日），凉山彝族自治州档案馆，95—1—138—13。

通过这种座谈会对相关问题进行宣传解释，从而达到对上层进行思想教育，促使其支持社会变革，积极配合中共开展工作的目的相当有效。上层们真正从心里接受了中共在凉山开展社会变革的主张后，自然不遗余力地配合中共开展工作。例如美姑审判当地叛乱分子捏俄夫爷（1955 年底即参加叛乱，在叛乱中杀害干部、群众 5 人，1956 年 10 月投诚后安置在视察团，1957 年 1 月再次叛乱，2 月 8 日、10 日两次袭击解放军，用手榴弹炸死炸伤解放军战士各 2 人，20 日被抓获，由美姑县法院公开审理，判处徒刑）后，不论上层还是群众均表示捏俄夫爷罪有应得（在审判前美姑县政府和美姑的上层协商过此事，美姑的上层基本都同意惩办捏俄夫爷），捏俄夫爷被押到天喜（在今美姑县）公开宣判后押回美姑的途中，找机会跳岩自尽，自尽后无论上层和群众均反映："是他自寻死路，怪不得谁，该死。"[①] 由此可见：经过思想教育，凉山的多数上层彻底接受了中共的社会变革主张和政策，并以实际的言行支持社会变革，从而为社会变革扫清了障碍，这也标志着社会变革期间统战工作肩负的任务得以实现。

三、统战工作的成效

凉山的社会变革期间对土著上层的统战工作可视为中共与凉山土著上层的一个互动过程，也可以这样说，凉山社会变革期间的工作是一个中央和地方之间（国家—社会）的互动过程。凉山统战工作的核心任务是使大多数凉山土著上层支持（至少认可）中共在凉山主导的社会变革，使他们成为社会变革的动力而不是阻碍，同时在社会变革期间将他们纳入中共政权体系。在中共的民族政策中，也明文规定了"对于少数民族的上层人士，在他们放弃对劳动人民

① 《凉山彝族自治州中级人民法院工作报告》（1957 年 10 月），凉山彝族自治州档案馆，95—1—157—12。

的剥削和压迫以后，国家要采取适当的办法，使他们的政治待遇和生活水平不致降低，并且说服人民群众同他们长期合作"①。很显然，凉山社会变革中对上层的统战政策实际上就是民族政策的体现。从另一个角度来说，在社会变革期间，做好对支持变革（包括认可，亦即所有没有参加叛乱）的上层的统战工作，也是中共对这些支持（认可）在凉山进行社会变革的上层的回报。何况实践表明，统战工作到位，凉山在社会变革期间中共和凉山的上层就能实现良性互动，变革和平叛的工作就要容易许多。所以，中共在社会变革期间必须做好对上层的统战工作。中共通过在政府部门对支持变革的上层进行安置（包括安置在视察团），保证了上层的政治（和社会）地位不致降低（虽然一般不再握有实权），给支持变革上层发放薪金和补助，最终采取征购方式赎买上层除土地以外的四大财产（耕畜、农具、粮食、房屋），解决土地财产被没收后生活困难的上层的实际问题，使上层的生活水平能和变革前大致相当，至少不是下降太多。在维持上层的政治地位和生活水平的基础上，通过对上层进行思想教育，使上层在思想上彻底认同中共的主张，使支持（认可）中共在凉山开展社会变革的上层对中共的政策心悦诚服，意识到"政府政策是太宽大了，是已经让步了"，对上层"安位置，发津贴，这些都是太宽大我们了"，"政府为了帮助彝族人民和彝族地区已经让得很多了，不应该再叫政府让步了"，② 从而使他们成为社会变革的动力而非障碍。最终成功使多数上层成为凉山社会变革的助力，也就使凉山的社会变革形成了外来的中共政

① 刘少奇：《中国共产党中央委员会关于八次全国代表大会的政治报告》（1956 年 9 月 15 日），昭觉县委办公室：《昭觉县贯彻毛主席指示处理改革遗留问题的情况》（1957 年 2 月 7 日），载韦清风等编：《凉山彝族奴隶社会的变革资料摘编》，中国社会科学院民族研究所，1981，第 251 页。

② 普雄县委：《视察团第四次会议情况报告》（1956 年 7 月 20 日），凉山彝族自治州档案馆，79—1—249—13。

权和本地的多数凉山土著上层合力进行的良好局面，从而为凉山社会变革的成功奠定了坚实的基础。

第七节　社会变革中的收枪工作

本节讨论凉山社会变革中枪支的收缴问题。1950 年前的凉山是一个以家支为中心的奴隶社会，在各家支都有枪支用以自卫（这些枪支基本是在 1950 年前用鸦片向山外的汉区换回来的，也有的是在和国民党或地方势力的作战中从他们手里缴获的）。如凉山的雷波，社会变革正式开始前当地 28 个家支计有枪、炮 17304 件（包括手枪 20 支，轻机枪 6 挺，60 炮 1 门，步枪 17277 支）。[①] 再如美姑（包括原洪溪地区），当地家支武装共有步枪 10400 支，机枪 28 挺。[②] 布拖的家支武装也拥有枪支 8000 余支。[③] 据不完全统计，当时凉山各地有各种枪支近 10 万支，子弹上百万发，平均每户 1 支步枪和数 10 发子弹。另据四川省军区司令部 1954 年的调查，凉山中北部 25 个家支拥有步枪 41688 支，轻重机枪 54 挺。[④] 而且在 1950 年前的凉山，不仅土司（兹莫）、黑彝（诺伙）这些上层拥有枪支，白彝（曲诺）、安家娃子也普遍有枪，甚至部分锅庄娃子（呷西）也有枪支。收缴这些枪支（包括弹药、火炮等，以下均称枪支），并由此解除凉山上层的武装成为凉山社会变革中的重要任务。中共强调：所有参加凉山社会变革的干部必须认识到

---

① 四川省雷波县志编纂委员会编：《雷波县志》，成都：四川民族出版社，1997，第 239—240 页。

② 四川省美姑县志编纂委员会编：《美姑县志》，成都：四川人民出版社，1997，第 526 页。

③ 四川省布拖县志编纂委员会编：《布拖县志》，北京：中国建材工业出版社，1993，第 368 页。

④ 凉山彝族自治州地方志编纂委员会编：《凉山彝族自治州志》，北京：方志出版社，第 980 页。

“枪支问题是党在民族地区的一项重大政策问题，处理的是否妥当直接影响到平息叛乱和民主改革工作的顺利实施，因此，目前枪支问题上所存在的各种混乱现象，是不能容忍的，必须以最坚决的态度、最迅速的做法，彻底加以转变”①。由此可见凉山地委对枪支问题的重视，也可见其对凉山在社会变革初期收缴枪支混乱无序现象的不满，急于改变收缴枪支无序和成效不彰的现象。

总体而言，中共在凉山收缴枪支采取了区别对待，原则坚定（枪支必须收缴）但收缴方式灵活多变（较多采取变通方式）的政策。具体而言，中共在凉山社会变革中收缴枪支政策的内容包括以下几个方面：②

首先，对上层（奴隶主，以下同）的枪支，一般是采取坚决收缴的政策。但在方式上比较灵活。具体的做法是：第一，在平叛战斗中缴获的枪支，一律不再退还（在之前社会变革准备期，中共力量和彝族土著势力的冲突中，即使彝族土著势力的枪支被缴获，一般都是做了退还处理的）。第二，叛乱的组织领导者的枪支一律没收。第三，叛乱分子中，出身是上层的枪支没有在战场上被缴获，但战斗后在政治争取（政治攻势）下携枪投诚的，所携的枪支应予收缴。第四，没有参加叛乱的上层的枪支，原则上应当收缴，但是不能使用勒令缴出一类的强制手段，应采取若干让步措施和变通方式（缓交、分批交出、借用、献交等）实行。如果上层主动交出枪支，则必须和收缴的枪支加以区别，另册登记，并发给上层和收缴的枪支不同的执照（凭据）。第五，收缴枪支（包括对未参加叛乱的上层的枪支采取变通的方式收缴）时，一律由工作团（队），劳协会或武装队有组织、有领导地进行，要教育并防止群众以私人的

---

① 凉山地委：《关于执行地委 1 月 27 日关于枪支问题处理意见的通知》（1956 年 2 月 13 日），凉山彝族自治州档案馆，79—1—252—1。

② 以下内容均见凉山地委：《关于执行地委 1 月 27 日关于枪支问题处理意见的通知》（1956 年 2 月 13 日），凉山彝族自治州档案馆，79—1—252—1。

名义收缴或接受上层缴出的枪支。

其次，对普通彝民的枪支，中共则采取以下措施处理：和对上层一样，如果是在平叛战斗中缴获的枪支，则一律不予退还。如果是未在战场上被缴获，战斗后在政治争取下携枪投诚的，一般根据具体情况分别处理：（1）如果是忠诚于叛乱武装首领（在叛乱武装首领的煽动下），积极参加叛乱，犯有严重恶行（如杀害干部、战士、积极分子、焚毁房屋或带头抢劫），或一贯为非作歹的，可收缴其枪支。（2）多数被迫参加叛乱的胁从分子，其枪支不应收缴，应在经过教育，并将其枪支登记后，在组织自卫队时再加以管理（自卫队组织章程中有队员自带枪支入队的条款①）。在紧急情况下由于一时不易弄清又急待处理的，个别的也可暂时收缴枪支，但一旦查清应退的即应退还，不得拖延。（3）有的上层为了隐瞒枪支，将下层彝民的枪支强迫交出以作顶替的，一经查证属实，即将枪支发还原主，并动员其带枪入队（自卫队），并对相应的上层进行批评教育。（4）所有未参加叛乱的群众，如因不了解政策交出枪支的，均应进行教育，动员他们带枪参加自卫队，不得以任何借口接收或调换他们的枪支。如果有干部因不明政策已经接收了枪支的，应通过召开枪主会议的方式发还。

最后，对地痞流氓的枪支，除执行战斗中缴获的一律不予退还外，对其现有的枪支，既不能采取收缴的办法，也不能采取“带枪入队”的办法，应按照事先制定的民间枪支管理办法（具体内容笔者未能找到）对待。目前首先应对管理内容进行广泛宣传，待条件成熟时（一般指武装自卫队已经成立并有一定程度的巩固后——由县委掌握时机），各县人民委员会可以命令颁布执行。但在具体执行中应视不同情况具体掌握：根据管理枪支的办法和具体的情况，

---

① 见《四川省凉山彝族自治州关于组织清匪治安武装自卫队暂行办法》（1955 年 11 月 23 日），凉山彝族自治州档案馆，79—1—171—5，载秦和平编：《四川民族地区民主改革资料集》，北京：民族出版社，2008，第 137 页。

可以分别给予批评教育、劝告、警告，直至没收其枪支的各种不同处分，而特别严重的则须依法惩办。

以上是中共在凉山民主改革中对凉山彝民（上层和下层）手里的枪支进行收缴的政策。由这些政策可见：中共在凉山的枪支收缴政策基本是按照自己的阶级话语制定的，上层必须收缴，对群众则更多的是通过组建自卫队，让群众带枪入队的方式实现群众手里的枪支“公有化”，甚至对愿意交出枪支的群众也是采取通过教育提高其觉悟后发还枪支，让其带枪入队。这一方面是为了借助群众的力量平息叛乱，另一方面也使群众对这种变相的收缴下层的枪支的方式能够接受（毕竟至少在社会变革期间枪支还是归自己使用）。对地痞流氓的枪支也采取缓交政策，在自卫队建立后再择机进行收缴（事实上有枪支的地痞流氓在凉山的危害要比有枪支的上层在凉山的危害大得多），也是因为从阶级话语的角度而言，这些人属于劳动人民的范畴。但是，中共也强调要必须区别叛乱与未叛乱的界限，绝不能“眉毛胡子一把抓”，即对所有未参加叛乱上层的枪支只能采取动员献出、借用及其他方式，绝不能采取收缴的办法。而且明确要求凉山各地对上层自动拿出的枪支和收缴的枪支分别登记，发给不同执照，以示区别。[①] 这是中共民族政策在凉山社会变革中的实际体现。很显然，枪支收缴的政策实际上是凉山的社会变革中中共的阶级话语和民族政策的体现。

收缴枪支的政策确定后，凉山各地开展了轰轰烈烈的收枪活动。至 1956 年 3 月下旬，即收缴各种步枪、手枪 10375 支，轻重机枪 20 挺，82 炮、60 炮各 1 门。[②] 在 3 月 15 日—3 月 25 日短短 11

---

① 凉山地委：《关于目前各地民主改革运动开展的基本情况及今后工作的意见》（1956 年 2 月 6 日），四川省档案馆，建川 012—124—16。

② 凉山地委：《关于我区两月来开展民主改革运动及平息叛乱斗争的基本情况及今后意见》（1956 年 3 月 20 日），甘洛县档案馆，1—1—76—4。

天里，凉山仅在平叛战斗中收缴的枪支就有136支。[①] 至6月，共收缴上层的枪支11000余支（约占其所拥有的全部枪支的60%左右）。[②] 一些支持中共的上层也积极配合中共交出自己手里的枪支。如甘洛的土司岭光电、岭邦正二人，积极配合中共交出自己的武器。据不完全统计，共借用小炮（当是迫击炮）1门、重机枪1挺、轻机枪（加拿大式）12挺、步枪300支、手枪10支、步枪子弹30箱、机枪子弹37箱、零星弹药1000余发、旧式手榴弹（地瓜弹）10枚。其中，岭光电交出步枪140支、子弹18箱，其余的均是岭邦正交出的。这些武器除了重武器交给公安中队外，多数都用于武装工作队和民兵组织（自卫队、基干民兵），处在和叛乱武装盘踞较近的地区的工作队和民兵组织均配备了1挺轻机枪，还曾支援了普雄5000发弹药。[③] 这里必须特别强调的是岭邦正的贡献。在甘洛地区，岭邦正拥有的武器是最多的，因为岭邦正支持中共在凉山主导的社会变革，交出了手里的武器，因此他拥有的武器多数被中共接收，只被波波奎的叛乱分子头目取走卡宾枪1支、中正式步枪4支、子弹700余发，岭邦正交出自己的武器弹药的行为，数10年后仍被当年的中共干部所赞扬。[④] 再如喜德米市区的上层倮米明里（时任喜德米市区副区长）在当地工作队被叛乱武装重重围困，求救通道也被叛乱武装全部严密封锁，无法向外求援的困境下，秘密派人给工作队送去（实际上就是献交）3支卡宾枪、10支中正式步枪、5支手枪（内有1支美制柯尔特手枪、1支左轮枪）

---

① 凉山地委：《关于民主改革、平息叛乱的第二次情况简报》（1956年3月31日），四川省档案馆，建川012—124—20。

② 凉山地委：《关于春耕前全区发动群众进行民主改革的初步总结报告》（1956年6月18日），甘洛县档案馆，1—1—76—8。

③ 据中国人民政治协商会议甘洛县委员会文史资料委员会编《甘洛县文史资料选辑》［第1辑（1989年），第148—149页］、中国人民政治协商会议甘洛县委员会文史资料委员会编：《甘洛县文史资料选辑》［第5辑（2006年），第61—62页］综合整理。

④ 中国人民政治协商会议甘洛县委员会文史资料委员会编：《甘洛县文史资料选辑》第1辑（1989年），第149页。

和 1000 多发子弹（武器中除了有 2 支卡宾枪曾经用过外，其余都是崭新的、未启封的新枪），工作队正是依靠这些武器，才能在政府内坚守 4 天（1956 年 1 月 30 日—2 月 2 日）直至援军到达，援军到达后和工作队里应外合击溃包围米市区政府的叛乱武装后，工作队清点伤亡，只有 1 人腿部受了轻伤，其余无一伤亡。[①] 很显然，如果没有倮米明里献交的武器弹药，工作队不可能做到坚守 4 天且只有 1 人轻伤。

不过在凉山的上层中，固然有岭光电、岭邦正、倮米明里这样支持中共，自觉自愿交出手里的武器弹药的上层，也有不愿交出手里的武器的上层（这里是指没有参加叛乱，至少没有公开参加叛乱的上层）。这些上层采取种种方式抵制中共的收枪政策。主要的方式是借枪不借弹，或献坏枪不献好枪，如洪溪（今属美姑）的上层阿候曲德不愿交出自己的好枪，而是找人买了 1 支坏枪交给政府，在各地交出的枪支中，均有一部分属于不能使用的坏枪，如美姑，收缴的枪支中坏枪占了约 30%。[②]

在收枪中出现这种情况，除了一些上层仍存反抗中共主导的社会变革之心（慑于解放军军事压力未敢公开叛乱）外，还有一个原因，就是武器是凉山彝族上层（包括土司和黑彝），尤其是黑彝家支维系自身生存的根本所在。可以试想，在解放军没有进入凉山之前，一个家支如果没有枪支，那么他在冤家械斗中必然毫无优势可言，甚至其家支也有被其他家支吞并的危险。换而言之，凉山上层向中共交出武器，等于将自身的身家性命交到了中共的手里。中共坦言：凉山的社会变革中枪支难以收缴的原因，不仅包括奴隶主（上层）反对变革，也和“凉山彝族好勇斗狠，爱枪如命，有的人

① 喜德县政协文史资料委员会、喜德县驻西昌老年人协会编：《难忘的岁月——喜德文史》第 9 辑（2003 年），第 88 页。

② 四川省美姑县志编纂委员会编：《美姑县志》，成都：四川人民出版社，1997，第 823 页。

即使很穷也千方百计设法买上一支枪”有关，在枪支的收缴中，“不仅使好枪换肩有困难，就是动员交出废枪（没有子弹的枪，笔者注），坏枪也有困难”①。

根据这种情况，中共一方面再次重申“党和人民政府对彝族上层人士一贯坚持团结教育政策，这不仅在民主改革以前如此，民主改革当中如此，就在改革以后也不会有所改变。人民政府将采取妥善办法使上层人士的政治地位和生活水平不至于降低，对于能够参加工作的上层人士都可以吸收他们参加工作，为人民服务，由国家发给薪金。对于个别不能参加工作，但生活上确有困难的上层人士，也将由国家长期补助”②。1956 年 8 月，在“更加宽大”政策在凉山实施的同时，凉山地委出台了新的枪支收缴办法，内容如下。

第一，战场上缴获的武器弹药一律没收。

第二，上层的武器弹药应通过各种方式进行收缴。具体包括：（1）凡是参加叛乱的上层的武器弹药应一律收缴，在执行方式上则可以灵活变通（如允许交给政府，或暂由支持民主改革的上层封存等）。（2）凡是没有参加叛乱的上层的武器弹药，应经过充分协商，采取动员鼓励其献交、借出的办法收缴，对带头交出武器弹药的上层应适当奖励，对已交出武器弹药的上层，且表现较好的，则通过帮助解决各种困难予以照顾。（3）对叛乱分子（无论首恶与胁从）带枪投诚者，予以表扬并从经济上阶级其困难，有立功表现者则视功绩大小，给予物质奖励或进行安置，但是不以交出武器弹药的名义给予奖励。

第三，群众的武器弹药按如下方式处理：（1）群众参加叛乱的武器弹药，经过教育后可采取带枪入队的办法，使人、枪都组织到

① 城南工作队：《关于城南乡在复查补课后期整顿武装自卫队的报告》（1958 年 1 月 1 日），甘洛县档案馆，1—1—245—19。

② 凉山地委：《凉山彝族自治州宣传民主改革的布告》（1956 年 4 月 25 日），甘洛县档案馆，1—1—76—11。

自卫队里，如系自散回家者，均不得称投诚分子，也要采取上述办法解决问题。(2) 对未参加反民主改革叛乱的群众的武器弹药一律不予收缴，而采取加强教育的方式组织到武装队（自卫队）中，对过去收缴的群众的武器弹药，应予退还，基于实际上已无法退还的情况，应采取向群众赔礼并出具借条的办法解决，如本人在生产和生活中有困难，可予以帮助解决。

第四，凡是夺取叛乱分子武器交给政府者（包括上层）均给予奖励。奖励数目各地视情况灵活掌握，一般 20—30 元，最多不超过 50 元（步枪）、100 元（机枪）。

第五，参加政府工作的上层人士，担任县级（副县长、县政协副主席）以上职务者，政府视其需要酌情发给自卫武器。

此外，凉山地委还强调，贯彻前述各条的步骤是首先解决已参加叛乱的武器弹药，即使一些奴隶主已经交出武器弹药，但是还有隐藏的武器弹药时，亦应暂缓处理。因为枪支问题在凉山是一个极为复杂的问题，必须慎重处理。①

同时，中共更多地动员原是彝族上层，但是此时已经在政治上支持中共，并在中共政权中任职的彝族干部去动员上层交出手里的武器（这些干部也乐意去做这一工作）。这一方式成效相当显著，例如此时已参加中共政权，曾在 1955 年被评为全国青年社会主义建设积极分子，并受到毛泽东、周恩来接见的史鲁阿洛，1956 年前往瓦岗普尔甲古地区劝说手中有武器的人交出武器（包括已上山叛乱的人和没上山叛乱的人），经过努力，史鲁阿洛说服了不少没上山的人交出手里的武器，包括 160 支各式枪支和大量弹药，仅从被她说服的一个叔父的手里收缴的武器就包括比利时手枪、德国毛瑟、老九发步枪、二十响驳壳枪、英国长枪等 7 支长短枪和近 2000

① 以上内容均见凉山地委：《关于处理枪支问题的意见》（1956 年 8 月 3 日），载韦清风等编：《凉山彝族奴隶社会的变革资料摘编》，中国社会科学院民族研究所，1981，第 226—227 页。

发子弹，以后又成功劝说了一些叛乱分子放下武器。[①] 经过努力，中共很快使没上山参加叛乱的上层多数交出了自己的武器。

相比之下，通过组建自卫队实现对上层以外的群众手里的枪支的管理要容易一些。通过编组自卫队，下层彝民的多数枪支均被中共登记造册，中共强调：必须尽可能将手里有枪的彝民吸收进自卫队，为此还批评了一些未将手里有枪的彝民动员加入自卫队的乡村干部，此外，一些未加入自卫队，但也未上山参加叛乱的彝民手里的枪支，中共也没有要求必须交出，[②] 这无疑是基于团结除上层以外彝族群众的考虑作出的决策。此外，通过干部和积极分子对不愿交出枪弹的群众进行思想教育，也是动员群众交出手里的枪弹的重要方法。“主要是反复说明枪支在过去是保护奴隶主利益或各人保护自己利益的，如果分散零存，不仅不能很好发挥保卫劳动人民利益的作用，还有被坏人利用的危险”，同时，中共强调在对群众进行宣传教育时要采取“一把钥匙开一把锁”的办法，根据具体情况继续教育：“如对持枪的老年人教育他‘枪好人老不能使用，借出来保护大家利益’，对有坏枪的则教育他‘枪是坏的，留起来无用，修理也困难，不如交给政府保存’，对基本上可用但缺乏子弹的则教育他‘有枪无弹，也是一无所用’，动员他们借出好枪，并把坏枪、废枪统统交给政府”，并要做到有耐心，“一次不行，二次再来”。经过思想工作，成效显著，持有枪支的群众都交出了枪支。[③] 至于地痞流氓手里的枪支，则基本按照前述的收枪方案实现了收缴。

在基本收缴了未参加叛乱的上层的武器，实现了对未参加叛乱的中下层武器的有效管理后，对枪支的收缴就主要集中在平息叛乱

① 施嘉明主编：《难忘的历程——开辟凉山彝族地区工作的回忆录》，成都：四川民族出版社，1992，第 303—304 页。

② 凉山地委：《批转凉山军分区工作组关于对昭觉附城区武装工作的检查报告》（1956 年 6 月 13 日），甘洛县档案馆，1—1—77—13。

③ 参见城南工作队：《关于城南乡在复查补课后期整顿武装自卫队的报告》（1958 年 1 月 1 日），甘洛县档案馆，1—1—245—19。

的同时对叛乱武装枪支的收缴了。对叛乱武装枪支的收缴则是随着平叛战斗的进行而进行。每一场平叛战斗的胜利，都会带来被歼灭的叛乱武装的武器被收缴。在叛乱基本被平息时，凉山民间就基本不再有武器了。

综观凉山社会变革期间的收缴枪支工作，大致能得出以下几条初步结论：

第一，凉山收缴枪支的政策是和社会变革的基本政策同步的，也是根据阶级话语制定的。对上层持有的枪支严，对下层持有的枪支相对较宽，这是因为凉山的社会变革本质上是依靠、团结下层，摧毁凉山原上层拥有的各种权势（政治权势、经济权势、社会权势），使下层获得政治、经济利益的一场变革。在这场变革中，通过实行“枪换肩”解除上层拥有的武装力量，变凉山原有的家支武装为中共控制的武装，成为这场社会变革的一部分，只有解除了上层拥有的武装，才能保证凉山社会变革的顺利进行和变革结束后不致发生反复。

第二，凉山收缴枪支的政策也是中共民族政策在凉山实施的表现。这一点主要是在对参加叛乱和未参加叛乱的上层拥有的武器收缴的方式有所区别上。对参加叛乱的上层，中共采取了严厉的方式对其持有的武器进行收缴，但是对未参加叛乱的上层的枪支始终没有采取强制方式收缴，而是采取了很多变通方式（借用、献交、缓交等），甚至一度拟采取赎买方式收缴上层手中的弹药。这表明在社会变革中只要是支持（包括认可）变革的上层，中共总体上按照民族政策实行了优待。

第三，通过收缴枪支工作，中共进一步看清了在凉山哪些上层是支持自己的，从而能进一步在政策上优待支持自己的上层。文中主动交出武器弹药的甘洛上层岭邦正、岭光电在凉山社会变革中和社会变革结束后均在中共政府中担任较高职务，[①] 喜德的上层倮米

---

① 见姜先杰：《凉山土司研究》，北京：光明日报出版社，2013，第677、680—681页。

明里在 1957 年因公殉职后，喜德县政协将其妻罗洪各各增选为县政协委员直至罗洪各各谢世，罗洪各各谢世后，喜德县政协又将其外孙罗洪尔作推荐报名参军，转业后由喜德县政府人事局安排在米市乡武装部工作。[①] 由此进一步获得了凉山彝族（包括上层和下层）的支持，为凉山社会变革的顺利进行提供了推动力。

第八节　凉山社会变革中的视察团

在凉山的社会变革中，由支持变革的上层组成的视察团在社会变革和平叛中均起了重要作用。而且视察团的组建和视察团工作的开展也是凉山社会变革期间统战工作的重要组成部分，通过对视察团的讨论，能进一步理解凉山社会变革期间统战工作开展的特色和社会变革中支持（认可）社会变革的上层和中共的关系。本节即对视察团的情况作一简要的清理。

一、视察团的缘起和组建

1955 年底至 1956 年初，凉山的社会变革和反对变革的叛乱几乎同时发生。为了推进社会变革和平叛进程，通过支持（认可）社会变革的上层开展相应工作成为中共此时开展各项工作的重要方式。这其中在凉山各地组建视察团就是依靠和利用上层开展工作的重要手段。

从现有的资料可见，视察团有两种。第一种是由在凉山州各级政府机关任职的支持社会变革的彝族上层按照原籍组建的视察团，而后回乡开展各项工作。如布拖于 1956 年 2 月迎来了在凉山州政府任职的布拖籍上层组成的视察团检查以社会变革和平息叛乱工作

① 喜德县政协文史资料委员会、喜德县驻西昌老年人协会编：《难忘的岁月——喜德文史》第 9 辑（2003 年），第 118 页。

为中心的各项工作。[①] 第二种是由在凉山各地的支持社会变革的上层组成的视察团，在本地各乡村开展相应的工作。相比之下，第二种视察团要多于第一种，是视察团主要的类型。

在视察团人员组成方面，只要具备以下条件之一者即被吸收为视察团人员，具体包括“平乱有功者，民主改革带头守法者，在各方面有一定代表性者（未参加叛乱，笔者注）”等。[②] 除此之外，为了进一步争取上层支持，中共将未参加叛乱，但没有进行安置的上层和投诚后表现较好（不再参加叛乱，在变革中遵纪守法）的上层（中共认为这部分人不宜安置在政协）也纳入了视察团。[③]

为了更好地说明问题，笔者将找到的一份视察团人员名单（第二种类别）列举如表 3-8。

表 3-8　雷波县政协视察团人员名册

职别	姓名	性别	年龄	民族	成份	住址	原职别
视察团员	尼取阿支	男	36	彝	奴隶主	宜西乡	群众
视察团员	阿卢曲批	男		彝	奴隶主	田家湾	群众
视察团员	阿卢曲一	女		彝	奴隶主	长河偏	群众
视察团员	吴其阿嘎	女		彝	奴隶主	长河偏	群众
视察团员	额卢母铁	男		彝	奴隶主	谷堆乡	群众
视察团员	恩扎支提	男		彝	奴隶主	谷堆乡	群众
视察团员	阿竹铁哈	男		彝	奴隶主	谷堆乡	群众

① 四川布拖县志编纂委员会编：《布拖县志》，北京：中国建材工业出版社，1993，第 9 页。

② 美姑县工作团党委：《关于迅速加强统战工作和开展政治争取工作的几点意见和补充意见》（1956 年 6 月 6 日），甘洛县档案馆，1—1—78—2。另需指出的是，这类成员一般已安置在政府部门（主要是政协），见昭觉党委：《关于上层统战工作的计划》（1956 年 4 月 18 日），甘洛县档案馆，1—1—78—1。

③ 昭觉党委：《关于上层统战工作的计划》（1956 年 4 月 18 日），甘洛县档案馆，1—1—78—1。

续表

职别	姓名	性别	年龄	民族	成份	住址	原职别
视察团员	马沙母机	男		彝	劳动者	长河偏	群众
视察团员	阿卢格日	男		彝	劳动者	长河偏	群众
视察团员	阿支史加	男		彝	劳动者	长河偏	群众
视察团员	根日石举	男		彝	奴隶主	松树坪	群众
视察团员	卢永富	男		彝	奴隶主	松树坪	群众
视察团员	立属摩磨	男		彝	劳动者	松树坪	群众
视察团员	良曲丕	男		彝	奴隶主	千万贯	群众
视察团员	张宗良	男		彝	奴隶主	五官乡	群众
视察团员	阿候比比	男		彝	奴隶主	八寨乡	群众
视察团员	立母拉报	男		彝	奴隶主	八寨乡	群众
视察团员	马石古	男		彝	奴隶主	簸箕梁子	群众
视察团员	阿竹谷丕	男		彝	奴隶主	谷堆乡	群众
视察团员	阿竹母氏	男	42	彝	奴隶主	谷堆乡	群众
视察团员	阿根吾竹	男		彝	奴隶主	谷堆乡	群众

注：本表引自《雷波县政协视察团人员名册》（1956年7月11日），凉山彝族自治州档案馆，95—1—138—1。

这份名单至少能说明四项问题。第一，视察团成员全部由彝族构成，无一人是汉族。第二，视察团人员均来自本县各乡，且分布相对均衡，没有一个乡成员较多、另一个乡成员较少的情况（有的乡相对较少的原因是当地叛情严重，视察团成员无法到县城开会或在当地上层中一时找不到支持者）。第三，从出身而言，视察团成员全部是原凉山社会结构中的上层，在中共以阶级理论划分的社会阶层中不是奴隶主阶层就是劳动者阶层，且奴隶主这一阶层占80%以上。第四，表格中的视察团成员都没有在政府中任职，在参加视察团前也没有得到政府的供给。

从另一份文件中可见，视察团成员绝大部分是在职的支持社会变革的地方彝族上层（叛乱开始后，也有一部分是在变革中支持中共，表现较好，但未被安置或供给的上层），考虑到争取工作的需要，也吸收了在当地与叛乱奴隶主有一定关系和在争取工作中表现积极的人作为视察团成员。①

综上所述，可见视察团人员构成具有以下特点：第一，基本上由支持社会变革的本地彝族上层构成，且多是在职人员（很大一部分是政协成员）。第二，视察团成员来自本县各乡镇，且分布较均衡，少有畸重畸轻的情况。第三，中共也较重视吸收社会变革开始前没有安置，但在社会变革和平叛中表现较好（尤其是对叛乱武装的政治争取工作中表现积极）的上层和同叛乱武装首领（多数是原上层）有一定联系的人参加视察团。第四，由于团结上层，争取上层支持的需要，中共又将所有未参加叛乱，也未安置的上层和投诚后表现较好的上层都纳入了视察团。视察团开展工作时，一般分成若干组，在区乡以视察组的方式进行工作。如金阳的视察团被分为 6 个组，分别前往全县的 4 个区开展工作，计第一区 2 个，第二区 1 个、第三区 1 个、第四区 2 个。② 此后，中共又要求各地将放下武器的上层（奴隶主）吸收在视察团里，“并向他们具体交待政策，大胆放手地使用他们，对规劝有功者应及时表扬，功大者还可给予物质奖励或加薪，以发挥其积极性”③。

视察团组建后，团员需要进行学习或培训。学习内容包括：“为啥要视察，怎样视察，视察些什么，在视察中应报什么态度，怎样向群众宣传，向奴隶主宣传宣传些什么，及视察所采取的形

① 《雷波县人民政治协商委员会申请》（1956 年 7 月 11 日），凉山彝族自治州档案馆，95—1—138—1。

② 《金阳县视察团工作简报》（1956 年 6 月 30 日），凉山彝族自治州档案馆，95—1—138—11。

③ 凉山地委：《关于 1956 年下半年统战工作的意见》（1956 年 6 月 22 日），甘洛县档案馆，1—1—78—3。

式，用哪些办法宣传政策去争取逃跑或参加叛乱的奴隶主”，还有服从领导，遵守纪律等。①

当然，视察团的工作是随着凉山政治社会形势的发展有所偏重和变化的，并且始终是在中共的指导下（一般由当地工作队或县政协进行指导）② 进行的。中共明确指出，各地对视察团（组）应做到：第一，必须继续抓紧做好视察团成员的思想工作，解除思想顾虑，使他们在社会变革中积极带头。第二，在工作中大力发挥他们的作用，并减少他们的工作阻力。第三，必须加强对他们的领导，应对其具体布置工作和帮助他们。表现好的及时表扬、奖励。第四，必要时可让他们参加一定的会议（如诉苦会），利用他们教育当地的上层，以便使上层之间发生分化，减少社会变革的阻力。第五，对他们的生活应适当予以照顾，使其安心工作，尤其应注意代表的安全问题。第六，尚未成立视察团（组）的地区，应根据当地情况选择一贯靠我，思想进步，在当地威望较大之上层组织视察组。③

此外，为了让视察团成员能安心工作，中共明确规定，凡是之前未被安置或没有供给的视察团成员，一律发给补助，自工作开始之月起按月发给。补助在20—30元。④

---

① 峨边县委：《关于组织头人视察的意见》（1956年5月6日），凉山彝族自治州档案馆，79—1—249—5。

② 《金阳县视察团工作简报》（1956年7月12日），凉山彝族自治州档案馆，95—1—138—11；凉山地委《关于1956年下半年统战工作的意见》（1956年6月22日），甘洛县档案馆，1—1—78—3。

③ 《3月份各县书面报告摘要》（1956年），凉山彝族自治州档案馆，95—1—138—15。注：这是美姑县对视察团（组）成员进行领导的具体做法，其他地区与美姑县大致相同。

④ 《雷波县人民政治协商委员会申请》（1956年7月11日），凉山彝族自治州档案馆，95—1—138—1；凉山地委《批转昭觉党委关于三次统战工作的计划》（1956年4月18日），甘洛县档案馆，1—1—78—1。另一份文件记为团长每月40元，团员每月30元，见凉山地委《关于1956年下半年统战工作的意见》（1956年6月22日），甘洛县档案馆，1—1—78—3。

二、视察团的工作

在凉山的社会变革和平叛期间，视察团主要进行了以下几项工作：

第一，及时了解凉山各地情况并及时向上反映，保证下情上达顺畅。从而使凉山的中共高层（主要是凉山地委——后改称凉山州委）了解各地的实际情况，进而制定适当的策略。

视察团最主要的工作是了解各地叛乱的情况（人数、枪支、战斗力、活动情况等）并向中共政府汇报。如喜德，在鲁鸡乡工作的视察团员了解到当地有 400 多名叛乱武装（有枪 300 余支），在当地和附近各乡抢掠，仅“李子、红毛、鲁鸡、贺坡落乡，彝族劳动人民和个别奴隶主被土匪共抢了 43 家，抢走牛 78 只、马 9 匹、羊 49 只、猪 1 只，派白银 37 个，杀死劳动人民 5 人、受伤 1 人、吊打 1 人、强迫劳动人民参加土匪被捆走 8 人，抢汉族劳动人民 1 户，马、牛各 1 匹，又抢州农业社，抢走羊 39 只，群众损失很大”；尼波区的叛乱武装以灭门威胁当地自卫队员携枪叛变，一些自卫队员因害怕被灭门只得就范；此外，喜德的一些叛乱首领称“不管奴隶主还是劳动人民，如不愿参加土匪者，一律采取派款的方法来对付。奴隶主不参加（叛乱）者，每家出白银 20 个，白彝群众则出 15 个，其他劳动人民则出 10 个，最穷苦者也要出 5 个”，并设法使他们控制地区的群众和中共保持距离，规定：凡是这些地区未参加叛乱，但也不积极帮助中共平叛的群众，叛乱武装保证不抢掠，不乱杀。[①] 这些情况均被当地视察团团员了解后迅速向上级作了反映，这些汇报使中共及时获得了各地叛乱武装的信息，为中共合理地制定平叛策略提供了重要的依据。

第二，配合中共进行社会变革和平叛的宣传工作。金阳县委要

---

① 《喜德县人民政府上报我县视察组头人工作情况的报告》（1956 年 6 月 5 日），凉山彝族自治州档案馆，95—1—138—10。

求视察团（以及政协）宣传变革的主要政策，包括没收、征收些什么财产，为什么其中有一部分人又要进行征购。对上层根据他们对社会变革的态度如何分别对待。同时强调，中共的政策是说到做到，同时，如果中共的做法有错误，上层可以提出，中共会进行自我批评和纠正，并防止日后重犯。在平叛方面，要重点宣传中共对投诚者既往不咎的平叛政策。①

第三，协助政府对叛乱分子进行政治争取工作（包括做好叛乱武装家属的工作）。这是视察团工作的重要组成部分，甚至可视为视察团最重要的工作。中共为视察团制定的工作任务第一条就是：对叛乱分子进行规劝争取工作，使叛乱武装能自动放下武器。② 因而对叛乱武装进行规劝争取工作在各地视察团均被充分重视。各地视察团均按照中共要求和当地叛乱武装的活动情况，组织了多个规劝组上山规劝叛乱武装放下武器。很多视察团员积极进行对叛乱武装进行政治争取工作，成效显著。如金阳，在视察团开展政治争取工作后，从1956年6月底至7月上旬，已有一些叛乱分子携枪下山投诚。计“第一区有阿苦使切（缴有步枪2支，子弹30发）、白纲呷、俄木以哈、安学理（缴有枪1支，子弹5发）4人先后投诚，第二区保岩阿宜阿角、阿宜比功功、派赖乡奴隶主尼木阿石、以里日里4人已向第二区人民政府投诚，缴了步枪4支”③。8月中旬至9月中旬，又有参加叛乱的上层64人放下武器（不包括第一号简报的投诚人数），计“第一区杨火目等5人，第二区拿吉拉里、拿吉阿且等12人，第三区折莫阿角等16人，第四区有尔补民哈、孙子作尔等31人”，而且有的叛乱分子经视察团做工作后，在放下

① 以上均见金阳县委：《对政协和视察团今后工作的几点意见》（1956年），凉山彝族自治州档案馆，79—1—249—10。

② 凉山地委：《关于1956年下半年统战工作的意见》（1956年6月22日），甘洛县档案馆，1—1—78—3。

③ 《金阳县视察团工作简报》（1956年7月12日），凉山彝族自治州档案馆，95—1—138—11。

武器后还主动协助视察团（组）开展工作。之所以政治争取工作能取得较好的成效，是因为当地视察团员的努力工作，如金阳第三区的视察团员比补阿和，一月间“曾两次去岩基吉里进行规劝工作，在此次进军波基吉里时，一直工作了半月多的时间，过火把节都未回家，经过他配合进行工作后，动员叛乱者缴枪 39 支”[①]。又如布拖的视察团，从 1956 年 2 月 25 日至 4 月中旬，争取叛乱分子 107 人，携枪 84 支，手榴弹 2 枚，子弹 330 余发下山投诚。[②] 六七月间又争取了叛乱分子 71 人，携枪 33 支，子弹 468 发下山投诚；视察团员在规劝工作中也相当积极主动，“有的甚至吃不上饭，有病照样坚持工作。特别是鸡呼拉打视察小组，为了将在逃叛乱分子争取回来，竟不顾自己的疲劳整天在森林中钻来钻去，有的脚板被蚂蟥咬出了血，也照样坚持工作”[③]，因而对叛乱分子的争取工作成效显著。在普雄，从 1956 年 4 月 12 日至 5 月初，也争取了 125 名叛乱分子放下武器（包括家属）。[④]

在政治争取工作中，视察团摸索出一套卓有成效的争取（规劝）方法。包括以下几点：首先，善待投诚和被俘的叛乱分子，只要其承认叛乱是错误的，即安置在视察团。这样做的好处是，既对投诚的叛乱分子进行了政治教育，使其不再参加叛乱，又能有效分化叛乱武装，进而更好、更多地争取其他尚在叛乱的叛乱分子放下武器，从而体现凉山社会变革的“和缓”的方针和“宽大”的政策。其次，根据叛乱武装的实际情况和视察团员的实际能力和社会

① 《金阳县视察团工作简报》（1956 年 9 月 15 日），凉山彝族自治州档案馆，95—1—138—7。

② 凉山地委：《批转布拖县工作团关于视察团情况的简报》（1956 年 4 月 19 日），甘洛县档案馆，1—1—78—9。

③ 布拖县：《关于视察团会议情况简报》（1956 年 7 月 19 日），凉山彝族自治州档案馆，95—1—138—9。

④ 凉山地委：《批转普雄视察团两个多月来的工作简报》（1956 年 6 月 16 日），甘洛县档案馆，1—1—78—10。

关系，采取“一把钥匙开一把锁”的方法进行针对性的争取工作。具体的做法是，叛乱武装有多少股视察团就分成多少组进行工作（因为叛乱武装主要是依靠家支关系建立起来的，因此视察团在规劝工作时一般都选择有家支关系的团员去进行争取工作。这样不仅方便，而且一般收效较大）。确定任务后，视察团员们不但研究叛乱武装首领的性格和争取的方法对策，而且事先分析了叛乱武装首领可能提出的问题和发生的情况。特别是一些投诚后被安置在视察团的团员，往往设身处地分析争取对象的心理，设想争取工作中可能出现的这种情况并作出预案。在作好准备后，以一组对一股、分工包干的方式进行争取工作，在县与县交界处和外地的叛乱分子，也有专人前去争取。[①] 再加上视察团重视对叛乱分子的亲属进行政治争取工作，[②] 因而取得了较好的效果。此外，中共注意在政治争取中多给视察团成员表现机会（视察团虽然是政治争取的主力，但是中共平叛部队和工作队也为政治争取做了很多工作，而且视察团的工作是在各地工作队或县政协指导下进行的），因为这样“能解除他们的思想顾虑，进一步帮助改造他们，使他们从实际工作中体验到其切身利益，以坚定其老实守法观念，对当前的改革与今后社会治安的稳定有很大作用”[③]。

同时，各地县委还要求视察团做好各地留在家里未参加叛乱的上层的思想工作。如金阳县委要求视察团（包括政协）对“那些思想不通、对改革有抵触情绪的人，应很好地进行帮助，这是完全应该的”，因为“不这样做，那些抵触情绪较大的人很容易参加叛

① 以上参见布拖县工作团：《关于视察团情况的简报》（1956 年 4 月 19 日），甘洛县档案馆，1—1—78—9。

② 《金阳县视察团工作简报》（1956 年 7 月 12 日），凉山彝族自治州档案馆，95—1—138—12。

③ 布拖县工作团：《关于视察团情况的简报》（1956 年 4 月 19 日），甘洛县档案馆，1—1—8—9。

乱，最低亦会作出其他违反政策等方面的行为”[①]。

第四，视察和督导当地生产（不仅督导在乡上层进行生产，也督导群众进行生产），鼓励上层支持社会变革和从事生产活动，并制止上层的不法行为。如布拖，在视察团的视察督导下，90%的在乡上层的土地均已下种，“田间管理上有的洋芋已除了一次草，苞谷二次草，施肥亦较往年有所增加”，可开的荒地也进行了一些开垦。同时，视察团对在乡上层在生产中表现较好的加以表扬鼓励，表现一般的加以教育鼓励，表现差的进行批评。如果有企图向群众要回被没收、征收，或征购的土地财产，视察团则立刻制止，如果情节严重，则上报处理。[②] 金阳的视察团在督导上层参加生产的同时，也对少数上层继续要原属的娃子为其干活（是如社会变革前一般的无偿劳动）的不法行为进行了制止。[③] 这些工作既有利于对上层进行教育，使上层支持拥护社会变革，从而巩固变革的成果，也有利于凉山各地生产工作的开展，提高凉山农业的生产水平和产量。

第五，通过各种会议，及时了解各地上层的思想动态，以及对他们反映的问题有针对性地加以解决，并在会上宣传社会变革和平叛政策。以金阳视察团为例，他们专门召开工作座谈会，解决上层们反映的问题。具体包括：（1）当地已安置在区乡的上层害怕新建政后不要他们工作的顾虑，视察团对其进行了解释：“只要是带头改革，安分守己，能很好地为人民办事的奴隶主还是要其工作的”，这样一方面打消了这些上层的思想顾虑，另一方面也鼓励了他们今后努力工作。（2）对一些干部对上层不信任，态度不好的问题进行了纠正。取得了良好的效果。一位名叫阿苦曲哈的视察团员在会上

---

① 金阳县委：《对政协和视察团今后工作的几点意见》（1956年），凉山彝族自治州档案馆，79—1—249—10。

② 布拖县：《关于视察团会议情况简报》（1956年7月19日），凉山彝族自治州档案馆，95—1—138—9。

③ 《金阳县人民政府汇报我县视察组工作座谈会总结》（1956年6月9日），凉山彝族自治州档案馆，95—1—138—12。

坦言：‘在工作队去后，由于干部对自己的态度有些不够好，加上自己弟弟还在参加叛乱，自己想到可能政府不信任自己，这样就有近两个月的时间未进行工作。’他在最后也表示了态度：‘在回去时一定要主动积极的按县上布置的工作去进行。在工作中克服困难（如遇到自己的亲朋劝说他不听的话自己也要尽力的工作）。’”（3）在会上对叛乱投诚人员进行了教育后当场释放，取得了参会上层的共鸣。会后一些尚未开展社会变革的乡的上层明确表态：回去后会带头开展变革。[①] 再如普雄，通过召开视察团会议，重申了相关政策，参会的上层均表示满意，很多上层表示“愿意听政府的话，做好交给他们的任务，以实际行动来回答人民政府对自己的宽大，争取自己的前途”[②]。

除了召开座谈会解决上层的思想顾虑和解决他们反映的问题外，组织各地上层对若干问题（主要是对一些恶行较多、民愤较大的不法上层的处置）进行讨论，并由此对上层进行教育，或召开会议在上层中宣传在凉山开展社会变革的意义、政策和平叛政策，并组织上层进行讨论，进而在上层中达成相应共识也是视察团的重要工作。如布拖召开由视察团员参加的座谈会，就州中级人民法院判处拉比拉巴（当系劣迹较多，且屡教不改的叛乱分子或暗中破坏社会变革的上层）徒刑事件进行讨论，达成了拉比拉巴应受惩罚的共识。如参会的视察团员欧吾麻卡惹表示：“政府判处拉比拉巴 12 年徒刑是正确的，因为民主改革是为了整个彝族人民的利益，是为了能和汉族老哥共同进入社会主义社会，而拉比拉巴反改革，当然就应该受到惩处了。”又说：“法律是全国人民制定的，每一个中国人都应该遵守，如果要违法，向劳动人民要房夺地、逼债、派款，也

---

① 《金阳县人民政府汇报我县视察组工作座谈会总结》（1956 年 6 月 9 日），凉山彝族自治州档案馆，95—1—138—12。

② 《普雄县 1956 年第三次视察团会议（扩大）总结报告》（1956 年 5 月 11 日），凉山彝族自治州档案馆，95—1—138—13。

同样要受到惩处。”视察团员吉狄日卓古也惹说：“通过判处拉比拉巴徒刑事件，教育了整个奴隶主，使我们认识到不遵守国家法律是没有前途的，因此，我今后一定要带头守法，好好劳动，并教育其他奴隶主这样做。”另一位上层比补五支也说：“我刚从北京参观回来，见到分了我的五大财产，对改革是不满意的，但一系列事实使我认识了党的政策是正确的，奴隶主只要守法也是有前途的。因此，分了我的五大财产我并不痛心，并保证今后要好好劳动，争取提早改变成份，好参加合作社、互助组。”另有不少的上层也在会上发言，表示：“通过判处拉比拉巴的事实，使我们受到了一次深刻的教育，我们会议后要带头守法，并教育其他奴隶主好好劳动生产，把在逃叛乱分子都争取回来。”①

再如普雄，通过召开视察团会议（支持社会变革的上层也参加了）对在凉山开展社会变革的意义，政策和平叛政策进行了宣传，从而使上层认识到在凉山进行社会变革的必要性，成效显著。参会的上层果基克扭、阿候补世在会上表示：“共产党对我们的宽大，我们应该知道，汉人地头进行改革，斗争地主，彝人地头政府不但不斗争奴隶主，还开会教育我们，给我们安位置，发生活补助费，人民政府对我们太宽大了。”另一位叫阿洛古切的上层说：“共产党太好了，我死也跟共产党走。”在对中共主导的社会变革态度的问题上，参会的上层阿候哈根和果基克牛明确表态：“奴隶制度虽然是祖先留下来的，但是今天好好想想凉山奴隶制度，不仅是对劳动人民是残酷的，就是对奴隶主来说，也没有什么好处的。这个制度不打垮，限制彝族的政治、经济、文化生活的发展，限制了生产发展，自己不劳动还限制旁人劳动，结果我们彝人老是吃洋芋、荞子都吃不好，鞋子穿不上。如果彝区没有奴隶制度，我们也会像汉族老大哥一样，早过着好日子了。”另一些参会的上层也说：“全国有

① 布拖县：《关于视察团会议情况简报》（1956 年 7 月 19 日），凉山彝族自治州档案馆，95—1—138—9。

60多种（口误）少数民族，都愿实行民主改革，为什么我们就不愿实行改革呢？因而我们应在党和人民政府的领导下，安分守法，劳动生产，争取前途。”在平叛问题上，参会上层明确表态：“这些叛乱分子不明大义，太不通人情，党和政府的政策这样宽大，叛乱分子只要投诚悔过，回家生产，既往不咎。改革是为了彝族人民的幸福，我们当然没有欠毛主席的债，但我们对劳动人民的剥削账就多了。改革中只要交出五大财产，既不斗争又不挖底财，也不算剥削账。这样的宽大为什么活不下去，要上山当土匪？这些叛乱分子确实走了错路，造成彝族人民的生命财产的损失，确实也不能怪政府。”一位曾很不理解中共在凉山主导的社会变革的上层在会上明确表示：“我过去不了解人民政府，自进普雄后，（人民政府）对彝族人民做了很多好事情，但去年听说民主改革，有的说要整黑彝，我上了坏人的当，反对人民政府，现在学习了，政策明白了，实在对不起，我以后争取好好立功。”① 由此可见，通过这种座谈会对相关问题进行讨论，从而达到对上层进行教育，使其支持中共主导的社会变革，积极配合中共开展工作的目的相当有效，② 从而推动了凉山社会变革的开展速度。

为了让视察团员更好地工作，凉山各地都很重视对视察团工作的领导和视察团员的教育。如金阳，为了让视察团员更好地做好上层的思想工作，县委要求视察团员认真学习政府政策法令，以便领会政策精神，进而便于给上层做工作，同时，金阳县委要求视察团员要管好自己的亲友，对他们进行教育，防止他们参加叛乱。③ 再

---

① 参见《普雄县1956年第三次视察团会议（扩大）总结报告》（1956年5月11日），凉山彝族自治州档案馆，95—1—138—13。

② 当然，不能排除一些甚至不少上层是心不甘情不愿接受社会变革的，但是，即使是心不甘情不愿，只要这些上层表态支持变革，并配合中共工作，在社会变革结束的时候，也不可能再将凉山的社会状况变回变革前了。

③ 金阳县委：《对政协和视察团今后工作的几点意见》（1956年），凉山彝族自治州档案馆，79—1—249—10。

如普雄，在第四次视察团会议上，对相关问题的情况和出现的原因，以及视察团成员如何针对性地开展工作都作了详细的讨论，具体包括：第一，“用非常耐心和非常诚恳的态度，根据党的政策和党数年来在彝区的具体工作事实，对所提出的每一个问题，均一一从正面作了解答，深入地进行了一次政策的宣传，同时，也抱着非常坚定的态度，对提出的若干错误论点，作了深刻的批判”；第二，“为更好使之明确目前的实际，特地邀请 61 团陈瑛同志作了目前形势的报告”；第三，采取“抓住会议中所反映出来的好的方面的情况和有功的进步的上层分子，及时地进行了表扬和奖励”的措施，使参会的视察团员们都明确地认识到目前的形势和自己的任务，从而为接下来更好地工作奠定了基础。[①]

此外，中共在社会变革期间对视察团员的生活也比较照顾。如甘洛岩润地区对视察团员“给他们另外盛饭菜，有病号如阿木拉铁不能吃饭也给他做了面食”，视察团员“出去工作回来时，工作的负责同志在开会还抽出时间去问候他们，给他们打开水，叫炊事员马上给他们热饭菜，公家没有烟，私人的纸烟还给他们吃了一包多（彝族普遍较喜欢吸烟，笔者注）”，对他们反映的战勤队占用了他们的住房问题，也让战勤队搬出让他们继续居住。[②]

三、视察团工作的结束和其在民主改革中的作用

如前所述，视察团在凉山的社会变革和平叛中均作出了巨大的贡献。视察团最后的归宿也是本书意图厘清的史实。笔者遍阅手里的资料，只有金阳的文史资料略有记载。金阳的记载称：“58 年初，视察团员的任务已完成，除个别在视察工作中表现特别突出的

---

① 普雄县委：《视察团第四次会议情况报告》（1956 年 7 月 20 日），凉山彝族自治州档案馆，79—1—249—13。

② 特克麻曲工作队：《近日工作情况简报》（1956 年 10 月 5 日），甘洛县档案馆 1—1—127—6。

被留下参加政协工作外，其余返回农村参加生产劳动。”① 由此可见，视察团在社会变革（包括平叛工作）结束后应当是均被解散，团员们大多数都回家参加农业生产。

回顾视察团的组成和凉山社会变革中的工作，其在变革中起了如下作用：

第一，视察团是民主改革时期中共团结凉山地方上层人士的重要方式。中共通过视察团成功将支持（认可）在凉山进行社会变革的上层团结在自己周围，从而扩大了变革的社会支持面，参加视察团的上层成为推动凉山社会变革的重要力量。也可以说，视察团是中共和支持凉山社会变革的上层在凉山的社会变革中合作关系的产物。②

第二，视察团在凉山的社会变革和平叛中向中共反映叛乱武装活动情况和思想动态，在上层中宣传社会变革和平叛政策，使多数上层达成支持（至少认可）社会变革的共识，规劝叛乱分子放下武器，巡视各地乡间，视察督导凉山的生产工作，尤其是督导、鼓励上层参加劳动，自食其力，劝导上层支持社会变革，遵纪守法都作出了不可磨灭的贡献，尤其是发现社会变革和平叛中的政策偏差并向上反映，从而使偏差得以及时纠正，这是视察团（也包括支持社会变革，但未参加视察团的上层）在凉山社会变革中最大的贡献。正是因为视察团的存在，方能使凉山社会变革和平叛能按正常轨道运行，即使有偏差，也不至于造成较严重的后果。

第三，视察团的出现也是中共在民族地区开展社会变革时期实行民族政策的表现。毛泽东曾明确表示：“少数民族地区的地主在

---

① 中国人民政治协商会议金阳县委员会文史资料委员会编：《金阳县文史资料》第1辑（2002年），第54页。

② 这里必须强调一点：凉山的社会变革如果没有部分凉山处于原有社会结构高层的人（土司和黑彝）的支持（至少是认可）是不可能实行的。

民主改革后不剥夺选举权，还可以做官。”[①] 周恩来也强调，少数民族地区社会变革内容中的一条是，“上层人士失去对土地和奴隶或农奴的所有权，但得到政府的安置”[②]。就凉山而言，视察团即是凉山在开展社会变革时对支持（认可）社会变革的上层安置的一种方式。通过视察团，凉山地委在社会变革期间安置了支持（认可）社会变革的上层，尤其是未在政府中安置的上层，由此实践了在社会变革中团结一切支持变革的上层的政策。

第九节　凉山社会变革中的自卫队

“人民战争”思想是毛泽东军事思想的重要组成部分，这一军事思想的实践是中共主导的社会革命取得胜利的重要原因。这一思想在新中国成立初期的剿匪斗争和民族地区平息反对当地社会变革的叛乱中同样发挥了重要作用。凉山民主改革中各地建立的自卫队（凉山的自卫队实际上就是民兵，抑或说，凉山民兵是在自卫队基础上组建的自卫队的升级版。因此，本节均称自卫队，不再区分）也是这一思想的表现。本节即对凉山民主改革时期自卫队的情况作一简要的清理。

一、自卫队的组建

具体而言，自卫队的组建包括以下几方面内容。

第一，在人员组成上，中共规定：“清匪治安武装自卫队为不脱离生产的人民群众的军事组织，凡劳动人民年满 18 岁至 50 岁以下，无精神病者，不分民族、性别均有参加清匪治安武装自卫队的权利和义务，但必须经过本人申请及村劳动人民会议的通过，并经

① 参见秦和平：《四川民族地区民主改革资料集》，北京：民族出版社，2008，第 42 页。

② 同上书，第 54 页。

中队部批准，始得为清匪治安武装自卫队队员。”[①] 从这一规定可见，自卫队是一个在中共领导下的全民性的、带有民兵色彩的治安组织。

为了保证组织的纯洁性，体现中共的革命话语，也因为自卫队有携枪叛投叛乱武装的现象，中共明确规定：自卫队一般不允许上层（奴隶主）和其他有嫌疑的人参加，而且要保证出身凉山下层的彝民占多数，如果有不能加入自卫队的人（反革命分子、惯匪、有民愤的人、奴隶主等）加入了自卫队，应加以清洗；在清洗时，对反革命分子、惯匪、有民愤的人应当坚决清洗，奴隶主成份的自卫队员则采取较温和的方式清洗，[②] 同时，中共强调各地组建自卫队时不能“只注意了量而放松了质”，也不能“存在着单纯的任务观点，马虎凑数”，将“一贯就是好吃懒做、偷窃成性的二流子编入自卫队”更是错误的；必须对自卫队员进行审查，保证自卫队的纯洁性和战斗力，防止“坏分子得以混入”的现象发生，[③] 由此保证自卫队的纯洁。通过这些措施，各地自卫队组织均较坚强。如昭觉骨曲乡自卫队，共有队员 358 人（包括基干队员），其中出身奴隶和半奴隶的占 273 人，占总数的 76%多。同时，中共也重视从出身奴隶和半奴隶的彝民中选拔自卫队干部，在昭觉城北乡选拔的 19 名自卫队干部中，有奴隶 12 名、半奴隶 7 名。[④] 此外，为了团结最大多数的群众，凉山地委指出：对中间阶层（阶级成份为劳动者）

① 《四川省凉山彝族自治州关于组织清匪治安武装自卫队暂行办法》（1955 年 11 月 23 日），凉山彝族自治州档案馆，79—1—171—5；秦和平编：《四川民族地区民主改革资料集》，北京：民族出版社，2008，第 135—136 页。

② 凉山地委：《批转军分区工作组关于对昭觉附城区武装工作的检查报告》（1956 年 6 月 13 日），甘洛县档案馆，1—1—77—13。

③ 凉山地委：《转发美姑工作团党委关于最近以来连续发生自卫队员携枪投敌和麻痹大意被敌人利诱而遭损失事件的通报》（1956 年 6 月 13 日），甘洛县档案馆，1—1—77—12。

④ 凉山地委：《关于对附城区武装工作的检查报告》（1956 年 5 月 30 日），甘洛县档案馆，1—1—77—11。

应当以团结为主，“应本着在教育提高的基础上，让其自愿携枪入队。入队后亦须加强对其教育，以巩固、提高他们的情绪，发挥他们的作用”①。

第二，在组织和领导机构上，中共规定：“凉山彝族自治州和县设立人民武装委员会，区设大队部，乡设中队部，负责领导清匪治安武装自卫队的一切工作。”具体的编制是：“（1）各级人民武装委员会设委员 5—9 人，并设主任 1 人，副主任若干人，大队设正、副大队长，教导员，文书各 1 人，中队设正、副中队长，各 1 人，分队，小队分设正、副队长各 1 人。（2）凡队员 5—15 人者编为 1 小队，2—4 小队编为 1 分队，分队直属中队部领导，男女队员可视具体情况分别编队或混合编队。（3）凡小队、分队、中队干部之任命，原则上均由队员民主选举产生，分队以下干部经大队部批准，中队干部由县人民武装委员会批准任命或用委任方式任命，如因故需要改选时，须经原批准机关批准改选之，大队以上干部由上两级或上一级任命。”各地自卫队“除受其上级机关领导外，应接受同级劳动人民协会之领导，如两者所给予的任务有抵触时，应执行上级机关之指示，自卫队在配合人民解放军和公安部队清匪（平叛——笔者注）时，应接受其指挥”②。此外，根据四川省委的要求，凉山从 1956 年 3 月开始，在现有的基础上选择条件足够的地方逐步组建基干民兵（也称基干自卫队）③。具体的做法是，“以乡为单位，从武工队和不脱产的自卫队员中选择政治可靠、阶级觉悟高的青壮年组成。每乡以 30（1000 人以下的乡）至 50（1000 人以

① 凉山地委：《批转军分区工作组关于对昭觉附城区武装工作的检查报告》（1956 年 6 月 13 日），甘洛县档案馆，1—1—77—13。

② 《四川省凉山彝族自治州关于组织清匪治安武装自卫队暂行办法》（1955 年 11 月 23 日），凉山彝族自治州档案馆，79—1—171—5；秦和平编：《四川民族地区民主改革资料集》，北京：民族出版社，2008，第 135—136 页。

③ 凉山地委：《转发省委关于组织基干民兵的批示》（1956 年 4 月 26 日），甘洛县档案馆，1—1—77—10。

上的乡）人为宜，每人1枪，做到人好、枪好、弹多，并指定专责干部加强其领导"，"基干自卫队受自卫中队领导，设正队长1人（由自卫中队长兼），副队长1至2人，下分小队，每小队10余人，选出小队长。基干队员随队工作期间其生产由互助合作组织解决，基干队口粮由征收的粮食解决，并每人每月给予2元菜金的开支"。[①] 同时，凉山地委要求各地在稳健的基础上加快组建自卫队的进度，要求各地"迅速将应入队而未入队的劳动群众组织到武装队来"，但是"必须根据条件和手续规定进行发展，在发展前应耐心地进行教育，提高他们的觉悟，自动申请入队"[②]。

第三，武器来源和经费方面，中共规定：自卫队武器一般由自卫队员自备（凉山彝族不仅是上层的土司和黑彝，很多白彝、安家娃子都有自己的枪支，甚至锅庄娃子也有枪支，笔者注），但必须认真保管，不得随便转借和出卖，更不能用于参加冤家械斗或其他危害社会治安的行为。如果不足，则在当地劳动人民协会和中队部领导下向持有枪弹的非劳动人民（上层，包括土司和黑彝，阶级成份均为奴隶主）借用（实际上是收缴，笔者注），并代为保管，枪弹不足和在战斗中有所消耗的，由上级予以补充。经费由政府拨给。[③]

第四，在训练方面，章程规定：自卫队的训练分脱产和不脱产两种方式，要定期举行小队、分队、中队、全体队员大会，大队以上领导机关，视工作需要得召开自卫队队员代表会议。并登记人员和武器弹药的数量，建立武器弹药保管制度。大队部每年检阅1—2

---

① 凉山地委：《关于我区两月来开展民主改革运动及平息叛乱斗争的基本情况和今后意见》（1956年3月23日），凉山彝族自治州档案馆，79—1—252—3。

② 凉山地委：《批转军分区工作组关于对昭觉附城区武装工作的检查报告》（1956年6月13日），甘洛县档案馆，1—1—77—13。

③ 《四川省凉山彝族自治州关于组织清匪治安武装自卫队暂行办法》（1955年11月23日），凉山彝族自治州档案馆，79—1—171—5；秦和平编：《四川民族地区民主改革资料集》，北京：民族出版社，2008，第137页。

次，县人民武装委员会每年检阅 1 次。[①]

为了加强自卫队的训练工作，凉山军分区发文强调：要从两个方面加强自卫队训练。首先，各县要加强对基层干部（中、小、分队长）和提拔对象的训练，并“吸收战斗、执勤、生产中表现积极的个别民兵，自卫队参加，时间 5—7 天，以政治教育为主，从总结工作、评奖优秀民兵、自卫队着手，重点进行阶级教育、时事、民兵（自卫队）三大任务、八项守则、纪律教育和毛主席对少数民族地区民改等有关指示教育，可适当增加军事教育、武器性能、地形、地物利用、瞄准，交流实战经验等，培养提高他们回去担任教育，县必须派得力干部领导管理”；其次，“对担任执勤任务的基干队、随队（工作队）工作的乡基干自卫队、民兵战勤连，以就地整训，采用适用本地特点，群众所易于接受的方式进行就地集训。其时不超过 5—6 小时，内容与干部同，但军事教育每日时间（8 小时计）不超过 40%，组织受训人员具体指导，帮助他们”[②]。

需要指出的是，中共非常重视对自卫队员的思想和纪律教育。自卫队由于均是由各地下层彝民组成的武装，彝民虽然因为经历过冤家械斗（也不是每个人都经历过），有一定的作战经验，且一般作战较勇猛，但没有纪律意识，而且在入队后虽然接受了正规训练，但训练水平远远不够，因而出现了临阵脱逃甚至退队的现象。如昭觉城北乡有 6 名基干队员奉命到竹核区直普拉打配合解放军平叛，不到 20 天竟不告而别，昭觉的骨曲乡有自卫队员认为当自卫队员麻烦，“开会勤务多，不如在队外自由舒服。要求退队交出胸章，不干武装”[③]。根据这种情况，中共要求各地自卫队必须对自卫队员进行思想教育，要“不断进行思想政治教育，提高阶级觉

---

① 《四川民族地区民主改革资料集》，第 136—137 页。

② 凉山军分区：《关于今冬明春民兵自卫队整训的联合通知》（1956 年 10 月 30 日），甘洛县档案馆，1—1—77—19。

③ 凉山地委：《批转军分区工作组关于对昭觉附城区武装工作的检查报告》（1956 年 6 月 13 日），甘洛县档案馆，1—1—77—13。

悟，划清敌我界线外，还要经常进行四大任务和八项守则（纪律）的教育（四大任务八项守则文件由各县兵役局印发各区、乡、村），使自卫队员懂得自己的任务和应遵守的纪律”，从而使自卫队“每个队员的思想水平和觉悟程度在现有的基础上提高一步”①。从前面凉山军分区的整训通知也可见，对自卫队员的思想和纪律教育可以说是在自卫队员的训练中最重要的部分。之所以如此重视自卫队员的思想和纪律教育，是因为：第一，彝民本身纪律意识很弱，甚至没有纪律意识，而且往往视各项纪律为苛求他们（这一点和前文所述的彝民团训练中的问题是一致的，见第二章第七节），因而，必须根据当地的实际情况对他们进行纪律教育；第二，通过思想教育能加强自卫队员对中共的向心力，从而提高自卫队的战斗力，成为社会变革和平息叛乱中保卫基层政权和维护社会治安的主力。

此外，中共强调，对不是无资格参加自卫队的队员，犯了较小的错误应以教育为主，不宜随意清除出队。如昭觉附城区城北乡普地村曾清洗了 4 名自卫队员，在该村检查工作的凉山军分区得知后对这 4 名自卫队员的情况作了调查，发现这 4 名队员“除 1 名系品质恶劣（流氓）应清洗出队外，有 1 名系平时工作表现不够好，其余 2 名为偷过 1 升粮食，1 名为在查获大烟时装了一小块腰包而被清洗”，凉山军分区工作组认为“对后 3 名，只要教育他们改正错误，是可以不必清洗的”，这一处置被凉山地委所认同，并对此加以赞扬。②

第五，关于自卫队员奖惩和伤亡抚恤的问题，中共规定，“凡服从命令，执行任务，与一切危害政策法令及破坏群众纪律进行斗

① 凉山地委：《关于对附城区武装工作的检查报告》（1956 年 5 月 30 日），甘洛县档案馆，1—1—77—11。

② 凉山地委：《批转军分区工作组关于对昭觉附城区武装工作的检查报告》（1956 年 6 月 13 日），甘洛县档案馆，1—1—77—13。

争有显著成绩者，得酌情表扬奖励之，凡违抗命令，违犯法令，破坏群众纪律者，应视其情节轻重分别予以处分”，如果自卫队员在平叛中受伤、致残或身亡，照中央人民政府内务部 1950 年 12 月 11 日公布之“民兵民工伤亡抚恤暂行条例”规定进行抚恤。①

为了便于确定评功标准，凉山军分区提出了民兵和自卫队的评功办法：对个人而言，做到以下各条之一算立功。具体内容包括：“1. 工作积极，埋头苦干，任劳任怨，并积极带领群众响应政府号召。2. 积极学习政治、军事、文化，并不断提高自己的政治觉悟，文化水平有一定成绩。3. 团结互助，帮助同志，爱护武器弹药，公共财产，且能监督他人，4. 尊重领导，服从指挥，遵守纪律，带领群众，并能完成各项任务有一定成绩。5. 执行三大任务、八项守则，积极贯彻和维护政府政策法令，与坏人坏事做坚决斗争，宣传党的政策。6. 履行自己职责，积极打击叛乱武装或反革命分子，维护社会治安有一定成绩。7. 在艰苦困难环境下，思想坚定，不动摇、不屈服、不受奴隶主金钱收买、利诱，并坚持斗争到底，严格遵守纪律，保守国家机密。8. 战斗英勇顽强，舍己为群（群众）不惜生命，英勇打击叛乱武装，并在紧急情况下，抢救我伤员烈士。9. 通过叛乱武装封锁线，完成通讯，情报任务，并向叛乱武装开展政治攻势，宣传政府政策，劝解叛乱武装放下武装（器），回家生产，或对某一战斗起有一定作用。”对集体而言，做到以下各条之一算立功，具体内容包括：“1. 执行三大任务、八项守则，公买公卖，爱护武装（器）弹药、国家财产，团结互助等方面成绩突出。2. 尊重领导，服从指挥和确保政府人员生命的安全，顺利开展工作。3. 保卫群众生命财产，守仓护路，看守桥梁，交通要道完整无损。4. 全队在政治、军事训练中获得优良成绩，完成学

---

① 《四川省凉山彝族自治州关于组织清匪治安武装自卫队暂行办法》（1955 年 11 月 23 日），凉山彝族自治州档案馆，79—1—171—5；秦和平编：《四川民族地区民主改革资料集》，北京：民族出版社，2008，第 137 页。

习任务，并在平时继续保持优良成绩，创造经验，对其他单位有推动作用。5. 在完成各项工作中能排除困难，完成上级所交予各项任务。6. 在平息武装叛乱斗争中，消耗少，伤亡小，胜利大，创有模范战例。7. 在各项工作中，有所创造和发明对某项工作有推动作用。8. 在完成某一艰巨任务，创造有特殊功绩或发生其他事件，并团结互助，巩固部队，以为全区或县、区民兵自卫队旗帜。”①

二、自卫队的任务和作用

按照中共的设想，凉山自卫队的任务包括三项：“第一，搜捕潜藏匪特，镇压反革命活动，配合人民解放军及公安部队剿灭匪患及平息反革命叛乱，维护社会治安，保护各族人民群众生命财产的安全，巩固人民民主专政。第二，贯彻执行人民政府各项政策法令，积极参加和保卫民主改革等各项群众运动。第三，团结互助，积极参加并坚决保卫生产和互助合作事业。”② 这是文件中对自卫队作用的规定，就实际情况而言，自卫队的作用包括以下几个方面。

1. 维护本地（乡村）社会治安，防止叛乱武装袭扰

做好这一工作的核心是组建基层联防。凉山军分区强调，各地区应在“县委统一领导下，统一指挥，分工负责，在基干自卫队、战勤民兵连中充分组织教育，做好这一工作”，具体做法应“以当地驻军部队、基干自卫队、战勤民兵连为骨干（因为部队一般情况下要在各地机动平叛，因此地方，尤其是乡村基层的治安是由自卫队和民兵担任，笔者注），有重点的组织乡与乡、区与区、地区与地区之间的联防工作，建立必要的领导机构和工作制度，并以基干

---

① 凉山军分区：《关于今冬明春民兵自卫队整训的联合通知》（1956 年 10 月 30 日），甘洛县档案馆，1—1—77—19。

② 秦和平编：《四川民族地区民主改革资料集》，北京：民族出版社，2008，第 136 页。

自卫队为基础，对叛乱武装情况的侦察分析研究和掌握，达到歼灭叛乱武装，保证改革的顺利进行，与人民生命财产的安全，巩固治安”①。

具体的步骤和做法是：第一步，要参照凉山军分区政治部“关于凉山目前形势的宣传提纲”进行广泛深入的宣传教育，“使群众能认识到建立群众性联防工作的必要性和重要性，并相继说明联防是维护社会治安、保卫生产、保卫胜利果实所不能缺少的组织”，只有大家组织起来，才能平息叛乱，形成群众性工作。在此一基础上建立群众性的联防组织，达到制止，防止叛乱和消灭叛乱武装的目的。②

第二步，在广泛宣传，并且群众支持和认可的基础上，“以基干队员、自卫队员为骨干，以合作社、互助组员和其他劳动人民群众为基础，从下而上的建立机构，普遍相互的订立联防公约，做到有情必报、有事必援的要求。不给敌人通气报信，以达孤立和完全控制敌人活动，使我群众安心生产之目的”，在地区划分上，“以行政村为单位，进行分段包干，各负有责（负责组织领导，掌握并与友邻交流敌情和负责对邻友的支援），互相联系。对分散之边沿村庄，为便于领导，视距离远近划给彼此较近的联防机构负责领导，使达及时管教和掌握”③。此外，还要发动群众订立联防公约，如甘洛县阿尔乡的群众联防公约规定：“第一，拥护共产党，拥护人民政府与人民解放军，拥护民主改革政策及人民政府各项政策。第二，不上土匪（叛乱武装——笔者注）当，不受土匪骗，不供给土匪一枪一弹，一颗粮食，一句情报，不窝藏土匪。第三，大家动手捕捉土匪及国民党残余匪特，并要协助人民政府，解放军

---

① 凉山军分区：《关于今冬明春民兵自卫队整训的联合通知》（1956 年 10 月 30 日），甘洛县档案馆，1—1—77—19。

② 凉山地委武装部、凉山军分区司令部武装部：《关于试建联防工作材料的通知》（1956 年 8 月 28 日），甘洛县档案馆，1—1—77—18。

③ 同上。

清剿土匪。第四，向土匪特务开展政治宣传，动员他们及早缴械投诚，争取立功，并要妻子劝丈夫，儿子劝父亲，及早脱离匪群，向人民投诚。"[①] 这样，就在基层构成了一张针对叛乱武装的联防网。

第三步，凉山地委要求在各乡、村设立的治安委员会（治保会、治安小组）的基础上，展开群众性的情报工作。"这样既可保存秘密情报员（之前凉山各地已建立了秘密情报员制度，一般每村1—2人，以单线联系方式进行工作[②]），亦能发挥群众的积极性，又能得到情况的真实和解决情报员的过多负担"，具体方法是：采取明暗两种方式搜集情报，但是暗线情报人员仍以单线联系的方式进行工作，并对相关人员经常进行保密教育，使其发挥作用。[③]

联防的任务包括以下几方面：

首先，互通情报，相互支援。

其次，乡村两级领导，需要掌握和管教队员，并建立一些必要而可行的一般会议、汇报和生活制度，以及规定一些联络信号（记号），并按（大体上按中队一周，分队四日）期总结经验，逐级上报中、大队部。如果遇到紧急情况或有较好的经验可资推广，应随时上报。

最后，自卫队员除了担负岗哨、巡逻、打击叛乱武装和送信的任务外，还应对可疑的行人进行仔细盘查和监督，但是在盘查时，除了应有高度警惕外，在态度上应当和蔼，不能粗暴待人。如果有重大嫌疑人员应送中队部进行详询，没有实据和问题，均应解释释放，不得任意扣捕和随意打骂行人，更不能随意捆绑行人。

与此同时，为了加强凉山社会控制，进一步压缩叛乱武装的活

---

① 甘洛县阿尔乡：《群众联防公约》（1956年），甘洛县档案馆，1—1—131—4。

② 凉山地委：《关于对附城区武装工作的检查报告》（1956年5月30日），甘洛县档案馆，1—1—77—11。

③ 凉山地委武装部、凉山军分区司令部武装部：《关于试建联防工作材料的通知》（1956年8月28日），甘洛县档案馆，1—1—77—18。

动空间，凉山地委一度拟在凉山实行通行证（路条）制度，但由于彝民多数不识字，采取固定物品代替也无合适的物品，最终未能实行。

在各地试建联防体系中，凉山地委要求各地注意以下几点：一是各地建立联防只需在召开干部会议上宣传和建立，不必单独进行。二是在检查会议的成效时，即同时检查联防工作的组建情况及效果。三是各级联防组织负责人，由党政人员专门领导（兼任），基于民族干部不足，各级工作团（队）干部都必须兼职。联防领导干部的产生，则采取选举和任命的办法（选举后亦须任命）。四是，各地联防均须合理调配本地的枪支弹药，但不能绝对平均，并须通知友邻，以免发生意外，造成损失。①

2. 配合解放军和公安部队或独力平息叛乱

这是自卫队最重要的任务。各地自卫队在成立后均积极配合解放军和公安部队平叛，在平叛斗争中起了重大作用。具体而言包括以下四个方面：一是在叛乱武装袭扰时固守村庄，和来援的自卫队或解放军一道痛击叛乱武装。如普雄的自卫队在县委的领导和兵役局各工作团（队）直接指挥下，从 1956 年 1 月至 4 月，配合解放军（包括公安部队）及单独和叛乱武装作战 110 多次，毙敌 190 人，缴获各种武器 7 支、子弹 89 发，夺回被叛乱武装抢劫的粮食 38250 斤、马 1 匹、耕牛 118 头、羊 3 只、棉布 6 匹、白银 2500 两、人民币 180 元；尤其是 1956 年 3 月中旬，普雄县拉普吃只乡自卫队 6 天内主动出击 7 次，毙伤叛乱武装 7 人，而且其中一次战斗中当地自卫队仅以 19 人追击溃退的叛乱武装 100 余人 20 余里，毙敌（黑彝）2 人（当系叛乱武装首领，笔者注），解救被劫走的群众 1 人，申果庄区拉儿坝子乡自卫队从 1956 年 2 月至 3 月，2 个月内有计划、有组织地打击盘踞在该乡附近的叛乱武装 26 次，共

① 凉山地委武装部、凉山军分区司令部武装部：《关于试建联防工作材料的通知》（1956 年 8 月 28 日），甘洛县档案馆，1—1—77—18。

毙伤叛乱武装5名，生俘6名，夺回粮食27750斤，耕牛21头，并于3月15日在工作队的率领下赶跑了盘踞于木耳络以的阿候络也、阿候扣秋的叛乱武装30余人，夺回耕牛21头、粮食4500斤，而且叛乱武装被自卫队连续痛击后发生内讧，相互械斗致死亡2人，3月25日，叛乱武装200余人（有枪40多支）到中普雄区曲苦地乡抢粮，遭到当地工作队和自卫队的坚决抵抗，弹药用光，就用石块抵抗，在附近拉白、瓦吉等乡自卫队的积极支援下，当地工作队和自卫队击退了抢粮的叛乱武装，共毙敌18人，缴获子弹20多发。[①] 二是在平叛战斗中配合解放军或公安部队，击退或歼灭叛乱武装。如金阳县三区的自卫队和工作队一道，在4月9日配合解放军将盘踞于独角溪，以黑勒日、候子力力为首的叛乱武装包围，10日早7时至下午3时，经8小时战斗，除潜逃1名外，其余叛乱武装被解放军和自卫队全歼。计击毙叛乱武装首领黑勒日、候子力力以下共10人，击伤叛乱武装首领候子日、黑呷等11人，俘敌3人，叛乱武装投诚1人，盘踞当地的叛乱武装被彻底歼灭。[②] 又如金阳县的派来乡，1956年6月3日，灯厂区的一股叛乱武装在小银木乡聚集，喝过血酒盟誓后，由叛乱武装2个小头目带人到派来乡的火山（当地地名），准备袭击派来乡。当天在黑甲（今金阳县基足乡）的平叛指挥部得到这一情报后，命解放军一部立即出发，配合派来乡自卫队，务必全歼这股叛乱武装。解放军由指导员冯辅仁率领，经5个多小时的急行军，秘密抵达派来乡，和当地自卫队会合后，冯辅仁命曾在此地工作过的高登然挑选3名自卫队员先摸掉叛乱武装的前哨阵地，得手后，部队迅速穿插，截断了叛乱武装的退路，叛乱武装被围在4个碉楼里。叛乱武装突围未果，只得退回碉楼固

① 以上参见凉山彝族自治州武装部、凉山彝族自治州人民委员会：《表扬普雄、金阳县自卫队模范战例的联合通报》（1956年5月5日），甘洛县档案馆，1—1—77—16。

② 凉山彝族自治州武装部、凉山彝族自治州人民委员会：《表扬普雄、金阳县自卫队模范战例的联合通报》（1956年5月5日），甘洛县档案馆，1—1—77—16。

守，解放军随即控制了碉楼的所有射击孔，以枪和手榴弹对碉楼内的叛乱武装实行火力压制。碉楼内的叛乱武装最终先后放下武器投诚。此次战斗约经 1 小时，叛乱武装 23 人，除 1 人被击毙，其余均被生俘。缴获步枪 13 支，长矛、马刀等冷兵器 10 余件，子弹 200 余发，解放军也阵亡 1 人。① 在这场战斗中，自卫队配合解放军摸掉了叛乱武装的哨兵，对解放军顺利穿插叛乱武装身后，包围叛乱武装起了重要作用。三是独力或作为主力歼灭叛乱武装。如 1957 年 2 月 25 日，昭觉比尔区干部罗国清带领 25 名自卫队基干队员前往当地波洛乡工作队开展工作，该乡叛乱武装首领瓦扎比者常在波洛乡工作队驻地后面的大山里袭扰工作队和当地群众。罗国清决定采取集中现有自卫队力量，诱敌深入，然后包围聚歼。决定方针后，由乡自卫队前往诱敌。叛乱武装不知自卫队意图，集中 40 余人下山，企图袭击在波洛乡的工作队。在叛乱武装进入自卫队预设的埋伏圈后，基干队员立刻开火，把叛乱武装压制在山沟里，经 3 小时激战，歼灭了下山的叛乱武装。击毙叛乱武装首领 1 人，击伤叛乱武装首领 1 人。当晚又得知宜牧地乡有叛乱分子 6 人在该乡拉铁村强迫老百姓交纳银两。罗国清又带领 40 余名基干队员于当晚 1 点出发，奔袭宜牧地乡拉铁村，拂晓在该乡自卫队配合下包围了叛乱分子，叛乱分子察觉后连忙逃窜，最后在彝民团 3 营 10 连的策应下，击毙叛乱骨干 2 人，重伤叛乱武装首领瓦扎子铁。② 甘洛苏雄区的自卫队也曾单独和叛乱武装作战。③ 据统计，仅 1956 年 3—6 月，包括自卫队在内的群众武装和叛乱武装作战近千次，毙、

① 以上参见中国人民政治协商会议金阳县委员会文史资料委员会编：《金阳县文史资料》第 1 辑（2000 年），第 25—28 页。

② 中国人民政治协商会议凉山彝族自治州委员会文史资料委员会编：《凉山文史资料选辑》第 16 辑，1997，第 61 页。

③ 苏雄区委：《一至九月份情况工作报告》（1925 年 9 月 25 日），甘洛县档案馆，1—1—89—9。

伤、俘叛乱分子700余人。[①] 四是配合解放军和工作队或独力捕捉被打散的叛乱分子。如甘洛，1957年4月底，苏雄区的叛乱武装首领铁合阿木和峨边的叛乱武装首领在乌斯大桥一带会合，准备联合发起暴动。当地战勤队（自卫队中战斗力强的此时已编为民兵战勤连、战勤队）奉命平息这场暴动。叛乱很快被平息，接着战勤队到铁合阿木家搜查，目的是捕捉被打散的叛乱分子，并抓住铁合阿木。铁合阿木在得到讯息后带着身边的数10人逃入老林企图继续抵抗，战勤队在大桥乡沙都村住了十几天，天天进山搜剿。铁合阿木不敢在老林中多留，于是秘密到乃乃堡上面的阿扎尔古村沙马木基家中居住，战勤队闻讯即集中兵力，在得讯后次日凌晨4点秘密包围了沙马木基家，将铁合阿木和属下全部抓住，沙马木基拼死抵抗，在翻墙逃跑时被击毙，至此，峨边和甘洛苏雄地区的叛乱武装被全部肃清。[②]

值得注意的是，一些自卫队员在作战中相当积极和英勇。甘洛县吉什八呷地区的女自卫队员索木（也写作索莫）就是其中的代表。1956年3月14日，甘洛县离吉什八呷地区不远的阿租八呷被叛乱武装包围，索木请求当地自卫队派她随军作战，明确表示：哪怕不能参战，“随军作彝汉语翻译也好”。最后她和熟悉地形的自卫队员带着解放军击溃了叛乱武装。3月23日，当地被解放军击溃的叛乱武装首领沙沙尔子带领残部从特克拉耳潜逃，被当地一个叫吉吉的彝族小姑娘发现，即刻向当地工作队作了报告。索木和工作组成员唐刚当即带着正在开会的自卫队员23人分三路将潜逃的叛乱武装首领包围在一处山林里，经喊话规劝其放下武器无效后，索木亲身犯险向叛乱武装喊话“只要缴械投诚，保证不杀”，被叛乱分

① 凉山地委：《关于春耕前全面发动群众进行民主改革的初步总结及6—9月的工作意见》（1956年6月18日），甘洛县档案馆，1—1—76—8。

② 中国人民政治协商会议甘洛县委员会文史资料委员会编：《甘洛县文史资料选辑》第4辑（2004年），第246—248页。

子击中大腿，索木还击，一枪击毙叛乱武装首领随从，接着和自卫队员一道，全歼叛乱武装，击毙叛乱武装首领沙沙尔子。[①] 再如金阳一个自卫队员在当地工作队遭受优势叛乱武装袭击时对工作队说："你们走，我保护你们，我死了不要紧，你们还有更多的事情要做。"据不完全统计，从 1956 年 3 月至 5 月，自卫队和叛乱武装作战近千次（不包括随军作战），歼灭（包括毙伤俘）叛乱武装 700 余人。[②]

自卫队原则上是在本乡、本地活动，但是，也有跨乡、跨地活动的情况，主要是叛乱武装已被肃清的地区抽调自卫队员增援叛乱武装活动仍较频繁的地区。如 1956 年夏，凉山地委和凉山军分区联合签署命令，基于配合部队作战、清剿流窜的叛乱武装的需要，决定从昭觉基干自卫队（300 人）和布拖基干自卫队（200 人）各抽调 50 人，计 100 人给甘洛，并相应减少两地自卫队的报销，增加甘洛自卫队的报销。[③]

3. 贯彻执行人民政府各项政策法令，积极参加和保卫社会变革等各项群众运动

前文所述的维护社会治安，组织基层联防就是贯彻政府各项政策法令的实际表现。事实上，各地自卫队组建后，自卫队员普遍"积极参加民主改革，自动组织岗哨保护工作队，看守粮仓，敢于同奴隶主说理斗争，收缴奴隶主枪支，揭破谣言，反映汇报情况，带头生产"，在昭觉附城区骨曲乡马其洛呷村，当地自卫队员在变革中"不但主动积极地收缴奴隶主枪支，揭露奴隶主造谣破坏，而且积极响应政府号召，自动组织了 15 名队员到吉我拉打帮助开展

① 甘洛县工委：《索木同志击毙匪首光荣负伤的通报》（1956 年 4 月 6 日），甘洛县档案馆，1—1—80—8。

② 凉山地委：《关于春耕前全面发动群众进行民主改革的初步总结及 6—9 月的工作意见》（1956 年 6 月），甘洛县档案馆，1—1—74—1。

③ 凉山地委、凉山军分区：《抽调基干自卫队的通知》（1956 年 6 月 13 日），甘洛县档案馆，1—1—77—17。

工作”，附近新凉村的自卫队员，“主动监督和控制奴隶主的破坏行为，并组织审查了解来路不明奴隶主的破坏活动情况”。[①] 总体而言，凉山在社会变革期间，自卫队员都站在了中共一边，为凉山社会变革的顺利实施提供了坚强的后盾。如昭觉附城区骨曲乡新凉村自卫队员拉克日补，曾两次拒绝暗中破坏变革的上层（奴隶主）用银两和羊只的收买，并向上及时作了反映；同乡瓦落村自卫队员马比格，识破并阻止了本村阿苏黑母子（奴隶主）企图夺取枪支上山叛乱的活动。[②]

4. 团结互助，积极参加并保护生产和合作化

具体包括两方面：一是动员群众积极生产，组织群众开展各项生产活动；二是在农忙和收获时节，保护生产果实，防止叛乱武装在收获时节前来抢劫，致使粮食受损，与此同时，不失时机地组织互助合作。在1956年秋的一份文件中，中共要求做好保卫秋收的工作，同时“防止自然灾害及兽害，发动群众做好秋收秋种的准备，以保证增产增收，教育群众积极积肥为来年扩大大春作物面积创造条件”[③]。在甘洛的苏雄区，当地自卫队组织了两个生产小组，担负了组织群众生产的任务，他们号召和引导群众不荒一寸土地，调动群众的生产情绪，同时由自卫队牵头，大力组织群众开展各种生产活动。[④]

为了保证自卫队能在社会变革和平息叛乱中顺利发挥作用，凉山地委要求各地必须做到：（1）把基干队、自卫队和广大群众三者

① 凉山地委：《关于对附城区武装工作的检查报告》（1956年5月30日），甘洛县档案馆，1—1—77—11。

② 凉山地委：《批转军分区工作组关于对昭觉附城区武装工作的检查报告》（1956年6月13日），甘洛县档案馆，1—1—77—13。

③ 呷洛县沙岱分团：《民改工作总结报告》（1956年8月30日），甘洛县档案馆，1—1—89—24。

④ 苏雄区委：《半月工作简报》（1956年4月18日），甘洛县档案馆，1—1—89—4。

密切结合起来，使群众性对敌斗争广泛深入的展开。[①]（2）对一些地区干部领导“作风恶劣，只知对自卫队员训骂歧视却不关心其疾苦”，或领导软弱无力，平叛中“不能积极依靠群众打击敌人，鼓舞群众的斗志，反而束手无策增加了敌人的气焰”的现象进行纠正，要求各地干部必须认真检查自卫队中出现各种问题的原因，“确实克服大汉族主义思想，改进领导作风，在对自卫队加强教育的同时与自卫队员同生死共患难，在生活上打成一片”[②]。（3）“不断揭发阶级敌人的破坏阴谋，提高群众和自卫队的革命警惕，加强斗志，工作干部并须以身作则积极领导群众对敌斗争”[③]。（4）根据很多地区的自卫队员“生活条件恶劣，伙食太坏，衣服破烂，有的家庭生活、生产问题未得到妥善的解决”的实际情况，凉山地委要求各地“除必须认真解决脱产自卫队家庭生产生活困难问题”外，决定给参加武工队的自卫队员每人解决单衣一套，其他必须解决的问题（如草鞋、烟），则由各地从自卫队员的菜金中调整解决。[④]

综上所述，自卫队是凉山社会变革和平叛的不可或缺的力量。

三、自卫队对凉山社会变革的作用

自卫队是凉山社会变革和平叛中不可或缺的力量，在凉山的社会变革和平叛中起到了重大作用。在本节结尾，笔者对凉山社会变革中的自卫队有如下反思：

第一，自卫队不仅是凉山社会变革和平息反民主改革叛乱的重

---

① 凉山地委：《关于春耕前全区发动群众进行民主改革的初步总结及 6 至 9 月的工作意见》（1956 年），甘洛县档案馆，1—1—74—1。

② 凉山地委：《王维训同志在地委第二次扩大会上的总结发言提纲》（1956 年 5 月 31 日），甘洛县档案馆，1—1—74—5。

③ 凉山地委：《王维训同志在地委第二次扩大会上的总结发言提纲》（1956 年 5 月 31 日），甘洛县档案馆，1—1—74—5。

④ 同上。

要力量，也是中共基层政权的重要组成部分。通过自卫队，中共在凉山成功建立了社会控制系统，将之前无论国民党政权还是地方势力都无可奈何的凉山地区纳入了自己的社会治理系统，在民主改革和平息反民主改革的叛乱中起到了重要作用，正是因为有以自卫队为基础，乡设治保会，村设治安小组的基层联防系统，从而在凉山的社会基层布下了一张针对叛乱武装无形的网。由此叛乱武装无法获得粮食和武器的补给，兵员补充更是难于登天。只能得到越打越少，越打越弱，最终彻底失败的结局。此外，以自卫队为中心的凉山社会控制（治安）网的建立，也使凉山的社会治安问题得到了根本解决。通过自卫队的组建和治安联防系统的建立，凉山不再有冤家械斗的现象，偷盗抢劫尤其是“抓娃子”现象也彻底绝迹。此后，凉山基本实现了“路不拾遗”。这正是以自卫队为中心的凉山社会控制系统建立的作用。此外，自卫队员（尤其是各级队长）也是凉山彝族干部的重要来源。不少在社会变革和平息反民主改革叛乱中表现突出的自卫队员在变革中和变革结束后成为中共的基层干部，如前文所述的昭觉附城区骨曲乡新凉村自卫队员拉克日补，因为在社会变革和平叛中表现突出，还在社会变革中就成了脱产干部。[1]

第二，自卫队是凉山社会变革中中共革命（阶级）话语的实际体现。这一点主要体现在自卫队的组建上。前文已述，自卫队只接纳出身原社会结构中下层的人（包括锅庄娃子、安家娃子、白彝），上层（土司和黑彝）即使表现再好，也不被接纳入队，“反革命分子”“惯匪”“有民愤的人”（都是彝族上层）更要严防加入，如果自卫队中有这样的人，必须坚决清洗。也可以这样说，自卫队组建的过程，也正是凉山彝族下层群众获得阶级意识和革命意识的过程，通过自卫队的组建，中共成功将革命话语植入了凉山社会，从而成功实现了对凉山社会的直接治理，对凉山未来的社会发展也产

① 凉山地委：《批转军分区工作组关于对昭觉附城区武装工作的检查报告》（1956年6月13日），甘洛县档案馆，1—1—77—13。

生了深远的影响。[①]

第三，自卫队是中共在凉山进行政治动员的重要方式。中共在凉山主导的社会变革既是一场触及社会各界的大变革，也是中共将广大彝民（包括上层和下层）纳入自己建立的国家体系的过程。通过自卫队的组建和使用，中共成功地在凉山地区实现了社会变革需要的政治运作，从而将彝民（主要是下层）纳入了自己建立的国家体系中，这不仅保证了社会变革和随民主改革同时进行的合作化的顺利完成，而且为后来的更高层次的集体化的开展打下了组织上的基础。

① 这些影响的内容可参阅蒋彬、罗曲、米吾作：《民主改革与四川彝族地区社会文化变迁研究》（北京：民族出版社，2008）一书。

第四章
凉山社会变革的复查补课工作

本章是正文的最后一章，主要讨论凉山社会变革的复查补课工作（这是凉山社会变革的最后一个环节）。本章的主要任务是：对凉山社会变革的复查补课工作的背景（为什么要进行复查补课工作）和内容进行清理，力争较全面地再现凉山社会变革中复查补课工作的全貌。

第一节 复查补课的起因

1957年初，凉山全境80%的地区已经基本完成了社会变革。[①]到1957年8月底，已有90%以上的地区（计307个乡和16个乡的一部分，共62万人口）已基本完成了社会变革[②]（余下的10%左

① 中央慰问团第二分团：《慰问工作的总结报告》（1957年2月8日），载韦清风等编：《凉山彝族奴隶社会的变革资料摘编》，中国社会科学院民族研究所，1981，第338页。

② 张连义：《中共凉山州委关于复查补课工作的安排意见》（1957年9月），载韦清风等编：《凉山彝族奴隶社会的变革资料摘编》，中国社会科学院民族研究所，1981，第299页。另，伍精华的回忆中记为305个乡和16个乡的一部分，计62.9万人，占凉山总人口的92%。见伍精华：《我们是这样走过来的——凉山的变迁》，北京：民族出版社，2002，第151—152页。

右的地区是叛乱尚未平息的地区），取得了巨大的成绩。具体表现在以下几个方面：

第一，叛乱武装已处于覆灭前夜。到 1957 年 8 月底，叛乱武装虽然还有 4000 余人，但是活动范围仅限于以申果庄、候不列拖为中心的北六县（普雄、越西、甘洛、美姑、洪溪、峨边）和以古尼拉打为中心的南五县（美姑、瓦岗、昭觉、金阳、布拖）县区结合部的深山老林地区（这些叛乱武装在 1957 年 9—10 月的南北两线围歼战中被全歼，至此凉山叛乱被基本平息）。[①] 在叛乱武装被基本平息的同时，凉山的社会治安也得到彻底的安定。

第二，社会变革取得了巨大成果。具体的表现是：(1) 各地均没收、征收或征购了奴隶主的五大财产（土地、粮食、房屋、耕畜、农具），并将这些土地财产分给了奴隶们。(2) 奴隶（娃子）基本上获得了解放。(3) 争取了多数奴隶主（约 70%）支持或认可中共在凉山主导的社会变革，这一数字也是凉山奴隶主中守法和基本守法的奴隶主的数字。[②]

第三，通过社会变革中群众的发动和建政，大多数彝族群众接受了中共的阶级话语，并“真正从思想上与奴隶主阶级划清了界限”[③]。社会变革中的积极分子（昭觉的尼古果果就是其中的著名代表[④]）成为基层政权的骨干力量。此时凉山各地党组织发展也很

---

① 参阅凉山彝族自治州政治协商会议文史资料委员会编：《让历史告诉未来——凉山民主改革文史资料专辑》（上集），2008，第 45—51 页；凉山彝族自治州地方志编纂委员会编：《凉山彝族自治州志》，北京：方志出版社，2002，第 1051—1052 页；四川省美姑县志编纂委员会编：《美姑县志》，四川人民出版社，1997，第 539 页；四川省昭觉县志编纂委员会编：《昭觉县志》，成都：四川辞书出版社，1999，第 422—424 页。

② 伍精华：《我们是这样走过来的——凉山的变迁》，北京：民族出版社，2002，第 152 页。

③ 甘洛县委：《关于在已完成民主改革的地区进行复查补课工作的安排意见》（1957 年 10 月 24 日），甘洛县档案馆，1—1—148—2。

④ 尼古果果的生平见《难忘的历程——开辟凉山彝族地区工作的回忆录》，成都：四川民族出版社，1992，第 309—321、387—388 页。

快。如昭觉，1955 年仅有 3 个党支部，1956 年的党支部达 33 个之多，到 1957 年又增加了一倍，达 66 个。[1] 各地的自卫队（这里主要是指脱产或半脱产的基干自卫队）也成为中共在凉山可靠的支柱（据统计，至 1957 年 10 月凉山总共有自卫队员 97000 余人，积极分子达 3 万余人），各地基层政权一般都能推动当地工作正常有序地开展。此外，据统计，凉山自 1956 年开始社会变革至 1957 年 10 月，培养提拔了民族干部 2000 余人，其中被提拔到区级以上领导岗位者有 300 余人。[2]

第四，通过社会变革提高了凉山彝民的生产积极性，加上新式农技的推广，凉山的农业生产力有了明显提高。以金阳为例，1957 年的粮食产量为 12750 吨，较 1952 年上升了近一倍（1952 年仅有 7410 吨），农业总产值为 1957 年 392 万元（粮食作物 376 万元，经济作物 16 万元），而 1952 年不过 219 万元（粮食作物 211 万元，经济作物 8 万元），也增长了近一倍。[3] 其他各地情况与金阳大致相同。很显然，通过社会变革，凉山的农业生产水平较以前上升了不止一个台阶，随着农业生产力的提高，凉山彝族群众的生活水平也有了相当的提高，“以往‘一年劳动半年吃’，‘野菜野草充饥’的情况已有所改变”，“往年常常发生饿死人的现象，现在在改革后的地区尚未发现”。[4]

综上所述，凉山社会变革已经取得了辉煌的成果，大多数地区在 1957 年 9 月前都已经完成社会变革，但是，已完成社会变革的

---

① 四川省昭觉县志编纂委员会编：《昭觉县志》，成都：四川辞书出版社，1999，第 346 页。

② 瓦渣木基：《自治州第三届全国人民代表会议上的工作报告》（1957 年 10 月 17 日），凉山彝族自治州档案馆，95—1—157—9。

③ 四川省金阳县志编纂委员会编：《金阳县志》，北京：方志出版社，2000，第 149 页。

④ 王海明：《七个月来的工作情况和今后工作的主要任务》（1956 年 9 月 8 日），载韦清风等编：《凉山彝族奴隶社会的变革资料摘编》，中国社会科学院民族研究所，1981，第 343 页。

地区在工作中还存在着诸多问题，而且还有少数地区尚未完成，甚至还没有开始社会变革（如甘洛，至 1957 年 10 月尚有 140 户没有完成社会变革①），因此，进行和汉区的土地改革近似的复查工作自然是顺理成章。时任凉山州委书记的张荣在凉山彝族自治州第三届人民代表大会第三次会议上的发言对为什么要进行复查补课工作进行了全面的说明，下面是张荣的发言全文：

为什么要举行民主改革的复查补课工作？

我州的民主改革工作，从去年 2 月开始到今年 8 月底止，已经在 62 万余彝族人口的地区完成了民主改革，占彝区总人口的 92%强，其余少数地区将于明年春耕前全部完成民主改革任务。经过民主改革的地区，已经发生了历史性的根本变化：废除了极不合理的奴隶制度，基本上打垮了奴隶主阶级的统治，解放了奴隶和全体劳动人民，解放了农村生产力，广大群众的思想觉悟普遍提高，并且已经组织和武装了起来，建立了人民民主制度，劳动人民形成了强大的，不可战胜的革命力量，广大彝族人民真正当了家，做了主，上层人士得到了适当照顾和在政治上、生活上的妥善安置，奴隶主分子亦受到了一定的教育改造，目前多数奴隶主能够劳动守法或基本守法，获得解放的劳动人民生产情绪和社会主义积极性空前高涨，生产和互助合作有了较快的发展，人民生活有了改善，民族团结得到了进一步的加强。同时，民主改革运动有力地推动了叛乱的逐步平息。目前全州除个别地区外，已经平息或基本上平息了叛乱，社会秩序逐步安定，所以我们说我州的民主改革是成功的，成绩是伟大的。这是必须加以肯定而不应有任何怀疑的，虽然在民主改革中，曾经发生过一些缺点和偏差，但已经得到了改正，保证了改革运动的健康发展，并确定了决定性的胜利。这些伟大成绩的获得，主要由于党和人民政府的政策正确，特别是广大劳动人民在党

① 甘洛县委：《关于在已完成民主改革的地区进行复查补课工作的安排意见》（1957 年 10 月 24 日），甘洛县档案馆，1—1—148—2。

和政府的正确领导及各兄弟民族和人民解放军的大力支援下努力斗争的结果。不少的进步上层人士赞助和带头改革亦起了良好的作用，但是有少数不法奴隶主分子，他们对劳动人民的翻身解放十分仇视，有意地夸大改革中的缺点，歪曲政策，否定改革的伟大成绩，其他推翻改革的胜利成果，这是彝族人民绝对不能容许的。

我们同时还必须看到，由于改革的时间较短，群众及干部缺少经验，特别是不法奴隶主及叛乱奴隶主的阻扰破坏，致使改革工作搞得比较粗糙。加之改革后又未系统深入地进行复查补课工作，因而在完成民主改革的地区内，目前还存在着不少亟待解决的突出的问题。首先是群众发动不充分，有少数群众的阶级觉悟和社会主义觉悟还不高，有些农村基层组织还不够健全，未能充分发挥其作用。特别是由于对不法奴隶主的违法破坏行为打击和处理得不够，对奴隶主分子的教育改造不够，有少数不法奴隶主的反动气焰十分嚣张，猖狂地进行反攻倒算、枪杀破坏、继续策划组织叛乱等破坏活动。正如瓦渣木基州长指出的，不法奴隶主的违法破坏活动多达15余条，有程度不同的违法破坏行为的奴隶主，占奴隶主总户数的30%以上。这说明不法奴隶主的破坏活动是比较普遍的，而且是严重的，使群众的生命财产遭受到重大损失。所以广大群众坚决要求严肃的处理和制止不法奴隶主的破坏活动，以保卫他们的切身利益，这是完全正确的、正义的。其次是改革中有些奴隶主隐瞒、分散、转移了部分应加没收和征购的土地、粮食等五项财产还未处理。有些奴隶主还有些武器没有交出，有少数解放出来的奴隶群众，还未安置妥帖，在没收、征购和分配中有个别遗漏、差错及突出的不合理现象。也有个别错划、漏划成份的现象。上述存在的这些问题，严重地影响民主改革成果的巩固，阻碍着生产和互助合作运动的顺利开展，并影响着民族团结的进一步加强和社会秩序的安定。据此，在所有完成民主改革的地区内，普遍深入地进行一次复查补课工作，并处理好改革的遗留问题，这是非常必要的。这对巩固改革成果，对生产互助合作运动的顺利开展，对进一步加强民族团结和安定社会秩序，有着极为重要的决定性的意义。所有我们应该坚决地开展复查补课运动，不应该有任何的怀疑与忧虑，更不允许来自任何方面的反抗和破坏。[①]

从张荣的发言中可见，中共认为在凉山的社会变革已取得基本胜利的情况下需要进行复查补课工作主要有两条原因：一是在社会变革已基本完成的地区，少数奴隶主仍旧明里暗里对变革进行破坏，有的甚至程度较剧烈，更有甚者竟然企图重新组织叛乱，以上种种都致使凉山社会变革的成果还不够巩固。二是由于变革时间较短，又是在平叛中“边打边改”，使社会变革工作相对粗糙。具体而言，包括奴隶主成份有漏划错划的现象，基层的群众尚未完全接受中共的阶级话语（人数是少数），基层（政权）组织尚不够健全，社会变革过程中遗留问题较多（主要是没收、征收和征购工作中存在遗漏和差错），等等。下面分别对这两条原因加以分析。

一、一些仍旧不满变革的奴隶主暗中破坏

应当说，从总体而言，多数奴隶主是支持或认可社会变革的。然而，还是有一部分奴隶主对社会变革持反对态度，他们除了组织和参加叛乱外，还采取了种种手段对抗社会变革。在社会变革完成后，仍有部分奴隶主对社会变革持抵制态度（中共文件中称其为“违法奴隶主”），并采取种种方式破坏社会变革。具体而言，这部分奴隶主占奴隶主总户数的 30%左右，部分地区达 80%以上，其中抵制较剧烈的奴隶主占奴隶主总户数的 10%左右。[②] 具体而言，这些奴隶主在当地社会变革完成后主要采取了以下一些方式破坏社会变革的成果。

---

① 《开展民主改革复查补课运动，巩固改革胜利成果——张荣代表在自治州第三届第三次人民代表会议上的发言》（1957 年 10 月 29 日），凉山彝族自治州档案馆，95—1—157—14。

② 凉山州委：《关于民主改革复查补课工作的安排意见》（1957 年 10 月 12 日），甘洛县档案馆，1—1—144—1。

第一，行凶杀人（杀害干部和积极分子），企图重新进行叛乱。如“昭觉附城区奴隶主八且哈罗惹于去年11月被争取回来，经政府宽大处理后，于今年7月12日用锄头打死我乡干部窝哈，夺取步枪1支，子弹45发，上山继续进行叛乱。四开区奴隶主阿硬尼克惹投诚经过宽大处理后，于今年6月27日与乡中队长及一视察团员上山作争取工作，途至黄水乡乘机将二人打死，夺取步枪1支，子弹11发，上山继续叛乱”①。又如布拖拖觉区几乎拉打乡的莫什莫阿吉等6人在当地社会变革完成后，对社会变革心怀不满，企图杀害当地干部和积极分子，重新组织叛乱。被当地政府扣押，又趁当地干部和民兵看守不严，企图夺枪发动叛乱，最终2人被当场抓住，1人被击毙，另有2人先凭借碉堡顽抗，后趁大雾逃到普格其亲友家，最后在其逃跑的第二日清晨在普格其亲友家被捉获。(值得指出的是，此时的叛乱分子基本是过街老鼠，人人喊打。在这次平叛中，群众群起协助政府和部队围剿叛乱分子，“28日晨扣捕的6名不法奴隶主刚一叛乱，就被当地群众和干部团团包围了起来，当天三四十里以外的群众都跑去了，约600人，有的拿刀，有的拿棒，群情激昂，吼声四起，先是喊话，争取不成，就居高临下向碉堡里投石头，有的一再要求拿着斧头从碉堡顶跑进去与其对拼，给了叛乱分子极大的压力。当其跑掉后，群众又积极提供了线索10余处，并认定可能性最大的是三处”，很显然，此时叛乱分子已经是四面楚歌，再难获得彝族群众的拥护，至于其想重新组织叛乱也只有失败一途)。② 布拖的比补尼拉，曾两次参加叛乱，均被宽大处置，释放回家。在回家后，又一次杀害干部，还咬掉一积极分子的耳朵再次上山叛乱，被咬掉耳朵的积极分子为此到政府反

① 《凉山彝族自治州人民检察院工作报告》（1957年10月23日），凉山彝族自治州档案馆，95—1—157—13。

② 布拖县委：《关于平息几乎拉打乡不法奴隶主叛乱的通报》（1957年12月11日），甘洛县档案馆，1—1—245—1。

映："你们用我的耳朵去换取宽大。"另一些群众反映称："你们宽大，我们就活不成了。"有的上层人士也向政府反映："宽大，宽大，再这样宽大下去，我也不干工作了。杀了我也是白白拉拉的，这样工作还有什么搞头呢？"[①] 布拖拖觉区的奴隶主那里惹和比补尺米挖地道潜入合作社，企图偷取枪弹未成，被基干队员发现，用斧头将基干队员砍伤夺取枪弹上山叛乱。[②] 据不完全统计，1957 年"上半年内全州不完全材料，不法奴隶主勾结叛乱份子进行凶杀的事件即达 65 起，被伤害的干部和群众 87 人"[③]。由此可见，凉山各地在民主改革完成后仍旧对民主改革进行抵制破坏的都是一些坚决反抗社会变革，不愿放弃自己的特权的奴隶主（上层），且多数都是参加过叛乱，并至少有一次被宽大处理的奴隶主。很显然，对这些始终坚持反对在凉山进行社会变革立场，坚决反抗中共的奴隶主（上层），除了使用强硬手段别无他法。

第二，在变革后继续收租、逼债，或强迫娃子为其无偿劳动，甚至打骂、杀害和买卖娃子（奴隶）或他们的子女。如美姑的奴隶主苏呷格主，1955 年因虐杀娃子被判刑关押，政府考虑到苏呷格主年老多病，身体衰弱，1957 年将其假释回家，但是苏呷格主回家后即强迫原有 20 户奴隶为其无偿劳动，另一个奴隶主阿陆铁哈，也强迫原有的 13 户奴隶为其无偿劳动。一个奴隶予以拒绝，阿陆铁哈便勾结叛乱分子将这个全家四口捆走，并向群众逼收租子 8 石 9 斗；[④] 牛牛坝刚被解放的奴隶（娃子）洛哥，被绳索勒死，其妻子也被杀害，衣龙拉达乡自卫队员阿衣俄祖全家四口，被残余的叛

① 《凉山彝族自治州人民检察院工作报告》（1957 年 10 月 23 日），凉山彝族自治州档案馆，95—1—157—13。

② 凉山州委：《工作意见》（1958 年），甘洛县档案馆，1—1—243—2。

③ 瓦渣木基：《自治州第三届全国人民代表会议上的工作报告》（1957 年 10 月 17 日），凉山彝族自治州档案馆，95—1—157—9。

④ 《凉山彝族自治州人民检察院工作报告》（1957 年 10 月 23 日），凉山彝族自治州档案馆，95—1—157—13。

乱分子杀死两个大人，两个孩子也被绑走，候果木乡一个自卫队员的父亲和兄弟都被残余的叛乱分子杀害，[①] 又如普雄的奴隶主阿候阿比日，当地开展社会变革后，强迫娃子劳动，并摊派粮款，当地另一个奴隶主果基七牛，改革后强收租子 5 次，计 2 石 8 斗，1957 年 6 月又吊打劳动人民不石吉哈子，逼去债契一个，并夺去分给苗罗子的（土地二斗二升种籽）；布拖一个叫比补尔黑的奴隶主，在当地社会变革结束后组建的合作社社主任切撒达达等 3 人去群众分得的柴山砍柴时，即行凶殴打，说“柴山还是我的”[②]。普格的奴隶主宾巧洛吉将一个奴隶打得 3 天不能下地劳动，在昭觉解放沟区，有奴隶主用手榴弹炸死群众的孩子 5 人。[③] 再如甘洛的奴隶主阿候乌和子“一天就派了 30 多个奴隶给他砍柴劳动，平时家里还使用着两三个奴隶”[④]，等等。类似的现象在凉山各地都不少见。

第三，抢夺在社会变革中分给群众的土地财产，或破坏群众的财物。如瓦岗（今属雷波）的奴隶主吉六拉石用暴力手段夺回当地在社会变革中分给群众的土地 4 亩，并强迫群众缴纳麦租 1 石，甘洛团结乡一个奴隶主趁牧羊的孩子对羊只看管不严，向羊只投毒致使 30 多只羊中毒。[⑤] 又如昭觉山岗乡不法奴隶主糯米而虎夺回分给群众的土地 5 亩，还出卖娃子 1 人，[⑥] 等等。

---

① 《美姑县改革以来各地发生的叛乱分子抢劫、杀害，奴隶主违法活动等事例的材料》（1957 年 4 月 27 日），载韦清风等编：《凉山彝族奴隶社会的变革资料摘编》，中国社会科学院民族研究所，1981，第 324—325 页。

② 《凉山彝族自治州中级人民法院工作报告》（1957 年 10 月），凉山彝族自治州档案馆，95—1—157—12。

③ 凉山州委：《工作意见》（1958 年），甘洛县档案馆，1—1—243—2。

④ 甘洛县委：《关于在已完成民主改革的地区进行复查补课工作的安排意见》（1957 年 10 月 24 日），甘洛县档案馆，1—1—148—2。

⑤ 凉山州委：《工作意见》（1958 年），甘洛县档案馆，1—1—243—2。

⑥ 《凉山彝族自治州人民检察院工作报告》（1957 年 10 月 23 日），凉山彝族自治州档案馆，95—1—157—13。

值得注意的是，支持（包括认可）在凉山进行社会变革的一些上层（包括一些曾参加叛乱，但放下武器后表现较好的上层）也是坚持反对在凉山开展社会变革的奴隶主（上层）的报复对象。如美姑巴普乡支持社会变革的上层、视察团员吴奇果果，1957年3月7日被坚持反对变革立场的叛乱分子抢劫，损失黄金2两多，白银150个，毡衣2件，零碎家什无数；哈古一达（在美姑境内）的大头人阿候维丕在放下武器后，未再参加叛乱，遭到叛乱分子的仇视，他在从县里开完会议回家的途中，即遭到叛乱分子的抢劫；仅美姑自社会变革基本结束以来，就有5名支持（认可）社会变革的上层被叛乱分子杀害，被绑走的更多。[①]

以上是在凉山开展社会变革后，尤其是社会变革深入乃至基本结束后一些内心不满社会变革的原上层（奴隶主）采取的主要对抗方式。当然，这些不满社会变革的奴隶主抵制反抗变革的方式不止以上3种，据时任凉山彝族自治州州长的瓦渣木基所作的工作报告，部分奴隶主反抗社会变革的方式达15种之多，包括："1. 进行组织策划叛乱。2. 在改革中隐瞒、转移、分散应加没收、征购的土地、粮食、耕畜。3. 夺回已分配的土地。4. 强迫已解放的奴隶给他们劳动，甚至打骂、杀害、买卖娃子。5. 改革后继续收租逼债。6. 夺回已分配的耕牛和房屋。7. 吃劳动人民的绝业。8. 向劳动人民继续收结婚、嫁女的财礼。9. 烧毁劳动人民的房屋，破坏劳动人民的田苗，破坏森林。10. 图谋暗杀积极分子与干部。11. 勾结叛乱分子向劳动人民进行抢劫杀害，派粮派款。12. 制造谣言，收买利诱破坏劳动人民团结。13. 破坏合作社。14. 贩卖大烟。15. 继续隐瞒枪支弹药抗拒不交。"[②] 据凉山彝族自治州检察院

① 《美姑县改革以来各地发生的叛乱分子抢劫、杀害、奴隶主违法活动等事例的材料》（1957年4月27日），载韦清风等编：《凉山彝族奴隶社会的变革资料摘编》，中国社会科学院民族研究所，1981，第325页。

② 瓦渣木基：《自治州第三届全国人民代表会议上的工作报告》（1957年10月17日），凉山彝族自治州档案馆，95—1—157—9。

的工作报告记载，仅1957年上半年“即发生不法奴隶主勾结叛乱分子进行凶杀干部、积极分子和群众的事件56起，抢劫137起，反攻倒算、夺田夺地605起，逼租逼债558起，强迫奴隶无偿劳动631起”，此外，“据最近雷波、美姑、普雄、普格、金阳、布拖、越西七县初步统计，奴隶主中有违法活动的1172户，占七县奴隶主总户数4332户的27%，美姑县有违法破坏的奴隶主372户，占该县奴隶主户数的40%，昭觉四开区山岗乡58户奴隶主中有53户有违法破坏活动，占该乡奴隶主总户数的91.3%强”①。

综上所述，凉山各地的社会变革基本结束后，部分奴隶主的内心仍旧不满凉山的社会变革，因而采取种种方式抵制和反抗社会变革，这是凉山社会变革后期开展复查补课工作的重要原因。

二、中共在凉山巩固政权和民主改革成果的需要

汉区以土地改革为中心的社会变革（不论是在新中国成立前还是成立后）不仅是一场经济运动，而且是一场政治运动。② 凉山的社会变革也是如此。从经济和社会的角度而言，确实是为了解放凉山的生产力，使凉山的彝族群众有更多的生产积极性，从而使凉山的社会生产力（主要是农业生产力）得到较快的发展。但是从政治的角度而言，凉山的社会变革也是打倒（虽然在手段上较汉区的土地改革温和很多）凉山旧有的土著势力的政治权威，建立中共的凉山的新的政治权威的过程。凉山社会变革虽然基本完成了其背后被中共赋予的政治任务，但是仍旧存在着一些问题，具体而言，包括以下三个方面：

---

① 《凉山彝族自治州人民检察院工作报告》（1957年10月23日），凉山彝族自治州档案馆，95—1—157—13。

② 参见张鸣：《华北地区土地改革运动的运作（1946—1949）》，载《二十一世纪》（网络版）2003年4月号（第76期）；郭于华：《受苦人的讲述——骥村历史与一种文明的逻辑》，香港：香港中文大学出版社，2013，第二章。其他的论述还有很多，此处不一一列举。

第一，群众发动不充分。还有部分群众未能真正地发动起来。据凉山州委估计，“基本上形成了以奴隶群众为主体的劳动人民优势的地区，约占 30%左右，发动群众不够充分，虽已初步形成了劳动人民的优势，但奴隶群众尚未形成领导优势的地区，约占 50%左右，群众基本上没有发动起来的地区，约占 20%”，而且“从发动群众来看，全州约有 30%左右的群众尚未发动起来，其中多数是劳动者及妇女，他们的阶级觉悟不高，划不清敌我界限，往往被叛乱分子及不法奴隶主分子所欺骗、胁迫与利用，已发动起来的群众中，亦有部分觉悟不很高，同敌人的斗争不够坚决，并产生了一些松劲情绪”① （伍精华回忆的未发动起来的群众的数字与此基本相同②）。由这段文字可见：（1）凉山社会变革的政治任务是要在凉山建立中共的政治权威，要保证这一点，就必须做到使凉山的绝大多数彝民（包括上层和下层）心悦诚服地接受中共的领导，因而不能将全部（至少是绝大多数）凉山的中下层发动起来，使他们心悦诚服地接受中共的政治话语和政治权威，凉山社会变革背后的政治任务就不能算完成。（2）凉山在复查补课工作开展前未发动起来的群众多数是劳动者阶层和妇女，以中共对妇女工作的重视和在政治运动中强调对中间阶层（劳动者）的团结，努力设法将他们发动起来是必然的事情，事实上，对他们的发动和组织也是凉山社会变革复查补课工作的重要组成部分。

第二，农村的基层政权和组织都远未巩固。具体的表现包括：（1）“多数党的支部还没有真正形成农村的领导核心，团支部的组织作用发挥得不够，有些党、团支部往往在工作队离开后就停止了活动”。（2）“乡政权在群众中的威信及工作能力一般不高，其作

---

① 凉山州委：《关于民主改革复查补课工作的安排意见》（1957 年 10 月 12 日），甘洛县档案馆，1—1—144—1。

② 伍精华：《我们是这样走过来的——凉山的变迁》，北京：民族出版社，2002，第 152 页。

用发挥得很不够。群众武装组织除基干队一般比较健全和巩固外，多数自卫队组织流于形式，甚至有涣散的现象，特别是有部分枪尚未组织起来，还有被不法奴隶主分子利用的可能”[①]。出现这种现象的原因包括以下几点：首先，新提拔的基层干部一般工作能力较低，而且部分基层干部的工作积极性没有社会变革刚开始时高。其次，不少工作队干部包办代替严重，不尊重、不耐心帮助新提拔的基层干部，由此严重影响了基层干部的成长。再次，在中共看来，基层政权只有在自己的依靠阶层占据主导地位才能算真正的巩固（在凉山表现为奴隶出身的基层干部要在基层干部中至少占据绝对多数），但是，一些地区的基层干部多是劳动者甚至是奴隶主（支持社会变革）担任，中共认为这样会导致基层干部成分不纯，不能顺利树立中共在凉山的政治权威。最后，家支观念在很多彝族群众中仍旧根深蒂固，这在某种程度上影响了凉山的彝族群众对中共的政治话语的接受，“在群众发动不充分的地区往往群众对家支的影响超过对党的影响，并且容易模糊群众的阶级觉悟，严重影响劳动人民内部的团结和民族团结”[②]。

第三，和社会变革同时进行的合作化，与汉区一样，也出现了部分群众不愿进行合作化，想单干的情况，这种想法在劳动者阶层中尤为明显。据凉山州委的调查，在劳动者中，不愿参加合作社（互助组），想单干的占 50%，动摇观望的占 30%，支持和拥护合作化的占 20%，在广大的奴隶群众中，也有一些人想单干，不愿参加合作社。[③] 因此，凉山州委认为需要通过复查补课工作在凉山的群众中进行一次广泛的社会主义教育，坚定广大群众积极参加合作

---

① 凉山州委：《关于民主改革复查补课工作的安排意见》（1957 年 10 月 12 日），甘洛县档案馆，1—1—144—1。

② 同上。

③ 同上。

化，“走社会主义道路”的信念。①

巩固社会变革的成果（解决社会变革中的遗留问题）也是凉山州委开展复查工作的重要原因，大致而言，凉山在社会变革中的遗留问题包括以下几个方面：

第一，还有部分解放的奴隶（主要是锅庄娃子）尚未得到妥善安置。仅据昭觉等 6 个县的统计，还有 3%的奴隶尚未获得解放，5%的奴隶尚未得到安置，11%的奴隶尚未得到较妥善的安置。② 未妥善安置的奴隶或住临时居所，或寄居在有房屋的群众家（多是亲友），没有房屋，也没有生产工具，生活相当困难，③ 有些地区还发生了年老的锅庄娃子因生活无着自杀的事件，④ 很显然，这些尚未得到（妥善）安置的奴隶还需要得到妥善的安置。

第二，在成份划分中还存在错划（主要是应划为劳动者却被划为奴隶主）、漏划（主要是应被划为奴隶主却被划为其他的成份）的现象，有的地方错划漏划现象还比较严重（如布拖）。⑤ 这样的现象影响了凉山社会变革成果的巩固，也影响了中共在凉山的政治权威的树立。

第三，凉山社会变革中的没收、征收（包括征购）工作还有诸

---

① 由于复查补课工作中的社会主义教育问题主要针对的是和社会变革几乎同时开展的合作化，因此笔者拟另撰专文讨论，此处除了在行文必要时涉及外，均不做讨论。如此处理的另一个原因是：凉山的（农业）合作化运动和汉区是不太一样的，从某种意义上而言，凉山的合作化要早于社会变革，贯穿了 20 世纪 50 年代。这完全可以成为另一个研究问题，若此处过多论述这一问题，会造成论题不集中。

② 凉山州委：《关于民主改革复查补课工作的安排意见》（1957 年 10 月 12 日），甘洛县档案馆，1—1—144—1。伍精华回忆录中的数字与此相同。见伍精华：《我们是这样走过来的——凉山的变迁》，北京：民族出版社，2002，第 152 页。

③ 甘洛县委：《关于在已完成民主改革的地区进行复查补课工作的安排意见》（1957 年 10 月 24 日），甘洛县档案馆，1—1—148—2。

④ 甘洛县人民检察院、甘洛县公安局：《情况报告》（1957 年 12 月 28 日），甘洛县档案馆，1—1—245—12。

⑤ 布拖县委：《关于处理漏划奴隶主成份的请示报告》（1957 年 10 月 21 日），甘洛县档案馆，1—1—144—2。

多问题。除了有部分奴隶主隐藏了较多的粮食、土地、耕牛和武器弹药外，还存在一些奴隶主在征购其财产后实际上却未支付给他们征购款的现象（不是付了一部分未付完，而是完全未支付）。[①] 这些都需要通过复查补课工作加以解决。

综上所述，中共决定在凉山进行复查补课工作的主要原因是：首先，彻底挫败凉山土著势力对民主改革的明里暗里的抵制和反抗，从而在凉山彻底树立中共的政治权威；其次，解决之前社会变革中的遗留问题，使凉山社会变革能得以顺利完成。

第二节　复查补课的任务和政策的确定

由于上节所述的各种原因，中共决定在凉山开展复查补课工作。1957 年 9 月 28 日，四川省委下发了《关于在凉山开展复查补课工作的决定》，确定了在凉山开展复查补课工作。次月，凉山州委召开了第四次扩大会议，对《关于在凉山开展复查补课工作的决定》进行了学习。会后，凉山州委派出工作队到昭觉县城南乡（今南坪）进行试点工作，并于 10 月 12 日下发了《关于民主改革复查补课工作的安排意见》，拟于 1957 年 11 月至 1958 年 3 月在凉山开展复查补课工作，1958 年 3 月底基本完成。[②]

中共认为，复查补课工作的基本任务是“充分地发动群众，严肃地处理和制止不法奴隶主的破坏活动，并处理好改革中的遗留问题，以彻底打垮不法奴隶主的反动气焰，巩固人民民主制度，加强民族团结，巩固改革成果。并为今后生产大发展和互助合作的巩固与发展奠定良好的基础”，为此要做到以下几点：

---

① 甘洛县委：《关于在已完成民主改革的地区进行复查补课工作的安排意见》(1957 年 10 月 24 日)，甘洛县档案馆，1—1—148—2。

② 本段内容见伍精华：《我们是这样走过来的——凉山的变迁》，北京：民族出版社，2002，第 153 页。

第一，必须在广大群众中大规模的系统深刻的进行一次阶级教育、社会主义教育和政策教育，进一步提高群众的阶级觉悟、社会主义觉悟、政策思想水平和生产积极性。使群众能够分清敌我界限，分清是非，明确政策和树立起勤俭持家、勤俭办社、勤俭建国的思想，并且把群众进一步的组织和武装起来，健全与提高农村基层组织，巩固人民民主制度。这是巩固改革成果，巩固与发展互助合作和发展生产，改善人民生活的基本条件。有些人怕把群众充分发动起来后不按政策办事，这种看法是不对的，是没有根据的。几年来的事实证明：广大群众对党和人民政府的政策是衷心拥护的，只要他们懂得了政策是坚决按照政策办事的。过去有个别劳动人民曾有过不按政策办事的现象，正是由于没有把群众普遍、充分地发动起来，他们不懂得政策，而不法奴隶主的顽抗和破坏激起劳动人民的痛恨则是一个主要的原因。所以，只有大胆放手地发动群众，依靠群众，才能监督奴隶主老实守法，正确的贯彻政策。至于有些不法奴隶主分子，他们采取各种手段，欺骗和限制群众的觉悟，反对我们发动和依靠群众，这是他们企图继续压迫剥削群众、复辟奴隶制度的阴谋。我们必须警惕和揭破他们的阴谋。

第二，严肃的处理和制止不法奴隶主的违法破坏行为，坚决打击继续顽抗的不法奴隶主分子，对有各种违法破坏行为的不法奴隶主分子，应根据他们的罪恶大小及表现好坏，根据群众和上层的意见，对他们分别进行批评教育、说理斗争和依法惩处，使他们认罪悔过、痛改前非，规规矩矩的劳动守法，并赔退出由于他们的违法破坏致使人民所遭受之损失的一部、大部或全部。对不法奴隶主有分别的严肃处理，这是完全应该的、合理的。因为他们的违法破坏活动，使群众遭受到重大损失，群众对他们十分痛恨，并要求严肃处理，而不处理他们也不放心。因此，对他们进行处理，这不仅维护了群众的利益，消除了民愤，而对不法奴隶主是一个深刻的教育。使他们认罪悔过，老实守法，安心生产，对他们也是有好处的。

第三，认真地处理好改革中的各项遗留问题，以便把改革工作搞彻底。并使改革成果得以巩固。其中主要是：教育动员奴隶主将没有交出的枪支全部交出来，对改革中奴隶主隐瞒、分散、转移了的应加没收，征购的土地、粮食等五项财产，予以没收分配。把未解放的奴隶全部解放出来，对未安置或未安置妥帖的奴隶群众应根据条件分批地帮助其安置妥帖。对没收、征购和分配的各项差错，遗漏及个别突出的不合理现象，应视困难条件予以调整处理，对个别漏划地错划的成份予以改正”①。

以上三点是凉山社会变革复查补课工作的基本任务，据此，凉山州委制定了复查补课的基本政策，包括以下几条：

“一、对不法奴隶主的各种违法破坏行为，必须严肃处理。在处理中继续贯彻从宽处理、分别对待的政策精神：1. 对那些屡教不改、有严重违法破坏行为、致使群众生命财产遭受到重大损失的不法奴隶主分子，对坚决顽抗而被俘的奴隶主叛乱首恶分子，对投诚后经宽大处理而又继续进行违法破坏的奴隶主叛乱首恶分子，均应该坚决地予以有力的打击，发动群众对他们进行说理斗争，让其向群众低头认罪，退还赔偿致使群众遭受之损失，并根据其认罪悔过的表现，分别依法惩处。这部分人虽然是个别的或是极少数的，但是他们的罪恶民愤很大，反动思想很深，而顽固不化，如不这样处理就不能平息民愤，也教育不了他们。因此坚决地对他们进行说理斗争和依法惩处是完全应该的。2. 对那些有严重违法破坏行为的不法奴隶主分子及被俘的罪恶民愤较大的奴隶主叛乱分子，应严肃地予以处理，充分揭发与批判他们的罪恶，使其向群众认知悔过，并让其退还赔偿使群众遭受的损失，一般可不予依法惩处，这部分人是不法奴隶主的少数。3. 对于有一般违法破坏行为的不法

---

① 以上均见《开展民主改革复查补课运动，巩固改革胜利成果——张荣代表在自治州第三届第三次人民代表会议上的发言》（1957 年 10 月 29 日），凉山彝族自治州档案馆，95—1—157—14。

奴隶主分子及参加叛乱的一般奴隶主分子，亦应作适当的处理。采用协商谈判的方式，对他们进行批评教育，使其认错悔过，并酌情赔退出使群众遭受的损失，只要他们能够自动的认错改过和赔退，群众是可以不斗争他们的，政府也不依法惩处他们。这部分人是不法奴隶主的多数。4. 对投诚的叛乱奴隶主分子，人民政府继续贯彻“从宽处理，不咎既往”的政策精神。多数从各县报告及群众，上层人士反映的情况来看，有些投诚的叛乱奴隶主分子经宽大处理后，又继续进行违法破坏，所以广大群众要求对他们进行斗争并依法惩处，这是完全应该的，是他们自己招致的，对他们进行严肃的处理同‘从宽处理，不咎既往’的政策是没有任何抵触的。有些投诚的叛乱奴隶主分子，虽然他们在投诚后能够守法或基本守法，并且有的立了些功，但由于他们在叛乱中的罪恶很大，造成了人民生命财产的重大损失，群众对他们十分痛恨，积极要求处理，而他们亦思想恐惧，坐卧不安，要求予以处理。如不作适当的处理，就消除不了民愤，他们也不放心。根据这一情况，我们认为对他们适当的处理是必要的，以便消除民愤和解除他们怕群众报复的顾虑，这对他们本身也是有好处的。但在处理时办法同处理被俘的及投诚后又继续进行违法破坏的叛乱奴隶主有原则的区别。对他们采取由群众派代表协商谈判的方式，进行批评教育，让其向群众认罪悔过，并酌情赔退一部分使群众遭受的损失。只要他们能够向群众认罪悔过，并酌情给群众赔退一部分损失，群众就不会斗争他们，政府也不依法惩处。对投诚后又有立功表现者，更应从宽处理或不予处理。这样处理按其罪恶来说是十分宽大的了，这同‘从宽处理，不咎既往’的政策精神是一致的。

二、不法奴隶主和叛乱奴隶主退还赔偿群众损失的范围应该是：自民主改革以后，不法奴隶主进行反攻倒算及其他违法破坏行为致使群众遭受之损失，在民主改革期间不法奴隶主隐瞒、分散、转移之应加没收、征购的土地、粮食等五项财产，在叛乱期间奴隶主烧杀、抢劫、摊派等致使群众和国家遭受之损失。有人顾虑有些人赔退不出来怎么办？这种顾虑是不必要的。如果其全部赔退不起者可以少赔退，根本赔退不出者可以不赔退，而且在赔退以后，还要让其能够进行生产和维持生活。人民政府是要使所有奴隶主能够进行生产和维持生活的，对于生产生活上确有困难而又确实无力克服这些困难的奴隶主，人民政府曾帮助他们解决了不少困难，今后将继续这样做，这是大家都知道的事实。但是应教育不法奴隶主及叛乱奴隶主老老实实赔退，不得借口赔退不起而少赔退或不赔退，如果他们真正的赔退不起，群众是能看到的。

三、对不法奴隶主分子的处理，必须贯彻自动认罪悔过者从宽处理、顽抗从严处理的精神。不论他们罪恶大小，只要能自动地向群众认罪悔过，老实守法，并赔退群众的损失，都可以得到从宽处理。即应重处分的从轻处分，应轻处分的免予处分。对顽抗或继续进行破坏活动的均应从严处理，我们应教育不法奴隶主分子自动的认罪悔过和赔退，以争取从宽处理。

四、对于应该进行斗争的不法奴隶主分子，亦应坚持说理斗争。教育群众不要采用吊、打、捆等办法，但更主要的是应教育这些不法奴隶主不要顽抗和进行破坏，老老实实地接受群众的批判教育并赔退群众的损失，只要他们能够这样做，群众是不会打、吊、捆他们的。如果他们要顽抗和破坏，必将激起群众的更大义愤，这对他们是更为不利的。

五、必须划清奴隶主守法与违法的界限，在复查补课中对守法的奴隶主不但不进行斗争，而且应加强对他们的教育改造工作，并帮助他们搞好生产。教育他们同不法奴隶主划清界限，站在人们的一边，继续劳动守法，接受群众的教育和监督，搞好生产，争取及早改造成为自食其力的人。

六、党和人民政府对民族上层人士一贯坚持‘长期团结，教育改造’的政策，这是绝不会改变的。有些上层人士顾虑改革后不要他们，不发薪金，这是完全不必要的。所有上层人士，只要他们能坚决地站在人们的立场上为人民办事，党和人民政府不但不会不要他们，还要团结和继续教育帮助他们提高政治思想认识和工作能力，使他们在今后工作中更多更好地为人民办事。所以，所有上层人士应该全心全意地在党的领导下，努力学习，努力工作，努力改造自己，克服自己在思想认识方面的缺点和错误。在复查补课中，所有上层人士应该坚决地同劳动人民站在一起，同不法奴隶主划清界限，并坚决地与其斗争，教育不法奴隶主自动的认罪悔过，上层人士中如曾有过违法破坏行为，应主动地解决自己的问题，向群众认错悔过，以取得群众的原谅和从宽处理。

七、必须把处理劳动人民中的缺点和错误同处理不法奴隶主的违法破坏行为严格加以区别，劳动人民中的缺点和错误是人民内部的问题，应采取团结教育的方法进行处理。绝不得采取对待不法奴隶主的办法，对于被叛乱奴隶主胁迫、欺骗参加叛乱的劳动人民在叛乱中曾经拿了别人的财物和富裕劳动者中有类似反攻倒算的行为者，均应按照人民内部问题进行处理。从有利于团结出发，通过批评教育调解处理。一般不应采取斗争和惩处的办法。但对劳动人民中有个别屡教不改有严重违法破坏行为，致使人民生命财产遭受重大损失者，亦应依法处理。但这是为了教育其认错改过，同惩处不法奴隶主分子有原则上的区别。

有的人认为“叛乱使人民造成的损失，凡参加叛乱的奴隶主和劳动人民都应负同样的责任”，这种看法是极端错误的。叛乱是少数反动奴隶主企图反对改革，反对劳动人民的翻身解放而挑起来的，而叛乱中的各种破坏活动也是由叛乱的首恶分子带领和指使的，少数劳动人民参加叛乱是被欺骗和被胁迫的，所以叛乱的主要罪恶应由奴隶主中的叛乱首恶分子负责，有些叛乱奴隶主的首恶分子，把叛乱中的罪恶推于劳动人民身上，逃避他们自己的罪恶，陷害劳动人民，破坏劳动人民内部的团结，这是全州人民所不能容许的。

八、不法奴隶主及叛乱奴隶主的罪恶（包括已经死亡者），应由他们本人负责，不要连累亲戚、家门及家属，但其家属及亲戚、家门如果得了抢劫、倒算之财物者，应将此项财产退还赔偿群众。

九、所有赔退中的财物，如原物在者应将原物归还原主，如不是原物者，应以乡为单位按照贫苦程度统一分配，并适当照顾苦主，如有必要时，也可在一个县范围内，乡与乡之间作适当调剂。”①

此外，凉山州委还规定了如下的政策界限：

第一，在复查补课工作中奴隶主作为重点打击的对象只能占奴隶主总户数的3%—5%，这些人一般应送学习队改造，其中部分人（约为送学习队人数的一半左右）应逮捕法办。更多的则应当应用大小会进行说理斗争，让他们认罪，并赔出损失的一部或全部，如果坚决狡赖则送学习队改造或逮捕法办（这部分奴隶主占奴隶主总户数的10%—15%）。情节较轻的，则一般采用协商谈判的方式，向群众悔过，并酌情赔退（这部分奴隶主约占奴隶主总户数的10%左右）。

第二，在复查补课工作中，继续抵制、破坏和反抗的奴隶主从严，自动悔过者从宽。

第三，凡是经过了群众大会斗争的不法奴隶主分子，如果已经被安置，一般应根据其具体情况予以撤职或降职降级。

第四，为了保证复查补课工作顺利开展，凉山州委规定：应逮捕及重点打击对象必须由县委批准，一般打击对象应由县委或区委批准，如果被逮捕或斗争的对象系安置为副县长、县政协副主席、州人民委员会以上的上层必须报请州委批准。此外凉山州委反复强调：在复查补课工作中必须坚持说理斗争，严禁乱打乱斗、肉刑及

① 此处据《开展民主改革复查补课运动，巩固改革胜利成果——张荣代表在自治州第三届第三次人民代表会议上的发言》（1957年10月29日）［凉山彝族自治州档案馆，95—1—157—14］原文照录。此外，在凉山州委《关于民主改革复查补课工作的安排意见》（1957年10月12日）［甘洛县档案馆，1—1—144—1］中对凉山民主改革复查补课工作的任务和政策作了详细规定，两者的行文（表述）虽然不同，但基本内容是一致的。

变相肉刑。

第五，对于参加了叛乱的普通群众抢走了其他群众的财物，如原物还在应将原物交还原主，如原物不在者只进行教育，不得让其赔偿或进行斗争。

第六，劳动者有抵制或反抗社会变革的行为（包括隐瞒应征收、征购的土地财产，向分得土地财产的群众夺回或索要自己旧有的财产，向原租种自己的土地的群众继续收租等），应从人民内部矛盾的角度进行调解，适当地批评教育和赔退。如果是情节特别严重，且造成群众生命财产重大损失者，以刑事犯罪分子处理，不能和打击不法奴隶主混为一谈。①

以上是凉山社会变革复查补课工作政策的基本内容，从这些内容中可以看出以下几个问题：

首先，在阶级话语和民族政策这一天平的两边，复查补课工作的政策明显偏向于阶级话语。凉山州委在政策中明文规定：对坚持反变革立场，一再抵制和反抗中共在凉山主导的社会变革，屡教不改，尤其是放下武器后再次参加叛乱的奴隶主，必须严惩，尤其是多次参加叛乱，手中有人命（一般不只一条）的奴隶主，更在惩处之列。这样做的原因如前文引用的中共文件中所言：“如不这样处理就不能平息民愤，也教育不了他们。因此坚决地对他们进行说理斗争和依法惩处是完全应该的。”很显然，随着凉山社会变革的基本胜利，中共在某种程度上已在凉山建立了政治权威（必须指出，此时这种政治权威在凉山尚未完全树立）的情况下，对坚持反抗中共主导的社会变革的土著势力采取较强硬的手段可谓势在必行。

此外，对不是奴隶主（包括劳动者和奴隶）的违法破坏行为（奴隶主要是指参加叛乱），中共采取了和奴隶主区别对待的政策。强调群众（包括劳动者和奴隶）和原权势阶层（奴隶主）的区别，

① 以上内容见凉山州委：《关于民主改革复查补课工作的安排意见》（1957 年 10 月 12 日），甘洛县档案馆，1—1—144—1。

群众的缺点错误是人民内部矛盾，应采取团结教育、批评调解的方法处理，而不能采取阶级矛盾的方法处理，对参加叛乱的群众如果确有一犯再犯的现象，造成重大损失，虽然要依法惩处，但是在阶级话语下和惩处抵制反抗社会变革的奴隶主有原则的区别。对在叛乱中拿了别人的财物的群众和劳动者有夺回土地财产、向原佃户收租等抵制和反抗社会变革的现象，也要采取调解的办法处理，能退赔者退赔，不能退赔者免赔也是阶级话语在复查补课政策中的表现。

其次，在复查补课工作的政策明显偏向于阶级话语的同时，民族政策并不是说就完全没有作用或者说被中共弃置一旁了。事实上，民族政策仍旧影响着复查补课工作的政策。具体的表现如下：

第一，复查补课工作中要清理斗争的违法（不法）奴隶主（上层），是指在社会变革中，尤其是当地社会变革结束后仍旧抵制、破坏变革、反抗中共政权的奴隶主，1956 年前（即民主改革开始前）的问题（如虐待残杀娃子，对娃子进行超经济剥削等）是不追究的，换而言之，凉山社会变革的复查补课工作不是像汉区那样“算老账”，搞清算。只要奴隶主（上层）没有现行的破坏抵制活动，就不会有事。

第二，对多数有抵制，反抗社会变革行为的（不法）奴隶主，还是通过类似于汉区的斗争会进行说理斗争（主要是批评教育），让他们认错，赔退即了事（亦即对有违法行为，但情节较轻的奴隶主——这是多数，一般都采取批评教育，酌情赔退即可，不采取斗争会的方式进行斗争）。

第三，赔退的范围仅限于自社会变革开始后，坚持反变革立场的奴隶主对社会变革的抵制和破坏活动致使群众遭受之损失（包括他们在社会变革期间隐瞒、分散、转移之应加没收、征购的土地、粮食等五项财产），以及在叛乱期间他们烧杀、抢劫和摊派（叛乱经费）等致使群众和国家遭受之损失。社会变革以前的问题一律不予追究。而且复查补课政策明确规定：能赔退者赔退，实在无力赔退者可以少赔退或不赔退，而且政策明确指出：在赔退后要保证这些进行了赔退的奴隶主能进行生产和维持生活，只是不允许出现能赔退而不赔退的现象。

第四，对新的投诚分子（这里是指奴隶主阶层），继续贯彻“既往不咎”的政策，只要叛乱分子放下武器，不再叛乱，仍旧宽大处理，既往不咎。其中一部分民愤较大，需要处理的，也和放下武器，获得宽大后再次叛乱的奴隶主有原则的区别，对这些人一般都采取由群众派代表协商谈判的方式，进行批评教育，让其向群众认罪悔过，并酌情赔退部分损失，就不会被斗争和惩治。至于投诚后有立功表现的，则更应从宽或不予处理。

第五，在对不法奴隶主的斗争中，严禁乱打乱斗，肉刑和变相肉刑，这同样是民族政策的表现。在汉区的土地改革中，中共政权虽然也不主张在斗争地主中乱打乱斗和使用肉刑（包括变相肉刑），但在实践中乱打乱斗和滥用肉刑的现象比比皆是。在凉山的复查补课工作中，严禁乱打乱斗和禁止使用肉刑和变相肉刑的政策是被严格执行的（详后），这也和此时中共土地改革经验已很丰富（凉山的社会变革毕竟也是以土地改革为中心），知道应在土改中如何运作有关。

第六，在复查补课工作中，对上层的统战工作仍旧按照民族政策进行。强调在复查补课工作中要保护守法的奴隶主，还要对他们进行帮助，对在政府部门中进行了安置的奴隶主，只要其守法，积极协助中共工作，就会保证自己现有的政治和社会地位，而且还会得到提高。这同样是民族政策在复查补课政策中的表现。

第三节　群众的发动和对不法奴隶主的打击

发动群众和打击不法奴隶主是凉山社会变革复查补课工作的第一阶段。本节的基本任务是：对复查补课工作中发动群众和打击不法奴隶主的基本情况进行清理，并在此基础上，力图从仪式、身体和话语的视角来管窥凉山复查补课工作中发动群众的全貌。

一、发动群众，打击不法奴隶主的必要性

就凉山而言，奴隶（娃子）和白彝对土司和黑彝的绝对服从是凉山传统文化的一部分，从记忆的角度而言，和汉区“精英”（地主）对民众（农民）的权威相比，凉山的主子对属下的（绝对）权威在奴隶（包括娃子和多数白彝）的头脑中还要深刻得多，这成为旧凉山社会中被统治阶级对社会变革前的集体记忆。当然，这种记忆和凉山开始社会变革前的凉山社会实际情况是一致的。

在社会变革前的凉山，被统治阶层是能够体察到，甚至可以说是深切感受到自己和主子的分界的（如低下等级不能触摸高等级的“天菩萨”①，宴会时白彝和娃子不得和主子同席，平时吃饭必须让主子先吃，且吃饭时必须严格遵守锅庄旁边的地位方向，睡觉时如果主奴同处一室，一般黑彝在屋左或锅庄左边，白彝和娃子在屋右或石磨旁边，黑彝对白彝和娃子始终是一副目光耿耿的冷傲态度，②等等），他们（至少大多数娃子）也是不愿意在旧制度（旧体制）内活下去的。只是因为没有一个强力的领导者，加上凉山旧制度编织的社会控制网较严密，他们难以反抗，才不得已在旧制度下苟活着（当然，也还是有觉得自己“命不好”的观念③）。带着改变凉山旧有的社会制度愿望的中共的到来，正好给想改变自身现状又无力靠自身改变现状的凉山群众（尤其是娃子）带来了希望。凉山社会变革著名积极分子尼古果果回忆自己在得知要在凉山开展社会变革心情是“高兴得连泪都流出来了”④。应当说，这代表了凉山大

---

① 胡庆钧：《凉山彝族奴隶制社会形态》，北京：中国社会科学出版社，1985，第112—113页。

② 林耀华：《凉山彝家的巨变》，北京：商务印书馆，1995，第73—74页。

③ 施嘉明主编：《难忘的历程——开辟凉山彝族地区工作的回忆录》，成都：四川民族出版社，1992，第311页。

④ 同上书，第310页。

多数群众对中共在凉山开展社会变革的态度。他们也许像汉区的农民一样，也是怀着为自己谋取利益的态度参加了凉山的社会变革，但是应当承认，企图摆脱束缚在他们身上的枷锁——他们对主子的人身依附性，是他们参加中共主导的凉山的社会变革的共同动机（至少是其中之一）。此外，凉山的彝族群众由于受封闭的环境和自身文化水平的限制，更难判断中共主导的社会变革的前景。毕竟当时叛乱尚未完全平息，这些群众害怕积极参加中共主导的社会变革，会遭到坚持反对社会变革、还在继续叛乱的奴隶主的打击报复，甚至使自己丢掉性命。群众之所以不愿（实际是不敢）参加社会变革，主要是“怕奴隶主杀害，怕人民政府住不长，打不垮黑彝，不相信自己能解放自己的力量因此有苦不敢向我诉”，因此说“人民政府政策好是好，就怕你们办不了”①。

还要指出的是，从象征资本的角度而言，凉山的上层（阶级话语中的奴隶主、旧等级中的土司和黑彝）所拥有的象征资本比汉区的各种地方“精英”要大得多。毕竟他们既有政治权势，也有经济权势，还有社会权势（主要指有声望、社会影响较大的头人）。这些权势都能转化为象征资本，一个头人在凉山正式开展社会变革前夕曾这样说：要是他真的反抗社会变革，他的属下一定会听他的。②由此可见，在凉山旧有的社会结构中，上层拥有的象征资本之大。而且凉山的上层采取种种手段，千方百计增加自己的象征资本。如土司和黑彝解决属下的生活困难，保护属下的白彝和娃子不受其他家支或外族欺凌［在凉山，如果统治阶层（土司和黑彝）的附属民如果受了欺凌，等于打其主子的脸，主子往往不惜拼其生命财产作猛烈的斗争］，在“打冤家”时冲锋在前、骁勇善战的“扎夸”

---

① 衣屋里克区委：《开展民主改革工作以来的检查总结》（1956 年 3 月 2 日），甘洛县档案馆，1—1—132—3。

② 《凉山文博》编辑委员会编：《凉山文博》总第 2 期（内部资料），2012，第 166 页。

（意思是战将，一般是上层的勇者担任，在“打冤家”时“扎夸”都会冲在前面）在凉山的声望一般很高（也就意味着他有较多的象征资本），能率本家支在“打冤家”中获胜，掳得大量的娃子和财富，努力而且善于调解各种纠纷，能使人们有纠纷都找他调解，等等。[①] 这些都能使上层们获得更多的象征资本，或实现象征资本的进一步升值和转化。[②] 一般情况下，凉山头人拥有的象征资本要高于其他的上层。这也是中共在凉山社会变革准备期和社会变革开始后都努力争取头人的支持（至少是认可）的重要原因。

此外，凉山的社会变革中对上层采取的诸多宽大政策，客观上使凉山的上层原有的象征资本在一定程度上被保留下来。社会变革后（前文已述，1957 年初，凉山 80% 的地区已经完成了社会变革），一些对中共主导的凉山的社会变革不满的上层还能反抗变革，原因之一就是他们还在某种程度上拥有象征资本。凉山的上层拥有的象征资本有很强的历史惯性，不会随着凉山的社会变革运动完全自动瓦解和消失。因此，如果不进一步发动群众（包括白彝和娃子），打击在社会变革开始后仍旧明里暗里反抗变革的奴隶主，凉山的社会变革就不能顺利完成，从象征资本这一角度而言，不强化彝族群众（尤其是娃子）在旧制度下的苦难记忆（这种记忆在他们的脑海中也是真实存在的），不斗争不法奴隶主，从而扫清凉山旧的上层的权威，增加彝族群众（这里也包括支持和认可在中共凉山开展社会变革的上层，毕竟如第一节所述，凉山实行社会变革后有违法行为的奴隶主只占奴隶主总户数的 30%左右）的象征资本，凉山基层社会的权力关系就不可能实现彻底的重塑，中共以阶级话语为中心的革命理念也就不能在凉山彻底的为彝族群众所接受，凉山的社会变革自然也就不能取得彻底的胜利。

---

① 详细的情况可参阅本书第一章。

② 这一点河北大学的杨豪以汉区为个案已有研究，见杨豪：《传统的发明：翻身运动中的仪式与身体——以冀中解放区为中心》，《党史研究与教学》2013 年第 2 期。

二、群众的发动和对不法奴隶主的打击

通过复查补课将绝大多数群众都发动起来是复查补课的基本任务之一。对此，中共明确要求各地必须把 90% 以上的群众发动起来，而且要使多数群众敢于面对面斗争（复查补课中对不法奴隶主的斗争方式不再是“背靠背”，而是“面对面”）——至少要达到 70%，积极分子要达到成年人的 10%，同时保证群众的觉悟普遍提高且对中共衷心拥护。①

和开展社会变革一样，复查补课中发动群众的主要方式仍旧是诉苦。作为一种动员方式，诉苦在复查补课中仍旧起了重要的作用。就笔者掌握的资料所见，作为发动群众最主要的动员方式，复查补课工作中的诉苦工作和社会变革开展中的诉苦工作总体上差别不大。但也还是有所区别，大致而言，包括以下几个方面：

第一，重视通过积极分子发动群众。由于此时凉山各地都有了一定数量的彝族干部和积极分子，通过他们去发动群众就成了一种较佳的动员方式。最早开始复查补课工作的昭觉城南乡，当地的工作队明确指出：党团员、乡（包括合作社）干部（包括脱产和不脱产）、妇女组织的骨干是“运动的核心力量”，因此要“首先召开党、团员积极分子会议，对其进行再一次的训练、提高，通过总结前段工作提高认识，接受他们的正确意见，改进工作方法，而后具体的布置工作任务，采用任务一两个，时间一两天的短安排工作的做法，并及时帮助其总结成绩，缺点，以提高其工作能力”②，从而使他们积极发动群众，使凉山的绝大部分群众都被发动起来。

具体的做法包括以下两点：（1）通过检查工作启发积极分子的

---

① 甘洛县委：《关于春耕前在彝区全面开展复查补课运动意见》（1958 年 1 月 24 日），甘洛县档案馆，1—1—245—15。

② 城南乡：《目前工作的基本情况和第二步工作的意见》（1957 年 11 月 7 日），甘洛县档案馆，1—1—144—3。

工作积极性，方式是“在积极分子会议中启发诱导积极分子逐步深入的认识工作的成绩和存在的问题，继而找出存在问题的原因，进一步共同研究改进工作的办法”。（2）“扩大积极分子队伍，把苦主扩大到积极分子行列”，同时寻找更多的苦主；中共在凉山开展社会变革时已经意识到“战斗力最坚强的积极分子往往是受迫害最深重的苦主，因此把苦主扩大到积极分子行列中的显著效果是：积极分子鼓动了苦主，苦主又推动了积极分子，形成了两者之间的相互结合而又相互推动的促进运动的源流”，经过这样的努力，凉山各地都出现了“家家谈复查，户户说斗争”的景象，[①] 可见群众基本被发动起来了。

为了进一步训练积极分子，以便诉苦（斗争）大会能顺利进行，在正式召开诉苦大会前各地还先召开了劳代会（劳动人民代表会），参会的人数一般为150—200人，由积极分子和苦主参加，这种会议的目的是：（1）通过斗争不法奴隶主（一般都是事实确凿，违法程度较严重，或民愤较大的奴隶主），使积极分子获得诉苦和斗争的经验，不至于在较大的诉苦（斗争）会上毫无经验，从而无法控制场面的现象。（2）在代表会上力争解决多数违法奴隶主（违法程度较轻）的问题，以便将斗争的力量集中在少数严重违法和民愤较大的奴隶主上。[②]

第二，相比于开展社会变革期间，复查补课工作在群众的发动上更加重视发动除奴隶主以外的所有群众参加运动。重视发动劳动者参加运动（斗争会）是其最重要的表现。具体而言，中共在复查补课中发动劳动者参加运动主要采取了以下几种方式：（1）启发诉苦。做法是：首先向劳动者讲明劳动者和奴隶是一家人，使劳动者

① 昭觉城南乡：《发动群众形成斗争力量的情况简报》（1957年11月14日），甘洛县档案馆，1—1—144—6。

② 昭觉县委：《关于复查补课第二阶段（斗争阶段）的安排意见》（1957年11月7日），甘洛县档案馆，1—1—144—4。

在思想上靠近奴隶，然后进一步启发他们诉苦，经过干部和积极分子的启发，大多数劳动者都参加了诉苦，一些遭受过欺凌和经济上较贫苦的劳动者还痛哭流泪（笔者认为，从动员方法的角度而言，凉山的社会变革中，尤其是复查补课工作中发动劳动者参加诉苦和汉区以诉苦为主要动员手段发动群众是最为接近的。毕竟相对而言，在凉山社会变革中被划为劳动者的阶层应当说多少都还是得到过一些上层的“保护”的)。(2) 在处理劳动者违法问题上（凉山的社会变革开始以后，一些劳动者也有破坏社会变革成果或抵制社会变革的违法行为)，坚持以团结为本和批判从严，处理从宽的原则，办法是：(奴隶和劳动者）相互检讨，着重批判，“奴隶群众代表以主人翁身份检讨改革后对劳动者教育帮助不够，劳动者则检讨改革后从奴隶主那里学来的错误行为，并对个别错误较严重的着重进行批判”(劳动者赔退的问题见下一节)。(3) 在处理了劳动者错误的基础上召开团结大会订立团结公约。这些方式成功地将劳动者发动起来，由于在具体问题上对劳动者采取了让步政策，很多劳动者十分感激，在后面的斗争会上积极参加（详后)。[1]

通过对发动劳动者参加复查补课运动史实的清理，笔者认为，对劳动者的发动既是为了团结凉山超过 90% 以上的群众，把 90% 以上的群众都发动起来，从而形成对不法奴隶主绝对优势的需要，也是增加凉山的社会变革的主要力量——奴隶和中共政权的象征资本的需要。从前面清理的史实可见，在发动劳动者的过程中，尤其是批判劳动者的违法行为过程中，奴隶是以主人翁的身份进行检讨自己的不足，劳动者则是检讨从奴隶主那里学来的错误行为。在凉山的社会变革中，凉山原有的社会结构实际上被颠倒了过来，在原有社会结构中的高层变成了底层，底层则变成了高层。相应的，各阶层拥有的象征资本也进行了颠倒。原来的社会底层以主人翁的身份

---

① 本段内容均见昭觉城南乡：《发动群众形成斗争力量的情况简报》(1957 年 11 月 14 日)，甘洛县档案馆，1—1—144—6。

进行检讨，实际上表明了社会变革后奴隶阶层在政治上的优越地位，也是社会变革后奴隶阶层象征资本增加的实际表现。反之，作为“团结对象”的劳动者，检讨自己在社会变革后的错误行为是从奴隶主那里学来的，实际上是减少了自己的象征资本——因为在凉山的社会变革中和社会变革后，奴隶主这个词已经成了善恶中“恶”的代名词（凉山社会变革过程中“更加宽大”政策出台并实施后，被下了帽子的奴隶主对此感激涕零就是明证①）。事实上减少了自己的象征资本。换言之，通过对劳动者的发动巩固了奴隶阶层（中共在凉山社会变革中主要的依靠对象）的政治权威，这自然是奴隶阶层象征资本增加的表现。

第三，从帮助群众解决切身利益（主要是解决生产和生活的问题）出发动员群众。如普格县洛乌沟乡，当地干部帮助群众秋收，做到“快收，快打，快藏”，解决一些未能妥善安置的娃子的安家问题，同时对一些缺乏生产工具和生活用具的户通过安家费和贷款救济予以了解决，从而发动了一批积极分子，为进一步的动员工作打下了基础。②

第四，此时发动群众中共较之前更加强调要“深入下去”，对干部只习惯于开大会来发动群众，只知道住在乡上（乡政府），听汇报，写材料，作报告，不愿下到群众（尤其是奴隶）家中和田间地头发动群众，开会时，只管自己演讲，不知启发群众展开讨论，以及对发动群众的工作感到厌烦，甚至在工作中包办代替等种种现象进行了严厉的批评，要求干部不能满足于少数积极分子的觉悟，要“克服思想障碍，转变工作作风，改进工作方法”，强调“这是保证发动群众工作深入的首要关键”，在工作中绝对不能“以奴隶

① 昭觉县委办公室：《贯彻毛主席指示处理改革遗留问题的情况》（1957 年 2 月 7 日），载韦清风等编《凉山彝族奴隶社会的变革资料摘编》，中国社会科学院民族研究所，1981，第 255—256 页。

② 洛乌沟乡工作组：《关于洛乌沟乡民改复查补课第一阶段的工作情况报告》（1957 年 11 月 10 日），甘洛县档案馆，1—1—144—18。

主的观点看待奴隶，认为他们‘地位低，没威信’，‘很难形成领导’”，因而“不注意培养奴隶中的积极分子和扶持奴隶群众的领导，而喜欢劳动者中所谓‘有能力，地位高，有威信’的‘积极分子’，并且对劳动者歧视、打击奴隶群众的某些错误言行不能予以适当的批判”的现象，强调要保证奴隶阶层的领导优势。① 很显然，这同样说明了中共在复查补课的发动群众中重视增加自己的依靠阶层——奴隶阶层的象征资本，要确保奴隶阶层的象征资本在各阶级中占据绝对优势。

根据这样的要求，中共采取了由工作队、乡村骨干、积极分子和代表混合编组，以小组为单位深入村、堡、社、组，利用早晚和生产空隙，采取多种多样的方式启发群众开展普遍诉苦，从而“将他们的阶级义愤情绪提高到政策水平上来，从敢诉敢斗到会诉会斗，从诉具体苦到诉奴隶制度的苦，由敢于在大会上斗争到能单独的抗拒和向不法奴隶主的违法行为作斗争”②，这也正是中共所期望看到的实际效果。

此外，中共要求各地工作队要千方百计查实不法奴隶主违法的具体材料（主要是收集查实当地开展社会变革后不法奴隶主的破坏活动，毕竟复查补课政策明确规定了复查补课主要是斗争凉山社会变革开始后不法奴隶主的违法活动③），以免出现因为事实不具体、不确凿造成群众冷场的现象，④ 更重要的是，如果在斗争会上如果出现违法事实不具体、不确凿的情况，损害的是中共在凉山好不容

① 张荣：《喜德县在复查补课运动中存在的几个主要问题》（1957 年 11 月 10 日），甘洛县档案馆，1—1—144—7。

② 《布拖区复查补课第二步工作意见》（1957 年 11 月 7 日），甘洛县档案馆，1—1—144—8。

③ 《开展民主改革复查补课运动，巩固改革胜利成果——张荣代表在自治州第三届第三次人民代表会议上的发言》（1957 年 10 月 29 日），凉山彝族自治州档案馆，95—1—157—14。

④ 阿尔乡工作队：《民改工作第二步工作简报》（1956 年 4 月 20 日），甘洛县档案馆，1—1—131—5。

易获得的象征资本，如果情况较严重甚至会导致彝族群众抵制中共的严重后果（这一点前文已多有论述，此处不赘，[①] 此外，查实不法奴隶主违法活动的具体情况见下一节）。在查实不法奴隶主违法行为事实的同时，也对当地的奴隶主进行分类排队（是政治排队，不是经济排队，即只以政治表现作为分类排队的标准，现有经济水平的高低不在考虑之列），一般分为四种类型：第一类是守法和基本守法户，在当地进行了社会变革后没有违法行为或只有极轻微的违法行为；第二类是一般违法户，指的是有明显违法行为，但是情节不算严重；第三类是严重违法户，是指违法行为已经造成奴隶的生命财产遭受重大损失，且民愤较大；第四类是重点打击对象（一般都是违法户的典型，不但严重违法，而且基本都肆无忌惮地抵制和破坏社会变革，甚至不少人在社会变革开始后手里又多了人命）[②]，以便在复查补课中分别对待（多数情况是重点打击第四类）。

还要指出的是，为了更好地发动群众，也为了更好地团结大多数，凉山州委要求各地重视在村内召开小型群众会议，对有较轻违法行为的奴隶主（一般违法户）进行处理（一般只要奴隶主低头认罪，接受赔退即可，一般违法户基本都是这样处置的）。从经济的角度而言，赔退是开展斗争会，乃至复查补课工作的主要目的，[③] 但是相对而言，中共还是更重视复查补课工作中的政治收获。[④]

发动群众实际上是为较大的诉苦会，亦即斗争会（主要是村斗争会、联村斗争会和全乡性的群众斗争大会）做准备。诉苦大会实际上是强化参会者“痛苦”记忆的场域。在斗争会上，昔日种种悲

---

① 参阅本书第三章第二节。

② 普格县委：《关于加强领导、积极开展复查准备工作的意见》（1957 年 12 月 4 日），甘洛县档案馆，1—1—144—18。

③ 赔退问题在下一节专门讨论。

④ 凉山州委：《对昭觉县委关于复查补课第二阶段的安排意见的批复》（1957 年 11 月 8 日），甘洛县档案馆，1—1—144—4。

惨的遭遇（尤其是凉山的社会变革正式开始后不法奴隶主的违法行为造成奴隶生命财产遭受损失，甚至家破人亡的事实）不断被提出，反复地使参会群众回想起在奴隶制度下所遭受的种种惨无人道的虐待，从而反复冲击着他们的情感，哭诉和斥责在诉苦大会上的不断涌现，这些苦难的源头无一不指向不法奴隶主（一般被斗的对象都是当地——以乡为单位，“代表性大，罪恶多，民愤大”的不法奴隶主[①]），同时在诉苦大会上，个人愤怒的控诉能得到群体的呼应，从而建立起一个善恶截然对立的场景（需要强调的是，这个场景虽然有中共通过各种动员技术制造的色彩，但是仍旧表现了旧凉山奴隶社会的基本实况，尤其是主子和娃子之间的关系。还要强调的是，斗争会上苦主们控诉的内容即使不能说是完全真实的，但至少是基本可信的）时，在旧的制度下遭受种种非人的待遇的苦主（多数是娃子）会获得一种集体意志的支持，对不法奴隶主的仇恨在群情激愤的会场里迅速蔓延和积聚，最终形成爆发的洪流。而且在多数情况下，斗争会中上台诉苦的苦主越多，内容越动人（保证真实的前提下），这种洪流就越强，越剧烈。[②] 历史事实也的确如此。如在昭觉洒瓦乡斗争严重违法的不法奴隶主糯米尔虎的斗争会上，女奴隶曲木阿呷控诉糯米尔虎杀害她一家三口的悲惨情形时，参会的妇女们“痛哭流涕，与会代表万分愤怒，情绪激昂，指手蹬脚一呼百应，曾多次轰动要打（被制止）”，斗争不法奴隶主糯米吉木时，最初他企图狡赖，苦主曲木则立立刻控诉了糯米吉木卖掉自己全家7口的事实。另一个奴隶沙马吉哈也揭发了他的违法事实，计16条，并质问他“你没有吃人害人，这些罪状是什么？”由于“揭发的材料充分，说理批判彻底”，糯米吉木、糯米尔虎等被

① 昭觉县委：《关于复查补课第二阶段（斗争阶段）的安排意见》（1957年11月7日），甘洛县档案馆，1—1—144—4。

② 布拖县委：《复查补课工作第二步进展情况报告》（1957年11月23日），甘洛县档案馆，1—1—144—17。

斗的奴隶主（共有6人，实际上只斗了4人）均低头认罪；昭觉县委对这场斗争会评价甚高，认为这场斗争会成功的经验主要是：(1) 揭发材料充分，说理批判有力；(2) 组织动员工作到位；(3) 方法得当（包括在会上先让斗争对象坦白认罪，再由群众诉苦揭发，进行批判，如果有狡赖的奴隶主，则先挫气焰再行揭发和批判，直到其理屈词穷、低头认罪为止，同时要防止群众出现殴打的过火行为等）。[①] 又如昭觉解放沟的拉青乡，一个已101岁的奴隶在家人的帮助下前来参加斗争会，并鼓动其他奴隶说“过去奴隶主把我们整惨了，我已年老耳聋，你们年轻力壮应该好好斗争一下”，斗争会上，奴隶阿牛乌洛控诉了自己为主子吉色土且干活，但吉色土且无故杀害其父，并霸占自己的房屋的事实，群众群情激愤，纷纷斥责吉色土且，最终吉色土且低头认罪，并当场表态：只要能获得宽大，怎样都行。[②] 布拖各乡的群众参加斗争会十分踊跃，在斗争会召开的日子，群众都“怀着愤怒和兴奋的心情，扛着红旗，背着炒面，踊跃参加会议”，在斗争会开始后，“诉苦的群众一个接一个，络绎不绝”，在则洛乡，当地的奴隶阿欧耳黑斗争不法奴隶主吉狄色俄时愤怒地说：“过去我以为你和飞机一样，快要上天了，岂不知今天你还会低头站在我们劳动人民面前。”拉达乡的奴隶加沙阿卜的儿子不能诉苦（是哑巴），在斗争会开始后拿着刀子哇哇叫着要杀被斗的不法奴隶主（被拦住），沙洛乡的第一次斗争大会连续开了6个小时，主持会议的中共干部要参会群众暂时休息，吃些干粮，喝些开水再行开会，参会的群众回答说：“过去当娃子吃不饱还不是要去劳动，今天斗争奴隶主迟吃一会儿也是安逸的。”最后，参会的群众一直将会开完才散会（散会时已经天黑）。特木里乡

---

① 昭觉县委：《关于洒瓦乡召开的劳动人民代表会议斗争不法奴隶主的情况通报》（1957年11月9日），甘洛县档案馆，1—1—144—5。

② 昭觉县委办公室：《解放沟区拉青乡斗争不法奴隶主取得胜利的经验通报》（1957年11月20日），甘洛县档案馆，1—1—144—22。

（今布拖县城所在地）的群众在斗争会开始的前一天带着炒面在野外睡觉，目的是准备参加第二天的斗争会。① 很显然，在复查补课中通过斗争会（包括之前的准备工作），凉山的绝大多数群众都被动员起来了，动员群众的空白区域基本不存在了。② 更重要的是，通过诉苦和斗争会，以奴隶为主的凉山群众的苦难记忆（当然，这种记忆和客观事实③是吻合的）被最大限度地强化，他们找到了过去苦难生活的根源——在奴隶制度下被奴隶主阶级压迫。④ 本就不愿在旧制度下生活的他们，自然愿意在中共的领导下推翻旧有的奴隶制度，建立能让他们过上幸福生活——至少比以前的生活要好一些的社会制度了。

崔一楠指出："在中国传统社会，'亲族复仇'不仅是各类文学作品的叙事母题，还成为人们的一种心理情结和思维定式。"⑤ 这当然主要是指汉区。在凉山，"亲族复仇"的心理情结和思维定式较汉区有过之而无不及。在中共进入凉山前凉山持续不绝的冤家械斗（"打冤家"）就是凉山彝族"亲族复仇"的心理情结和思维定势的最好注脚。毫无疑问，"亲族复仇"也是凉山彝族信奉的伦理观。因而在凉山社会变革中的诉苦，尤其是复查补课工作中的"诉苦"中，中共也将亲情引入了对彝族的动员中，在诉苦中苦主

---

① 布拖县委：《复查补课工作第二步进展情况报告》（1957 年 11 月 23 日），甘洛县档案馆，1—1—144—17。

② 同上。

③ 客观事实是指：（1）凉山民主改革中，群众对旧的社会制度的痛苦记忆（亦即旧的奴隶制度给群众——尤其是娃子带来的痛苦）是真实的；（2）这种痛苦也的确是由于旧制度下的阶级压迫造成的。详细的论述见第三章第二节。

④ 事实上，中共在诉苦会上非常重视引导奴隶们在诉个人的苦的时候，将苦因归结到奴隶主阶级和奴隶制度（当然，这和客观事实是吻合的），并重视引导奴隶们诉奴隶主阶级和奴隶制度的苦。见布拖县委：《复查补课第二步工作意见》（1957 年 11 月 7 日），甘洛县档案馆，1—1—144—8。

⑤ 崔一楠、杨芳慧：《"植入"阶级：土改运动中的记忆构建与仪式操演——以四川绵阳为个案》，《江苏社会科学》2016 年第 2 期。

控诉自己的家人被杀和被卖（主要是被杀）都是将亲情引入政治动员的实际表现（前文已有例证，此处不赘）。这种做法在凉山同样实现了“阶级仇”和“家恨”的有机结合，中共的阶级话语和凉山固有的民间伦理彼此说明，从而成为彝族群众（尤其是娃子）能够理解和感受的经验。当彝族群众和汉区的农民一样意识到自己的敌人不只是某个具体的主子（奴隶主）而是整个奴隶主阶级和奴隶制度后，他们才真正完成了从个人复仇到阶级斗争的革命动员之旅。

下面对斗争会的几个问题再作一些补充说明：

第一，通过斗争会加强对支持（认可）在凉山开展社会变革的上层的统战工作，这是凉山社会变革复查补课工作中的斗争会的一大特色，也是凉山社会变革复查补课和汉区土地改革复查工作的区别之一。具体的做法包括：（1）继续宣传中共对凉山上层“长期团结，教育改造”的政策和复查补课政策，力争让他们支持（至少认可）复查补课工作，同时，说服他们去向其他的上层（奴隶主）做工作，“交代政策”，让大多数奴隶主能够守法（有违法行为的奴隶主则说服他们主动坦白，承认赔退）。[①] 凉山各地支持（认可）社会变革的上层也积极支持复查补课工作，努力说服有违法行为的奴隶主（尤其是严重违法户）坦白认罪，承认赔退（一般在斗争会前坦白认罪，承认赔退可免斗）。如昭觉拉青乡通过守法奴隶主对吉色拉木（严重违法户）进行说服工作，要他“老实认罪，争取宽大”，“不要顽抗给家门丢了面子”，最后吉色拉木坦白认罪，答应如数交纳赔退[②]（实际上，这里彝族的传统对复查补课工作起了积极作用）。（2）复查补课期间，中共严厉批评了部分干部忽视统战工作的做法，说“他们不懂得在复杂的阶级斗争中更应加强统

① 普格县委：《关于加强领导、积极开展复查准备工作的意见》（1957 年 12 月 4 日），甘洛县档案馆，1—1—144—21。

② 昭觉县委办公室：《解放沟区拉青乡斗争不法奴隶主取得胜利的经验通报》（1957 年 11 月 20 日），甘洛县档案馆，1—1—144—22。

战工作……而认为统战工作过时了，甚至怀疑过去的统战工作搞错了"，强调这样的想法是完全错误的，要求各级干部必须重视统战工作，[①] 一定要吸收支持（认可）社会变革的上层参加斗争会和赔退工作[②]（这实际上也是复查补课工作中民族政策的体现）。（3）在复查补课工作中，中共对支持（认可）社会变革且已安置的上层，均采取了保护措施，一般都不让群众批斗他们。这其中较典型的是对支持民主改革的上层岭邦正（甘洛田坝地区的著名土司）的保护。复查补课期间，甘洛田坝地区的群众多次要凉山州委送岭邦正回甘洛批斗，凉山州委始终不同意，最后由群众代表赴昭觉向岭邦正传达意见了结。[③]（4）对守法和基本守法的上层，一般都早早宣布他们无事，并对一直对凉山的社会变革持支持（认可）态度，和平叛有功的上层加以表扬和鼓励。如果这些上层有违法行为，但不严重，一般只在小范围内进行批评，只要他们承认错误，一律保护过关，并保留原职原薪。[④] 同时对部分地区未严格照章办事的现象进行检讨和批评。[⑤] 事实上，在凉山社会变革复查补课期间被斗（乃至以后被捕和被判刑）的不法奴隶主，在进行处置后不仅群众拍手称快，支持（认可）在凉山进行社会变革的上层也普遍称好。[⑥] 另需说明的是，中共也较注意稳定被斗对象家属的情绪，并

---

① 张荣：《喜德县在复查补课运动中存在的几个主要问题》（1957 年 11 月 10 日），甘洛县档案馆，1—1—144—7。

② 普格县委：《关于加强领导、积极开展复查准备工作的意见》（1957 年 12 月 4 日），甘洛县档案馆，1—1—144—21。

③ 中国人民政治协商会议甘洛县委员会文史资料委员会编：《甘洛县文史资料选辑》第 5 辑（2006 年），第 64 页。

④ 甘洛县委：《转发州委对复查补课一些具体政策的指示》（1958 年 1 月 6 日），甘洛县档案馆，1—1—144—14。

⑤ 布拖县委：《复查补课工作第二步进展情况报告》（1957 年 11 月 23 日），甘洛县档案馆，1—1—144—17。

⑥ 《凉山彝族自治州人民法院工作报告》（1957 年 10 月），凉山彝族自治州档案馆，95—1—157—12。

争取通过他们说服被斗对象坦白认罪（坦白一般可免斗）[①]。

第二，在斗争不法奴隶主中，中共比较注意区别对待。具体的表现包括：(1) 中共要求各地在开展斗争会时，一定要注意保护支持（认可）社会变革的上层（守法的奴隶主）。为了确保保护这些支持（认可）社会变革的上层，凉山在斗争会上采取了斗争哪些人哪些人上会的原则，其他人（包括守法的奴隶主和违法的奴隶主）一律原则上不让其到会，[②] 目的是既有利于会场的控制，也能有效防止乱打现象的发生。(2) 如前所述，中共对违法奴隶主的多数（一般违法户），更多的是采用开小会，内部谈判解决问题，只要答应赔退，均不予斗争，并当众宣布过关无事（这是对多数不法奴隶主的处理方式）。[③] (3) 对划为奴隶主，但在原社会结构中属于白彝阶层的人，即使是违法的情节比较严重和突出，原则上也不组织批斗，除非是劣迹多，民愤大，不仅奴隶群众要求斗争，而且在劳动者中的口碑也很糟糕的人，才组织斗争会进行斗争，其他人一律通过谈判解决问题。[④] 需要强调的是，凉山的复查补课工作对不法奴隶主的态度总体上还是比较宽大的，须知在凉山的斗争会上，甚至有被斗的不法奴隶主意图逃跑，还企图行凶杀人的现象（未遂，被当场处置）[⑤]，就笔者所掌握的史料而言，汉区的斗争会似乎没有这样的现象。但相比之下，汉区对地主的斗争和赔罚（退押）的

---

① 昭觉县委：《关于复查补课第二阶段（斗争阶段）的安排意见》（1957 年 11 月 7 日），甘洛县档案馆，1—1—144—4。

② 昭觉县委：《通报》（1957 年 11 月 12 日），甘洛县档案馆，1—1—144—10。

③ 布拖县委：《复查补课工作第二步进展情况报告》（1957 年 11 月 23 日），甘洛县档案馆，1—1—144—17；美姑县委：《第一批试点乡复查补课运动检查报告》（1958 年 1 月 10 日），甘洛县档案馆，1—1—245—8。

④ 昭觉县委：《关于复查补课第二阶段（斗争阶段）的安排意见》（1957 年 11 月 7 日），甘洛县档案馆，1—1—144—4。

⑤ 昭觉县委办公室：《解放沟区拉青乡斗争不法奴隶主取得胜利的经验通报》（1957 年 11 月 20 日），甘洛县档案馆，1—1—144—22。

力度比凉山要大得多。[①] 出现这种现象的背后还是有民族政策在起作用。

第三，前文已经指出，相对而言，中共更看重复查补课（斗争不法奴隶主）的政治收获，然而，在复查补课的斗争会上，各地普遍存在偏重经济忽视政治的现象，具体的表现是在确定打击对象（斗争会的斗争对象）时只看被斗的不法奴隶主的“油水”的多少，而不考虑其违法行为（尤其是社会变革正式开始后的违法行为）的程度和民愤程度，将一些实际上违法程度严重，民愤很大（往往在民主改革中手里有人命）的不法奴隶主放过了关。中共严厉批评了这种现象，要求必须迅速纠正，同时禁止各地在斗争不法奴隶主时出现确定打击对象（斗争对象）时只看违法程度和“油水”的多少、不看实际的表现，并根据实际表现予以区别对待的现象，同时坚决否决了部分干部提出的扩大斗争、打击对象的主张，强调只能尽可能地压缩打击面，集中力量打击社会变革后违法情节严重的不法奴隶主，[②] 以便斗争不法奴隶主能更好地在“有理，有利，有节”的原则下得以开展。

第四，在斗争不法奴隶主中，中共对所有的斗争会都要求只能讲理讲法，不能动手打人，而不是只对支持（认可）社会变革的上层进行保护。[③] 为此，中共要求各地在召开斗争大会时，必须注意既要抓“火候”（引导参会群众攻其要害），鼓舞参会群众的斗争情绪，也要注意防止群众乱打，在群众情绪激昂轰动，要打人时，

---

① 参阅曹树基、李婉琨、郑彬彬：《江津县减租退押运动研究》，《清华大学学报》（哲学社会科学版）2013年第4期。

② 张荣：《喜德县在复查补课运动中存在的几个主要问题》（1957年11月10日），甘洛县档案馆，1—1—144—7。

③ 中国人民政治协商会议甘洛县委员会文史资料委员会编：《甘洛县文史资料选辑》第5辑，2006，第64页。

要将群众引导到说理斗争上。[①] 同时，中共要求各地干部不能有“打人是难以避免的事”[②] 的想法，更不能有政策（不准动手打人）会“限制了群众的斗争情绪”的想法，或在群众强烈要求捆打和杀死不法奴隶主的时候出现束手无策的现象，必须防止在斗争中打人的情况发生，遇到群众强烈要求捆打或杀死的情况，必须反复、耐心地向群众交代政策，坚持说理斗争的原则，而不能违反原则，放任甚至鼓动群众乱打乱杀。[③] 为了防止这种现象，中共要各地首先教育干部，再由干部教育群众，“通过说服教育使群众懂得乱打乱斗的害处”，不法奴隶主“该关、该杀的交政府处理”[④]。

在凉山的社会变革中，旧有社会结构中的上层（土司和黑彝，民主改革中多被划为奴隶主）自然是阶级斗争的敌人，但是，在凉山的社会变革中，旧的伦理秩序是被完全颠覆，并代之以新的伦理秩序的。在旧的伦理秩序中，主子虐待娃子是理所当然，新的伦理秩序则将此解读为阶级剥削和阶级压迫（当然这是符合事实的），显然，主子虐待娃子的“恶”是在新的伦理秩序下才被宣判为“恶”，才能既是政治上的“恶”，也是伦理上的“恶”。

与奴隶主的行为形成鲜明对照的是中共主导的社会变革。前文已述，凉山的社会变革给予以奴隶为主的凉山多数彝族群众的记忆是甜蜜的。土地、耕畜、农具、粮食、房屋五大财产的分配，自身（指娃子）的解放，在地方（乡村）获得话语权等都是凉山的社会变革中大多数彝族群众获得的实实在在的利益。中共在凉山对彝族

---

① 昭觉县委：《关于复查补课第二阶段（斗争阶段）的安排意见》（1957 年 11 月 7 日），甘洛县档案馆，1—1—144—4。

② 城南乡：《发动群众形成斗争力量的情况简报》（1957 年 11 月 14 日），甘洛县档案馆，1—1—144—6。

③ 张荣：《喜德县在复查补课运动中存在的几个主要问题》（1957 年 11 月 10 日），甘洛县档案馆，1—1—144—7。

④ 布拖县委：《复查补课第二步工作意见》（1957 年 11 月 7 日），甘洛县档案馆，1—1—144—8。

群众记忆的构建是以彝族群众获得的实际利益为基础的，这其中既有对传统的改造和利用，也有对传统的颠覆。凉山的社会变革实际上是中共的政治话语和新建的伦理观（为大多数彝族群众所愿意接受）的融合，在这种融合中，政治被道德化，道德也被政治化。中共在凉山希望彝族的群众看到这一点：中共在凉山主导的社会变革既有经济意义，也有政治意义，还有道德的使命。

奴隶主的压迫和中共的解放，这两种记忆在凉山的社会变革中被刻写（奴隶主压迫的记忆实际上是被强化），复查补课中被固化，凉山的彝族群众在今昔生活的对比中，对中共的感激之情是顺理成章的事。一个 70 多岁的彝族老太太感慨地说："我活了这么大年纪，从没想到还有今天这样的好世道，真不知道如何来感谢政府给我们劳动人民带来的好处。"① 凉山的社会变革后在凉山传唱的"奴隶们开地种麦在山间——阉鸡肥又大，麦粒香又甜，'麦饭配鸡肉'，翻身的奴隶呵，吃上了这多年在歌儿里才听得见的好餐饭"，"愿中国共产党千年万年，像钢铁一样坚，愿党的光辉像太阳，照着我们永远向前，祝人民领袖毛主席，长寿万年"② 之类的歌谣，更是表达了彝族群众对中共和毛泽东的感激之情。这一方面体现了凉山的彝族群众对中共在凉山主导的社会变革的衷心拥护，另一方面也可见中共已经在凉山确立了绝对的政治权威，而且这种政治权威得到了彝族群众的真心认同。

三、斗争会中的仪式、身体和话语

杨豪和崔一楠都认为：在以土改为中心的政治运动中，仪式都

---

① 美姑县委：《第一批试点乡复查补课运动检查报告》（1958 年 1 月 10 日），甘洛县档案馆，1—1—245—8。

② 见秦和平编：《四川民族地区民主改革资料集》，北京：民族出版社，2008，第 493—494 页。

扮演了重要的角色。[①] 如福柯所说："身体是事件被铭写的表面（语言对事件进行追记，思想对事件进行解散），是自我被拆解的处所（自我具备一种物质整体性幻觉），是一个永远在风化瓦解的器具。"[②] 当然，这里的身体是指社会意义上的身体，在福柯的眼里，人类历史就是一种身体的建构和解构的历史。话语则被福柯视为权力的体现，具有独特的威力和荣誉，能进行知识和意义的生产。[③] 在凉山的社会变革中同样如此。随着社会变革运动深入到复查补课阶段，仪式的功能和主体都发生了天翻地覆的改变，身体和话语的支配权从奴隶主（更多的还是指不法奴隶主，毕竟在凉山的社会变革中守法的奴隶主在一般情况下，多少都能得到一些优待，他们只要始终支持中共主导的社会变革，手里的象征资本一般不会下降太多）手里转移到群众（主要是奴隶——娃子）手里，这种颠倒对奴隶主而言意味着规训和惩罚，对群众而言则是一种认可。

斗争会（主要是联村和全乡性的斗争大会）是凉山社会变革复查补课阶段最主要的一种集体仪式。在大会上，奴隶们痛斥不法奴隶主自社会变革开始以来的种种作为（需要说明的是，凉山在社会变革和复查补课中一般都不算旧账——社会变革前为"旧账"，主要是就社会变革以来不法奴隶主的违法破坏行为进行斗争，如果在斗争会上出现了"算旧账"的行为，最少是要受到批评的[④]），男

---

① 杨豪：《象征的革命与革命的象征：以华北解放区翻身运动中的仪式为中心》，《江苏社会科学》2015 年第 3 期；崔一楠、杨芳慧：《"植入"阶级：土改运动中的记忆构建与仪式操演——以四川绵阳为个案》，《江苏社会科学》2016 年第 2 期。需要指出的是，通过二人的成果可见：仪式无论在新中国成立前的土地改革，还是在新中国成立后的土地改革中都起了重要的作用。

② ［法］福柯：《规训与惩罚》，刘北成译，北京：三联书店，1999，第 27 页，转引自杨豪：《传统的发明：翻身运动中的仪式与身体》，《党史研究与教学》2013 年第 2 期。

③ 刘晗：《福柯话语中的控制与反控制》，《兰州学刊》2010 年第 4 期。

④ 凉山州委：《批转政法委的意见》（1958 年 1 月 28 日），甘洛县档案馆，1—1—243—1。

女老少一个接一个上前痛斥奴隶主的恶行。如前文已提到的昭觉拉青乡斗争不法奴隶主吉色土且，奴隶阿牛洛乌泣不成声地控诉了自己为主子吉色土且干活，但吉色土且无故杀害其父，并霸占自己的房屋的事实，群众群情激愤，纷纷斥责吉色土且，有的愤怒地指着吉色土且高声大骂，紧接着，另一个奴隶土比尔惹控诉了吉色土且杀害他儿子的情形后，接着对另一个奴隶说："你过去受的苦难道忘了吗？今天政府给我们撑腰，这么多人参加大会，你为什么还不起来斗争呢？"这个叫勒洛日惹的奴隶当即站起来一边骂，一边要动手打（被积极分子劝阻未成），8岁的儿童勒俄什克也站起来控诉吉色土且："你组织叛乱把我父亲打死，要不是政府给我衣穿，送我上学，不晓得今天成了什么样子。"说完上前要打（被群众抱回）。[①] 很显然，彝族群众在斗争会上的言语和行为可视为一种宣泄。它使彝族群众通过最直接的方式体会到政治地位的上升，由此迅速找到了翻身感。这种感受一旦经过斗争会营造的剧场效应发酵，转化为原社会结构的底层群体的集体性情感表达——挑战和颠覆奴隶主旧有的权势和凉山旧有的社会秩序是顺理成章的事。[②] 这种表达正如前文所述，布拖则洛乡的奴隶阿欧耳黑斗争不法奴隶主吉狄色俄时愤怒地说："过去我以为你和飞机一样，快要上天了，岂不知今天你还会低头站在我们劳动人民面前。"[③] 由上述内容可见，和汉区一样，在凉山复查补课中，身体和话语在仪式中成为权力形态的象征，给予了广大的彝族群众巨大的象征资本，经过一次又一次诉苦（这里指小范围的诉苦）和斗争会的操演，二者的意义和场景都深深地刻写进了凉山群众的记忆，成为符合中共政治话语

---

① 昭觉县委办公室：《解放沟区拉青乡斗争不法奴隶主取得胜利的通报》（1957年11月20日），甘洛县档案馆，1—1—144—22。

② 汉区对此最经典的表述是吴毅和陈欣的研究，参见吴毅、陈欣：《"说话"的可能——对土改"诉苦"的再反思》，《社会学研究》2012年第6期。

③ 布拖县委：《复查补课工作第二步进展情况报告》（1957年11月23日），甘洛县档案馆，1—1—144—17。

的抽象的固有观念。

在斗争会上不允许殴打不法奴隶主是复查补课中中共三令五申的政策（动口骂可以），在斗争会的实践中，这一政策是被严格执行的。即使为了保证参会群众的斗争情绪不受影响允许群众动一两下手，也绝对不会让群众多动手，更不允许出现打伤、打死被斗的不法奴隶主的现象。如昭觉城南乡一分会在斗争不法奴隶主八且树涅者时，工作队事先向参会群众反复说明了政策，要群众在斗争会上“只动口不动手”，在斗争会正式开始前，又逐个劝说苦主和参会的群众丢掉了带来的刀棍（不难想象，如果事前不这样做，八且树涅者在斗争会上有被乱刀砍死的可能），会后一些持“在凉山斗争中打人是难以避免的事”的干部被批评，这些干部被要求必须马上端正思想，正确领会政策，不得再有类似的思想。[①] 再如布拖，当地要求各乡的工作队在斗争会开始前必须先做好群众工作，说服群众不带棍棒、石头、刀具等物品参会，在开斗争会时，必须维持好会场秩序，诉苦时一律单人诉苦，如果遇到群众（由于事先做了准备，动手的群众是个别现象）在诉苦中打了人（指动了一两下手，打多了都要当场阻止）的现象，虽然因为鼓励群众斗争情绪的需要不能当场制止，但事后主持者要做检查并对打人的群众进行教育。[②] 由此可见，在凉山，虽然阶级话语也牢固地确立了以奴隶（娃子）为代表（抑或说主导）的彝族群众规训奴隶主的权力，但是不像汉区的农民那样，能以策略性的应对来回应政治权力的介入，从而使仪式朝着自己希望的方向发展，而是群众自身也受到政

---

① 城南乡工作队：《关于城南乡发动群众形成斗争力量的情况简报》（1957 年 11 月 14 日），甘洛县档案馆，1—1—144—6。

② 布拖县委：《复查补课第二步工作意见》（1957 年 11 月 7 日），甘洛县档案馆，1—1—144—8。另需指出的是，虽然中共三令五申在复查补课中不许乱打乱斗，但是这种现象始终无法完全禁止，不过，只要发现了乱打乱斗现象，一般都会立刻加以纠正。见美姑县委：《第一批试点乡复查补课运动检查报告》（1958 年 1 月 10 日），甘洛县档案馆，1—1—245—8。

治权力的规训，不能做出政治权力限定范围以外的事情。这样做的后果是凉山社会变革（包括复查补课工作）一直能稳妥地进行，以美姑第一批复查补课的试点乡为例，不法奴隶主 173 人中，被逮捕和送学习队的只有 19 人（重点打击的对象只有 40 人），[①] 另据统计，复查补课期间，奴隶主被处理的人数只占奴隶主总人数的 3.16%。[②] 此外，复查补课期间被处置的奴隶主一般都有较严重的违法行为，民愤较大，有的甚至在当地（区、乡）社会变革完成后（或参加叛乱被宽大处理后）又有了新的人命，不仅广大的彝族群众要求惩处，多数上层也不反对惩处他们。[③] 换言之，说他们罪有应得是不过分的。之所以在复查补课的斗争会中呈现这样的特色，实际上还是民族政策的作用，也和此时中共的政治动员经验已经十分丰富和成熟有关，毕竟在凉山开展社会变革的时间较汉区的土地改革晚了好几年。

杨豪认为，传统乡村社会中，身体一直被视为一种象征符号，只有身体的翻身才是真正意义上的翻身，翻身主要包括四方面内容，即中共革命实践对身体翻身的规训、美与丑的转化、相对饥饿感的树立及翻身身体的国家化。[④] 凉山的彝族群众在民主改革也经历了类似的身体翻身。由于史料限制，下面只分析复查补课中美与丑的转化和获得翻身群众的身体的国家化三个问题。

和汉区一样，凉山也存在身体生理意义上的美丑与社会意义上的美丑认同的一致性。很显然，在社会变革前凉山彝族的价值观

---

① 美姑县委：《第一批试点乡复查补课运动检查报告》（1958 年 1 月 10 日），甘洛县档案馆，1—1—245—8。

② 凉山州委：《关于结束复查补课运动的报告》（1958 年 3 月 20 日），甘洛县档案馆，1—1—245—9。

③ 《凉山彝族自治州中级人民法院工作报告》（1957 年 10 月），凉山彝族自治州档案馆，95—1—157—12。

④ 杨豪：《传统的发明：翻身运动中的仪式与身体——以冀中解放区为中心》，《党史研究与教学》2013 年第 2 期。

里，在原社会结构中较高的阶层的形象被认为是美的，反之则是丑的。中共明确提出，在复查补课中要“通过各种形式的斗争会，将不法奴隶主和叛乱奴隶主首恶分子斗垮、搞臭”，要“彻底打垮不法奴隶主与叛乱奴隶主首恶分子的气焰”①。通过斗争会，作为处于原社会结构高端的奴隶主阶层的形象变成了丑的象征；反之，处于原社会结构低端的奴隶的形象变成了美的体现。这种认知在凉山也迅速被社会所认同。一个叫吉子阿劣的劳动者在当地召开了斗争会后这样说：“我以前认为当一个奴隶主太安逸了，现在我才认识到奴隶主是可耻的。”② 很显然，通过斗争会，“奴隶主这个名词，在劳动人民心目中已经成了一个很臭的东西”③。由此可见，类似的美与丑的认同的转化在凉山也是存在的。毕竟斗争会的召开实际上使（不法）奴隶主原本拥有的象征资本损失殆尽，以奴隶为代表的群众的象征资本得以大增。这种美与丑的转化自然顺理成章。

“从清末以降的政经情势，和它所激发的高亢的民族主义论调，就对身体的发展产生推动力式的影响，使身体的开发一直摆脱不了国家化的趋势。”④ 杨豪认为，中共领导的政治运动一直都有国家化的烙印，第三次国内革命战争时期解放区的贫雇农身体的翻身是中共革命主导下身体的翻身，加上中共政权对集体主义话语及组织纪律机制的着力塑造，使解放区农民的个体身体走向了国家化的趋势。⑤ 凉山在开展社会变革后当地的彝族群众也形成了“没有共产

① 参阅昭觉县委办公室：《解放沟区拉青乡斗争不法奴隶主取得胜利的经验通报》（1957 年 11 月 20 日），甘洛县档案馆，1—1—144—22；昭觉县委：《关于复查补课第二阶段（斗争阶段）的安排意见》（1957 年 11 月 7 日），甘洛县档案馆，1—1—144—4。

② 布拖县委：《复查补课工作第二步进展情况报告》（1957 年 11 月 23 日），甘洛县档案馆，1—1—144—17。

③ 同上。

④ 黄金麟：《历史、身体、国家——近代中国的身体形成（1895—1937）》，北京：新星出版社，2006，第 228 页。

⑤ 杨豪：《传统的发明：翻身运动中的仪式与身体——以冀中解放区为中心》，《党史研究与教学》2013 年第 2 期。

党就没有广大翻身奴隶的幸福”的共识。凉山社会变革的著名积极分子史鲁阿洛（白彝出身，是 1955 年全国社会主义建设积极分子，1957 年又被评为全国青年积极分子，是当年召开的新民主主义青年团第三次全国代表大会代表、主席团成员）在参加中国新民主主义青年团第三次全国代表大会时在会上所作的发言恰如其分地表现了凉山彝族群众的这种共识：“我们要永远听党的话，跟着共产党走，把一切献给祖国，献给伟大的社会主义建设事业。”[①] 更重要的是，凉山彝族群众（旧社会结构中的白彝和娃子，社会变革中被划为劳动者和奴隶成份的人）的身体一直是属于他们的主子，这种隶属关系较汉区农民的隶属关系范围更小，因此，中共主导的社会变革将彝族群众的身体从他们的主子手中解放出来而将其置于自己的保护之下，是一种更大的进步。通过对社会变革（复查补课）中的身体分析，也进一步诠释了为何在凉山的社会变革中，解放奴隶（娃子）并帮助他们安家比没收（包括征收和征购）奴隶主的财产分给奴隶更重要，以及为什么在复查补课工作中，中共为何会更重视复查补课工作的政治收获而不是更重视经济收获。

四、余论

综观凉山社会变革复查补课工作中的发动群众和打击不法奴隶主的全过程，可以发现以下一些问题：

第一，凉山的社会变革实际上仍旧是以阶级话语为主导的，由于各地在社会变革结束后，还有不少奴隶主在明里暗里破坏变革，因此，在复查补课工作中中共斗争不法奴隶主自然顺理成章。而且，中共也需要通过复查补课将阶级意识再一次传递给以奴隶为代表的彝族群众（上一次是在社会变革中开展的诉苦活动），从而强化彝族群众的阶级意识，令其在此基础上形成新的价值观。在凉

① 施嘉明主编：《难忘的历程——开辟凉山彝族地区工作的回忆录》，成都：四川民族出版社，1992，第 307 页。

山，记忆构建（实质是强化）、身体规训和仪式操演在实现这一意图的过程中发挥了关键作用。但是，凉山以奴隶为代表的彝族群众不存在郭于华所说的对奴隶主"恨不起来"的现象（他们对旧凉山社会的不平等有着直接的认知），因而中共对彝族群众苦难的记忆进行唤起、刻写和强化，将"奴隶制度—贫穷痛苦""打倒不法奴隶主—翻身解放""革命救赎—拥护感恩"等逻辑话语植入其中，是合乎凉山的实际情况的。应当承认，奴隶制度确实是凉山彝族群众贫穷痛苦的根源，至少是其中之一。通过社会变革打倒了反抗在凉山进行社会变革的不法奴隶主（毕竟社会变革中支持和认可社会变革的上层还是多数）也的确令以奴隶为代表的彝族群众获得了解放，并在政治上翻了身。社会变革后被解放的彝族群众对中共感激涕零同样是不争的事实。更重要的是，凉山以奴隶为代表的彝族群众实际上早就不愿在旧的制度下生活，只是他们没有改变旧制度的能力，也缺乏一个强有力的领导者来领导他们改变这一切，怀着改造凉山社会愿望的中共的到来，则正好充当了渴望改变的彝族群众的领导者的角色。因此，中共不是通过记忆构建、身体规训和仪式操演重构了彝族群众的记忆，而是通过它们强化了彝族群众的记忆。这种强化的记忆使凉山以奴隶为代表的彝族群众直观而真切地感受到中共解放者的形象，强化中共政权的合法性和对民众的动员能力，正是这种合法性和动员能力使中共政权实现了自古以来中央政权第一次对凉山实行直接治理。

第二，如崔一楠所言："记忆能够沉淀为一种政治资源是与仪式操演分不开的。"① 凉山通过斗争不法奴隶主的政治仪式，使以奴隶为代表的彝族群众得以利用身体和话语对不法奴隶主进行规训和惩罚，同时也接受中共政权的规训，并凭借二者表达对中共政权的感激和认同。在这种仪式中，奴隶主的权威被摧毁殆尽，以奴隶

① 崔一楠、杨芳慧：《"植入"阶级：土改运动中的记忆构建与仪式操演——以四川绵阳为个案》，《江苏社会科学》2016 年第 2 期。

为代表的彝族群众则实现了象征资本的升值和转化。笔者在阅读凉山社会变革的各种资料，尤其是档案时，一大真切的感受就是如果说凉山的社会变革刚开始因为民族政策的作用，还大量地呈现和汉区的土地改革不同的内容，那么随着社会变革的深入，这种差别呈日益变小的趋势，到了复查补课阶段，虽说政策上还是坚持了一直以来的宽大政策，但是在实践中和汉区的土地改革已经相差无几了。在本节的最后，还要指出的是：第一，虽然在凉山的复查补课工作中，发动群众斗争不法奴隶主和汉区土地改革中发动群众斗争地主相较已经没有大别，但是从总体而言，对守法的奴隶主（指的是自凉山的社会变革开始以来一直支持中共的守法奴隶主和虽一时有破坏活动，但因种种原因终止了破坏活动，且此后一直守法的奴隶主，也包括曾参加叛乱，但是在放下武器后未再次参加叛乱，也没有抵制破坏社会变革的违法行为的奴隶主）在政治上的波及是不大的。就一般情况而言，在复查补课中，大部分奴隶主的情绪是稳定的。[①] 第二，凉山的社会变革结束以后这种记忆的强化（社会变革结束后主要是构建）和仪式的操演并未完结，反而在凉山以后的历次政治运动（如镇压反革命、“大跃进”、“文化大革命”）中继续发挥了自己的作用。直到 1978 年十一届三中全会前，他们既伴随了凉山的政治生活（至少是大部分），也是这一时期凉山政治活动中权力运作的重要方式。

第四节　复查补课工作中的经济赔退工作

经济赔退（也可称为经济退赔，简称“赔退”或“退赔”）是凉山社会变革复查补课工作的第二阶段。这是复查补课工作的经济任务。本节即分析赔退工作。

① 伍精华：《我们是这样走过来的——凉山的变迁》，北京：民族出版社，2002，第 156 页。

一、经济赔退政策的内容和比较分析

凉山在复查补课工作中的赔退是有严格的政策界限的。大致而言，包括以下几点：

第一，中共对赔退的范围有着严格的限定。如第二节所述，赔退只限于三个方面：(1) 自社会变革正式开始以后，不法奴隶主进行反攻倒算及其他违法破坏行为使群众遭受之损失。(2) 在叛乱期间，叛乱奴隶主进行杀人、放火、抢劫、摊派致使群众和国家遭受之损失。(3) 在社会变革期间，不法奴隶主隐瞒、转移、分散之应加没收、征购的土地、粮食、耕畜。① 其他损失一律不做赔退，在凉山正式开始社会变革前造成的损失更不赔退。此外，为了表示宽大，凉山州委规定对奴隶主在社会变革期间隐瞒了少量粮食（不多于 5 石）的情况不做处理（亦即奴隶主可以继续保留被其隐瞒的少量粮食）。②

第二，赔退的重点是凉山开始社会变革后有较严重违法行为，使群众生命财产造成严重损失的奴隶主分子；在叛乱中起主要作用，且民愤较大（一般在社会变革开始后手里有人命）的不法奴隶主分子；在政治争取中放下武器，后又重新参加叛乱或有反抗社会变革的行为的叛乱分子三种人。③

第三，在赔退工作中，赔退的数字必须根据违法程度的轻重、民愤的大小、经济能力的高低和不法奴隶主在复查补课工作中悔过

---

① 凉山州委：《关于民主改革复查补课工作的安排意见》（1957 年 10 月 12 日），甘洛县档案馆，1—1—144—1。

② 参阅凉山州委：《关于民主改革复查补课工作的安排意见》（1957 年 10 月 12 日），甘洛县档案馆，1—1—144—1；城南乡工作队：《关于城南乡目前工作的基本情况和第二步工作的意见》（1957 年 11 月 6 日），甘洛县档案馆，1—1—144—3；凉山州委：《批转昭觉县委“关于复查补课第二阶段的安排意见”》（1957 年 11 月 8 日），甘洛县档案馆，1—1—144—4。

③ 伍精华：《我们是这样走过来的——凉山的变迁》，北京：民族出版社，2002，第 154 页。

程度和表现的好坏这几个方面综合考虑，决定数额，令其赔退出一部或全部，如果无力赔退，应当减免，但被减免的奴隶主必须向群众低头认罪，不能出现不考虑实际情况对赔退数额漫天要价的现象①，“扫地出门”的现象则更不允许出现②。中共强调在赔退中要做到“有事实有道理，使其心服口服，并使广大群众和多数上层人士同情和赞助”③。

第四，必须区分奴隶主违法和劳动者违法的界限，劳动者如有违法行为需作为人民内部矛盾处理，④ 不能视为敌我矛盾。

以上是凉山复查补课赔退工作的基本政策。这些政策具有以下几个特色（这里分析的是政策的表达，政策的实践是另一回事）。

第一，凉山赔退政策制定的背景主要是已完成社会变革的地区（凉山的复查补课工作开始时，尚有约占总人口的8%⑤的一小部分地区未完成社会变革）确有部分奴隶主仍旧采取种种手段抵制和反抗社会变革，需要从政治和经济两方面尽可能减少他们的象征资本（上一节论述的斗争不法奴隶主实际上就是从政治上大幅减少不法奴隶主的象征资本，赔退工作则是在削弱奴隶主经济实力的同时，从经济上大幅减少他们的象征资本），并增加以奴隶为代表的彝族群众的象征资本，进而巩固中共在凉山的政治权威，实现对凉山的社会治理。

第二，凉山在赔退工作一开始就将主要打击的对象界定为：

---

① 凉山州委：《关于民主改革复查补课工作的安排意见》（1957年10月12日），甘洛县档案馆，1—1—144—1。

② 伍精华：《我们是这样走过来的——凉山的变迁》，北京：民族出版社，2002，第154页。

③ 凉山州委：《关于民主改革复查补课工作的安排意见》（1957年10月12日），甘洛县档案馆，1—1—144—1。

④ 布拖县委：《在加强团结的基础上处理少数劳动者错误行为的报告》（1957年12月5日），甘洛县档案馆，1—1—144—20。

⑤ 凉山州委：《关于民主改革复查补课工作的安排意见》（1957年10月12日），甘洛县档案馆，1—1—144—1。

(1) 社会变革以后有破坏社会变革的行为（尤其是在社会变革后手里有新的人命，从奴隶——娃子手里夺回原属自己的财产，或强迫已经被解放的奴隶为其无偿劳动这三种行为）的不法奴隶主——笔者阅读的档案中这种案例并不少见。[①] (2) 在组织叛乱中起主要作用，且民愤较大的奴隶主，需要强调的是，这种奴隶主在叛乱中一般手里都有人命，且往往不止一条。(3) 放下武器后又重新参加叛乱的奴隶主。而且打击范围有严格的限定：重点打击的严重违法的奴隶主只占奴隶主总户数的3%左右，至多5%，所有违法奴隶主的打击范围不能超过奴隶主总数的30%——这也是有违法行为的奴隶主的大致总数。在赔退中，守法的奴隶主是要加以保护并尽早宣布其无事的。此外，中共明确要求，必须在整个复查补课工作中做好团结支持（认可）社会变革的奴隶主（上层）的工作，要在工作中争取他们的支持，使“他们站在人民一边同不法奴隶主进行斗争”[②]。

第三，在凉山的赔退中，即使有产权清理的性质，这种性质也要比汉区的减租退押要微弱得多。它虽然有财产清算的影子，但至少从政策层面而言，要综合考虑前述的各种因素决定赔退数额，[③] 换言之，凉山的赔退工作不能对奴隶主进行彻底的剥夺。必须给奴隶主留足生产和生活资料，保证奴隶主的生活不低于凉山普通民众的一般水平。事实上，中共一再强调要根据实际情况决定如何赔退，要“量力而行”，适可而止（这里指的是根据不法奴隶主的不法行为的程度决定赔退数字，不是不分青红皂白一律只留下必需的

---

① 具体案例可参阅本章第一节，该节所列举的案例也只是笔者看到的案例的一部分。

② 凉山州委：《关于民主改革复查补课工作的安排意见》（1957年10月12日），甘洛县档案馆，1—1—144—1。

③ 参阅曹树基、李婉琨、郑彬彬：《江津县减租退押运动研究》，《清华大学学报》（哲学社会科学版）2013年第4期。

生产资料和生活资料外，其余全部拿出赔退[①])。凉山州委对下级的一份请示的批复突出地体现了这一点：昭觉县委曾提出对严重违法的不法奴隶主的赔退标准是“将其经济实力搞掉70%以上”，突出违法的不法奴隶主的赔退标准是“将其经济实力削弱到50%以上”，一般违法的不法奴隶主则只令其赔退其给群众造成的直接损失即可，如果属于参加叛乱的投诚分子（系首恶），则应将其赔退数字控制在其经济实力的40%以内（当然，这是在不法奴隶主自动认赔或中共交待了政策后不法奴隶主即如实认赔的条件下）。[②] 凉山州委对此的批复是：对于文件中提出的标准，不能机械执行，必须按照每一不法奴隶主的违法事实和针对本人的具体情况确定赔退数字，对此要严格执行。[③]

第四，凉山的赔退是要在社会变革中，尤其是社会变革后给群众造成了生命财产损失进行赔偿。另需指出的是，赔退政策明确规定：对劳动者的违法行为要和奴隶主区别对待，不能视为敌我矛盾，而要作为人民内部矛盾处理。

综合上述内容可见，在复查补课工作的各项政策中，民族政策虽然不像社会变革期间的作用那样大，阶级话语占据了绝对的主导地位，但是民族政策在复查补课工作的各项政策中还是能够看到它的影子，赔退工作也不例外。

二、赔退工作的基本过程

1. 赔退工作的准备

在复查补课工作正式开始之前，凉山的奴隶主对复查补课工作

---

① 布拖县委：《有关具体处理赔退中应注意问题的通知》（1957年11月11日），甘洛县档案馆，1—1—144—13。

② 昭觉县委：《关于复查补课第二阶段（斗争阶段）的安排意见》（1957年11月7日），甘洛县档案馆，1—1—144—4。

③ 凉山州委：《批转昭觉县委“关于复查补课的第二阶段（斗争阶段）的安排意见”》（1957年11月8日），甘洛县档案馆，1—1—144—4。

普遍心怀恐惧，而且这种恐惧的心理一直在他们心里萦绕。以昭觉比尔区为例，当地的奴隶主有五怕：“1. 怕挖底财搞退赔；2. 怕杀，关，斗；3. 怕人民政府不区别对待；4. 怕群众不执行党的政策乱整；5. 怕撤销职务，取消津贴。”① 这五怕基本上代表了凉山各地奴隶主对赔退工作的基本态度。

基于此，凉山各地都在正式赔退前都召开了奴隶主会议，会议着重解决了三项问题：

“第一，为什么要复查补课，对奴隶主的政策变了没有？”对于这个问题，各地“结合实例说明不法奴隶主不甘心劳动人民解放，组织叛乱造成国家和人民严重损失，民改后仍不守法劳动进行反攻倒算，因而才进行此工作的，不是政府强加于他们头上的，并说明通过补课不但对劳动人民有好处，同时对奴隶主的改造亦有极大益处”。

“第二，复查补课的政策，主要是分别对待政策，即自动认罪低头悔过，圆满赔退从宽，反之从严，能否顺利过关的关键，在于自己是否老实赔退，以促使剧烈分化。同时大胆交待赔退的范围、时间界限，及今后奴隶主的出路前途。达到他们心中也有底，解除不必要的顾虑，以安定大多数的情绪。”（这里的老实赔退从宽，反之从严还是针对有违法行为的不法奴隶主而言，一直守法的奴隶主则无事。）

“第三，群众要坚决斗垮奴隶主阶级的决心，不法奴隶主应争取宽大处理。结合批判他们中的阴谋活动，指出搞破坏的危险结局。”②

经过努力，中共成功使大多数奴隶主理解了赔退工作的目的和

① 伍精华：《我们是这样走过来的——凉山的变迁》，北京：民族出版社，2002，第156页。

② 以上内容均见斯足区平改分团：《召开奴隶主会议情形》（1958年2月9日），甘洛县档案馆，1—1—274—40。

意义，做到了继续守法，从而使一些坚持反对社会变革立场的不法奴隶主被孤立。如普格，80%的奴隶主在赔退工作的开展中情绪较稳定，[①] 再如甘洛的斯足区衣乌乡的38名奴隶主，情绪基本稳定的达35人，占92%，一个叫巫且莫的奴隶主（有违法行为）说“我们吃人，杀人，整人，干的坏事就像天上的星星永远数不完，永远数不清一样，可是政府还是耐心的教育我们和改造我们。若不是政府的宽大，我们早都给劳动人民杀光了，我要老实赔退，重新做个好人”；另一些奴隶主不但自己主动交代了社会变革开始后的违法行为，而且揭发了一些坚持反对社会变革立场不法奴隶主的违法行为。[②]

与此同时，各地均在发动群众进行“诉苦”的基础上对不法奴隶主的违法事实进行了查实。如甘洛玉田乡，短期内查实的不法奴隶主的违法事实包括：隐瞒土地11亩、耕畜17头，隐藏步枪1支、子弹104发，反攻倒算21件，造谣破坏7件，煽动群众闹事1件，破坏林木2.5亩（计5000株），强迫（原属自己的娃子）劳役7件，打骂、威胁群众和乡村干部11件，宰杀耕畜9头，破坏生产互助合作6件，挑拨破坏团结1件，抢劫劳动人民财物1件，喝血酒事件（目的是企图重新组织叛乱并杀害基层干部）5件。[③] 之所以这样做，一方面是为了保证斗争会上所列举的不法奴隶主的违法事实有根有据，另一方面也是为了确定不法奴隶主应赔退的数额，保证确定的赔退数额有根有据，且合情合理。

2. 赔退工作的开展

在对奴隶主进行政策宣传和调查奴隶主违法事实的基础上，中

---

① 普格县委：《关于加强领导、积极开展复查准备工作的意见》（1957年12月4日），甘洛县档案馆，1—1—144—21。

② 斯足区平改分团：《召开奴隶主会议情形》（1958年2月9日），甘洛县档案馆，1—1—274—40。

③ 甘洛县委：《试点乡复查补课第一步十三日的工作简报》（1957年11月17日），甘洛县档案馆，1—1—150—1。

共根据不法奴隶主的实际情况采取了以下两种方式进行赔退工作。

第一种方式是通过谈判解决问题。凉山各地在赔退工作中，对自愿赔退的不法奴隶主一般不予批斗，而是采取开小会进行谈判，根据实际情况确定赔退数字，要求自愿赔退的不法奴隶主限期交出，不法奴隶主只要在规定的期限内交足应赔退的财物即可过关。多数不法奴隶主都是通过这种方式进行处理。如布拖，在工作队交待了政策后，一些不法奴隶主纷纷自动向工作队和群众认错悔过，要求赔退。如布拖九都乡的一个叫吉狄阿呷的不法奴隶主一天往乡上跑了6次，要求赔退；当地干部因势利导，大力召开各种小型会议进行谈判工作，多数不法奴隶主的违法问题均被迅速解决，而且使自愿赔退的不法奴隶主十分感激。一个有违法行为（系一般违法）的奴隶主感激地说，“不叫我上大会（斗争会），已经宽大了我”，并交出了人民币215元，白银17锭。① 又如甘洛的玉田乡，从1957年12月1—6日，即处理了17户违法奴隶主（已正式宣布其过关），计赔退出人民币1035.7元，牛19头，羊209只，白银31锭，黄金5两，土地20余亩。② 再如甘洛的斯足区，在召开奴隶主会议向奴隶主交待相关政策后，衣乌乡（斯足区下辖的乡，下面的石海乡同）的不法奴隶主主动承认了124件违法事实，石海、衣乌两乡的奴隶主自报（中共是鼓励不法奴隶主如实自报的，一般如实自报又能按期退赔的均可免斗）的财物计：黄金3两，白银318锭，耕牛5头，马15匹，现金50元，羊115只，猪13条，绸、布、衣物95件，其他91件（包括金银首饰），共折合人民币11882元。③

---

① 布拖县委：《复查补课工作第二步进展情况报告》（1957年11月23日），甘洛县档案馆，1—1—144—17。

② 甘洛县委：《补课工作简报》（1957年12月6日），甘洛县档案馆，1—1—150—2。

③ 斯足区平改分团：《召开奴隶主会议情形》（1958年2月9日），甘洛县档案馆，1—1—274—40。

第二种方式则是召开斗争会，对不法奴隶主进行斗争，通过斗争会使不法奴隶主承认赔退。被斗争的不法奴隶主一般违法的事例都相对突出，有的还比较严重。如昭觉拉青乡的不法奴隶主吉色土且，除了在社会变革后夺取为奴隶们分得的财物外，手里还有人命（在组织并参加叛乱中造成的），系叛乱的组织者。[①] 再如昭觉洒瓦乡被斗的不法奴隶主糯米尔虎（手里有人命[②]），在社会变革开始后不但从群众手里夺回原属自己的田地，还有私下贩卖娃子的严重违法事实。[③] 此外，在复查补课中态度恶劣、拒不赔退的不法奴隶主也是被斗的重点对象。这种不法奴隶主在复查补课中并不少见。如甘洛衣乌乡的不法奴隶主有人公开说："赔我是赔不起的，杀头劳改都可以。"[④] 这种不法奴隶主在复查补课中也是被重点斗争的对象。因为中共的政策明确规定：主动自报并如数赔退从宽，抗拒狡赖从严。

赔退工作一般是结合斗争不法奴隶主进行的，毕竟斗争不法奴隶主的经济目的就是要不法奴隶主进行经济赔退。在多数时候，通过斗争会使态度恶劣、抗拒狡赖的不法奴隶主转变态度，承认赔退是十分奏效的，下面是几个实际的例子。

案例 1：昭觉城南乡斗争八且树涅者。八且树涅者是昭觉城南乡的不法奴隶主，其违法事实在当地的不法奴隶主中较突出，且在

---

① 昭觉县委：《关于解放沟区拉青乡斗争不法奴隶主强调胜利的经验通报》（1957 年 11 月 20 日），甘洛县档案馆，1—1—144—22。

② 昭觉县委：《关于洒瓦乡召开的劳动人民代表会议斗争不法奴隶主的情况通报》（1957 年 11 月 9 日），甘洛县档案馆，1—1—144—5。注：档案原文没有说明糯米尔虎是民主改革前还是民主改革后杀害奴隶的，但是根据复查补课的政策（不允许"算旧账"）和执行情况，笔者判定糯米尔虎杀害奴隶是在民主改革开始后，因为如果被算了旧账，是要纠正的（具体实例见后文）。

③ 《凉山彝族自治州人民检察院工作报告》（1957 年 10 月 23 日），凉山彝族自治州档案馆，95—1—157—13。

④ 斯足区平改分团：《召开奴隶主会议情形》（1958 年 2 月 9 日），甘洛县档案馆，1—1—274—40。

赔退中有抗拒现象。城南乡工作队应当地群众的要求，组织了150人的斗争大会斗争了八且树涅者。经过“大会斗，小会谈，进步上层劝”多管齐下，最后八且树涅者坦白了自己的全部违法事实，并认赔600元，并很快交出白银6锭、人民币50元和一些牲畜。①

案例2：布拖木耳乡斗争不法奴隶主阿欧和尚。阿欧和尚是布拖木耳乡的不法奴隶主，其不仅违法，而且在赔退的谈判中态度恶劣。群众当即对他开展诉苦斗争，阿欧和尚眼见大势已去，立刻退出白银58锭，事后他后悔地说：“又遭斗争，又出钱，占了两头。”②

案例3：昭觉解放沟区拉青乡斗争不法奴隶主吉色土且。吉色土且是昭觉解放沟区的不法奴隶主，社会变革中曾组织叛乱，在社会变革后又有较严重的违法行为。在复查补课工作开始后，对赔退坚决抵制，称“分文不退”。群众当即召开斗争会对其进行批斗。因为吉色土且恶行甚多，斗争会上揭发的事实有根有据，最后吉色土且认罪认赔。值得一提的是，在斗争吉色土且的斗争会上被要求到场的另一个不法奴隶主在斗争会开始前当场如实交代了自己的全部违法行为，主动认赔并当场交清应赔退财物的大半，群众当场表示应当宽大，工作队也当场将该不法奴隶主剩余的尾欠全部免除。③

另需指出的是：(1) 凉山对抵制赔退的不法奴隶主的斗争，极大推动了赔退工作的开展。使一些还在观望的不法奴隶主迅速交清赔退。如布拖九都乡的不法奴隶主安欧子子，应退363元，他先拿了一部分钱物上交，由于工作队事先经过调查，知道他能足额退出，于是对他说“交不齐不收”。安欧子子连忙再次回家拿钱，不

① 城南乡工作队《关于城南乡发动群众形成斗争力量的情况简报》（1957年11月14日），甘洛县档案馆，1—1—144—6。

② 布拖县委：《复查补课工作第二步进展情况报告》（1957年11月23日），甘洛县档案馆，1—1—144—17。

③ 昭觉县委办公室：《关于解放沟区拉青乡斗争不法奴隶主取得胜利的经验通报》（1957年11月20日），甘洛县档案馆，1—1—144—22。

一会儿就交清了。再如木耳乡对一个不法奴隶主进行了谈判（开小会斗争），其他 11 个不法奴隶主当场退出 560 元，白银 76 锭。[①] 此外，对认罪认赔，但是确实无法赔清（包括没有赔退能力）的不法奴隶主，各地也都根据实际情况进行了减免。如美姑第一批复查补课的 5 个乡，减少和免予赔退的不法奴隶主有 17 户。[②]（2）在赔退工作的开展中，凉山州委对一些地方只给有违法行为的不法奴隶主留下必要的生产和生活用品，将其余财产全部拿走作为赔退，甚至将头帕、面盆、珠子、雨伞和耳环等物件也拿走用于抵交赔退财物，以及乡、村骨干积极分子亲自到奴隶主家里进行赔退清算的现象进行了严厉批评，要求必须马上纠正。[③]

从上述各例可见，凉山在赔退工作中对不配合、态度恶劣的不法奴隶主采取了斗争会的方式进行批斗。这种方式虽然和曹树基所说的汉区的减租退押中的"威胁退押法"在形式上类似，但是在本质上却有明显的区别，大致而言包括以下几点：

第一，凉山的多数不法奴隶主是不存在"无力赔退"的现象的。因为在社会变革期间，没收征收（包括后来的征购）都没有涉及奴隶主的金银、现金、较好的衣物等（不论是政策的表达还是实践）。因而奴隶主（无论违法与否）手里都还有大量的硬通货。相比之下，汉区因为在减租退押之前因为征粮，地主（尤其是"大户"）的财产实际上已经损失殆尽，一大批"大户"面临破产，[④] 因而汉区的地主在"退押"面前实际上无能为力，中共政权为了加

---

① 布拖县委：《复查补课工作第二步进展情况报告》（1957 年 11 月 23 日），甘洛县档案馆，1—1—144—17。

② 美姑县委：《第一批试点乡复查补课运动检查报告》（1958 年 1 月 10 日），甘洛县档案馆，1—1—245—8。

③ 布拖县委：《有关具体处理赔退中应注意问题的通知》（1957 年 11 月 11 日），甘洛县档案馆，1—1—144—13。

④ 参见曹树基、李婉琨：《"大户加征"：江津县 1950 年的征粮运动》，《近代史研究》2013 年第 4 期。

快“退押”，使用以“诉苦”为中心的“威胁退押法”就成了现实的选择。①

第二，凉山在赔退工作期间遭受打击的对象基本集中在不法奴隶主阶层，守法的奴隶主是基本未受波及的（劳动者也有违法行为存在，但是从总体上而言，违法行为还是集中在奴隶主阶层。劳动者违法行为的情况和处理详后）。② 更重要的是，在凉山的赔退中中共各级政权都很注意“量力而行”“适可而止”（具体释义见前文），而且打击的违法行为的范围也有严格的限制——只打击社会变革开始以来的违法行为，只就社会变革开始以来的违法行为进行赔退，尤其以民主改革后的违法行为为重点，社会变革以前的行为（不管有多严重）是不作惩治的（最多只作揭发③，目的是减少奴隶主的象征资本）。在赔退的实践中，这一政策是被严格执行的。如布拖九都乡一个叫安欧子子的奴隶主 1955 年将自己属下的一个娃子打成重伤，复查补课中工作队要求其赔偿重伤的娃子养伤费 1000 元，后来此事被县委知晓，当即进行了纠正。④

第三，凉山的赔退对不法奴隶主的剥夺程度较汉区的减租退押对地主的剥夺程度要低一些。凉山的赔退标准无论如何高，毕竟给不法奴隶主多少留下了一些财物。再加上凉山州委三令五申要求各地必须严格贯彻区别对待政策（根据不法奴隶主违法事实的实际情况和在赔退工作中的实际表现确定赔退数字）。对只有一般违法行为的不法奴隶主，只要他们认错赔退，就能保证无事。何况如前所述，如果不法奴隶主确实无力赔退或无力赔清应赔退的财物，都要

---

① 曹树基、李婉琨、郑彬彬：《江津县减租退押运动研究》，《清华大学学报》（哲学社会科学版）2013 年第 4 期。

② 详细情况见上节。

③ 昭觉县委：《关于复查补课第二阶段（斗争阶段）的安排意见》（1957 年 11 月 7 日），甘洛县档案馆，1—1—144—4。

④ 布拖县委：《复查补课工作第二步进展情况报告》（1957 年 11 月 23 日），甘洛县档案馆，1—1—144—17。

根据实际情况进行减免。在这种严格的政策和严格的约束下，对不法奴隶主剥夺的程度从总体而言只会更轻。

第四，凉山对抵制赔退的不法奴隶主在（“诉苦”）斗争会上所揭发的违法事实，不说是完全真实的，至少也是基本可信的。在赔退工作正式开始前，凉山各地都分别发动群众对不法奴隶主的违法事实进行了查实，作为赔退工作的依据和斗争在赔退中抵制、狡赖的不法奴隶主的准备。何况在对社会变革诉苦问题的分析中，笔者已经指出，如果“苦难”不是真实的，那么凉山的彝族群众是不可能被发动起来的，甚至彝族群众抵制中共主导的变革都有可能。[①]复查补课中通过对不法奴隶主的斗争进行赔退也一样。

3. 关于劳动者的赔退工作和守法奴隶主对赔退工作的配合

在社会变革后，一些劳动者也有违法行为。如布拖木耳乡的劳动者吉则狄俄，当地社会变革开始后隐瞒了应征收的土地，复查补课中还无故杀了积极分子的牲畜。[②] 此外，很多劳动者在复查补课前的政治立场还相对更倾向奴隶主。如凉山州委所言：“从发动群众来看，全州约有 30%左右的群众尚未发动起来，其中多数是劳动者及妇女，他们的阶级觉悟不高，划不清敌我界限，往往被叛乱分子及不法奴隶主分子所欺骗、胁迫与利用。”[③] 值得指出的是，在社会变革后有违法行为，且相对较严重的劳动者多是社会变革中被去掉帽子的奴隶主。[④] 在复查补课中将劳动者发动起来，并在此基础上处理部分劳动者的违法问题（发动劳动者的情况见上节，本节只讨论劳动者的赔退问题），成为复查补课赔退工作中的一部分。

---

① 详细分析见本书第三章第二节。

② 布拖县委：《在加强团结的基础上处理少数劳动者错误行为的报告》（1957 年 12 月 5 日），甘洛县档案馆，1—1—144—20。

③ 凉山州委：《关于民主改革复查补课工作的安排意见》（1957 年 10 月 12 日），甘洛县档案馆，1—1—144—1。

④ 布拖县委：《在加强团结的基础上处理少数劳动者错误行为的报告》（1957 年 12 月 5 日），甘洛县档案馆，1—1—144—20。

在社会变革中，劳动者一直被中共视为群众的一部分，是中共的团结对象。中共据此在复查补课政策中对劳动者问题的规定是："部分劳动者在改革后有过反攻倒算行为者，应从人民内部的问题调解处理，进行批评教育，适当赔退，造成人民生命财产重大损失者，以刑事犯罪分子处理，不得和打击不法奴隶主混为一谈。"①各地均按照这一政策在赔退工作中对社会变革后劳动者的违法问题进行了处理。具体的做法是：由县委和工作队出面，组织会议对奴隶和劳动者进行团结教育。在会上，奴隶代表检讨了以往对劳动者的帮助不够，认为在社会变革前有奴隶（娃子）的劳动者和奴隶主"没啥区别"的观点，以及在变革中侵犯劳动者利益的做法。劳动者则从三个方面进行了检讨：一是羡慕，追随奴隶主的思想；二是鄙视奴隶，不服从干部领导；三是变革后的违法行为。一些劳动者在会上当众承认了变革后的违法事实和错误。在劳动者和奴隶达成共识的基础上再解决赔退问题（会后，劳动者一般主动提出取消以往的不平等称呼，以示要和奴隶们团结一致）。同时，中共对劳动者违法界限做了明确的规定：（1）有以"主子"身份强迫原属自己的娃子继续劳动的，在社会变革开始后有夺地、逼租逼债行为的，属于反攻倒算行为。（2）暂时安置在劳动者家中或因老弱病残没有从劳动者家中解放出来为其劳动者，不是反攻倒算行为。（3）属于需要集体劳动（如建房），高山、平地农事季节不同，亲友相互帮助的习惯，应当发扬提倡。在具体的赔退中，只有一般违法行为的劳动者由奴隶群众代表出面表示让步，免去赔退，对违法情节相对严重的，也做相当的让步（一般只赔实际损失的一半左右）②。

---

① 凉山州委：《关于民主改革复查补课工作的安排意见》（1957年10月12日），甘洛县档案馆，1—1—144—1。

② 据城南乡工作队：《关于城南乡发动群众形成斗争力量的情况简报》（1957年11月14日）（甘洛县档案馆，1—1—144—6）、布拖县委《在加强团结的基础上处理少数劳动者错误行为的报告》（1957年12月5日）（甘洛县档案馆，1—1—144—20）的记载综合整理。

只是对一些违法问题严重、在赔退工作中又持抵拒态度的劳动者进行了批判。前述的吉则狄俄就是一例（被批判后的吉则狄俄向群众做了检讨，并赔退了损失）。[①] 这样做的主要目的是在复查补课中团结凉山 90%以上的彝族群众的需要，要做到这一点，没有劳动者的支持是不行的。当然，从内容和结果而言，这仍是凉山赔退工作中区别对待政策的一部分。此外，对群众（即奴隶）因违法行为（主要是参加叛乱）给其他群众造成损失者，中共一般是让其将还在的原物退还原主，如原物已不在则只进行教育，不进行赔偿和斗争。[②] 这种区别对待自然是团结奴隶为代表的群众的需要。前述的根据违法事实和认罪认赔的实际表现确定对不法奴隶主的赔退，以及对劳动者和奴隶主区别对待的政策，加上对有违法事实的群众的区别对待，构成了凉山复查补课赔退工作中区别对待政策的全部内容。

另需指出的是，复查补课中一些支持变革的上层主动拿出钱财分给群众。普雄的阿候几几（曾在当地叛乱武装伏击从普雄前往昭觉出席州人代会、州政协会的代表团时，用身体掩护中共干部）和果基尔呷（也写作果基阿呷）就是其中的代表（其中果基尔呷在赔退工作期间拿出分给群众的财物有白银 80 锭、黄金 9 两，阿候几几拿出的财物虽然没有具体的数字记载，但是综合当时的环境和她对社会变革的支持态度，数量应当不少）[③]。考虑到当时的实际环境，在复查补课期间，在支持社会变革的上层中这样做的人应当不在少数。

经过努力，赔退工作成绩显著。据不完全统计，赔退工作中总

---

① 布拖县委：《在加强团结的基础上处理少数劳动者错误行为的报告》（1957 年 12 月 5 日），甘洛县档案馆，1—1—144—20。

② 凉山州委：《关于民主改革复查补课工作的安排意见》（1957 年 10 月 12 日），甘洛县档案馆，1—1—144—1。

③ 四川省越西县志编纂委员会编：《越西县志》，成都：四川辞书出版社，1994，第 636—637 页。

共清算除不法奴隶主给群众造成的损失计折合人民币600余万元，实际赔退4768735元，包括黄金2271两、白银1629191两、粮食2132057斤，其他财物折合人民币2774556元，此外还没收了不法奴隶主在社会变革时隐瞒的土地24075亩，粮食1589914斤，耕牛1478头。①

三、胜利果实的分配

对胜利果实（赔退出的财物）的分配（这也是复查补课工作的第三阶段），凉山州委有明确的政策规定："应根据有利生产、有利团结的精神，按照贫苦程度，以乡为单位统一分配，但应适当照顾苦主，如原物在者一般应物归原主（包括外乡的），如系国家财产，原物交当地政府处理。"② 按理说，既然在复查补课中主要打击的是不法奴隶主社会变革开始后的违法行为，尤其是社会变革后的违法行为，那么，在赔退工作中赔退出的财物的性质就是赔偿给在社会变革中受到不法奴隶主伤害的群众，但是，分配政策明显带着平均的色彩。是什么原因造成这种现象呢？这是否意味着凉山的复查补课工作的性质发生了变异呢？③

为了分析这一问题，有必要将胜利果实的实际分配情况进行清理。根据现有的资料（主要是昭觉城南乡的分配报告），④ 凉山对胜利果实的分配是这样进行的：

---

① 凉山州委：《关于结束复查补课运动的报告》（1958年3月25日），甘洛县档案馆，1—1—245—9。

② 凉山州委：《关于民主改革复查补课工作的安排意见》（1957年10月12日），甘洛县档案馆，1—1—144—1。

③ 汉区斗争果实分配情况分析参见曹树基、李婉琨、郑彬彬：《江津县减租退押运动研究》，《清华大学学报》（哲学社会科学版）2013年第4期。

④ 具体的资料是城南乡工作队：《关于城南乡复查补课第三阶段工作的安排》（1957年11月28日），甘洛县档案馆，1—1—144—15；城南乡工作队：《关于第三阶段的工作报告》（1957年12月22日），甘洛县档案馆，1—1—245—2。以下内容均据这两份档案综合整理（这也是笔者手里仅有的两份关于胜利果实分配情况的资料）。

第一，按照比例进行分配，分配胜利果实的户数应控制在群众（包括劳动者和奴隶）总户数的 70%左右。分配对象分成三等：第一等是贫苦的苦主（指社会变革开始后受不法奴隶主侵害的苦主）和贫苦的奴隶群众，第二等是一般的苦主和一般的群众，第三等是困难（生产和生活）较少的奴隶群众和贫苦的劳动者。在分配时首先区别苦主和非苦主，对苦主的分配是：贫苦苦主的分配原则确定按其在社会变革开始后所受损失的 30%—40%进行分配（原则上按 30%，损失较大的可以有所增加，但是至多 40%）。一般苦主则按照其在变革后所受损失的 20%—30%进行分配（原则上按 20%，损失较大的可作增加，但是至多 30%），其余的按照贫苦程度进行分配，贫苦奴隶群众每户 15—20 元，一般奴隶群众每户 10—15 元，困难较少的奴隶群众和贫苦劳动者每户 5—10 元。

第二，分配时一律以人民币计算，以赔退出的人民币和赔退出的白银、物资变卖成人民币进行分配，对无法变卖的物资和马、牛、羊等折成人民币计算分配。

第三，果实分配后主要用于生产投资，有合作社或即将准备建立合作社的地方，采用以户分配，以社（包括新社筹备会）为单位统一计算用途，分配给社或即将建社的筹备组织。规定其 80%用于生产，20%分给个人。没有合作社和不准备建社的地方则分给个人，但要进行勤俭持家的教育，严禁浪费，更不能用于抽大烟和赌博（当时彝族地区的赌风很盛，赌博的输赢往往很大，笔者注）。同时鼓励分得果实的群众将一时不用的款项存到信用合作社。马、牛、羊原则上也优先分给合作社。

第四，分配的方法是：先成立乡、村分配委员会，在劳代会选出 9—11 人，由乡长、各村分委会主任和工作队干部组成，各分会成立 5—7 人的分配委员会，主任和委员均选公正无私、为群众信任的基层干部或积极分子担任。在乡劳代会上确定分配原则和等级标准，以及各分会应分配的数字，然后由分会进行分配。在分会进行分配时，先在分会积极分子骨干会上选举分委会并讨论确定分配原则，划分等级，登记名单，算好数字，到群众中普遍酝酿讨论，再把群众意见集中起来拿到分委会上（积极分子参加）进一步确定后造好名单，进行分配。此外，各乡分配委员会应掌握10%—15%的胜利果实作为全乡的调剂或分配后对极其贫困户进行救济。同时，中共要求各地的基层干部和党团员在分配中必须做到公正公开，起到模范带头作用，要做到干部让群众、党团员让非党团员，以此进一步密切干部和群众、党和群众之间的关系。

凉山胜利果实的分配基本是按上述原则进行的。以昭觉城南乡为例，总共584户群众得到了胜利果实，共分配5804元，平均每户近10元。其中一等户128户（占分得果实总户数的21.9%）共分得2215元（占分配果实总数的38.2%），平均每户17.4元，最高的每户70元。二等户207户（占分得果实总户数的35.4%），共分得2073元（占分配果实总数的35.4%），平均每户9.8元。三等户249户（占分得果实总户数的42.7%），共分得1506元（占分配果实总数的26.4%），平均每户6.05元。在分得果实的584户群众中，奴隶占了543户，劳动者（内有苦主4户，贫困劳动者37户）只有41户。此外，城南乡还结合斗争果实的分配发放了大小寒衣布匹740匹（有250匹是1956年中央慰问团带来但尚未发完的布匹），折合寒衣765.5件、绒衣50件一并发放给群众。共有750户群众获得了寒衣。其中奴隶群众590户，劳动者160户。另需指出的是，胜利果实在发给群众后，群众将其存入银行或信用合作社准备用于生产投资的共3651元，偿还银行和信用合作社贷款的共830元，发给个人但是作为筹建合作社生产基金的204元，三者合起来共有4685元（占80%以上）以不同的方式投入再生产中，只有1119元被用于改善生活。

以上是凉山胜利果实分配的基本情况，其具备这样的特点：

第一，在凉山，赔退运动的受益者奴隶多，劳动者少。在社会变革中受损失多的受益多（据受害程度的大小决定分配款项比例的多寡就是明证），反之受益少（虽然赔偿就受损失的比例而言并不大，只赔了 20%—40%）。很显然，凉山的胜利果实分配中虽然扩大到社会变革中的非受害者（主要是群众中的贫困户，毕竟分配斗争果实中群众的受益面只有 70%左右），但是至少较多地兼顾了赔偿的问题。

第二，分给群众的胜利果实大多数（80%以上）都是用于扩大再生产。这种使用是带有强制色彩的。很显然，不论凉山赔退工作中获得的胜利果实都被提倡并实际上成为国家（集体）活动费用的重要来源。这样就给凉山的合作化提供必要的条件，同时也为凉山生产（主要是农业生产）的发展提供了必要的资金。[①] 另需指出的是，当时鼓励甚至要求群众将胜利果实存入银行的背后其实有回笼货币的意图（当时在凉山发行的货币尚有 20%未能回笼[②]），客观上增强了人民币在凉山的信用（政府正式宣布硬通货退出凉山流通领域是 1958 年[③]）。此外，在赔退中由于不法奴隶主交出的大量硬通货（黄金、白银、人民币、粮食），客观上也使人民币在凉山的信用得到保证，政府从而有更强的力量保证人民币成为凉山唯一合法的货币，虽然社会变革时人民币在凉山实际上并不存在信用问题（当时一个上层曾说自己一个月拿五六十元，能买很多东西，[④] 由此可见人民币在凉山的购买力和汉区没有差别，即使有也不会很

---

① 应当承认，在凉山这样贫困落后的地区，要短时间较快地发展生产力，除了通过生产关系的改变和引进先进的、适合本地需要的生产技术外，还要合理安排总收入中生产和消费的比例。从“一五”后，中国经济的发展屡遭挫折，与未能妥当安排国民收入中的生产和消费（对再生产投入过高）有很大关系。凉山在这样的大环境下，将胜利果实投入再生产，同时加快合作化进度是必然的选择。但是这样做造成生产和消费失调是必然的，以后随着凉山的政治和经济运行轨道和汉区基本一致，类似于汉区的种种问题在凉山出现也是顺理成章的事。

② 刘清顺：《财经工作情况及今后意见》（1957 年 6 月），载韦清风等编：《凉山彝族奴隶社会的变革资料摘编》，中国社会科学院民族研究所，1981，第 351 页。

③ 四川省昭觉县志编纂委员会编：《昭觉县志》，成都：四川辞书出版社，1999，第 22 页。

④《人代会 9 月 9 日、9 月 10 日各小组讨论情况》（1956 年 9 月 11 日），凉山彝族自治州档案馆，79—1—254—12。

大。如果人民币在凉山有信用问题，那么其在凉山的购买力必然是很低的）。

四、余论

凉山的复查补课工作开展是出于打击一些不满中共主导的社会变革，在社会变革开始后继续进行抵制反抗的原土著势力的需要，也是中共进一步在凉山建立自己的政治权威的需要。赔退工作作为复查补课工作的重要组成部分，带有明显的经济退赔色彩。中共在赔退工作中一再强调：赔退“不是没收不法奴隶主的其他财物，而是赔偿群众损失”①，而且在赔退工作中，谁是应该赔退的对象，谁应该得到赔退后的胜利果实也是很明晰的。从赔退的手段上说，较之汉区的减租退押也要温和一些。通过赔退工作，凉山旧有的彝族土著势力的经济实力在社会变革的基础上进一步被削弱，也进一步失去了反抗中共的能力，他们最终只能接受中共政权直接治理凉山的现实。

赔退工作所获得的胜利果实，大多数都分给了彝族群众。这些胜利果实在鼓励用于扩大再生产、反对浪费的口号下大部分被存入银行，偿还银行和信用合作社贷款和作为建立合作社的资金。实际上帮助银行回笼了资金。虽然笔者没有找到证据说明凉山复查补课的胜利果实是为了保证中共在凉山的金融中占据绝对的优势，但是，由于凉山的赔退工作实际上获得了大量的金银、粮食等硬通货，在分配胜利果实中又是一律以人民币结算，即使中共的本意不是要通过赔退工作从不法奴隶主（包括违法的劳动者）手里夺取金银，保证凉山人民币有足够的信用（毕竟此时人民币在凉山没有出现贬值和被群众拒用的现象），但在客观上却起了保证人民币成为凉山唯一的合法货币的作用。此外，由于中共要求胜利果实应当用

---

① 布拖县委：《有关具体处理赔退中应注意问题的通知》（1957 年 11 月 11 日），甘洛县档案馆，1—1—144—13。

于以合作化为中心的扩大再生产，这使凉山原本缺少启动资金的合作社获得了急需的资金，从而使凉山的合作化进程大大加快，当然，这也是人民群众喜闻乐见的结果。

第五节　对社会变革遗留问题的处理

由于凉山的社会变革是“边平叛，边改革”，在这样的情况下，很多工作未能完全到位是顺理成章的事。在复查补课期间，凉山各地均对社会变革中遗留的问题进行了处理。由于处理这些问题是在复查补课期间穿插在复查补课的主要工作中进行的，因此专设一节对这些工作的基本情况进行简要的清理。大致而言，复查补课期间处理社会变革中遗留的问题包括以下几个方面：

一、解决错划漏划奴隶主的问题

在凉山的社会变革中，确实存在着错划漏划奴隶主的现象（因为在“更加宽大”的政策下将不少原本被划为奴隶主成份的人改划为劳动者成份，[①] 由此可推断在凉山的社会变革中错划的现象较少见，故下面主要讨论漏划的问题），有的地方还较多存在。如布拖的九都乡，在社会变革期间划出的奴隶主为 26 户，占当地总户数的 3. 27%，但是按照凉山彝族自治州第三届人民代表大会第二次会议的标准（占有三个锅庄娃子或三户安家娃子以上，家里无人参加主要劳动，依靠剥削为生的人，应划为奴隶主），应划为奴隶主的有 113 户，占 23%。又如布拖的木耳乡，在社会变革中被划为奴隶主成份的有 26 户，占总户数的 3. 18%，按照凉山彝族自治州第三届人民代表大会第二次会议的标准，则应划为奴隶主的有 46 户，

① 详情参见本章第一节和第五章第三节。

占5.6%。[1] 在复查补课工作中对漏划奴隶主成份是这样处理的：奴隶主划分的标准按照凉山彝族自治州第三届人民代表大会第二次会议的标准执行，但是按照从宽原则进行划分。如果在复查中发现有明显错划者，应加以改正。问题不大的不再变动（以免牵涉过广），在复查中，原则上以县为单位将奴隶主成份控制在全县总户数的5%左右，以乡划分可以按照实际情况进行划分，个别奴隶主集中的地区奴隶主所占的比例可略大一些，但是以县为单位划分的奴隶主成份不能过限。对新划为奴隶主的财产，仍然按照对多余的土地没收，多余的粮食、耕畜、农具、房屋征购的原则办理（注：凉山州委在对新划为奴隶主的财产处理原则上驳回了一些地方要求征收新划为奴隶主的粮食、耕畜、农具、房屋的意见，坚持了中央确定的“赎买”原则，这无疑是正确的）。只是新划的奴隶主如果有破坏、抵制社会变革的违法事实，已造成群众损失者，按照对违法奴隶主赔退原则进行赔退，同时，将其应赔退的款项和在征购中应付的款项相抵，多退少补。[2]

复查补课工作开展后，各地均按照这一原则对漏划奴隶主的问题进行了复查。很多地区没有新划奴隶主，如美姑第一批开展复查补课工作的5个乡，复查中没有新划奴隶主。[3] 一些新划了奴隶主的地区也是严格按照“从宽原则”“可划可不划的坚决不划”的原则进行的。如布拖，全县应新划为奴隶主成份的有200户，但是最终的结果只是划出了明显漏划的23户，没收了土地717亩，征购

---

① 布拖县委：《关于处理漏划奴隶主成份的请示报告》（1957年10月21日），甘洛县档案馆，1—1—144—2。

② 以上内容参阅布拖县委：《关于处理漏划奴隶主成份的请示报告》（1957年10月21日），甘洛县档案馆，1—1—144—2；凉山州委：《复“关于处理漏划奴隶主成份的请示报告”》（1957年10月29日），甘洛县档案馆，1—1—144—2。

③ 《美姑县复查补课运动第一批5个乡各项统计数》（1958年1月12日），载韦清风等编：《凉山彝族奴隶社会的变革资料摘编》，中国社会科学院民族研究所，1981，第311页。

其多余的耕牛 35 头，房屋 3 间，粮食 41900 斤。同时为了安定大多数人的情绪，采取在群众大会（除奴隶主以外所有人都参加）上一次划定，为了保证“左”的情绪不在干部群众中蔓延，除了对干部群众进行政策教育外，还强调了以下三点：(1) 掌握好主要劳动和附带劳动的标准；(2) 有无民债，民债大小；(3) 在衡量土地多少时，要考虑土地的性质（常耕地还是轮歇地）和产量，以当地平均数计算。[①] 经过这样的控制，被划为奴隶主的一般都是比较明显的奴隶主特征的户，且数量很少。而且群众总体上比较满意。如布拖一个劳动者说：“前几天心焦得很，念名字只怕念在我头上，这下我可放心了。”[②]

如果出现群众内部有成份错划的现象，则一般是将有问题的情况先在积极分子、骨干会上进行讨论，作出决定后再经由本人到场的群众会议讨论通过（这主要是在加入合作社方面有影响）。但是如果是个别现象则只个别解决，不能普遍进行。[③]

二、处理群众内部的矛盾

处理群众内部的矛盾（主要是解决群众之间的经济纠纷）是复查补课工作中解决社会变革遗留问题的重要方面。大致而言，群众中的经济纠纷包括以下几个方面：[④] 一是债务问题。包括白银、实物和人民币借贷三种形式，在时间上则有社会变革前和社会变革后两个不同时期。以人民币借贷为主，特点是时间短，利率高，人民币借贷月息一般在 40%以上，粮食借贷（春借秋还）利率在 50%

---

① 布拖县委：《在加强团结的基础上处理少数劳动者错误行为的报告》（1957 年 12 月 5 日），甘洛县档案馆，1—1—144—20。

② 同上。

③ 城南乡工作队：《关于城南乡复查补课第三阶段工作的安排》（1957 年 11 月 28 日），甘洛县档案馆，1—1—144—15。

④ 以下据城南乡工作队：《关于劳动人民内部的债务、租佃与家禽家畜伙喂的情况和处理意见》（1958 年 1 月 21 日）（甘洛县档案馆，1—1—245—3）整理。

左右，也有高达100%的，白银借贷的利率也有70%（年利），甚至有少数是做一次买卖后即归还本利。二是伙养家禽家畜，也有三种情况：（1）分喂，是以母禽母畜交人喂养，繁殖后互分小禽小畜，其中猪、鸡一窝分2只，牛、羊、马各分一半。（2）代牧（仅限于羊群），一般牧工牧羊（羊群必需的盐、粮由牧工提供），得羊粪、羊毛、羊羔全归牧主所有。（3）分牧（仅限于夏季矮山羊群上山时所用），一般一年有一半左右的时间寄放于牧工处伙养。牧主得羊毛，牧工得羊粪，羊群需要的盐、粮由牧主提供，牧主另送给牧工1斗左右的粮食，一罐酒或少量盐。三是土地租佃。有两种情况：一种是分种，一般是分成租；另一种是定额租。这三项问题中，债务问题是最多的。如一个村44户群众，有债务关系的达17户，借贷的白银达17锭，其中奴隶欠债最多，有15户奴隶欠债，数目为16锭白银。

中共在复查补课期间对上述问题进行了处理，具体的措施是：

在债务问题方面，中共规定：首先，凡是变革前群众内部有借奴隶主的威势狐假虎威，对群众敲诈勒索形成债务关系的，一律废除其债权债务关系（这种情况的债主多是劳动者身份），其他情况则按以下情况分别处理：（1）社会变革前的借贷，如果在变革后债务人所付出的利息已经超过本金1倍的，本利停付。（2）如果债务人本利均未偿还，则按照社会变革后当地信用社现行贷款利率决定（每元月利7厘）计利偿还本利，不再另付利息。（3）如果债务人目前无力偿还债务，则由债权人和债务人双方协商，按信用社现行贷款利率规定，改成新的借贷关系，待债务人有偿还能力时再还本利或分期分批偿还本利。（4）如果债权人和债务人经过双方协商（或债权人和债务人是亲友关系），愿意停利还本或本利都不要的，听其自断。

其次，凡是社会变革后的借贷关系，如属高利贷者一律按信用社现行个人贷款利率处理，即废除原有的利率，重新按照信用社现行贷款利率计算利息。如债务人已付利息超过按信用社利率计算且付利已经超过本金 1 倍以上者，本利停付，宣布了结；如果付利没有超过本金，但是超过信用社利率规定者，停利还本；如属亲友关系或其他原因互借互助，低利或无利借贷者，应保持其原有借贷关系，并按照原协商利率付本还息。同时中共强调，对最后一种借贷应加以提倡，以利于群众间解决生产和生活的一时困难。

最后，解决债务问题时，如果本金以白银为借贷者，计本付息一律按银行牌价折算；如本金以粮食等实物为借贷者，计本付息应以国家规定牌价折算后，按信用社现行利率计算利息，只是在归还本息时应由借贷双方自行协商如何归还（可以还实物也可以还人民币）。

在家禽家畜伙养的问题上，中共的解决措施是这样的：

首先，如果是奴隶主和群众之间伙养的问题，处理的原则是：（1）凡是奴隶主和群众之间的家禽家畜（羊群除外）伙养，在社会变革前已有者不论利多利少，一律作废，原伙养的家禽家畜一律归群众所有。（2）已为奴隶主拿走的，除系变革后反攻倒算等违法行为按违法处理外，群众也不再追要。（3）社会变革开展以后成立此种关系者，一律按当地雇工的实际工资情况计算工资。

其次，如果是群众之间的问题，处理办法是：原则上按习惯计算，如果有高利贷性质者，只废除高利贷部分，如属互助互利的应按牧主牧工原有的合理习惯分益，牧主牧工两利的原则协商解决。以后原则上不提倡家禽家畜伙养。

再次，合作社的牲畜放牧问题，按合作社规定的原则处理。

最后，在羊群的伙养上，中共规定：一般均应按照（不分阶层）羊毛、羊粪由牧工所有，羊羔牧主牧工平分，养羊需要的盐和粮食由牧主牧工平均负担的原则处理。以保证牧主、牧工两利。

对租佃问题的处理，中共是这样规定的：首先，社会变革前的土地租佃关系，不论是奴隶主和群众之间的，还是群众之间的关系一律废除。其次，社会变革后奴隶主的土地一律不能买卖租佃。最后，如果确实属于鳏寡孤独和老弱残废者，在合作化前或本人没有入社前可以允许其出租，租额约在实产量的25%左右，最多30%。

三、基层组织的整顿、枪支的继续收缴和安置未安置妥善的娃子

从新中国成立初到改革开放前，被新提拔的干部（政协委员除外）基本都是出身新中国成立前社会结构的中下层。凉山地区也不例外。在复查补课期间，对基层组织的整顿包括整顿党团、政权、武装（主要是自卫队）、劳协和妇联，还要建立少年儿童队。其中主要是整顿党团、政权和武装。核心是整顿党团和武装。在整顿党团上，中共要求必须按照党章、团章对党团员严格要求，达不到要求的进行清理。对乡村基层干部以教育提高为主，对有缺点的干部通过教育改正继续留用，个别本质不好且严重脱离群众的则在尽可能不伤感情的前提下，予以撤换。同时注意提拔新的积极分子。整顿武装则重点整顿组织，通过整顿挑选忠诚可靠，作风正派的武装人员组成不脱产的基干队，2—3个（劳协会）分会（约等于2—3个村）成立一个基干小队。① 同时，中共强调，要保证基层政权中出身奴隶（包括半奴隶）的群众占据基层干部的优势，如果劳动者较多的，可采取调整职务、补选奴隶群众的办法解决，但游民（“二流子”）和“毕摩”如是未经改造者，则应坚决清洗，反革命分子和奴隶主分子更是必须清洗。同时中共强调各地要建立健全必要、切实可行的工作、学习和领导制度，要达到以下三点效果：(1) 群众武装（自卫队）得到进一步的巩固，各乡均有30—50名不脱产的基干自卫武装。(2) 使党支部在农村逐渐发挥领导核心的作用，团支部则进一步起到党的助手的作用，乡政权的工作能力和

① 城南乡工作队：《关于城南乡复查补课第三阶段工作的安排》（1957年11月28日），甘洛县档案馆，1—1—144—15。

威信有明显的提高。（3）保证奴隶在基层领导机关占据领导优势。[①] 据统计，复查补课期间，凉山共清理不纯分子 137 人，干部的工作积极性也有了很大的提高。据中共在复查补课期间对 153 个乡 3279 名干部的考察，表现较好的有 1611 人，占被考察干部的 49.13%，表现一般的有 1113 人，占被考察干部的 33.94%，二者共占 2724 人，占 83.07%。[②]

中共是严禁任何私人（民间）持有枪支弹药的。社会变革期间，枪支的收缴虽然取得了辉煌的成果，但是这并不意味着民间的枪支弹药已经被全部收缴，而且除了奴隶主以外，还有不少群众还持有枪支弹药。如美姑第一批进行复查补课的 5 个乡在复查补课前群众还持有 131 支枪，奴隶主也还有 3 支枪。[③]

在复查补课期间，中共对枪支弹药的收缴采取了以下方式：对奴隶主持有的枪支弹药，坚决加以收缴，并重视挖出奴隶主隐藏的枪支弹药（但是在收缴中较注意解除奴隶主的顾虑）。如布拖拉达乡一个奴隶主在干部和群众对他做了工作，解除了他的顾虑后，交出了子弹 208 发。[④] 对于群众持有的枪支，则更多的采用借用和带枪入队（自卫队）的方式进行收缴（管理）。如昭觉城南乡，工作队采用了这样的方式收缴枪支：首先将 20 多支坏枪由乡人民委员会统一保管的办法加以收缴，其余 100 多支好枪由基干队和干部掌握。接着对群众手里尚持有的少数枪支，一面采用干部借用的方式

① 普格县委：《关于加强领导、积极开展复查准备工作的意见》（1957 年 12 月 4 日），甘洛县档案馆，1—1—144—21。

② 凉山州委：《关于结束复查补课运动的报告》（1958 年 3 月 20 日），甘洛县档案馆，1—1—245—9。

③ 《美姑县复查补课运动第一批 5 个乡各项统计数》（1958 年 1 月 12 日），载韦清风等编：《凉山彝族奴隶社会的变革资料摘编》，中国社会科学院民族研究所，1981，第 312 页。

④ 布拖县委：《复查补课工作第二步进展情况报告》（1957 年 11 月 23 日），甘洛县档案馆，1—1—144—17。

进行收缴，一面动员持有枪支的群众带枪入队（自卫队）。在这两项工作完成后，对所有已经掌握的枪支采取在乡集训的办法，登记号码，打烙火印，并对持枪人进行枪支只能用于治安，不准出卖和用于扰乱社会秩序的教育，确保枪支不再流入社会。① 在复查补课对群众枪支的收缴中，中共更多的是采取动员群众带枪入队的方法实现枪支的收缴的。如美姑第一批进行复查补课的5个乡，群众持有的131支枪，在复查补课中只收缴了25支，其余106支都是采取动员枪支持有人带枪入队的方式实现收缴的。②

在社会变革期间中共对解放的奴隶（娃子）进行了安置工作，但是安置工作尚未完全到位。③ 复查补课期间对未安置妥善的奴隶重新进行了安置。安置的政策和社会变革期间大致相同。凉山各地均责成基层对解放娃子的安家工作进行了检查，并解决其生产、生活中的实际困难，所需款项由娃子的安家费、救济费或银行贷款予以解决，同时，中共要求各地在复查补课期间保证：（1）解放娃子不再回到原主家中生活；（2）在生产和生活上解放娃子要确保其衣食有着，能吃饱穿暖，进行生产。④ 经过努力，凉山社会变革期间未被解放和未安置妥善的娃子共4102人，基本上得到了妥善安置。⑤ 至此，凉山的奴隶全部获得了解放。

1958年3月20日，凉山州委起草了《关于结束复查补课运动

---

① 城南乡工作队：《关于城南乡复查补课第三阶段工作的安排》（1957年11月28日），甘洛县档案馆，1—1—144—15。

② 《美姑县复查补课运动第一批5个乡各项统计数》（1958年1月12日），载韦清风等编：《凉山彝族奴隶社会的变革资料摘编》，中国社会科学院民族研究所，1981，第312页。

③ 具体情况见本章第一节。

④ 普格县委：《关于加强领导、积极开展复查准备工作的意见》（1957年12月4日），甘洛县档案馆，1—1—144—21。

⑤ 凉山州委：《关于结束复查补课运动的报告》（1958年3月20日），甘洛县档案馆，1—1—245—9。

羊儿上山坡，像河里的白石头难清点。
猪群在泥坑，泥坑一片黑匍匍，
院子里的鸡群呵，也跟着人的脚直打转。
今天——
羊儿们的羊毛呵，都过我们剪，
我们苦奴隶都快穿呢衫。
今天——
苍鹰歇九次才能飞过的大田呵，
都归我们收种，
我们苦奴隶再不忧吃忧穿。
自从人民得到解放——
一切都改变，
奴隶们有了放羊的草山——
羊儿放山顶，
甜荞种山间，
“荞馍配羊肉”，
翻身的奴隶呵，吃上了这么多年在歌儿里才听见的好餐饭。
奴隶们开地种麦在山间——
阉鸡肥又大，
麦粒香又甜，
“麦饭配鸡肉”，
翻身的奴隶呵，
吃上了这么多年在歌儿才听见的好餐饭。
奴隶们栽秧种稻在平原——
猪儿肥又壮，
谷粒香又甜，
“米饭配猪肉”，
翻身的奴隶呵，
吃上了这么多年在歌儿里才听见的好餐饭。

过去的奴隶，
像狗一样卑贱，
今天的人民，
像虎一样的威严，
过去埋着头吞猪食，
今天昂着头吃肉团，
过去埋着头吃米汤，
今天昂着头吃米饭，
过去打着光脚板，
今天鞋袜脚上穿，
过去胸膛冻得红又紫，
今天棉衣棉裤样样全，
过去头上冰雪压成山，
今天头上裹的包头布呵，
威武得像苍鹰的翅膀在打颤。
愿中国共产党千年万年，
像钢铁一样坚，
愿党的光辉像太阳，
照着我们永远向前，
祝人民领袖毛主席，
长寿万年。[1]

这首歌谣实际上既体现了20世纪50年代凉山社会变革后彝族群众生活发生的天翻地覆的变化，也反映了经历了这场社会变革的彝族群众的真实心情。即使有中共的政治宣传和政治规训的成份，

① 秦和平编：《四川民族地区民主改革资料集》，北京：民族出版社，2008，第492—494页。

但是这种色彩是很淡的[①]（须知彝族是一个相当朴实的民族，所谓“你对我好，对我真诚，我也一定会对你好，对你真诚”是彝族的社会心理之一。如果凉山的彝族群众内心真的不满中共在凉山主导的社会变革，那么这场变革在凉山即使中共再怎样动员、再使用怎样的政治运作方式规训彝族群众，都是不可能成功的。第三章已经用实例证明了这一点[②]）。

第三，凉山社会变革使彝汉民族关系从原来的对抗走向缓和，民族平等、民族团结、彝汉两族共同走向富裕成为彝汉民族关系的主流。应当说，社会变革在某种程度上解决了凉山旧有的彝汉民族矛盾。第一章已经指出，一方面，彝汉民族矛盾的根源是凉山彝族旧有的奴隶制度必须掳掠奴隶（娃子）才能存在，如果不能从汉区得到新的娃子，凉山旧有的奴隶制度就难以维系；另一方面，国民政府（地方势力）在凉山的胡作非为也加剧了彝汉民族关系的紧张。通过中共在凉山主导的社会变革，一方面奴隶制度被废除，广大的彝族群众获得了解放；另一方面，中共在凉山大力倡导民族团结，除了从汉区引进先进的生产技术，调集物资救济凉山的彝族群众，还在凉山建立卫生文教事业等，都使凉山的彝族群众得到实实在在的好处。这些都是中共言行一致，以自己的种种措施践行自己提出的“民族平等，民族团结”的口号的表现。所有这些，构成了彝族群众对中共政权认同的基础，也消除了彝汉民族矛盾的根源。在这样一种大环境下，凉山平等、团结、互助的新型彝汉民族关系

---

① 使用其他学科理论（如身体、仪式、象征进行分析的方法的应用，概念史的思路，话语的实践，对历史记忆的运用，等等）对革命史进行解读在学术上是值得提倡的，但是在解读之前需要尊重基本的史实（正文已经指出，中共对凉山彝族群众的动员和规训是建立在彝族群众确实遭受过深重的“阶级苦难”的基础上的，这是中共成功动员彝族群众参加中共在凉山主导的社会变革的基础，和汉区的差别很大）。不能为了进行理论解读而只选用对己有利的史料，也不能将通过甲案例得出的结论随意应用于乙案例上。而要将理论解读建立在实证研究的基础上，这样才能尽可能避免对历史的误读。

② 具体可参见本书第三章第二节。

的建立和发扬自然是顺理成章。越西的一个彝族干部曾感慨地说：在1950年前，彝汉之间的矛盾相当尖锐，械斗、仇杀都是司空见惯的现象，“现在这个区的新华大队，两族社员生活在一起，有的汉族会讲彝话，有的彝族会讲汉话，两个民族亲亲热热，互通有无”①。在这种大环境下，原来为彝族最反对的彝汉通婚也有了很大的变化。② 事实上，20世纪50年代中共在凉山主导的这场社会变革，正是新中国成立后，在凉山地区形成中华民族共同体的重要推手。

二、现实的思考

民主改革使凉山旧貌换新颜，经济社会水平有了大幅度提高是不争的事实。但是和汉区相比，凉山③的生产力水平还是比较落后的。以2004年的农业产值为例，凉山的农业（包括农林牧渔，以下同）产值为1288638万元，每单位乡村从业人员农业产值为5927元，同期四川省农业产值为2252.28亿元，单位乡村从业人员农业产值为5968元。④ 虽然从明面上看，凉山的乡村从业人员的收入水平和四川的平均水平相差无几，但是需要看到的是，这个数据是现在的凉山彝族自治州的农业产值。其包括了原西昌专区和“老凉山”的农业产值在内。事实上，现在凉山彝族自治州第一产业中的拳头产业所在地，地处“老凉山”的只有一家——雷波的甜橙，其余均位于原西昌专区。⑤ 很显然，“老凉山”的经济水平仍旧相当

---

① 引自蒋彬、罗曲、米吾作：《民主改革与四川彝族地区社会文化变迁研究》，北京：民族出版社，2008，第190页。

② 同上书，第108—121页。

③ 这里的凉山仍旧是指1978年前的凉山彝族自治州（去掉峨边、马边两县，此时这两个县已划归乐山市管辖）。

④ 引自郑长德：《民主改革与四川彝族地区经济发展研究》，北京：民族出版社，2008，第118页。

⑤ 同上书，第112页。此外，据作者访问凉山州政府工作人员，金阳的花椒业（青花椒）也是当地的特色农业。

落后。据统计，凉山州各县市对国内生产总值的贡献率（1991—2006 年），超过 10%的县市全部在原西昌专区，超过 5%的县市除了甘洛，全部是原西昌专区的县市（甘洛且排在超过 5%的县市的最后一位）。凉山州各县市对国内经济生产总值的拉动率，排在前五位的全部是原西昌专区的县市，相对差一点的宁南和盐源也排在第七位和第八位，“老凉山”除了甘洛（第六位），全部排在原西昌专区各县市的后面，布拖、金阳、美姑、昭觉这四个地处凉山腹地的县，排在倒数第二位至第五位（倒数第一是木里——这是藏区）[①]。由此可见“老凉山”经济水平的落后。

经济的落后派生了一系列的社会问题。[②] 之所以出现这些社会问题的原因，笔者认同付佳杰所提出的观点（主要是改革开放以来彝族在经济发展中被边缘化）和他所提出的解决问题的方案（当然，关键是方案要落到实处）。[③] 笔者自身也对此有若干思考，也曾在期刊上提出过自己的见解，[④] 这里在付佳杰和笔者之前提出的见解的基础上，再补充一点笔者自己的思考（事实上，付佳杰的建议已经十分全面了，笔者的思考最多只能算对付佳杰的建议进行完善而已）：

第一，利用凉山的地理条件发展集体统筹的生态（无污染）农业。凉山地处边远落后的封闭地区，这虽然给凉山的经济发展带来了诸多不便，但是这也使凉山的很多地区较少受到污染，给凉山发展无污染农业带来了机会。建议可由政府牵头，组织彝族群众生产不使用化学肥料、农药的农产品（这一点需要严格把关），同时由

---

① 引自郑长德：《民主改革与四川彝族地区经济发展研究》，北京：民族出版社，2008，第 72—73 页。

② 参见付佳杰：《少数民族怨气的经济根源——以四川凉山地区为例》，《文化纵横》2014 年第 3 期。

③ 同上。

④ 见张望：《建国初期凉山彝族地区民主改革的经济扶贫与政治争取》，《贵州民族研究》2015 年第 10 期。

政府牵头寻找销售渠道，进行销售（尤其是设法运往大城市销售）。笔者认为，这是凉山可以发展的一项非常有前途的产业。[①] 之所以提出要政府出面，是因为需要政府出面保护彝民的利益，毕竟时至今日，彝民总体上文化水平还是较低，何况他们一般对外来人都有戒备心理，害怕遭受欺骗。[②] 同时，大力推进农业产业化，亦即以乡或村为单位，根据地方特色（土质品种对农作物的适应度）和市场需求种植相关作物，同时找好销路，保证收成后能顺利出售。

第二，建设凉山需要引进人才，特别是需要引进高层次人才。上一条所述的生态农业，没有通晓此道的人才是不行的。事实上，凉山由于地瘠民贫，很少有人愿意到此工作，凉山各县的许多乡村小学需要志愿者前来支教才能维持就是最好的例证。因此，凉山州乃至上级政府应设法出台一些措施，吸引外来人才（尤其是技术人才）来凉山工作。即便由于工作环境和条件较差，不能长久留下人才，但是哪怕采取借调、兼职等手段使其来凉山工作一段时间也好，这样至少能为凉山的发展提供助力。

第三，招收少数民族工人的企业要给招收的少数民族工人培训的机会，千方百计为他们“充电”。这也是付佳杰提出要给招收少数民族工人的企业补贴的原因所在。实际上，就笔者所知，彝族在外务工，基本上都只能做不需要专门技术的工作。很显然，彝族务工者在和其他务工者的竞争中没有优势，由此也可见付佳杰提出的

---

① 就笔者所知，生态农产品（指只使用农家肥，不用化学肥料和农药，更不使用化学药品——如催生素的农产品）的市场潜力极大。随着生活水平的发展，大城市的人们，尤其是有较高收入的人群对食品的环保要求越来越高，生态农产品在大城市是抢手货。笔者的姨妹（在成都一家公司工作）曾告诉笔者，她所在公司的老总和高管们为了获得生态农产品，甚至和近郊农村的一些农户签订了生产生态农产品的协议。即以在保证签约农户较高收入的前提下（运输不由农户负担），为他们定点生产完全不用任何工业品的农产品，由此可见生态农产品在大城市的受欢迎程度。事实上，现在在城市居住的人们都比较注意农产品的环保性，多少都具备一些辨认是否使用过工业品的农产品的经验。所有这些，都说明生态农业是一个未来极有潜力的产业。

② 笔者在凉山收集资料时从和彝民的交流中能够深切感受到这一点。

出版社，1992

四川省美姑县志编纂委员会编纂：《美姑县志》，成都：四川人民出版社，1997

四川省昭觉县志编纂委员会编纂：《昭觉县志》，成都：四川辞书出版社，1999

四川省雷波县志编纂委员会编纂：《雷波县志》，成都：四川民族出版社，1997

四川省金阳县志编纂委员会编纂：《金阳县志》，北京：方志出版社，2000

四川省布拖县志编纂委员会编纂：《布拖县志》，北京：中国建材工业出版社，1993

沙正华、段世治主编：《凉山彝族自治州军事志》，成都：四川人民出版社，2003

《四川日报》

三、文史资料

凉山彝族自治州政治协商会议文史资料委员会编：《让历史告诉未来——凉山民主改革文史资料专辑》，2008

中国人民政治协商会议凉山彝族自治州委员会文史资料委员会编：《凉山彝族自治州文史资料选辑》第 4 辑，1986

中国人民政治协商会议凉山彝族自治州委员会文史资料委员会编：《凉山彝族自治州文史资料选辑》第 8 辑，1990

中国人民政治协商会议凉山彝族自治州委员会文史资料委员会编：《凉山彝族自治州文史资料选辑》第 9 辑，1991

中国人民政治协商会议凉山彝族自治州委员会文史资料委员会编：《凉山文史资料选辑》第 16 辑，1997

中国人民政治协商会议布拖县委员会文史资料委员会编：《布拖文史资料选辑》第 1 辑，1992

中国人民政治协商会议布拖县委员会文史资料委员会文史资料科编：《布拖文史资料选辑》第2辑，1993

中国人民政治协商会议金阳县委员会文史资料委员会编：《金阳县文史资料》第1辑，2002

中国人民政治协商会议雷波县委员会文史资料委员会编：《雷波县文史资料》第1辑，1992

中国人民政治协商会议雷波县委员会文史资料委员会文史资料科编：《雷波文史资料选辑》第5辑，1989

中国人民政治协商会议雷波县委员会文史资料委员会编：《雷波文史》第9期，1991

美姑县政协委员会文史资料委员会编：《美姑文史资料选辑》第1辑，1994

喜德县政协文史资料委员会、喜德县驻西昌老年人协会合编：《难忘的岁月——喜德文史》第9辑，2003

四、其他史料

施嘉明主编：《难忘的历程：开辟凉山彝族地区工作的回忆录》，成都：四川民族出版社，1992

潘文超主编：《凉山民改回忆录》（内部资料），1997

《凉山文博》编辑委员会编：《凉山文博》总第2期，2012[①]

伍精华：《我们是这样走过来的：凉山的变迁》，北京：民族出版社，2002

梁文英：《历史的新篇章：解放西昌，开辟凉山民族工作回忆录》，北京：民族出版社，1998

秦和平选编：《四川民族地区民主改革资料集》，北京：民族出

① 凉山彝族奴隶社会博物馆的馆刊，2011年起每年1期。

版社，2008

林耀华《凉山彝家的巨变》，北京：商务印书馆，1995

曾昭抡：《大凉山夷区考察记》，段美乔整理，北京：中国青年出版社，2012

戴永修：《凉山彝区去来》，今日新闻社，1947

马长寿：《凉山罗彝考察报告》，李绍明、周伟洲等整理，成都：四川出版集团，巴蜀书社，2006

马长寿主编：《凉山美姑九口乡社会历史调查》，北京：民族出版社，2008

曲木藏尧：《西南夷族考察记》，南京：拔提书店，1933

任映沧：《大小凉山倮族通考》，载骆小所主编：《西南民俗文献》第 7 卷，兰州：兰州大学出版社，2003

常隆庆等：《四川省雷马峨屏调查记》，中国西部科学院，1935

云南省编辑组：《四川广西云南彝族社会历史调查》，昆明：云南人民出版社，1987

四川省编辑组：《四川省凉山彝族社会历史调查（综合报告）》，成都：四川省社会科学院出版社，1985

四川省编辑组：《四川省凉山彝族社会调查资料选辑》，成都：四川省社会科学院出版社，1987

四川省编写组、《中国少数民族社会历史调查资料丛刊》修订编辑委员会编：《四川省凉山彝族社会调查资料选辑》，北京：民族出版社，2009

五、论著（以作者姓氏拼音为序）

蔡富莲、米吾作：《当代凉山彝族血缘家支、传统习惯法研究》，北京：民族出版社，2014

《当代四川》丛书编辑部编：《当代凉山》，成都：巴蜀书社，1992

杜润生：《中国的土地改革》，北京：当代中国出版社，1996

方国瑜编：《彝族史稿》，成都：四川人民出版社，1984

根旺主编：《民主改革与四川藏族地区社会文化变迁研究》，北京：民族出版社，2008

郭于华：《受苦人的讲述——骥村历史与一种文明的逻辑》，香港：香港中文大学出版社，2013

胡庆钧：《凉山彝族奴隶制社会形态》，北京：中国社会科学出版社，1985

黄光学主编：《当代中国的民族工作》，北京：当代中国出版社，1993

蒋彬主编：《民主改革与四川羌族地区社会文化变迁研究》，北京：民族出版社，2008

蒋彬、罗曲、米吾作主编：《民主改革与四川彝族地区社会文化变迁研究》，北京：民族出版社，2008

姜先杰：《凉山土司研究》，北京：光明日报出版社，2013

李列：《民族想像与学术选择：彝族研究现代学术的建立》，北京：人民出版社，2006

《凉山彝族奴隶社会》编写组编：《凉山彝族奴隶社会》，北京：人民出版社，1982

《凉山彝族奴隶制研究》编写组编：《凉山彝族奴隶制研究》，1977

凉山彝族自治州文化局、西南师范学院中文系编：《奴隶们创造历史：凉山彝族奴隶家史》，成都：四川人民出版社，1975

马长寿：《彝族古代史》，李绍明整理，上海：上海人民出版社：1987

莫宏伟：《苏南土地改革研究》，合肥：合肥工业大学出版社，2007

莫宏伟：《新中国成立初期广东土地改革研究》，北京：中国社会科学出版社，2011

莫宏伟、张成洁：《新区土地改革研究》，镇江：江苏大学出版社，2009

秦和平：《四川民族地区民主改革研究：20 世纪 50 年代四川藏区彝区的社会变革》，北京：中央民族大学出版社，2011

秦和平、冉琳闻编：《四川民族地区民主改革大事记》，北京：民族出版社，2007

秦晖、苏文：《田园诗与狂想曲——关中模式与前近代社会的再认识》，北京：中央编译出版社，1996

万世祥统编：《凉山彝族自治州概况》，成都：四川民族出版社，1985

袁亚愚主编：《当代凉山彝族的社会和家庭》，成都：四川大学出版社，1992

张一平：《地权变动与社会重构——苏南土地改革研究（1949—1952）》，上海：上海人民出版社，2009

郑长德：《民主改革与四川彝族地区经济发展研究》，北京：民族出版社，2008

周自强：《凉山彝族奴隶制研究》，北京：人民出版社，1983

六、论文（以作者姓氏拼音为序）

曹树基、李婉琨：《“大户加征”：江津县 1950 年的征粮运动》，《近代史研究》2013 年第 4 期

曹树基、李婉琨、郑彬彬：《江津县减租退押运动研究》，《清华大学学报》（哲学社会科学版）2013 年第 4 期

陈立旭：《周恩来关于少数民族地区民主改革的理论》，《云南社会科学》1998 年第 2 期

崔一楠、杨芳慧：《“植入”阶级：土改运动中的记忆构建与仪式操演——以四川绵阳为个案》，《江苏社会科学》2016 年第 2 期

范连生：《地权、地租、剥削——论新中国成立初期黔东南民族地区土地改革开展之缘由》，《农业考古》2013 年第 3 期

范连生：《黔东南少数民族地区土地改革及其经济绩效》，《当代中国史研究》2013 年第 3 期

方慧容：《“无事件境”与生活世界中的“真实”——西村农民土地改革时期社会生活的记忆》，载杨念群主编：《空间·记忆·社会转型——“新社会史”研究论文精选集》，上海：上海市人民出版社，2001

高元庆：《新疆少数民族地区的土地改革》，《党史研究与教学》1989 年第 3 期

黄正林：《民主改革前后甘川青藏族地区社会变迁研究》，《中共党史研究》2009 年第 10 期

黄宗智：《中国革命中的农村阶级斗争——从土改到文革时期的表达性现实与客观性现实》，载黄宗智主编：《中国乡村研究》第 2 辑，北京：商务印书馆，2003

嘉日姆几：《云南小凉山彝区民主改革时期家奴的安置措施和影响》，《思想战线》2010 年第 4 期

蒋彬：《民主改革与羌族地区乡村政治变迁》，《西南民族大学学报》（人文社科版）2008 年第 7 期

郎维伟、张朴、罗凉昭：《试论西南民族地区实行土地改革的实践》，《贵州民族研究》2004 年第 4 期

郎维伟、张晓红、郎臻：《1955—1960 年四川康区民主改革与社会结构变迁》，《西藏研究》2009 年第 1 期

李金铮：《向“新革命史”转型：中共革命史研究方法的反思和突破》，《中共党史研究》2010 年第 1 期

李金铮：《再议“新革命史”的理念与方法》，《中共党史研究》2016 年第 11 期

李里峰：《土改中的诉苦——一种民众动员技术的微观分析》，《南京大学学报》（哲社版），2007 年第 5 期

李绍明：《四川民族地区民主改革的历史回顾》，《西南民族大学学报》（人文社科版）2008 年第 1 期

刘晗：《福柯话语中的控制与反控制》，《兰州学刊》2010 年第 4 期

马曜：《论云南边疆地区的和平协商土地改革》，《中央民族学院学报》1993 年第 5 期

木金瑛：《20 世纪五六十年代云南景颇族的民主改革》，《思想战线》2011 年增刊

彭正德：《土改中的诉苦：农民政治认同形成的一种心理机制——以湖南省醴陵县为个案》，《中共党史研究》2009 年第 6 期

祁若雄：《刘少奇与我国少数民族地区土地改革》，《中央民族大学学报》1999 年第 2 期

秦和平：《关于怒江傈僳族社会“直接过渡”的认识》，《民族学刊》2012 年第 3 期

秦和平：《区别对待宗教信仰和宗教制度——甘孜州民主改革中对藏传佛教制度的认识》，《西南民族大学学报》（人文社科版）2010 年第 1 期

秦和平：《述论民国时期凉山彝区“四十八甲”》，《西南民族大学学报》2016 年第 1 期

秦和平：《一个“反帝欲汉藏两族和睦而爱国佛教者”——20 世纪 50 年代初的密悟（志清）法师》，《社会科学研究》2015 年第 2 期

秦和平：《有关凉山彝族地区民主改革的认识》，载达力扎布主编：《中国边疆民族研究》（第 2 辑），北京：中央民族大学出版社，2009

宋月红：《毛泽东关于西藏民主改革的认识和决策》，《当代中国史研究》2009 年第 3 期

孙伶伶：《民主改革以来西藏妇女政治法律地位变迁》，《西藏研究》2012 年第 5 期

吴毅、陈颀：《“说话”的可能性——对土改“诉苦”的再反思》，《社会学研究》2012 年第 6 期

徐红卫、谢颖：《20 世纪 50 年代云南少数民族地区和平协商土地改革政策形成背景再探析》，《社科纵横》2010 年第 3 期

徐学超、谢忠、许孟孟：《毛泽东与西藏民主改革》，《福建党史月刊》2011 年第 6 期

闫茂旭：《路径选择视角下的内蒙古牧区民主改革——以锡林郭勒盟为中心的考察》，《广播电视大学学报》（哲社版）2009 年第 4 期

杨豪：《传统的发明：翻身运动中的仪式与身体——以冀中解放区为中心》，《党史研究与教学》2013 年第 2 期

杨豪：《象征的革命与革命的象征：以华北解放区翻身运动中的仪式为中心》，《江苏社会科学》2015 年第 3 期

杨正文：《历史叙述与书写的“可表述性”——以四川凉山民主改革历史的话语特征为例》，《西南民族大学学报》（人文社科版）2008 年第 3 期

张成洁：《习仲勋与西北新区土地改革中的民族问题》，《党史研究与教学》2012 年第 4 期

张望：《新中国成立初期地方精英对新政权的态度和行为选择》，《求索》2014 年第 10 期

张望：《新中国初期川陕老区红军军烈属的优抚工作》，《求索》2016 年第 8 期

张小军：《阳村土改中的阶级划分与象征资本》，载黄宗智主编：《中国乡村研究》第 2 辑，北京：商务印书馆，2003

张晓琼：《建国初期中国共产党分类指导少数民族地区民主改革略论——以云南为个案的历史考察》，《满族研究》2011 年第 2 期

赵永忠：《云南边疆地区和平协商土地改革对川、康、藏地区的影响》，《红河学院学报》2010 年第 6 期

周忠瑜：《毛泽东与四川藏族地区的民主改革》，《青海民族大学学报》（社科版）2011 年第 1 期

七、硕士论文（以作者姓氏拼音为序）

安紫娟：《民主改革与西藏法制变迁》，中央民族大学 2011 年硕士学位论文

杜珊珊：《内蒙古民主改革的历史考察》，内蒙古师范大学 2014 年硕士学位论文

胡二庆：《四川地区“镇压反革命”运动研究》，四川师范大学 2011 年硕士学位论文

孙勇：《云南藏区的民主改革及其社会变迁》，西南大学 2012 年硕士学位论文

陶昕：《民主改革与四川德格土司辖区宗教变迁研究》，西南大学 2011 年硕士学位论文

文艳林：《甘孜藏区民主改革研究》，四川大学 2002 年硕士学位论文

张望：《重庆市大足县龙水地区农民的社会心理变迁（1950—1957 年）》，湖南师范大学 2008 年硕士学位论文

邹曦：《贵州少数民族地区土改问题研究》，山东大学 2013 年硕士学位论文

后　记

这本书是在我的博士论文的基础上增删而成的。还在我走进南开大学校门之初，我就向我的博士生导师李金铮先生提出了关于大西南土地改革的研究方案。先生听了我的方案后，指出这样的选题似乎有大而无当之嫌，且研究的方式过于老套，建议我将精力集中在少数民族地区的社会变迁上。按照先生的建议，我前往属于少数民族地区的凉山开始收集资料工作。也还算幸运，经过一番努力，我总算收集到了一篇博士论文必需的资料。然后就有了我的博士论文，再后来经过一番增删，就有了这本书稿。

感谢我的博士生导师李金铮先生。先生的道德文章实是学者中的典范。我现在仍旧清晰地记得那一天——2010 年 11 月 8 日，那是我来南开大学求见先生的日子。当时我心里是做好了见不到先生的思想准备的，但让我没想到的是，先生不但接见了我，还请我吃饭。先生的那句“有什么问题就尽管问，我绝不会掖着藏着”让我从心底里被先生的景行与气度所折服。来到南开求学后，先生治学的严谨认真更让我大开眼界。我在入学之初请先生替我批阅论文(那是我花费了相当多的精力写出的稿件)，数日后先生给我回复。我打开一看：好家伙！这篇论文被先生密密麻麻的批注填满。这让我明白了什么是真正的、严谨的学术研究。迄今为止，我的书柜里仍旧保存着先生替我批阅的所有论文的打印件。每次翻阅这些打印件，我都能得到新的启迪。先生虽然诸事缠身，但仍旧孜孜不倦进行学术研究，每年均有引领学术前沿的论文发表，实在值得我们这些后学学习。也正是先生向相关人员力荐，才让这本书稿有了出版的可能。先生谦逊做人、踏实做学问的风范，以及对我做人之道的指导，更让我受益终生。读博期间除了先生，张思、李少兵、江沛、王先明等先生对我学业的指导，同样让我受益匪浅。在本书付梓之际，同样要谢谢他们。

在南开求学的时候我遇到了一批优秀的同学。他们是耿磊、郑伟斌、孙启正、李小东、杨帆、齐小艳。其中耿磊对我的建议使我的论文增色不少。和郑伟斌的切磋更使我学问长进良多，我现在仍旧记得我和他讨论问题到深夜，然后冒着大雪，边聊边回寝室的情景。孙启正在我手头紧张时的慷慨解囊更令我铭记终生。李小东、杨帆、齐小艳等人也在我求学期间给了我不少的帮助，在此对他们表示真切的感谢。

特别感谢河北师范大学历史文化学院谭徐锋老师对这篇博士论文向当代中国出版社的引荐和当代中国出版社刘文科编审和责任编辑李昭给予我出版本书的机会，这个机会来之不易，这里要特别地谢谢他们。感谢我曾工作过的信阳师范大学历史文化学院，尹全海、叶宗宝等院领导对我的学问颇有指导，在此要谢谢他们曾经对我的指导和帮助。自 2020 年底我回到故乡重庆，入职重庆医科大学马克思主义学院，4 年来，院领导伍林生书记、代安琼院长、冯磊副院长对我多有照顾，郭笑雨副院长更给了我科研工作极大的支持。在本书付梓之际，同样要谢谢他们。

任何一位科学工作者都对自己的亲人欠下了一笔难以清偿的债，感谢自我决心求学以来至今全力支持我的双亲和爱妻左传芳。双亲在我下决心不计代价求学时始终如一地支持我，并且承担了我求学的全部费用。爱妻左传芳自认识我以来就一直努力为我补习我的弱项——英语，自她参加工作又一直在生活上照顾我。读博以来，她又承担了全部家务，幼子豪豪出世后，她又一力承担起照顾之责。实事求是地说，本书能够出版也有她的一半功劳。幼子豪豪从出生至今，我一直忙于工作和科研，很少陪他。他却以他的方式给我带来了无数快乐。

由于学识有限，书中的疏漏在所难免，衷心希望能得到学界和同好的批评指正。

张 望

2024 年 8 月 6 日于重庆市九龙坡区白马凼寓所